普通高等教育工程管理和工程造价专业系列教材

工程经济与项目管理

主　编　王付宇　汪和平　夏明长
副主编　王治国　董万国　葛灿灿
参　编　李　平　李　艳　宋　红
　　　　蒋春迪　白　娟　高　飞
　　　　吕宏伟
主　审　邓小鹏

机械工业出版社

本书主要以工程建设为背景,采用理论与实践相结合的方法,系统地介绍了现代工程经济分析的方法、理论和实践,以及工程项目管理方面的知识。本书内容包括绪论、现金流量与资金时间价值、工程经济基本要素、财务评价报表编制、工程项目经济评价方法、工程项目策划与决策、工程项目招标投标与合同管理、工程项目质量管理、工程项目成本管理、工程项目进度管理、工程项目风险管理、工程项目职业健康安全与环境管理 12 章内容。每章在系统介绍知识点的基础上,附有大量的实践案例和习题。读者通过学习本书的内容,可系统、全面地掌握工程经济与工程项目管理基础理论知识和实际应用方法,提升运用专业知识解决实际问题的能力。

本书知识体系完备,教学实例丰富,习题题型新颖,内容时效性强,可作为普通高等院校工程管理、工程造价、土木工程等工程类相关专业的教材,也可供监理单位、建设单位、勘察设计单位、施工企业等从事相关专业工作的人员学习参考。

图书在版编目（CIP）数据

工程经济与项目管理/王付宇,汪和平,夏明长主编. —北京：机械工业出版社,2021.8（2024.8 重印）

普通高等教育工程管理和工程造价专业系列教材

ISBN 978-7-111-68613-2

Ⅰ.①工… Ⅱ.①王… ②汪… ③夏… Ⅲ.①工程经济学-高等学校-教材 ②工程项目管理-高等学校-教材 Ⅳ.①F062.4 ②F284

中国版本图书馆 CIP 数据核字（2021）第 133241 号

机械工业出版社（北京市百万庄大街 22 号　邮政编码 100037）
策划编辑：林　辉　　责任编辑：林　辉　单元花
责任校对：王　欣　　封面设计：张　静
责任印制：张　博
北京建宏印刷有限公司印刷
2024 年 8 月第 1 版第 4 次印刷
184mm×260mm・28 印张・693 千字
标准书号：ISBN 978-7-111-68613-2
定价：79.80 元

电话服务　　　　　　　　　网络服务
客服电话：010-88361066　　机　工　官　网：www.cmpbook.com
　　　　　010-88379833　　机　工　官　博：weibo.com/cmp1952
　　　　　010-68326294　　金　书　网：www.golden-book.com
封底无防伪标均为盗版　　　机工教育服务网：www.cmpedu.com

普通高等教育工程管理和工程造价专业系列教材

编审委员会

顾　问：

成　虎（东南大学）　　　　　　　　　王建平（中国矿业大学）

主任委员：

王卓甫（河海大学）

副主任委员：

王文顺（中国矿业大学）　　　　　　　李德智（东南大学）

段宗志（安徽建筑大学）

委　员：

陈德鹏（安徽工业大学）　　　　　　　冯小平（江南大学）
郭献芳（常州工学院）　　　　　　　　顾红春（江苏科技大学）
胡灿阳（南京审计大学）　　　　　　　洪伟民（南通大学）
黄有亮（东南大学）　　　　　　　　　贾宏俊（山东科技大学）
姜　慧（徐州工程学院）　　　　　　　李　洁（南京林业大学）
刘宏伟（盐城工学院）　　　　　　　　倪国栋（中国矿业大学）
孙少楠（华北水利水电大学）　　　　　苏振民（南京工业大学）
汪　霄（南京工业大学）　　　　　　　陶　阳（扬州大学）
肖跃军（中国矿业大学）　　　　　　　汪和平（安徽工业大学）
杨高升（河海大学）　　　　　　　　　王书明（金陵科技学院）
殷为民（扬州大学）　　　　　　　　　严　斌（扬州大学）
赵吉坤（南京农业大学）　　　　　　　殷和平（铜陵学院）
赵庆华（扬州大学）　　　　　　　　　袁汝华（河海大学）
周建亮（中国矿业大学）　　　　　　　赵　敏（河海大学）
祝连波（苏州科技大学）　　　　　　　赵全振（嘉兴学院）
　　　　　　　　　　　　　　　　　　赵　利（中国矿业大学）

序

住房和城乡建设部高等学校工程管理和工程造价学科专业指导委员会（简称教指委）组织编制了《高等学校工程管理本科指导性专业规范（2014）》和《高等学校工程造价本科指导性专业规范（2015）》（简称《专业规范》）。两个《专业规范》自发布以来，受到相关高等学校的广泛关注，促进学校根据自身的特点和定位，进一步改革培养目标和培养方案，积极探索课程教学体系、教材体系改革的路径，以培养具有各校特色、满足社会需要的工程建设高级管理人才。

2017年9月，江苏、安徽等省的高校中一些承担工程管理、工程造价专业课程教学任务的教师在南京召开了具有区域特色的教学研讨会，就不同类型学校的工程管理和工程造价这两个专业的本科专业人才培养目标、培养方案以及课程教学与教材体系建设展开研讨。其中，教材建设得到了机械工业出版社的大力支持。机械工业出版社认真领会教指委的精神，结合研讨会的研讨成果和高等学校教学实际，制订了普通高等教育工程管理和工程造价专业系列教材的编写计划，成立了本系列教材编审委员会。经相关各方共同努力，本系列教材将先后出版，与读者见面。

普通高等教育工程管理和工程造价专业系列教材的特点有：

1) 系统性与创新性。根据两个《专业规范》的要求，编审委员会研讨并确定了该系列教材中各教材的名称和内容，既保证了各教材之间的独立性，又满足了它们之间的相关性；根据工程技术、信息技术和工程建设管理的最新发展成果，完善教材内容，创新教材展现方式。

2) 实践性和应用性。在教材编写过程中，始终强调将工程建设实践成果写进教材，并将教学实践中收获的经验、体会在教材中充分体现；始终强调基本概念、基础理论要与工程应用有机结合，通过引入适当的案例，深化学生对基础理论的认识。

3) 符合当代大学生的学习习惯。针对当代大学生信息获取渠道多且便捷、学习习惯在发生变化的特点，本系列教材始终强调在基本概念、基本原理描述清楚、完整的同时，给学生留有较多空间去获得相关知识。

期望本系列教材的出版，有助于促进高等学校工程管理和工程造价专业本科教育教学质量的提升，进而促进这两个专业教育教学的创新和人才培养水平的提高。

2018年9月

前　言

随着我国建筑市场的快速发展，特别是"一带一路"倡议提出后，我国建筑业与国际接轨的进程加快，工程项目建设过程日益规范，国家建设领域对既懂技术又懂经济管理的人才需求逐渐增加。在教育部推进"新工科"建设背景下，"工程经济与项目管理"是高等院校工程管理、工程造价、土木工程专业培养新时代复合型工程管理类人才的核心课程，也是其他相关工程类专业开拓专业视野、了解工程经济和项目管理知识的跨专业平台课程。本书依据《中华人民共和国招标投标法》《建筑安装工程费用项目组成》《建设工程施工合同（示范文本）》《建筑工程施工发包与承包计价管理办法》等与工程建设相关的法律、法规，并结合当前工程建设的新技术、新规范、新模式编写。读者通过学习本书的内容，能够全方位地理解工程经济与项目管理的基本过程、方法、原理，并能用所学的理论知识解决工程的实际问题。

本书的特点主要体现在以下几个方面：

1. 知识体系完备

本书内容以工程项目建设过程为主线，将工程经济和工程项目管理有机融合。工程经济学部分内容以财务评价为导向，涵盖了工程经济学的基本知识和核心内容，通过此部分内容的学习，读者可以掌握工程经济学的基本理论和方法，并能运用经济评价指标进行财务评价；工程项目管理部分以质量、成本、进度的"铁三角"关系为主体，系统介绍了工程项目的合同、质量、成本、进度、安全与环境等诸要素管理，通过此部分内容的学习，读者可以掌握工程项目在保障质量、安全的前提下，对工期与费用合理优化的方法。

2. 教学实例丰富

本书提供丰富的实例，每个知识点后面紧跟必要的实践案例进行强化，丰富的案例还原了工程项目建设组织、管理和工程经济分析、评价过程，将理论知识应用于实践，有助于读者对工程经济与项目管理的融汇理解，进而解决工程项目建设中的实际问题。

3. 习题题型新颖

本书的习题题型新颖，主要结合造价工程师和建造师考试题型进行设置，题型全面，多点集成。案例与工程管理工作实际相结合，背景材料结合现实中已完工程。案例充分体现了对于基本概念、基本方法、基本规范综合掌握的整体要求。

4. 内容时效性强

随着时代的快速发展，新技术、新模式不断涌现，相关规章制度、标准规范不断更新、完善。本书紧跟我国建设领域发展和改革的新动向，突出时代性和发展性，注重内容更新、与时俱进，参照国家现行最新法律、法规、制度和行业规范、标准、合同示范文本等编写教材内容，与时代和当前工程实践接轨，便于读者了解行业最新动态，可以尽快适应最新工程环境。

本书的参编人员均为教学一线的专业骨干教师，他们长期从事本课程的教学工作，有着丰富的教学、实践经验，对于知识点的剖析透彻。本书可作为普通高等院校工程管理、工程造价、土木工程专业的教材，也可供监理单位、建设单位、勘察设计单位、施工企业等从事相关专业工作的人员学习参考。

本书由安徽工业大学王付宇、汪和平、夏明长担任主编，安徽工业大学王治国、董万国、葛灿灿担任副主编，安徽工业大学李平、李艳、宋红、蒋春迪、白娟、高飞以及安徽皖工工程咨询研究院吕宏伟等参加编写，由王付宇负责统稿。本书由东南大学邓小鹏担任主审。

本书在编写的过程中参阅了大量的国内外优秀教材，在此对有关作者一并表示衷心的感谢。由于本书涉及的内容广泛，加上编者水平有限，难免存在不妥甚至错误之处，恳请广大读者批评、指正，以便今后修订时改进。

编　者
2020 年 12 月

目 录

序
前言

第1章　绪论 ... 1
本章知识要点与学习要求 ... 1
1.1　基本建设与建筑业 ... 1
1.2　基本建设经济评价 ... 6
1.3　基本建设管理 ... 8
复习思考题 ... 11

第2章　现金流量与资金时间价值 ... 12
本章知识要点与学习要求 ... 12
2.1　现金流量 ... 12
2.2　资金的时间价值 ... 13
2.3　名义利率与实际利率 ... 25
2.4　案例分析 ... 27
复习思考题 ... 28

第3章　工程经济基本要素 ... 29
本章知识要点与学习要求 ... 29
3.1　建设项目总投资及估算 ... 29
3.2　工程项目成本费用 ... 38
3.3　营业收入、税金及利润 ... 43
3.4　案例分析 ... 54
复习思考题 ... 56

第4章　财务评价报表编制 ... 58
本章知识要点与学习要求 ... 58
4.1　概述 ... 58
4.2　财务评价辅助报表 ... 60
4.3　财务评价基本报表 ... 63
4.4　案例分析 ... 73
复习思考题 ... 81

第5章　工程项目经济评价方法 ... 83
本章知识要点与学习要求 ... 83

5.1	工程项目经济评价指标	83
5.2	工程项目多方案评价	95
5.3	工程项目不确定性分析	108
5.4	国民经济评价	115
5.5	案例分析	118
复习思考题		120

第 6 章　工程项目策划与决策 … 123

本章知识要点与学习要求 … 123

6.1	工程项目前期策划概述	123
6.2	工程项目构思与目标设计	127
6.3	工程项目定义与总方案策划	139
6.4	工程项目的前期策划	142
6.5	案例分析	144
复习思考题		149

第 7 章　工程项目招标投标与合同管理 … 151

本章知识要点与学习要求 … 151

7.1	工程项目招标投标概述	151
7.2	工程项目招标	156
7.3	工程项目投标	162
7.4	工程项目合同管理	171
7.5	案例分析	187
复习思考题		192

第 8 章　工程项目质量管理 … 194

本章知识要点与学习要求 … 194

8.1	质量管理概述	194
8.2	质量管理方法和工具	208
8.3	质量管理体系及质量认证	241
8.4	项目质量管理	250
8.5	案例分析	261
复习思考题		273

第 9 章　工程项目成本管理 … 277

本章知识要点与学习要求 … 277

9.1	工程项目成本管理概述	277
9.2	工程项目施工成本计划	283
9.3	工程项目施工成本控制	296
9.4	工程项目施工成本分析	303
9.5	案例分析	318
复习思考题		322

第10章　工程项目进度管理 ……… 323

本章知识要点与学习要求 ……… 323
10.1　工程项目进度管理概述 ……… 323
10.2　工程项目进度计划编制 ……… 324
10.3　工程项目进度实施计划中的检测与调整 ……… 329
10.4　案例分析 ……… 355
复习思考题 ……… 357

第11章　工程项目风险管理 ……… 358

本章知识要点与学习要求 ……… 358
11.1　概述 ……… 358
11.2　工程项目风险管理流程及技术 ……… 362
11.3　工程项目保险与担保 ……… 370
11.4　案例分析 ……… 373
复习思考题 ……… 376

第12章　工程项目职业健康安全与环境管理 ……… 378

本章知识要点与学习要求 ……… 378
12.1　职业健康安全管理体系 ……… 378
12.2　职业健康安全事故的分类及处理 ……… 381
12.3　工程项目环境管理 ……… 384
12.4　案例分析 ……… 389
复习思考题 ……… 390

附　录 ……… 391

附录 A　复利因子系数表 ……… 391
附录 B　定差因子系数表 ……… 423

参考文献 ……… 436

第 1 章

绪 论

本章知识要点与学习要求

序 号	知识要点	学习要求
1	基本建设与建筑业概念	熟悉
2	建设项目经济评价的内容	掌握
3	项目管理及工程项目管理	掌握
4	项目管理知识体系	熟悉

1.1 基本建设与建筑业

1.1.1 基本建设的含义

基本建设是对一定的固定资产的建筑、设备的添置和安装活动以及与此相联系的其他工作，是一种综合性的经济活动，是固定资产投资中新建与扩建的投资活动。基本建设一词源于俄语，含义是资本建设或资金建设。在美国、英国等国家称为固定资产投资或资本支出，日本称为建设投资。

国民经济各部门都有基本建设经济活动，包括建设项目的投资决策、建设布局、技术决策、环保、工艺流程的确定和设备选型、生产准备，以及对工程建设项目的规划、勘察、设计和施工等活动。无论哪个国家，固定资产都是国民财富的主要组成部分。衡量一个国家经济实力雄厚与否，社会生产力发展水平的高低，重要的一点，就是看它拥有的固定资产的数量多少与质量高低。固定资产的物质内容就是生产手段，是生产力要素之一。

基本建设是提高人民物质、文化生活水平和加强综合国力的重要手段。应当指出，基本建设可以是扩大再生产，但它绝不是扩大再生产的唯一源泉。因为，扩大再生产包括外延与内涵两个方面，如果在生产场所方面扩大了，就是在外延上扩大了；如果在生产效率方面提高了，就是在内涵上扩大了。

内涵上扩大再生产的方法称为技术改造，也属于固定资产投资活动。技术改造是现有企业在现有生产力基础上，通过技术的改进，提高产品、工艺、装备水平及经营管理水平，以达到企业本身和社会均获得技术进步和经济效益的目的。它涉及的范围可以是整个企业,也可以是企业内某一局部;它可以包括对企业物质条件上的改造,也可以包括经营管理系统的改进。所以,提高企业的经济效益与社会总的效益,必须不断努力提高固定资产投资效益,既重视外延扩大再生产,又重视内涵扩大再生产,而不应当单纯追求基本建设投资的增加。

1.1.2 基本建设的内容

1. 固定资产的建造

固定资产的建造包括建筑物和构筑物的营造与设备安装两部分。营造工作主要包括各类房屋及构筑物的建造工程,管道及输电线路的敷设工程,水利工程,炼铁及炼焦炉的砌筑工程;设备安装工作主要包括生产、动力、起重、运输、传动和医疗、试验、检验等各种需要安装的设备的装配和装置工程。

2. 固定资产的购置

固定资产的购置包括符合固定资产条件的设备、工具、器具等的购置。固定资产不是根据其物质的技术性质决定的,而是根据其经济用途决定的。设备购置是流通过程,也是形成固定资产的一条途径。因此,固定资产的购置是基本建设的重要内容。

3. 其他基本建设工作

其他基本建设工作包括勘察设计、土地征用、职工培训、建设单位管理等工作。这些工作是进行基本建设不可缺少的,所以它们也是基本建设的重要内容。

1.1.3 基本建设的作用

1. 为国民经济各部门提供生产能力

基本建设所形成的生产性固定资产的物质内容就是生产手段,而生产手段是构成生产力的重要因素之一。

2. 为提高人民的生活水平创造新的基础设施

基本建设新建的生产消费性产品的固定资产,使工业消费品的生产能力得到增加,从而提高了对人民生活需要的满足能力。基本建设还直接为社会提供住宅、文化设施、市政设施等固定资产。

3. 合理配置生产力

我国大部分工厂分布在沿海城市,而沿海城市资源相对缺乏;西北地区资源丰富,但工厂不多。为改变这种生产力布局不合理的状况,使资源得到合理利用,需要通过调控基本建设投资加以调整。

4. 利用先进技术改造国民经济

为尽快使我国生产力水平达到中等发达国家水平,就必须用现代化科学技术来改造国民经济各部门,既要通过基本建设新建一些用先进技术装备起来的新企业,又要通过基本建设对现有企业用先进技术进行技术改造。

1.1.4 基本建设的分类

1. 按建设性质划分

按建设性质划分为新建项目、扩建项目、改建项目、迁建项目和恢复项目。

(1) 新建项目

新建项目是指从无到有，即新开始建设的项目。有的建设项目原有规模很小，需重新进行总体设计，经扩大建设规模后，其新增的固定资产价值超过原有固定资产价值3倍以上的，也属于新建项目。

(2) 扩建项目

扩建项目是指企事业单位为扩大原有产品的生产能力和效益，或增加新产品的生产能力和效益，而扩建的主要生产车间或工程的项目，包括事业单位和行政单位增建的业务用房（如办公楼、病房、门诊部等）。

(3) 改建项目

改建项目是指企事业单位为提高生产效率，改进产品质量，或调整产品方向，对原有设施、工艺流程进行改造的项目。根据有关规定，企业为消除各工序或车间之间生产能力的不平衡，增加或扩建的不直接增加本企业主要产品生产能力的车间为改建项目；现有企业、事业、行政单位增加或扩建部分辅助工程和生活福利设施并不增加本单位的主要效益，也称改建项目。如现有企业、事业单位为了提高产品质量、增加花色品种、促进产品升级换代、降低消耗和成本、加强资源综合利用和三废治理及劳保安全等，采用新技术、新工艺、新设备、新材料等对现有设施、工艺条件等进行技术改造和更新（包括相应配套的辅助性生产、生活设施建设）。有的企业为充分发挥现有的生产能力，进行填平补齐而增建不直接增加本单位主要产品生产能力的车间等，也属于改建项目。

(4) 迁建项目

迁建项目是指企业、事业单位、工程管理单位，由于各种原因，经有关部门批准迁到另地建设的项目。无论其建设规模与企业原来的规模一致，还是扩大或减小规模，都属于迁建项目。

(5) 恢复项目

恢复项目是指企事业单位的固定资产因自然灾害、战争或人为因素等，已全部或部分报废，而后又投资恢复建设的项目。不论是按原来规模恢复建设，还是在恢复的同时又进行改建的项目，都属于恢复项目。但是尚未建成投产的项目，因自然灾害损坏再重建的，仍按原项目看待，不属于恢复项目。

2. 按建设经济用途划分

按建设经济用途划分为生产性和非生产性基本建设项目。

(1) 生产性基本建设项目

生产性基本建设项目是指用于物资生产和直接为物资生产服务的项目的建设项目，包括工业建设项目、农林水利气象建设项目、邮电和运输建设项目、商业和物质供应建设项目、地质资源勘探建设项目。

(2) 非生产性基本建设项目

非生产性基本建设项目是指物质和文化生活项目建设项目，包括住宅建设项目、文教卫生建设项目、科学实验研究建设项目、公用事业建设项目等。

3. 按建设规模和投资大小划分

按建设规模和投资大小划分为大型、中型、小型项目，不同行业有不同的划分标准。

4. 按建设阶段划分

按建设阶段划分为预备项目、筹建项目、实施项目、建成项目和收尾项目。

1.1.5 建筑业

1. 建筑业的定义

人类社会发展到今天，建筑活动已经成为国民经济中的一个重要部分。我国 2019 年修正的《中华人民共和国建筑法》从所管辖范围的角度，将建筑活动分为四大类：

1）各类房屋建筑及其附属设施的建造和与其配套的线路、管道、设备的安装活动。
2）抢险救灾及其他临时性房屋建筑和农民自建低层住宅的建筑活动。
3）军用房屋建筑工程的建筑活动。
4）其他专业建筑工程的建筑活动（指铁路、水利水电设施、公路、港口、码头、机场等）。

广义的建筑业是指围绕土木建筑工程产品生产过程这个中心环节，向前延伸至建筑产品的规划和计划，向后延伸至运行和维护，包括工程勘察、设计、建筑材料的生产与供应、配件加工与组装、土木与建筑工程施工、设备仪器以及管道安装、项目运营期间的维护、工程管理服务以及与这些过程有关的教学、咨询、科研、行业组织等机构在内的集合。从其定义来看，建筑业实质上是以建筑产品生产过程为主导，以相关工程服务为辅助，以与建筑业有关的科研、教育及相关工业生产（建材、机械设备制造等）为依托的、功能完善的产业，它并不局限于施工活动中。

狭义的建筑业是指国民经济中直接从事建筑产品加工生产活动的行业。它的基本特征是，通过物化劳动，将建筑材料、构配件和工艺设备组合，使之产生一系列的物理和化学变化，最终形成土木建筑工程产品；或者说是运用工程机械，通过劳动，将建筑材料、构配件和工艺设备等物质资源转化为固定资产。

2. 建筑业的内部划分

根据国家标准 GB/T 4754—2017《国民经济行业分类》（2019 年修改版），建筑业进一步划分为以下四类：

1）房屋建筑业，指房屋主体工程的施工活动，不包括主体工程施工前的工程准备活动；进一步细分为住宅房屋建筑、体育场馆建筑和其他房屋建筑业等子类。

2）土木工程建筑业，指土木工程主体的施工活动，不包括施工前的工程准备活动；进一步细分为铁路、道路、隧道和桥梁工程建筑，水利和水运工程建筑，海洋工程建筑，工矿工程建筑，架线和管道工程建筑，节能环保工程施工，电力工程施工和其他土木工程建筑等子类。

3）建筑安装业，指建筑物主体工程竣工后，建筑物内各种设备的安装活动，以及施工中的线路敷设和管道安装活动，不包括工程收尾的装饰，如对墙面、地板、天花板、门窗等的处理活动；进一步细分为电气安装、管道和设备安装、其他建筑安装业等子类。

4）建筑装饰、装修和其他建筑业，进一步细分为建筑装饰和装修业、建筑物拆除和场地准备活动、提供施工设备服务、其他未列明建筑业等子类。

其中建筑装饰和装修业，指对建筑工程后期的装饰、装修、维护和清理活动，以及对居室的装修活动；建筑物拆除和场地准备活动，指房屋、土木工程建筑施工前的准备活动；提供施工设备服务，指为建筑工程提供配有操作人员的施工设备的服务；其他未列明建筑业，指上述未列明的其他工程建筑活动。

3. 建筑业在国民经济中的作用

(1) 为发展生产及改善人民生活提供物质技术基础

建筑业是一个重要的物质生产部门，是固定资产形成的主要动力之一。它为提高生产能力、改善人民生活提供基础设施。改革开放 40 多年来，建筑业建造了数量巨大的基础设施、工商业建筑物和住房等，极大地改善了人民的生活水平，奠定了国家基础设施的强大基础，支持了国民经济的稳定、快速、健康发展。

(2) 为社会创造新的财富，给国家提供巨额国民收入

国民收入是一个国家的物质生产部门的劳动者在一年内新创造价值的总和。它是一个国家在一年内所生产的社会总产品，扣除已消耗的生产资料所剩余的部分。建筑业对我国 GDP 的贡献较大，自 2009 年以来，建筑业增加值占国内生产总值的比例始终保持在 6.5%以上；2016 年，全社会建筑业实现增加值 49 522 亿元，占 GDP 的比重为 6.65%。随着世界经济一体化进程的加快，我国对外承包工程迅猛发展，不仅促进了建筑业自身的发展，还带动了资本、技术、劳务、设备、商品的输出；既赚取了大量的外汇收入，又扩大了政治经济影响。

(3) 建筑业是就业机会的重要来源

建筑业是劳动密集型产业，是国民经济各部门中吸纳劳动力最多的产业之一。从发达国家现状来看，建筑业的就业人口占全部就业人口的 6%~8%。2016 年年底，我国全社会就业人员总数 77 603 万，其中建筑业从业人数 5 185.24 万，占全社会就业人员总数的 6.68%。建筑业在吸纳农村转移人口就业、推进新型城镇化建设和维护社会稳定等方面继续发挥显著作用。

(4) 促进其他产业部门的发展

建筑业同国民经济其他部门有很强的前后产业关联。前向关联，建筑业向国民经济其他部门提供各种生活、生产、交换和其他经济和社会活动所需的设施。后向关联，或者称为"派生需求"的价值在大多数情况下远远超过了建筑业本身的增加值。也就是说，建筑业一方面以自己的建筑产品直接为国民经济服务，另一方面又在生产过程中消耗其他产业部门的大量产品。作为其他产业部门的重要市场，间接地促进了国民经济的发展。一般来讲，建筑业约消耗全国钢材的 50%、木材的 90%、水泥的 90%。正因为建筑业是国民经济其他部门的重要市场，所以建筑业的景气与否，是国民经济繁荣与萧条的晴雨表。当国民经济各行业处于繁荣时期，由于固定资产需求的增加，建筑业自然处于繁荣状态；当国民经济处于萧条时期，资本投资减少，这必将影响建筑业的工程总量，使建筑业呈现不景气状态。也正因为这一点，当国民经济处于萧条时期，国家可以通过增加公共事业投资，使建筑业首先发展，从而刺激其他产业部门的螺旋式发展，起到调节国民经济持续健康发展的作用。

1.1.6 基本建设与建筑业的关系

1. 基本建设与建筑业的联系

(1) 基本建设的主要内容由建筑业来完成

建筑安装工作量在基本建设投资中占有相当大的比重，一般为 60%左右。建筑业技术进步和生产效率的提高，直接关系着基本建设工作的进程和效果。事实已充分证明，没有强大的建筑业，就无法进行大规模的基本建设。

(2) 基本建设投资是促进建筑业发展的客观需要

基本建设投资数额直接影响建筑业工程任务的数量。如果基本建设投资忽高忽低，建筑业的日子就时好时坏。所以，只有基本建设规模得到健康发展，才能促进建筑业的发展。

2. 基本建设与建筑业的区别

(1) 性质不同

基本建设是一种投资行为，是一种综合性的经济活动；建筑业是个物质生产部门，主要从事建筑安装等物质生产活动。

(2) 内容不同

基本建设除了包括建筑业完成的建筑安装工程内容外，还包括对设备的购置；建筑业的生产任务除了基本建设投资形成的建筑安装任务外，还有更新改造和维修资金形成的建筑安装生产任务。

(3) 任务不同

基本建设的主要任务是在一定期限和资金限额内完成投资活动，得到足够需用的固定资产；建筑业的主要任务是为社会提供更多、更好、更经济的建筑产品并获取盈利。

1.2 基本建设经济评价

从全社会角度来看，基本建设是由一个个的建设项目组成的。建设项目是由在一个场地或几个场地上，按一个总体设计或初步设计进行施工的一个或多个有内在联系的单项工程所组成的。组成建设项目的各个工程项目在建设中实行统一核算、统一管理。也可以说，建设项目是需要一定量的投资，经过决策和实施（设计、施工等）的一系列程序，在一定的约束条件下，以形成固定资产为明确目标的一次性事业。对基本建设经济效果的评价，可以通过建设项目经济评价来实现。

1.2.1 建设项目经济评价的含义

建设项目经济评价是项目前期工作的重要内容，是项目决策科学化的重要手段。经济评价的目的是根据国民经济发展战略和行业、地区发展规划的要求，在做好产品（或服务）市场预测分析和厂址选址、工艺技术方案选择等工程技术研究的基础上，对项目投入的费用和产出的效益进行计算、分析，通过多方案比较，分析论证拟建项目的财务可行性和经济合理性，为做出正确的决策提供科学依据。

对一个建设项目的评价，不仅要权衡其技术的先进性与完善程度，而且要权衡其投入使用后的经济效果。耗费大而经济效果差的项目，无论其技术如何先进与完善，都不能对社会做出应有的贡献。建设项目类型繁多，如工业项目、农林水利项目、文化教育项目、住宅项目等，这些项目的建设目标各异，因此它们各自的经济效果的含义也有很大的差别。以下主要介绍生产性建设项目的经济评价方法。

生产性建设项目的经济评价方法，包括财务评价（也称财务分析）和国民经济评价（也称经济分析）。

1. 财务评价

财务评价是在国家现行财税制度和价格体系的前提下，从项目的角度出发，计算项目范围内的财务效益和费用,分析项目的盈利能力和清偿能力,评价项目在财务上的可行性。

财务评价是以项目自身作为一个独立系统,对项目的盈利性进行分析。如果一个项目产出大于对它的投入,就意味着该项目是盈利的,可以被采纳;反之则应放弃这个项目。财务评价的系统范围较窄,其投入与产出容易计算:凡是流出这个系统的现金款项都属于项目的投入,即项目的支出,如原始投资、生产中的经营费等;而流入这个系统的现金款项则是项目的产出,即项目的收益,如销售收入、劳务收入等。

2. 国民经济评价

国民经济评价是在合理配置社会资源的前提下,从国家经济整体利益的角度出发,计算项目对国民经济的贡献,分析项目的经济效益、效果和对社会的影响,评价项目在宏观经济上的合理性。

国民经济评价不同于财务评价,它的系统范围涉及整个社会,是从整个国民经济出发,对项目所实施的国家效益进行分析的。凡是为增加国民收入所做出的贡献都属于项目的效益,即项目的产出;而国民经济为项目所付出的代价称为费用,即项目的投入。在国民经济评价中,不仅要考虑项目自身的效益与费用,还要考虑项目的外部效益及费用,而只有总的效益大于费用的项目才是可行的。

3. 财务评价与国民经济评价的关系

对于中小型建设项目,一般只进行财务评价,即认为项目的宏观经济效果基本上可以通过其微观效果反映出来。但是,对于严重影响国计民生的重大项目、涉及进出口贸易的项目、中外合资项目、有关稀缺资源开发和利用的项目,以及产品和原料价格明显失真的项目,除需进行财务评价外,还必须进行国民经济评价,而且强调前者要服从后者。

1.2.2 建设项目经济评价的作用

建设项目前期研究是在建设项目投资决策前,对建设项目的必要性和项目备选方案的工艺技术、运行条件、环境与社会等方面进行全面的分析论证和评价工作。建设项目经济评价是项目前期工作的重要内容,对于加强固定资产投资宏观调控,提高投资决策的科学化水平,引导和促进各类资源合理配置,优化投资结构,减少投资,充分发挥投资效益,具有重要作用。

项目活动是社会经济活动的一个组成部分,而且要与整个社会的经济活动相融,符合行业和地区发展规划要求,因此经济评价都要对项目与行业发展规划进行阐述。国务院投资体制改革决定明确规定,对属于核准和备案制的企业投资项目,都要求在行业规划的范围内进行评审,这是国家宏观调控的重要措施之一。

在完成项目方案的基础上,采用科学的分析方法,对拟建项目的财务可行性(可接受性)和经济合理性进行科学的分析论证,做出全面、正确的经济评价结论,为投资者提供科学的决策依据。

项目前期研究阶段要做技术的、经济的、环境的、社会的、生态影响的分析论证,每一类分析都可能影响投资决策。经济评价只是项目评价的一项重要内容,决策者不能指望其解决所有问题。同理,对于经济评价,决策者也不能指望通过一种指标就能判断项目在财务上或经济上是否可行,而应同时考虑多种影响因素和多个目标的选择,并把这些影响和目标相互协调起来,才能实现项目系统优化,进行最终决策。

1.2.3 建设项目经济评价的内容

任何建设项目，都是通过投资活动得以实现，因此从资金的运行来看，对建设项目的经济评价，实际上就是对一项投资活动的评价。经济评价的内容一般包括以下三个方面：

1. 通过经济评价，分析投资方向的合理性

在一定的地区或部门，根据国家当前的经济发展政策、自然资源条件以及市场的需求预测等，寻求最有利的投资机会，选择最合理的建设项目，保证国家有限的建设资金能够发挥最大的经济效果。

2. 通过经济评价，分析实现某一建设项目总目标的最优途径是什么

这就要求在列举一切可行的技术方案基础上，通过分析比较，选择最经济的方案实施，保证用最小的资源耗费满足预定的目标要求。有了技术上可行且能互相替换的方案，为了进行分析比较，还必须以经济效果作为评价的基础。这是工程技术人员必须建立的基本观点。但是，这并不等于说，投资最小、经济效益最大的方案就一定会被选中。

3. 通过经济评价，分析建设项目投资的来源是什么

这就是说，资金如何筹措，从轻重缓急的角度出发，投资的数量以多少为宜，为取得一项投资而付出的最大代价是什么，以及投资的最有利偿还方式是什么等。投资来源有时是取舍技术方案的决策性因素。例如，某项经济效益高而投资多的方案，可能因资金来源所限而被放弃，反而采用效益低而投资少的方案。

■ 1.3 基本建设管理

1.3.1 项目与工程项目

1. 项目的概念与特征

（1）项目的概念

项目是指在一定约束条件（资源、时间、质量）下，具有专门组织和特定目标的一次性活动。比较有代表性的项目定义有以下几种：

1）美国项目管理协会（PMI）对项目的定义为：为提供某项独特产品、服务或成果所做的临时性努力。

2）英国标准化协会（BSI）发行的《项目管理指南》一书对项目的定义为：具有明确的开始和结束点、由某个人或某个组织所从事的具有一次性特征的一系列协调活动，以实现所要求的进度、费用以及各种功能因素等特定目标。

3）国际质量管理标准 ISO 10006 对项目的定义为：具有独特的过程，有开始和结束日期，由一系列相互协调和受控的活动组成。过程的实现是为了达到规定的目标，包括满足时间、费用和资源约束条件。

项目可以是一个组织的任务或努力，也可以是多个组织的共同努力，它们可以小到只有几个人参加，也可以大到涉及几千人，甚至可以大到上万人参加。完成项目的时间长短也不同，有的在很短时间内就可以完成，有的则需要很长时间。

(2) 项目的特征

1) 项目具有一次性。任何项目都有确定的起点和终点，而不是持续不断地进行。从这个意义上来讲，项目都是一次性的。因此，项目的一次性可以理解为：每一个项目都有明确的时间起点和终点，都是有始有终的。项目的起点是项目开始的时间，项目的终点是项目目标已经实现，或者项目目标已经无法实现，从而中止项目的时间。项目的一次性与项目持续时间的长短无关，不管项目持续多长时间，一个项目都是有始有终的。

2) 项目具有目标性。项目的目标性是指任何一个项目都是为实现特定的组织目标服务的。因此，任何一个项目都必须根据组织目标确定出项目目标。这些项目目标主要包括两个方面：一是有关项目工作本身的目标；二是有关项目可交付成果的目标。例如，就一栋建筑物的建设目标而言，项目工作的目标包括项目工期、造价和质量等；项目可交付成果的目标包括建筑物的功能、特性、使用寿命和使用安全性等。

3) 项目具有独特性。项目的独特性是指项目所生产的产品或服务与其他产品或服务相比都具有一定的独特之处。每个项目都有不同于其他项目的特点，项目可交付成果、项目所处地理位置、项目实施时间、项目内部和外部环境、项目所在地的自然条件和社会条件等都会存在或多或少的差异。

4) 项目具有特定的约束条件。每个项目都有特定的约束条件，可以是资金、时间、质量等，也可以是项目所具有的有限的人工、材料和设备等资源。

5) 项目的实施过程具有渐进性。渐进性意味着项目是分步实施、连续积累的。由于项目的复杂性，项目的实施过程是一个阶段性的过程，不可能在短期内完成，其实施过程要经过不断的修正、调整和完善。项目的实施需要逐步投入资源，持续积累才可以交付成果。

6) 项目的其他特性。项目的其他特性包括项目的生命周期、多活动性、项目组织的临时性等。项目包含着一系列相互独立、相互联系、相互依赖的活动，包括从项目的开始到结束所涉及的各项活动。另外，项目组织的临时性也主要是由于项目的一次性造成的。项目组织是为特定项目而临时组建的，一次性的项目活动结束以后，项目组织就会解散，项目组织的成员需要重新安排。

2. 工程项目的概念与特征

(1) 工程项目的概念

工程项目是一项固定资产投资，它是最常见的，也是最典型的项目类型之一。工程项目一般经过前期策划、设计、施工等一系列程序，在一定的资源约束条件下形成特定的生产能力或使用效能并形成固定资产。

工程项目种类繁多，可以从不同的角度进行分类：①按投资来源，可分为政府投资项目、企业投资项目、利用外资项目及其他投资项目；②按建设性质，可分为新建项目、扩建项目、改建项目、迁建项目和技术改造项目；③按项目用途，可分为生产性项目和非生产性项目；④按项目建设规模，可分为大型、中型和小型项目；⑤按产业领域，可分为工业项目、交通运输项目、农林水利项目、基础设施项目和社会公益项目等。

(2) 工程项目的特征

工程项目除具有一般项目的特征外，还具有如下特征：

1) 工程项目投资大。一个工程项目的资金投入少则几百万元，多则上千万元、数亿元。

2) 建设周期长。由于工程项目规模大，技术复杂，涉及的专业面广，投资回收期长，因此从项目决策、设计、建设到投入使用，少则需要几年，多则需要几十年。

3）不确定性因素多，风险大。工程项目由于建设周期长，露天作业多，受外部环境影响大，因此不确定性因素多，风险大。

4）项目参与人员多。工程项目是一项复杂的系统工程，参与的人员众多。这些人员来自不同的参与方，他们往往涉及不同的专业，并在不同的层次上进行工作，其主要的人员包括建设单位人员、建筑师、结构工程师、机电工程师、项目管理人员、监理工程师、其他咨询人员等。此外，还涉及行使工程项目监督管理的政府建设行政主管部门以及其他相关部门的人员。

1.3.2 项目管理与工程项目管理

1. 项目管理的概念及职能

（1）项目管理的概念

项目管理是通过项目组织的努力，运用系统理论和方法，在一定的约束条件下，对项目及资源进行计划、组织、协调、控制，以达到项目特定目标的管理活动。

（2）项目管理的职能

项目管理主要有计划、组织、协调和控制四种职能。

1）计划职能。将项目全过程、全部目标和全部活动都纳入计划，使整个项目按照计划有序进行，使各项工作具有可预见性和可控性。

2）组织职能。建立一个以项目经理为中心的项目组织，并为项目组织中的部门和岗位确定职责，授予权力，制定责任制并建立规章制度，以确保项目目标的实现。

3）协调职能。在项目实施过程中，项目组织必须在资源配置合理的条件下通过协调等方式来开展工作，使整个实施活动处于一种有序状态。所谓协调就是及时协调与解决各个过程、各个环节和各职能部门之间的矛盾，以实现项目目标。

4）控制职能。项目目标的实现是靠控制职能来保证的。在项目实施过程中，偏离目标的现象经常出现，因此要不断地对目标实施控制。目标控制就是通过信息反馈系统，对各个目标和实际完成情况及时进行对比，发现问题，立即采取措施进行解决。

2. 工程项目管理的概念及分类

（1）工程项目管理的概念

工程项目管理是项目管理的一大类，其管理对象主要是指工程项目，在一定的约束条件下，为实现工程项目目标，运用科学的理念、程序和方法，采用先进的管理技术和手段，对工程项目建设周期内的所有工作进行计划、组织、协调和控制等的一系列活动。

（2）工程项目管理的类型

按照工程项目实施主体的工作性质、组合特征和各阶段的不同任务，工程项目管理可划分为如下类型：

1）建设单位的项目管理。建设单位的项目管理是站在建设单位的立场上对工程项目进行的综合性、全过程的管理，包括对工程项目从提出设想与策划到项目实施和交付使用全过程所涉及的各个环节进行计划、组织、协调和控制。管理的目标包括总投资目标、总工期目标和质量目标。

由于工程项目实施的一次性特征，项目建设单位自行进行工程项目管理往往有很大的局限性，在技术和管理方面缺乏相应的配套力量，即使建设单位具有配套健全的管理机构，如果没有持续不断的工程项目管理任务也是不经济的。为此，建设单位需要委托专业化、社会化的工程项目管理单位为其提供工程项目管理服务。

2）设计单位的项目管理。设计单位的项目管理是由设计单位根据工程设计合同所界定的工作范围和目标，对自身参与的工程项目在设计阶段的工作进行管理，主要服务于项目的整体利益和设计单位本身的利益。

设计单位的项目管理不局限于工程项目设计阶段，还可延伸到工程项目的各个阶段。建设单位可根据自身的需要将工程设计的范围向前、向后延伸，如延伸到决策阶段的可行性研究或后期的施工阶段，甚至收尾阶段。

3）施工承包单位的项目管理。施工承包单位的项目管理是站在施工承包单位的立场上，根据施工承包合同所界定的工程范围，对其承包的工程项目进行管理，管理范围取决于建设单位选择的发包方式。无论是施工总承包单位还是分包单位，均应按合同所界定的范围进行管理，主要服务于项目的整体利益和施工承包单位本身的利益。

4）供货单位的项目管理。供货单位的项目管理是站在供货单位的立场上根据加工生产制造和供应合同所界定的范围对其供应的建筑材料、设备进行管理，主要服务于项目的整体利益和供货单位本身的利益。

5）总承包单位的项目管理。总承包单位的项目管理是站在总承包单位的立场上对其承包的工程项目进行管理，其范围与建设单位的要求有关。建设单位通过招标择优选定总承包单位全面负责工程项目的实施过程，直至最终交付使用功能和质量标准符合合同文件规定的工程项目。

1.3.3 项目管理的知识体系

项目管理的知识体系是指在项目管理过程中使用的各种理论、方法和工具，以及涉及的各种角色的职责和它们之间的相互关系等一系列项目管理理论与知识的总称。

项目管理的知识体系内容不仅包括已经被实践证明并得到广泛应用的知识领域，而且包括仅在有限范围内应用的、创新的做法，以及一般管理知识和项目所涉及的具体专业领域知识，这些内容可以按多种方式去组织，从而构成一套完整的项目管理知识体系。

项目管理的知识体系所涉及的具体内容之间，虽然表面上自成一体，但是一般都有重叠之处，任何一方都不能单独存在。有效的项目管理团队在项目实施过程中都要综合运用这些知识和技能。虽然项目管理团队的每一个成员没有必要具备项目所需要的所有知识和技能，但是项目管理团队应具备这些知识和技能。熟悉项目管理领域的知识和其他专业领域的知识，对于有效地管理项目是十分必要的。

复习思考题

1. 简述基本建设的内容及其作用。
2. 简述建筑业在国民经济中的作用。
3. 简述基本建设与建筑业的关系。
4. 简述建设项目经济评价的含义及内容。
5. 简述项目管理及工程项目管理的内涵。

第 2 章

现金流量与资金时间价值

本章知识要点与学习要求

序 号	知识要点	学习要求
1	现金流量图	掌握
2	资金时间价值概念	掌握
3	资金等值的概念	熟悉
4	资金时间价值计算	掌握
5	名义利率与实际利率	掌握

2.1 现金流量

2.1.1 现金流量的概念

在进行工程经济分析时，需要将所考查的对象视为一个系统，这个系统可以是一个工程项目或一个企业，也可以是一个地区或一个国家，而投入的资金、花费的成本、获取的收入，均可看成该系统以货币形式体现的资金流出或资金流入。这种考查系统一定时期各时点上实际发生的资金流出或资金流入称为现金流量，其中流出系统的资金称为现金流出（Cash-Out Flow，CO），流入系统的资金称为现金流入（Cash-In Flow，CI）。现金流入与现金流出之差（CI-CO）称为净现金流量（Net Cash Flow，NCF）。工程经济分析的任务就是根据所考查系统的预期目标和所拥有的资源条件，分析该系统的现金流量情况，选择合适的技术方案，以获得最大的经济效果。

2.1.2 现金流量图

现金流量图是描述现金流量作为时间函数的图形，它能形象、直观地表示项目系统在整个寿命期内各时间点上的现金流入与现金流出的状况，即把经济系统的现金流量绘入一张时间坐标图中，表示出各现金流出、流入与相应时间的对应关系，如图 2-1 所示。

现以图 2-1 说明现金流量图的作图方法和规则。

1. 画出时间轴

以横轴为时间轴，从左向右进行等分格，每一个格子代表一个时间单位，可取年、半年、季或月等；零表示时间序列的起点，当年的年末同时也是下一年的年初。

图 2-1 现金流量图一般形式

2. 标出现金流量

现金流量用按大小比例绘制的有向箭线表示，相对于时间坐标的垂直箭线代表不同时点的现金流量。在横轴上方的箭线表示现金流入，一般把现金流入定位为正值，即表示效益；在横轴下方的箭线表示现金流出，一般把现金流出定位为负值，即表示费用或损失。

3. 现金流量的方向

现金流量的方向（流出与流入）是对特定系统而言的，站在不同的视角，获得的结果往往相反。贷款方的流入就是借款方的流出；反之亦然。

4. 箭线的长短

在现金流量图中，箭线长短与现金流量数值的大小理论上应成比例，但现实经济活动中各时点现金流量的数额大小往往相差较大而无法成比例绘出，为了方便绘制，箭线长短只是示意性地体现各时点现金流量数额的相对差异，并在各箭线上方（或下方）注明其现金流量的数值。

5. 现金流量发生的时点

箭线与时间轴的交点即为现金流量发生的时点。现金流量发生的时点可服从年末习惯法或年初习惯法。建设期计算利息的贷款还可服从年中习惯法。

总而言之，要正确绘制现金流量图，必须把握好现金流量图的三要素，即现金流量的大小（资金数额）、流向（资金流入或流出）和时点（资金的发生的时间节点）。

2.2 资金的时间价值

2.2.1 资金时间价值的概念

资金的时间价值，又称货币的时间价值（Time Value of Money），是资金随时间的推移而产生的增值。资金的时间价值可以从以下两方面来理解：

第一，资金的时间价值，是资金作为生产要素，在技术创新、社会化大生产、资金流通等过程中，随时间的变化而产生的增值。资金的增值过程必须与占有市场份额的生产和流通过程相结合，如果没有市场需求，或离开了生产过程和流通领域，资金是不可能实现增值的。

第二，资金的时间价值，是使用稀缺资源——资金的一种机会成本，是使用货币的利息，是使用土地的租金，是使用技术要素的付费，是企业家才能创造的利润；或者是让渡资金使用权所得的报偿，是放弃近期消费所得的补偿。

资金的时间价值是客观存在的，充分利用资金的时间价值并最大限度地获得其时间价值是经济活动的一项基本原则。任何闲置的资金，都会损失资金的时间价值。因此，工程项目应加速资金周转，早期回收资金。

2.2.2 衡量资金时间价值的尺度

衡量资金时间价值的尺度有两种，其一为绝对尺度，即利息、盈利或收益；其二为相对尺度，即利率、盈利率或收益率。

1. 利息是衡量资金时间价值的绝对尺度

利息是劳动者为全社会创造的剩余价值（社会纯收入）的再分配部分。借贷双方的关系是通过银行在国家、企业、个人之间调节资金余缺的相互协作关系，所以贷款要计算利息。固定资金和流动资金的使用也采取有偿和付息的办法，其目的都是为了鼓励企业改善经营管理，节约资金，提高投资的经济效果。

2. 利率是衡量资金时间价值的相对尺度

利率（Interest Rate）是在单位时间内（如年、半年、季、月、周、日等）利息（利润）与本金之比，通常用百分数表示。

$$i = \frac{I_t}{P} \times 100\% \tag{2-1}$$

式中　i——利率；

　　　I_t——单位时间内的利息（利润）；

　　　P——本金。

用于表示计算利息的时间单位称为计息周期。计息周期通常为年、半年、季，也可以为月、周或日。

【例2-1】　某企业年初向银行借入流动资金1 500万元，一年后付息135万元，试求该笔流动资金借款利率。

【解】　根据式（2-1）计算这笔流动资金借款的年利率为

$$135 \div 1\,500 \times 100\% = 9\%$$

利率是国民经济发展的主要晴雨表之一，利率的高低由以下因素决定：

1）社会平均利润率。在通常情况下，利息来自利润，所以利率要受到平均利润率的制约，平均利润率是利率的最高界限。如果利率高于利润率，银行获得利息后，投资人无利可图，投资者就不会去贷款了。

2）资金供求状况。在平均利润率不变的情况下，利率作为资金的价格，是金融市场供求状况的反映。借贷资本供过于求，利率便下降；反之，利率便上升。

3）投资风险。投资风险的大小影响利率的高低，风险越大，利率越高。

4）通货膨胀率。通货膨胀率对利率的波动有直接影响，通货膨胀率高，往往推动利率升高，以防资金贬值使实际利率成为负值。

5）资金回收期限。投资或借款期限长，不可预见因素多，风险大，利率也就高；反之，利率就低。

6）产业对环境的影响程度。产业对环境破坏的程度越高，越需要限制产业规模，因此利率越高。

3. 利率在工程经济活动中的作用

1）利率是以信用方式动员和筹集资金的动力。以信用方式筹集资金的一个重要特点是自愿性，而自愿性的动力在于回报率。对投资者而言，只有认为投资某项目的回报高于其他项目，他才可能投资这个项目。

2）利率促进企业加强经济核算，节约使用资金。企业借款需付利息，增加支出，这就促使企业必须精打细算，减少借入资金的占用量和占用时间，以少付利息。

3）利率是国家调控宏观经济的重要杠杆。国家在不同的时期制定不同的利率政策，对不同地区不同行业规定不同的利率标准，就会对整个国民经济产生影响。如对于限制发展的行业和企业，利率规定得高一些；对于提倡发展的部门和企业，利率规定得低一些，从而引导部门和企业的生产经营服从国民经济发展的总方向。基础性、公益性项目，收取低息；商业性项目，收取高息。对产品适销对路，质量好，信誉高的企业，在资金供应上给予低息支持；反之，应收取较高的利息。

4. 利息和利率的关系

利息要依据利率来计算。通常在分析资金借贷时会使用利息或利率；在研究某项投资的经济效果时则常使用收益（盈利）或收益率（盈利率）。项目投资通常要求收益大于应支付的利息，即收益率大于利率。收益与收益率是研究项目经济性的基本指标。

2.2.3 资金时间的计算

由于利息是资金时间价值的最直观体现，计算资金时间价值的方法就是如何计算利息的问题。利息计算有单利计算和复利计算两种方法。

1. 单利

单利（Simple Interest）是指在计算利息时，仅考虑最初的本金，而不计入在先前利息周期中所累积增加的利息，即通常所说的"利不生利"的计息方法。其计算式为

$$I_t = P i_d \tag{2-2}$$

式中 I_t——第 t 计息期的利息额；
　　P——本金；
　　i_d——计息期单利利率。

设 I_n 代表 n 个计息期所付或所收的单利总利息，则有下式：

$$I_n = \sum_{t=1}^{n} I_t = \sum_{t=1}^{n} P i_d = P i_d n \tag{2-3}$$

由式（2-3）可知，在以单利计息的情况下，总利息与本金、利率以及计息周期数是成正比的线性关系的。而 n 期末单利本利和 F 等于本金加上利息，即

$$F = P + I_n = P(1 + n i_d) \tag{2-4}$$

式中 $(1+n i_d)$ ——单利终值系数。

同样，本金可由本利和 F 减去利息 I_n 求得，即

$$P = F - I_n = \frac{F}{1 + n i_d} \tag{2-5}$$

式中 $\dfrac{1}{1 + n i_d}$ ——单利现值系数。

在利用式（2-4）计算本利和 F 时，要注意式中 n 和 i_d 反映的周期要匹配。若 i_d 为年利率，则 n 应为计息的年数；若 i_d 为月利率，则 n 为计息的月数。

【例 2-2】 某企业从贸易伙伴公司借入 1 500 万元用于企业扩建，年利率 9%，单利计息，四年偿还，试计算各年利息及本利和。

【解】 计算过程和计算结果见表 2-1。

表 2-1 单利方式利息计算表

年 末	借款本金（万元）	利息（万元）	本利和（万元）	偿还额（万元）
0	1 500			
1		1 500×9% = 135	1 635	
2		1 500×9% = 135	1 770	
3		1 500×9% = 135	1 905	
4		1 500×9% = 135	2 040	
5		1 500×9% = 135	2 175	1 500 (1+9%×5) = 2 175

由【例 2-2】可见，单利的年利息额都仅由本金产生，其新生利息，不再加入本金产生利息，此即"利不生利"。单利不符合客观的经济发展规律，没有反映资金可能随时都在"增值"的概念，即没有完全反映资金的时间价值。因此，在工程经济分析中单利使用较少，通常只适用于短期投资及不超过一年的短期贷款。

2. 复利

（1）复利的概念

复利（Compound Interest）是指在计算利息时，某计息周期的利息是由本金加上先前周期所累积利息总额来计算的计息方式，也即通常所说的"利生利""利滚利"。其表达式为

$$I_t = iF_{t-1} \tag{2-6}$$

式中 i——计息期利率；

I_t——第 t 期利息；

F_{t-1}——第（$t-1$）年年末复利本利和。

第 t 年年末复利本利和的表达式为

$$F_t = F_{t-1}(1+i) \tag{2-7}$$

【例 2-3】 数据同例 2-2，如果按复利计息，得到的结果见表 2-2。

表 2-2 复利方式利息计算表

年 末	借款本金（万元）	利息（万元）	本利和（万元）	偿还额（万元）
0	1 500			
1		1 500×9% = 135	1 635	
2		1 635×9% = 147.15	1 782.15	
3		1 782.15×9% = 160.39	1 942.54	
4		1 942.54×9% = 174.83	2 117.37	
5		2 117.37×9% = 190.56	2 307.93	1 500 (1+9%)^5 = 2 307.93

从表 2-1 和表 2-2 可以看出，同一笔借款，在利率和计息期均相同的情况下，复利的利息金额比单利的利息金额大，两者相差 132.93 万元（2 307.93－2 175）。本金越大、利率越高、计算期越长，两者差距就越大。复利计息符合资金在社会再生产过程中运动的实际状况，在实际中得到了广泛的应用。如我国现行财税制度规定：投资贷款实行差别利率并按复利计息。同样，在工程经济分析中，一般采用复利计息。

复利计息有间断复利和连续复利之分。按期（年、半年、季、月、周、日）计算复利的方法称为间断复利（普通复利）；按瞬时计算复利的方法称为连续复利。

式（2-7）计算复利很不方便，因为它要逐期地计算，如果周期数很多，计算是十分烦琐的。而且在式（2-7）中没有直接反映本金 P、年金 A、本利和 F、利率 i、计息周期数 n 等要素的关系，所以有必要对式（2-7）进一步简化。

（2）一次支付情形的复利计算

一次支付又称为整付，是指所分析系统的现金流量，无论是流入或是流出，均在一个时点上一次发生。一次支付情形的复利计算式是复利计算的基本公式。在表 2-3 中：i 为计息期利率；n 为计息期数；P（Present Value）为现值，即现在的资金或本金，或者为资金发生在（或折算为）某一特定时间序列起点时的价值；F（Future Value）为终值（n 期末的资金值或本利和），或者为资金发生在（或折算为）某一特定时间序列终点的价值。

终值计算（已知 P 求 F），现有一项资金 P，按年利率 i 计算，n 年以后的本利和为多少？

根据复利的定义即可求得本利和 F 的计算公式，其计算过程见表 2-3。

表 2-3 终值计算过程

计 息 期	期初金额（A）	本期利息额（B）	期末本利和 $F=A+B$
1	P	Pi	$F_1=P+Pi=P(1+i)$
2	$P(1+i)$	$P(1+i)i$	$F_2=P(1+i)+P(1+i)i=P(1+i)^2$
3	$P(1+i)^2$	$P(1+i)^2 i$	$F_3=P(1+i)^2+P(1+i)^2 i=P(1+i)^3$
4	$P(1+i)^3$	$P(1+i)^3 i$	$F_4=P(1+i)^3+P(1+i)^3 i=P(1+i)^4$
…	…	…	…
n	$P(1+i)^{n-1}$	$P(1+i)^{n-1} i$	$F_n=P(1+i)^{n-1}+P(1+i)^{n-1} i=P(1+i)^n$

由表 2-3 可以看出，n 年末的本利和 F 与本金的关系为

$$F = P(1+i)^n \tag{2-8}$$

式中 $(1+i)^n$——一次支付复利终值系数，用 $(F/P, i, n)$ 表示。

故式（2-8）又可写为

$$F = P(F/P, i, n) \tag{2-9}$$

在 $(F/P, i, n)$ 这类符号中，括号内斜线上的符号表示所求的未知数，斜线下的符号表示已知数。整个 $(F/P, i, n)$ 符号表示在已知 i、n 和 P 的情况下求解 F 的值。为了计算方便，通常按照不同的利率 i 和计息期 n 计算出 $(1+i)^n$ 的值，并列于表中（见附录 A）。在计算 F 时，只要从复利表中查出相应的复利系数再乘以本金即为所求。

【例 2-4】 某项目第一年投资 1 100 万元,第二年年末再投资 1 300 万元,年利率 6%。问第四年年末应回收多少资金项目才可行?

【解】 画出现金流量图,如图 2-2 所示。

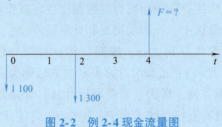

图 2-2 例 2-4 现金流量图

由式 (2-9) 得 $F = 1\,100$ 万元 $(F/P, 6\%, 4) + 1\,300$ 万元 $(F/P, 6\%, 2)$
$= 1\,100$ 万元 $\times 1.262\,5 + 1\,300$ 万元 $\times 1.123\,6$
$= 2\,849.43$ 万元

由式 (2-8) 可以很容易得到如下公式:

$$P = F(1+i)^{-n} \tag{2-10}$$

$(1+i)^{-n}$ 称为一次支付复利现值系数,用符号 $(P/F, i, n)$ 表示,并按不同的利率 i 和计息期 n 列于表中(见附录 A)。一次支付现值系数这个名称描述了它的功能,即未来一笔资金乘上该系数就可求出其现值。在工程经济分析中,一般是将未来值折现到零期,计算现值 P 的过程叫"折现"或"贴现",其所使用的利率常称为折现率、贴现率或收益率。贴现率、折现率反映了利率在资金时间价值计算中的作用,而收益率反映了利率的经济含义。故 $(1+i)^{-n}$ 或 $(P/F, i, n)$ 也可叫折现系数或贴现系数,式 (2-10) 常写为

$$P = F(P/F, i, n) \tag{2-11}$$

【例 2-5】 某投资项目,预计在今后三年的每个年末均可获利 1 000 万元,年利率为 6%。问:这些利润相当于现在获利多少?

【解】 画出现金流量图,如图 2-3 所示。

图 2-3 例 2-5 现金流量图

将有关数据代入公式计算:
$P = 1\,000$ 万元 $(P/F, 6\%, 1) + 1\,000$ 万元 $(P/F, 6\%, 2) + 1\,000$ 万元 $(P/F, 6\%, 3)$
$= 1\,000$ 万元 $\times (0.943\,3 + 0.889\,9 + 0.839\,6)$
$= 2\,672.80$ 万元

(3) 多次支付情形的复利计算

在工程经济实践中,多次支付是最常见的支付情形。多次支付是指现金流量在多个时点发生,而不是集中在某一个时点上。如果用 A_t 表示第 t 期末发生的现金流量大小,可正可负,用逐个折现的方法,可将多次现金流量换算成现值,即

$$P = A_1(1+i)^{-1} + A_2(1+i)^{-2} + \cdots + A_n(1+i)^{-n} = \sum_{t=1}^{n} A_t(1+i)^{-t} \tag{2-12}$$

或

$$P = \sum_{t=1}^{n} A_t(P/F, i, n) \tag{2-13}$$

同理，也可将多次现金流量换算成终值

$$F = \sum_{t=1}^{n} A_t(1+i)^{n-t} \tag{2-14}$$

$$F = \sum_{t=1}^{n} A_t(F/P, i, n-t) \tag{2-15}$$

在上面式子中，虽然那些系数都可以计算或查复利表得到，但如果 n 较大，A_t 较多时，计算比较麻烦。如果多次现金流量 A，有如下特征，则可大大简化上述计算公式。

等额系列现金流量，现金流量序列是连续的，且数额相等，即

$$A_t = A = 常数 \quad (t=1, 2, 3, \cdots, n) \tag{2-16}$$

等差系列现金流量，现金流量序列是连续的，相邻现金流量相差同一个常数 G，且现金流量序列是连续递增或连续递减的，即

$$A_t = A_1 \pm (t-1)G \quad (t=1, 2, 3, \cdots, n) \tag{2-17}$$

等比系列现金流量，现金流量序列是连续的，紧后现金流量较紧前现金流量按同一比率 j 连续递增，即

$$A_t = A_1(1+j)^{t-1} \quad (t=1, 2, 3, \cdots, n) \tag{2-18}$$

下面分别说明这三种典型系列现金流量的复利计算。

1) 等额系列现金流量。其现金流量如图2-4所示。

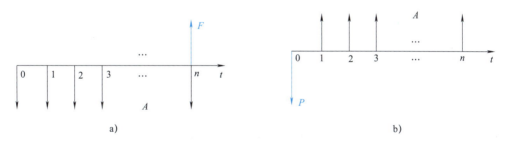

图2-4 等额系列现金流量

a) 年金与终值关系 b) 年金与现值关系

A 为年金，发生在（或折算为）某一特定时间序列各计息期末（不包括零期）的等额资金序列的价值。

① 终值计算（已知 A 求 F）。

由式（2-14）展开得

$$F = \sum_{t=1}^{n} A_t(1+i)^{n-t} = A[(1+i)^{n-1} + (1+i)^{n-2} + \cdots + (1+i)^{n-(n-1)} + 1]$$

根据等比级数求和公式 $\dfrac{a_1(1-q^n)}{1-q}$，令 $q=(1+i)$，$a_1=1$，求得上式中括号内的和为

$\dfrac{(1+i)^n - 1}{i}$，则

$$F = A\dfrac{(1+i)^n - 1}{i} \qquad (2\text{-}19)$$

式中 $\dfrac{(1+i)^n - 1}{i}$——等额系列终值系数或年金终值系数，用符号（F/A, i, 1）表示。

故式（2-19）又可写为

$$F = A(F/A, i, n) \qquad (2\text{-}20)$$

等额系列终值系数（F/A, i, n）可从附录 A 中查得。

【例 2-6】 某人从当年年末开始，连续 5 年，每年将 8 000 元集资于企业；企业承诺第 7 年年末本利一次性偿还。若投资收益率为 12%，问此人到期可获得多少本利和？

【解】画出现金流量图，如图 2-5 所示。

$$F = 8\ 000\ (F/A,\ 12\%,\ 5) \times (F/P,\ 12\%,\ 2)$$

从附录 A 中查出（F/A, 12%, 5）为 6.352 8，（F/P, 12%, 2）为 1.254 4 代入式中得

$$F = 8\ 000\ 元 \times 6.352\ 8 \times 1.254\ 4 = 63\ 751.62\ 元$$

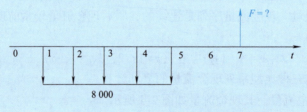

图 2-5　例 2-6 现金流量图

② 现值计算（已知 A 求 P）。

由式（2-10）和式（2-19）得

$$P = F(1+i)^{-n} = A\dfrac{(1+i)^n - 1}{i(1+i)^n} \qquad (2\text{-}21)$$

式中 $\dfrac{(1+i)^n - 1}{i(1+i)^n}$——等额系列现值系数或年金现值系数，用符号（$P/A$, i, n）表示。

故式（2-21）又可写为

$$P = A(P/A, i, n) \qquad (2\text{-}22)$$

等额系列现值系数（P/A, i, n）可从附录 A 中查得。

【例 2-7】 如果张帅期望今后 5 年内每年年末可从银行取回 10 000 元来完成他建筑学本科的学业，年利率为 10%，复利计息，问他的银行账户里现在必须有多少存款？

【解】由式（2-22）得

$$P = A(P/A, i, n) = 10\ 000\ 元\ (P/A,\ 10\%,\ 5)$$

从附录 A 中查出系数（P/A, 10%, 5）为 3.790 8，代入上式得

$$P = 10\ 000\ 元 \times 3.790\ 8 = 37\ 908\ 元$$

③ 资金回收计算（已知 P 求 A）。

由式（2-21）可知，等额系列资金回收计算是等额系列现值计算的逆运算，故由式（2-21）即可得

$$A = P \frac{i(1+i)^n}{(1+i)^n - 1} \tag{2-23}$$

式中 $\frac{i(1+i)^n}{(1+i)^n - 1}$ ——等额系列资金回收系数，用符号 $(A/P, i, n)$ 表示。

故式（2-23）又可写为

$$A = P(A/P, i, n) \tag{2-24}$$

等额系列资金回收系数 $(A/P, i, n)$ 可从附录 A 中查得。

【例 2-8】 某企业拟投资 1 000 万元建设高新技术产业化项目，期望年回报率为 15%，若每年年末等额获得收益，10 年内收回全部本利。问年收益至少多少才能达到期望的回报率？

【解】 由式（2-24）得

$$A = P(A/P, i, n) = 1\ 000\ 万元 (A/P, 15\%, 10)$$

从附录 A 中查出系数 $(A/P, 15\%, 10)$ 为 0.199 3 代入上式得

$$A = 1\ 000\ 万元 \times 0.199\ 3 = 199.3\ 万元$$

④ 偿债基金计算（已知 F 求 A）。

偿债基金计算是等额系列终值计算的逆运算，通过式（2-19）即可得

$$A = F \frac{i}{(1+i)^n - 1} \tag{2-25}$$

式中 $\frac{i}{(1+i)^n - 1}$ ——等额系列偿债基金系数，用符号 $(A/F, i, n)$ 表示。

故式（2-25）又可写为

$$A = F(A/F, i, n) \tag{2-26}$$

等额系列偿债基金系数 $(A/F, i, n)$ 可从附录 A 中查得。

【例 2-9】 某人欲在第 5 年年末攒够 100 万元购置一套商品住宅，若每年存款金额相等，年利率为 10%，复利计息，则每年年末需存款多少元？

【解】 由式（2-26）得

$$A = F(A/F, i, n) = 100\ 万元\ (A/F, 10\%, 5)$$

从附录 A 中查出系数 $(A/F, 10\%, 5)$ 为 0.163 8，代入上式得

$$A = 100\ 万元 \times 0.163\ 8 = 16.38\ 万元$$

2）等差系列现金流量的计算。

现金流量每年均有一定数量的增加或减少，如房屋随着其使用期限的增长，维修费将逐年增加。如果逐年的递增或递减是等额的，则称为等差系列现金流量。其现金流量如图 2-6 所示。图 2-6a 为一等差递增系列现金流量，可化简为两个支付系列。一个是等额系列现金流量，图 2-6b，年金是 A_1；另一个是由 G 组成的等差递增系列现金流量，图 2-6c。图 2-6b 支付系列的等值计算可用等额系列现金流量的有关公式计算。图 2-6c 支付系列的等值计算

就是等差系列现金流量需要解决的问题。

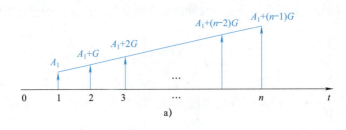

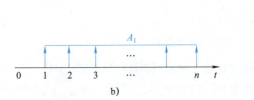 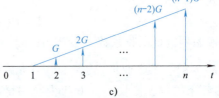

图 2-6 等差系列递增现金流量示意

① 等差终值计算（已知 G 求 F）。

根据图 2-6c，可列出 F 与 G 的计算式为

$$F_G = G(1+i)^{n-2} + 2G(1+i)^{n-3} + \cdots + (n-2)G(1+i) + (n-1)G$$

式两边同乘以 $(1+i)$ 得

$$F_G(1+i) = G(1+i)^{n-1} + 2G(1+i)^{n-2} + \cdots + (n-2)G(1+i)^2 + (n-1)G(1+i)$$

两式相减得

$$F_G i = G\left[(1+i)^{n-1} + (1+i)^{n-2} + \cdots + (1+i)^2 + (1+i) + 1\right] - nG = G\frac{(1+i)^n - 1}{i} - nG$$

整理得

$$F_G = G\left[\frac{(1+i)^n - 1}{i^2} - \frac{n}{i}\right] \tag{2-27}$$

式中 $\left[\dfrac{(1+i)^n - 1}{i^2} - \dfrac{n}{i}\right]$ ——等差系列终值系数，用符号 $(F/G, i, n)$ 表示。

故式 (2-27) 可写为

$$F_G = G(F/G, i, n) \tag{2-28}$$

② 等差现值计算（已知 G 求 P）。

由 P 与 F 的关系得

$$P_G = F_G(1+i)^{-n} = G \times \left[\frac{(1+i)^n - 1}{i^2(1+i)^n} - \frac{n}{i(1+i)^n}\right] \tag{2-29}$$

式中 $\left[\dfrac{(1+i)^n - 1}{i^2(1+i)^n} - \dfrac{n}{i(1+i)^n}\right]$ ——等差系列现值系数，用符号 $(P/G, i, n)$ 表示。

故式 (2-29) 可写为

$$P_G = G(P/G, i, n) \tag{2-30}$$

等差系列现值系数 $(P/G, i, n)$ 可从附录 B 中查得。

③ 等差年金计算（已知 G 求 A）。

由 A 与 F 的关系得

$$A_G = F_G(A/F, i, n) = G\left[\frac{(1+i)^n - 1}{i^2} - \frac{n}{i}\right]\left[\frac{i}{(1+i)^n - 1}\right] = G\left[\frac{1}{i} - \frac{n}{(1+i)^n - 1}\right]$$
(2-31)

式中 $\left[\dfrac{1}{i} - \dfrac{n}{(1+i)^n - 1}\right]$ ——等差年金换算系数，用符号 $(A/G, i, n)$ 表示。

故式（2-31）可写为

$$A_G = G(A/G, i, n) \tag{2-32}$$

等差年金换算系数 $(A/G, i, n)$ 可从附录 B 中查得。根据上述公式，即可方便地得出图 2-6 等差系列现金流量的年金为

$$A = A_1 \pm A_G \tag{2-33}$$

"减号"为等差递减系列现金流量，如图 2-6 所示。

若计算原等差系列现金流量的现值 P 和终值 F，则按式（2-30）和式（2-28）进行。

$$P = P_{A1} \pm P_G = A_1(P/A, i, n) \pm G(P/G, i, n) \tag{2-34}$$

$$F = F_{A1} \pm F_G = A_1(F/A, i, n) \pm G(F/G, i, n) \tag{2-35}$$

【例 2-10】 某机器第一年的维修费用为 6 000 元，以后 9 年每年递增 1 000 元。若年利率 i 为 10%，那么这 10 年维修费用的现值、年值各为多少？

【解】 绘出该机器维修费用的现金流量图，如图 2-7 所示。

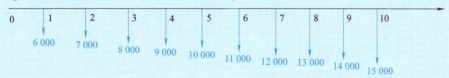

图 2-7 某机器维修费用的现金流量图

该问题相当于一个以 $A_1 = 6\,000$ 的等额支付系列和以 1 000，2 000，3 000，…，9 000 组成的等差递增系列组合而成的。

由式（2-9）和式（2-7）可得到等额支付系列的现值为

$$P_{A1} = A_1(P/A, 10\%, 10) = 6\,000\,元 \times 6.144\,6 = 36\,867.6\,元$$

由式（2-15）和式（2-16）可得等差递增系列的现值和年值分别为

$$P_G = G(G/P, 10\%, 10) = 1\,000\,元 \times 22.891\,3 = 22\,891.3\,元$$

$$A_G = G(A/G, 10\%, 10) = 1\,000\,元 \times 3.725\,5 = 3\,725.5\,元$$

综合以上两步，可得该问题的现值和年值分别为

$$P = P_{A1} + P_G = 36\,867.6\,元 + 22\,891.3\,元 = 59\,758.9\,元$$

$$A = A_1 + A_G = 6\,000\,元 + 3\,725.5\,元 = 9\,725.5\,元$$

3）一般不等额支付现金流量。

若每期期末的现金收支不等，且无一定的规律可循，就采用复利公式 $F = (1+i)^n$ 或 $P = F(1+i)^{-n}$ 分项计算后求和。

2.2.4 等值计算公式的应用

前述已知，资金有时间价值。即使金额相同，因其发生在不同时点，其价值就不相同；反之，不同时点绝对值不等的资金在时间价值的作用下却可能具有相等的价值。这些不同时期、不同数额但其"价值等效"的资金称为等值（Equivalence）。在工程经济分析中，等值是一个十分重要的概念，它为我们提供了一个计算某一经济活动有效性或者进行方案比较、优选的可能性。资金等值计算公式和复利计算公式的形式是相同的。

在以上资金时间价值等值计算公式中，一次支付复利终值公式、一次支付复利现值公式、等额支付年金终值公式、等额支付年金现值公式、等额支付偿债基金公式、等额支付资金回收公式是最为常用的六个基本公式；不等额支付现金流量的复利公式则是在前述公式基础上的应用推广。在六个基本公式中，又以复利终值（或现值）公式为最基本的公式，其他公式则是在此基础上经数学运算得到的，六个基本公式归纳见表2-4。

表 2-4 资金时间价值等值计算的六个基本公式

支付方式	已知	求解	公　　式	系数名称及符号	现金流量图
一次支付	P	F	一次支付复利终值系数 $F=P(1+i)^n$	一次支付复利终值系数（$F/P, i, n$）	
	F	P	一次支付复利现值系数 $P=\dfrac{F}{(1+i)^n}$	一次支付复利现值系数（$P/F, i, n$）	
等额支付	A	F	等额支付年金终值系数 $F=A\dfrac{(1+i)^n-1}{i}$	等额支付年金终值系数（$F/A, i, n$）	
	F	A	等额支付偿债基金系数 $A=F\dfrac{i}{(1+i)^n-1}$	等额支付偿债基金系数（$A/F, i, n$）	
	A	P	等额支付年金现值系数 $A=P\dfrac{i(1+i)^n}{(1+i)^n-1}$	等额支付年金现值系数（$A/P, i, n$）	
	P	A	等额支付资本回收系数 $P=A\dfrac{(1+i)^n-1}{i(1+i)^n}$	等额支付资本回收系数（$P/A, i, n$）	

1. 应用公式时应注意的问题

1) 本期期末即等于下期期初，0点就是第一期期初，也叫零期，第一期期末即等于第二期期初。

2) P是在第一计息期开始时（0期）发生。

3）F 发生在考查期期末，即 n 期期末。

4）各期的等额支付 A，发生在各期期末。

5）当问题包括 P 与 A 时，系列的第一个 A 与 P 隔一期，即 P 发生在系列 A 的前一期。

6）当问题包括 A 与 F 时，系列的最后一个 A 是与 F 同时发生的。

2. 未知计算期数 n 或利率 i 的计算

前述的等值换算，是在已知计算期数 n 和利率 i 的条件下，完成不同时点 P、F、A、之间的转换。在实践中，还会遇到计息期数 n 或利率 i 未知的情况，一般采用内插法进行计算。

2.3 名义利率与实际利率

在复利计算中。利率周期通常以年为单位。它可以与计息周期相同，也可以不同。当利率周期与计息周期不一致时，就出现了名义利率和实际利率的概念。

2.3.1 名义利率

所谓名义利率（Nominal Interest Rate），是指计息周期利率 i 乘以一个利率周期内的计息周期数 m 所得的利率周期利率。

$$r = im \tag{2-36}$$

式中，r 为名义利率。

若计息周期为月，月利率为 1%，利率周期为年，则每年计息 12 次。年名义利率为 12%。很显然，计算名义利率时忽略了前面各期利息再生的因素，这与单利的计算相同。

2.3.2 实际利率

若用计息周期利率来计算利率周期利率，并将利率周期内的利息再生因素考虑进去，这时所得的利率周期利率称为利率周期实际利率（Actual Interest Rate），又称有效利率。

根据利率的概念即可推导出实际利率的计算式。

已知名义利率 r，一个利率周期内计息 m 次，则计息周期利率为 $i = r/m$，在某个利率周期初有资金 P，根据一次支付终值公式可得该利率周期的 F，即

$$F = P\left(1 + \frac{r}{m}\right)^m \tag{2-37}$$

根据利息的定义可得该利率周期的利息 I 为

$$I = F - P = P\left(1 + \frac{r}{m}\right)^m - P = P\left[\left(1 + \frac{r}{m}\right)^m - 1\right] \tag{2-38}$$

再根据利率的定义可得该利率周期的实际利率 i 为

$$i = \frac{I}{P} = \left(1 + \frac{r}{m}\right)^m - 1 \tag{2-39}$$

实际利率与名义利率的关系，见表 2-5。

表 2-5　实际利率与名义利率的关系

年名义利率 r	计息期	年计息次数 m	计息期利率 i=r/m	年实际利率 i
10%	年	1	10%	10%
	半年	2	5%	10.25%
	季	4	2.5%	10.38%
	月	12	0.833%	10.47%
	日	365	0.027 4%	10.52%

从表 2-5 可以看出，每年计息期 m 越多、年实际利率 i 与年名义利率 r 相差越大。所以，在工程经济分析中，如果各方案的计息期不同，就不能简单地使用名义利率来评价，必须换算成实际利率进行评价，否则会得出不正确的结论。

2.3.3　连续复利

前面介绍了间断计息的情形。当每期计息时间趋于无限小，则一年（利率周期常为一年）内计息次数趋于无限大，即 $m \to \infty$，此时可视没有时间间隔的计息方式为连续复利（Continuous Compounding），则年实际利率为

$$i_\infty = \lim_{m \to \infty}\left[\left(1 + \frac{r}{m}\right)^m - 1\right] = e^r - 1 \tag{2-40}$$

e 是自然对数的底，其值为 2.718 28。

将连续复利引入普通的利息公式得

一次支付：

连续复利终值公式为

$$F = Pe^{rn} \tag{2-41}$$

连续复利现值公式为

$$P = Fe^{-rn} \tag{2-42}$$

等额支付：

连续复利终值公式为

$$F = A\left[\frac{e^{rn} - 1}{e^r - 1}\right] \tag{2-43}$$

连续复利现值公式为

$$P = A\left[\frac{1 - e^{-rn}}{e^r - 1}\right] \tag{2-44}$$

连续复利资金回收公式为

$$A = P\left[\frac{e^r - 1}{1 - e^{-rn}}\right] \tag{2-45}$$

连续复利偿债基金公式为

$$A = F\left[\frac{e^r - 1}{e^{rn} - 1}\right] \tag{2-46}$$

用连续复利计算的利息高于普通复利计算的利息，故资金成本偏高，可以提醒工程项目

决策者提高资金的使用效率。

2.4 案例分析

案例一 房贷贷款市场报价利率（Loan Prime Rate，简称LPR）转换对"月供族"的影响

根据《中国人民银行公告〔2019〕第30号》的相关要求，自2020年3月1日起，金融机构应与存量浮动利率贷款购房者就定价基准转换条款进行协商，将原合同约定的利率定价方式转换为以LPR为定价基准加点形成（加点可为负值），加点数值在合同剩余期限内固定不变；也可转换为固定利率。定价基准只能转换一次，转换之后不能再次转换。已处于最后一个重定价周期的存量浮动利率贷款可不转换。存量浮动利率贷款定价基准转换原则上应于2020年8月31日前完成。

1. 选择固定利率

依照商贷基准利率4.9%，购房者手上的房贷，利率可能是七折、九折、上浮10%、上浮20%等折扣利率，那么现在对应的利率就是：七折3.43%利率、九折4.41%利率、上浮10%为5.39%利率、上浮20%为5.88%利率。如果选择了固定利率，那么以后保持现在的利率，不再改变。

2. 选择LPR浮动利率

改革参照的LPR是2019年12月的4.8%，假如购房者原来的房贷是1.1倍的基准利率，就是5.39%。5.39%比4.8%要高，5.39%-4.8%=0.59%，这个0.59%，就是购房者今后的房贷的固定加点数。今后的房贷利率就是：LPR+0.59%。今年的LPR是4.8%，购房者今年的利率就是4.8%+0.59%=5.39%。2021年的1月1日，会根据2020年12月的LPR报价调整购房者的贷款利率。

【案例思考】

1. 某购房者购房时贷款利率上浮25%（商贷基准利率为4.9%），参照LPR为4.8%，试计算购房者的固定加点数。

2. 如果2021年LPR调整成为4.5%，固定加点数采用思考题1中的计算结果，试计算购房者的贷款利率。

3. 试讨论LPR上升（下行），对选择固定利率（LPR浮动利率）的影响。

案例二 某PPP道路工程项目的成本费用计算

某城市拟建设一条免费通行的道路工程，与项目相关的信息如下：

1. 根据项目的设计方案及投资估算，该项目建设投资为100 000万元，建设期为2年，建设投资全部形成固定资产。

2. 该项目拟采用PPP模式投资建设，政府与社会资本出资人合作成立了项目公司。项目资本金为项目建设投资的30%，其中，社会资本出资人出资90%，占项目公司股权90%；

政府出资10%，占项目公司股权10%。政府不承担项目公司亏损，不参与项目公司利润分配。

3. 除项目资本金外的项目建设投资由项目公司贷款，贷款年利率为6%（按年计息），贷款合同约定的还款方式为项目投入使用后10年内等额还本付息。项目资本金和贷款均在建设期内均衡投入。

4. 该项目投入使用（通车）后，前10年年均支出2 500万元，后10年年均支出4 000万元，用于项目公司经营、项目维护和修理。道路两侧的广告收益权归项目公司所有，预计广告业务收入每年为800万元。

5. 固定资产采用直线法折旧；项目公司适用的企业所得税税率为25%；为简化计算不考虑销售环节的相关税费。

6. PPP项目合同约定，项目投入使用（通车）后连续20年内，在达到项目运营绩效的前提下，政府每年给项目公司等额支付一定的金额作为项目公司的投资回报，项目通车20年后，项目公司需将该道路无偿移交给政府。

【案例思考】

1. 列式计算项目投入使用第1年项目公司应偿还银行的本金和利息。
2. 列式计算项目投入使用第1年的总成本费用。

复习思考题

一、简答题

1. 什么是现金流量？财务现金流量与国民经济效益费用流量有何区别？
2. 构成现金流量的基本经济要素有哪些？
3. 绘制现金流量图的目的及主要注意事项是什么？
4. 何谓资金的时间价值？如何理解资金的时间价值？
5. 单利与复利的区别是什么？试举例说明。
6. 什么是终值、现值、等值？
7. 什么是名义利率、实际利率？

二、计算题

1. 年利率为10%，每半年计息1次，从现在起连续3年每年年末等额支付500万元，求与其等值的第3年年末的现值是多少？
2. 某企业打算五年后兴建一幢5 000m^2的住宅楼以改善职工居住条件，按测算每平方米造价为800元。若银行利率为8%，问现在起每年年末应存入多少金额才能满足需要？
3. 为在未来的15年中的每年年末取回8万元，先需以8%的利率向银行存入现金多少？
4. 某华侨为支持家乡办厂，一次投资100万美元，商定分5年等额回收，利率定为年利10%，求每年回收多少美元。
5. 年利率为8%，每季度计息一次，每季度末借款1 400元，连续借16年，求与其等值的第16年年末的将来值为多少？
6. 某企业拟向银行贷款250万元，6年还清本利和。现有甲银行提出按年利率18%、半年复利计息，乙银行提出按年利率17%、季度复利计息。请问向哪家银行贷款较为有利？

第 3 章

工程经济基本要素

本章知识要点与学习要求

序 号	知识要点	学习要求
1	投资的基本概念与构成	熟悉
2	投资形成的资产	掌握
3	投资的估算方法	掌握
4	工程项目成本费用构成	掌握
5	营业收入、税金及利润的计算	掌握

工程经济基本要素是工程经济分析的基础。本章的主要内容包括投资、成本和费用、销售收入与利润、主要税金的概念及计算。

3.1 建设项目总投资及估算

3.1.1 投资的基本概念与构成

1. 投资的基本概念

投资一词具有双重含义：一是指特定的经济活动，即为了将来获得收益或避免风险而进行的资金投放活动；二是指投放的资金，即为了保证项目投产和生产经营活动的正常进行而投入的活劳动和物化劳动价值的总和。

投资也有广义和狭义之分。广义的投资是指人们为了获取将来的报酬，事先投入一定的资源的经济行为。狭义的投资是指人们在社会生产活动中为实现某项预定的生产而预先垫付的资金。

本节涉及的投资主要指静态的投资及狭义的投资。

2. 投资的构成

在工程经济学中，通常把投资分为建设投资、流动资金投资和建设期贷款利息三大部分。流动资金投资包括生产领域的资金投资和流通领域的资金投资，如图3-1所示。生产性的建设项目总投资包含建设投资和流动资金和建设期贷款利息三部分，非生产性建设项目总投资通常不含流动资金投资。

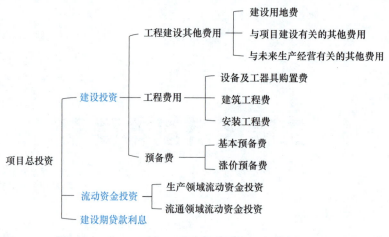

图 3-1　项目总投资构成

（1）建设投资

项目建设投资包括工程建设其他费用、工程费用、预备费。工程费用包括建筑工程费、设备及工器具购置费、安装工程费。工程建设其他费用内容较多，且随着行业和项目的不同而不同。预备费包含基本预备费和涨价预备费。

建设投资最终形成三种资产。建筑工程费、设备及工器具购置费、安装工程费形成固定资产。工程建设期的其他费用可形成固定资产、无形资产和其他资产，其中形成固定资产的部分包括建设管理费、建设用地费（土地征收、拆迁补偿、土地出让金）、可行性研究费、研究试验费、勘察设计费、环境影响评价费、劳动安全卫生评价费、场地准备及临时设施费、引进技术和引进设备其他费、工程保险费、联合试运转费、特殊设备安全监督检验费、市政公用设施费。形成无形资产部分包括专利及专有技术使用费，形成其他资产部分包括生产准备及开办费。建设投资中形成固定资产的投资叫作固定资产投资，形成无形资产的投资叫作无形资产投资，形成其他资产的投资叫作其他资产投资。

（2）流动资金投资

流动资金投资是指为维持一定的生产规模所占用的全部周转资金。当项目寿命期结束时，流动资金成为企业在期末的一项可回收的现金流入。流动资金通常在项目投产前预先垫付，在投产后的生产经营过程中，用于购买原材料、燃料动力、备品备件、支付工资和其他费用，以及被在产品、半成品、产成品和其他存货占用的周转资金。在生产经营过程中，流动资金以现金及各种存款、存货、应收及预付款项等流动资产的形式出现。

（3）建设期贷款利息

建设期贷款利息是指筹措债务资金时在建设期内发生并按规定允许在投产后计入固定资产原值的利息，即资本化利息。为便于计入成本，通常将建设期贷款利息计入固定资产投资。

3.1.2　投资形成的资产

项目投资形成的资产包括固定资产、无形资产、其他资产和流动资产等。

1. 固定资产

固定资产是指企业为生产产品、提供劳务、出租或者经营管理而持有的，使用时间超过

12个月，价值达到一定标准的非货币性资产。通常要求使用期超过一年，单位价值在规定的标准以上，在生产过程中为多个生产周期服务，在使用过程中，能保持原来实物形态的资产。固定资产的价值随其使用的磨损，以折旧的形式分期分批地转移到新产品的价值中去。

固定资产折旧是指固定资产在长期的使用过程中，由于损耗而使其价值逐渐减少。固定资产的损耗分为有形损耗和无形损耗两种，其中有形损耗是指固定资产由于使用和自然力的影响而引起的价值损失，也称物理损耗；无形损耗是指机器设备由于技术进步而引起的价值损耗。折旧费需要逐年提取，作为折旧基金积累，专门用于固定资产的更新改造。

固定资产原值减去累计折旧称为固定资产净值。

2. 无形资产

无形资产是指企业长期使用并能带来收益但没有实物形态的资产，包括专利权、非专利权、商标权、著作权、土地使用权和商誉等。无形资产的价值转移是以其在服务期内逐年摊销的形式来实现的。无形资产从开始使用之日起，在有效使用期内平均计算摊销费。有效使用年限的确定原则：①法律、合同或者企业申请书分别规定有法定的有效期限和受益年限的，取两者中较短者为有效使用期限；②法律没有规定有效使用年限的，按照合同或者企业申请书规定的受益年限为有效期限；③法律、合同或者企业申请书均未规定有效期限和受益年限的，按照不少于10年确定有效使用年限。

3. 其他资产

其他资产是指不能一次性计入当年的损益，应在以后年度逐年摊销的费用。在项目筹建期内实际发生的各项费用，除应计入固定资产和无形资产投资之外，均应计入其他资产。其他资产投资就是形成其他资产而发生的各项费用支出，包括开办费、租入固定资产的改良支出。其他资产中的开办费从企业开始生产经营起，按照不少于5年的期限平均摊销，以经营租赁租入的固定资产改良支出在租赁有效期内分期平均摊销。

4. 流动资产

流动资产是指可以在一年内或者超过一年的一个营业周期内变现或者耗用的资产，包括现金、各种存款、短期投资、应收及预付款项、存货等。

3.1.3 投资的估算

投资估算分为固定资产投资估算和流动资产投资估算两个方面。其中固定资产投资估算包括建设投资估算和建设期贷款利息估算两部分。

1. 建设投资估算

（1）估算依据

1）项目管理部门颁发的建设工程造价费用构成、计算方法以及其他有关计算工程造价的文件。

2）行业主管部门制定的投资估算方法、估算指标和定额。

3）有关部门制定的工程建设其他费用计算方法和费用标准以及国家颁布的价格指数。

4）拟建项目各单项工程的建设内容和工程量。

（2）估算质量要求

1）工程内容和费用构成齐全，计算合理，不重复计算，不提高和降低估算标准，不漏项、不少算。

2）若选用的指标与具体工程之间的标准或条件有差异，应进行必要的换算和调整。

3）投资估算深度应能满足控制设计概算的要求。

（3）投资估算步骤

1）分别估算各单项工程所需要的建筑工程费、安装工程费、设备及工器具购置费。

2）在汇总各单项工程费用的基础上，估算工程建设其他费用和基本预备费，得出项目的静态投资部分。

3）估算涨价预备费和建设期贷款利息，得出项目的动态投资部分。

（4）估算方法

投资机会研究及项目建议书阶段的投资估算方法分为生产能力指数法、资金周转率法、比例估算法、系数估算法。

1）生产能力指数法。这种方法根据已建成的、性质类似的建设项目或生产装置的投资额和生产能力及拟建项目或生产装置的能力估算拟建项目的投资额。

$$I_2 = I_1 \left(\frac{C_2}{C_1}\right)^e f \tag{3-1}$$

式中　I_1、I_2——已建和拟建工程或装置的投资额；

C_1、C_2——已建和拟建工程或装置的生产能力；

e——投资、生产能力系数，$0<e<1$，根据不同类型企业的统计资料确定；

f——不同时期、不同地点的定额、单价费用变更等的调整系数。

e 的平均值在 0.6 左右，又称为 0.6 指数法。拟建项目的增加幅度不宜大于 50 倍。生产规模比值为 0.5~2，$e=1$；生产规模比值相差不大于 50 倍，且拟建项目规模的扩大仅靠增大设备规模来达到时，则 e 取值为 0.6~0.7；若靠增加相同规模设备数量达到目的时，则 e 取值为 0.8~0.9。

2）资金周转率法。

$$I = \frac{Qa}{t_r} \tag{3-2}$$

式中　I——拟建项目投资额；

Q——产品的年产量；

a——产品的单价；

t_r——资金周转率（$\frac{年销售总额}{总投资}$）。

3）比例估算法。

$$I = E(1 + f_1 p_1 + f_2 p_2 + f_3 p_3) + C \tag{3-3}$$

式中　I——拟建项目投资额；

E——拟建工程设备购置费的总和；

f_1、f_2、f_3——由于时间因素引起的定额、价格费用标准等变化的综合调整系数；

p_1、p_2、p_3——建筑工程、安装工程、其他费用占设备费用的百分比；

C——拟建项目的其他费用。

4）系数估算法。

$$I = CK_1 \tag{3-4}$$

$$K_1 = \left(1 + \sum f_1\right) f_c \tag{3-5}$$

式中 I——拟建项目投资额；

　　　C——备费；

　　　K_1——朗格系数；

　　　f_1——管线、仪表、建筑物等专业工程的投资费用系数；

　　　f_c——包括管理费、合同费、应急费等间接费在内的总估算系数。

5）详细估算法。可行性研究阶段的投资估算主要采用详细估算法。详细估算法是指对建设投资的各个组成部分分别进行估算，并汇总得出建设投资总额的一种方法。

① 建筑工程投资。计算公式为

$$\text{建筑工程投资} = \text{项目建筑面积} \times \text{单位面积造价} \tag{3-6}$$

式中，项目建筑面积根据生产能力确定，单位面积造价根据有关部门制定的概预算编制文件和经验数据来确定。

② 设备购置费。计算公式为

$$\text{设备购置费} = \text{设备出厂价} + \text{运杂费} \tag{3-7}$$

设备出厂价可以通过生产厂商等渠道了解；运杂费包括运输费、装卸费和保险费等，通常根据设备供应厂家到项目场地的距离、供货方式、运输方式等情况确定。

③ 安装费。计算公式为

$$\text{安装工程费} = \text{设备购入价} \times \text{安装费率} \tag{3-8}$$

或

$$\text{安装工程费} = \text{设备重量} \times \text{设备单位重量安装费} \tag{3-9}$$

设备购入价可以通过生产厂商等渠道了解，安装费率、设备单位重量安装费可根据国家有关规定或经验数据确定。

④ 工程建设其他费用。工程建设其他费用，国家有规定的收费或取费标准。在估算工程建设其他费用时，可根据项目的实际投资构成情况和有关部门的相关规定进行估算。

⑤ 基本预备费估算，指在初步设计及概算内难以预料的工程费用，以设备及工器具购置费用、建筑工程费、安装工程费和工程建设其他费用之和为计费基础，乘以基本预备费的费率进行计算。

⑥ 涨价预备费，指建设项目在建设期间由于价格变化引起工程造价变化的预备、预留费用，包括工费、设备、材料、施工机械差价、费率、汇率等调整。

具体测算方法根据国家规定的投资综合价格指数，以估算年份价格水平的投资额为基数，采用复利法计算。

基本公式为

$$\text{PF} = \sum_{t=1}^{n} I_t \left[(1+f)^m (1+f)^{0.5} (1+f)^{t-1} - 1 \right] \tag{3-10}$$

式中 PF——涨价预备费；

　　　I_t——第 t 年投资使用计划额；

　　　f——年价格变动率；

　　　n——建设期年份数；

　　　m——建设前期年限。

【例 3-1】 某建设项目建安工程费 5 000 万元,设备购置费 3 000 万元,工程建设其他费用 2 000 万元。已知基本预备费率为 5%,项目建设前期年限为 1 年,建设期为 3 年,各年投资计划额为:第一年完成投资 20%,第二年完成投资 60%,第三年完成投资 20%。年均投资价格上涨率为 6%,求建设项目建设期间涨价预备费。

【解】基本预备费 (5 000+3 000+2 000) 万元×5%=500 万元

静态投资 (5 000+3 000+2 000+500) 万元=10 500 万元

建设期第一年完成投资 10 500 万元×20%=210 万元

第一年的涨价预备费 210 万元× [$(1+5\%)^{1.5}-1$] =15.94 万元

建设期第二年完成投资 10 500 万元×60%=630 万元

第二年的涨价预备费 630 万元× [$(1+5\%)^{2.5}-1$] =81.73 万元

建设期第三年完成投资 10 500 万元×20%=210 万元

第三年的涨价预备费 210 万元× [$(1+5\%)^{3.5}-1$] =39.10 万元

所以建设期间涨价预备费 PF=(15.94+81.73+39.10) 万元=136.77 万元

2. 建设期贷款利息估算

国内贷款建设项目建设期利息,一般采用近似复利公式计算:

$$建设期每年应计算利息 = \left(以前年度贷款本息累计 + \frac{本年度贷款额}{2}\right) \times 利率 \quad (3-11)$$

【例 3-2】 某建设项目的工程费用与工程建设其他费用的估算额为 9 000 万元,基本预备费的费率为 5%,预计建设期物价平均上涨 2%,不考虑投资方向调节税。项目建设前期年限为 1 年,建设期为 3 年,3 年的投资比例是:第 1 年 20%,第 2 年 50%,第 3 年 30%,第 4 年投产。该项目建设投资来源为自有资金和贷款,贷款的总额为 5 000 万元,年利率为 8%(按季度计息),试分析项目的投资额为多少?

【解】(1) 工程费和工程建设其他费 9 000 万元

(2) 基本预备费 9 000 万元×5%=450 万元

(3) 涨价预备费的计算

计算基数 (9 000+450) 万元=9 450 万元

第一年的投资额 9 450 万元×20%=1 890 万元

第二年的投资额 9 450 万元×50%=4 725 万元

第三年的投资额 9 450 万元×30%=2 835 万元

第一年的涨价预备费

1 890 万元× [$(1+2\%)^{1.5}-1$] =56.98 万元

第二年的涨价预备费

4 725 万元× [$(1+2\%)^{2.5}-1$] =239.81 万元

第三年的涨价预备费

2 835 万元× [$(1+2\%)^{3.5}-1$] =203.46 万元

总的涨价预备费 (56.98+239.81+203.46) 万元=500.25 万元

(4) 年贷款额的计算

第一年的贷款额 5 000 万元×20%＝1 000 万元

第二年的贷款额 5 000 万元×50%＝2 500 万元

第三年的贷款额 5 000 万元×30%＝1 500 万元

(5) 计算年实际利率

第一年的利息 1 000 万元×0.5×8.24%＝41.20 万元

第二年的利息 （1 000+41.20+2 500×0.5）万元×8.24%＝188.79 万元

第三年的利息 （1 000+41.20+2 500+188.79+1 500×0.5）万元×8.24%＝369.15 万元

(6) 总利息额 （41.20+188.79+369.15）万元＝599.14 万元

(7) 项目总投资 （9 000+450+500.25+599.14）万元＝10 549.39 万元

【例 3-3】 某新建项目，建设期为 3 年，分年平均进行贷款，第一年贷款 300 万元，第二年贷款 600 万元，第三年贷款 400 万元，年利率为 12%，建设期内利息只计息不支付，计算建设期利息。

【解】 第一年产生的利息 300 万元×12%×1÷2＝18 万元

第二年产生的利息 （300+18+600×1÷2）万元×12%＝74.16 万元

第三年产生的利息 （300+18+600+74.16+400×1÷2）万元×12%＝143.06 万元

因此建设期的利息之和为 （18+74.16+143.06）万元＝235.22 万元

3. 流动资金投资估算

流动资金投资估算有两种方法：一是扩大指标估算法，二是分项详细估算法。

(1) 扩大指标估算法

一般可参照同类生产企业流动资金占销售收入、经营成本、固定资产投资的比率，以及单位产量占用流动资金的比率来确定。

一般按百元产值占用额进行估算。

$$\text{定额流动资金} = \text{工业总产值} \times \text{每百元产值占用定额流动资金} \tag{3-12}$$

(2) 分项详细估算法

需要分项详细估算流动资金时，可采用下列计算公式：

$$\text{流动资金} = \text{流动资产} - \text{流动负债} \tag{3-13}$$

其中

$$\text{流动资产} = \text{应收账款} + \text{预付账款} + \text{存货} + \text{现金} \tag{3-14}$$

$$\text{流动负债} = \text{应付账款} + \text{预收账款} \tag{3-15}$$

首先计算各类流动资产和流动负债的周转次数，然后再分项估算占用资金额。

1) 周转次数计算。周转次数是指流动资金的各个构成项目，在一年内完成多少个生产过程。

周转次数可用一年天数（为简化计算，通常按 360 天）除以流动资金的最低周转天数计算，则各项流动资金年平均占用额度为流动资金的年周转额度除以流动资金的年周转次数。

$$\text{周转次数} = \frac{360}{\text{流动资金最低周转天数}} \tag{3-16}$$

周转天数可以参照同类企业的平均周转天数并结合项目特点确定，或按照有关部门规定确定。在确定最低周转天数时应考虑储存天数、在途天数，并考虑适当的保险系数。

2）应收账款估算。应收账款是指企业对外赊销商品、提供劳务尚未收回的资金。

$$应收账款 = \frac{年经营成本}{应收账款周转天数} \tag{3-17}$$

3）预付账款估算。预付账款是指企业为购买各类材料、半成品或服务所预先支付的款项。

$$预付账款 = \frac{外购商品或服务年费用金额}{预付账款周转天数} \tag{3-18}$$

4）存货估算。企业为销售或生产耗用而储备的各种物资，主要有原材料、辅助材料、燃料、低值易耗品、维修备件、包装物、商品、在产品、自制半成品和产成品等。

为简化计算，一般仅考虑外购原材料、燃料、其他材料、在产品和产成品，并分项进行计算。

$$存货 = 购原材料、燃料 + 其他材料 + 在产品 + 产成品 \tag{3-19}$$

$$购原材料、燃料 = \frac{年外购原材料、燃料费用}{分项周转次数} \tag{3-20}$$

$$其他材料 = \frac{年其他材料费用}{其他材料周转次数} \tag{3-21}$$

$$在产品 = \frac{年外购原材料、燃料 + 年工资及福利费 + 年修理费 + 年其他制造费用}{在产品周转次数}$$

$$\tag{3-22}$$

5）现金需要量估算。现金需要量包括企业库存资金和银行存款。

$$现金 = \frac{年工资及福利费 + 年其他费用}{现金周转次数} \tag{3-23}$$

其中

年其他费用 = 制造费用 + 管理费用 + 营业费用（以上三项费用中所含的工资及
福利费、折旧费、摊销费、修理费） (3-24)

6）流动负债估算。流动负债是指在一年或者超过一年的一个营业周期内，需要偿还的各种债务，包括短期借款、应付票据、应付账款、预收账款、应付工资、应付福利费、应付股利、应交税费、其他暂收应付款、预提费用和一年内到期的长期借款等。在项目可行性研究中，流动负债的估算可以只考虑应付账款和预收账款两项。

$$应付账款 = \frac{外购原材料、燃料动力费及其他材料年费用}{应付账款周转次数} \tag{3-25}$$

$$预收账款 = \frac{预收的营业收入年金额}{预收账款周转次数} \tag{3-26}$$

【例3-4】 某企业定员1 100人，工资及福利费按照每人每年7.20万元估算，每年其他费用为860万元（其他制造费用为660万元），年外购原材料、燃料、动力费为19 200万元；年经营成本为21 000万元，年销售收入33 000万元，年修理费占年经营成本的10%；年预付账款为800万元，年预收账款为1 200万元。各项流动资金最低周转天数分别为：应收账款为30天，现金为40天，应付账款为30天，存货为40天，预付账款为30天，预收账款为30天。用分项详细估算法估算拟建项目的流动资金。

【解】（1）应收账款

$$\text{应收账款} = \frac{\text{年经营成本}}{\text{应收账款周转次数}} = 21\,000\,\text{万元} \div (360 \div 30) = 1\,750\,\text{万元}$$

（2）预付账款

$$\text{预付账款} = \frac{\text{外购商品或服务年费用金额（年预付账款总额）}}{\text{预付账款周转次数}}$$

$$= 800\,\text{万元} \div (360 \div 30) = 66.67\,\text{万元}$$

（3）存货

$$\text{购原材料、燃料} = \frac{\text{年外购原材料、燃料费用}}{\text{分项周转次数}}$$

$$= 19\,200\,\text{万元} \div (360 \div 40)\,\text{万元} = 2\,133.33\,\text{万元}$$

$$\text{其他材料} = \frac{\text{年其他材料费用}}{\text{其他材料周转次数}}$$

$$\text{在产品} = \frac{\text{年外购原材料、燃料} + \text{年工资及福利费} + \text{年修理费} + \text{年其他制造费用}}{\text{在产品周转次数}}$$

$$= (19\,200 + 1\,100 \times 7.20 + 21\,000 \times 10\% + 660)\,\text{万元} \div (360 \div 40)\,\text{万元} = 3\,320\,\text{万元}$$

$$\text{产成品} = \frac{\text{年经营成本} - \text{年其他营业费用}}{\text{产成品周转次数}}$$

$$= 21\,000\,\text{万元} \div (360 \div 40)\,\text{万元} = 2\,333.33\,\text{万元}$$

存货 = 购原材料、燃料 + 其他材料 + 在产品 + 产成品

$$= (2\,133.33 + 3\,320 + 2\,333.33)\,\text{万元} = 7\,786.66\,\text{万元}$$

（4）现金

$$\text{现金} = \frac{\text{年工资及福利费} + \text{年其他费用}}{\text{现金周转次数}}$$

$$= (1\,100 \times 7.2 + 860)\,\text{万元} \div (360 \div 40)\,\text{万元} = 975.56\,\text{万元}$$

流动资产 = 应收账款 + 预付账款 + 存货 + 现金

$$= (1\,750 + 66.67 + 7\,786.66 + 975.56)\,\text{万元} = 10\,578.89\,\text{万元}$$

（5）应付账款

$$\text{应付账款} = \frac{\text{外购原材料、燃料动力费及其他材料年费用}}{\text{应付账款周转次数}}$$

$$= 19\,200\,\text{万元} \div (360 \div 30)\,\text{万元} = 1\,600\,\text{万元}$$

（6）预收账款

$$\text{预收账款} = \frac{\text{预收的营业收入年金额}}{\text{预收账款周转次数}}$$

$$= 1\,200\,\text{万元} \div (360 \div 30)\,\text{万元} = 100\,\text{万元}$$

流动负债 = 应付账款 + 预收账款 = (1\,600 + 100) 万元 = 1\,700 万元

流动资金 = 流动资产 − 流动负债 = (10\,578.89 − 1\,700) 万元 = 8\,878.89 万元

3.2 工程项目成本费用

总成本费用是指项目在一定时期（一年）内，为生产和销售产品而花费的全部成本费用，如图 3-2 所示。总成本费用=生产成本+管理费用+财务费用+销售费用。

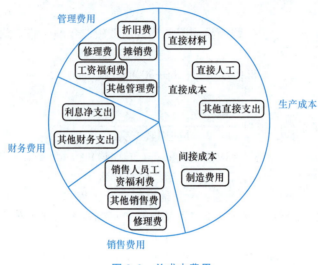

图 3-2 总成本费用

1. 生产成本

（1）生产成本的构成

生产成本也称为制造成本或生产费用，是指企业为生产产品、提供劳务而发生的各种耗费。生产成本要素按其经济用途可划分为直接材料消耗、直接工资、其他直接支出和制造费用。直接材料、直接人工、其他直接支出通常称为直接成本，制造费用称为间接成本。

1）直接材料消耗，指企业在生产过程中实际消耗的直接材料、辅助材料、设备配件、外购半成品、燃料、动力、包装物、低值易耗品以及其他直接材料。

2）直接人工费，指企业直接从事产品生产人员的工资、奖金、津贴和补贴，以及直接从事产品生产人员的职工福利费等。

3）制造费用，指为生产产品和提供劳务而发生的各种间接费用，如车间、分厂管理人员、技术人员的工资及福利费、车间使用的固定资产修理费、办公费、水电费、物料消耗、劳动保护费、季节性、修理期间的停工损失。

（2）生产费用与产品成本的联系与区别

企业某一时期实际发生的产品生产费用总和，不一定等于该期产品成本的总和。某一时期完工产品的成本可能包括几个时期的生产费用，某一时期的生产费用也可能分期计入几个会计期间完工产品成本。两者的关系可表示为：本期完工产品成本=期初在产品成本+本期生产费用－期末在产品成本。

2. 期间费用

期间费用是指本期发生的、与生产经营没有直接关系和关系不密切的管理费用、财务费用和销售费用。

(1) 管理费用

管理费用是指企业行政管理部门为组织和管理企业生产经营所发生的各项费用，包括公司经费、工会经费、待业保险费、劳动保险费、住房公积金、董事会费、聘请中介机构费、咨询费（含顾问费）、诉讼费、业务招待费、税金（房产税、车船使用税、土地使用税、印花税）、技术转让费、矿产资源补偿费、无形资产摊销、职工教育经费、研究与开发费、排污费、存货盘亏与盘盈（不包括应计入营业外支出的存货损失）、计提的坏账准备和存货跌价准备等。

(2) 财务费用

财务费用是指企业为筹集生产经营所需资金而发生的各项费用，包括生产经营期间的利息支出净额（利息支出减利息收入）、汇兑净损失（汇兑损失减汇兑收益）、金融机构手续费以及为筹集生产经营资金发生的其他费用等。

(3) 销售费用

销售费用是指企业在销售产品、提供劳务等日常经营过程中发生的各项费用，包括企业销售产品过程中发生的运输费、装卸费、包装费、保险费、委托代销费、广告费、展览费、租赁费（不包括融资租赁费），以及为销售本企业商品而专设的销售机构（含销售网点、售后服务网点等）的人员工资、职工福利费、差旅费、办公费等经常性费用。

3. 经营成本

经营成本是因工程经济分析的需要从总成本费用中分离出来的一部分费用，是在一定时间（通常为一年）内由于生产和销售产品及提供劳务而实际发生的现金支出。

经营成本是在项目总成本费用中扣除固定资产折旧费、维简费、无形及其他资产摊销费和利息支出以后的全部费用。

$$经营成本 = 总成本费用 - 折旧费 - 维简费 - 摊销费 - 利息支出$$

经营成本中不包括折旧费、摊销费和利息支出的原因有以下两点：

1) 在对工程项目进行工程经济分析时，必须考查项目系统在寿命期内逐年发生的现金流量。由于项目总投资已在期初作为一次性支出被计入现金流出，所以不能再以折旧和摊销的方式计为现金流出，否则会发生重复计算。

2) 贷款利息是使用资金所要付出的代价，对于企业来说，是实际的现金流出。在评价工程项目全部投资的经济效果时，并不考虑资金的具体来源，利息支出不作为现金流出，而自有资金现金流量表已将利息支出单列，因此经营成本中不包括利息支出。

4. 变动成本和固定成本

变动成本是指总成本中随产量变动而变动的费用。单位变动成本不变，总的变动成本是变化的。固定成本是指在一定的产量变动范围内不随产量的变动而变动的成本。

【例3-5】 甲企业接受乙企业A与B两种产品的加工任务，每件的生产时间都为4小时，每天各生产2件。如果每天只生产A产品或者B产品，则每天能够生产4件，财务成本及利润见表3-1。其中固定劳务按照加工时间分摊，每件700元，其他间接费用（设备折旧、财务费用等）按各产品的直接成本（变动材料费、加工费与固定劳务费的合计）的比例分摊。问甲企业是否应该停止B产品的生产，而转为全部生产A产品？

表 3-1　A、B 产品的经济要素　　　　　　　　　　（单位：元/件）

项　　目	A 产品	B 产品
单价	4 700	6 200
单位变动材料费、加工费	3 200	4 600
每天固定劳务费用分摊	700	700
其他间接费用每天 3 194 元分摊	677	920
利润	123	-20

【解】其他间接费用按每天 3 194 元分摊的计算过程：

设 1 件 A 产品分摊 x 元，有

$$(3\ 200+70)\ 元 \div x = (4\ 600+700)\ 元 \div (3\ 194 \div 2 - x)\ 元$$

$$x = 677\ 元$$

若转为全部生产 A 产品，则 A 产品每件其他间接费用分摊费用上升到

$$(3\ 194 \div 4)\ 元 = 798.5\ 元$$

每件利润为

$$(4\ 700 - 3\ 200 - 700 - 798.5)\ 元 = 1.5\ 元$$

总利润为 1.5 元×4 = 6 元。

所以不应该停止 B 产品生产，原因是 B 产品承担了较多的固定成本分摊。

5. 机会成本

机会成本是将有限资源用于某种特定的用途而放弃其他各种用途中的最高收益。例如，当一个厂商决定利用自己所拥有的经济资源生产一辆汽车时，这就意味着该厂商不可能再利用相同的经济资源来生产 200 辆自行车。于是，可以说，生产一辆汽车的机会成本是所放弃生产的 200 辆自行车。如果用货币数量来代替对实物商品数量的表述，且假定 200 辆自行车的价值为 10 万元，则可以说，一辆汽车的机会成本是价值为 10 万元的其他商品。

6. 沉没成本

沉没成本是指过去已经支付而现在无法得到补偿的成本。从决策的角度来看，以往发生的费用只是造成当前状态的一个因素，当前状态是决策的出发点，当前决策所要考虑的是未来可能发生的费用及所带来的收益，而不是考虑以往发生的费用。因此，在工程经济分析中，引入沉没成本的概念有利于排除和决策无关的费用，确保分析决策的科学性。

7. 固定资产折旧估算

（1）固定资产折旧的概念

企业的固定资产可以长期参加生产经营而仍保持其原有的实物形态，但其价值将随着固定资产的不断使用而逐渐转移到生产的产品中去，或构成了企业的经营成本或费用。这部分随着固定资产的磨损而逐渐转移的价值称为固定资产折旧。从本质上讲，折旧也是一种费用，只不过这种费用没有在计提期间付出实实在在的货币资金，但这种费用是前期已经发生的支出，而这种支出的收益在资产投入使用后的有效使用期内实现。无论是从权责发生制原则来讲，还是从收入与费用配比的原则来讲，计提折旧都是必要的。否则，不提折旧或错误地计提折旧，都将影响企业产品成本（或营业成本）、损益计算的准确性。

(2) 影响折旧的因素

1) 折旧的基数。计算固定资产折旧的基数一般为取得固定资产的原始成本，即固定资产的账面原值。

2) 固定资产的净残值。固定资产的净残值是指预计的固定资产报废时可以收回的残余价值扣除预计清理费用后的数额。

3) 固定资产使用年限。固定资产使用年限的长短直接影响各期应提的折旧额。在确定固定资产使用年限时，不仅要考虑固定资产的有形损耗，还要考虑固定资产的无形损耗。

(3) 计算折旧的方法

1) 平均年限法。平均年限法又称直线法，是将固定资产的折旧均衡地分摊到各期的一种方法。采用这种方法计算的每期折旧额均是相等的。计算公式为

$$D = \frac{V_K - V_L}{N} \tag{3-27}$$

式中　D——年折旧额；
　　　V_K——固定资产原值
　　　V_L——预计固定资产净残值；
　　　N——折旧年限。

$$年折旧率 = \frac{年折旧额}{固定资产原值}$$

$$年折旧率 = \frac{1 - 预计净残值率}{折旧年限} \times 100\% \tag{3-28}$$

年折旧额也可以表示为式 (3-29)，即

$$年折旧额 = 年折旧率 \times 固定资产原值 \tag{3-29}$$

【例3-6】　某企业有一设备，原值为500 000元，预计可使用20年，按照有关规定，该设备报废时净残值率为2%，试计算该设备的月折旧率和月折旧额。

【解】　规定的折旧年限=20年
年折旧率=(1-2%)÷20×100%=4.9%
月折旧率=4.9%÷12=0.41%
月折旧额=500 000元×0.41%=2 050元

2) 工作量法。工作量法是根据工作量计提折旧额的一种方法，基本计算公式为

$$d = \frac{V_K - V_L}{W} \tag{3-30}$$

$$D = d\omega \tag{3-31}$$

式中　d——单位工作量折旧值；
　　　W——预计使用期限内可以完成的工作量；
　　　ω——年实际完成的工作量。

【例3-7】　某企业一载重汽车的原价为60 000元，预计总行驶里程为50万km，该汽车的残值率为5%，本月行驶4 000km。计算该汽车的月折旧额。

【解】　单位里程应提折旧额=60 000元×(1-5%)÷500 000km=0.114元/km

本月折旧额＝4 000km×0.114元/km＝456元

工作量法把固定资产的服务效能与固定资产的使用程度联系起来，弥补了平均年限法只重使用年限，不考虑使用强度的不足。但这种方法也有一定的局限性，即预计的总工作量难以估计，而且没有考虑无形损耗对固定资产服务潜力的影响。这种方法适合于各期完成工作量不均衡的固定资产。

3）加速折旧法。加速折旧法又称递减折旧法，是指在固定资产使用年限前期多提折旧，在后期少提折旧，从而相对加快折旧的速度，以使固定资产价值在使用年限内尽早得到补偿的折旧计算方法，主要有双倍余额递减法和年数总和法。

① 双倍余额递减法。双倍余额递减法是在不考虑固定资产残值的情况下，根据每期期初固定资产账面余额和双倍的直线法折旧率计算固定资产折旧的一种方法。

$$l = \frac{2}{折旧年限} \times 100\% \quad (3-32)$$

$$D = V_R l \quad (3-33)$$

式中　V_R——固定资产净值；
　　　l——年折旧率。

由于年初固定资产的净值按一定的比率提取折旧，存在分摊不完固定资产原值的情况，因此在折旧年限到期前的最后两年，改用直线折旧法。此时的计算公式为

$$D = \frac{V_R - V_L}{2} \quad (3-34)$$

② 年数总和法。年数总和法又称合计年限法，是以固定资产原值扣除预计净残值后的余额乘以一个逐年递减的折旧率计提折旧的一种方法。采用年数总和法的关键是每年都要确定一个不同的折旧率。

$$年折旧率 = \frac{折旧年限 - 已使用年限}{\frac{折旧年限 \times (1 + 使用年限)}{2}} \quad (3-35)$$

【例3-8】　某公司现有设备一台，原值为200 000元，预计使用5年，预计净残值率为5%。要求：分别采用双倍余额递减法和年数总和法计算此设备每年的折旧额。

【解】（1）双倍余额递减法：

$$年折旧率 = \frac{2}{预计使用年限 \times 100\%}$$

年折旧额＝年折旧率×固定资产账面价值（原值-已提折旧）

第一年年折旧额＝2÷5×200 000元＝80 000元

第二年年折旧额＝2÷5×（200 000-80 000）元＝48 000元

第三年年折旧额＝2÷5×（200 000-80 000-48 000）元＝28 800元

固定资产折旧年限到期的前两年内（即倒数两年），将固定资产账面折余价值扣除预计净残值后的剩余价值在两年间平均摊销。

预计净残值=原值×预计净残值率=200 000 元×5%=10 000 元

第四年、第五年每年折旧额=1÷2×[200 000-10 000-(80 000+48 000+28 800)]元=16 600 元

(2) 年数总和法：

年折旧额=折旧基数×逐年递减的折旧率

=(原值-预计净残值)×尚可使用的年限÷$(1+2+\cdots+n)$

预计净残值=原值×预计净残值率=200 000 元×5%=10 000 元

第一年年折旧额=(200 000-10 000)元×5÷(1+2+3+4+5)=63 333.33 元

第二年年折旧额=(200 000-10 000)元×4÷(1+2+3+4+5)=50 666.67 元

第三年年折旧额=(200 000-10 000)元×3÷(1+2+3+4+5)=38 000 元

第四年年折旧额=(200 000-10 000)元×2÷(1+2+3+4+5)=25 333.33 元

第五年年折旧额=(200 000-10 000)元×1÷(1+2+3+4+5)=12 666.67 元

加速折旧的优点有以下几个方面：

1) 随着固定资产使用年限的推移，它的服务潜力下降了，它所能提供的收益也随之降低，所以根据配比的原则，在固定资产的使用早期多提折旧，而在晚期少提折旧。

2) 固定资产所能提供的未来收益是难以预计的，早期收益要比晚期收益有把握一些。从谨慎原则出发，早期多提、后期少提折旧的方法是合理的。

3) 随着固定资产的使用，后期修理维护费用要比前期多，采用加速折旧法，早期折旧费用比后期多，可以使固定资产的成本费用在整个使用期内比较平均。

企业采用加速折旧法并没有改变固定资产的有效年限和折旧总额，变化的只是在投入使用前期提的折旧多，后期提的折旧少。这一变化的结果推迟了企业所得税的缴纳，实际上等于企业从政府获得了一笔长期无息贷款。

3.3 营业收入、税金及利润

3.3.1 销售收入

销售收入，也称为营业收入，是指企业在生产经营过程中，在销售商品、提供劳务及他人使用本企业资产等日常活动中所形成的经济利益的总流入。

$$销售收入=产品销售量×产品单价 \tag{3-36}$$

或

$$销售收入=服务量×服务单价 \tag{3-37}$$

3.3.2 营业外收入

营业外收入是指与企业生产经营活动没有直接关系的各种收入。营业外收入并不是由企业经营资金耗费产生的，不需要企业付出代价。营业外收入实际上是一种纯收入，不可能也不需要与有关费用进行配比。营业外收入主要包括非流动资产处置利得、非货币性资产交换利得、出售无形资产收益、债务重组利得、企业合并损益、盘盈利得、因债权人原因确实无法支付的应付款项、政府补助、教育费附加返还款、罚款收入和捐赠利得等。

3.3.3 利润及分配

利润指企业销售产品的收入扣除成本价格和税金以后的余额。在不同的社会条件下，利润的内涵不同，体现的社会关系也不同。利润是指企业在一定期间内获得的经营成果。

$$利润总额 = 销售收入 - 总成本费用 - 销售税金及附加$$

销售税金及附加是指与企业销售收入相关的税金及附加，具体包括增值税、消费税、城市维护建设税、资源税、教育费附加等。但会计上规定无论一般纳税企业还是小规模纳税企业均应在"应交增值税明细表"中单独反映，因此应交增值税不计入"主营业务税金及附加"。

净利润是指在利润总额中按规定缴纳了所得税后公司的利润留成，一般也称为税后利润。税后利润的计算公式为

$$税后利润 = 利润总额 - 所得税 \tag{3-38}$$

按照《中华人民共和国公司法》的规定，企业利润的分配顺序如下：

1) 被没收的财物损失，支付各项税收的滞纳金和罚款。
2) 弥补以前年度亏损。
3) 提取法定公积金和公益金。应当提取利润的百分之十列入公司法定公积金，公司法定公积金累计额为公司注册资本的百分之五十以上的，可以不再提取。
4) 提取任意公积金。公司从税后利润中提取法定公积金后，经股东会或者股东大会决议，还可以从税后利润中提取任意公积金。
5) 向投资者分配利润。

3.3.4 税金

按照纳税对象的不同性质，税收可以划分为流转税类、资源税类、所得税类、特定目的税类、财产行为税类、关税等。在项目的投资与建设过程中缴纳的主要税收包括增值税、所得税、城市维护建设税和教育费附加（可视为税收）。另外，针对其占有的财产和行为，还涉及房产税、土地使用税、土地增值税和契税等的征收。

3.3.4.1 增值税

增值税是以商品（含应税劳务）在流转过程中产生的增值额作为计税依据而征收的一种流转税。增值税是我国最主要的税种之一，增值税的收入占我国全部税收的60%以上，是最大的税种。增值税由国家税务局负责征收，税收收入中50%为中央财政收入，50%为地方收入。进口环节的增值税由海关负责征收，税收收入全部为中央财政收入。

1. "营改增"的历程

营业税改增值税，简称"营改增"，是指以前缴纳营业税的应税项目改成缴纳增值税。"营改增"的最大特点是减少重复征税，促使社会形成更好的良性循环，有利于企业降低税负。

增值税只对产品或者服务的增值部分纳税，减少了重复纳税的环节，是党中央、国务院，根据经济社会发展新形势，从深化改革的总体部署出发做出的重要决策；是自1994年分税制改革以来，财税体制的又一次深刻变革。"营改增"的目的是加快财税体制改革，进一步减轻企业赋税，调动各方积极性，促进服务业尤其是科技等高端服务业的发展，促进产业和消费升级、培育新动能、深化供给侧结构性改革。

"营改增"在全国的推开,大致经历了部分地区试点、部分行业全国推广和全面推开三个阶段。2011年,经国务院批准,财政部、国家税务总局联合下发营业税改增值税试点方案,2012年1月1日,在上海交通运输业和部分现代服务业开展营业税改增值税试点;2014年1月1日,铁路运输和邮政服务业纳入"营改增"试点,至此交通运输业已全部纳入"营改增"范围;2016年5月1日,全面推开"营改增"试点,将建筑业、房地产业、金融业、生活服务业全部纳入"营改增"试点,至此,营业税退出历史舞台。

2. 纳税人和纳税对象

在中华人民共和国境内销售货物或者提供加工、修理修配劳务,销售服务、无形资产、不动产以及进口货物的单位和个人,为增值税的纳税人,应当依照条例缴纳增值税。

由于增值税实行凭增值税专用发票抵扣税款的制度,因此对纳税人的会计核算水平要求较高,要求能够准确核算销项税额、进项税额和应纳税额。但实际情况是有众多的纳税人达不到这一要求,因此《中华人民共和国增值税暂行条例》将纳税人按其经营规模大小以及会计核算是否健全划分为一般纳税人和小规模纳税人。

(1) 一般纳税人

1) 生产货物或者提供应税劳务的纳税人,以及以生产货物或者提供应税劳务为主(纳税人的货物生产或者提供应税劳务的年销售额占应税销售额的50%以上)并兼营货物批发或者零售的纳税人,年应税销售额超过50万元的。

2) 从事货物批发或者零售经营,年应税销售额超过80万元的。

(2) 小规模纳税人

1) 从事货物生产或者提供应税劳务的纳税人,以及从事货物生产或者提供应税劳务为主(纳税人的货物生产或者提供劳务的年销售额占年应税销售额的50%以上),并兼营货物批发或者零售的纳税人,年应税销售额(应税销售额)在50万元(含本数)以下的。

2) 除上述规定以外的纳税人,年应税销售额在80万元(含本数)以下。

3. 增值税税率

自2019年4月1日起,调整后的增值税税率见表3-2。

表3-2 增值税税率

纳税人类别	征税范围	税率或征收率
小规模纳税人或允许适用简易计税方式计税的一般纳税人	小规模纳税人销售货物或者加工、修理修配劳务,销售应税服务、无形资产;一般纳税人发生按规定适用或者可以选择适用简易计税方法计税的特定应税行为,但适用5%征收率的除外	3%
	销售不动产;符合条件的经营租赁不动产(土地使用权);转让"营改增"前取得的土地使用权;房地产开发企业销售、出租自行开发的房地产老项目;符合条件的不动产融资租赁;选择差额纳税的劳务派遣、安全保护服务;一般纳税人提供人力资源外包服务	5%
	个人出租住房,按照5%的征收率减按1.5%计算应纳税额	5%减按1.5%
	纳税人销售旧货;小规模纳税人(不含其他个人)以及符合规定情形的一般纳税人销售自己使用过的固定资产,可依3%征收率减按2%征收增值税	3%减按2%

（续）

纳税人类别	征税范围		税率或征收率
一般纳税人	销售或者进口货物（另有列举的货物除外）；销售劳务		13%
	销售或者进口： 粮食等农产品（未经工业加工） 自来水、食用植物油、食用盐、暖气、冷气、热水、煤气、石油液化气、天然气、二甲醚、沼气、居民用煤炭制品 图书、报纸、杂志、音像制品、电子出版物 饲料、化肥、农药、农机、农膜 国务院规定的其他货物发		9%
	交通运输服务	陆路运输服务、水路运输服务、航空运输服务（含航天运输服务）和管道服务、无运输工具承运业务	9%
	邮政服务	邮政普遍服务、邮政特殊服务、其他邮政服务	9%
	电信服务	基础电信服务	9%
		增值电信服务	6%
	建筑服务	工程服务、安装服务、修缮服务、装饰服务和其他建筑服务	9%
	销售不动产	转让建筑物、构筑物等不动产所有权	9%
	金融服务	贷款服务、直接收费金融服务、保险服务和金融商品转让	6%
	现代服务	研发和技术服务	6%
		信息技术服务	
		文化创意服务	
		物流辅助服务	
		鉴证咨询服务	
		广播影视服务	
		商务辅助服务	
		其他现代服务	
		有形动产租赁服务	13%
		不动产租赁服务	9%
	生活服务	文化体育服务	6%
		教育医疗服务	
		旅游娱乐服务	
		餐饮住宿服务	
		居民日常服务	
		其他生活服务	
	销售无形资产	转让技术、商标、著作权、商誉、自然资源和其他权益性无形资产使用权或所有权	6%
		转让土地使用权	9%

4. 应纳税额计算

增值税的计税方法，包括一般计税方法和简易计税方法。一般纳税人发生财政部和国家税务总局规定的特定应税行为，可以选择适用简易计税方法计税，但一经选择，36个月内不得变更；小规模纳税人发生应税行为适用简易计税方法计税。

（1）一般计税方法的应纳税额：

$$应纳税额 = 当期销项税额 - 当期进项税额 \tag{3-39}$$

$$销项税额 = 销售额 \times 税率 \tag{3-40}$$

$$销售额 = 含税销售额 \div (1+税率) \tag{3-41}$$

$$进项税额 = 买价 \times 扣除率 \tag{3-42}$$

销项税额指纳税人发生应税行为按照销售额和增值税税率计算并收取的增值税税额，当期销项税额小于当期进项税额不足抵扣时，其不足部分可以结转下期继续抵扣。进项税额是指纳税人购进货物、加工修理修配劳务、服务、无形资产或者不动产，支付或者负担的增值税税额。

（2）简易计税方法的应纳税额：

$$应纳税额 = 销售额 \times 征收率 \tag{3-43}$$

简易计税方法的应纳税额按照销售额和增值税征收率计算的增值税税额，不得抵扣进项税额。

5. 纳税地点

1）固定业户应当向其机构所在地或者居住地主管税务机关申报纳税。总机构和分支机构不在同一县（市）的，应当分别向各自所在地的主管税务机关申报纳税；经财政部和国家税务总局或者其授权的财政和税务机关批准，可以由总机构汇总向总机构所在地的主管税务机关申报纳税。

2）非固定业户应当向应税行为发生地主管税务机关申报纳税；未申报纳税的，由其机构所在地或者居住地主管税务机关补征税款。

3）其他个人提供建筑服务，销售或者租赁不动产，转让自然资源使用权，应向建筑服务发生地、不动产所在地、自然资源所在地主管税务机关申报纳税。

4）扣缴义务人应当向其机构所在地或者居住地主管税务机关申报缴纳扣缴的税款。

【例3-9】甲建筑公司为增值税一般纳税人，2016年5月1日承接A工程项目，5月30日发包方按进度支付工程价款222万元，该项目当月发生工程成本为100万元，其中购买材料、动力、机械等取得增值税专用发票上注明的金额为50万元。对A工程项目甲建筑公司选择适用一般计税方法计算应纳税额，该公司5月需缴纳多少增值税？

注：本背景2016年对应的建筑服务的增值税税率为11%，购买商品的增值税税率为17%。

【解】一般计税方法下的应纳税额 = 当期销项税额 - 当期进项税额

该公司5月销项税额为222万元÷（1+11%）×11% = 22万元

该公司5月进项税额为50万元×17% = 8.5万元

该公司5月应纳增值税税额为22万元 - 8.5万元 = 13.5万元

【例3-10】甲建筑公司为增值税小规模纳税人，2019年9月1日承接A工程项目，9月30日发包方按进度支付工程价款222万元，该项目当月发生工程成本为100万元，其中取得增值税发票上注明的金额为 50 万元。甲建筑公司 9 月需缴纳多少增值税？

【解】小规模纳税人采用简易计税方法，其进项税额不能抵扣。

应纳税额＝销售额×征收率

该公司 9 月应纳增值税税额为：222 万元÷（1+3%）×3%＝6.47 万元

3.3.4.2 所得税

所得税又称所得课税、收益税，是指国家对法人、自然人和其他经济组织在一定时期内的各种所得征收的一类税收。所得税主要包括企业所得税和个人所得税。

1. 纳税人和纳税对象

企业所得税的纳税人是指企业或其他取得收入的组织（以下统称企业）。可分为居民企业和非居民企业。

1）居民企业是指依法在中国境内成立，或者依照外国（地区）法律成立但实际管理机构在中国境内的企业。居民企业应当就其来源于中国境内、境外的所得缴纳企业所得税。

2）非居民企业是指依照外国（地区）法律成立且实际管理机构不在中国境内，但在中国境内设立机构、场所的，或者在中国境内未设立机构、场所，但有来源于中国境内所得的企业。

① 非居民企业在中国境内设立机构、场所的，应当就其所设机构、场所取得的来源于中国境内的所得，以及发生在中国境外但与其所设机构、场所有实际联系的所得，缴纳企业所得税。

② 非居民企业在中国境内未设立机构、场所的，或者虽设立机构、场所但取得的所得与其所设机构、场所没有实际联系的，应当就其来源于中国境内的所得，缴纳企业所得税。

2. 计税依据和税率

（1）计税依据

企业所得税的计税依据为应纳税所得额，即企业每一纳税年度的收入总额，减除不征税收入、免税收入、各项扣除以及允许弥补的以前年度亏损后的余额。

计算公式为

应纳税所得额＝收入总额−不征税收入−免税收入−各项扣除−弥补以前年度亏损

1）收入总额。收入总额是指企业以货币形式和非货币形式从各种来源取得的收入，包括：销售货物收入；提供劳务收入；转让财产收入；股息、红利等权益性投资收益；利息收入；租金收入；特许权使用费收入；接受捐赠收入；其他收入。

2）不征税收入。收入总额中的下列收入为不征税收入：财政拨款；依法收取并纳入财政管理的行政事业性收费、政府性基金；国务院规定的其他不征税收入。

3）免税收入。企业的下列收入为免税收入：国债利息收入；符合条件的居民企业之间的股息、红利等权益性投资收益；在中国境内设立机构、场所的非居民企业从居民企业取得与该机构、场所有实际联系的股息、红利等权益性投资收益；符合条件的非营利组织的收入。

4）各项扣除。企业实际发生的与取得收入有关的、合理的支出，包括成本、费用、税金、损失和其他支出，准予在计算应纳税所得额时扣除。同时，企业发生的公益性捐赠支出，在年度利润总额 12% 以内的部分，准予在计算应纳税所得额时扣除。

5）弥补以前年度亏损。根据利润的分配顺序，企业发生的年度亏损，在连续 5 年内可以用税前利润进行弥补。

6）在计算应纳税所得额时，不得扣除的支出有：向投资者支付的股息、红利等权益性投资收益款项；企业所得税税款；税收滞纳金；罚金、罚款和被没收财物的损失；允许扣除范围以外的捐赠支出；赞助支出，未经核定的准备金支出；与取得收入无关的其他支出。

（2）税率

企业所得税实行25%的比例税率。对于非居民企业取得的应税所得额，适用税率为20%。

符合条件的小型微利企业，减除20%的税率征收企业所得税。国家需要重点扶持的高新技术企业，减除15%的税率征收企业所得税。此外，企业的下列所得可以免征、减征企业所得税：从事农、林、牧、渔业项目的所得；从事国家重点扶持的公共基础设施项目投资经营的所得；从事符合条件的环境保护、节能节水项目的所得；符合条件的技术转让所得。

3. 应纳税额计算

企业的应纳税所得额乘以适用税率，减去有关税收优惠的规定减免和抵免的税额后的余额为应纳税额：

$$应纳税额 = 应纳税所得额 \times 所得税税率 - 减免和抵免的税额 \qquad (3-44)$$

企业取得的下列所得已在境外缴纳的所得税税额，可以从其当期应纳税额中抵免，抵免限额为该项所得依照规定计算的应纳税额；超过抵免限额的部分，可以在以后5个年度内，用每年度抵免限额抵免当年应抵税额后的余额进行抵补。

1）居民企业源于中国境外的应税所得。

2）非居民企业在中国境内设立机构、场所，取得发生在中国境外且与该机构、场所有实际联系的应税所得。

居民企业从其直接或者间接控制的外国企业分得的源于中国境外的股息、红利等权益性投资收益，外国企业在境外实际缴纳的所得税税额中属于该项所得负担的部分，可以作为该居民企业的可抵免境外所得税税额，在规定的抵免限额内抵免。

3.3.4.3 城市维护建设税与教育费附加

1. 城市维护建设税

城市维护建设税是为筹集城市维护和建设资金而开征的一种附加税。城市维护建设税的纳税人，是有义务缴纳增值税、消费税的单位和个人。外商投资企业和外国企业不缴纳城市维护建设税。城市维护建设税以实际缴纳的增值税、消费税之和为计税依据，与增值税、消费税和营业税同时缴纳。城市维护建设税根据纳税人所在地的不同，分别规定不同的比例税率。纳税人所在地在市区的，税率为7%；纳税人所在地在县城或镇的，税率为5%；纳税人所在地不在市区、县城或镇的，税率为1%。施工企业、房地产开发企业应该以实际缴纳的增值税税额为计税依据，同时缴纳城市维护建设税。

2. 教育费附加

教育费附加是指为了发展地方教育事业、扩大地方教育经费来源而征收的一种附加税。教育费附加的纳税人，是有义务缴纳增值税、消费税的单位和个人。教育费附加以实际缴纳的增值税、消费税的税额为计征依据，与增值税、消费税同时缴纳。教育费附加税率为3%，地方教育费附加税率为2%。

3.3.4.4 房产税

1. 纳税人

房产税的纳税义务人是征税范围内的房屋的产权所有人，包括国家所有和集体、个人所有房屋的产权所有人、承典人、代管人或使用人三类。

1）产权属国家所有的，由经营管理单位纳税；产权属集体和个人所有的，由集体单位或个人纳税。

2）产权出典的，由承典人纳税。所谓产权出典，是指产权所有人将房屋、生产资料等的产权，在一定期限内典当给他人使用而取得资金的一种融资业务。

3）产权所有人、承典人不在房屋所在地的，产权未确定及租典纠纷未解决的，由房产代管人或者使用人纳税。

4）无租使用其他单位房产的，应由使用人代为缴纳房产税。

5）外商投资企业、外国企业和外国人经营的房产不适用房产税。

2. 征税对象

房产税的征税对象为房产。与房屋不可分割的各种附属设施或不单独计价的配套设施，也属于房屋，应一并征收房产税。但独立于房屋之外的建筑物（如水塔、围墙等）不属于房屋，不征房产税。

房地产开发企业建造的商品房，在出售前，不征收房产税；但对出售前房地产开发企业已使用或出租、出借的商品房应按规定征收房产税。

3. 计税依据和税率

（1）从价计征

计税依据是房产原值一次减去10%~30%的扣除比例后的余值，税率为1.2%。

房产原值是指纳税人按照会计制度规定，在账簿"固定资产"科目中记载的房屋原价。房产原值应包括与房屋不可分割的各种附属设备或一般不单独计算价值的配套设施。

纳税人对原有房屋进行改建、扩建的，要相应增加房屋的原值。以房产联营投资的，房产税计税依据应区别对待。

1）以房产联营投资，共担经营风险的，按房产余值为计税依据计征房产税。

2）以房产联营投资，不承担经营风险，只收取固定收入的，实际是以联营名义取得房产租金，因此应由出租方按租金收入计征房产税。

3）融资租赁房屋的，以房产余值为计税依据计征房产税，租赁期内该税的纳税人，由当地税务机关根据实际情况确定。

4）新建房屋空调设备价值计入房产原值的，应并入房产税计税依据计征房产税。

（2）从租计征

计税依据为房产租金收入，税率为12%；对个人按市场价格出租的居民住房，暂按4%税率征收房产税。

4. 应纳税额

房产税应纳税额，按表3-3的规定计算。

表3-3 房产税应纳税额计算表

计税方法	计税依据	年税率	税额计算公式
从价计征	房产计税余值	1.2%	全年应纳税额=应税房产余值×（1-扣除比例）×1.2%
从租计征	房屋租金	12%	全年应纳税额=租金收入×12%

【例 3-11】 某企业 2015 年 1 月 1 日的房产原值为 3 000 万元，4 月 1 日将其中原值为 1 000 万元的临街房出租给某连锁商店，月租金 5 万元。当地政府规定允许按房产原值减去 20%后的余值计税。试确定该企业当年应缴纳的房产税税额。

【解】 自身经营用房的房产税按房产余值从价计征，临街房 4 月 1 日才出租，1～3 月仍从价计征。自身经营用房应纳房产税 = （3 000-1 000）万元×（1-20%）×1.2%+1 000 万元×（1-20%）×1.2%÷12×3 = 19.2 万元+2.4 万元 = 21.6 万元

出租的房产按本年租金从租计征 = 5 万元×9×12% = 5.4 万元

企业当年缴纳房产税 = 21.6 万元+5.4 万元 = 27 万元

【例 3-12】 某企业有一处房产原值 1 000 万元，2015 年 7 月 1 日用于联营投资（收取固定收入，不承担联营风险），投资期为 5 年。已知该企业当年取得固定收入 50 万元，当地政府规定的扣除比例为 20%。试确定该企业 2015 年应缴纳的房产税税额。

【解】 以房产联营投资，不承担风险，只收取固定收入，应由出租方按租金收入计缴房产税。应纳房产税 = 1 000 万元×（1-20%）×1.2%÷2+50 万元×12% = 4.8 万元+6 万元 = 10.8 万元

3.3.4.5 城镇土地使用税

1. 纳税人

城镇土地使用税的纳税义务人，是指在城市、县城、建制镇、工矿区范围内使用土地的单位和个人。单位包括国有企业、集体企业、私营企业、股份制企业、外商投资企业、外国企业和其他企业和事业单位、社会团体、国家机关、军队以及其他单位。个人包括个体工商户以及其他个人。

2. 征税对象

城镇土地使用税的征税对象包括在城市、县城、建制镇和工矿区内的国有和集体所有土地，但不包括农村土地。

3. 计税依据和税率

城镇土地使用税以纳税人实际占用的土地面积（m²）为计税依据。

纳税人实际占用的土地面积按下列办法确定：

1）凡由省、自治区、直辖市人民政府确定的单位组织测定土地面积的，以测定的面积为准。

2）尚未组织测量，但纳税人持有政府部门核发的土地使用证书的，以证书确认的土地面积为准。

3）尚未核发出土地使用证书的，应由纳税人申报土地面积，据以纳税，待核发土地使用证后再做调整。

城镇土地使用税采用定额税率。按大、中、小城市和县城、建制镇和工矿区分别规定每平方米土地使用税年应纳税额。具体标准为：①大城市 1.5～30 元；②中等城市 1.2～24 元；③小城市 0.9～18 元；④县城、建制镇和工矿区 0.6～12 元。

各省、自治区、直辖市人民政府可根据市政建设情况和经济繁荣程度在规定税额幅度内，确定所辖地区适用的税额幅度。

4. 应纳税额

城镇土地使用税应纳税额可通过纳税人实际占用的土地面积乘以该土地所在地段的适用税率求得。计算公式为

$$\text{全年应纳税额} = \text{实际占用应税土地面积}(\text{m}^2) \times \text{适用税率} \tag{3-45}$$

【例3-13】 某城市的一家公司,实际占地23 000 m², 由于经营规模扩大,年初该公司又受让了一块尚未办理土地使用证的土地3 000m², 公司按其当年开发使用的2 000m²土地面积申报纳税,以上土地均适用2元/m²的城镇土地使用税税率。试确定该公司当年应缴纳的城镇土地使用税税额。

【解】 应纳税额 = (23 000+2 000) m²×2元/m² = 50 000元。

3.3.4.6 土地增值税

1. 纳税人

土地增值税的纳税人是转让国有土地使用权、地上建筑物及其附着物并取得收入的单位和个人,包括内外资企业、行政事业单位、中外籍个人等。

2. 纳税对象

土地增值税的纳税对象为:转让国有土地使用权、地上建筑物及其附属物连同国有土地使用权一并转让所取得的增值额。土地增值税的征税范围常用以下三个标准来判定:

1)转让的土地使用权是否归国家所有。
2)土地使用权、地上建筑物及其附着物是否发生产权转让。
3)转让房地产是否取得收入。

3. 应纳税额

土地增值税应纳税额的计算公式为

$$\text{应纳税额} = \text{增值额} \times \text{税率} - \text{扣除项目金} \times \text{扣除率} \tag{3-46}$$

土地增值税实行四级超率累进税率:增值额未超过扣除项目金额50%的部分,税率为30%;增值额超过扣除项目金额50%、未超过扣除项目金额100%的部分,税率为40%;增值额超过扣除项目金额100%、未超过扣除项目金额200%的部分,税率为50%;增值额超过扣除项目金额200%的部分,税率为60%。

【例3-14】 某企业2015年转让一幢新建办公楼取得收入5 000万元,该办公楼建造成本和相关费用为3 700万元,缴纳与转让办公楼相关的税金277.5万元(其中印花税税金2.5万元)。试确定该企业应缴纳的土地增值税。

【解】 扣除项目金额 = 3 700万元+277.5万元 = 3 977.5万元

土地增值额 = 5 000万元 − 3 977.5万元 = 1 022.5万元

增值额与扣除项目比例 = 1 022.5÷3 977.5×100% = 26%, 适用税率为30%, 扣除率为0, 应纳土地增值税 = 1 022.5万元×30% = 306.75万元

【例3-15】 某企业转让房地产,收入总额为1 000万元,扣除项目金额为250万元,试计算此次转让房地产应缴纳的土地增值税。

【解】 应纳土地增值税可以按以下步骤进行:

(1) 计算增值额

增值额 = 1 000 万元 - 250 万元 = 750 万元

(2) 计算扣除项目金额的50%、100%、200%的比值

本题扣除项目金额的50%为125万元，扣除项目金额的100%为250万元，扣除项目金额的200%为500万元。

(3) 分段计算增值额

将增值额按照扣除项目金额（250万元）的0~50%，扣除项目金额的50%~100%，扣除项目金额的100%~200%，扣除项目金额的200%的部分，分四段，从前到后每段的税率分别为30%、40%、50%、60%。

(4) 计算应纳土地增值税税额

应纳土地增值税税额 = 125 万元×30% + 125 万元×40% + 250 万元×50% + 250 万元×60%
= 362.5 万元

本例中增值额占扣除项目比例200%以上，税率为60%，速算扣除系数为0.35，采用速算扣除法计算为

应纳税额 = 750 万元×60% - 2 500 万元×0.35 = 450 万元 - 87.5 万元 = 362.5 万元

3.3.4.7 契税

1. 纳税人

契税的纳税义务人是境内转移土地、房屋权属承受的单位和个人。单位包括内外资企业、事业单位、国家机关、军事单位和社会团体。个人包括中国公民和外籍人员。

2. 纳税对象

契税的纳税对象是在境内转移土地、房屋权属的行为。具体包括以下五种情况：

1) 国有土地使用权出让（转让方不缴土地增值税）。

2) 国有土地使用权转让（转让方还应缴土地增值税）。

3) 房屋买卖（转让方符合条件的还需缴土地增值税）。以下几种特殊情况也视同买卖房屋：①以房产抵债或实物交换房屋；②以房产做投资或做股权转让；③买房拆料或翻建新房。

4) 房屋赠予，包括以获奖方式承受土地房屋权属。

5) 房屋交换（单位之间进行房地产交换还应缴土地增值税）。

3. 计税依据和税率

契税的计税依据是不动产的价格。依不动产的转移方式、定价方法不同，契税计税依据有以下几种情况：

1) 国有土地使用权出让、土地使用权出售、房屋买卖，以成交价格为税依据。

2) 土地使用权赠予、房屋赠予，由征收机关参照土地使用权出售、房屋买卖的市场价格核定。

3) 土地使用权交换、房屋交换，以所交换的土地使用权、房屋的价格差额为计税依据。

4) 以划拨方式取得土地使用权，经批准转让房地产时，由房地产转让者补交契税，计税依据为补交的土地使用权出让费用或者土地收益。

5）房屋附属设施征收契税的依据：①采取分期付款方式购买房屋附属设施土地使用权、房屋所有权的，应按合同规定的总价款计征契税；②承受的房屋附属设施权属如为单独计价的，按照当地确定的适用税率征收契税；如与房屋统一计价的，适用与房屋相同的契税税率。

契税税率为3%~5%。

2016年2月19日，财政部、国家税务总局以及住房和城乡建设部三部门联合发布了《关于调整房地产交易环节契税营业税优惠政策的通知》确定的契税政策，见表3-4。

表3-4　2016年确定的购房契税政策

购房情况	建筑面积	契税税率
首套住房	90（含）m² 以下	1%
	90~144m²	1.5%
	144m² 以上	3%
第二套改善性住房	90（含）m² 以下	1%
	90m² 以上	2%

4. 应纳税额

契税应纳税额的计算公式为

$$契税应纳税额 = 计税依据 \times 税率$$

【例3-16】　某公司2015年发生两笔互换房产业务，并已办理了相关手续。第一笔业务换出的房产价值为500万元，换进的房产价值为800万元；第二笔业务换出的房产价值为700万元，换进的房产价值为300万元。已知当地政府规定的契税税率为3%。试确定该公司应缴纳的契税额。

【解】　房屋或土地使用权相交换，交换价格相等，免征契税；交换价格不等，由多交付货币、实物、无形资产或其他利益的一方按价差缴纳契税。第一笔交换业务应由该公司缴纳契税，第二笔交换业务由对方缴纳契税。

该公司应缴契税 =（800-500）万元×3% = 9万元

3.4　案例分析

某新建建设项目的基础数据如下：

1）项目建设期2年，运营期10年，建设投资3 600万元，预计全部形成固定资产。

2）项目建设投资来源为自有资金和贷款，贷款总额为2 000万元，贷款年利率6%（按年计息），贷款合同约定运营期第1年按照项目的最大偿还能力还款，运营期第2到第5年将未偿还款项等额本息偿还。自有资金和贷款在建设期内均衡投入。

3）项目固定资产使用年限10年，残值率5%，直线法折旧。

4）项目生产经营所必需的流动资金250万元由项目自有资金在运营期第1年投入。

5) 运营期间正常年份的营业收入为850万元，经营成本为280万元，增值税附加税率按照营业收入的0.8%估算，所得税税率为25%。

6) 运营期第1年达到设计产能的80%，该年的营业收入、经营成本均为正常年份的80%，以后各年均达到设计产能。

7) 在建设期贷款偿还完成之前，不计提盈余公积金，不分配投资者股利。

8) 假定建设投资中无可抵扣固定资产进项税额，上述其他各项费用及收入均为不含增值税价格。

问题：

1. 列式计算项目建设期的贷款利息。
2. 列式计算项目运营期第1年偿还的贷款本金和利息。
3. 列式计算项目运营期第2年应偿还的贷款本息额，并通过计算说明项目能否满足还款要求。
4. 项目资本金现金流量表运营期第1年、第2年和最后1年的净现金流量分别是多少？

【解】问题1：

建设期第1年贷款利息：1 000万元×6%×0.5=30万元

建设期第2年贷款利息：(1 000+30)万元×6%+1 000万元×6%×0.5=91.80万元

建设期贷款利息合计：(30+91.80)万元=121.80万元

问题2：

固定资产折旧费：$\dfrac{(3\,600+121.8)\times(1-5\%)}{10}$ 万元=353.57万元

运营期第1年应计利息：(2 000+121.80)万元×6%=127.31万元

运营期第1年总成本费用：280万元×80%+353.57万元+127.31万元=704.88万元

运营期第1年的税前利润：850万元×80%×(1−0.8%) −704.88万元=−30.32万元

故所得税为0，税后利润：−30.32万元

运营期第1年末可偿还本金：353.57万元−30.32万元=323.25万元

运营期第1年末偿还利息：127.31万元

问题3：

运营期第2年初贷款余额：2 000万元+121.80万元−323.25万元=1 798.55万元

运营期第2到第5年每年偿还本息：1 798.55万元×$\dfrac{6\%\times(1+6\%)^4}{(1+6\%)^4-1}$ 万元=519.05万元

运营期第2年偿还利息：1 798.55万元×6%=107.91万元

运营期第2年偿还本金：519.05万元−107.91万元=411.14万元

运营期第2年的总成本费用：280万元+353.57万元+107.91万元=741.48万元

运营期第2年的税前利润：850万元×(1−0.8%) −741.48万元=101.72万元

运营期第2年的应纳税所得额：101.72万元−30.32万元=71.40万元

运营期第2年的所得税：71.40万元×25%=17.85万元

运营期第2年的税后利润：101.72万元−17.85万元=83.87万元

运营期第2年的总成本费用：280万元+353.57万元+107.91万元=741.48万元

运营期第2年的税前利润：850万元×(1−0.8%) −741.48万元=101.72万元

运营期第 2 年的应纳税所得额：101.72 万元-30.32 万元=71.40 万元

运营期第 2 年的所得税：71.40 万元×25%=17.85 万元

运营期第 2 年的税后利润：101.72 万元-17.85 万元=83.87 万元

$$运营期第2年的偿债备付率=\frac{息税前利润加折扣和摊销-所得税}{应还本付息金额}$$

$$=\frac{563.20-17.85}{519.05}=1.05>1.0$$

可满足还款要求。

问题 4：

项目资本金现金流量表运营期第 1 年年末的净现金流量为-250 万元（或：现金流出 250 万元）。

项目资本金现金流量表运营期第 2 年年末的现金流入：营业收入 850 万元。

项目资本金现金流量表运营期第 2 年年末的现金流出：借款本金偿还 411.14 万元、借款利息支付 107.91 万元、增值税及附加 6.8 万元、经营成本 280 万元、所得税 17.85 万元。

项目资本金现金流量表运营期第 2 年年末的净现金流量为

850 万元-411.14 万元-107.91 万元-6.8 万元-280 万元-17.85 万元=26.30 万元

项目资本金现金流量表运营期最后一年年末的现金流入：营业收入 850 万元、回收固定资产余值 186.09 万元、回收流动资金 250 万元。

项目资本金现金流量表运营期最后一年年末的现金流出：增值税及附加 6.8 万元、经营成本 280 万元、所得税（850-6.8-280-353.57）万元×25%=52.41 万元。

项目资本金现金流量表运营期最后一年年末的净现金流量为

850 万元+186.09 万元+250 万元-6.8 万元-280 万元-52.41 万元=946.88 万元

复习思考题

一、简答题

1. 简述总投资的构成。
2. 简述经营成本中不包含折旧、摊销和利息的原因。
3. 简述总成本费用的构成。
4. 简述固定成本和变动成本的概念及各自的特点。

二、计算题

1. 某固定资产原值 500 万元，净残值 20 万元，折旧年限 6 年，试采用直线折旧法和加速折旧法计算各年的折旧额。

2. 某项目固定资产投资估算总额 4 800 万元。其中预计形成固定资产 4 180 万元，无形资产 620 万元。固定资产使用年限为 10 年，残值率为 4%。项目运营期为 6 年，无形资产在运营期 6 年中平均摊入成本，固定资产余值在运营期末回收。试计算各年折旧额与摊销，并求固定资产余值。

3. 某新建项目，建设期为 3 年，分年均衡进行贷款，第一年贷款 300 万元，第二年贷款800万元,第三年贷款600万元,年利率为12%,建设期内利息只计息不支付,计算建设期贷款利息总和。

4. 某建设项目建安工程费6 000万元,设备购置费2 000万元,工程建设其他费用2 000万元,已知基本预备费率为5%,项目建设前期年限为1年,建设期为3年,各年投资计划额:第一年完成投资30%,第二年完成投资50%,第三年完成投资20%。年均投资价格上涨率为8%,求建设项目建设期间涨价预备费。

第4章

财务评价报表编制

本章知识要点与学习要求

序　号	知识要点	学习要求
1	财务报表的概念与作用	熟悉
2	财务报表编制的原则与要求	理解
3	财务评价辅助报表	了解
4	财务评价基本报表	掌握

4.1 概述

财务评价是从企业角度出发，根据国家现行财税制度和现行价格体系，分析计算项目直接发生的财务效益和费用，编制财务报表，计算财务评价指标，考查项目的盈利能力、清偿能力和外汇收支平衡等财务状况，借以判别项目的财务可行性。进行财务评价时，首先需要编制财务报表，财务报表是进行财务评价的主要依据。

财务评价基本报表有现金流量表、损益表、资金来源与运用表、资产负债表和外汇平衡表；辅助报表有固定资产投资估算表、流动资金估算表、投资计划与资金筹措表、主要产出物和投入物使用价格依据表、单位产品生产成本估算表、无形及递延资产摊销估算表、固定资产折旧估算表、总成本费用估算表、销售收入和增值税金及附加估算表、借款还本付息计算表、财务外汇流量表等，这些财务报表有通用的格式和要求。

4.1.1 财务报表的概念与作用

1. 财务报表的概念

财务报表是对企业财务状况、经营成果和现金流量的结构性表述，是反映企业或预算单位一定时期资金、利润状况的会计报表。我国财务报表的种类、格式、编报要求，均由统一的会计制度规定，要求企业定期编报。

2. 财务报表的作用

财务报表是财务报告的主要组成部分，它所提供的会计信息具有重要作用，主要体现在以下几个方面：

1) 全面系统地揭示企业一定时期的财务状况、经营成果和现金流量，有利于经营管理人员了解本单位各项任务指标的完成情况，评价管理人员的经营业绩，以便及时发现问题，调整经营方向，制定措施，改善经营管理水平，提高经济效益，为经济预测和决策提供依据。

2）有利于国家经济管理部门了解国民经济的运行状况。通过对各单位提供的财务报表资料进行汇总和分析，了解和掌握各行业、各地区的经济发展情况，以便宏观调控经济运行，优化资源配置，保证国民经济稳定持续发展。

3）有利于投资者、债权人和其他有关各方掌握企业的财务状况、经营成果和现金流量情况，进而分析企业的盈利能力、偿债能力、投资收益、发展前景等，为他们投资、贷款和进行贸易提供决策依据。

4）有利于满足财政、税务、工商、审计等部门监督企业经营管理。通过财务报表可以检查、监督各企业是否遵守国家的各项法律、法规和制度，有无偷税漏税的行为。

4.1.2 财务报表编制的基本原则与要求

1. 财务报表编制的基本原则

（1）持续经营原则

企业应当以持续经营为基础编制财务报表，以持续经营为基础编制财务报表不合理的，企业应当以其他基础编制财务报表，并在附注中披露这一事实。

（2）公允列报原则

企业在列报财务报表时，应严格遵循根据实际发生的交易和事项原则，按照《企业会计准则——基本准则》和其他各项会计准则的规定进行确认和计量，如实反映企业的交易与其他经济事项，真实而公允地反映企业的财务状况、经营成果以及现金流量。企业不应以附注披露代替确认和计量。

（3）权责发生制原则

企业列报的财务报表，除现金流量表以外，应按权责发生制原则编制财务报表。

（4）信息列报的一致性原则

财务报表项目的列报应当在各个会计期间保持一致，除会计准则要求改变财务报表项目的列报或企业经营业务的性质发生重大变化后，变更财务报表项目的列报能够提供更可靠、更相关的会计信息外，不得随意变更。

（5）重要性原则

企业财务报表某项目的省略或错报会影响使用者据此做出经济决策的，该项目具有重要性。重要性应当根据企业所处环境，从项目的性质和金额大小两个方面予以判断。性质或功能不同的项目，应当在财务报表中单独列报，但不具有重要性的项目除外。性质或功能类似的项目，其所属类别具有重要性的，应当按其类别在财务报表中单独列报。

（6）不可抵消原则

企业财务报表中的资产项目和负债项目的金额、收入项目和费用项目的金额不得相互抵消，但其他会计准则另有规定的除外。资产项目按扣除减值准备后的净额列示和非日常活动产生的损益，以收入扣减费用后的净额列示，不属于抵消。

（7）信息列报的可比性原则

企业当期财务报表的列报，至少应当提供所有列报项目上一个会计期间的比较数据，以及与理解当期财务报表相关的说明，但其他会计准则另有规定的除外。财务报表项目的列报发生变更的，应当对上期比较数据按照当期的列报要求进行调整，并在附注中披露调整的原因和性质，以及调整的各项目金额。

2. 财务报表编制的基本要求

（1）数字真实

财务报表中的各项数据必须真实可靠，如实地反映企业的财务状况、经营成果和现金流量。这是对会计信息质量的基本要求。

（2）内容完整

财务报表应当反映企业经济活动的全貌，全面反映企业的财务状况和经营成果，才能满足各方面对会计信息的需要。凡是国家要求提供的财务报表，各企业必须全部编制并报送，不得漏编和漏报。凡是国家统一要求披露的信息，都必须披露。

（3）计算准确

日常的会计核算以及编制财务报表，涉及大量的数字计算，只有准确地计算，才能保证数字的真实可靠。这就要求编制的财务报表必须以核对无误后的账簿记录和其他有关资料为依据，不能使用估计或推算的数据，更不能以任何方式弄虚作假，或隐瞒谎报。由于编制财务报表的直接依据是会计账簿，所有报表的数据都源于会计账簿，因此为保证财务报表数据的正确性，编制报表之前必须做好对账和结账工作，做到账证相符、账账相符、账实相符以保证报表数据的真实准确。

（4）报送及时

及时性是信息的重要特征，财务报表信息只有及时地传递给信息使用者，才能给使用者的决策提供依据。否则，即使是真实可靠和内容完整的财务报告，由于编制和报送不及时，对报告使用者来说，也大大降低了会计信息的使用价值。

（5）手续完备

企业对外提供的财务报表应加具封面、装订成册、加盖公章。财务报表封面上应当注明：企业名称、企业统一代码、组织形式、地址、报表所属年度或者月份、报出日期，并由企业负责人和主管会计工作的负责人、会计机构负责人（会计主管人员）签名并盖章；设置总会计师的企业，还应当由总会计师签名并盖章。

（6）表首列报要求

企业应当在财务报表的显著位置标明：编报企业的名称、资产负债表日或财务报表涵盖的会计期间、人民币金额单位以及其他应当予以标明的事项。

（7）报告期间要求

企业至少应当按年编制财务报表。年度财务报表涵盖的期间短于一年的，应当披露年度财务报表的涵盖期间，以及短于一年的原因。

4.2 财务评价辅助报表

财务评价辅助报表包括固定资产投资估算表、流动资产估算表、投资计划与资金筹措表、主要产出物与投入物的价格依据表、单位产品生产成本估算表、无形与递延资产摊销估算表、固定资产折旧费估算表、总费用估算表、产品销售收入和销售税金及附加税估算表、借款还本付息计算表、财务外汇流量表等。部分辅助报表格式见表4-1、表4-2、表4-3。

1. 固定资产投资估算表

表 4-1　固定资产投资估算表　　　　　　　　　　　　（单位：万元）

序号	工程或费用名称	估算价值						占总值比（%）
		建筑工程	设备费用	安装工程	其他费用	总值	其中：外汇（万美元）	
1	工程费用							
1.1	主要生产项目							
	其中：外汇							
1.2	辅助生产车间							
1.3	公用工程							
1.4	环境保护工程							
1.5	总图运输							
1.6	厂区服务性工程							
1.7	生活福利工程							
1.8	厂外工程							
2	工程建设其他费用							
	其中：土地费用							
3	预备费用							
4	建设投资合计							
	比例（%）							

2. 流动资产估算表

表 4-2　流动资产估算表　　　　　　　　　　　　（单位：万元）

序号	项目	最低周转天数	周转次数	投产期			达产期		
				第3年	第4年	第5年	第6年	…	第n年
1	流动资产								
1.1	应收账款								
1.2	存货								
1.2.1	原材料								
1.2.2	燃料								
1.2.3	在产品								
1.2.4	产成品								
1.3	现金								
2	流动负债								
2.1	应付账款								
3	流动资金（1-2）								
4	流动资金本年增加额								

3. 投资计划与资金筹措表

表 4-3　投资计划与资金筹措表　　　　　　　　　　（单位：万元）

序号	项目	合计人民币	1				2				3		4		5	
			外币	折人民币	人民币	小计	外币	折人民币	人民币	小计	人民币	小计	人民币	小计	人民币	小计
1	总投资															
1.1	建设投资															
1.2	建设期利息															
1.3	流动资金															
2	资金筹措															
2.1	项目资本金															
2.1.1	用于建设投资															
2.1.2	用于流动资金															
2.2	债务资金															
2.2.1	用于建设投资															
2.2.2	用于流动资金															
2.3	其他资金															

4.3 财务评价基本报表

1. 现金流量财务分析

现金流量财务分析可分为融资前分析和融资后分析。一般宜先进行融资前分析,在融资前分析结论满足要求的情况下,初步制订融资方案,再进行融资后分析。

（1）融资前分析

融资前分析排除融资方案变化的影响,从项目投资总获利能力的角度,考查项目是否有投资价值。融资前分析应以动态分析（折现现金流量）为主,静态分析（非折现现金流量分析）为辅。

融资前动态分析应以营业收入、建设投资、经营成本和流动资金的估算为基础,考查整个计算期内现金流入和现金流出,编制项目投资现金流量表,利用资金时间价值的原理进行折现,计算项目投资内部收益率和净现值等动态盈利能力分析指标;计算项目静态投资回收期。融资前分析主要依据项目投资现金流量表,具体见表4-4。

表4-4 项目投资现金流量表　　　　　　　　（单位：万元）

序号	项目	合计	计算期					
			1	2	3	4	…	n
1	现金流入							
1.1	营业收入（不含销项税额）							
1.2	增值税销项税额							
1.3	补贴收入							
1.4	回收固定资产余值							
1.5	回收流动资金							
2	现金流出							
2.1	建设投资							
2.2	流动资金							
2.3	经营成本							
2.4	增值税进项税额							
2.5	增值税及附加							
2.6	维持运营投资							
3	所得税前净现金流量（1-2）							
4	累计所得税前净现金流量							
5	调整所得税							
6	所得税后净现金流量（3-5）							
7	累计所得税后净现金流量							

(续)

计算指标:
项目投资财务内部收益率（%）（所得税前）
项目投资财务内部收益率（%）（所得税后）
项目投资财务净现值（所得税前）
项目投资财务净现值（所得税后）
项目投资回收期年（所得税前）
项目投资回收期年（所得税后）

注：1. 本表适用于新设法人项目与既有法人项目的增量和"有项目"的现金流量分析。
2. 调整所得税为以息税前利润为基数计算的所得税，区别于"利润与利润分配表""项目资本金现金流量表"和"财务计划现金流量表"中的所得税。

1）现金流入为营业（产品销售）收入、补贴收入、回收固定资产余值、回收流动资金4项之和。其中，营业（产品销售）收入是项目建成投产后对外销售产品或提供劳务所取得的收入，是项目生产经营成果的货币表现。计算销售收入时，假设生产出来的产品全部售出，销售量等于生产量，其计算公式为

$$销售收入 = 销售量 \times 销售单价$$
$$= 生产量 \times 销售单价$$

销售价格一般采用出厂价格，也可以根据需要采用送达用户的价格或离岸价格。产品营业（产品销售）收入的各年数据取自营业收入、增值税及附加估算表。另外，固定资产余值和流动资金均在计算期最后一年回收。固定资产余值回收额为固定资产折旧费估算表中固定资产期末净值合计，流动资金回收额为项目的全部流动资金。

2）现金流出包含建设投资、流动资金、经营成本、增值税及附加、维持运营投资。建设投资和流动资金的数额取自建设投资估算表（形成资产法）中有关项目。经营成本是指总成本费用扣除固定资产折旧费、无形资产及递延资产摊销费和财务费用（利息支出）以后的余额。其计算公式为

$$经营成本 = 总成本 - 折旧费 - 摊销费 - 财务费用（利息支出）$$

经营成本取自总成本费用表（生产成本加期间费用法）。增值税及附加包含增值税、城市维护建设税和教育费附加等，它们取自营业收入、增值税及附加估算表。

3）项目资金现金流量表中的"所得税"应根据息税前利润（EBIT）乘以所得税率计算，称为"调整所得税"。

$$息税前利润 = 利润总额 + 利息支出$$

或 $$息税前利润 = 年营业收入 - 增值税及附加 - 息税前总成本（不含利息支出）$$
$$息税前总成本 = 经营成本 + 折旧费 + 摊销费$$

4）项目计算期各年的所得税前净现金流量为各年现金流入量减对应年份的现金流出量，累计所得税前净现金流量为本年及以前各年所得税前净现金流量之和。

5）所得税后累计净现金流量的计算方法与上述所得税前累计净现金流量的方法相同。

（2）融资后分析

融资后分析应以融资前分析和考虑融资方案为基础，考查项目在拟定融资条件下的盈利能力、偿债能力和财务生存能力，判断项目方案在融资条件下的可行性。融资后分析用于比选融资方案，帮助投资者做出融资决策。

1) 融资后的盈利能力分析应包括动态分析和静态分析两种。

① 动态分析是通过编制财务现金流量表，根据资金时间价值原理，计算财务内部收益率、财务净现值等指标，分析项目的获利能力。融资后的动态分析包括下列两个层次：

A. 项目资本金现金流量分析。项目资本金现金流量分析是从项目权益投资者的角度，考虑项目给项目权益投资者带来的收益水平。它是在拟定的融资方案下进行的息税后分析，依据的报表是项目资本金现金流量表，见表4-5。

表 4-5 项目资本金现金流量表　　　　　　　　　（单位：万元）

序号	项目	合计	计算期					
			1	2	3	4	…	n
1	现金流入							
1.1	营业收入（不含销项税额）							
1.2	增值税销项税额							
1.3	补贴收入							
1.4	回收固定资产余值							
1.5	回收流动资金							
2	现金流出							
2.1	项目资本金							
2.2	借款本金偿还							
2.3	借款利息支付							
2.4	经营成本							
2.5	增值税进项税额							
2.6	增值税及附加							
2.7	所得税							
2.8	维持运营投资							
3	净现金流量（1-2）							

计算指标：
资本金财务内部收益率（%）

注：1. 项目资本金包括用于建设投资、建设期利息和流动资金的资金。
　　2. 对外商投资项目，现金流出中应增加职工奖励及福利基金科目。
　　3. 本表适用于新设法人项目与既有法人项目"有项目"的现金流量分析。

B. 投资各方现金流量分析。应从投资各方实际收入和支出的角度，确定其现金流入和现金流出，分别编制投资各方现金流量表，见表4-6，计算投资各方的财务内部收益率指标，考查投资各方可能获得的收益水平。

② 静态分析是不采取折现方式处理数据，主要依据的是利润与利润分配表，见表4-7，并借助现金流量表计算相关盈利能力指标。

表 4-6 投资各方现金流量表　　　　　　　　　　（单位：万元）

序号	项目	合计	计算期					
			1	2	3	4	…	n
1	现金流入							
1.1	实分利润							
1.2	资产处置收益分配							
1.3	租赁费收入							
1.4	技术转让收入或使用收入							
1.5	其他现金流入							
2	现金流出							
2.1	实缴资本							
2.2	租赁资产支出							
2.3	其他现金流出							
3	净现金流量（1-2）							

计算指标：
投资各方财务内部收益率（%）

注：1. 本表可按不同投资方分别编制。
　　2. 表既适用于内资企业也适用于外商投资企业，既适用于合资企业也适用于合作企业。
　　3. 表中现金流入是指出资方因该项目的实施将实际获得的各种收入。现金流出是指出资方因项目的实施将实际投入的各种支出。表中科目应根据项目具体情况调整。
　　4. 实分利润是指投资者由项目获取的利润。
　　5. 资产处置收益分配是指对有明确的合营期限或合资期限的项目，在期满时对资产余值按股比约定比例的分配。
　　6. 租赁费收入是指出资方将自己的资产租赁给项目使用所获得的收入，此时应将资产价值作为现金流出，列为租赁资产支出科目。
　　7. 技术转让收入是指出资方将专利或专有技术转让或允许该项目使用所获得的收入。

表 4-7 利润与利润分配表　　　　　　　　　　（单位：万元）

序号	项目	合计	计算期					
			1	2	3	4	…	n
1	营业收入							
2	增值税及附加							
3	总成本费用							
4	补贴收入							
5	利润总额（1-2-3+4）							
6	弥补以前年度亏损							
7	应纳税所得额（5-6）							
8	所得税							
9	净利润（5-8）							

(续)

序号	项目	合计	计算期					
			1	2	3	4	…	n
10	期初未分配利润							
11	可供分配的利润（9+10-6）							
12	提取法定盈余公积金							
13	可供投资者分配的利润（11-12）							
14	应付优先股股利							
15	提取任意盈余公积金							
16	应付普通股股利（13-14-15）							
17	各投资方利润分配 其中：××方 　　　××方							
18	未分配利润（13-14-15-16-17）							
19	息税前利润（利润总额+利息支出）							
20	息税前折旧摊销利润（息税前利润+折旧+摊销）							

注：1. 对于外商出资项目由第11项减去储备基金、职工奖励与福利基金和企业发展基金后，得出可供投资者分配的利润。
2. 第14~16项根据企业性质和具体情况选择填列。
3. 法定盈余公积金按净利润计提。

A. 营业收入、增值税及附加各年度数据取自营业收入、增值税附加估算表，总成本费用各年度数据取自总成本费用表。

B. 利润总额=营业收入-增值税及附加-总成本费用+补贴收入

C. 所得税=应纳税所得额×所得税税率。应纳税所得额为该年利润总额减以前年度亏损，即前年度亏损不缴纳所得税。按现行《工业企业财务制度》规定，企业发生的年度亏损，可以用下一年度的税前利润弥补，下一年度利润不足弥补的，可以在5年内延续弥补，5年内不足弥补的，用税后利润弥补。

D. 净利润=利润总额-所得税

E. 可供分配利润=净利润-上年度亏损+期初未分配利润

期初未分配利润=上年度剩余的未分配利润（LR）

LR=上年可供投资者分配利润-上年应付投资者各方股利-上年还款未分配利润

F. 可供投资者分配利润=可供分配利润-法定盈余公积金

G. 法定盈余公积金=净利润×10%

可供投资者分配利润按借款合同规定的还款方式，编制等额还本利息照付的利润与利润分配表时，可能会出现以下两种情况：

第一种可供投资者分配利润+折旧费+摊销费≤该年应还本金，则该年的可供投资者分配利润全部作为还款未分配利润，不足部分为该年的资金亏损，不提取应付投资者各方的股利，并需用临时借款来弥补偿还本金的不足部分。

第二种可供投资者分配利润+折旧费+摊销费>该年应还本金，则该年为资金盈余年份，还款未分配利润按以下公式计算

$$该年还款未分配利润 = 该年应还本金 - 折旧费 - 摊销费$$

H. 应付各投资方的股利 = 可供投资者分配利润×约定的分配利率（经营亏损或资金亏损年份均不得提取股利）。

2. 偿债能力分析

偿债能力分析需编制借款还本付息计划表和资产负债表。

(1) 借款还本付息计划表

表4-8反映项目计算期内各年借款本金偿还和利息支付情况。

表4-8　借款还本付息计划表　　　　　　　　　　（单位：万元）

序号	项目	合计	计算期					
			1	2	3	4	…	n
1	借款1							
1.1	期初借款余额							
1.2	当期还本付息							
	其中：还本							
	付息							
1.3	期末借款余额							
2	借款2							
2.1	期初借款余额							
2.2	当期还本付息							
	其中：还本							
	付息							
2.3	期末借款余额							
3	借款3							
3.1	期初借款余额							
3.2	当期还本付息							
	其中：还本							
	付息							
3.3	期末借款余额							
4	借款合计							
4.1	期初借款余额							
4.2	当期还本付息							
	其中：还本							
	付息							

(续)

序　号	项　目	合　计	计　算　期				
			1	2	3	4	... n
4.3	期末借款余额						
计算指标	利息备付率（%）						
	偿债备付率（%）						

注：1. 本表与财务分析辅助表"建设期利息估算表"可合二为一。
2. 本表适用于新设法人项目，如果有多种借款或债券，必要时应分别列出。
3. 对于既有法人项目，在按"有项目"范围进行计算时，可根据需要增加项目范围内原有借款的还本付息计算；在计算企业层次的还本付息时，可根据需要增加项目范围外借款的还本付息计算；当简化直接进行项目层次新增借款还本付息计算时，可直接新增数据进行计算。
4. 本表可另加流动资金借款的还本付息计算。

（2）资产负债表

表4-9用于综合反映项目计算期内各年年末资产、负债和所有者权益的增减变化及对应关系，用以考查项目资产、负债、所有者权益的结构是否合理，进行偿债能力分析。资产负债表的编制依据是"资产=负债+所有者权益"。

表 4-9　资产负债表　　　　　　　（单位：万元）

序　号	项　目	合计	计　算　期				
			1	2	3	4	... n
1	资产						
1.1	流动资产总额						
1.1.1	货币资金						
1.1.2	应收账款						
1.1.3	预付款项						
1.1.4	存货						
1.1.5	其他						
1.2	在建工程						
1.3	固定资产净值						
1.4	无形及其他资产净值						
2	负债及所有者权益（2.4+2.5）						
2.1	流动负债总额						
2.1.1	应付账款						
2.1.2	预收款项						
2.2	建设投资借款						
2.3	流动资金借款						
2.4	负债小计（2.1+2.2+2.3）						

(续)

序 号	项 目	合计	计 算 期					
			1	2	3	4	…	n
2.5	所有者权益							
2.5.1	资本金							
2.5.2	资本公积							
2.5.3	累计盈余公积金							
2.5.4	累计未分配利润							
计算指标	资产负债率（%）							

注：1. 对外商投资项目，第2.5.3项改为累计储备基金和企业发展基金。
2. 对既有法人项目，一般只针对法人编制，可按需要增加科目，此时表中资本金是指企业全部实收资本，包括原有和新增的实收资本。必要时，也可针对"有项目"范围编制，此时表中资本金仅指"有项目"范围内的对应数值。
3. 货币资金包括现金和累计盈余资金。

1）资产由流动资产总额、在建工程、固定资产净值、无形及递延资产净值四项组成。

流动资产总额为应收账款、预付账款、存货、现金、其他之和。前三项数据来自流动资金估算表。

在建工程是指项目总投资使用计划与资金筹措表中的年固定资产投资额，其中包括建设期利息。

固定资产净值和无形及递延资产净值分别从固定资产折旧费估算表及无形资产和其他资产摊销估算表取得。

2）负债包括流动负债、建设投资借款和流动资金借款。流动负债为应付账款与预收账款之和。应付账款、预收账款数据可由流动资金估算表直接取得。建设投资借款指的是借款余额，需根据项目总投资使用计划与资金筹措表中的对应项及相应的本金偿还项进行计算。

① 建设投资借款余额的计算按下式进行

$$第\ T\ 年借款余额 = \sum_{t=1}^{T}(借款-本金偿还)_t \qquad (4-1)$$

式中 $(借款-本金偿还)_t$ ——资金来源与运用表中第 t 年借款与同年度本金偿还之差。

② 按照流动资金借款本金在项目计算期末用回收流动资金一次偿还的一般假设，流动资金借款余额的计算按下式进行

$$第\ T\ 年借款余额 = \sum_{t=1}^{T}(借款)_t \qquad (4-2)$$

③ 所有者权益包括资本金、资本公积金、累计盈余公积金及累计未分配利润。其中，累计未分配利润可直接来自利润与利润分配表，累计盈余公积金也可由利润与利润分配表中盈余公积金项计算各年份的累计值，但应根据有没有用盈余公积金弥补亏损或转增资本金的情况进行相应调整。

资产负债表应满足下式

$$资产 = 负债 + 所有者权益 \qquad (4-3)$$

3. 财务生存能力分析

针对非营利性项目的特点,在项目(企业)运营期间,确保从各项经济活动中得到足够的净现金流量是项目能够持续生存的条件。财务分析中应根据财务计划现金流量表(见表 4-10),综合考虑项目计算期内各年的投资活动、融资活动和经营活动所产生的各项现金流入和流出,计算净现金流量和累计盈余资金,分析项目是否有足够的净现金流量维持正常运营。为此,财务生存能力分析又可称为资金平衡分析。

表 4-10 财务计划现金流量表　　　　　　　　　　(单位:万元)

序 号	项 目	合计	计 算 期					
			1	2	3	4	…	n
1	经营活动净现金流量(1.1-1.2)							
1.1	现金流入							
1.1.1	营业收入(不含销项税额)							
1.1.2	增值税销项税额							
1.1.3	补贴收入							
1.1.4	其他流入							
1.2	现金流出							
1.2.1	经营成本							
1.2.2	增值税进项税额							
1.2.3	增值税							
1.2.4	增值税附加							
1.2.5	所得税							
1.2.6	其他流出							
2	投资活动净现金流量(2.1-2.2)							
2.1	现金流入							
2.2	现金流出							
2.2.1	建设投资							
2.2.2	维持运营投资							
2.2.3	流动资金							
2.2.4	其他流出							
3	筹资活动净现金流量(3.1-3.2)							
3.1	现金流入							
3.1.1	项目资本金投入							
3.1.2	建设投资借款							
3.1.3	流动资金借款							

(续)

序 号	项 目	合计	计 算 期					
			1	2	3	4	…	n
3.1.4	债券							
3.1.5	短期借款							
3.1.6	其他流入							
3.2	现金流出							
3.2.1	各种利息支出							
3.2.2	偿还债务本金							
3.2.3	应付利润（股利分配）							
3.2.4	其他流出							
4	净现金流量（1+2+3）							
5	累计盈余资金							

注：1. 对于新设法人项目，本表投资活动的现金流入为零。
    2. 对于既有法人项目，可适当增加科目。
    3. 必要时，现金流出中可增加应付优先股股利科目。
    4. 对外商投资项目应将职工奖励与福利基金作为经营活动现金流出。

财务生存能力分析应结合偿债能力分析进行，如果拟安排的还款期过短，致使还本付息负担过重，导致为维持资金平衡必须筹措的短期借款过多，可以调整还款期，减轻各年还款负担。

通常因运营期前期的还本付息负担过重，故应特别注重运营期前期的财务生存能力分析。

通过以下相辅相成的两个方面可具体判断项目的财务生存能力：

1）拥有足够的经营净现金流量是财务可持续的基本条件，特别是在运营初期。一个项目具有较大的经营净现金流量，说明项目方案比较合理，实现自身资金平衡的可能性大，不会过分依赖融资来维持运营；反之，一个项目不能产生足够的经营净现金流量，或经营净现金流量为负值，说明维持项目正常运行会遇到财务上的困难，项目方案缺乏合理性，实现自身资金平衡的可能性小，有可能要靠短期融资来维持运营；或者是非经营项目本身无能力实现自身资金平衡，提示要靠政府补贴。

2）各年累计盈余资金不出现负值是财务生存的必要条件。在整个运营期间，允许个别年份的净现金流量出现负值，但不能允许任一年份的累计盈余资金出现负值。一旦出现负值时应适时进行短期融资，该短期融资应体现在财务计划现金流量表中，同时短期融资的利息也应纳入成本费用和其后的计算。较大的或较频繁的短期融资，有可能导致以后的累计盈余资金无法实现正值，致使项目难以持续经营。

财务计划现金流量表是项目财务生存能力分析的基本报表，其编制基础是财务分析辅助报表和利润与利润分配表。

4.4 案例分析

案例一

背景：某拟建项目计算期10年，其中建设期2年，生产运营期8年。第3年投产，第4年开始达到设计生产能力。

项目建设投资估算10 000万元（不含贷款利息）。其中1 000万元为无形资产；300万元为其他资产；其余投资形成固定资产。

固定资产在运营期内按直线法折旧，残值（残值率为10%）在项目计算期末一次性收回。

无形资产在运营期内，均匀摊入成本；其他资产在运营期的前3年内，均匀摊入成本。

项目的设计生产能力为年产量1.5万t某产品，预计每吨销售价为6 000元，年销售税金及附加按销售收入的6%计取，所得税税率为25%。

项目的资金投入、收益、成本等基础数据，见表4-11。

表4-11 拟建项目资金投入、收益及成本数据 （单位：万元）

序号	项 目		时间/年				
			1	2	3	4	5~10
1	建设投资	自有资本金部分	4 000	1 000			
		贷款（不含贷款利息）	2 000	3 000			
2	流动资金	自有资本金部分			600	100	
		贷款			100	200	
3	年生产、销售量/万 t				1	1.5	1.5
4	年经营成本				3 500	5 000	5 000

还款方式：建设投资贷款在项目生产运营期内等额本金偿还、利息照付，贷款年利率为6%；流动资金贷款年利率为5%，贷款本金在项目计算期末一次偿还。

在项目计算期的第5、7、9年每年需维持运营投资20万元，其资金来源为自有资金，该费用计入年度总成本。

经营成本中的70%为可变成本，其他均为固定成本。

说明：所有计算结果均保留小数点后两位。

问题：

1. 计算运营期各年折旧费。
2. 计算运营期各年的摊销费。
3. 计算运营期各年应还的利息额。

4. 计算运营期第 1 年、第 8 年的总成本费用。
5. 计算运营期第 1 年、第 8 年的固定成本、可变成本。
6. 按表 4-12 格式编制该项目总成本费用估算表。

表 4-12 总成本费用估算表   （单位：万元）

序号	项 目	时间/年						
		3	4	5	6	7	8	9	10
1	经营成本								
2	固定资产折旧费								
3	无形资产摊销费								
4	其他资产摊销费								
5	维持运营投资								
6	利息支出								
6.1	建设投资贷款利息								
6.2	流动资金贷款利息								
7	总成本费用								
7.1	固定成本								
7.2	可变成本								

【解】问题 1：

建设期第 1 年利息 =（2 000÷2）万元×6% = 60.00 万元

建设期第 2 年利息 =（2 000+60+3 000÷2）万元×6% = 213.60 万元

建设期利息 =（60+213.6）万元 = 273.60 万元

固定资产原值 = [（10 000−1 000−300）+273.6] 万元 = 8 973.60 万元

残值 = 8 973.6 万元×10% = 897.36 万元

年折旧费 =（8 973.6−897.36）万元÷8 年 = 1 009.53 万元/年

问题 2：

摊销包括无形资产摊销及其他资产摊销。

无形资产在运营期内每年的摊销费 = 1 000 万元÷8 年 = 125.00 万元/年

其他资产在运营期前 3 年中的年摊销费 = 300 万元÷3 年 = 100.00 万元/年

问题 3：

运营期应还利息包括还建设期贷款利息及流动资金贷款利息。

（1）运营期应还建设期贷款利息的计算思路

建设期贷款本利和 =（2 000+3 000+273.6）万元 = 5 273.60 万元

运营期内每年应还本金 = 5 273.6 万元÷8 年 = 659.20 万元/年

运营期第 1 年应还建设期贷款利息 = 5 273.6 万元×6% = 316.42 万元

运营期第 2 年应还建设期贷款利息=(5 273.6-659.2) 万元×6%=276.86 万元
运营期第 3 年应还建设期贷款利息=(5 273.6-659.2×2) 万元×6%=237.31 万元
运营期第 4 年应还建设期贷款利息=(5 273.6-659.2×3) 万元×6%=197.76 万元
运营期第 5 年应还建设期贷款利息=(5 273.6-659.2×4) 万元×6%=158.21 万元
运营期第 6 年应还建设期贷款利息=(5 273.6-659.2×5) 万元×6%=118.66 万元
运营期第 7 年应还建设期贷款利息=(5 273.6-659.2×6) 万元×6%=79.10 万元
运营期第 8 年应还建设期贷款利息=(5 273.6-659.2×7) 万元×6%=39.55 万元

(2) 运营期应还流动资金贷款利息的计算思路

运营期第 1 年应还利息=100 万元×5%=5.00 万元

运营期第 2 年~第 8 年应还利息=(100+200) 万元×5%=15.00 万元

问题 4:

运营期第 1 年的总成本费用=(3 500+1 009.53+125+100+316.42+5) 万元=5 055.95 万元

运营期第 8 年的总成本费用=(5 000+1 009.53+125+39.55+15) 万元=6 189.08 万元

问题 5:

运营期第 1 年的可变成本=3 500 万元×70%=2 450.00 万元

运营期第 1 年的固定成本=(5 055.95-2 450) 万元=2 605.95 万元

运营期第 8 年的可变成本=5 000 万元×70%=3 500.00 万元

运营期第 8 年的固定成本=(6 189.08-3 500) 万元=2 689.08 万元

问题 6:

总成本费用估算,见表 4-13:

表 4-13 总成本费用估算表 (单位:万元)

序号	项目	时间/年							
		3	4	5	6	7	8	9	10
1	经营成本	3 500	5 000	5 000	5 000	5 000	5 000	5 000	5 000
2	固定资产折旧费	1 009.53	1 009.53	1 009.53	1 009.53	1 009.53	1 009.53	1 009.53	1 009.53
3	无形资产摊销费	125	125	125	125	125	125	125	125
4	其他资产摊销费	100	100	100					
5	维持运营投资			20		20		20	
6	利息支出	321.42	291.86	252.31	212.76	173.21	133.66	94.1	54.55
6.1	建设投资贷款利息	316.42	276.86	237.31	197.76	158.21	118.66	79.1	39.55
6.2	流动资金贷款利息	5	15	15	15	15	15	15	15
7	总成本费用	5 055.95	6 526.39	6 506.84	6 347.29	6 327.74	6 268.19	6 248.63	6 189.08
7.1	固定成本	2 605.95	3 026.39	3 006.84	2 847.29	2 827.74	2 768.19	2 748.63	2 689.08
7.2	可变成本	2 450=3 500×70%	3 500	3 500	3 500	3 500	3 500	3 500	3 500

案例二

背景：某市拟建工业项目的基础数据如下：

1#综合楼（中试车间及办公）　　檐高：43.5m；层数：10层；建筑面积：6 700m²。

2#楼　仓储及车间檐高：18.3m；层数：3层；建筑面积：7 800m²。

3#楼　仓储及车间檐高：18.3m；层数：3层；建筑面积：21 500m²。

地下室建筑面积：2 160m²。

主要技术经济指标：

1. 总建筑面积：38 160 m²；建安工程费及设备和工器具购置费：13 546.80万元；工程建设其他费用：1 322.24万元；预备费（基本预备费+涨价预备费）：1 486.90万元；运营期流动资金：800万元。

2. 本项目建设期2年，运营期10年，建设投资来源为自有资金和贷款，预计建设投资全部形成固定资产。自有资金为建设投资的40%；贷款本金为建设投资的60%，在建设期均匀投入。贷款年利率6.5%（按年计息）。贷款合同规定的还款方式为：运营期的前4年等额还本付息。项目固定资产使用年限12年，残值率5%，直线法折旧。

3. 项目生产经营所必需的流动资金800万元，由项目自有资金在运营期第1年投入。运营期第1年生产负荷为60%，该年的营业收入、经营成本均为正常年份的60%，第2年达产。运营期正常年份的营业收入5 000万元（其中销项税额850万元），经营成本2 500万元（其中进项税额460万元），企业适用的增值税税率为17%，增值税附加税税率为10%，企业所得税税率为25%；基准投资回收期为8年，行业所得税后基准收益率为10%，企业投资者期望的最低可接受所得税后收益率为12%。假定建设投资中无可抵扣固定资产进项税额。

问题：

1. 列式计算项目建设期的贷款利息。
2. 计算项目运营期前4年的偿还贷款本金和利息。
3. 编制项目的总成本费用估算表。
4. 编制项目的投资现金流量表。
5. 计算项目的投资回收期、财务净现值和财务内部收益率。

【解】**问题1**：

项目建设投资=（13 546.80+1 322.24+1 486.90）万元=16 355.94万元

项目贷款本金=16 355.94万元×60%=9 813.56万元

项目建设期的第1年贷款利息=9 813.56万元×50%÷2×6.5%=159.47万元

项目建设期的第2年贷款利息=（9 813.56×50%+159.47+9 813.56×50%÷2×6.5%）万元=488.78万元

建设期贷款利息总计：（159.47+488.78）万元=648.25万元

问题2：

运营期每年等额还本付息金额按以下公式计算：

$$A = P \times (1+i)^4 \times i \div (1+i)^4 - 1$$
$$= \{(16\ 355.94 \times 60\% + 648.25) \times (1+6.5\%)^4 \times 6.5\% \div [(1+6.5\%)^4 - 1]\} 万元$$
$$= 10\ 461.81\ 万元 \times 1.286 \times 0.065 \div 0.286 = 3\ 057.70\ 万元$$

运营期前4年的偿还贷款本金和利息见表4-14。

表4-14　借款还本付息计划表　　　　　　　　　　（单位：万元）

项目计算期	计算期					
	1	2	3	4	5	6
借款（建设期）	4 906.78	4 906.78				
期初借款余额		5 066.25	10 461.81	8 088.28	5 560.47	2 868.35
当期还本付息			3 053.55	3 053.55	3 053.55	3 053.55
其中：还本			2 373.53	2 527.81	2 696.12	2 867.11
付息	159.47	488.78	680.02	525.74	361.43	186.44
期末借款余额	5 066.25	10 461.81	8 088.28	5 560.47	2 868.35	

问题3：

固定资产折旧费 =（16 355.94+648.25）万元×（1-5%）÷12 = 1 346.17 万元

项目的总成本费用估算见表4-15。

表4-15　总成本费用估算表　　　　　　　　　　（单位：万元）

序号	费用名称	3	4	5	6	7	8	9	10	11	12
1	经营成本（不含进项税）	1 224	2 040	2 040	2 040	2 040	2 040	2 040	2 040	2 040	2 040
2	折旧费	1 346.17	1 346.17	1 346.17	1 346.17	1 346.17	1 346.17	1 346.17	1 346.17	1 346.17	1 346.17
3	利息支出	680.02	525.74	361.43	186.44						
4	总成本费用（不含进项税）	3 250.19	3 911.91	3 747.60	3 572.61	3 386.17	3 386.17	3 386.17	3 386.17	3 386.17	3 386.17

问题4：

（1）编制项目现金流量表之前需计算以下数据：

计算固定资产折旧费（融资前固定资产原值不含建设期利息）。

固定资产折旧费 = 16 355.94 万元×（1-5%）÷12 = 1 294.85 万元

（2）计算固定资产余值：

固定资产余值 = 年固定资产折旧费×2+残值
= (1 294.85×2+16 355.94×5%) 万元
= 3 407.50 万元

（3）计算调整所得税：

增值税应纳税额=当期销项税额-当期进项税额-可抵扣固定资产进项税额

第3年的增值税应纳税额=（850×0.6-460×0.6-0）万元=234万元

第3年的增值税附加应纳税额=234万元×10%=23.40万元

第3年的调整所得税=[营业收入-当期销项税额-（经营成本-当期进项税额）-可抵扣固定资产进项税额-折旧费-维持运营投资+补贴收入-增值税附加]×25%=[2 490-510-(1 224-276)-1 294.5-23.4]万元×25%=-71.47万元<0，不缴调整所得税

第4年的增值税应纳税额=（850-460-0）万元=390万元

第4年的增值税附加应纳税额=390万元×10%=39万元

第4年的调整所得税=[4 150-850-（2 040-460）-1 294.5-39-285.9]万元×25%=100.6万元×25%=25.15万元

第5~12年的增值税应纳税额=850-460-0=390万元

第5~12年的增值税附加应纳税额=390×10%=39万元

第5~12年的调整所得税=[4 150-850-（2 040-460）-1 294.5-39]万元×25%=96.63万元

项目的投资现金流量见表4-16。

问题5：

① 静态投资回收期：

$$\text{静态投资回收期} = (\text{累计净现金流量出现正值的年份} - 1) + \frac{|\text{出现正值年份上年累计净现金流量}|}{\text{出现正值年份当年净现金流量}}$$

$$= (8-1) \text{年} + |-1\,402.00| \div 1\,974.37 \text{年} = 7.71 \text{年}$$

动态投资回收期=[（11-1）+|-624.06|÷692.02]年=10.90年

项目的静态投资回收期为7.71年，项目的动态投资回收期为10.90年。

② 项目财务净现值：

项目财务净现值是把项目计算期内各年的净现金流量，按照基准收益率折算到建设期初的现值之和，也就是计算期末累计折现后净现金流1 988.67万元。

③ 财务内部收益率

由表4-17得：

$i_1 = 13\%$时，$FNPV_1 = 158.33$万元

$i_2 = 15\%$时，$FNPV_2 = -664.31$万元

用插值法计算拟建项目的内部收益率FIRR，即：

$$FIRR = i_1 + \frac{(i_2 - i_1)FNPV_1}{FNPV_1 + |FNPV_2|}$$

$$= 13\% + (15\% - 13\%) \times 158.33 \div (158.33 + |-664.31|)$$

$$= 13.38\%$$

指标评价：项目财务净现值2 037.50万元，大于0；项目的静态投资回收期7.71年小于项目的基准投资回收期8年；项目的动态投资回收期10.90年小于项目计算期12年；财务内部收益率FIRR为13.38%，大于基准收益率10%，从财务角度分析该项目可行。

表 4-16 项目投资现金流量表

(单位：万元)

序号	费用名称	建设期			运营期							
		1	2	3	4	5	6	7	8	9	10	11	12
1	现金流入	0.00	0.00	3 000	5 000	5 000	5 000	5 000	5 000	5 000	5 000	5 000	9 207.50
1.1	营业收入（不含销项税额）			2 490	4 150	4 150	4 150	4 150	4 150	4 150	4 150	4 150	4 150
1.2	销项税额			510	850	850	850	850	850	850	850	850	850
1.3	补贴收入												
1.4	回收固定资产余值												3 407.50
1.5	回收流动资金												800
2	现金流出	4 906.78	4 906.78	2 557.40	2 954.15	3 025.63	3 025.63	3 025.63	3 025.63	3 025.63	3 025.63	3 025.63	3 025.63
2.1	建设投资	4 906.78	4 906.78	800									
2.2	流动资金投资												
2.3	经营成本（不含进项税额）			1 224	2 040	2 040	2 040	2 040	2 040	2 040	2 040	2 040	2 040
2.4	进项税额			276	460	460	460	460	460	460	460	460	460
2.5	应纳增值税			234	390	390	390	390	390	390	390	390	390
2.6	增值税附加			23.4	39	39	39	39	39	39	39	39	39
2.7	调整所得税			0.00	25.15	96.63	96.63	96.63	96.63	96.63	96.63	96.63	96.63
3	所得税后净现金流量 1-2	-4 906.78	-4 906.78	442.60	2 045.85	1 974.37	1 974.37	1 974.37	1 974.37	1 974.37	1 974.37	1 974.37	6 181.87
4	累计税后净现金流量	-4 906.78	-9 813.56	-9 370.96	-7 325.11	-5 350.74	-3 376.37	-1 402.00	572.37	2 546.74	4 521.11	6 495.48	12 677.35
5	基准收益率（10%折现系数）	0.909 1	0.826 4	0.751 3	0.683 0	0.620 9	0.564 5	0.513 2	0.466 5	0.424 1	0.385 5	0.350 5	0.318 6
6	折现后净现金流量 3×5	-4 460.75	-4 054.96	332.53	1 397.32	1 225.89	1 114.53	1 013.25	921.04	1 049.76	837.33	692.02	1 969.54
7	累计折现后净现金流量	-4460.75	-8 515.71	-8 183.18	-6 785.86	-5 559.97	-4 445.44	-3 432.19	-2 511.15	-1 461.39	-624.06	67.96	2 037.50

表 4-17 财务内部收益率试算表

(单位：万元)

序号	项目	建设期			运营期								
		1	2	3	4	5	6	7	8	9	10	11	12
1	现金流入	0.00	0.00	3 000	5 000	5 000	5 000	5 000	5 000	5 000	5 000	5 000	9 207.50
2	现金流出	4 906.78	4 906.78	2 557.40	2 954.15	3 025.63	3 025.63	3 025.63	3 025.63	3 025.63	3 025.63	3 025.63	3 025.63
3	净现金流量	-4 906.78	-4 906.78	442.60	2 045.85	1 974.37	1 974.37	1 974.37	1 974.37	1 974.37	1 974.37	1 974.37	6 181.87
4	13%折现系数	0.885 8	0.783 1	0.693 1	0.613 3	0.542 8	0.480 3	0.425 1	0.376 2	0.332 9	0.294 6	0.260 7	0.230 7
5	折现后净现金流量	-4 342.50	-3 842.50	306.77	1 254.72	1 071.69	948.29	839.30	742.76	657.27	581.65	514.72	1 426.16
6	累计折现净现金流量	-4 342.50	-8 185.00	-7 878.23	-6 623.51	-5 551.82	-4 603.53	-3 764.23	-3 021.47	-2 364.20	-1 782.55	-1 267.83	158.33
7	15%折现系数	0.8696	0.7561	0.6575	0.5718	0.4972	0.4323	0.3759	0.3269	0.2843	0.2472	0.2149	0.1869
8	折现后净现金流量	-4 266.94	-3 710.02	291.01	1 169.82	981.66	853.52	742.17	645.42	561.31	488.06	424.29	1 155.39
9	累计折现净现金流量	-4 266.94	-7 976.96	-7 685.95	-6 516.13	-5 534.47	-4 680.95	-3 938.78	-3 293.36	-2 732.05	-2 243.99	-1 819.70	-664.31

复习思考题

1. 简述财务报表编制的基本原则与注意事项。
2. 简述财务评价有哪些基本报表？
3. 背景：某项目计算期为10年，其中建设期2年，生产运营期8年。计算期第3年投产，第4年开始达到设计生产能力。建设期第1年贷款2 000万元，自有资金4 000万元，建设期第2年贷款3 000万元，自有资金1 000万元，贷款年利率为6%，按年计息。其中1 000万元形成无形资产；300万元形成其他资产；其余投资形成固定资产。固定资产在运营期内按直线法折旧，残值（残值率为10%）在项目计算期末一次性回收。无形资产、其他资产在运营期内，均匀摊入成本。

问题：

（1）计算建设期利息。

（2）计算固定资产原值、残值、余值。

（3）计算年折旧费。

（4）计算年摊销费。

4. 背景：某企业拟投资建设一个生产市场急需产品的工业项目。该项目建设期1年，运营期6年。项目投产第一年可获得当地政府扶持该产品生产的补贴收入100万元，项目建设的其他基本数据如下：

（1）项目建设投资估算1 000万元。预计全部形成固定资产（包括可抵扣固定资产进项税额100万元），固定资产使用年限10年，按直线法折旧，期末净残值率4%，固定资产余值在项目运营期末回收。投产当年需要投入运营期流动资金200万元。

（2）正常年份年营业收入为702万元（其中销项税额为102万），经营成本380万元（其中进项税额为50万元），税金附加按应纳增值税的10%计算，所得税税率为25%，行业所得税后基准收益率为10%；基准投资回收期为6年，企业投资者期望的最低可接受所得税后收益率为15%。

（3）投产第1年仅达到设计生产能力的80%，预计这一年的营业收入及其所含销项税额、经营成本及其所含进项税额均为正常年份的80%。以后各年均达到设计生产能力。

（4）运营第4年，需要花费50万元（无可抵扣进项税额）更新新型自动控制设备配件，维持以后的正常运营，该维持运营投资按当期费用计入年度总成本。

问题：

若该项目的初步融资方案为：贷款400万元用于建设投资，贷款年利率为10%（按年计息），还款方式为运营期前3年等额还本，利息照付。剩余建设投资及流动资金源于项目资本金。试编制拟建项目的资本金现金流量表，并根据该表计算项目的资本金财务内部收益率，评价项目资本金的盈利能力和融资方案下的财务可行性。

5. 背景：某国有企业拟建新项目，有关数据资料如下：

（1）项目计算期为7年，建设期为1年，设备采购安装费700万元（其中100万在建设期初贷款），专有技术费用60万，用于整个生产期。按照财务规定该设备的经济寿命应为7年，直线法折旧，残值率为5%。固定资产投资中不考虑可抵扣固定资产进项税额对固定资产原值的影响。

（2）运营期第 1 年投入流动资金 150 万元，其中 100 万元为自有资金，其余为贷款。流动资金在计算期末全部收回。

（3）在运营期间，每年产品全部销售的营业收入为 1 000 万元（其中含销项税额为 100 万元），总成本费用为 500 万元，因考虑每年的经营成本变化较小，故粗略估计运营期每年的经营成本费用中含有可抵扣进项税额 40 万元。增值税附加以当期应纳增值税为基数，税率为 12%，所得税税率为 25%。

（4）借款还款在经营期第一年只还息，不还本，在其他年份等额还本，利息照付。长期借款年利率为 10%（每半年计息一次），短期贷款利率为 5%。

问题：

（1）列式计算折旧费。

（2）列式计算生产期前 3 年长期借款的还本额、付息额。

（3）列式计算生产期第 1 年的经营成本、所得税，编制项目的资本金现金流量表。

计算结果及表中数据均保留两位小数，资本金现金流量表参照表 4-18。

表 4-18 资本金现金流量表　　　　　　　　（单位：万元）

序号	项目	计算期						
		1	2	3	4	5	6	7
1	现金流入							
1.1	营业收入（不含销项税额）							
1.2	销项税额							
1.3	回收固定资产余值							
1.4	回收流动资金							
2	现金流出							
2.1	（建设投资）资本金							
2.2	流动资金中资本金							
2.3	经营成本（不含进项税额）							
2.4	进项税额							
2.5	应纳增值税							
2.6	增值税附加							
2.7	还本付息总额							
2.7.1	长期借款还本							
2.7.2	长期借款付息							
2.7.3	短期借款还本							
2.7.4	短期借款付息							
2.8	所得税							
3	所得税后净现金流量							
4	累计所得税后净现金流量							

第 5 章

工程项目经济评价方法

本章知识要点与学习要求

序　号	知　识　要　点	学　习　要　求
1	工程项目经济评价指标及评价方法	掌握
2	互斥型方案评价方法	掌握
3	独立型方案评价方法	掌握
4	混合型方案评价方法	熟悉
5	工程项目盈亏平衡分析方法	掌握
6	工程项目敏感性分析方法	熟悉
7	国民经济评价方法	了解

■ 5.1　工程项目经济评价指标

5.1.1　工程项目经济评价指标体系

工程项目的经济评价是工程项目评价的核心内容。为了确保工程项目投资决策的正确性和科学性，研究经济评价的指标与评价方法是非常必要的。工程项目的评价指标是投资项目的经济效益或经济效果的定量化及其直观的表现形式，它通常是通过对投资项目所涉及的费用和效益的量化和比较来确定的。只有正确地理解各个评价指标的含义，合理地运用其评价准则，才能对投资项目进行有效的经济分析，从而做出正确的投资决策。

在工程项目财务评价中，为了从不同角度和方面刻画和表征出项目复杂的经济效果，人们设计了多种评价指标。工程项目财务评价基本指标从不同的角度可以进行不同的分类，按是否考虑资金的时间价值，可以分为静态评价指标和动态评价指标，如图 5-1 所示。

静态评价指标的特点是计算简便、直观，因而被广泛用于对投资效果进行粗略估计。它的主要缺点是没有考虑资金的时间价值和不能反映项目整个寿命周期的全面情况，因此在对项目进行经济评价时，应以动态分析为主，必要时可以用静态评价指标进行辅助分析。

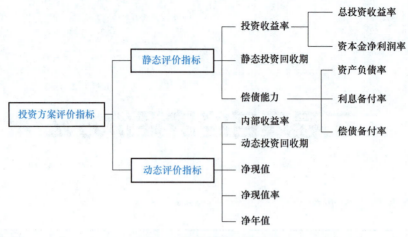

图 5-1 投资方案评价指标

5.1.2 工程项目经济评价方法

经济效果评价的基本方法包括确定性评价方法和不确定性评价方法。对同一投资方案而言，必须同时进行确定性评价和不确定性评价。

按是否考虑资金时间价值，经济效果评价方法又可分为静态评价方法和动态评价方法。静态评价方法是不考虑资金时间价值，其最大特点是计算简便，适用于方案的初步评价，或对短期投资项目进行评价，以及对于逐年收益大致相等的项目评价。动态评价方法考虑资金时间价值，能较全面地反映投资方案整个计算期的经济效果。因此，在进行方案比较时，一般以动态评价方法为主。

5.1.2.1 静态评价方法

1. 投资收益率

投资收益率是指投资方案达到设计生产能力后一个正常生产年份的年净收益总额与方案投资总额的比率。它是评价投资方案盈利能力的静态指标，表明投资方案正常生产年份中，单位投资每年所创造的年净收益额。对运营期内各年的净收益额变化幅度较大的方案，可计算运营期年平均净收益额与投资总额的比率。

（1）计算公式

投资收益率的计算公式为

$$投资收益率\ R = \frac{年净收益}{投资总额} \times 100\% \tag{5-1}$$

（2）评价准则

将计算出的投资收益率 R 与所确定的基准投资收益率 R_e 进行比较：

1）若 $R \geqslant R_e$，则方案在经济上可以考虑接受。
2）若 $R < R_e$，则方案在经济上是不可行的。

（3）投资收益率的应用指标

根据分析目的的不同，投资收益率又可分为总投资收益率（ROI）和资本金净利润率（ROE）。

1) 总投资收益率（ROI），表示项目总投资的盈利水平。

$$\text{ROI} = \frac{\text{EBIT}}{\text{TI}} \times 100\% \tag{5-2}$$

式中　EBIT——项目达到设计生产能力后正常年份的年息税前利润或运营期内年平均息税前利润；

　　　TI——项目总投资。

总投资收益率高于同行业的收益率参考值，表明用总投资收益率表示的项目盈利能力满足要求。

【例 5-1】 某技术方案的总投资 1 500 万元，其中债务资金 700 万元，技术方案在正常年份年利润总额 400 万元，所得税 100 万元，年利息 50 万元，试求出该方案的总投资收益率。

【解】 息税前利润=利润总额+利息=400 万元+50 万元=450 万元

总投资收益率 = $\dfrac{\text{息税前利润}}{\text{总投资}}$ = 450 万元 ÷ 1 500 万元 × 100% = 30%

2) 资本金净利润率（ROE），表示项目资本金的盈利水平。

$$\text{ROE} = \frac{\text{NP}}{\text{EC}} \times 100\% \tag{5-3}$$

式中　NP——项目达到设计生产能力后正常年份的年净利润或运营期内年平均净利润；

　　　EC——项目资本金。

资本金净利润率高于同行业的净利润率参考值，表明用项目资本金净利润率表示的项目盈利能力满足要求。

【例 5-2】 某技术方案的总投资 1 500 万元，其中债务资金 700 万元，技术方案在正常年份年利润总额 400 万元，所得税 100 万元，年利息 50 万元，试求出该方案的资本金净利润率。

【解】 资本金 = 1 500 万元-700 万元 = 800 万元

净利润 = 利润总额-所得税 = 400 万元-100 万元 = 300 万元

资本金净利润率 = $\dfrac{\text{净利润}}{\text{资本金}}$ × 100% = 300 万元 ÷ 800 万元 × 100% = 37.5%

（4）投资收益率指标的优点与不足

投资收益率指标的经济意义明确、直观，计算简便，在一定程度上反映了投资效果的优劣，可适用于各种投资规模。但不足的是，它没有考虑投资收益的时间因素，忽视了资金时间价值的重要性；指标计算的主观随意性太强，换句话说，就是正常生产年份的选择比较困难，如何确定带有一定的不确定性和人为因素。因此，以投资收益率指标作为主要的决策依据不太可靠。

2. 静态投资回收期

静态投资回收期是在不考虑资金时间价值的条件下，以项目的净收益回收全部投资所需要的时间，其示意图，如图 5-2 所示。

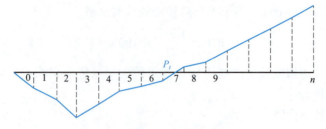

图 5-2 静态投资回收期示意图

静态投资回收期一般以年为单位。对建设项目来说，投资回收期一般自项目建设开始年算起，即包括建设期。也可以自项目建成投产年算起，但应加以说明。

(1) 计算公式

自建设开始年算起，投资回收期 P_t（以年表示）的计算公式为

$$\sum_{t=0}^{P_t}(CI-CO)_t = 0 \tag{5-4}$$

式中　　P_t——静态投资回收期；

$(CI-CO)_t$——第 t 年净现金流量。

静态投资回收期可根据现金流量表计算，其具体计算又分以下两种情况：

1) 项目建成投产后各年的净收益（即净现金流量）均相同，自项目建设投产年算起和自项目建设开始年算起的静态投资回收期 P_t 计算公式分别如下：

自项目建设投产年算起

$$P_t = \frac{I}{A} \tag{5-5}$$

式中　　P_t——静态投资回收期；

I——项目总投资；

A——每年净收益，即 $A=(CI-CO)_t$。

自项目建设开始年算起

$$P_t = \frac{I}{A} + m \tag{5-6}$$

式中　　m——项目的建设期。

2) 项目建成投产后各年的净收益不相同时，则静态投资回收期可根据累计净现金流量计算求得，也就是在现金流量表中累计净现金流量由负值变为正值之间的年份。其计算公式为

$$P_t = 累计净现金流量出现正值的年份 - 1 + \frac{上一年累计净现金流量的绝对值}{出现正值年份的净现金流量} \tag{5-7}$$

【例 5-3】用表 5-1 所示数据计算静态投资回收期。

【解】由表 5-1 可知，静态投资回收期在 3 年和 4 年之间，该项目的静态投资回收期为

$$P_t = 4 - 1 + \frac{|-350|}{500} \text{年} = 3.7 \text{年}$$

表 5-1　项目的累计现金流量折现值　　　　　　　　　　（单位：万元）

项目	时间/年						
	0	1	2	3	4	5	6
①总投资	600	400					
②收入			500	600	800	800	750
③支出			200	250	300	350	350
④净现金流量（②-③-①）	-600	-400	300	350	500	450	400
⑤累计净现金流量	-600	-1 000	-700	-350	150	600	1 000

（2）评价准则

将计算出的静态投资回收期（P_t）与所确定的基准投资回收期（P_e）进行比较：

1) 若 $P_t \leqslant P_e$，表明项目投资能在规定的时间内收回，则项目（或方案）在经济上可以考虑接受。

2) 若 $P_t > P_e$，则项目（或方案）在经济上是不可行的。

（3）投资回收期指标的优点和不足

投资回收期指标容易理解，计算也比较简便；项目投资回收期在一定程度上显示了资本的周转速度。显然，资本周转速度越快，回收期越短，风险越小，盈利越多。这对于那些技术上更新迅速的项目，或资金相当短缺的项目，或未来情况很难预测而投资者又特别关心资金补偿的项目进行分析是特别有用的。但不足是，投资回收期没有全面考虑投资方案整个计算期内的现金流量，即只间接考虑投资回收之前的效果，不能反映投资回收之后的情况，也就是说无法准确衡量方案在整个计算期内的经济效果。

3. 偿债能力指标

（1）资产负债率

资产负债率（LOAR）是指投资方案各期末负债总额（TL）与资产总额（TA）的比率。计算公式为

$$\text{LOAR} = \frac{\text{TL}}{\text{TA}} \times 100\% \qquad (5\text{-}8)$$

式中　TL——期末负债总额；

　　　TA——期末资产总额。

适度的资产负债率，表明企业经营安全、稳健，具有较强的筹资能力，也表明企业和债权人的风险较小。对该指标的分析，应结合国家宏观经济状况、行业发展前景、企业所处的竞争环境状况等具体条件具体分析。

（2）利息备付率

利息备付率也称已获利息倍数，是指项目在借款偿还期内各年可用于支付利息的税息前利润与当期应付利息费用的比值。其计算式为

$$\text{利息备付率} = \frac{\text{税息前利润}}{\text{当期应付利息}} \qquad (5\text{-}9)$$

式中　当期应付利息——计入总成本费用的全部利息；

税息前利润——利润总额与计入总成本费用的利息费用之和。

利息备付率表示使用项目利润偿付利息的保证倍率，可以按年计算，也可以按项目整个借款期计算。在分析项目的偿债能力时，用利息备付率指标评价的准则为：当利息备付率大于2时，认为项目的付息能力有保障；否则，表示项目的付息能力保障程度不足。

（3）偿债备付率

偿债备付率指项目在借款偿还期内各年可用于还本付息的资金与当期应还本付息金额的比值。其计算式为

$$偿债备付率 = \frac{可用于还本付息资金}{当期应还本付息金额} \tag{5-10}$$

式中　可用于还本付息资金——包括可用于还款的折旧和摊销、成本中列支的利息费用，以及可用于还款的税后利润等；

当期应还本付息金额——包括当期应还贷款本金额及计入成本的利息。

偿债备付率表示可用于还本付息的资金偿还借款本息的保证倍率，可以按年计算，也可以按项目整个借款期计算。当用该指标分析项目的偿债能力时，正常情况下该指标应当大于1，且越高越好。当指标小于1时，表示当年资金来源不足以偿付当期债务，需要通过短期借款偿付已到期债务。

5.1.2.2　动态评价方法

考虑了资金时间价值的评价方法称为动态评价方法。与静态评价方法相比，动态评价方法更加注重考查方案在其计算期内各年现金流量的具体情况，因此更加科学和全面，其应用较静态评价方法更广泛。

1. 基准投资收益率

基准投资收益率，又称基准收益率、基准贴现率、目标收益率、最低期望收益率等，是指建设项目财务评价中对可货币化的项目费用与效益采用折现方法计算净现值的基准折现率，是衡量项目内部收益率的基准值，是项目财务可行性和方案比选的主要判据。基准收益率反映投资者对相应项目占用资金的时间价值的判断，应是投资者在相应项目上最低可接受的收益率。

基准收益率是方案经济评价的主要经济参数之一。影响基准收益率的主要因素有企业或行业的平均投资收益率、产业政策、资金成本和机会成本、投资风险、通货膨胀、资金限制等，因此国家分行业确定并颁布基准收益率，并以此作为投资调控的手段。例如，对某些高消耗、技术落后或对环境造成较大影响的行业或部门，可以将其基准收益率定得高些，这样只有具有较好的经济效益的项目才能通过；而对低消耗、技术进步或关系国计民生的一些行业或部门，可以将其基准收益率定得低些，这样就能使资金流向这些行业，有利于国家产业整体布局和建设节约型社会。

2. 动态投资回收期

（1）动态投资回收期的定义

为了克服静态投资回收期未考虑时间价值的缺点，可采用其改进指标，即动态投资回收期。动态投资回收期（Dynamic Investment Pay-back Period）是指在考虑了资金时间价值的情况下，以项目每年净收益的现值来抵偿项目全部投资的现值所需要的时间。这个指标的提出

主要是为了克服静态投资回收期指标没有考虑资金的时间价值，因而不适合用于计算期较长的项目经济评价的弊端。

（2）动态投资回收期的计算方法

动态投资回收期（P_D）的定义表达式为

$$\sum_{t=0}^{P_D}(CI-CO)_t(1+i_0)^{-t}=0 \tag{5-11}$$

在实际计算中，累积净现金流量等于零的时候往往不是某一自然年份，这时计算公式为

$$P_D = (净现金流量折现累计开始出现正值年份-1)+\frac{上年净现金流量折现累计值的绝对值}{当年净现金流量的累计值}$$

(5-12)

其中"当年"是指净现金流量折现累计开始出现正值的年份。

【例 5-4】 假设折现率为 10%，按例 5-3 给出的数据，试计算该项目的动态投资回收期。

【解】 由表 5-2 可见，该项目的动态投资回收期为

$$P_D = 5-1+\frac{|-111|}{279}年 = 4.4 年$$

表 5-2 项目的累计现金流量折现值　　　　　　　　（单位：万元）

项　目	时间/年						
	0	1	2	3	4	5	6
①总投资	600	400					
②收入			500	600	800	800	750
③支出			200	250	300	350	350
④净现金流量（②-③-①）	-600	-400	300	350	500	450	400
⑤净现金流量折现值（$i=10\%$）	-600	-364	248	263	342	279	226
⑥累计现金流量折现值	-600	-964	-716	-453	-111	168	394

（3）动态投资回收期的判别标准

1）当 $P_D \leq n$ 时，则表明方案在计算寿命期（n）内可以收回投资并取得了既定的收益率，所以可认为方案在经济上是可以接受的。

2）当 $P_D > n$ 时，则表明方案在计算寿命期（n）内没能取得既定的收益率甚至没能收回投资，考虑拒绝该项目。

（4）动态投资回收期的特点与适用范围

动态投资回收期考虑了资金的时间价值，是考查项目财务上投资实际回收能力的动态指标。它反映了等值回收，而不是等额回收项目全部投资所需要的时间，所以动态投资回收期比静态投资回收期更合理地反映了项目和资金的运作状况，更具有实际意义。

需要注意的是，动态投资回收期与折现率有关。若折现率不同，其反映的投资年限就不

同。当折现率为零时,动态投资回收期就等于静态投资回收期。通常折现率是以行业基准折现率为计算依据的。另外,动态投资回收期是一个时间性指标,反映了投资回收速度的快慢,但现实中一般很少用它来进行方案的优劣比选,然而在对于项目后期现金流量的准确性把握不大的情况下,用该指标来筛选项目还是比较有参考价值的。

3. 净现值

(1) 净现值的定义与计算

方案的净现值是指方案在寿命期内各年的净现金流量按照设定的折现率折现到期初时的现值之和。净现值是反映方案获利能力的动态指标,其表达式为

$$NPV = \sum_{t=0}^{n}(CI-CO)_t(1+i_c)^{-t} \tag{5-13}$$

式中 NPV——净现值;
　　　CI——第 t 年的现金流入量;
　　　CO——第 t 年的现金流出量;
　　　n——该方案的计算期;
　　　i_c——设定的折现率(同基准收益率)。

净现值表示在设定的折现率 i_c 的情况下,方案在不同时点发生的净现金流量折现到期初时,整个生命期内所能得到的净收益。如果方案的净现值等于零,表示方案正好达到了基准收益率水平;如果方案的净现值大于零,则表示方案除能达到基准收益率外,还能得到超过期望的收益;如果净现值小于零,则表示方案达不到基准收益率水平。

(2) 评价准则

用净现值指标评价单个方案的准则是:采用基准收益率作为折现率时,若 NPV≥0,则方案可行;若 NPV<0,则方案应被否定。

【例 5-5】某项目财务净现金流量见表 5-3,已知基准收益率为 10%。试计算该项目的净现值,并判断该项目的可行性。

表 5-3 净现金流量表　　　　　　　　　　　　　(单位:万元)

年　份	0	1	2	3	4	5	6
投资	800	1 000					
收入			800	1 000	1 000	1 000	1 000
经营成本			400	400	400	400	400
营业税金			44	55	55	55	55

【解】1. 计算该项目各年的净现金流量

该项目各年的净现金流量见表 5-4。

表 5-4 净现金流量表　　　　　　　　　　　　　(单位:万元)

年　份	0	1	2	3	4	5	6
净现金流量	-800	-1 000	356	545	545	545	545

2. 计算项目的净现值

NPV = -800万元 - 1 000万元×(P/F, 10%, 1) + 356万元×(P/F, 10%, 2) + 545万元×(P/A, 10%, 4)(P/F, 10%, 2) = 12.87万元

3. 判断该项目的可行性

该项目的净现值为12.87万元,大于0,因此项目是可行的。

(3) 净现值函数

NPV是根据基准收益率计算的,如果把收益率看作未知数,且设为i,则NPV为折现率i的函数,其表达式为

$$NPV = \sum_{t=0}^{n}(CI-CO)_t(1+i_c)^{-t} \qquad (5-14)$$

如果以NPV为纵坐标,以i为横坐标,可以将两者的关系描绘于图中,得到净现值与折现率的关系曲线,如图5-3所示。

从图5-3中,可以看出净现值函数的特点如下:

1) 同一方案的净现值随i的增大而减少。

2) NPV函数与横轴必然有一个交点,即随着i的增大,NPV会由大变小,由正变负。或者说,必然存在一个i,使得净现值NPV=0。因此,NPV法的关键问题之一是先选定一个收益率标准,此标准称为基准收益率,或最低期望收益率,记为i_0。

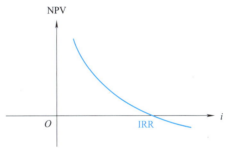

图5-3 净现值与折现率的关系曲线

(4) 净现值的优点与不足

NPV指标的优点:

1) 考虑了资金的时间价值并全面考虑了项目在整个寿命期内的经济情况。

2) 经济意义明确直观,能够直接以货币额表示项目的净收益。

3) 能直接说明项目投资额与资金成本之间的关系。

NPV指标的不足:

1) 必须先确定一个符合经济现实的基准收益率,而基准收益率的确定往往比较困难。

2) 不能直接说明项目运营期间各年的经营成果。

3) 不能真正反映项目投资中单位投资的使用效率。

4. 内部收益率

(1) 内部收益率的含义

净现值法是根据i_0求NPV,而内部收益率(Internal Rate of Return)法是求得一个收益率i_0,使方案的净现值等于0。这个收益率就是内部收益率(简称IRR)。其表达式为

$$\sum_{t=0}^{n}(CI-CO)_t(1+IRR)^{-t} = 0 \qquad (5-15)$$

式中 IRR——内部收益率。

(2) 评价准则

若给定基准收益率i_c,用内部收益率指标评价单方案的判定准则为

若IRR≥i_c,则项目在经济效果上是可以接受的。

若 IRR<i_c，则项目在经济效果上应予否定。

（3）内部收益率的计算

IRR 的值域是（-1，+∞）。对于多数方案来说，IRR 的值域是（0，+∞）。式（5-15）是一个高次方程，不容易直接求解，通常用线性内插法求 IRR 的近似解，其原理如图 5-4 所示。

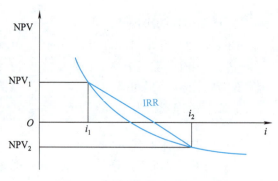

图 5-4 线性内插法求 IRR 图解

采用线性内插法求解 IRR，基本步骤如下：

1）首先根据经验，选定一个适当的折现率 i。
2）根据投资方案的现金流量情况，利用选定的折现率 i，求出方案的净现值 NPV。
3）若 NPV>0，则适当使 i 继续增大；若 NPV<0，则适当使 i 继续减小。
4）重复步骤 3），直到找到这样的两个折现率 i_1 和 i_2，求出其所对应的净现值 $NPV_1>0$，$NPV_2<0$，其中 i 变化的幅度（i_2-i_1）一般不超过 2%~5%。
5）采用线性插值公式求出内部收益率的近似解，其公式为

$$\text{IRR} = i_1 + \frac{NPV_1}{NPV_1 + |NPV_2|}(i_2 - i_1) \qquad (5\text{-}16)$$

【例 5-6】 某项目净现金流量见表 5-5，试用内部收益率评价项目的可行性（i_c=10%）。

表 5-5 净现金流量表　　　　　　　（单位：万元）

年　份	0	1	2	3	4	5	6
净现金流量	-60	-40	30	50	50	50	50

【解】 1. 列出计算式

NPV=-60-40（P/F，10%，1）+30（P/F，10%，2）+50（P/A，10%，4）（P/F，10%，2）

令 NPV=0

2. 试算

设 i_1=25%，则 NPV_1=2.76
设 i_2=30%，则 NPV_2=-8.92

3. 根据内插公式，计算项目的内部收益率

$$\text{IRR} = i_1 + \frac{NPV_1}{NPV_1 + |NPV_2|}(i_2 - i_1) = 25\% + \frac{2.76}{2.76 + 8.92}(30\% - 25\%) = 26.2\%$$

由于 IRR>i_c，因此项目可行。

（4）内部收益率的经济含义

内部收益率实际上是投资方案占用的尚未收回资金的获利能力，是项目到计算期末正好将未收回的资金全部收回的折现率，它只与项目本身的现金流量有关，即它取决于项目内

部。可以理解为方案占用资金的恢复能力,反映了项目对贷款利率的最大承担能力,是项目借入资金利率的临界值。假设一个项目的全部投资均来自借入资金。从理论上讲,若借入资金的利率 i 小于项目的内部收益率 IRR,则项目会有盈利。如若 i_c > IRR,则项目就会亏损,若 i_c = IRR,则由项目全部投资所获得的净收益刚好用于偿还借入资金的本金和利息。

【例 5-7】 某方案现金流量见表 5-6(i_0 = 10%)。

表 5-6　现金流量表　　　　　　　　　　　　　　　　(单位:万元)

年　份	0	1	2	3	4	5
现金流量	−100	20	30	20	40	40

通过计算得 IRR = 13.5%,试检验内部收益率的经济含义。

【解】 采用表格的形式分析,在 IRR = 13.5% 时,每年年末未回收的资金额,具体数据见表 5-7。结果发现,在第 1 年至第 4 年年末每年均存在没有回收的投资,直到第 5 年年末为止,所有的投资全部回收回来。因此,表明 13.5% 是该项目的内部收益率,符合内部收益率的经济含义。

表 5-7　净现金流量表　　　　　　　　　　　　　　　　(单位:万元)

年　份	现　金　流　量	年初未回收投资	年初未回收投资到年末余额	年末未回收投资
0	−100			
1	20	−100	−113.5	93.5
2	30	−93.5	−106	76
3	20	−76	−86.2	66.2
4	40	−66.2	−75.2	35.2
5	40	−35.2	−40	0

(5)内部收益率的优点与不足

内部收益率的优点是考虑了资金的时间价值以及项目在整个计算期内的经济状况,能直观反映投资的最大可能盈利能力或最大利息偿还能力。而且内部收益率避免了净现值指标需要事先确定基准收益率的问题,只需要知道基准收益率的大致范围即可。

内部收益率的不足之处是计算比较麻烦,而且在实际应用当中还有一定的局限性。

1)对于非常规投资方案,也就是方案寿命期内净现金流量的正负号不只变化一次的方案,其 IRR 就可能有多个解,这时内部收益率指标不能使用。

2)只有现金流入或现金流出的方案不存在具有明确经济意义的 IRR。

3)如果只根据 IRR 指标大小进行多方案投资决策,可能会使那些投资大、IRR 小,但收益总额大的方案落选。因此,IRR 指标往往和 NPV 指标结合起来使用,因为 NPV 指标大的方案,IRR 指标未必大,反之亦然。

5. 净年值

净年值是根据基准收益率将项目计算期内的净现金流量换算而成的等额年值。其计算公式为

$$NAV = NPV(A/P, i_c, n) \tag{5-17}$$

式中　NAV——净年值；

$(A/P, i_c, n)$——资本回收系数。

从上式中可以看出，净年值（NAV）和净现值（NPV）之间仅相差一个资本回收系数，而且 $(A/P, i_c, n) > 0$，因此 NAV 和 NPV 总是同正负，故 NAV 和 NPV 两个指标在评价同一个项目的时候结论总是一致的。其评价准则是：若 NAV≥0，则方案可行；若 NAV<0，则方案应该被否定。

【例 5-8】 建设项目有 A，B 两个方案，其净现金流量情况见表 5-8，若 $i_c = 10\%$，试用年值法对方案进行比选。

表 5-8　净现金流量表　　　　　　　　　　（单位：万元）

方案	时间/年			
	1	2~5	6~9	10
A	-300	80	80	100
B	-100	70	—	—

【解】 $NPV_A = -300$ 万元 $(P/F, i, 1) + 80$ 万元 $(P/A, i, 8)(P/F, i, 1) + 100$ 万元 $(P/F, i, 10) = 153.83$ 万元

$NPV_B = -100$ 万元 $(P/F, i, 1) + 70$ 万元 $(P/A, i, 4)(P/F, i, 1) = 110.81$ 万元

所以 $NAV_A = NPV_A (A/P, i, 10) = 25.03$ 万元

$NAV_B = NPV_B (A/P, i, 5) = 29.23$ 万元

因为 $NAV_A < NAV_B$，因而选择 B 方案。

6. 净现值率

净现值指标在用于多个方案比较的时候，没有考虑各方案投资额的大小，因而不能直接反映资金的利用效率。为了考查资金的利用效率，通常用净现值率（NPVR）作为净现值的辅助指标。

净现值率（NPVR）是项目净现值与项目全部投资现值之比，是一种效率型的指标，其经济含义是单位投资现值所能带来的净现值。其计算公式为

$$NPVR = \frac{NPV}{K_P} = \frac{NPV}{\sum_{t=1}^{m} K_t (1 + i_c)^{-t}} \tag{5-18}$$

式中　NPVR——净现值率；

　　　K_P——项目总投资现值；

　　　K_t——第 t 年项目投资额；

　　　m——项目建设期。

对于单一方案评价而言，若 NPV≥0，则 NPVR≥0（因为 $K_P > 0$）；若 NPV<0，同理 NPVR<0。故对单方案评价，净现值率与净现值是等效的评价指标，其评价准则为：若 NPVR≥0，则方案可行；若 NPVR<0，则方案应该被否定。

【例 5-9】 某项目净现金流量见表 5-9，若基准贴现率为 12%，试求出静态投资回收期、净现值、净现值率、内部收益率和动态投资回收期。

表 5-9 净现金流量表　　　　　　　　　　　　（单位：万元）

年　份	0	1	2	3	4	5	6	7
净现金流量	−60	−80	30	40	60	60	60	60
累计净现金流量	−60	−140	−110	−70	−10	50	110	170

【解】 静态投资回收期 $P_t = \left(5 - 1 + \dfrac{|-10|}{60}\right)$ 年 $= 4.17$ 年

净现值 NPV $= -60$ 万元 -80 万元 $(P/F, i, 1) + 30$ 万元 $(P/F, i, 2) + 40$ 万元 $(P/F, i, 3)$
$+ 60$ 万元 $(P/A, i, 4)(P/F, i, 3)$

$= (-60 - 80 \times 0.8929 + 30 \times 0.7972 + 40 \times 0.7118 + 60 \times 3.0373 \times 0.7118)$ 万元

$= 50.68$ 万元

净现值率 NPVR $= \dfrac{\text{NPV}}{K_P} = \dfrac{50.68 \text{ 万元}}{60 \text{ 万元} + 80 \text{ 万元}(P/F, i, 1)} = \dfrac{50.68 \text{ 万元}}{(60 + 80 \times 0.8929)}$

$= 0.3856$ 万元

净年值 NAV $= \text{NPV}(A/P, i_c, n) = 50.68$ 万元 $(A/P, 12\%, 7) = 50.68$ 万元 $\times 0.2191$
$= 11.10$ 万元

内部收益率：

NPV $(i) = -60 - 80 (P/F, \text{IRR}, 1) + 30 (P/F, \text{IRR}, 2) + 40 (P/F, \text{IRR}, 3)$
$\qquad\qquad + 60 (P/A, \text{IRR}, 4)(P/F, \text{IRR}, 3) = 0$

当取 $i_1 = 20\%$ 时，

NPV $(i_1) = (-60 - 80 \times 0.8333 + 30 \times 0.6944 + 40 \times 0.5787 + 60 \times 2.5887 \times 0.5787)$ 万元
$\qquad\quad = 7.2$ 万元

当取 $i_2 = 25\%$ 时，

NPV $(i_2) = (-60 - 80 \times 0.8 + 30 \times 0.64 + 40 \times 0.512 + 60 \times 2.3616 \times 0.512)$ 万元 $= -11.77$ 万元

$$\text{IRR} = i_1 + \dfrac{\text{NPV}(i_1)}{\text{NPV}(i_1) + |\text{NPV}(i_2)|}(i_2 - i_1) = 20\% + \dfrac{7.2}{7.2 + |-11.77|}(25\% - 20\%)$$

$= 21.9\%$

5.2 工程项目多方案评价

5.2.1 多方案组合关系

对工程项目方案进行经济评价，一般会遇到两种情况：一种是单方案评价，即投资项目只有一种技术方案或独立的项目方案可供评价；另一种是多方案评价，即投资项目有几种可供选择的技术方案。对单方案的评价，用前述的经济指标就可以决定项目的取舍。但是，对多方案进行经济上的比选,如果仅计算各种方案的评价指标并做出结论,其结论可能是不可靠的。因此,在进行多方案比选时,首先必须了解方案所属的类型,从而按照方案的类型确定适合的评价方法和指标,为最终做出正确的投资决策提供科学的依据。

所谓方案类型,是指一组备选方案之间所具有的相互关系。这种关系一般分为独立型方案和多方案两类。按照多方案之间的经济关系,可以将多方案分为互斥型方案、独立型方案和混合型方案。

1. 互斥型方案

互斥型方案是指在若干个备选方案中,彼此是相互替代的关系,具有不相容性(相互排斥性)特点的备选方案。在其中选择了任何一个方案,其他方案必须被排斥,不能同时被选中。例如,同一块土地的利用方案就是互斥型方案,是建居民住房,还是建写字楼等,只能选择其中之一。互斥型方案的效果不具有可加性。

2. 独立型方案

独立型方案是指方案之间互不干扰,经济上互不相关的备选方案,它的特点是项目之间具有相容性,只要条件允许,就可任意选择备选方案中的合理项目。选择或放弃该方案,并不影响对其他方案的选择。这些方案可以共存,而且投资经营成本与收益都具有可加性。

独立型方案按是否存在资源约束,可分为有资源限制和无资源限制两类。有资源限制的类型是指多方案之间存在资金、劳力、材料、设备或其他资源量的限制,在工程经济分析中最常见的就是投资资金的约束。无资源限制是指多方案之间不存在上述的资源限制。当然,这样并不是指资源是无限的,而只是指有能力得到足够的资源。显然,单一方案是无资源限制的独立型方案特例。

3. 混合型方案

在一组备选方案中,如果方案之间有些具有互斥关系,有些具有独立关系,则称这一组方案为混合型方案。

混合型方案在结构上又分为两种形式。其一,在一独立多方案中,每个独立方案下又有若干个互斥方案的类型,如某一大型零售业公司现欲在两个相距较远的 A 城和 B 城各投资建一座大型仓储式超市,显然 A、B 是独立的,目前在 A 城有三个可行地点 A_1、A_2、A_3 供选择,在 B 城有两个可行地点 B_1、B_2 供选择,则 A_1、A_2、A_3 是互斥关系,B_1、B_2 也是互斥关系。这组方案的层次结构,如图 5-5 所示。

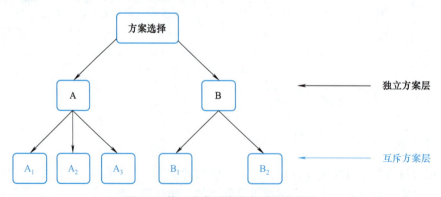

图 5-5 第一种类型的混合型方案结构

其二，在一组互斥型多方案中，每个互斥方案下又有若干个独立方案。例如，某一地产开发商在某市取得了一块土地的使用权，按当地市规划的规定，该地块只能建居住物业（C方案）或建商业物业（D方案），不能建商居混合物业或者工业物业，但对商业物业和居住物业的具体类型没有严格的规定。如建居住物业可以建成豪华套型（C_1）、高档型（C_2）、普通型（C_3）、混合套型的住宅（C_4）。如建商业物业，可建成餐饮酒楼（D_1）、写字楼（D_2）、商场（D_3）、娱乐休闲服务（D_4）或综合性商业物业。显然，C、D 是互斥型方案。C_1、C_2、C_3、C_4 是一组独立型方案，D_1、D_2、D_3、D_4 也是一组独立型方案，这组方案的层次结构如图 5-6 所示。

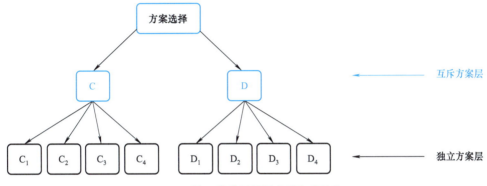

图 5-6　第二种类型的混合型方案结构

一般来说，工程技术人员遇到的问题多为互斥型方案的选择，高层计划部门遇到的问题多为独立型方案或混合型方案的选择。不论备选方案群中的项目是何种关系，项目经济评价的宗旨只能有一个：有效地配置有限的资金，以获得最佳的经济效益。在经济性评价前，分清备选方案属于何种类型是非常重要的，否则会带来错误的评价结果。因为方案类型不同，其评价方法、选择和判断的尺度都各不相同。

5.2.2　互斥型方案评价

互斥型方案的经济效果评价包含了两部分内容：一是考查各个方案自身的绝对经济效果，称绝对（经济）效果检验，即采用一定的经济效果评价标准（如 NPV＝0，NAV≥0，IRR≥i_c）来检验方案自身的经济性。凡通过绝对效果检验的方案，就认为它在经济效果上是可以接受的，否则就应予以拒绝。二是在符合要求的方案中进行评价与比较考查哪个方案相对最优，称相对（经济）效果检验。一般先以绝对经济效果方法筛选方案，然后再以相对经济效果方法优选方案，其步骤如下：

1）按项目方案投资额从小到大将方案排序。

2）以投资额最低的方案为临时最优方案，计算此方案的绝对经济指标，并与判别标准比较，直至找到一个可行方案。

3）依次计算各方案的相对经济效益，并与判别标准（如基准收益率）比较，优胜劣汰，最终取胜者即为最优方案。

互斥型方案进行比较时，必须具备以下可比性条件：

1）被比较方案的费用及效益计算口径一致。

2) 被比较方案具有相同的计算期。
3) 被比较方案现金流量具有相同的时间单位。

如果不能满足上述条件,各个方案之间不能进行直接比较,必须经过一定转化后方能进行比较。

5.2.2.1 互斥型方案的选择方法

1. 净现值法

净现值指标不仅可用于方案评价,还可用于寿命期相同的方案间的比较。

决策规则:以 NPV 值大者为优(前提条件是 NPV≥0)。

【例 5-10】 A、B、C 三个项目,其投资额分别为 2 000 万元、3 000 万元、4 000 万元,其年净收益分别为 700 万元、950 万元、1 150 万元,生命周期均为 6 年,i_c 为 10%,试选择最佳项目。

【解】 采用净现值法进行比较

$$NPV_A = -2\ 000\ 万元 + 700\ 万元\ (P/A, 10\%, 6) = 1\ 049\ 万元$$
$$NPV_B = -3\ 000\ 万元 + 950\ 万元\ (P/A, 10\%, 6) = 1\ 137\ 万元$$
$$NPV_C = -4\ 000\ 万元 + 1\ 150\ 万元\ (P/A, 10\%, 6) = 1\ 008\ 万元$$

得出:$NPV_B > NPV_A > NPV_C$

从而可以得出,B 为最优方案。

从例 5-10 可以看出,净现值指标不仅适用于方案评价,还适用于寿命期相同的方案比较。

2. 净年值法(NAV 法)

和 NPV 指标一样,NAV 法不仅可用于单方案评价,而且可用于多方案的比较与选择。

决策规则:以 NAV 值大者为优(前提条件是 NAV≥0)。

适用范围:适用于方案评价、方案选择,尤其适用于寿命期不同的方案比较。

【例 5-11】 有 A、B 两个方案,A 方案寿命期是 4 年,B 方案寿命期为 6 年,其现金流,见表 5-10,i_c = 10%,试比较方案。

表 5-10 方案现金流量 (单位:元)

年 份	0	1	2	3	4	5	6
A 方案	-5 000	3 000	3 000	3 000	3 000		
B 方案	-4 000	2 000	2 000	2 000	2 000	2 000	2 000

【解】 由于 A 方案和 B 方案寿命周期不同,直接比较不具有时间上的可比性,因此取两方案的寿命周期的最小公倍数为计算周期,即取 12 年为分析期。在这 12 年间,方案 A 重复实施 3 次,方案 B 重复实施 2 次,见表 5-11。

根据表 5-11 可知,A、B 方案转为寿命期同为 12 年的互斥方案,因此可以直接计算方案的 NPV:

$$NPV\ (A) = -5\ 000\ 元 - 5\ 000\ 元\ (P/F, 10\%, 4) - 5\ 000\ 元\ (P/F, 10\%, 8) +$$
$$3\ 000\ 元\ (P/A, 10\%, 12)\ 元$$
$$= 9\ 693.15\ 元$$

NPV（B）= -4 000元-4 000元（P/F，10%，6）+2 000元（P/A，10%，12）
     = 7 369.28元

表 5-11　方案重复实施后的现金流量表　　　　　　　　　　　　（单位：元）

年份	0	1	2	3	4	5	6	7	8	9	10	11	12
A方案	5 000	3 000	3 000	3 000	3 000								
					-5 000	3 000	3 000	3 000	3 000				
									-5 000	3 000	3 000	3 000	3 000
B方案	-4 000	2 000	2 000	2 000	2 000	2 000	2 000						
							-4 000	2 000	2 000	2 000	2 000	2 000	2 000

故：方案 A 优。

在重复实施的假定条件下，现金流量呈周期变化时，延长若干周期后方案的年值，与一个周期的年值是相等的。

对于 A 方案，$NAV^{(12)} = NAV^{(4)} = 1\,422.95$ 元

对于 B 方案，$NAV^{(12)} = NAV^{(6)} = 1\,081.81$ 元

故：方案 A 优。

由此可以看出，年值（净年值）法最适宜于寿命期不同方案间的比较，因为一个方案无论重复实施多少次，其年值（净年值）是不变的。

3. 费用现值法

费用现值法只适合多方案的评价，不适合进行单方案的评价。在进行多方案的选优评价时，其评价标准则是费用现值越小，方案越好。

4. 费用年值法

【例 5-12】 有两个互斥方案，都能满足同样的需要。但项目收益难以用货币进行衡量，两方案的期初投资和年作业费数值，见表5-12，设基准收益率为10%，试比较方案。

表 5-12　寿命期不同的互斥方案相关经济要素

投资方案	期初投资	年作业费（万元）	寿命期/年
方案1	2 000	450	8
方案2	3 000	400	10

【解】 AC（1）= 2 000万元（A/P，10%，8）+ 450 = 824.8 万元

AC（2）= 3 000万元（A/P，10%，10）+ 400 = 888.1 万元

方案1费用年值小于方案2，故方案1优。

5. 差额净现值法

净现值法、费用现值法、净年值法、费用年值法，是工程经济分析中进行比较时常用的方法。这类方法的特点是，利用反映工程项目绝对效果的指标（现值指标反映整体效果，年值指标反映年均效果），进行对比分析，选择绝对效果好的方案。

由于不同指标有不同的特点和不同的适用范围，所以进行方案的选择，首先必须选择合适的对比方法。当对比方案寿命期相同时，方案选择比较灵活，可根据掌握的资料选择净现值法、费用现值法。但对比寿命期不同的方案时，则必须遵循工程经济分析的可比原则，考虑寿命期的差别。

对于互斥方案，利用不同方案的差额现金流量来计算分析的方法，称为差额净现值法，设 A、B 为投资额不等的互斥方案，A 方案比 B 方案投资额大，两个方案的差额净现值可由式（5-19）求出。

$$\begin{aligned}\Delta NPV &= \sum_{t=0}^{n}[(CI_A-CO_A)_t-(CI_B-CO_B)_t](1+i_0)^{-t} \\ &= \sum_{t=0}^{n}(CI_A-CO_A)_t(1+i_0)^{-t}-\sum_{t=0}^{n}(CI_B-CO_B)_t(1+i_0)^{-t} \\ &= NPV_A - NPV_B\end{aligned} \quad (5\text{-}19)$$

分析过程是：首先计算两个方案的净现金流量之差，然后分析投资大的方案相对投资小的方案所增加的投资在经济上是否合理，即差额净现值是否大于零。若 $\Delta NPV \geq 0$，表明增加的投资在经济上是合理的，投资大的方案优于投资小的方案。反之，则说明投资小的方案是更经济的。

【例 5-13】 现有 A、B、C、D 四个方案可供选择，其相关经济要素如表 5-13 所示，假设基准收益率为 15%，A、B、C、D 四个方案寿命周期均为 10 年，试选择最优方案。

表 5-13 互斥方案相关经济要素　　　　　　　　　　（单位：万元）

方　案	初 始 投 资	年 净 收 益	期 末 残 值
A	140	24	125
B	163	28	138
C	190	31	155
D	220	38	175

【解】增设初始投资、年净收益、期末残值均为 0 的方案。

则 NPV_{A-0} = −140 万元+24 万元（P/A, 15%, 10）+125 万元（P/F, 15%, 10）= 11.36 万元>0，A 方案比"0"方案优。

NPV_{B-A} = −（163−140）万元+（28−24）万元（P/A, 15%, 10）+（138−125）万元（P/F, 15%, 10）= 0.2896 万元>0，B 方案比 A 方案优。

NPV_{C-B} = −（190−163）万元+（31−28）万元（P/A, 15%, 10）+（155−138）万元（P/F, 15%, 10）= −7.7406 万元<0，仍然是 B 方案优。

NPV_{D-B} = −（220−163）万元+（38−28）万元（P/A, 15%, 10）+（175−138）万元（P/F, 15%, 10）= 2.3364 万元>0，D 方案比 B 方案优。

因此，D 方案为四个方案中的最佳选择。

6. 增量内部收益率法

所谓增量内部收益率法（ΔIRR），简单说就是增量净现值等于 0 时的折现率。

增量净现值根据两个方案的增量现金流量计算。设 A、B 为投资额不等的两个互斥方案，B 方案的投资额大于 A 方案，则增量内部收益率的计算表达式为

$$\Delta NPV_{B-A} = \sum_{t=0}^{n} [(CI_B - CO_B) - (CI_A - CO_A)](1 + \Delta IRR)^{-t} = 0 \quad (5-20)$$

将式（5-20）变换，得

$$\sum_{t=0}^{n} (CI_B - CO_B)(1 + \Delta IRR)^{-t} = \sum_{t=0}^{n} (CI_A - CO_A)(1 + \Delta IRR)^{-t} \quad (5-21)$$

即 $NPV_B(\Delta IRR) = NPV_A(\Delta IRR)$

因此，增量内部收益率的另一个表达式为：两个方案的净现值相等时的折现率。

前面已经讨论过，两个互斥方案的内部收益率并不能作为比选两个方案优劣的标准，即内部收益率大的方案不一定是最优方案。此时除了可以用净现值法比选互斥方案外，还可以用增量内部收益率对投资额不等的互斥方案进行评价选优。

用增量内部收益率比选两个方案的准则是：

若 $\Delta IRR \geq i_c$，则增量投资部分达到了规定的要求，增加投资有利，投资大的方案为优。

若 $\Delta IRR \leq i_c$，则投资小的方案为优。当互斥方案的投资额相等时，ΔIRR 判别准则失效。

此评价准则表明了增量投资资金的效率标准。

【例 5-14】 有 3 个方案，寿命期均为 10 年，$i_c = 10\%$，各方案的现金流量，见表 5-14，试在 3 个方案中选择最优方案。

表 5-14 互斥方案现金流量表

方　案	初始投资（万元）	年净收益（万元）
A	98	20
B	120	24
C	140	26

【解】 用增量内部收益率指标比选方案，首先增设一个 0 方案，投资为 0，收益也为 0，将方案从小到大依次排列为 0、A、B、C。

将方案 A 和 0 做比较，增量内部收益率 ΔIRR_{A-0} 满足：

$$-98 + 20(P/A, \Delta IRR_{A-0}, 10) = 0$$

则求得 $\Delta IRR_{A-0} = 15.6\% > i_c = 10\%$，所以 A 方案目前是最优方案，不难发现，实际上 ΔIRR_{A-0} 就是 A 方案的内部收益率。

将 B 方案与当前最优的 A 方案进行比较，增量内部收益率 ΔIRR_{B-A} 满足：

$$-120 + 24(P/A, \Delta IRR_{B-A}, 10) = 0$$

则求得 $\Delta IRR_{B-A} = 12.6\% > i_c = 10\%$，所以 B 方案是当前最优方案。

下面将 C 方案与当前最优的 B 方案进行必选，增量内部收益率 ΔIRR_{C-B} 满足：

$$-140 + 26(P/A, \Delta IRR_{C-B}, 10) = 0$$

则求得 $\Delta IRR_{C-B} = 0.1\% < i_c = 10\%$，所以 B 方案仍是最优方案。

所有方案比选完毕，所以 B 方案最优。

当互斥方案多于两个时，采用 ΔIRR 准则比选方案的步骤如下：

1) 对多个方案，按投资额大小排序，并计算第一个方案（投资额最小）的 IRR，若其 IRR$\geq i_c$，则保留该方案；否则，淘汰该方案，以此类推。

2) 保留的方案与下一个方案比较，计算 ΔIRR，若 ΔIRR$\geq i_c$ 则保留投资大的方案；

3) 重复上一步，直到最后一个方案比较完为止，最后保留的方案既是最优方案。

如果我们将增量现金流量看作一个单一方案，那么增量净现值即是该方案的净现值，增量内部收益率即为该方案的内部收益率。对于单一方案来说，净现值和内部收益率评价标准是相符的，也就是说它们的结论是一致的。同理，对于两个投资额不等的互斥方案比选来说，增量内部收益率评价准则和净现值评价准则也总是得到一致的结论。

5.2.2.2　寿命期相同的互斥型方案的选择

按互斥型方案寿命期是否相等，可将方案分为寿命期相等与不相等两类，前者满足时间可比性要求，可以直接进行比较，后者则要借助某些方法进行时间上的转换，在保证时间可比性之后进行选择。

投资额不等的互斥方案比选的实质是判断差额投资的经济合理性，即投资大的方案相对于投资小的方案多投入的资金能否带来满意的收益。显然，若差额投资能够带来满意的收益，则投资额大的方案优于投资额小的方案。若差额投资不能带来满意的收益，则投资额小的方案优于投资额大的方案。因此差额净现值法和差额内部收益率法适合对互斥方案进行评价。且由于差额净现值等于两个方案的净现值之差，因此采用净现值对项目进行评价和用差额净现值对项目进行评价，其评价结论是完全一致的。且由于净现值、费用现值、净年值均为等效指标，因此在寿命期相同的互斥型方案的评价中，可以直接采用前面已经介绍的净现值、费用现值、净年值、费用年值，以及差额净现值和差额内部收益率等方法进行项目的评价。

当有多个互斥方案进行比较时，为了选出最优方案，需要在各个方案之间进行两两比较。当方案很多时，这种比较就显得很烦琐。在实际分析中，可采用简化方法来减少不必要的比较过程。对于需要比较的多个互斥方案，首先将方案按投资额从小到大顺序排列，然后进行两两比较。每比较一次就淘汰一个方案，从而可大大减少比较次数。

必须注意的是，差额净现值和差额内部收益率只能用来检验差额投资的效果，或者说是相对效果。差额净现值大于等于零、差额内部收益率大于等于基准收益率只表明增加的投资是合理的，并不表明全部投资是合理的。因此，在采用差额净现值法和差额内部收益率法对方案进行比较时，首先必须保证比选的方案是可行方案。

5.2.2.3　寿命期不同的互斥型方案的选择

前面我们讨论的各种方案的比选，在没有特别说明的情况下，实际上都假设了各个参与比选的方案寿命期是相等的。严格地说，如果两个方案的寿命期不等，是不能直接用上述的净现值等方法进行经济性比较的，因为不具备时间可比性。但是，实际工作中往往又常遇到这类寿命期不等项目之间的比选问题，这时我们必须对方案的服务期做出某种假设，使备选方案在相同的寿命期基础上进行比较，以保证得到合理的结论。常用的方法有以下三种：

1. 研究期法

如前所述，净现值法不适用于寿命期不同的方案比选，如果把不同方案寿命期变成相同寿命期，则净现值法仍然适用，于是就产生了研究期法。取寿命期最短或最长的方案的寿命期，或是期望的计算期为研究期，对它们的 NPV 进行比较，以 NPV 可行最大者为优。

由于研究期法个人主观因素占相当大的比重，适用范围不广，仅适用于方案的粗选。

2. 最小公倍数法

当互斥方案寿命不等时，一般情况下，各方案的现金流在各自寿命期内的现值不具有可比性，如果要使用现值指标进行方案比选，须设定一个共同的分析期。本研究采用最小公倍数法确定共同分析期。即以不同方案使用寿命的最小公倍数作为研究周期，在此期间各方案分别考虑以同样规模重复投资多次，据此算出各方案的净现值，然后进行比较选优。

【例 5-15】 某企业技术改造有两个方案可供选择，各方案的有关数据，见表 5-15，试在基准折现率 12% 的条件下选择最优方案。

表 5-15 寿命期不同的互斥型方案相关经济要素

方　案	投资额（万元）	年净收益（万元）	寿命期/年
A	800	360	6
B	1 200	480	8

【解】 由于方案的寿命期不同，须先求出两个方案的寿命期的最小公倍数，其值为 24 年。两个方案重复后现金流量如图 5-7 所示。

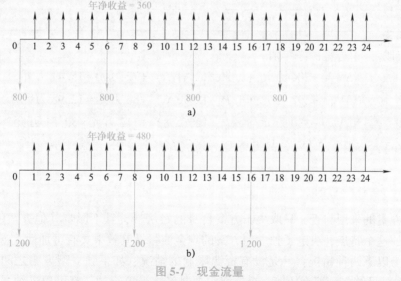

图 5-7 现金流量

a）A 方案重复后的现金流量图　b）B 方案重复后的现金流量图

从图 5-7 可以看出，A 方案重复 4 次，B 方案重复 3 次。

NPV（A）= -800 万元 -800 万元（P/F, 12%, 6）-800 万元（P/F, 12%, 12）

-800 万元（P/F, 12%, 18）+360 万元（P/A, 12%, 24）

= 1 287.7 万元

NPV（B）= -1 200 万元 -1 200 万元（P/F，12%，8）-1 200 万元（P/F，12%，16）+ 480 万元（P/A，12%，24）= 1856.1 万元

由于 NPV(B)>NPV(A)，故方案 B 优于方案 A。

3. 净年值法

用净年值法进行寿命期不等的互斥型方案比选，实际上隐含着这样一种假定：各备选方案在其寿命期结束时间均可按原方案重复实施或以与原方案经济效果水平相同的方案接续。由于净年值法是以"年"为时间单位比较各方案的经济效果，一个方案无论重复实施多少次，其净年值是不变的，从而使寿命期不等的互斥型方案之间具有可比性。

通过分别计算各备选方案净现金流量的等额年值（NAV）并进行比较，以 NAV≥0 且 NAV 最大者为最优方案。

在对寿命不等的互斥型方案进行比选时，净年值是最简便的方法。同时，用等值年金可不考虑计算期的不同，故它也较净现值（NPV）简便，当参加比选的方案数目众多时，更是如此。

【例 5-16】 现有互斥方案 A、B、C 现金流量见表 5-16，试在基准收益率为 12% 的条件下选择最优的方案。

表 5-16 寿命期不相同的互斥方案相关经济要素

方　案	投资额（万元）	年净收益（万元）	寿命期/年
A	204	72	5
B	292	84	6
C	380	112	8

【解】 计算三个方案的净年值

NAV_A = -204 万元（A/P，12%，5）+72 万元 = 15.41 万元

NAV_B = -292 万元（A/P，12%，6）+84 万元 = 12.98 万元

NAV_C = -380 万元（A/P，12%，8）+112 万元 = 35.51 万元

由于 NAV_C > NAV_B > NAV_A，故方案 C 为最优方案。

5.2.3 独立型方案评价

独立型方案的采用与否，只取决于方案自身的经济性，且不影响其他方案的采用与否。独立型方案的这个特点，决定了独立型方案的现金流量及其效果具有可加性。一般独立型方案的选择分为以下两种情况：一是没有资源限制的情况，如果独立型方案之间共享的资源（通常为资金）足够多，那么任何一个方案只要是经济上可行的，都可以采纳并实施；另一种情况是有资源限制的情况，如果独立型方案之间共享的资源是有限的，不能满足所有方案的需要，那么在不超出资源限制的条件下，只能在可行方案中选择其中的某些方案作为最终实施的方案，这些被选中的方案组合应该是能够产生最佳经济效果的方案组合。

如何保证在资源限制的条件下选中最佳的方案组合，常用的评价方法有两种；一种是独立方案互斥化法，另一种是内部收益率或净现值率排序法。

1. 独立型方案互斥化法

在大多数情况下资金总是有限的，因而不能实施所有可行方案。因此问题的实质是排列方案的有限次序，使净收益大的方案有限采纳，以求取最大的经济效益。独立型方案互斥化法是在资金限制的情况下，将相互独立的方案组合成总投资额不超过投资限额的组合方案。这样各个组合方案之间的关系就变成了互斥的关系，然后利用互斥型方案的比选方法，如净现值法等，对方案进行比选，选择出最佳方案。

由于我们在前文已经解决了互斥型方案的比选问题，因此如果能够利用某种方法把各项目都组合成相互排斥的方案，其中每一个组合方案代表由若干项目组成的并与其他组合相互排斥的组合，此时可以用互斥方案的比选方法选择独立项目的最优组合方案，因为每个项目都有两种可能，即选择或者拒绝，故 n 个独立项目可以构成 2^n-1 个互斥方案。如三个独立项目可以借助于互斥组合表构成 7 个互斥方案组合。

【例 5-17】 有三个独立的投资方案 A、B、C，各方案的有关数据见表 5-17。已知总投资额为 800 万元，基准收益率为 10%。试选择最佳投资方案组合。

表 5-17 A、B、C 方案有关数据　　　　　　　　　　（单位：万元）

方　案	投　资　额	年　净　收　入	寿命期/年
A	350	62	10
B	200	39	10
C	420	76	10

【解】 由于三个方案总投资 970 万元超过了投资限额，因而不能同时选上，本例题中有三个独立方案，互斥方案组合共有七个，这七个组合方案互不相容，互相排斥。在所有组合方案中，除去不满足约束条件的组合，其他组合方案按投资额大小排序，组合结果见表 5-18。

表 5-18 用净现值法选择最佳组合方案　　　　　　　（单位：万元）

序　号	方案组合	投　资	净　现　值	决　策
1	B	200	39.6	
2	A	350	30.9	
3	C	420	46.9	
4	B、A	550	70.5	
5	B、C	750	86.5	最优
6	A、C	770	77.8	
7	A、B、C	970		超出投资额

采用净现值、差额内部收益率法选择最佳方案组合。本例题选用净现值法，净现值最大的组合为最优组合，见表 5-18。可知按最佳决策，确定选择方案 B 和 C。

当方案个数增加时，其组合个数成倍增加，因此独立型方案互斥化法适用于方案个数较少的情况。当方案个数较多时，可采用效率指标排序法。

2. 效率指标排序法

效率指标法是通过选取能够反映投资效率的指标，根据这些指标效率的高低顺序排列；在资金的约束下选择最佳方案组合，以使有限资金能获得最大效益。

常用于排序的效率指标有内部收益率与净现值率。

1）内部收益率排序法是将方案按内部收益率的高低依次排序，然后按顺序选取方案。这一方法的目标是达到总投资效益的最大。

2）净现值率排序法是将方案的净现值率按大小排序，并依次选取方案。这一方法的目标是达到一定总投资的净现值的最大。

【例5-18】 六个独立方案的现金流量见表 5-19，寿命期均为 6 年基准收益率 $i_c = 10\%$，若资金限制为 520 万元，选择哪些项目最有利？若资金限制为 500 万元，选择哪些项目最有利？

表 5-19 独立方案现金流量　　　　　　　（单位：万元）

方　案	初　始　投　资	年　净　收　入
A	120	36.0
B	110	23.8
C	90	30.4
D	160	42.4
E	150	56.6
F	140	34.0

【解】首先求出各方案的内部收益率 IRR：

$IRR_A = 20\%$　　$IRR_B = 8\%$　　$IRR_C = 25\%$　　$IRR_D = 15\%$

$IRR_E = 30\%$　　$IRR_F = 12\%$

按照内部收益率的高低顺序绘制成图 5-8。

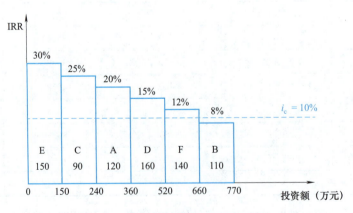

图 5-8　项目高低顺序图

上图表示各项目按照内部收益率高低的排序，纵坐标表示内部收益率 IRR，横坐标表示投资额的累计值，虚线表示基准收益率 i_c。

1）若投资限额为 520 万元，由图 5-8 可知，由投资内部收益率的高低先选择方案 E、C、A、D 的组合，且（E、C、A、D）四个项目的投资额刚好为 520 万元。B 方案内部收益率小于基准收益率 i_c，所以无论有没有剩余资金都应该被淘汰，F 方案虽然投资内部收益率大于基准收益率，但是由于资金限制，不得不放弃，故最终的方案选择为 A、C、D、E 四个项目。

2）若资金限制为 500 万元，则 E、C、A 可作为首要选择，剩余 140 万元，由于项目的不可分割性，D 方案不能选择，但是 F 方案的内部收益率大于基准收益率且资金刚好为 140 万元，故最优方案为 A、C、E、F 四个项目。

净现值率 NPVR 排序法和内部收益率 IRR 排序法具有相同的原理：计算各方案的净现值，排除净现值小于零的方案，然后计算各个方案的净现值率（净现值/投资额的现值），按净现值率从大到小的顺序，依次选取方案，直至所选取方案的投资额之和达到或最大限度地接近投资限制。

5.2.4 混合型方案评价

当方案组合中既包含互斥方案，又包含独立方案时，就构成了混合型方案。独立型方案或互斥型方案的选择，属于单项决策。混合型方案的特点，就是在分别决策的基础上，研究系统内诸方案的相互关系，从中选择最优的方案组合。

混合型方案选择的程序如下：

按组际间的方案互相独立，组内方案互相排斥的原则，形成所有各种可能的方案组合；以互斥型方案比选原则筛选组内方案；在总的投资限额下，以独立型方案比选原则选最优的方案组合。

【例 5-19】 某投资项目有一组六个可供选择的方案，其中两个是互斥型的方案，其余为独立型方案。基准收益率为 10%，其投资、净现值指标见表 5-20。考虑该项目投资额为 1 000 万元、2 000 万元的情况，试进行方案选择。

表 5-20 混合型方案比选

方 案		投资（万元）	净现值（万元）	净现值率
互斥型	A	500	250	0.5
	B	1 000	300	0.3
独立型	C	500	200	0.4
	D	1 000	275	0.275
	E	500	175	0.35
	F	500	150	0.3

【解】 六个方案的净现值都是正值，表明方案都可取。

1）在投资额 1 000 万元的情况下，以净现值率判断，选择 A、C 方案，其组合效益为：NPV=（250+200）万元=450 万元。

2）在 2 000 万元资金限额下，以净现值率判断，选择 A、C、E、F 四个方案，其组合效益为：NPV=（250+200+175+150）万元=775 万元。

5.3 工程项目不确定性分析

5.3.1 不确定性分析概述

1. 不确定性分析的概念

严格意义上的不确定性分析是指分析和研究对拟建项目具有较大影响的不确定性因素，计算基本变量的增减变化引起项目经济效果评价指标的变化，找出最敏感的因素及其临界点，预测项目可能承担的风险，使项目的投资决策建立在稳妥的基础上。它包括盈亏平衡分析和敏感性分析。

2. 不确定性分析的作用

不确定性分析是项目评价的一项重要内容。由于项目评价都是以一些确定的数据为基础，如项目的总投资、销售收入、经营成本等，这些数据在计算评价指标时被认为是已知的、确定的，但由于各种影响因素的存在，评价指标的计算值与实际值常常存在差异，从而影响评价结果，甚至导致投资决策失误。为了有效减少不确定因素对项目经济效果的影响，增强项目的抗风险能力，提高项目投资决策的科学性，有必要对项目进行不确定性分析。

5.3.2 盈亏平衡分析

盈亏平衡分析（Break-Even Analysis）是指项目在达到设计生产能力的条件下，通过计算盈亏平衡点（Break-Even Point，BEP），分析项目成本与收益的平衡关系，判断项目对产出品数量变化的适应能力和抗风险能力。盈亏平衡分析只用于财务分析。

盈亏平衡点的表达形式有多种。它可以用产量、单位产品售价、单位产品可变成本等绝对数值表示，也可以用生产能力利用率（盈亏平衡点率）等相对量表示。其中产量与生产能力利用率，是进行项目不确定性分析中应用较广的。根据生产成本、销售收入与产量（销售量）之间是否呈线性关系，盈亏平衡分析可分为线性盈亏平衡分析和非线性盈亏平衡分析。

在投资项目决策分析中，一般仅进行线性盈亏平衡分析。

5.3.2.1 单方案线性盈亏平衡分析

1. 线性盈亏平衡的基本假设

1）产品的产量等于销售量。

2）项目正常生产年份的总成本可划分为固定成本和可变成本，且总成本是产量的线性函数。

3）项目在计算期内，产品市场价格、生产工艺、技术装备、管理水平等保持不变，销售收入与产量呈线性关系。

4）只生产单一产品，或生产多种产品但可以换算为单一产品。

2. 线性盈亏平衡的数学模型

基本的损益方程式。根据成本总额对产出品数量的依存关系，全部成本可分解成固定成本和变动成本两部分。在一定期间将成本分解成固定成本和变动成本两部分后，再同时考虑收入和利润，成本、产量和利润的关系就可统一于一个数学模型（也称为量本利模型）。其

表达形式为

$$利润 = 销售收入 - 总成本 - 销售税金 \qquad (5\text{-}22)$$
$$销售收入 = 单位售价 \times 销量 \qquad (5\text{-}23)$$
$$总成本 = 变动成本 + 固定成本 = 单位变动成本 \times 产量 + 固定成本 \qquad (5\text{-}24)$$
$$销售税金 = 单位产品销售税金及附加 \times 销售量 \qquad (5\text{-}25)$$

将式（5-23）、式（5-24）和式（5-25）代入式（5-22）中，则利润的表达式为

$$B = PQ - C_V Q - C_F - tQ \qquad (5\text{-}26)$$

式中 B——利润；

P——单位产品售价；

Q——销售量或生产量；

t——单位产品销售税金及附加；

C_V——单位产品变动成本；

C_F——固定成本。

式（5-26）明确表达了产销量、成本、利润之间的数量关系，是基本的损益方程式。它含有相互联系的六个变量，给定其中五个，便可求出余下的最后一个变量的值。

3. 线性盈亏平衡的分析方法

（1）盈亏平衡分析方法

图 5-9 所示为基本的量本利图。

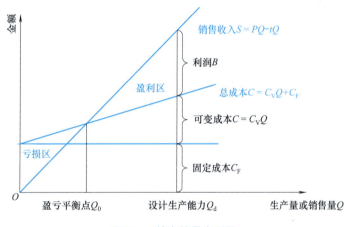

图 5-9 基本的量本利图

从图 5-9 可知，销售收入线与总成本线的交点是盈亏平衡点，表明项目在此产销量下，总收入扣除销售税金及附加后与总成本相等，既没有利润，又不发生亏损。在此基础上，增加销售量，销售收入超过总成本，收入线与成本线之间的距离为利润值，形成盈利区；反之，形成亏损区。

由于图 5-9 能清晰地显示项目不盈利也不亏损时应达到的产销量，故又称为盈亏平衡图。用图示表达量本利之间的相互关系，不仅形象直观、一目了然，而且容易理解。

由于单位产品的销售税金及附加是随产品的销售单价变化而变化的，为了便于分析，将销售收入与销售税金及附加合并考虑，即可将产销量、成本、利润的关系反映在直角坐标系

中，成为基本的量本利图，如图 5-9 所示。

(2) 盈亏平衡点的表达方式

项目盈亏平衡点（BEP）的表达形式有多种。可以用实物产销量、年销售额、单位产品售价、单位产品的可变成本以及年固定总成本的绝对量表示，也可以用某些相对值表示，如生产能力利用率。其中，以产量和生产能力利用率表示的盈亏平衡点应用最为广泛。

1) 用产量表示的盈亏平衡点 BEP（Q）。由式（5-26）可知，令基本损益方程式中的利润 $B=0$，此时的产量 Q_0 即为盈亏临界点产销量。即

$$\text{BEP}(Q) = \frac{\text{年固定总成本}}{\text{单位产品售价} - \text{单位产品可变成本} - \text{单位产品销售税金及附加}} \quad (5-27)$$

2) 用生产能力利用率表示的盈亏平衡点 BEP（%）。生产能力利用率表示的盈亏平衡点，是指盈亏平衡点产销量占项目正常产量的比重。所谓正常产量，是指达到设计生产能力的产销数量，也可以用销售金额来表示。生产能力利用率的计算式为

$$\text{BEP}(\%) = \frac{\text{盈亏平衡点销售量}}{\text{正常产销量}} \times 100\% \quad (5-28)$$

进行项目评价时，生产能力利用率表示的盈亏平衡点常常根据正常年份的产品产销量、变动成本、固定成本、产品价格和销售税金及附加等数据来计算。即

$$\text{BEP}(\%) = \frac{\text{年固定总成本}}{\text{年销售收入} - \text{年可变成本} - \text{年销售税金及附加}} \times 100\% \quad (5-29)$$

式（5-27）与式（5-29）之间的换算关系为

$$\text{BEP}(Q) = \text{BEP}(\%) \times \text{设计生产能力} \quad (5-30)$$

盈亏平衡点应按项目的正常年份计算，不能按计算期内的平均值计算。

3) 用年销售额表示的盈亏平衡点 BEP（S）。生产单一产品的项目在现代经济中只占少数，大部分项目会产销多种产品。多品种项目可使用年销售额来表示盈亏临界点。

$$\text{BEP}(S) = \frac{\text{单位产品销售价格} \times \text{年固定总成本}}{\text{单位产品销售价格} - \text{单位产品可变成本} - \text{单位产品销售税金及附加}}$$
$$(5-31)$$

4) 用销售单价表示的盈亏平衡点 BEP（P）。如果按设计生产能力进行生产和销售，BEP 还可由盈亏平衡点价格 BEP（P）来表达，即

$$\text{BEP}(P) = \frac{\text{年固定总成本}}{\text{设计生产能力}} + \text{单位产品可变成本} + \text{单位产品销售税金及附加} \quad (5-32)$$

【例 5-20】 某项目的设计能力为年产 50 万件，估计单位产品价格为 100 元，单位产品可变成本为 80 元，年固定成本为 300 万元。试用产量、生产能力利用率、销售价格、销售额、单位变动成本分别表示该项目的盈亏平衡点。已知该产品的增值税金及附加税率为 5%。

【解】 1) 使用产量计算盈亏平衡点：

$$Q^* = \frac{C_F}{P - C_V - t} = \frac{300}{100 - 80 - 100 \times 5\%} \text{万件} = 20 \text{万件}$$

2) 使用生产能力利用计算盈亏平衡点：

$$E^* = \frac{Q^*}{Q_0} \times 100\% = \frac{20}{50} \times 100\% = 40\%$$

3）使用销售单价计算盈亏平衡点：

$$P^* = \frac{C_F}{Q_0} + C_V + t = \frac{300}{50} 元/件 + 80 元/件 + 100 元/件 \times 5\% = 91 元/件$$

4）使用销售额计算盈亏平衡点：

$$TR^* = \frac{PC_F}{P - C_V - t} = \frac{100 \times 300}{100 - 80 - 100 \times 5\%} 万元 = 2000 万元$$

5）使用单位变动成本表示的盈亏平衡点：

$$C_V^* = P - \frac{C_F}{Q_0} - t = 100 元/件 - \frac{300}{50} 元/件 - 100 元/件 \times 5\% = 89 元/件$$

注：*为盈亏平衡点的简写。

盈亏平衡点反映了项目对市场变化的适应能力和抗风险能力。从图 5-9 可以看出，盈亏平衡点越低，达到此点的盈亏平衡产量和收益或成本也就越少，项目投产后盈利的可能性越大，适应市场变化的能力越强，抗风险能力也越强。

5.3.2.2 多方案线性盈亏平衡分析

当不确定性因素同时对两个以上的方案，如对互斥型方案的经济效果产生不同程度的影响时，可通过盈亏平衡分析方法开展互斥型方案在不确定性条件下的比选，也称为优劣平衡分析。其具体做法是，首先确定某一分析指标（如有收入时，可以是利润；当各方案收入相等时，可以是成本），然后将这一分析指标用同一变量表示，即确定分析指标的函数式；令方案的分析指标函数式相等，便可以求出该变量的某一特定值，称为方案的优劣平衡点（或盈亏平衡点）；最后分析优劣平衡点左右的方案优劣。它可以对决策者确定项目的合理经济规模及对项目工艺技术方案的投资抉择起到一定的参考与帮助作用。

【例 5-21】 拟兴建某工程项目，现有三种方案，机械化程度高时投资大，固定成本高，可变成本低。其具体参数见表 5-21，试评价三种方案的优劣。

表 5-21 A、B、C 方案具体参数

方案费用项目	A	B	C
产品变动成本（元/件）	100	60	40
产品年固定成本（元）	1 000	2 000	3 000

【解】 当某产量达到某一值时，几个方案销售收入是一致的，故评价指标应是成本大小；而成本又与产量相关，所以列出产量与成本的关系进行评价。

设预计产量为 Q，则各方案的生产成本为

$$TC_A = 1\,000 + 100Q, \quad TC_B = 2\,000 + 60Q, \quad TC_C = 3\,000 + 40Q$$

各方案的成本线如图 5-10 所示。

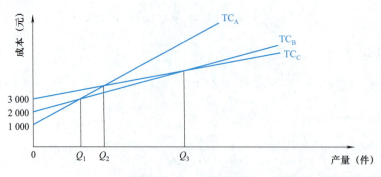

图 5-10 盈亏平衡分析

当 $TC_A = TC_B$ 时，得 $Q_1 = 25$ 件；当 $TC_A = TC_C$ 时，得 $Q_2 = 33.3$ 件；当 $TC_B = TC_C$ 时，得 $Q_3 = 50$ 件。由图 5-10 可以看出，每种方案在不同产量范围内有不同的相应效果，即产量越大，对方案 C 越有利，而对方案 A 越不利。故当产量 $Q < Q_1 = 25$ 件时，A 方案成本最低，故应选择 A 方案；当产量 Q 介于 $Q_1 \sim Q_3$ 时，B 方案成本最低，故应选择 B 方案；当产量 $Q > Q_3$ 时，C 方案成本最低，故应选择 C 方案。

盈亏平衡分析在实际运用中具有一定的局限性。一方面，它是建立在产量等于销售量的基础之上的，即生产出的产品能全部销完而没有积压。另一方面，它所使用的一些数据是以正常生产年份的历史数据修正后得出的，精确程度有待提高。因此，盈亏平衡分析法适合于对现有项目的短期分析。由于项目经常考查的是一个长期的过程，所以用盈亏平衡分析法无法得到一个全面的结论。但此方法计算简单，并且能够直接对项目的关键因素做出不确定性分析，所以至今仍被作为项目不确定性分析的方法而使用。

5.3.3 敏感性分析

敏感性分析是分析各种不确定因素在一定幅度变化时，对方案经济效果的影响程度。如果引起的变化幅度很大，说明方案经济效果对这个变动的因素是敏感的；如果引起的幅度很小，就说明方案经济效果对它是不敏感的。通过敏感性分析，可以找出敏感因素，分析经济效果对该因素的敏感程度，分析该因素达到临界值时项目的承受能力。依据每次考虑的变动因素的数目不同，敏感性分析又分为单因素敏感性分析和多因素敏感性分析两种。

5.3.3.1 单因素敏感性分析

依据每次考虑的变动因素的数目不同，敏感性分析又分为单因素敏感性分析和多因素敏感性分析两种。

单因素敏感性分析是指假设其他因素保持不变，每次只考虑一个因素的变动，并分析其对经济效果评价指标的影响程度和敏感程度，其工作步骤如下：

1. 确定项目经济效果评价指标

工程项目经济效果评价指标有很多，如净现值、净年值、内部收益率、投资回收期等，一般选择一个主要指标即可。

2. 选取不确定因素

选择需要分析的不确定因素时主要考虑以下两个方面：

1) 在评价工程项目经济效果时采用的预测基础数据发生变化的可能性较大。

2) 对项目经济效果评价指标影响较大的，而且应尽可能选择彼此独立的不确定性因素。

3. 确定不确定性因素变化率

实践中不确定因素变化程度主要以变化率表示，通常取±5%、±10%、±20%的变化率。

4. 重新计算评价指标

在选定的不确定因素变化率下重新计算评价指标。

5. 计算敏感性分析的指标

常用的敏感性分析指标有敏感度系数、临界点。

临界点的高低与设定的基准收益率有关。对于同一个投资项目，随着设定基准收益率的提高，临界点就会变低（临界点表示的不确定因素的极限变化变小）。在一定的基准收益率下，临界点越低，说明该因素对项目经济评价指标影响越大，项目对该因素就越敏感。这一点对于净现值同样适用。

6. 敏感性分析及分析结果

对敏感性分析的结果应进行汇总，通常是将敏感性分析的结果汇集于敏感性分析表，并用敏感性分析曲线辅助说明。

如果对某一特定项目进行敏感性分析，就需要重视敏感性因素对项目的影响；如果进行敏感性分析的目的是对不同的投资项目或某一项目的不同方案进行选择，一般应选择敏感程度小、承受风险能力强、可靠性大的项目或方案。

【例5-22】 某投资方案设计年生产能力为10万台，计划项目投产时总投资为1 200万元，其中建设投资为1 150万元，流动资金为50万元；预计产品价格为39元/台；销售税金及附加为销售收入的10%；年经营成本为140万元；方案寿命期为10年；到期时预计固定资产余值为30万元，基准折现率为10%，试就投资额、单位产品价格、经营成本这三个影响因素对该投资方案进行敏感性分析。

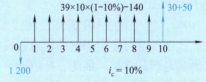

图 5-11 例 5-22 现金流量图

【解】 1) 绘制现金流量图，如图5-11所示。

2) 选择净现值为敏感性分析的对象，根据净现值的计算公式，可计算出项目在初始条件下的净现值。

$NPV_0 = -1\,200$ 万元 $+ [39 \times 10 \times (1-10\%) - 140]$ 万元 $\times (P/A, 10\%, 10) + 80$ 万元 $\times (P/F, 10\%, 10)$

$= 127.35$ 万元

由于 $NPV_0 > 0$，该项目是可行的。

3) 对项目进行敏感性分析。取定三个因素：投资额、产品价格和经营成本，然后令其逐一在初始值的基础上按±10%、±20%的变化幅度变动。分别计算相对应的净现值的变化情况，得出的结果见表5-22及图5-12。

表 5-22　单因素敏感性分析表　　　　　　　　　（单位：万元）

项　　目	变　化　幅　度					
	-20%	-10%	0	+10%	+20%	平均+1%	平均-1%
投资额	367.475	247.475	127.35	7.475	-112.525	-9.414%	+9.414%
产品价格	-303.904	-88.215	127.35	343.165	558.854	+16.92%	-16.92%
经营成本	299.535	213.505	127.35	41.445	-44.585	-6.749%	+6.749%

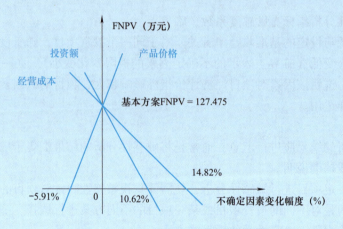

图 5-12　例 5-22 单因素敏感分析图

由表 5-22 和图 5-12 可以看出，在各个变量因素变化率相同的情况下，产品价格每下降 1%，净现值下降 16.92%，且产品价格下降幅度超过 5.91% 时，净现值将由正变负，也即项目由可行变为不可行；投资额每增加 1%，净现值将下降 9.414%，当投资额增加的幅度超过 10.62% 时，净现值由正变负，项目变为不可行；经营成本每上升 1%，净现值下降 6.749%，当经营成本上升幅度超过 14.82% 时，净现值由正变负，项目变为不可行。由此可见，按净现值对各个因素的敏感程度来排序，依次是产品价格、投资额、经营成本，最敏感的因素是产品价格。因此，从方案决策的角度来讲，应该对产品价格进行更准确的测算。因为从项目风险的角度来讲，如果未来产品价格发生变化的可能性较大，就意味着这一投资项目的风险性也较大。

5.3.3.2　多因素敏感性分析

单因素的敏感性分析仅考虑一个因素发生变动，忽略了各个不确定因素之间相互作用的可能性，只适用于分析最敏感的因素。由于不确定因素往往是同时变化的，有必要进行多因素敏感性分析，即假设两个或两个以上相互独立的不确定因素同时变化时，分析其对经济效果指标的影响程度和敏感程度。

多因素敏感性分析考查多个因素同时变动时对方案经济效果的影响，分析时要考虑被分析的各因素可能的不同变化幅度的多种组合，计算起来比单因素敏感性分析要复杂得多。当同时变化的因素不超过三个时，一般可采用解析法与作图法相结合的方法进行分析。

5.3.3.3　敏感性分析的局限性

敏感性分析是建立在各个不确定性因素发生变动的可能性相同的前提下进行的，其局限性恰恰在于没有考虑不确定因素在未来发生变动的概率，而这种概率是与项目的风险大小密切相关的。例如，两个同样敏感的因素向不同方向变动的概率，一个可能性很大，而另一个很小。显然，前一个因素会给项目带来大的影响；而后一个因素虽然也很敏感，但是它变化的可能性很小，对项目的影响自然也很小。敏感性分析无法区别这两个因素对项目带来的风险程度，需要借助项目风险分析，以得知不确定因素发生的可能性以及给项目带来经济损失的程度；其联系在于，不确定性分析找出的敏感因素，是项目风险分析中风险因素识别和风险估计的重要依据。

5.4 国民经济评价

5.4.1 国民经济评价的概念及作用

1. 国民经济评价的概念

国民经济评价是项目经济评价的重要组成部分。它是按照资源合理配置的原则，从国家整体角度考查和确定项目的效益和费用，用货物影子价格、影子工资、影子汇率和社会折现率等经济参数，分析、计算项目对国民经济带来的净贡献，以评价项目经济上的合理性。

2. 国民经济评价的作用

（1）真实反映项目对国民经济的净贡献

项目的财务评价是站在企业投资者的角度来考查项目的经济效益，而企业与国家的利益并不总是完全一致的。项目的财务盈利性并不一定能够全面、正确地反映项目对于国民经济的贡献和代价。如国家对于项目实施的征税及财务补贴、市场价格的扭曲及项目的外部费用和效益均未能在项目的财务评价中进行考虑，导致项目对于社会的影响没有被正确地反映。

（2）为政府合理配置有限资源提供依据

对于一个国家来说，用于发展的资源（资金、劳动力、土地及其他自然资源）都是有限的，资源的稀缺性与需要的增长性存在较大的矛盾。只有通过优化资源配置，使资源得到最佳利用，才能有效促进国民经济发展。因此，只有通过国民经济评价，才能从宏观上引导国家对有限的资源进行合理配置，从而鼓励和促进那些对国民经济有正面影响的项目的发展，同时也抑制和淘汰那些对国民经济有负面影响的项目。

（3）有助于投资决策的科学化

国民经济评价有利于引导投资方向，运用影子价格、影子汇率等参数，可以起到鼓励和抑制某些行业或项目发展的作用，促进国家资源的合理分配。国民经济评价有利于控制投资规模，当投资规模膨胀时，可以适当提高社会折现率，控制一些项目的通过；国民经济评价有利于提高计划质量，当拥有足够多经过充分讨论和科学评价的备选项目时，才能便于各级计划部门从宏观经济角度对项目进行排队和取舍。

5.4.2 国民经济评价的步骤

国民经济评价的主要工作内容可以概括为国民经济费用和效益的识别、影子价格及参数的选取和测算、国民经济报表的编制和指标的计算，以及方案的比选。一般来说，可按下列八个步骤进行：

1. 效益与费用的识别

工程项目国民经济评价应从整个国民经济的发展目标出发，考查项目对国民经济发展和资源合理利用的影响。在国民经济评价中的效益和费用，是指项目对国民经济所做的贡献及国民经济为项目所付出的代价，它综合考查了项目的内部经济效果和外部经济效果。工程项目费用与效益的划分要因项目的类型及其评价目标的不同而有所区别。

2. 影子价格和参数的确定

工程项目国民经济评价的关键，是要确定项目产出物和投入物合理的经济价格。必须选择既能反映资源本身的真实社会价值，又能反映供求关系、稀缺物资的合理利用和符合国家经济政策的经济价格（如影子价格）。按照国家规定和定价原则，应合理选用和确定投入物与产出物的影子价格和参数，并对其进行鉴定和分析，然后根据已确定的经济效益与费用的范围，采用影子价格、影子工资、影子汇率和社会折现率来替代财务评价中的财务价格、工资、汇率和折现率。因此，影子价格和有关参数的确定是国民经济评价的主要内容。

3. 效益和费用数值的调整

把项目的效益和费用等各项经济基础数据，按照已确定的经济价格（影子价格）进行调整，重新计算项目的销售收入、投资和生产成本的支出以及项目固定资产残值的经济价值。鉴定与分析调整的内容是否齐全和合理，调整的方法是否正确，是否符合国家规定。

4. 项目国民经济盈利能力分析

在对项目效益和费用等经济数值调整的基础上，编制项目的国民经济效益费用流量表（全部投资），并据此计算全部投资的经济内部收益率和经济净现值指标；对使用国外贷款的项目，还应编制国民经济效益费用流量表（国内投资），并据此计算国内投资的经济内部收益率和经济净现值指标。

5. 项目外汇效果分析

对涉及有外贸及其他影响外汇流入、流出的项目，如产出物全部或部分出口或替代进口的项目，需编制经济外汇流量表、国内资源流量表，并据此计算经济外汇净现值、经济换汇成本或经济节汇成本指标。

6. 不确定性分析

不确定性分析的评价，一般应包括对盈亏平衡分析和敏感性分析进行鉴定。在有条件时才对所做的概率分析进行鉴定，以确定项目投资在财务上和经济上的可靠性和抗风险能力。

7. 方案比选

投资方案的经济效果比选，是寻求合理的经济和技术决策的必要手段，也是国民经济评价的重要组成部分。方案的比选应遵循宏观和微观、技术和经济相结合的原则进行。方案比选一般可采用净现值或差额收益率法。对于效益相同的方案或效益基本相同又难以具体估算的方案，可采用最小费用法（如总费用现值比较法和年费用比较法）比选。

8. 综合评价与结论

首先按照国家政策，对项目有关的各种经济因素做出综合分析，以国民经济效益评价为主，结合财务评价和社会效益评价，对主要评价指标进行综合分析，形成评价结论。然后对项目经济评价中反映的问题和对项目需要说明的问题及有关建议加以明确阐述。

5.4.3 国民经济评价与财务评价的异同

国民经济评价和财务评价是项目经济评价的两个层次。它们相互联系，有共同点，又有本质的区别。国民经济评价可以单独进行，也可以在财务评价的基础上进行调整计算。

1. 国民经济评价与财务评价的共同点

（1）评价的目的相同

国民经济评价和财务评价都属于经济评价范畴，其目的都是寻求能以最小的投入获得最大的产出的工程项目和建设方案。

（2）评价的基础相同

国民经济评价和财务评价都是可行性研究的组成部分，都是在完成项目的产品需求预测、市场分析、工程技术方案构思、投资估算及资金规划等步骤的基础上进行的。

（3）评价的基本方法和指标相同

国民经济评价和财务评价都是在经济效果评价与方案比选的基本理论指导下进行的，采用的分析方法基本相同；都要考虑资金的时间价值；所采用的评价指标均为净现值、净年值、内部收益率等；评价中都是通过编制相关报表对项目进行分析、比较。

（4）计算期相同

国民经济评价和财务评价的费用和效益计算都涉及包括建设期、生产期全过程的相同的计算期。

2. 国民经济评价与财务评价的区别

（1）评价的角度不同

财务评价是站在项目的微观层次上，从企业角度考查收支和盈利状况及偿还借款能力，以确定投资项目的财务可行性。国民经济评价则是站在国家整体的宏观角度考查项目需要国家付出的代价和对国家的贡献，分析项目对国民经济发展、收入分配、资源配置等方面的影响，进而确定其经济上的合理性。

（2）费用、效益的含义及划分不同

财务评价根据项目的直接财务收支，计算项目的直接效益和直接费用。国民经济评价则从全社会的角度，根据项目实际耗费的有用资源及向社会提供的有用产品或服务来考查项目的效益和费用。有些在财务评价中视为费用或效益的财务收支，如税金、补贴、国内借款利息等，在国民经济评价中不视为费用或收益；而在财务评价中不考虑的间接费用或间接效益，如环境污染、节约劳动时间和降低劳动强度等，在国民经济评价中又必须当作费用或效益进行相关计算。

（3）评价采用的价格不同

财务评价要考查投资项目在财务上的现实可行性，因而对投入物和产出物均采用财务价格，即现行市场价格或其预测值。国民经济评价使用的则是能够反映资源真实经济价值的影子价格。

（4）主要参数不同

财务评价采用的汇率一般选用当时的官方汇率，折现率是因行业而异的基准收益率。国民经济评价则采用国家统一测定和颁布的影子汇率和社会折现率。

（5）评价的组成内容不同

财务评价的组成内容主要包括盈利能力分析、清偿能力分析两个方面，对于有外汇收支的项目，还要在此基础上进行外汇平衡分析；而国民经济评价则只做盈利能力分析，不做清偿能力分析；同样，对于那些直接或间接影响国家外汇收支的项目还要进行外汇效果分析。

（6）考查与跟踪的对象不同

财务评价考查的是项目的生存能力，跟踪的是与项目直接相关的货币流动；国民经济评价考查的是项目对国民经济的净贡献,跟踪的是围绕项目发生的资源流动。国民经济评价与财务评价的区别见表 5-23。

表 5-23 国民经济评价和财务评价的区别一览表

类　　别	财 务 评 价	国 民 经 济 评 价
评价角度	从企业角度出发	从国民经济和社会需要角度出发
评价目标	企业的盈利	实现社会或国家基本发展目标及对资源进行合理配置
评价范围	直接效果	直接效果和间接效果
计算基础	市场价格、基准收益率、官方汇率	影子价格、社会折现率、影子汇率
评价内容	盈利能力、清偿能力、外汇平衡	盈利能力、外汇效果
跟踪对象	货币流动	资源流动
转移支付的处理	列为费用或效益	不列为费用或效益

对工程项目同时进行财务评价和国民经济评价时,会出现以下四种情况:

1) 对于财务评价与国民经济评价的结论均可行的项目,应予通过。
2) 对于财务评价与国民经济评价的结论均不可行的项目,应予否定。
3) 对于财务评价的结论可行、而国民经济评价的结论不可行的项目,一般应予否定。
4) 对于财务评价的结论不可行、而国民经济评价的结论可行的项目,主要是关系公共利益、国家安全和市场不能有效配置资源的经济和社会发展的项目,一般应予通过,或重新考虑方案(如采取某些财务优惠措施)使之具有财务上的生存能力,参见国家发展和改革委员会、住房和城乡建设部《建设项目经济评价方法与参数》(第 3 版)。由此可见,国民经济评价在工程项目评价中具有特别重要的意义。

综上所述,工程项目经济效果评价的合理程序应当是:对为数众多的中小型建设项目,可以先做财务评价,在财务评价可行的基础上再做国民经济评价;对国民经济有重大影响的项目,则应当先进行国民经济评价,在国民经济评价通过后才进行财务评价。

■ 5.5　案例分析

某 2×600MW 火力发电厂除灰系统大方案比选,案例基本情况见表 5-24。

表 5-24 案例基本情况　　　　　　　　　　　　(单位:万元)

内　　容		A 址干除灰方案(x 方案)	A 址水力除灰方案(y 方案)
		金　　额	金　　额
期初投资	设备安装费用	1 370	1 570
	土木工程费用		
	其中:厂内	1 240	1 100
	厂外	4 500	7 700
	征地拆迁费用	5 000	4 800
	小计	12 110	15 170

(续)

内　容		A址干除灰方案（x方案）	A址水力除灰方案（y方案）
		金　额	金　额
运行	输送系统年运行费用	350	230
	储灰场年运行费用	50	20
	小计	400	250

解析：

1. 不考虑资金的时间价值进行方案比选（见表5-25）

表5-25　不考虑资金的时间价值进行方案比选　　　（单位：万元）

方　案	初　投　资	20年运行费用	费用合计
A址干除灰方案（x方案）	12 110	400×20	20 110
A址水力除灰方案（y方案）	15 170	250×20	20 170

根据上面的计算结果，单纯从费用的角度看我们很难决定方案的取舍。

2. 考虑资金的时间价值进行方案比选

（1）费用现值法

根据等额分付现值公式：

$$P = A\frac{(1+i)^n - 1}{i(1+i)^n}，即 P = A(P/A, i, n)$$

其中：$(P/A, i, n)$ 为折现系数；P 为现值；A 为年运行费用；n 为年份数（n 值取电厂经济寿命20年）；i 为贴现率（贴现率代表资金的时间价值系数。我们采用银行长期贷款利率。现行银行长期贷款名义年利率6.55%，按季结息，实际年利率为6.71%）。

$$P_x = 12\,110\,万元 + 400\,万元 \times (P/A, 6.71\%, 20) = 16\,445\,万元$$

$$P_y = 15\,170\,万元 + 250\,万元 \times (P/A, 6.71\%, 20) = 17\,879\,万元$$

由于 $P_x < P_y$，根据费用现值最小的选优原则，可判定方案 x 优于方案 y，故应选择方案 x。

（2）差额内部收益率法（见表5-26）

表5-26　方案 x，y 的费用现金流　　　（单位：万元）

方　案	0/年	1～20/年
	投　资	年运行费用
方案 x	12 110	400
方案 y	15 170	250
增量费用现金流（$x-y$）	3 060	-150

$$3\,060 - 150 \times (P/A, \Delta IRR, 20) = 0$$

解得：$\Delta IRR = -0.188\%$

根据判别准则：在两个互斥方案的差额内部收益率 ΔIRR 存在的条件下，若 $\Delta IRR>i_0$，或 $-1<\Delta IRR<0$，则方案寿命期内投资大的方案优于投资小的方案；若 $0<\Delta IRR<i_0$，则投资小的方案优于投资大的方案。对于仅有的费用现金流的互斥方案比选，若 $\Delta IRR>i_0$，或 $-1<\Delta IRR<0$，则投资小的方案优于投资大的方案；若 $0<\Delta IRR<i_0$，则投资大的方案优于投资小的方案。由于 $-1<-0.188\%<0$，故可判定方案 x 优于方案 y，故应选择方案 x。

(3) 年值法

根据资金回收公式：$A = P\dfrac{i(1+i)^n}{(1+i)^n - 1}$，即：$A = P(A/P, i, n)$

其中：$(A/P, i, n)$ 为折现系数；P 为现值；A 为年运行费用；n 为年份数（n 值取电厂经济寿命 20 年）；i 为贴现率（贴现率代表资金的时间价值系数。我们采用银行长期贷款利率。现行银行长期贷款名义年利率 6.55%，按季结息，实际年利率为 6.71%）。

$A_x = [12\ 110\ 万元 + 400\ 万元 \times (P/A, 6.71\%, 20)](A/P, 6.71\%, 20) = 1\ 517.5$ 万元

$A_y = [15\ 170\ 万元 + 250\ 万元 \times (P/A, 6.71\%, 20)](A/P, 6.71\%, 20) = 1\ 649.8$ 万元

由于 $A_x < A_y$ 根据年费用现值最小的选优原则，可判定方案 x 优于方案 y，故应选择方案 x。

3. 结论

通过上述分析，可以得出以下结论：

1) 差额净现值等于两个互斥方案的净现值之差。用增量分析法计算两个方案的差额净现值进行互斥方案比选，与分别计算两个方案的净现值而根据净现值最大准则进行互斥方案比选结论一致。显然在实际工作中，当有多个互斥方案时，直接用净现值最大准则选择最优方案更为简便。分别计算各个备选方案的净现值，根据净现值最大准则选择最优方案可以将方案的绝对经济效果检验和相对经济效果检验结合起来，判别准则为净现值最大且非负的方案为最优方案，此判别准则可以推广至净现值等效的指标——净年值。

2) ΔIRR 只能反映增量现金流的经济性，不能反映各方案自身的经济性。故差额内部收益率只能用于方案间的比较，而不能仅根据 ΔIRR 数值的大小判定方案的取舍。

3) 采用差额内部收益率进行互斥方案比较具有经济概念明确，易于理解的优点，但若比选的互斥方案较多时，计算复杂。这一方法有时可能出现 ΔIRR 不存在的情况，此外，内部收益率在净现金流符号多次变化的情况下可能存在多个实数解。

复习思考题

一、简答题

1. 简述常用工程项目评价指标的分类。
2. 什么是盈亏平衡分析？简述其具体应用。
3. 什么是敏感性因素？确定敏感性因素的方法有哪些？
4. 简述国民经济评价的步骤。

5. 简述国民经济评价与项目财务评价的区别。

二、计算题

1. 某投资方案建设期为 2 年，建设期内每年年初投资 400 万元，运营期每年年末净收益为 150 万元，若基准收益率为 12%，运营期为 18 年，残值为零。已知 (P/A, 12%, 18) = 7.249 7，则该投资方案的净现值和静态投资回收期分别为多少？

2. 已知某工程第一年年初和第一年年末分别投资 1 000 万元、800 万元，第二、三、四年年末均获净收益 500 万元，第五年年末净收益 1 200 万元，试计算方案的内部收益率（结果取两位小数），并判断其可行性（i_c = 12%）。

3. 某大型零售业公司有足够资金在 A 城和 B 城各建一座大型仓储超市，在 A 城有三个可行地点 A_1、A_2、A_3 供选择，在 B 城有两个可行地点 B_1、B_2 供选择，根据各地人流量、购买力、工资水平、相关税费等资料，搜集整理相关数据见表 5-27，假设基准收益率为 10%，试进行方案比选。

表 5-27　待选方案相关经济要素

方　　案	A_1	A_2	A_3	B_1	B_2
投资（万元）	1 000	1 100	980	1 800	2 300
年收入（万元）	900	1 200	850	1 500	1 800
年经营费用（万元）	450	650	380	990	1 150
寿命期/年	10	8	9	12	10

4. 某工程项目期初投资总额 1000 万元，2 年建成投产；投产后每年的净收益是 250 万元。该项目的投资回收期为多少年？

5. 某项目各年的净现金流量（单位：万元），如图 5-13 所示，试用净现值指标判断项目的可行性。（i_c = 10%）。

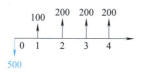

图 5-13　各年净现金流量

6. 有两个互斥方案，有关数据见表 5-28。两个方案寿命期均为 10 年，期末残值为 0。
（1）假设基准收益率为 10%，试用年值法比较两个方案的优劣。
（2）假设基准收益率为变量，试分析其变动对方案优劣变化的影响。

表 5-28　互斥方案 A、B 相关经济要素　　　　（单位：万元）

方　　案	期初投资	年净收益
A	15	4
B	10	3

7. 有三个独立方案 A、B、C，其相关经济要素见表 5-29，假设基准收益率为 15%，方案寿命周期均为 10 年。现有资金限额 30 000 元，试在三个方案中选择最佳方案组合。

表 5-29　A、B、C 方案经济要素　　　　　　　　　　（单位：元）

方　案	期初投资	年净收益
A	12 000	4 300
B	10 000	4 200
C	17 000	5 800

8. 某公司有六个互不相关的投资方案，假定各方案寿命期很长，其期初投资和年净收益见表 5-30。若资金预算为 25 万元，基准收益率为 12%，试用效率型指标排序法选择方案。

表 5-30　互斥方案相关经济要素　　　　　　　　　　（单位：万元）

方　案	期初投资	年净收益
A	5	1.71
B	7	2.28
C	4	1.5
D	7.5	1.67
E	9	2.35
F	8.5	1.59

9. 某建设项目拟定产品销售单价为 6.5 元，生产能力为 200 万件，单位生产成本中可变费用为 3.5 元，总固定费用 3 280 000 元，试用产量、销售收入、生产能力利用率表示盈亏平衡点并求出具体数值。

10. 某化工项目的投资及现金流量见表 5-31，表中的数据均为预测估算值，估计产品产量、产品价格和固定资产投资三个因素可能在 20% 的范围内变化。$i_e = 15\%$（基准收益率），试对上述不确定因素分别进行单因素敏感性分析。

表 5-31　项目投资及现金流量　　　　　　　　　　（单位：万元）

项　目	投　资　期		
	1	2~9	10
现金流入			
产品销售收入		1 000×8	1 000
固定资产残值			32
流动资金回收			200
现金流出			
固定资产投入	800		
流动资金	200		
经营成本		600×8	600
其中：固定成本		130×8	130
变动成本		470×8	470
销售税金及附加		110×8	100

第 6 章

工程项目策划与决策

本章知识要点与学习要求

序　号	知识要点	学习要求
1	工程项目前期策划概念、分类、范围、实施目的等	熟悉
2	工程项目构思的产生、选择等	熟悉
3	工程项目目标设计的程序	掌握
4	工程项目目标因素分类	掌握
5	工程项目总体方案设计的要求	掌握
6	工程项目定义的形式与内容	熟悉
7	工程项目前期决策要求及注意事项	熟悉

6.1 工程项目前期策划概述

6.1.1 工程项目策划的概念

工程项目策划是指把项目建设意图转换成定义明确、系统清晰、目标具体且具有策略性运作思路的系统活动过程，旨在为项目建设的决策和实施增值。它的增值反映在以下几个方面：

1）有利于项目的使用功能和建设质量的提高。
2）有利于合理地平衡建设成本和运营成本的关系。
3）有利于实现合理的建设周期。
4）有利于提高社会效益和经济效益。
5）有利于人类生活和工作的环境保护。
6）有利于建筑环境的改善。
7）有利于建设过程的组织和协调。

6.1.2 工程项目策划的分类

工程项目策划可按多种方法进行分类。

6.1.2.1 按项目策划的范围分类

按项目策划的范围可分为项目总体策划和项目局部策划。项目总体策划一般是指在项目决策阶段所进行的全面策划；局部策划是指对全面策划分解后的一个单项性或专业性问题的策划。

6.1.2.2 按策划项目的性质分类

按策划项目的性质可分为新建项目策划、改建项目策划、扩建项目策划、迁建项目策划、恢复项目策划。

按工程项目建设程序可分为工程项目决策阶段的策划和工程项目实施阶段的策划。

1. 工程项目决策阶段的策划

工程项目决策阶段的策划（简称项目决策策划，又称为项目构思策划、项目前期策划）是在项目决策阶段进行的总体策划，它的主要任务是提出项目的构思、进行项目的定义和定位，全面构思一个待建的工程项目，即回答建设什么及为什么要建设的问题。

工程项目的提出，一般依据的是国际国内社会经济的发展趋势和当地远近期规划，以及提出者经营、生产或生活的需要。因此，项目决策策划必须以国家法律法规和有关方针政策及当地的地方性法规为依据，并结合国际国内社会经济的发展趋势和实际的建设条件进行。项目决策策划的主要内容包括以下几方面：

1) 项目性质、用途、建设规模和建设水准的策划。
2) 项目在社会经济发展中的地位、作用和影响力的策划。
3) 项目的总体功能、项目系统内部各单项单位工程的构成，以及各自的功能和相互关系、项目内部系统与外部系统的协调和配套的策划。
4) 其他与项目构思有关的重要环节的策划。

2. 工程项目实施阶段的策划

工程项目实施阶段的策划（简称项目实施策划）是指把项目决策付诸实施而形成的具有可行性、可操作性和指导性的项目实施方案。它是在实施阶段的前期完成的，为项目管理服务，最主要的任务是确定如何组织开发和建设该项目，即回答怎么建的问题。项目实施策划一般包括以下内容：

1) 项目组织策划。
2) 项目融资策划。
3) 项目控制策划。
4) 项目管理策划。

除此之外，有的项目还进行项目运营策划。项目运营策划在项目实施阶段完成，用于指导项目动用准备和项目运营，并在项目运营阶段进行调整和完善。

6.1.3 工程项目策划的作用

1. 明确项目系统的构建框架

工程项目策划的首要任务是根据项目建设意图进行项目的定义和定位，全面构思一个拟建的项目系统。在明确项目定义和定位的基础上，通过项目系统的功能分析，确定项目系统的组成结构，使其形成完整配套的能力，提出项目系统的构建框架，使项目的基本构想变为具有明确的内容和要求的行动方案，是进行项目决策和实施的基础。

2. 为项目决策提供保证

根据工程项目的建设程序，工程项目投资决策是建立在项目的可行性研究分析评价基础上的，可行性研究中的财务评价、国民经济评价和社会评价的结论是项目投资的重要决策依据。可行性研究的前提是建设方案本身及其所依据的社会经济环境、市场和技术水平，而一个与社会经济环境、市场和技术水平相适应的建设方案的产生，并不是由投资者的主观愿望和某些意图的简单构想就能完成的，必须通过专家的认真构思和具体策划，并对实施的可能性和可操作性进行分析，才能使建设方案建立在可运作的基础上。因此，只有经过科学的、周密的项目策划，才能为项目的投资决策提供客观的、科学的基本保证。

3. 全面指导项目管理工作

工程项目策划是根据策划理论和原则，密切结合具体项目的整体特征，对项目的发展和实施管理的全过程进行描述。不仅要把握项目系统总体发展的规律和条件，同时还要深入项目系统构成的各个层面，针对项目各个阶段的发展变化对项目管理方案提出系统的具有可操作性的构想。因此，项目策划可直接成为指导项目实施和项目管理的基本依据。

6.1.4 工程项目前期策划的过程和主要工作

工程项目前期策划是一个相当复杂的过程，不同性质的项目，前期策划的内容不同，工作步骤也不完全一样，其过程如图 6-1 所示。

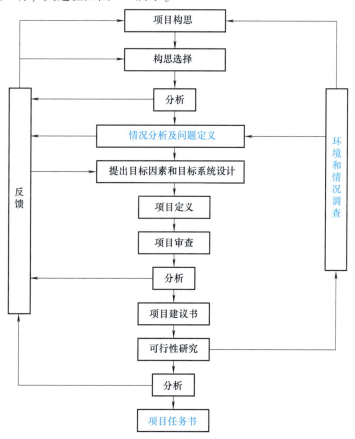

图 6-1 项目前期策划过程

1. 项目构思的产生和选择

任何项目都源于项目的构思，对于不同的项目和不同的项目参加者，项目构思的起因不同，主要有以下几种可能性：

1) 通过市场研究发现新的投资机会、有利的投资领域和投资地点。
2) 解决上层系统运行存在的问题或困难。
3) 实现上层组织的发展战略。
4) 寻求项目业务机会。

项目构思可能有很多种，人们达到目的的途径和方法也可能有很多，必须在它们中间做选择，并经权力部门批准，以做进一步的研究。

2. 项目的目标设计和项目定义

1) 情况的分析和问题的研究。要进行成功的策划，必须有真实、完整的数据资料，为此应对上层系统状况、市场状况、组织状况、自然环境进行调查，对其中的问题进行全面罗列、分析、研究，确定问题的原因，为正确的项目目标设计和决策提供依据。

2) 项目的目标设计。项目的目标设计是项目决策策划的重要内容，也是工程项目实施的依据，要针对实际情况和存在的问题提出目标因素，对目标因素进行优化，建立目标系统。

目标因素是指目标的构成要素，通常包括以下几个方面：①反映工程项目解决问题的程度。这是项目建成后所实现的功能和所达到的运行状态，如拟解决多少人的居住问题，能解决多大的交通流量，项目产品的年产量或年增加量或项目产品的市场占有份额提升等。②工程项目本身的目标因素。如工程项目的建设规模、投产后的产值目标、利润目标、投资收益率和项目的时间目标等。③与工程项目相关的其他目标因素。如工程项目对自然和生态环境的影响，工程项目增加的就业人数，工程项目对企业或当地其他产业部门的连带影响，对国民经济和地方发展的贡献等。

3) 项目的定义。项目的定义是指划定项目的目标系统范围，对项目的各个目标做出说明，并根据项目总目标对项目的总体实施方案进行策划。

4) 项目的审查。项目的审查主要是对项目构思、情况和问题的调查和分析、目标设计过程和结果的审查。

5) 提出项目建议书。项目建议书是对环境条件、存在问题、项目总体目标、项目定义和总体方案的说明和细化，同时提出在可行性研究中需考虑的各个细节和指标。

3. 可行性研究

可行性研究即提出实施方案，并对实施方案进行全面的技术经济论证，看能否实现目标，它的结果作为项目决策的依据。可行性研究是项目前期决策阶段最重要的工作。

6.1.5 项目建议书

项目建议书是鉴别项目投资方向，对拟建项目的一个总体轮廓设想，着重从宏观上对项目建设的必要性做出分析衡量，并初步分析项目建设的可能性，向决策者提出建议，推荐项目。

6.1.5.1 项目建议书的基本内容

项目建议书一般应包括：①建设项目提出的依据和必要性；②产品方案、市场前景、拟建规模和建设地点的初步设想；③资源状况、建设条件、协作关系及引进国别和厂商的初步分析；④投资估算和资金筹措的设想；⑤项目建设进度的设想；⑥项目经济效益和社会效益的初步测算；⑦结论与建议。

6.1.5.2 项目建议书的编制和审批

1. 编制单位

按照建设项目的隶属关系，由有关部门、地区、企业或投资人根据国民经济和社会发展的长远规划、行业规划、地区规划及经济建设方针、任务和技术经济政策等要求，结合资源情况、企业战略、建设条件等，在广泛调查研究、搜集资料、踏勘建设地点、初步分析投资效果的基础上来进行编制。

2. 审批

根据《国务院关于投资体制改革的决定》（国发〔2004〕20号），政府对于投资项目的管理分为审批、核准和备案三种方式。对于政府投资项目或使用政府性资金、国际金融组织和外国政府贷款投资建设的项目，继续实行审批制；对于企业不使用政府性资金投资建设的项目，一律不再实行审批制，区别不同情况实行核准制和备案制。继续审批项目建议书的建设项目包括以下几类：

1）采用政府直接投资和资本金注入方式的建设项目，由国家发展和改革委员会审批或由国家发展和改革委员会审核报国务院审批；地方政府投资项目由国家发展和改革委员会审批。

2）使用中央预算内投资、中央专项建设基金、中央统还国外贷款5亿元及以上的项目，由国家发展和改革委员会审核报国务院审批。

3）使用中央预算内投资、中央专项建设基金、统借自还国外贷款的总投资50亿元及以上项目，由国家发展和改革委员会审核报国务院审批。

4）对于借用世界银行、亚洲开发银行、国际农业发展基金会等国际金融组织贷款和外国政府贷款及与贷款混合使用的赠款、联合融资等国际金融组织和外国政府贷款投资项目：由中央统借统还的项目，按照中央政府直接投资项目进行管理，其项目建议书由国家发展和改革委员会审批或审核后报国务院审批；由省级政府负责偿还或提供还款担保的项目，按照省级政府直接投资项目进行管理，除应当报国务院及国家发展和改革委员会审批的项目外，其他项目的建议书均由省级发展和改革委员会审批，审批权限不得下放。

项目建议书获得批准并不表明项目可以投资，项目建议书不是项目的最终决策，只是国家选择建设项目和有根据地进行可行性研究的依据。

6.2 工程项目构思与目标设计

6.2.1 工程项目的构思

6.2.1.1 构思的产生

任何工程项目都从构思开始，根据不同的项目和不同的项目参加者，项目构思的起因不同，可能有：

1）通过市场研究发现新的投资机会、有利的投资地点和投资领域。例如：

① 通过市场调查发现某种产品有庞大的市场容量或潜在市场，应该开辟这个市场。
② 企业要发展、扩大销售、扩大市场占有份额，必须扩大生产能力。
③ 企业要扩大经营范围，增强抗风险能力，搞多种经营、灵活经营，向其他领域、地域投资。
④ 由于技术的进步，出现了新技术、新工艺、新的专利产品。
⑤ 市场出现新的需求，顾客有新的要求。
⑥ 当地某种资源丰富，可以开发利用这些资源。

以上产生的对项目所提供的最终产品或服务的市场需求，都是新的项目机会。工程项目应以市场为导向，具有市场的可行性和发展的可能性。

2）解决上层系统运行存在的问题或困难。例如：
① 某地方交通拥挤不堪。
② 市场上某些物品供应紧张。
③ 企业经营存在问题，产品陈旧，销售市场萎缩，技术落后，生产成本增加。
④ 环境污染严重。

这些问题和困难需要通过工程运行解决，也产生了对工程的需求。

如果一座城市的道路一下暴雨就被淹没，并给人们的生命、财产和社会生活带来极大危害，可以预见，这座城市将会有大量的地下工程要建设。

如果一个地方环境污染严重，垃圾围城、水污染、空气污染（雾霾），这也预示着该地将有大量的环境治理工程项目要建设。

3）实现上层组织的发展战略。上层组织的战略目标和计划常常都是通过工程项目实现的。例如，为了解决国家、地方的经济和社会发展问题，促进经济腾飞，必须依托许多工程项目完成使命。因此，一个国家或地方的发展战略或发展计划常常包含许多新的工程项目。一个国家、地方或产业部门如果正处于发展时期、上升时期，就必将拥有许多工程项目机会。

例如，我国的交通发展战略、能源发展战略、区域发展战略等，都包含大量的工程建设需求，或者它们都必须通过工程建设得以实现。

通过对国民经济计划、产业结构和布局、产业政策以及社会经济发展计划的分析可预测项目机会。在做项目目标设计和项目评价时，必须考虑该项目对上层战略的贡献。

4）一些重大的社会活动，常常需要大量的工程建设。如 2008 年奥运会、2010 年世博会、2010 年亚运会、2022 年冬奥会，以及每一次全国运动会等，都会有大量的工程建设需求。

5）通过工程信息寻求项目业务机会。许多企业以工程项目作为基本业务对象，这些企业如工程承包公司、成套设备的供应公司、咨询公司、造船企业、国际合作公司和一些跨国公司。在它们业务范围内的任何工程信息（工程建设计划、招标公告等），都是承接业务的机会，都可能产生项目。

6）通过生产要素的合理组合，产生项目机会。现在许多投资者和项目策划者常常通过国际生产要素的优化组合策划新的项目。最常见的是通过引进外资，引进先进的设备、生产工艺，与当地的廉价劳动力、原材料、已有的厂房组合，生产符合国际市场需求的产品。在国际经济合作领域，这种"组合"的艺术已越来越被人们重视，通过它能演绎出各式各样的项目。例如，许多承包商通过调查研究，在业主尚无项目意识时就提出项目构思，并帮助业主进行目标设计、可行性研究、技术设计，甚至提供建设资金，以获得该项目的总承包权。最终业主和承包商都能获得很高的经济效益。

7）其他。如社会特殊的需要、国防的需要、抗震救灾或灾后重建的需要、科学研究的需要等。

项目构思的产生是十分重要的。它在初期可能仅仅是一个"点子"，却是一个项目的萌芽。投资者、企业家及项目策划者对项目构思要有敏锐的洞察力，要有远见。

6.2.1.2 项目构思的选择

在一个具体的社会环境中，上层系统的问题和需要很多，致使项目机会很多，项目的构思丰富多彩，有时甚至是"异想天开"的。人们可以通过许多途径和方法（项目或非项目手段）达到目的，所以不可能将每一个构思都付诸更深入的研究，必须淘汰那些明显不现实或没有实用价值的构思。同时，由于资源的限制，即使是有一定可实现性和实用价值的构思，也不可能都转化成项目。一般只能选择少数几个有价值和可能实现的构思进行更深入的研究和优化。由于构思往往来自对上层系统直观的了解，而且仅仅是比较朦胧的概念，所以对它也很难进行系统的、定量的评价和筛选，一般只能从以下几方面把握：

1）上层系统问题和需求的现实性。即上层系统的问题和需要是实质性的，而不是表象性的，同时，预测通过采用工程项目手段可以顺利地解决这些问题。

2）考虑环境的制约，充分利用资源和外部条件。

3）充分发挥自身既有的长处，运用自己的竞争优势，或在项目中实现合作各方竞争优势的最佳组合。

对此综合考虑"构思—环境—能力"之间的平衡，以求达到主观和客观的和谐统一。经认真研究后，判断某个工程项目是可行的、有利的，经过权力部门的认可，将项目的构思转化为目标设计，可做进一步更深入的研究。

6.2.2 工程项目的目标设计

6.2.2.1 目标管理方法

目标是对预期结果的描述。工程项目不同于一般的研究和革新项目。研究（如科研）和革新项目的目标在项目初期常常是不太明确的。它们往往通过在项目过程中分析遇到的新问题和新情况，对项目中间成果进行分析、判断、审查，探索新的解决办法，做出决策，逐渐明确并不断修改目标，最终获得一个结果，可能是成功的、一般的、或不成功的，甚至可能是新的成果或意外的收获。对这类项目必须加强变更管理，做好阶段决策和阶段计划工作。

工程项目必须采用严格的目标管理方法，这主要体现在以下几个方面：

1）在项目实施前就必须确定明确的总目标，精心优化和论证，经过批准，将它落实到项目的各阶段，作为可行性研究的尺度，经过评价和批准后作为工程技术设计和计划、实施控制的依据，最后又作为项目后评价的标准。通常不允许在项目实施中仍存在目标的不确定性和对目标过多的修改。当然在实际工程项目中，有时也会出现调整、修改，甚至放弃目标的现象，但那常常预示着项目的失败。

2）项目目标设计是一个连续反复循环的过程，必须按系统工作方法有步骤地进行。通常在项目前期进行项目总体目标设计，建立项目目标系统的总体框架，再采用系统方法将总目标分解成子目标和可执行目标。更具体的、详细的、完整的目标设计在可行性研究阶段以及在设计和计划阶段中进行。

3）目标系统必须包括工程建设和运行的所有主要方面，并能够分解落实到各阶段和项目组织的各个层次上，将目标管理同职能管理高度地结合起来，使目标与组织任务、组织结构相联系，建立自上而下，由整体到分部的目标控制体系，并加强对项目组织各层次目标的完成情况的考核和业绩评价，鼓励人们竭尽全力圆满地实现他们的目标。所以，采用目标管理方法能使项目目标顺利实现，促进良好的管理，使计划和控制工作十分有效。

4）在现代项目中，人们强调工程全生命周期集成化管理，必须以工程全生命周期作为对象建立目标系统，以保证在工程全生命周期中目标、组织、过程、责任体系的连续性和整体性。

5）在项目管理中推行目标管理存在许多问题，主要表现在以下几个方面：

第一，在项目前期就要求设计完整的、科学的目标系统是十分困难的。

① 项目是一次性的，项目目标设计缺乏直接可用的参照系。

② 项目初期人们掌握的信息较少，对问题的认识还不深入、不全面，目标设计的根据不足。

③ 项目前期，设计目标系统的指导原则和政策不够明确，很难做出正确的综合评价和预测。

④ 项目系统环境复杂，边界不清楚，不可预见的干扰多。

⑤ 影响项目目标实现的因素多，相互之间的关系复杂，容易引起混乱。

第二，项目批准后，由于以下原因使目标的刚性增大，不能随便改动，也很难改动：

① 目标变更的影响大，管理者对变更目标往往犹豫不决。

② 行政机制的惯性，目标变更必须经过复杂的程序。

③ 项目已经实施，已有大量资源投入，人们不愿意承担责任。

④ 项目决策者常常因情感或面子问题，不愿意否定过去，不愿意否定自己。

⑤ 对项目的将来还有侥幸心理，希望通过努力可以挽回损失等。

这种目标的刚性对工程项目常常是十分危险的。有时修改总目标，甚至中断项目是一个较有利的选择，可以避免更大的损失。

第三，在目标管理过程中，人们常常注重近期的局部目标，它是对总目标考核、评价的依据。例如，在建设期人们常常过于注重建设期的成本（投资）目标、工期目标，而缺少注重运行成本问题；承包商也比较注重自己的经济效益，降低成本，加快施工速度，但这有时会损害项目的总目标。

第四，影响项目目标实现的因素很多，如项目的复杂程度和特殊性、风险状况、时间限制、资源供应条件、项目相关者要求的一致性、环境影响等，这些并不是项目管理者能够控制的。

第五，其他问题。例如，人们可能过分使用和注重定量目标，因为定量目标易于评价和考核，但有些重要的和有重大影响的目标很难用数字表示。

这些问题体现了工程项目管理自身的矛盾性，使项目早期目标系统的合理性和科学性受到限制。

6.2.2.2 环境调查

1. 环境调查的作用

环境调查是为项目的目标设计、可行性研究、决策、设计、计划、控制服务的。环境调查是在项目构思的基础上对环境系统状况进行调查、分析、评价,以作为目标设计的基础和前导工作。工程实践证明,正确的项目目标设计和决策需要熟悉环境,并掌握大量的信息。

1) 通过环境调查可以进一步研究和评价项目的构思,将原来的目标建议引导到实用的、理性的目标概念,使目标建议更符合上层系统的需求。

2) 通过环境调查可以对上层组织的目标和问题进行定义,从而确定项目的目标因素。

3) 通过环境调查确定项目的边界条件状况。这些边界条件的制约因素,常常会直接产生项目的目标因素,如法律规定、资源约束条件和周边组织要求等。如果目标中不包括或忽略了这些因素,那么这个项目是极其危险的。

4) 为目标设计、项目定义、可行性研究以及设计和计划提供信息。

5) 通过环境调查可以对项目中的风险因素进行分析,并提出相应的防范措施。

2. 环境调查的内容

项目环境调查的内容非常广泛,具体如下:

(1) 项目相关者

特别是用户、项目所属的企业(业主)、投资者、承包商等的组织状况。

1) 项目产品的用户需求、购买力、市场行为等。

2) 项目所属企业(或项目发起人)状况,包括组织体系、组织文化、能力、战略、存在的问题、对项目的要求、基本方针和政策等。

3) 合资者的能力、基本状况、战略、对项目的要求、政策等。

4) 工程承包企业和供应商的基本情况,如技术能力、组织能力、可用资源。

5) 主要竞争对手的基本情况。

6) 周边组织(如居民、社团)对项目的需求、态度,对项目的支持或可能的障碍等。

(2) 社会政治环境

1) 政治局面的稳定性,有无社会动乱、政权变更、种族矛盾和冲突,有无宗教、文化、社会集团利益的冲突。一个国家政治稳定程度对工程项目的各方面都会造成影响,而这个风险常常是难以预测和控制的,直接关系到工程项目的成败。

2) 政府对本项目提供的服务,办事效率,政府官员的廉洁程度。

3) 与项目有关的政策,特别对项目有制约的政策,或向项目倾斜的政策。

4) 国际政治环境。对国际工程项目而言,要关注相应的国际、国家、地区和当地的政治状况。

(3) 社会经济环境

1) 社会的发展状况。该国、该地区、该城市所处的发展阶段和发展水平。

2) 国民经济计划安排,国家的工业布局及经济结构,国家重点投资发展的工程领域和地区等。

3) 国家的财政状况,赤字和通货膨胀情况。

4) 国家及社会建设资金的来源,银行的货币供应能力和政策。

5）市场情况。拟建工程所提供的服务或产品的市场需求，市场容量，现有的和潜在的市场，市场的开发状况等。在项目的目标设计过程中市场研究一直占据十分重要的地位：当地建筑市场（设计、工程承包、采购等）情况，如竞争的激烈程度；当地建筑企业的专业配套情况，建材、结构件和设备生产、供应及价格等；劳动力供应状况以及价格，技术熟练程度、技术水平、工作能力和效率、工程技术教育和职业教育情况等；城市建设水平，基础设施、能源、交通、通信、生活设施的状况及价格；物价指数，包括全社会的物价指数，部门产品和专门产品的物价指数。

（4）法律环境

工程的建设和运行受工程所在地的法律的制约和保护。

1）法制是否健全，执法的严肃性，项目相关者能否得到法律的有效保护等。

2）与项目有关的各项法律和法规的主要内容，如建筑法、劳动保护法、税法、环境保护法、外汇管制法等。

3）与本项目有关的税收、土地政策、货币政策等。

（5）自然条件

1）可以供工程项目使用的各种自然资源的蕴藏情况。

2）对工程有影响的自然地理状况，如地震设防烈度及工程寿命期中地震的可能性；地形地貌状况；地下水位、流速；地质情况，如地基的稳定性，可能的流沙、暗塘、古河道、滑坡、泥石流等。

3）气候情况，如年平均气温、最高气温、最低气温、高温、严寒持续时间，主导风向及风力，风荷载，雨雪量及持续时间，主要分布季节等。

（6）技术因素

技术因素即与工程项目相关的技术标准、规范、技术能力和发展水平，解决工程施工和运行问题技术方面的可能性。

（7）工程周围基础设施、场地交通运输、通信状况

1）场地周围的生活及配套设施，如粮油、副食品供应、文化娱乐，医疗卫生条件。

2）现场及周围可供使用的临时设施。

3）现场周围公用事业状况，如水、电的供应能力、条件及排水条件、后勤保障。

4）通往现场的运输状况，如公路、铁路、水路、航空条件、承运能力和价格。

5）各种通信条件、能力及价格。

6）项目所需要的各种资源的可获得条件和限制。

（8）其他方面

例如社会人文方面，包括项目所在地的人口、文化素质、教育、道德、种族、宗教、价值取向、习惯、风俗和禁忌等。

（9）同类工程的资料

例如相似工程项目的工期、成本、效率、存在的问题，经验和教训。这对目标设计、可行性研究、计划和设计、控制有很大的作用。

3. 环境调查方法

工程项目的环境调查可以通过各种途径获得信息。

1）新闻媒介，如通过互联网、报纸、杂志、专业文章、电视节目、新闻发布会等。在

国内，还有工程建设或招标方面的公共信息平台。

2）专业渠道，如通过学会、商会、研究会的资料，或委托咨询公司做专题调查。

3）向合作者、同行、侨胞、朋友调查。

4）派人实地考察、调查。

5）通过业务代理人调查。

6）专家调查法，即采用德尔菲（Delphi）法，通过专家小组或专家调查表调查。

7）直接询问。对市场价格信息可以直接向供应商，分包商询价等。

4. 环境调查的要求

1）详细程度。通常对环境调查，不能说越详细越好，过于详细会造成信息量大，管理费用增加，时间延长。业主在批准立项前，承包商在投标阶段，如果调查太细太广泛，而结果项目不能被批准，或未中标，那么损失太大；但如果因调查不细或不全面，而造成决策失误或报价失误，就要承担经济损失。一般在立项前调查比较宏观的和总体的情况，而在立项后设计、计划中所做的调查必须逐步具体和详细。

2）侧重点。不同的管理者所需资料不同，业主、投资者、施工单位、设计单位环境的调查内容、范围和深度都不尽相同。例如，投资者注重工程产品或服务的市场和投资风险，估价师比较注重资源市场价格、通货膨胀，工程师在做实施方案前多注重自然条件和技术条件。

3）系统性。环境调查和分析应是全面的、系统的，应按系统工作方法有步骤地进行：

① 在着手调查前，必须对调查内容进行系统的分析，以确定调查的整个体系。国外大的工程公司和项目管理公司会针对不同类型的项目建立标准的、完整的环境调查内容的框架。这是将项目的环境系统结构化，使调查工作秩序化、规范化，不会遗漏应该调查的内容。

② 委派专人负责具体内容的调查工作，并要求其对调查内容的准确性承担责任。

③ 对调查内容做分析、数据处理，推敲它的真实性、可靠性。

④ 登记归档。这些调查内容不仅目前有用，而且在整个项目过程中，甚至在以后承担新的项目时还可能用到。这是企业和项目的信息资源，必须保存。

对调查内容可以做环境调查分析，见表6-1。

表 6-1　××项目环境调查分析表

序号	调查内容编码	调查内容	调查对象	调查负责人	调查日期	调查结果简述	调查结果评价	文档号	备注

4）客观性。实事求是，尽可能量化，用数据说话，要注意"软信息"的调查。

5）前瞻性。由于工程的建设和运行是未来的事，所以环境调查不仅着眼于历史资料和现状，应对今后的发展趋向做出预测和初步评价，这是非常重要的。

6.2.2.3 问题的定义

项目构思所提出的问题和需求主要表现为上层系统的症状（表象），经过环境调查可以从中认识和导出上层系统的问题，并对问题进行定义和说明。问题定义是目标设计的诊断阶段，进一步研究问题的原因、背景和界限，从中可以确定项目的目标和任务。

对问题的定义必须从上层系统全局的角度出发，并抓住问题的核心。问题定义的步骤如下：

1) 对上层系统问题进行罗列、结构化，即上层系统有几个大问题，一个大问题又可分为几个小问题。例如，企业存在利润下降、生产成本提高、废品增加、产品销路差等问题。

2) 采用因果关系分析法对原因进行分析，将症状与背景、起因联系在一起。如产品销路不佳的原因可能是该产品陈旧老化，市场上已有更好的新产品出现；产品的售后服务不好，用户不满意；产品的销售渠道不畅，用户不了解该产品等。

3) 分析这些问题将来发展的可能性和对上层系统的影响。有些问题会随着时间的推移逐渐减轻或消除，相反有的却会逐渐加重。如产品处于发展期则销路会逐渐好转，但若处于衰退期，那么销路会越来越差。由于工程在建成后才有效用，因此必须分析和预测工程投入运行后的状况。

6.2.2.4 提出目标因素

1. 目标因素的来源

项目的目标因素通常由如下几方面决定。

1) 问题的定义，即按问题的结构，确定解决各个问题的程度，即为目标因素。

2) 有些边界条件的限制也形成项目的目标因素，如资源限制、法律的制约、工程项目相关者（投资者、项目周边组织）的要求等。

3) 对于为完成上层系统战略目标和计划的项目，许多目标因素是由上层组织设置的，上层战略目标和计划的分解可直接形成项目的目标因素。

由于问题的多样性和复杂性，再加上项目边界条件的多方面约束，造成了目标因素的多样性和复杂性。

2. 常见的目标因素

工程项目的目标因素一般包括以下几类：

1) 问题解决的程度，这是工程建成后所实现的功能，所达到的运行状态。

① 产品的市场占有份额。

② 产品的年产量或年增加量。

③ 新产品开发达到的销售量、生产量、市场占有份额、产品竞争力。

④ 拟解决多少人口的居住问题，或提高当地人均居住面积。

⑤ 增加道路的交通流量，或所达到的行车速度。

⑥ 拟达到的服务标准或产品质量标准等。

2) 与工程建设相关的目标。

① 工程规模，即所能达到的生产能力规模，如建成一定产量的工厂、生产流水线，一定规模、等级、长度的公路，一定吞吐能力的港口，一定建筑面积或居民容量的小区。

② 经济性目标，主要是项目的投资规模、投资结构、运行成本，工程投产后的产值目标、利润目标、税收和该项目的投资收益率等。

③ 项目的时间目标，包括短期（建设期）、中期（产品占领市场的时间、产品寿命期、投资回收期）、长期（厂房或设施的寿命期）的目标。

④ 工程的技术标准、技术水平。

3) 其他目标，如由法律或项目相关者要求产生的目标因素。

① 生态环境保护，对烟尘、废气、热量、噪声、污水排放的要求。

② 职业健康保护程度、事故的防止和工程安全性要求。

③ 降低生产成本，或达到新的成本水平。

④ 提高劳动生产率，如达到新的人均产量、产值水平、人均产值利润额等。

⑤ 吸引外资数额。

⑥ 提高自动化、机械化水平。

⑦ 增加就业人数。

⑧ 节约能源的程度或提升资源的循环利用水平。

⑨ 对企业或当地其他产业部门的连带影响，对国民经济和地方发展的贡献。

⑩ 对企业发展能力的影响、用户满意程度、对企业形象的影响等。

3. 各目标因素指标的初步确定

目标因素应尽可能明确，尽可能定量化，能用时间、成本费用、利润、产品数量和特性指标来表示，以便能进一步进行分析、对比和评价。在此仅对各目标因素指标进行初步定位。确定目标因素指标应注意以下几点：

1) 应在环境调查和问题定义的基础上，真实反映上层系统的问题和需要。

2) 切合实际，实事求是，既不好大喜功，又不保守，一般经过努力能实现。如果目标定得太高，就难以实现，会将许多较好的可行的目标淘汰；目标定得太低，就会失去优化的可能，失去更好的投资机会。要估计工程产品或服务的市场状况、自己的能力，以及边界条件的制约，避免出现完全出自主观期望的指标水平。

3) 目标因素指标的科学性和可行性并非在项目初期就可以达到。按照正常的系统过程，在目标系统优化、可行性研究、设计和计划中，还需要对它们做进一步分析、对比和优化。

4) 目标因素的指标要有一定的可变性和弹性，应考虑环境的不确定性和风险因素，以及有利的和不利的条件，设定一定的变动范围，如划定最高值、最低值区域。这样在进一步研究论证（如目标系统分析、可行性研究、设计）中可以按具体情况进行适当的调整。

5) 工程项目的目标因素必须重视时间限定。一般目标因素都有一定的时效，即目标实现的时间要求。

① 通常工程的设计是针对工程的使用寿命，如工业厂房一般为30~50年。

② 基于市场研究基础上提出的产品方案有其寿命期。一般在工程建成投产一段时间后，由于产品过时，或有新技术和新工艺，必须进行工程的更新改造，或采用新的产品方案。由于市场竞争激烈，科学技术进步，现在产品方案的周期越来越短，一般为5~10年，甚至更短。

③ 工程的建设期，即项目开始到工程建成投产的时间。这就要求与时间相关的目标因素的指标应有广泛的适用性和足够的可变性，既防止短期"优化"行为，如建设投资最省，但投产后运行费极高，项目的优势很快消失，同时又应防止在长时间内仍未达到最优利用的目的（如一次性投资太大，投资回收期过长）。一般工程项目的目标因素的确立以新产品的寿命期作为重点。

6) 项目的目标是通过对问题的解决而最佳地满足上层系统和项目相关者对项目的需

要，所以许多目标因素都是由项目相关者提出来的。只有在目标设计时考虑到项目相关者的利益，项目的实施才有可能使项目相关者满意。在该阶段必须向项目相关者调查询问，征求他们的意见。由于在项目初期有些相关者，（如承包商和用户）尚未确定，必须向有代表性的或潜在的相关者进行调查。

7) 目标因素指标还可以采用同类（或相似）项目比较法、指标（参数）计算法、费用/效用分析法、头脑风暴法和价值工程等方法确定。

在工程项目的经济性目标因素中，投资收益率常常占主要地位，该指标对工程项目立项有重大意义。它的确定通常考虑以下因素：

① 资金成本，即投入该项目的资金筹集费用和资金占用费用。

② 项目所处的领域和部门。在社会经济系统中不同的部门有不同的投资收益率，如电子部门、化工部门与建筑部门相比投资收益率差别很大。人们可以在该部门社会平均投资利润率基础上进行调整。当然一个部门中不同的专业方向，投资收益率水平也有差异，如建筑业中装饰工程项目比土建项目利润率高。

③ 工程建设过程和工程产品在生产、销售中风险的大小。风险大的项目期望投资收益率应高一些，风险小的项目收益率可以低一些。一般以银行存款（或国债）利率作为无风险的收益率。

④ 通货膨胀的影响。因为在工程寿命期中资金的投入和回收时间不一致，所以要考虑通货膨胀的影响。一般为了获得项目实际的收益，确定的投资收益率不低于通货膨胀率与期望的（假如无通货膨胀情况下）投资收益率之和。

⑤ 对于合资项目，投资收益率的确定必须考虑各投资者期望的投资收益率。

⑥ 其他因素。例如，投资额的大小，建设期和回收期的长短，项目对全局（如企业经营战略、企业形象）的影响等。

6.2.2.5 目标系统的建立

1. 目标系统的结构

对众多的目标因素进行分类、归纳、排序和结构化，并对它们的指标进行分析、对比、评价，可以构成一个协调的目标系统。通常工程项目目标系统可分为三个层次，如图 6-2 所示。

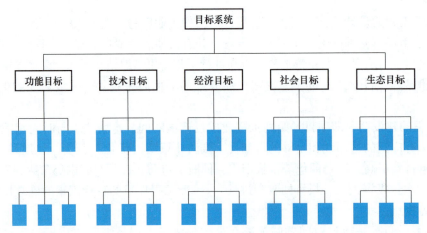

图 6-2 项目目标系统

1) 目标系统。目标系统是由项目的上层系统决定的，对整个工程项目具有普遍的适用性和影响。目标系统通常可以分为以下几种：

① 功能目标，即工程建成后所达到的总体功能。功能目标可能是多样性的，例如通过一个高速公路建设项目使某地段的交通量达到日通行4万辆，通行速度每小时120km。

某医院的功能目标包括医疗、预防保健、康复、教学和科研等，规模是500张床位，21个临床中心和科室，4个医技中心。

对工程的功能目标的设定有时还要确定产品或服务的市场定位（如所满足的层次或针对的收入人群），以及项目的性质（民用还是军用、公益性的还是以盈利为目的商业运营）。

② 技术目标，即对工程总体的技术标准的要求或限定，如该公路符合中国高速公路建设标准。

③ 经济目标，如总投资、投资回报率等。

④ 社会目标，如对国家或地区发展的影响，对其他产业的影响等。

⑤ 生态目标，如环境目标、对污染的治理程度等。

2) 子目标。目标系统需要由子目标来支持。子目标通常由目标系统导出或分解得到，或是自我成立的目标因素，或是对目标系统的补充，或是边界条件对目标系统的约束。例如，生态目标可以分解为废水、废气、废渣的排放标准、绿化标准、生态保护标准等子目标；三峡工程的功能目标可能分解为防洪、发电、水运、调水等子目标。

子目标仅适用于对某一个方面，或一个子系统的要求，可用于确定子项目（或专业工程系统）的范围。例如，生态目标（标准）常常决定了对"三废"处理装置和配套的环境绿化工程（子项目）的要求。

3) 可执行目标。子目标可再分解为可执行目标。可执行目标以及更细的目标因素，一般在可行性研究以及技术设计和计划中形成、扩展、解释、定量化，逐渐转变为与设计、施工相关的任务。例如，为达到废水排放标准所应具备的废水处理装置规模、标准、处理过程、技术等均属于可执行目标。这些目标因素决定了工程的详细构成，常与工程的技术设计或施工方案相联系。

因此，目标遗漏常常会造成工程系统的缺陷，如缺少一些专业工程子系统。

2. 目标因素的分类

1) 按性质，目标因素可以分为以下两种：

① 强制性目标，即必须满足的目标因素，通常包括法律和法规的限制、政府规定和强制性技术规范等，如环境保护法规定的排放标准，事故的预防措施，技术规范所规定的系统的完备性和安全性等。这些目标必须纳入项目系统中，否则项目不能成立。

② 期望的目标，即尽可能满足的，有一定弹性范围的目标因素，如总投资、投资收益率、就业人数等。

2) 按表达方式，目标因素又可以分为以下两种：

① 定量目标，即能用数字表达的目标因素，它们常常又是可考核的目标，如工程规模、投资回报率、总投资等。

② 定性目标，即不能用数字表达的目标因素，它们常常又是不可考核的目标，如改善企业形象、投资环境、使用户满意等。

3. 目标因素之间的争执

诸多目标因素之间存在复杂的关系，可能有相容关系、相克关系、其他关系（如模糊关系、混合关系）等。最常见的是目标因素之间存在争执，即相克关系。例如，环境保护标准和投资收益率，自动化水平和就业人数，技术标准与总投资等。目标因素之间的争执通常包括以下几种情况。

1）强制性目标与期望目标发生争执，如当环境保护要求和经济性指标（投资收益率、投资回收期、总投资等）之间产生冲突时，则首先必须满足强制性目标的要求。

2）强制性目标因素之间存在争执，即若不能保证两个强制性目标均能实现，则说明本项目存在自身的矛盾性，有以下两种处理方法：

① 判定这个项目构思是不可行的，应重新构思，或重新进行环境调查。

② 消除某一个强制性目标，或将它降为期望目标。在实际工作中，不同的强制性目标的强制程度常常是不一样的。例如，国家法律是必须满足的强制性目标，但有些地方政府的规定、地方的税费，尽管也对项目具有强制性，但有时有一定的通融余地，或有一定变化的幅度，就可以通过一些措施将它降为期望的目标，或降低该目标因素的水准。

3）期望目标因素间的争执，可分为以下两种情况。

① 如果定量的目标因素之间存在争执，就可以采用优化的办法，追求技术经济指标最有利（如收益最大、成本最低、投资回收期最短）的解决方案。

② 定性的目标因素的争执可通过确定优先级（或定义权重），寻求它们之间的妥协和平衡。有时可以通过定义权重将定性的目标转化为定量的目标并进行优化。

4）在目标系统中，系统目标优于子目标，子目标优于可执行目标。解决目标因素的争执是一个反复的过程。通常在目标系统设计时不能完全排除目标之间的争执，有些争执还要在可行性研究、技术设计和计划中，通过对各目标因素进行更进一步的分析、对比、修改、增删和调整来解决。

4. 目标系统设计的几个问题

1）项目的目标系统应注重工程的社会价值、历史价值，体现综合性和系统性，而不能仅顾及经济指标。

2）由于许多目标因素是项目相关者提出的，或为考虑相关利益者设置的，所以很多目标争执常常又是不同群体的利益争执。

① 项目相关者之间的利益存在很大的矛盾，在项目目标系统设计中必须承认和照顾到项目相关不同群体和集团的利益，必须体现利益的平衡。若不平衡，项目就无法顺利实施。

② 项目目标中最重要的是满足用户、投资者和其他项目相关者明确的和隐含的需求，他们的利益（需求）权重较大，应优先考虑。当项目产品或服务的用户与其他项目相关者的需求发生矛盾时，应首先考虑满足用户的需求，考虑用户的利益和心理需要。

③ 许多用户、投资者、业主和其他项目相关者的目标或利益在项目初期常常是不明确的，或是隐含着的，或是随意定义、估计的，甚至在项目的初期，业主或决策者对顾客和项目相关者的范围都不清楚，这样的项目目标设计是很盲目的。应进行认真的调查研究，以界定和评价用户和其他项目相关者的要求，以确保目标体系能够满足他们的需要。最好是能够吸引他们参与项目的决策过程，并认同项目总目标。这对于项目的成功至关重要。

④ 在实际工作中，有许多项目所属企业的部门人员参与项目的前期策划工作，他们很

可能将其部门的利益和期望带入项目目标系统中，进而容易造成子目标与总目标相背离，所以应防止部门利益的冲突导致项目目标因素的冲突。

3）在目标设计阶段尽管没有项目管理小组和项目经理，但它确实有复杂的项目管理工作，需要大量的信息和各学科的专业知识。大型项目，应在有广泛代表性的基础上构建一个工作小组负责该项工作，小组成员包括目标系统设计的组织和管理人员、市场分析诊断人员、与项目相关的实施技术和产品开发人员等；同时，吸引上层组织的部门（如法律、合同、财务、销售、经营、后勤、人事和现场管理等）人员围绕在它的周围，形成个外围圈子，广泛咨询，倾听各方的意见。应防止盲目性，避免思维僵化和思维的近亲繁殖。

4）在确定工程的功能目标时，经常会出现预测的市场需求与经济生产规模相矛盾的情况。一般的工业生产项目，只有达到一定的生产规模才会有较高的经济效益，但按照市场预测，可能在一定时期内，产品的市场容量较小。

这对供需矛盾存在于许多工程项目中，而且常常不易圆满地解决。例如，按照经济分析，一般光导纤维电缆厂的经济生产规模为年产 20 万公里以上。在 20 世纪 90 年代初，我国每年光导纤维电缆的铺设量约为 2 万多公里，而我国当时共开办了 25 个光导纤维电缆制造厂。

一个有发展前景的同时又是风险型的工程项目，特别是投资回收期较长的项目，最好分阶段实施。例如，一期先建设一个较小规模的工程，然后通过二期、三期追加投资，扩大生产规模。对近期目标进行详细设计、研究，远期目标则通过战略计划（长期计划）来安排，这样做的主要作用体现在以下三个方面：

① 前期工程投产后可以为后期工程筹集资金，以减少一次性的资金投入，降低项目的财务风险。

② 逐渐积累建设经验，培养工程项目管理和运行管理人员。

③ 使工程建设进度与逐渐成熟的市场发展过程相协调，降低项目产品的市场风险。但是，分阶段实施工程项目会带来管理上的困难和工程建设成本的增加。因此，对这样的项目，在项目前期就应有一个总体目标的系统设计，考虑到工程扩建、改建及自动化的可能性，注重工程的可扩展性设计，使长期目标与近期目标协调一致。

5）在项目前期策划中应注意上层系统的问题、目标和项目之间的联系与区别。例如，问题：某两地之间交通拥堵，这个现象随着社会和经济的发展会越来越严重；目标：解决交通拥堵问题，达到每天 40 000 辆车的通行量，通行速度 120km/h；项目：两地之间高速公路的建设。

6.3 工程项目定义与总方案策划

6.3.1 项目构成界定

上层系统有许多问题，各方面对项目都有许多需求，边界条件又有很多约束，造成目标因素名目繁多，形成非常复杂的目标系统。但并不是所有的目标因素都可以纳入项目范围的，因为一个项目不可能解决所有问题。在此必须对项目范围做出界定。通常分析获得的目标因素可以通过以下手段解决：

1）由本项目解决。

2）用其他手段解决，如协调上层系统，加强管理，调整价格，加强促销等。

3）采用其他项目解决，或分阶段通过远期项目安排解决。

4）目前不予考虑，即尚不能顾及。

所以，对目标因素按照性质可以划分为以下三个范围：

1）最大需求范围，即包括前面提出的所有目标因素的集合 U_1。

2）最低需求范围，这由必需的强制性目标因素构成，是项目必须解决的问题和必须满足的目标因素的集合 U_2。

3）优化的范围。它是在目标优化基础上确定的目标因素的集合 U_3。可行性研究和设计都在做这个优化工作。当然，优化的范围必须包括强制性的目标因素，即 $U_2 \subset U_3 \subset U_1$，如图 6-3 所示。通常以 U_3 所确定的项目目标作为项目的系统范围。

U_3 所包容的目标因素应有重点，数目又不能太多，否则目标系统分析、评价和优化工作将十分困难，同时计划和控制工作的效率很低。应避免将不经济的又非必需的附加约束条件引入项目而造成项目膨胀和不切实际，或不能有效地利用资源的结果。例如，企图通过一个工程建设项目过多地安排企业富余人员，这样的目标因素会导致项目成本增加。

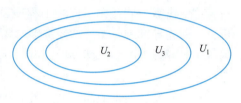

图 6-3　目标因素的三个范围关系

6.3.2　提出项目总体方案

目标设计的重点是针对工程使用期的状况，即工程建成以后运行阶段的效果，如产品产量、市场占有份额、实现利润率等。而项目的任务是提供达到该状态所必需的具备生产产品或服务功能的工程系统。

在本阶段，必须提出实现项目总目标与总体功能要求的总体方案或总的实施计划，以作为可行性研究的依据。属于项目总体方案的问题如下：

1）工程规划、建设和运营的标准，如按照国内或国际标准。

2）工程总的功能定位和主要部分的功能分解、总的产品（技术）方案。

3）建筑总面积，工程的总布局，总体的建设方案，实施总阶段的划分。

4）工程建设和运行中环境保护和工作保护方案。

5）总的融资方案、设计、实施、运行方面的组织策略等。

在此应有多方案的建议，而方案的选择在可行性研究中进行。如在 20 世纪 90 年代南京长江大桥交通十分拥堵，要解决长江两岸的交通问题，这是项目的总体目标。工程方案可能有扩建南京长江大桥，建新大桥（二桥、三桥），建江底隧道，或建轮渡码头等。

6.3.3　项目定义

在确定项目构成及总体方案以后即可进行项目定义。项目定义是指以书面的形式描述项目目标系统，并初步提出完成方式的建议。它是将原来以直觉为主的项目构思和期望引导到经过分析、选择的有根据的项目建议，作为项目目标设计结果的检查和决策的基础，是项目目标设计的里程碑。项目定义通常以一个报告的形式提出，内容包括以下几个方面：

1）提出问题，说明问题的范围和问题的定义。
① 提出项目名称，项目构思产生，前提条件，及诠释目标设计的过程和结果说明。
② 对问题和环境的调查和分析，说明项目问题的现实性和主要的边界约束条件。
2）项目对上层系统的影响和意义。
① 项目与上层系统战略目标的关系。
② 说明项目与上层系统其他方面的界面，确定对项目有重大影响的环境因素。
③ 项目与其他项目的界限和联系。
④ 项目的主要相关者及其影响。
3）项目目标系统说明。
① 阐明项目总体目标、系统目标和重要的子目标，以及近期、中期、远期目标。
② 目标系统和目标因素的价值，目标优先级及目标因素的可实现性、必要性。
③ 项目系统目标与子目标，短期目标与长期目标之间的协调性。
4）提出项目可能的解决方案和实施过程的总体建议，包括实施方针或总体策略、原总体技术方案、组织方面的安排、实施时间总安排等方面的设想。
5）经济性说明，如投资期、预期收益、价格水准、运行费用、财务安排等。
6）项目实施的边界条件分析和风险分析。
① 项目实施的限制条件，如法律、法规、相关者目标和利益的争执。
② 项目产品市场的可行性、所需资源和必要的辅助措施条件。
③ 对风险的界定，如主要风险因素以及出现的概率，风险对目标的影响，避免风险的策略等。
如果预计项目中有高度危险性及不确定性，应做更深入的专题分析。
7）需要进一步研究的各个问题和变量。

6.3.4 项目定义的审查和选择

1. 项目审查

对项目定义必须进行评价和审查，主要是目标决策、目标设计价值评价、风险评价，以及对目标设计过程的审查，而具体的方案论证和财务评价则要在可行性研究中进行。

在审查中应防止自我控制、自我审查。项目定义一般由未直接参加目标设计，与项目没有直接利害关系，但又对上层系统（大环境）有深入了解的人员进行审查。必须提出书面审查报告，并补充审查部门的意见和建议。

2. 项目选择

上层组织（如国家、企业）常常面临许多项目机会的选择（如许多招标工程信息，许多投资方向），但资源是有限的，不能四面出击，抓住所有的项目机会，一般只能选择自己的主攻方向。企业应该确定一些指标，以作为项目的选择依据。

1）通过项目能够最有效地解决上层系统的问题，满足上层系统的需要。对于提供产品或服务的项目，应着眼于有良好的市场前景，如市场占有份额、投资回报等。

2）使项目符合上层组织的战略，以项目对战略的贡献作为选择尺度，如对企业竞争优势、长期目标、市场份额、利润规模等的影响。可以详细并全面地评价项目对这些战略的贡献，有时企业可通过项目达到一个新的战略高度。

3）使企业的现有资源和优势得到最充分的利用。必须考虑自己筹建项目的能力，特别是财务能力。现在人们常常通过合作（合资、合伙、项目融资等）建设大型的、特大型的项目，这具有重大的战略意义。要考虑各方面优势在项目上的优化组合，取得对各方面都有利的成果。

4）通过风险分析，选择成就（如收益）期望值大的项目。

6.3.5　提出项目建议书，准备可行性研究

项目的定义通过了审查，并经批准，就要提出项目建议书，准备进行可行性研究。

1）项目建议书是对项目任务、目标系统和项目定义的说明和细化，同时作为后继的可行性研究、技术设计和计划的依据，将项目目标转变成具体的工程建设任务。

2）提出要求，确定责任者。项目建议书是项目前期策划人员与可行性研究人员，以及设计人员沟通的文件，若选择责任人，则这种要求即成为责任书。

3）项目建议书必须包括项目可行性研究、设计和计划、实施所必需的信息、总体方针和说明。对此应表达清楚，不能有二义性，必须注意以下问题：

① 系统目标应转变为项目任务，应进一步分解成子目标，初步决定系统界面，以便今后能验证任务完成的程度，同时使可行性研究人员能够明确自己的工作任务和范围。

② 应提出最有效地满足项目目标要求的、可行的实施备选方案。

③ 提出内部和外部的、项目的和非项目的经济、组织、技术和管理方面的措施，说明完成该项目所必要的人力、物资和其他支持条件及其来源。

④ 应清楚说明环境和边界条件，特别是环境以及各种约束条件。

⑤ 明确区分强制性的和期望的目标、远期目标、近期目标和分阶段目标，并将近期目标具体化、定量化。

⑥ 对目标的优先级及目标争执的解决做出说明。

⑦ 对可能引起的法律问题、风险做出界定和分析，提出风险应对计划。

⑧ 初步确定完成系统目标的各种方法，明确它们在技术上、环境上和经济上的可行性和现实性，对项目实施总体方案、基本策略、组织、行动计划提出构想。

建议书起草表示项目目标设计结束，经过上层组织审查批准，提交做可行性研究。

■ 6.4　工程项目的前期策划

1）应重视项目前期策划工作的安排。长期以来，前期策划工作在国内外没有引起人们足够的重视。财务专家、技术专家、项目管理专家和经济专家常未介入，或介入太少或太迟。在许多项目的前期决策过程中存在如下现象：

① 不按科学的程序办事，投资者、政府官员拍脑袋上项目，直接构思工程方案，直接下达指令做可行性研究，甚至直接做技术设计。

② 在前期策划阶段不愿意花费时间、金钱和精力。项目构思的产生，不做详细的、系统的研究，不做细致的目标设计和方案论证，常常只做一些概念性的定性的分析后就要立即开展项目。在我国的建设项目中该阶段的花费很少，而且持续时间也很短。

在现代国际工程项目中，人们越来越重视前期策划阶段的工作，咨询工程师甚至承包商

在项目目标设计，甚至在项目构思阶段就开始介入项目。这样不仅能够防止决策失误，而且保证了项目管理工作和责任的连续性，进而保证项目的成功，提高项目的整体效益。

2）一般在项目的前期策划阶段，上层管理者的任务是提出解决问题的期望，或将总的战略目标和计划进行分解，而不必过多地考虑目标的细节以及如何去达到目标，更不能立即提出解决问题的方案。许多上层管理者喜欢在项目早期，甚至在构思产生后就提出具体的实施方案甚至提出技术方案，这会带来以下问题：

① 在构思产生时就急于确定项目目标和完成目标的手段（措施或方案），会冲淡或妨碍对问题和环境充分的调查研究和对目标的充分优化，不利于集思广益和正确的决策。

② 该阶段的工作主要由高层战略管理者承担，由于行政组织和人们行为心理的影响，高层管理者若提出实施方案将很难被否决，尽管它可能是一个不好的方案，或还存在更好的方案。这使得后面的可行性研究常常流于形式。

项目的可行性研究应从市场、法律和技术经济等角度来论证项目可行或不可行，而不只是论证其可行，或已决定上马该项目了，再找一些依据证明决策的正确性。

③ 过早构思方案，缺少对环境和问题充分的调查，缺少目标系统设计的项目有可能是一个"早产儿"，将对该工程的"寿命"带来无法弥补的损害。

3）应争取高层组织的支持。前期策划工作主要是项目的上层组织（国家、地区、部门）的责任。在此应关注如下问题：

① 工程项目的立项必须由高层人士，如投资者、权力部门、企业管理者决策。所以在这个阶段他们起着主导作用。实践证明，上层组织的支持不仅决定项目是否立项，而且还决定在项目实施过程中能否得到必需的资源和条件，是项目成功的关键因素之一。

② 由于项目是由上层组织驱动的，会直接影响项目开展。上层管理者对时态的掌握度、对局势的敏感度，甚至于他们的知识结构、文化层次、生活水平都会产生对项目不同的评价，进而影响项目的决策。

③ 协调好战略层和项目层的关系。上层管理者一般不懂项目管理，也不是技术经济或财务专家，但要做项目决策。只有他们在决策时得到财务、工程经济和项目管理专家的支持，才有科学的依据。因此，在项目前期就应在组织上、工作责任和工作流程上建立战略层和项目层之间的关系，使整个前期工作有条不紊地进行。

4）应保证项目前期策划工作成果的客观性，特别是可行性研究和项目评价。最好委托独立身份的具有专门知识和技能的第三者，站在公正的立场上进行研究和评价，项目发起单位不能自我评价。

在我国工程项目中，经常发生这种的情况：人们过多地考虑自身的局部利益，为了使项目能够获得上级的批准，编写非常乐观的可行性研究和评价报告，提出十分诱人的理想化的市场前景和财务数据，忽视了项目中的风险，最终导致项目决策失误。

5）可行性研究内容应详细和全面，所采用的研究和分析方法应是科学的和可靠的；定性和定量分析相结合，用数据说话，研究报告应十分透彻和明了，多用图表表示分析依据和结果。

应大胆地设想各种方案，进行精心的研究论证，无论是项目的市场定位、产品方案、项目规模、技术措施、厂址的选择、时间安排、筹资方案等，都要进行多方案比较。按照既定目标对备选方案进行评估，以选择经济合理的方案。

通常对于工程项目，它所采用的技术方案应是先进的，同时又是成熟可行的。而研究开发型项目则追求技术的新颖性和技术方案的创新性。

6) 在前期策划中，许多考虑是基于对未来情况的预测基础上的，而预测结果中包含着很大的不确定性，如项目的产品市场、项目的环境条件以及参加者的技术、经济、财务等方面的能力等都可能存在风险，因此要加强风险分析。

7) 一个工程项目的实施需要许多要素，包括产品或服务的市场、资金、技术（专利、生产技术和工艺、施工技术等）、生产设备、原材料、土地、厂房、劳动力和管理人员、工程建设力量等。要使项目有较高的经济效益，必须对这些要素进行优化组合。随着国际经济的一体化，人们有越来越多的机会和可能性在世界范围内取得项目要素。

在项目前期策划中应考虑获取这些要素的渠道和它们的优化组合问题，注重充分开发项目的产品市场，充分利用环境条件，选择有利地址，合理利用自然资源和当地的供应条件、基础设施，充分考虑与其他单位的合作机会和可能性。

8) 现代工程项目的立项关键问题通常是产品或服务的市场定位和市场规模、融资方案、环境问题、社会影响等，而技术问题，特别是施工技术的难度相对降低。但在实际工作中，人们（特别是工程技术人员）常常过于注重对工程设计、建设计划、施工有影响的问题和目标因素的研究。这对项目总体效益是极为不利的。

■ 6.5 案例分析

案例一　A 医院新建综合楼项目建议书

1. 总论

背景：为了全面落实《××市区域卫生规划》，加快医疗卫生领域的改革与发展，合理配置和有效利用卫生资源，提高卫生综合服务能力，以满足人民群众对医疗卫生服务的需求，把建设医院新综合楼作为重要任务。

1) 项目概况。

项目名称：A 医院新建综合楼项目。

建设内容：新建综合楼规划占地面积约 14 332 m^2，建筑面积 35 560 m^2，地下 1 层，地上 9 层，裙房 3 层，设病床 300 张。项目总投资 16 212.18 万元，计划两年内建成。

2) 项目建设编制依据。

《××市区域卫生规划》(2001 年—2010 年) 与 A 医院综合楼建设方案。

2. 项目建设的必要性

1) 项目建设是实施《××市区域卫生规划》的需要。
2) 项目建设是改善就医环境、建设区"龙头医院"的需要。
3) 项目建设是满足日益增长的就医需求、改进管理的需要。

3. 项目选址

该项目依照周边城市道路交通条件，总体规划构想将医院主入口设置在北侧，于门急诊医技楼背侧及东侧设置集散广场，用于疏导人流；急诊入口位于建筑东北端，规划有流畅的急救通道；住院部、后勤通道及职工出入口设置在东侧，并作为污物通道。其交通组织合理，人流、物流及污物通道互不干扰，方案较为可行。

4. 总体方案

新建综合楼一座，总建筑面积 35 560m^2，床位 300 张，日门诊接待能力 1 800 人，其设施规模及水平达到现代化综合二级甲等医院的要求。

项目主要技术经济指标，见表 6-2。

表 6-2 项目主要技术经济指标

序号	名称	单位	指标	备注
1	病床位置	张	300	
2	规划占地面积	m^2	14 332	
3	建筑占地面积	m^2	6 111	
4	综合楼总建筑面积	m^2	35 560	
	其中：地上面积	m^2	33 129	地上 9 层
	地下面积	m^2	2 431	
	道路、广场面积	m^2	5 265	
	建筑密度	(%)	32.2	
	容积率		1.75	
	绿地率	(%)	40	含绿地停车
	机动车停车位	个	160	
5	公用工程			
	日最高用水量	m^3/天	681.3	
	用电计算总负荷	kVA	2 845	
6	总投资	万元	16 212.18	

5. 建筑工程

本工程构想为一栋地下 1 层、地上 9 层、裙房 3 层，内部集门诊、急诊、住院于一体的综合性建筑。建筑规划用地 18 976m^2，可用地 10 220m^2。建筑首层面积约 6 111m^2，2、3 层每层面积约为 5 841m^2，4~9 层每层面积约为 2 431m^2，局部第 10 层面积约为 750m^2，地下 1 层面积约为 2 431m^2，总建筑面积 35 560m^2。

6. 公用工程

1) 道路交通（略）。

2) 给排水（略）。

3) 采暖通风（略）。

4) 电气（略）。

5) 设备（略）。

6) 人防工程（略）。

7) 无障碍设计（略）。

7. 环境保护（略）

8. 消防（略）

9. 劳动安全与卫生防疫（略）

10. 投资估算及资金筹措

1）投资估算编制依据。

① 国家发改委与住建部颁布的《投资项目可行性研究指南》规定的投资估算范围。

② ××市建筑、安装工程预算基价（2004年）及2004年××市建设委员会颁发的有关工程造价信息。

③ 国内类似项目的投资。

④ 其他费用依据国家及××市有关取费标准计取。

⑤ 本建议书拟定的方案。

2）投资估算编制说明（略）。

3）投资估算（略）。

4）资金筹措与投资计划。

本项目总投资 16 212.18 万元。资金来源全部为区政府财政资金。本项目总投资计划在 3 年内投入。第 1 年投入比例为 30%，第 2 年投入比例为 60%，第 3 年投入比例为 10%。

11. 初步经济分析

1）编制依据。

① 国家现行的相关财税制度与规定。

② 项目单位提供的有关资料、财务报表等。

2）关于本项目基础数据的确定原则。

① 收入估算。A 医院收入主要包括财政补助收入、医疗收入、药品收入、其他收入。预测医疗收入约 2 199 万元，财政补助收入约 286 万元，药品、制剂收入约 1 967 万元，由此，估计年均收入约为 4 452 万元。

② 支出估算。支出估算主要包括医疗支出、药品支出、财政专项支出和其他支出。根据目前情况统计，估计医疗性支出约为 1 455 万元，药品支出约为 1 635 万元，工资性支出及管理费约为 1 317 万元，由此，估计年平均支出约为 4 407 万元。

所以，新建综合楼工程完工后，预计年收入总额 4 452 万元，年支出总额 4 407 万元，不会给地方财政造成额外负担。

12. 项目实施进度表

项目建议书编制及审批：2016 年 1 月—6 月。

可行性研究编制及审批：2016 年 6 月—7 月。

扩建及施工图设计：2016 年 7 月—9 月。

基础工程：2016 年 9 月—2017 年 2 月。

主体工程：2017 年 2 月—2018 年 1 月。

装修工程及设备安装：2018 年 1 月—4 月。

竣工验收及投入使用：2018 年 4 月—5 月。

13. 结论（简略）

综合上述内容，应申请上级部门尽早批复立项，然后再做进一步可行性论证。

案例二　某高速公路工程建设目标系统设计

1. 项目构思

我国某地区的两个大城市之间直线相距约250km，有六个大中城市相连接。该地区是我国经济最发达的地区之一。考虑到当地的交通条件，该地区的社会和经济发展状况，拟建一条沟通这六个城市的高速公路。

2. 环境调查和问题的定义

1) 两地之间的交通状况。目前，连接两地的公路的路基路面较差，多为三级和四级公路，交通流量大大超过公路网的承受能力，交通阻塞，事故频繁，进一步调查后，发现问题及其原因如下：

① 在两个大城市间驱车常需8~10h，行车时速平均为30多km，交通"瓶颈"问题严重。

② 交通混乱，经常出现堵塞和排队现象，主要表现为交通管理问题，许多小商小贩侵占道路，交警太少，许多驾驶人员不按照交通规则行车；交叉路口多，许多路口无红绿灯；出现事故或堵塞状况时，排障不及时等。

③ 交通事故多，其原因有：交通混乱，容易引起事故；告示牌少，路面窄，岔路口多，弯道多；非机动车辆抢道，行人经常横穿马路等。

④ 污染严重，原因如下：车速低，堵车造成废气排放量大；燃油质量不符合标准，特别是路边许多私人加油站的燃油质量无法保证；许多旧车、破车的废气排放超过国家规定的排放标准；车辆太脏；周边居民向路上抛垃圾。

2) 该地区社会和经济发展对公路交通的需求预测。

① 该公路沿线地区面积占全国的0.3%，人口占全国的3%，而其国内生产总值却占全国的9.4%，其经济地位在全国举足轻重。该地区又是外商投资的重点地区之一。然而，该地区人均公路占有里程屈居全国之末。

② 该地区具有优越的地理条件，雄厚的人才资源和较好的经济基础，尤其是第三产业飞速发展和乡镇企业的异军突起，都会带来公路运输量的增加。

③ 随着改革开放，该地区的旅游业将有更大的发展，对公路运输的需求会持续大幅度上升，并将长盛不衰。

3) 建设高速公路的必要性。

① 世界各国的经济发展的经验表明：在经济建设中，交通运输业必须超前发展，并有一定的储备能力，经济要大发展，必须构筑大通道。

② 公路运输所具备的优势。公路运输的密度大大高于铁路网与水运网，能深入其他运输方式不能达到的地区，是城乡交流的纽带，具备灵活、机动、迅速、方便等特点。

4) 存在的制约条件。

① 该地区现有的交通已有一条国道，有铁路复线，有江河水道。

② 该地区人多地少，土地资源稀缺，建设高速公路要占用大量耕地，将会影响农业生产。

③修建高速公路投资大，工期长，见效慢，资金缺口大，技术难度高。

5）相关法律、法规。土地管理法、城市规划法、水土保持法、环境保护法、文物保护法、公路工程技术标准、公路网规划编制办法等。

经国内外专家共同论证，在该地区两城市之间建设高速公路的构思获得初步批准。

3. 目标因素

项目总体目标：建成国内领先水平的，能展现沿线现代化风貌的标志性高速公路工程。项目的系统目标和主要子目标包括以下几个：

1）功能目标：符合我国高速公路标准的交通和服务功能。

① 交通功能（问题的解决程度）。正常运行后，2013年日平均交通量达4.3万辆，2018年日平均交通量达5.9万辆，接近设计的最大交通量为6万辆。

设计最高时速为120km，两地间的行车时间由原来的10h缩短为3~4h。

② 服务功能。预计运行期间，日均有2 500辆车停靠服务区休息，日均加油9 000L。全线设六处服务区，有较齐全的人、车服务系统，具备：汽车服务功能：加油、汽修、停车、洗车等；旅客服务功能：休息、卫生、购物、餐饮等。

③ 安全功能。降低事故发生率，为保证车辆快速安全行驶，全线设有齐全的交通安全设施，包括标志、标线、护栏、隔离栅、防眩晕、防落物网、防反光等。

④ 交通管理功能。监控功能：全路设总监控中心及六市分监控中心，沿路设备主要包括车辆检测器、可变情报板、可变限速标志、气象检测器、电视摄像机等。

通信功能：主要包括光纤数字传输系统、光纤视频传输系统、程控数字交换系统、指令电话系统、紧急电话系统等。

事故排障功能：达到确定的事故排障能力和排障速度要求，设置巡逻车辆和排障车辆，以及每公里一部报警电话。

收费功能：共设置两个立交收费站，一个支线收费站，17个匝道收费站。采用入口发卡，出口收费的封闭式收费方式，采用不接触IC卡人工收费系统和不停车电子收费系统。

能源供应功能：为全线的管理、服务设施提供正常用电。

照明功能：交通立交、收费广场、服务区等处均设较齐备的照明系统。

公路的运行维护功能。

2）技术目标：符合我国高速公路的技术设计规范。

① 全封闭，全立交，高速公路全长约280km。

② 路基宽26m，中央分隔带宽3m，双向四车道。

③ 按照我国高速公路标准确定路线、路基、路面、桥梁涵洞和互通式立交。

路线：平面线形、纵面线形、平纵组合设计，全线采用最大平面曲率半径和最小平面曲率半径，设置弯道的数量等。

路基：路基宽度，边坡，排水工程和防护工程要求。

路面：主线为沥青混凝土路面，设计年限为15年；收费站广场、通道连接线为混凝土路面，设计年限为30年。

桥梁涵洞：按照线路要求设置431座桥和616道涵洞，按照设计标准确定桥梁和涵洞的净宽度和设计车辆荷载。

互通式立交：按照公路周边和规范要求共设互通式交叉20处，通道294条。

3）经济目标：高于国内已建成运行的几条高速公路的经济效益。

① 总投资（建设成本）：项目总概算费用为90亿元。

② 本高速公路为收费道路，在各个互通立交上设收费站。持续经营30年，其收益现值为 x_1 亿元。

③ 预计 x_2 年收回投资，项目内部收益率为 y%。

④ 投资结构。采用股本融资和债务融资，包括国家股、法人股以及银行贷款。

4）社会目标：促进当地国民经济和社会的发展。

① 加快沿线地区经济的发展，将沿途六城市纳入一个统一的经济带，促进沿线乡镇经济更快发展。预计国民经济的产出效益为投入量的 x_3 倍。

② 带动沿线旅游业、餐饮业的发展。

③ 促进铁路部门提高列车运行速度，改善服务。

④ 创造良好的投资环境，改善地区投资形象。

⑤ 邮电业以高速公路为依托开通快速邮路。

⑥ 促进劳动就业程度。

⑦ 改善交通环境，减少事故发生率。

5）生态目标

① 环保绿化。为净化空气，美化环境，中央分隔带、边坡均设草皮绿化，服务区要单独进行绿化和景观设计。

② 服务区污染治理要求，妥善解决好环境污染问题（如噪声、废气、废水等）。

③ 公路周围景观要求。使高速公路的路、桥、构筑物等相互配合，并与沿途山水地貌和沿线环境协调，保证公路建成后沿线路通、水通、管线相通。

④ 防噪声要求。在穿越城镇或居民区的路段必须按照国家标准设置防噪声屏障。但是，有些要求不能满足，如周边许多小乡镇要求建立人口通道，若如此将造成公路的不封闭。

复习思考题

1. 工程项目的目标因素是由什么决定的？
2. 简述工程项目目标系统的结构。
3. 简述工程项目可行性研究的主要内容。
4. 假设某领导视察某地长江大桥，看到大桥上拥挤不堪，则产生在该地建设长江二桥的构思。他翻阅了该地区长江段的地图，指示在大桥下游某处建设长江二桥，并指示做可行性研究。试分析该工程项目在构思过程中存在的问题。
5. 分析题：在某中外合资项目中参与各方有以下目标因素：

外商：投资回报率，增加其产品在中国市场的占有份额。

当地政府：发展经济，吸引外资，增加就业，增加当地税费收入，改善地方的形象。

法律：达到环境保护法要求的"三废"排放标准，遵守税法、劳动保护法。

中方企业：吸引外资，对老产品进行更新改造，提高产品的技术水平，增加产品的市场占有率、产品年产量，充分利用现有的厂房、技术人员、工人和土地。

试分析：

（1）在上述目标中哪些属于期望目标？哪些属于强制性目标？哪些属于定量目标？哪些属于定性目标？

（2）在上述目标因素中，哪些目标因素之间存在争执？

（3）哪些目标因素可以通过项目解决？哪些目标因素不能依靠项目解决？

6. 按照规模效益的要求，任何一个工程项目必须达到一定的规模才能取得经济效益，但工程规模必须按照将来的市场需求确定。试分析，如果两者之间发生矛盾应如何解决。

7. 讨论题：工程建设项目与科研项目、技术革新项目、新产品开发项目有什么不同点？

第 7 章

工程项目招标投标与合同管理

本章知识要点与学习要求

序　号	知识要点	学习要求
1	建设工程招标投标概念	熟悉
2	建设工程招标程序	掌握
3	建设工程投标报价	掌握
4	建设工程投标报价技巧	掌握
5	建设工程合同概念	掌握
6	建设工程施工合同订立	熟悉
7	建设工程施工合同管理	掌握
8	建设工程施工索赔概念	掌握
9	建设工程施工索赔程序	掌握

7.1 工程项目招标投标概述

7.1.1 工程招标投标的概念

招标投标是在市场经济条件下进行工程建设、货物买卖、财产出租、中介服务等经济活动的一种竞争形式和交易方式,是引入竞争机制订立合同的一种法律形式。建设工程招标是指招标人对工程建设、货物买卖、劳务承担等交易业务,事先公布选择采购的条件和要求,招引他人承接,若干或众多投标人做出愿意参加业务承接竞争的意思表示,招标人按照规定的程序和办法择优选定中标人的活动。建设工程投标是建设工程招标的对称概念,是指具有合法资格和能力的投标人根据招标条件,经过初步研究和估算,在指定期限内填写标书,提出报价,并等候开标决定能否中标的经济活动。

从法律意义上讲,建设工程招标一般是建设项目招标人(建设单位或业主)就拟建的工程发布通告,用法定方式吸引建设项目的承包单位参加竞争,进而通过法定程序从中选择条件优越者来完成工程建设任务的法律行为。建设工程投标一般是经过特定审查而获得投标资格的建设项目承包单位,按照招标文件的要求,在规定的时间内向招标单位填报投标书,并争取中标的法律行为。

7.1.2 工程招标投标的性质

我国法学界一般认为，建设工程招标是要约邀请，而投标是要约，中标通知书是承诺。招标公告实际上是招标人邀请投标人对其提出要约（报价），属于要约邀请。投标则是一种要约，它符合要约的所有条件，如具有缔结合同的主观目的；一旦中标，投标人将受投标书的约束；投标书的内容具有足以使合同成立的主要条件等。招标人向中标的投标人发出的中标通知书，则是招标人同意接受中标的投标人的投标条件，即同意接受该投标人的要约的意思表示，属于承诺。

7.1.3 工程招标投标的原则

招标投标行为是市场经济的产物，并随着市场的发展而发展，必须遵循市场经济活动的基本原则。招标投标活动应当遵循公开、公平、公正和诚实信用的原则。

1. 公开原则

公开原则就是要求招标投标活动具有较高的透明度，实行招标信息、招标程序公开，即发布招标通告，公开开标，公开中标结果，使每一个投标人获得同等的信息，知悉招标的一切条件和要求。

2. 公平原则

公平原则就是要求给予所有投标人平等的机会，使其享有同等的权利并履行相应的义务，不歧视任何一方，不应设置地域或行业的保护条件，杜绝一方把自己的意志强加于对方的行为。《中华人民共和国招标投标法实施条例》（以下简称《招标投标法实施条例》）中明确指出，招标人不得以不合理的条件限制、排斥潜在投标人或者投标人。属于以不合理条件限制、排斥潜在投标人或者投标人的行为有以下几种：

1）就同一招标项目向潜在投标人或者投标人提供有差别的项目信息。

2）设定的资格、技术、商务条件与招标项目的具体特点和实际需要不相适应或者与合同履行无关。

3）依法必须进行招标的项目以特定行政区域或者特定行业的业绩、奖项作为加分条件或者中标条件。

4）对潜在投标人或者投标人采取不同的资格审查或者评标标准。

5）限定或者指定特定的专利、商标、品牌、原产地或者供应商。

6）依法必须进行招标的项目非法限定潜在投标人或者投标人的所有制形式或者组织形式。

7）以其他不合理条件限制、排斥潜在投标人或者投标人。

3. 公正原则

公正是指按招标文件中规定的统一标准，实事求是地进行评标和决标，不偏袒任何一方，给所有投标人平等的机会。

4. 诚实信用原则

招标投标当事人应以诚实、善意的态度行使权利，履行义务，不得有欺诈、背信的行为。《中华人民共和国招标投标法》（以下简称《招标投标法》）规定了不得虚假招标、串通投标、泄露标底、骗取中标等诸多义务，要求当事人遵守，并规定了相应的罚则。

7.1.4 工程招标方式及选择

为了规范招标投标活动,保护国家利益和社会公共利益以及招标投标活动当事人的合法权益,《招标投标法》规定招标方式有两种,即公开招标和邀请招标。

1. 公开招标

(1) 公开招标的定义

公开招标又叫竞争性招标,即由招标人在国家指定的报刊、信息网络或其他媒介上发布招标公告,吸引众多企业参加投标,招标人从中择优选择中标人的招标方式。按照竞争范围,公开招标可分为国际竞争性招标和国内竞争性招标。

(2) 公开招标的特点

1) 公开招标是最具竞争性的招标方式。公开招标参与竞争的投标人数量较多,且只要通过资格审查便不受限制,只要承包商愿意便可参加投标,常常是少则十几家,多则几十家,甚至上百家企业一起投标,因而竞争程度最为激烈。

2) 公开招标是程序最完整、最规范、最典型的招标方式。公开招标形式严密,步骤完整,运作环节环环相扣。在国际上,谈到招标通常都是指公开招标。在某种程度上,公开招标已成为招标的代名词,因为公开招标是工程招标常用的方式。在我国,公开招标也是最常用的招标方式。

3) 公开招标也是所需费用较高、花费时间较长的招标方式。由于竞争激烈,程序复杂,组织招标和参加投标需要做的准备工作和需要处理的实际事务比较多,特别是编制、审查有关招标投标文件的工作量十分繁重。

2. 邀请招标

(1) 邀请招标的定义

邀请招标又称有限竞争性招标。这种方式不发布广告,招标人根据自己的经验和所掌握的各种信息资料,向有承担该项工程施工能力的3个以上(含3个)潜在投标人或单位发出投标邀请书,收到邀请书的潜在投标人或单位可以不参加投标,但招标人不得以任何借口拒绝被邀请的潜在投标人或单位参加投标,否则招标单位应承担由此引起的一切责任。邀请招标与公开招标一样都必须按规定的招标程序进行,要制定统一的招标文件,投标人都必须按招标文件的规定进行投标。

(2) 邀请招标的特点

1) 邀请招标的程序比较简单,如无招标公告及投标人资格审查的环节。

2) 邀请招标在竞争程度上相对较弱。被邀请的承包商数目在3~10个,不能少于3个,也不宜多于10个。由于参加人数相对较少,因此其竞争范围和竞争程度相对较弱。

3) 邀请招标花费的时间和费用上较少。邀请招标可以省去发布招标公告的费用、资格审查费用和可能发生的更多的评标费用。

(3) 邀请招标和公开招标的区别

1) 发布信息的方式不同。公开招标采用公告的形式发布,邀请招标采用投标邀请书的形式发布。

2) 竞争的范围不同。公开招标使所有符合条件的法人或者其他组织都有机会参加投标,竞争的范围较广,竞争性体现得也比较充分,招标人拥有绝对的选择余地,容易获得最佳招标效果；邀请招标中投标人的数目有限，邀请招标参加人数是经过选择限定的，被邀请的承包商数目在3~10个，由于参加人数相对较少，易于控制，因此其竞争范围没有公开招标大，竞争程度也明显不如公开招标强。

3）公开的程度不同。在公开招标中，所有的活动都必须严格按照预先指定并为大家所知的程序和标准公开进行，大大减少了作弊的可能；相比而言，邀请招标的公开程度逊色一些，产生不法行为的机会也就多一些。

4）时间和费用不同。公开招标的程序比较复杂，从发布招标公告，投标人签订合同，有许多时间上的要求，要准备许多文件，因而耗时较长，费用也比较高。邀请招标可以省去发布招标公告、资格审查和可能发生的更多的评标的时间和费用。

建设项目的施工采用何种方式招标，是由业主决定的。业主根据自身的管理能力、设计进度情况、建设项目本身的特点、外部环境条件、两种招标方式的特点等因素经过充分思考后，在确定分标方式和合同类型的基础上，再选择合适的招标方式。

7.1.5 建设工程招标范围和分类

（1）工程强制招标的范围

基于资金来源和项目性质方面的考虑，《招标投标法》将强制招标的项目界定为以下几项：

1）大型基础设施、公用事业等关系社会公共利益、公众安全的项目。这是针对项目性质做出的规定。基础设施是指为国民经济生产过程提供基础条件的设施，可分为生产性基础设施和社会性基础设施。前者是指直接为国民经济生产过程提供的设施，后者是指间接为国民经济生产过程提供的设施。基础设施通常包括能源、交通运输、邮电通信、水利、城市设施、环境与资源保护设施等。公用事业是指为适应生产和生活需要而提供的具有公共用途的服务，如供水、供电、供热、供气、科技、教育、文化、体育、卫生、社会福利等。从世界各国的情况看，由于大型基础设施和公用事业项目投资金额大、建设周期长，基本上以国家投资为主，特别是公用事业项目，国家投资更是占了绝对比重。从项目性质上说，基础设施和公用事业项目大多关系社会公共利益和公众安全。

2）全部或部分使用国有资金投资或者国家融资的项目。这是针对资金来源做出的规定。使用国有资金投资项目的范围包括：使用各级财政预算资金的项目；使用纳入财政管理的各种政府性专项建设基金的项目；使用国有企业事业单位自有资金，且国有资产投资者实际拥有控制权的项目。国家融资的建设项目，是指使用国家发行债券所筹资金的项目；使用国家对外借款或者担保所筹资金的项目；使用国家政策性贷款的项目；国家授权投资主体融资的项目；国家特许的融资项目；以国家信用为担保筹集，由政府统一筹措、安排、使用、偿还的资金也视为国有资金。

3）使用国际组织或者外国政府贷款、援助资金的项目。这类项目包括使用世界银行、亚洲开发银行等国际组织贷款资金的项目；使用外国政府及其机构贷款资金的项目；使用国际组织或者外国政府援助资金的项目。

以上规定范围内的项目，其勘察、设计、施工、监理以及与工程建设有关的重要设备、材料的采购达到下列标准之一的，必须招标。

1）施工单项合同估算价在400万元人民币以上。

2）重要设备、材料的采购，单项合同估算价在 200 万元人民币以上。

3）勘察、设计、监理的采购，单项合同估算价在 100 万元人民币以上。

（2）可不招标的建设项目

1）《招标投标法》第六十六条规定：涉及国家安全、国家秘密、抢险救灾或者属于利用扶贫资金实行以工代赈、需要使用农民工等特殊情况，不适宜进行招标的项目，按照国家有关规定可以不进行招标。

2）《招标投标法实施条例》第九条规定，除《招标投标法》第六十六条规定的可以不进行招标的特殊情况外，有下列情形之一的，可以不进行招标：

① 需要采用不可替代的专利或者专有技术。

② 采购人依法能够自行建设、生产或者提供。

③ 已通过招标方式选定的特许经营项目投资人依法能够自行建设、生产或者提供。

④ 需要向原中标人采购工程、货物或者服务，否则将影响施工或者功能配套要求。

⑤ 国家规定的其他特殊情形。

3）2013 年 4 月修订的《工程建设项目施工招标投标办法》（七部委 30 号令）第十二条规定，依法必须进行施工招标的工程建设项目有下列情形之一的，可以不进行施工招标：

① 涉及国家安全、国家秘密、抢险救灾或者属于利用扶贫资金实行以工代赈需要使用农民工等特殊情况，不适宜进行招标。

② 施工主要技术采用不可替代的专利或者专有技术。

③ 已通过招标方式选定的特许经营项目投资人依法能够自行建设。

④ 采购人依法能够自行建设。

⑤ 在建工程追加的附属小型工程或者主体加层工程，原中标人仍具备承包能力，并且其他人承担将影响施工或者功能配套要求。

⑥ 国家规定的其他情形。

4）2013 年 4 月修订的《工程建设项目勘察设计招标投标办法》（八部委 2 号令）第四条规定，按照国家规定需要履行项目审批、核准手续的依法必须进行招标的项目，有下列情形之一的，经项目审批、核准部门审批、核准，项目的勘察设计可以不进行招标：

① 涉及国家安全、国家秘密、抢险救灾或者属于利用扶贫资金实行以工代赈、需要使用农民工等特殊情况，不适宜进行招标。

② 主要工艺、技术采用不可替代的专利或者专有技术，或者其建筑艺术造型有特殊要求。

③ 采购人依法能够自行勘察、设计。

④ 已通过招标方式选定的特许经营项目投资人依法能够自行勘察、设计。

⑤ 技术复杂或专业性强，能够满足条件的勘察设计单位少于 3 家，不能形成有效竞争。

⑥ 已建成项目需要改、扩建或者技术改造，由其他单位进行设计影响项目功能配套性。

⑦ 国家规定其他特殊情形。

5）《建设项目可行性研究报告增加招标内容以及核准招标事项暂行规定》（中华人民共和国国家发展计划委员会第 9 号令）第五条规定，属于下列情况之一的建设项目可以不进行招标，但在报送可行性研究报告中须提出不招标申请，并说明不招标原因：

① 涉及国家安全或者有特殊保密要求的。

② 建设项目的勘察、设计采用特定专利或者专有技术的，或者其建筑艺术造型有特殊要求的。

③ 承包商、供应商或者服务提供者少于3家，不能形成有效竞争的。

④ 其他原因不适宜招标的。

7.2 工程项目招标

7.2.1 工程招标条件

1. 招标单位应具备的条件

《工程建设项目自行招标试行办法》规定，招标人是指依照法律规定进行工程建设项目的勘察、设计、施工、监理，以及与工程建设有关的重要设备、材料等招标的法人。招标人若具有编制招标文件和组织评标能力，则可自行办理招标事宜，并向有关行政监督部门备案。工程项目的招标人必须满足下列资质条件和能力时，才可以进行自行施工招标。

1) 具有项目法人资格（或者法人资格）。

2) 有与招标工程规模和复杂程度相适应的工程技术、概预算、财务和工程管理等方面的专业技术力量。

3) 有从事同类工程建设项目招标的经验。

4) 设有专门的招标机构或者拥有3名以上专职招标业务人员。

5) 熟悉和掌握招标投标法及有关法规规章。

招标人自行进行招标的，项目法人或者组建中的项目法人应当在向国家发展改革委上报项目可行性研究报告或者资金申请报告、项目申请报告时，一并报送的书面材料应当至少包括：项目法人营业执照、法人证书或者项目法人组建文件；与招标项目相适应的专业技术力量情况；取得招标职业资格的专职招标业务人员的基本情况；拟使用的专家库情况；以往编制的同类工程建设项目招标文件和评估报告，业绩的证明材料以及其他材料。

2. 招标代理机构应具备的条件

《招标投标法》规定：招标人有权自行选择招标代理机构，委托其办理招标事宜。任何单位和个人不得以任何方式为招标人指定招标代理机构。招标代理机构是依法设立、从事招标代理业务并提供相关服务的社会中介组织。招标代理机构应当具备下列条件：

1) 有从事招标代理业务的营业场所和相应资金。

2) 有能够编制招标文件和组织评标的相应专业力量。

3) 有符合招标投标法规定的条件，可以作为评标委员会成员人选的技术、经济等方面的专家库。

3. 招标项目应具备的条件

《工程建设项目施工招标投标办法》规定依法必须招标的工程建设项目，应当具备下列条件才能进行施工招标：

1) 招标人已经依法成立。

2) 初步设计及概算应当履行审批手续的，已经批准。

3) 有相应资金或资金来源已经落实。

4）有招标所需的设计图纸及技术资料。

施工招标可以采用项目的全部工程招标、单位工程招标、特殊专业工程招标等办法，但不得对单位工程的分部、分项工程进行招标。

4. 投标人应具备的条件

根据《招标投标法》第二十六条规定：投标人应当具备承担招标项目的能力；国家有关规定对投标人资格条件或者招标文件对投标人资格有规定的，投标人应当具备规定的资格条件。

首先，投标人应当具备承担招标项目的能力，即投标人在资金、技术、人员、装备等方面具备与完成招标项目的需要相适应的能力或者条件。

其次，国家有关规定对投标人的资格条件或者招标文件对投标人的资格条件有规定的，投标人应当具备规定的资格条件。例如，按照《中华人民共和国建筑法》的规定，从事房屋建筑活动的建筑施工企业、勘察单位、设计单位和工程监理单位，应当具备符合国家规定的注册资本，有与其从事的建筑活动相适应的具有法定执业资格的专业技术人员，有从事相关建筑活动所应有的技术装备以及法律、行政法规规定的其他条件。从事建筑活动的建筑施工企业、勘察单位、设计单位和工程监理单位，按照其拥有的注册资本、专业技术人员、技术装备和已完成的建筑工程业绩等资质条件，划分为不同的资质等级，经资质审查合格并取得相应等级的资质证书后，方可在其资质等级许可的范围内从事建筑活动。

7.2.2 工程施工招标程序

建设工程施工招标程序是指在工程施工招标活动中，按照一定的时间、空间顺序运作的次序、步骤、方式。一般要经历招标准备阶段、招标阶段和决标成交阶段。建设工程施工公开招标的程序主要有15个环节。

1. 建设工程项目报建

建设工程项目的立项批准文件或年度投资计划下达后，按照有关规定，须向建设行政主管部门的招标投标行政监管机关报建备案。工程项目报建备案的目的是便于当地建设行政主管部掌握工程建设的规模，规范工程实施阶段程序的管理，加强工程实施过程的监督。建设工程项目报建备案后，具备招标条件的建设工程项目，即可开始办理招标事宜。凡未报建的工程项目，不得办理招标手续和发放施工许可证。

2. 审查招标人招标资质

组织招标有两种情况，即招标人自己组织招标或委托招标代理机构代理招标。招标人自行办理招标事宜的，必须满足一定的条件，并向相关行政监督机关备案，行政监督机关对招标人是否具备自行招标的条件进行监督。对委托的招标代理机构也应检查其相应的代理资格条件。

3. 招标申请

招标申请书是招标单位向政府主管机关提交的要求开始组织招标、办理招标事宜的一种文书。招标单位进行招标，要向招标投标管理机构申报招标申请书，填写"建设工程施工招标申请表"；凡招标投标单位有上级主管部门的，需经该主管部门批准同意后，连同"工程建设项目报建登记表"报招标投标管理机构审批。招标申请书主要包括以下内容：工程名称、建设地点、招标工程建设规模、结构类型、招标范围、招标方式、要求施工企业等级、施工前期准备情况（土地征用及拆迁情况、勘察设计情况、施工现场条件等）、招标机构组织情况等。招标申请书批准后，就可以编制资格预审文件和招标文件。

4. 资格预审文件、招标文件的编制与送审

公开招标采用资格预审时，只有资格预审合格的建筑施工企业才可以参加投标；不采用资格预审的公开招标应进行资格后审，即在开标后进行资格审查。资格预审文件是招标单位根据招标项目本身的要求，单方面阐述自己对资格审查的条件和具体要求的书面表达形式。招标文件是招标单位根据招标项目的特点和需要，单方面阐述招标条件和具体要求的意思表示，是招标人确定、修改和解释有关招标事项的书面表达形式。招标文件是招标活动中最重要的文件之一，主要包括以下内容：

1）投标人须知主要包括：总则、招标文件、投标报价说明、投标文件的编制、投标文件的递交、开标、评标、授予合同。

2）合同条件包括合同通用条款和专用条款。

3）合同协议条款包括：合同文件、双方一般责任、施工组织设计和工期、质量与验收、合同价款与支付、材料和设备供应、设计变更、竣工与结算、争议、违约和索赔。

4）合同格式包括：合同协议书格式、银行履约保函格式、履约担保书格式、预付款银行保函格式。

5）技术规范包括：工程建设地点的现场自然条件、现场施工条件、本工程采用的技术规范。

6）投标书及投标书附录。

7）工程量清单与报价表、辅助资料表。

8）设计施工图及勘察资料。

5. 标底或招标控制价的编制

标底是指由招标单位自行编制或委托具有编制标底资格和能力的代理机构代理编制，并按规定经审定的招标工程的预期价格，主要反映招标单位对工程质量、工期、造价等的预期控制要求。在现行体制下的建设工程招标投标中要弱化标底的作用，GB 50500—2013《建设工程工程量清单计价规范》确定了招标控制价的概念。在实际工作中招标控制价也称拦标价、预算控制价、最高报价值、最高限价等，是指招标人根据国家或省级、行业建设主管部门颁发的有关计价依据（如计价定额）和办法，按设计施工图计算的，对招标工程限定的最高工程造价。为了有利于客观、合理地评审投标报价和避免哄抬标价，国有资金投资的项目进行招标时不设标底，招标人应编制招标控制价，招标控制价应在招标时公布。招标人设有最高投标限价的，应当在招标文件中明确最高投标限价或者最高投标限价的计算方法。招标人不得规定最低投标限价。标底只能作为评标的参考，不得以投标报价是否接近标底作为中标条件，也不得以投标报价超过标底上下浮动范围作为否决投标的条件。

6. 刊登资格预审公告、招标公告

招标申请书和招标文件获得批准后，招标单位就要发布招标公告。《招标投标法》指出，招标人采用公开招标方式的，应当发布招标公告。依法必须进行招标的项目的招标公告，应当通过国家指定的报刊、信息网络或者其他媒介发布。招标公告应当载明招标人的名称和地址，招标项目的性质、数量、实施地点和时间以及获取招标文件的办法等

事项。建设项目的公开招标应在建设工程交易中心发布信息,同时也可通过报刊、广播、电视等公共传播媒介发布资格预审通告或招标通告。进行资格预审的,刊登资格预审公告。

7. 资格审查

资格审查是指招标人对申请人或潜在投标人的经营资格、专业资质、财务状况、技术能力、管理能力、业绩、信誉等方面评估审查,以判定其是否具有投标、订立和履行合同的资格及能力。

施工招标资格审查应主要审查以下五个方面的内容:①是否具有独立订立施工承包合同的权利;②是否具有履行施工承包合同的能力,包括专业、技术资格和能力,资金、设备和其他物质设施状况,管理能力、经验、信誉和相应的从业人员;③是否处于被责令停业、投标资格被取消、财产被接管或冻结、破产状态;④在最近三年内是否存在骗取中标和严重违约及重大工程质量问题;⑤法律、行政法规规定的其他资格条件等方面的内容。

资格审查分为资格预审和资格后审两种方法。

(1) 资格预审

资格预审是指工程项目正式投标前,对投标人进行的资信调查,以确定投标人是否有能力承担并完成该工程项目。未通过资格预审的申请人,不具有参加投标的资格。

(2) 资格后审

资格后审是在开标后对投标人进行的资格审查。采用资格后审方式时,招标人应当在开标后由评标委员会按照招标文件规定的标准和方法对投标人的资格进行审查。对资格后审不合格的投标人,评标委员会应否决其投标。资格后审比较适合潜在投标人数量不多的通用性、标准化招标项目。

8. 发放招标文件

招标单位将招标文件、设计施工图和有关技术资料发放给通过资格预审获得投标资格的投标单位。不进行资格预审的,发放给愿意参加投标的单位。投标单位收到上述文件资料后,应认真核对,核对无误后应以书面形式予以确认。

9. 勘察现场

招标文件发放后,招标单位要在招标文件规定的时间内,组织投标单位踏勘现场。

1) 勘察现场的目的在于了解工程场地和周围环境情况,以获取投标单位认为必要的信息。为便于投标单位提出问题并得到解答,勘察现场一般安排在投标预备会之前进行。

2) 投标单位在勘察现场中如有疑问或不清楚的问题,应在投标预备会前以书面形式向招标单位提出,但应给招标单位留有解答时间。

3) 招标单位应向投标单位介绍有关现场的以下情况:施工现场是否达到招标文件规定的条件;施工现场的地理位置和地形、地貌;施工现场的地质、土质、地下水位、水文等情况;施工现场气候条件,如气温、湿度、风力、年雨雪量等;现场环境,如交通、饮水、污水排放、生活用电、通信等;工程在施工现场中的位置或布置;临时用地、临时设施搭建等情况。

10. 召开投标预备会

投标预备会也称答疑会、标前会议,是指招标单位为澄清或解答招标文件或现场踏勘中的问题,以便投标单位更好地编制投标文件而组织召开的会议。

1)投标预备会的目的在于澄清招标文件中的疑问,解答投标单位对招标文件和踏勘现场中所提出的疑问和问题。

2)投标预备会在招标管理机构监督下,由招标单位组织并主持召开,参加会议的人员包括招标单位、投标单位、代理机构、招标文件的编制人员、招标投标管理机构的管理人员等。所有参加投标预备会的投标单位应签到登记,以证明出席投标预备会。

3)在预备会上对招标文件和现场情况做介绍或解释,并解答投标单位提出的疑问,包括书面提出的和口头提出的询问。在投标预备会上还应对施工图进行交底和解释。

4)投标预备会结束后,由招标单位整理会议记录和解答内容,报招标管理机构核准同意后,尽快以书面形式将问题及解答同时发送到所有获得招标文件的投标单位。

5)为了使投标单位在编写投标文件时充分考虑招标单位对招标文件的修改或补充内容,以及投标预备会会议记录内容,招标单位可根据情况延长投标截止时间。

11. 投标文件的编制与递交

投标文件是招标单位判断投标单位是否愿意参加投标的依据,也是评标组织进行评审和比较的对象。中标的投标文件和招标文件一起成为招标投标双方订立合同的法定依据。因此,投标文件同样是招标活动中最重要的文件之一。投标人应当按照招标文件的要求编制投标文件,投标文件应当对招标文件提出的实质性要求和条件做出响应。投标人可以在中标后将中标项目的部分非主体、非关键性工程进行分包的,应当在投标文件中载明。

依照《招标投标法》规定,投标人应当在招标文件要求提交投标文件的截止时间前,将投标文件送达投标地点。招标人收到投标文件后,应当签收保存,不得开启。投标人少于3个的,招标人应当依法重新招标。在招标文件要求提交投标文件的截止时间后送达的投标文件,招标人应当拒收。投标人在招标文件要求提交投标文件的截止时间前,可以补充、修改或者撤回已提交的投标文件,并书面通知招标人。补充、修改的内容为投标文件的组成部分。

在投标截止时间前,招标单位在接收投标文件时应注意核对投标文件是否按招标文件的规定进行密封和标注。在开标前,应妥善保管投标文件、修改和撤回通知等投标资料。

12. 开标

开标是指把所有投标者递交的投标文件启封揭晓,也称揭标。开标应遵循以下规定:

1)开标应当在招标文件确定的提交投标文件截止时间的同一时间公开进行;开标地点应当为招标文件中预先确定的地点。

2)开标由招标人主持,邀请所有投标人参加。

3)开标时,由投标单位或者其推选的代表检查投标文件的密封情况,也可以由招标单位委托的公证机构检查并公证;经确认无误后,由工作人员当众拆封,宣读投标人名称、投标价格和投标文件的其他主要内容。招标单位在招标文件要求提交投标文件的截止时间之前收到的所有投标文件,开标时都应当当众予以拆封、宣读。开标过程应当记录,并存档备查。

13. 评标

开标会结束后,招标单位要组织评标。评标必须在招标投标管理机构的监督下,由招标单位依法组建的评标组织进行。组建评标组织是评标前的一项重要工作。《招标投标法》规定，评标由招标人依法组建的评标委员会负责，依法必须进行招标的项目，其评标委员会由招标人的代表和有关技术、经济等方面的专家组成，成员人数为 5 人以上单数，其中技术、经济等方面的专家不得少于成员总数的 2/3。

（1）评标工作程序

1）评标一般采用评标会的形式进行，因此评标人员应在规定的时间到达预定的评标场所。招标单位应当采取必要的措施，保证评标在严格保密的情况下进行。

2）评标组织成员应审阅各个投标文件，主要检查确认投标文件是否实质上响应招标文件的要求，是否有重大漏项、缺项等。

3）根据评标定标办法规定，只对有效投标文件进行评议，评标委员会应按照招标文件确定的评标标准和方法，对投标文件进行评审和比较，并对评议结果签字确认。招标文件中没有规定的标准和方法不得作为评标的依据。

4）如有必要，评标委员会可以要求投标人对投标文件中含义不明确的内容做必要的澄清或者说明，但是澄清或者说明不得超出投标文件的范围或改变投标文件的实质性内容。

5）评标委员会完成评标后，应当向招标单位提出书面评标报告，并推荐合格的中标候选人。

（2）评审的内容

评标的内容包括符合性评审、技术性评审和商务性评审。

1）符合性评审包括商务符合性和技术符合性评审。投标文件应实质上响应招标文件的要求，如果投标文件实质上不响应招标文件的要求，招标单位将予以拒绝，并且不允许通过修正或撤销其不符合要求的差异，使之成为具有响应性的投标。

2）技术性评审，具体内容包括：施工方案的可行性；施工进度计划的可靠性；工程材料和机械设备供应的技术性能；施工质量的保证措施；技术建议和替代方案。

3）商务性评审，具体内容包括：投标报价数据计算的正确性；报价构成的合理性；报价与施工组织的一致性；综合费率、利润率及预付款要求是否合理；主要材料单价；分析合价项目总计的报价；对建议方案的商务评审。

14. 中标

经过评标后，就可确定中标单位。《招标投标法》规定，中标单位的投标应当符合下列条件之一：

1）能够最大限度地满足招标文件中规定的各项综合评价标准。

2）能够满足招标文件的实质性要求，并且经评审的投标价格最低，但是投标价格低于成本的除外。

评标委员会经评审，认为所有投标都不符合招标文件要求的，可以否决所有投标。依法须进行招标的项目的所有投标被否决的，招标单位应当依照本法重新招标。在确定中标单位前，招标单位不得与投标单位就投标价格、投标方案等实质性内容谈判。

15. 合同签订

招标单位和中标单位应当自中标通知书发出之日起 30 天内，按照招标文件和中标人的投标文件订立书面合同。中标人要按照招标文件的约定提交履约担保或履约保函。合同订立后，招标人应及时通知其他未中标的投标人，同时退还投标保证金。

7.3 工程项目投标

投标是指投标人根据招标文件的要求，编制并提交投标文件，响应招标、参加投标竞争的活动。投标是建筑企业取得工程施工合同的主要途径，是建筑企业经营决策的重要组成部分，它是针对招标的工程项目，力求实现决策最优化的活动。

属于要约与承诺特殊表现形式的招标与投标是合同的形成过程，投标文件是建筑企业对业主发出的要约。投标人一旦提交了投标文件，就必须在招标文件规定的期限内信守其承诺，不得随意退出投标竞争。因为投标是一种法律行为，投标人必须承担中途反悔撤出的经济和法律责任。

7.3.1 投标人

1. 投标人资格

《招标投标法》规定，投标人是响应招标、参加投标竞争的法人或者其他组织。投标人应当具备承担招标项目的能力；国家有关规定对投标人资格条件或者招标文件对投标人资格条件有规定的，投标人应具备规定的资格。不同行业及不同主体对投标人资格条件有不同的规定。

《工程建设项目施工招标投标办法》规定了投标人应具备以下五个方面的资格能力：

1）具有独立订立合同的权利。

2）具有履行合同的能力，包括专业、技术资格和能力，资金、设备和其他物质设施状况，管理能力，经验、信誉和相应的从业人员。

3）没有处于被责令停业，投标资格被取消，财产被接管、冻结，破产状态。

4）在最近三年内没有骗取中标和严重违约及重大工程质量问题。

5）国家规定的其他资格条件。

2. 联合体投标

《招标投标法》第三十一条规定：两个以上法人或者其他组织可以组成一个联合体，以一个投标人的身份共同投标。

《招标投标法实施条例》第三十七条规定：招标人应当在资格预审公告、招标公告或者投标邀请书中载明是否接受联合体投标。

《招标投标法》也明确规定，招标人不得强制投标人组成联合体共同投标，不得限制招标人之间的竞争。

招标人接受联合体投标并进行资格预审的，联合体应当在提交资格预审申请文件前组成。资格预审后联合体增减、更换成员的，其投标无效。联合体各方在同一招标项目中以自己的名义单独投标或者参加其他联合投标的，相关投标均无效。

联合体各方均应具备承担招标项目的能力和资格条件。同一专业的单位组成的联合体，按照资质等级低的单位确定联合体的资质等级，即联合体的资质等级采取就低不就高的原则。联合体各方应当签订共同投标协议，明确约定各方拟承担的工作和责任，并将共同投标协议连同投标文件一并提交招标人。联合体中标的，联合体各方应当共同与招标人签订合同，就中标项目向招标人承担连带责任。

7.3.2 投标报价

投标报价是投标书的核心组成部分,招标人往往将投标人的报价作为标准来选择中标人,同时也是招标人与中标人就工程标价进行谈判的基础。

1. 投标报价计算的依据

1)《建设工程工程量清单计价规范》(GB 50500—2013)。
2) 国家或省级、行业建设主管部门颁发的计价办法。
3) 企业定额,国家或省级、行业建设主管部门颁发的计价定额和计价方法。
4) 招标文件、招标工程量清单及其补充通知、答疑纪要。
5) 建设工程设计文件及相关资料。
6) 施工现场情况、工程特点及投标时拟定的投标施工组织设计或施工方案。
7) 与建设项目相关的标准、规范等技术资料。
8) 市场价格信息或工程造价管理机构发布的工程造价信息。
9) 其他相关资料。

2. 工程投标价的组成

(1) 按费用构成要素划分

按费用构成要素划分,投标价主要由人工费、材料(包含工程设备,下同)费、施工机具使用费、企业管理费、利润、规费和税金组成,如图 7-1 所示。

人工费是指按工资总额构成规定,支付给从事工程施工的生产工人和附属生产单位工人的各项费用。材料费是指施工过程中耗费的原材料、辅助材料、构配件、零件、半成品或成品、工程设备的费用。施工机具使用费是指施工作业所发生的施工机械、仪器仪表使用费或其租赁费。企业管理费是指施工企业组织施工生产和经营管理所需的费用。规费是指按国家法律、法规规定,由省级政府和省级有关权力部门规定必须缴纳或计取的费用。

利润和税金是指按照国家有关部门的规定,工程施工企业在承担施工任务时应计取的利润,以及按规定应计入工程造价内的增值税(9%)、城市维护建设税(7%、5%、1%)、教育费附加及地方教育附加。

(2) 按工程造价形成顺序划分

按工程造价形成顺序划分也是在工程量清单模式下工程投标价的组成形式,由分部分项工程费、措施项目费、其他项目费、规费和税金组成,如图 7-2 所示。其中,分部分项工程费、措施项目费、其他项目费均包含人工费、材料费、施工机具使用费、企业管理费和利润。

1) 分部分项工程费是指各专业工程的分部分项工程应予列支的各项费用,即完成"分部分项工程量清单"项目所需的工程费用。分部分项工程量清单为不可调整的闭口清单,投标人对招标文件提供的分部分项工程量清单必须逐一计价,对清单所列内容不允许做任何变动。

2) 措施项目费用是指为完成建设工程施工,发生于该工程施工前和施工过程中的技术、生活、安全、环境保护等方面的费用。措施项目清单必须根据相关工程现行国家计量规范的规定编制。措施项目清单的编制需考虑多种因素,除工程本身的因素外,还涉及水文、气象、环境、安全等因素。由于影响措施项目设置的因素太多,计量规范不可能将施工中可能出现的措施项目一一列出。它是典型的可竞争费用，且受材料价格变化的影响很小，可以较大幅度让利。措施项目清单为可调清单，投标人对招标文件中所列项目，可根据拟建工程的实际情况和企业自身特点做适当的变更增减。其金额应根据拟建工程施工方案或施工组织设计及其综合单价确定。《建设工程工程量清单计价规范》第3.1.5条规定：措施项目中的安全文明施工费必须按国家或省级、行业建设主管部门的规定计算，不得作为竞争性费用。

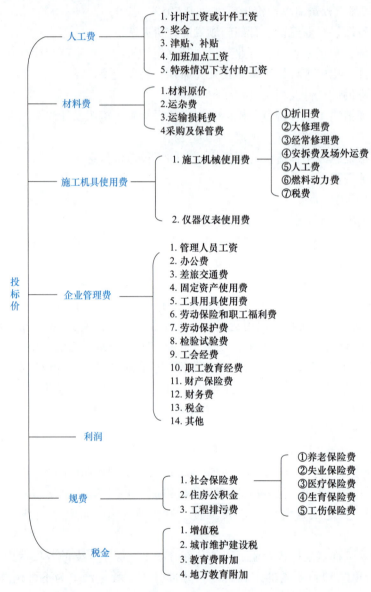

图 7-1　建筑安装工程投标价组成（按费用要素划分）

3）其他项目费是指分部分项工程费和措施项目费以外的在工程项目施工过程中可能发生的其他费用。其他项目清单包括暂列金额、暂估价（包括材料、工程设备暂估价，专业工程暂估价）、总承包服务费、计日工等内容。其中，材料、工程设备暂估价进入清单项目综合单价中，在其他项目清单中不汇总。暂列金额应按照其他项目清单中列出的金额填写，不得变动。暂估价不得变动和更改。暂估价中的材料、工程设备必须按照暂估单价计入综合单价；专业工程暂估价必须按照其他项目清单中列出的金额填写。计日工应按照其他项目清单列出的项目和估算的数量，自主确定各项综合单价并计算费用。总承包服务费应依据招标人在招标文件中列出的分包专业工程内容和供应材料、设备情况，按照招标人提出的协调、配合与服务要求和施工现场管理需要自主确定。

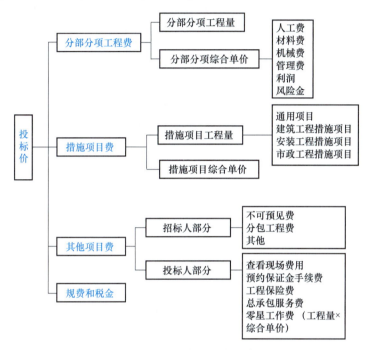

图 7-2　工程量清单计价模式下的投标价构成

4）规费和税金。《建设工程工程量清单计价规范》规定：使用国有资金投资的工程建设项目，必须采用工程量清单计价。非国有资金投资的工程建设项目，宜采用工程量清单计价。规费和税金必须按国家或省级、行业建设主管部门的规定计算，不得作为竞争性费用。企业规费计算时应严格按照国家颁发的规费证上的各费率计算，不得修改。

3. 工程投标价的计算

(1) 计价方法

计价方法包括工料单价法和综合单价法。工料单价法是分部分项工程量单价由人工费、材料费、施工机械使用费组成，施工组织措施费、企业管理费、利润、规费、税金等按规定程序另行计算的一种计价方法。实行定额计价的，投标价应采用工料单价法。综合单价法是指分部分项工程量的单价采用全费用单价或部分费用单价的一种计价方法。工程量清单计价应采用综合单价法。《建设工程工程量清单计价规范》对工程量清单计价中综合单价的组成内容做出了规定：综合单价是指完成一个规定清单项目所需的人工费、材料和工程设备费、施工机械使用费和企业管理费、利润以及一定范围内的风险费用。

(2) 综合单价法计价程序

工程量清单计价时，投标价按照企业定额或政府消耗量定额中的人工、材料、机械的消耗量标准及预算价格确定人工费、材料费、机械费，并以此为基础确定管理费、利润，由此计算出分部分项工程的综合单价，根据现场因素及工程量清单规定的措施项目费，以实物量或以分部分项工程费为基数按费率的方法确定；其他项目费按工程量清单规定的人工、材料、机械的预算价格确定；规费和税金应按照国家或省级、行业建设主管部门的规定计算，不得作为竞争性费用。分部分项工程费、措施项目费、其他项目费、规费、税金合计汇总得到初步的投标报价，见表7-1。根据分析、判断、调整得到投标报价。为便于理解，下附《建设工程工程量清单计价规范》中的单位工程竣工结算汇总表、分部分项工程量清单与计价表、总价措施项目清单与计价表、综合单价分析表，见表7-1至表7-4。

表7-1 单位工程竣工结算汇总表

工程名称： 标段： 第 页共 页

序 号	汇 总 内 容	金额（元）
1	分部分项工作	
1.1		
1.2		
...		
2	措施项目	
2.1	其中：安全文明施工费	
3	其他项目	
3.1	其中：专业工程结算价	
3.2	其中：计日工	
3.3	其中：总承包服务费	
3.4	其中：索赔与现场签证	
4	规费	
5	税金	
竣工结算总价合计＝1+2+3+4+5		

注：如无单位工程划分，单项工程也使用本汇总表。

表7-2 分部分项工程量清单与计价表

工程名称： 标段： 第 页共 页

序号	项目编号	项目名称	项目特征描述	计量单位	工程量	金额（元）		
						综合单价	合计	其中：暂估价
		本页小计						
		合计						

注：为计取规费等的使用，可在表中增设"其中：定额人工费"。

第7章 工程项目招标投标与合同管理

表 7-3 总价措施项目清单与计价表

工程名称：　　　　　　　　　标段：　　　　　　　　　　　　　　　　　　　　　第　页共　页

序号	项目编码	项目名称	计算基础	费率（%）	金额（元）	调整费率（%）	调整后金额（元）	备注
		安全文明施工费						
		夜间施工增加费						
		二次搬运费						
		冬雨期施工增加费						
		已完工程及设备保护费						
		合计						

编制人（造价人员）：　　　　　　　　复核人（造价工程师）：

注：1. "计算基础"中安全文明施工费可为"定额基价""定额人工费"或"定额人工费+定额机械费"，其他项目可为"定额人工费"或"定额人工费+定额机械费"。
　　2. 按施工方案计算的措施费，若无"计算基础"和"费率"的数值，也可只填"金额"数值，但应在备注栏说明施工方案出处或计算方法。

表 7-4 综合单价分析表

工程名称：　　　　　　　　　标段：　　　　　　　　　　　　　　　　　　　　　第　页共　页

项目编码		项目名称		计量单位		工程量			
清单综合单价组成明细									
定额编号	定额项目名称	定额单位	数量	单价（元）				合价（元）			
				人工费	材料费	机械费	管理费和利润	人工费	材料费	机械费	管理费和利润
人工单价			小计								
元/工日			未计价材料								
清单项目综合单价											
材料费明细	主要材料名称、规格、型号			单位	数量	单价（元）	合价（元）	暂估单价（元）	暂估合价（元）		
	其他材料费					—		—			
	材料费小计					—		—			

4. 投标报价的编制程序

（1）复核或计算工程量

工程招标文件中若提供工程量清单，在投标价格计算之前，要对工程量进行校核。若招标文件中没有提供工程量清单，就必须根据图纸计算全部工程量。

(2) 确定单价，计算合价

计算单价时，应将构成分部分项工程的所有费用项目都归入其中。人工费、材料费、机械费应该是根据分部分项工程的人工、材料、机械消耗量及相应的市场价格计算而得。一般来说，承包企业应用自己的企业定额对某一具体工程进行投标报价时，需要对选用的单价进行审核评价与调整，使之符合拟投标工程的实际情况，反映市场价格的变化。

(3) 确定分包工程费

来自分包人的工程分包费是投标价格的一个重要组成部分，在编制投标价格时需要熟悉分包工程的范围，对分包人的能力进行评估，从而确定一个合适的价格来衡量分包人的价格。

(4) 确定利润

利润指的是承包人的预期利润，确定利润取值的目标是考虑既可以获得最大的可能利润，又要保证投标价格具有一定的竞争性。投标报价时承包人应根据市场竞争情况确定在该工程上的利润率。

(5) 确定风险费

风险费对承包人来说是一个未知数，在投标时应该根据该工程规模及工程所在地的实际情况，由有经验的专业人员对可能的风险因素进行逐项分析后确定一个比较合理的费用比率。

(6) 确定投标价格

将所有分部分项工程的合价汇总后就可以计算出工程的总价。由于计算出来的价格可能有重复也可能有漏算，甚至某些费用的预估有偏差等，因而还必须对计算出来的工程总价进行调整。调整总价时应用多种方法从多角度对工程进行盈亏分析及预测，找出计算中的问题，以及分析可以通过采取哪些措施降低成本、增加盈利，确定最后的投标报价。图 7-3 为工程投标报价编制的一般程序。

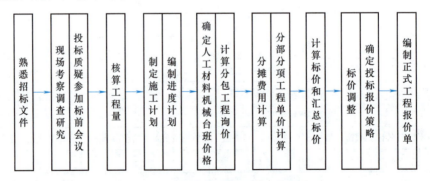

图 7-3 工程投标报价编制的一般程序

7.3.3 投标报价策略

投标策略是指承包商在投标竞争中的系统工作部署及其参与投标竞争的方式和手段。承包商应根据不同的招标工程、不同的情况和竞争形势，采取不同的投标策略。不仅不同企业的投标策略不同，而且同一企业对不同招标工程所采取的投标策略也不一样。投标报价的基本策略主要包括以下几个：

1. 生存型策略

投标报价以克服生存危机为目标而争取中标，可以不考虑各种影响因素。首先，社会、政治、经济环境的变化或投标人经营管理不善，都有可能造成投标人的生存危机。这种危机表现在企业的经济状况不好，投标项目减少。其次，政府调整基本建设投资方向，使某些投标人擅长的工程项目减少，这种危机常常影响营业范围单一的专业工程投标人。最后，如果投标人经营管理不善，会存在投标邀请越来越少的危机。这时投标人应以生存为重，采取不盈利甚至赔本也要夺标的措施，只要能暂时维持生存，渡过难关，就会有东山再起的希望。

2. 竞争型策略

投标报价以竞争为手段，以开拓市场、低盈利为目标，在精确计算成本的基础上，充分估计竞争对手的报价目标，以有竞争力的报价达到中标的目的。投标人处在以下几种情况下，应采取竞争型报价策略：经营状况不景气，近期接收的投标邀请较少；竞争对手有威胁性；试图打入新的地区；开拓新的工程施工类型；投标项目风险小、施工工艺简单、工程量大、社会效益好；附近有本企业其他正在施工的项目。这种策略是大多数企业采用的，也叫保本低利策略。

3. 盈利型策略

这种策略是投标报价要充分发挥自身优势，以实现最佳盈利为目标。下面几种情况可以采用盈利型报价策略：投标人在该地区已经打开局面；投标人的施工能力饱和、信誉度高、竞争对手少；投标人具有技术优势并对招标人有较强的名牌效应；投标人的目标主要是扩大影响；招标工程施工条件差、难度高、资金支付条件不好、工期质量等要求苛刻等。

7.3.4　投标报价技巧

投标报价技巧是指在投标报价中采用既能使招标人接受，中标后又能获得更多利润的方法。投标人在工程投标时，应该主要在先进合理的技术方案和较低的投标价格上下功夫，以争取中标，但还有一些投标技巧对中标及中标后的获利有一定的帮助。下面介绍几种常用报价技巧供参考：

1. 不平衡报价法

不平衡报价法是指一个工程项目的投标报价，在总价基本确定后，如何调整内部各个分项目的报价，以达到既不提高总价，不影响中标，又能在结算时达到更理想的经营效益的目的。不平衡报价法一定要建立在对工程量仔细核对的基础上，同时一定要控制在合理的调整幅度内（一般在10%左右）。

（1）不平衡报价法的应用方法

1）前高后低。对能早期结账收回工程款的项目（如土方工程、基础工程等）的单价可以报高，以利于资金周转；对后期项目（如装饰工程、电气设备安装工程等）单价可适当降低。这种方法对竣工后一次结算的工程不适用。

2）工程量可能增加的报高价；工程量可能减少的项目单价可适当降低。这种方法适用于按工程量清单报价、按实际完成工程量结算工程款的招标工程。

但上述两点要统筹考虑。对于工程量数量有错误的早期工程，如不可能完成工程量表中的数量，就不能盲目抬高单价，需要具体分析后再确定。

3）图纸内容不明确的或有错误，估计修改后工程量要增加的，其单价可提高；工程内容不明确的，其单价可降低。

4）没有工程量只填报单价的项目，其单价宜高。这样既不影响总的投标报价，又可多获利。

5）对于暂定项目，其实施的可能性大的，可报高价；估计该工程不一定实施的，可报低价。

6）零星用工（计日工）一般可稍高于工程单价表中的单价，之所以这样做是因为零星用工不属于承包有效合同总价的范围，发生时实报实销，也可多获利。

7）量大价高的提高报价。工程量大的少数子项适当提高报价，工程量小的大多数子项则报低价。这种方法适用于采用单价合同的项目。

（2）应用不平衡报价法的注意事项

1）注意避免各项目的报价畸高畸低，否则有可能失去中标机会。

2）上述不平衡报价的具体做法要统筹考虑，如某项目虽然属于早期工程，但工程量可能是减少的，就不宜报高价。

2. 多方案报价

多方案报价是投标人针对招标文件中的某些不足，提出有利于业主的替代方案（备选方案），用合理化建议吸引业主争取中标的一种投标技巧。多方案报价法适用于发现工程范围不是很明确，条款不清楚或很不公正，或技术规范要求过于苛刻的情况。多方案报价即是按原招标文件报一个价，然后再提出，如果××条款变为××，报价可降低多少的报价方法。这样报价可以降低总价，吸引业主。但这种方法的应用要根据招标文件的要求，如果招标文件中明确规定不允许报多个方案和多个报价，就不要采用此种报价方法。

3. 增加备选方案报价法

有时招标文件中规定，可以提一个建议方案，即可以修改原设计方案，提出一个备选方案。投标人应抓住机会，组织一批有经验的设计和施工工程师，对原招标文件的设计和施工方案仔细研究，提出更合理的方案以吸引招标人，促成自己的方案中标。这种新建议方案可以降低总造价或缩短工期，或使工程运用更为合理。但要注意的是，对原招标方案一定也要报价。建议方案不要写得太具体，要保留方案的关键技术部分，防止招标人将此方案交给其他投标人。同时要注意的是，方案一定要比较成熟，自己比较熟悉，有很好的可操作性。这种方法的应用要根据招标文件的要求，如果招标文件中明确规定不接受备选方案，就不要采用此种报价方法。

4. 无利润报价

缺乏竞争优势的承包商，在不得已的情况下，只好在投标中根本不考虑利润去夺标。这种报价方法一般是在具备以下条件时采用：

1）有可能在得标后，将大部分工程分包给索价较低的一些分包商。

2）对于分期建设的项目，先以低价获得首期工程，而后赢得机会创造在第2期工程竞争中的优势，并在以后的实施中赚得利润。

3）较长时期内承包商没有在建的工程项目，如果再不得标，就难以维持生存。因此，虽然本工程无利可图，只要能有一定的管理费维持公司的日常运转，就可设法渡过暂时的困难,以图将来东山再起。

5. 突然降价法

报价是保密性很强的工作,但是对手往往会通过各种渠道、手段来刺探情报,因此在报价时可以采用迷惑对手的方法,即先按一般情况报价或表现出自己对该工程兴趣不大,到投标快要截止时,才突然降价。例如,在我国的国际招标投标项目——鲁布革水电站工程招标时,日本大成公司知道主要竞争对手是前田公司,因而在临近投标前把报价降低8.04%,取得最低报价,为以后中标打下基础。采用这种方法时,一定要在准备投标报价的过程中考虑好降价的幅度,在临近投标截止日期前,根据情报信息与分析判断,再做出最后决策。采用突然降价法中标,因为开标只降低总价,所以在签订合同后可采用不平衡报价的策略调整管理收支预算表内的各项单价或价格,以期取得更高的收益。

7.4 工程项目合同管理

7.4.1 建设工程合同概念

建设工程合同是指在工程建设过程中,发包人与承包人依法订立的,明确双方权利义务关系的协议。建设工程合同包括工程勘察、设计、施工合同。工程合同体系如图7-4所示。

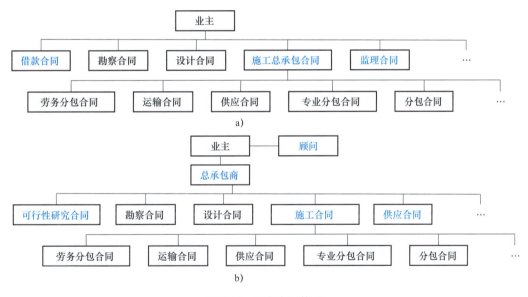

图7-4 工程合同体系

a) 施工总承包模式的合同体系 b) 设计—建造总承包模式的合同体系

7.4.2 建设工程合同分类

建设工程合同可以从不同的角度进行分类。

1. 按承发包的工程范围进行划分

按承发包的不同范围和数量进行划分,可以将建设工程合同分为建设工程总承包合同、建设工程承包合同、分包合同。发包人将工程建设的全过程发包给一个承包人的合同,即为建设工程总承包合同。发包人如果将建设工程的勘察、设计、施工等的每一项工作分别发包给一个承包人的合同，即为建设工程承包合同。经合同约定和发包人认可，从工程承包人承包的工程中承包部分工程而订立的合同，即为建设工程分包合同。

2. 按完成承包的内容进行划分

按完成承包的内容进行划分，建设工程合同可以分为建设工程勘察合同、建设工程设计合同和建设工程施工合同三类。

3. 按付款方式进行划分

按付款方式不同进行划分，建设工程合同可分为总价合同、单价合同和成本加酬金合同。

（1）总价合同

总价合同是指在合同中确定一个完成项目的总价，承包人据此完成项目全部内容的合同。此总价在约定的风险范围内价格不再调整。这类合同仅适用于工程量不太大且能精确计算、工期较短、技术不太复杂、风险不大的项目。采用这种合同类型要求发包人必须准备详细而全面的设计图纸和各项说明，使承包人能准确计算工程量。总价合同又可以分为固定总价合同和可调总价合同。

1）固定总价合同。这是建设工程施工中常采用的一种合同形式。固定总价合同以一次包死的总价委托，价格不因环境的变化和工程量增减而变化，除了设计有重大变更，一般不允许调整合同价格。所以在这类合同中承包商承担了全部的工程量和价格风险。由于承包商承担了全部风险，所以报价中不可预见的风险费用较高。承包商确定报价时必须考虑施工期间物价变化以及工程量变化带来的影响。价格风险有报价计算错误、漏报项目、物价和人工费上涨等；工程量风险有工程量计算错误、工程范围不确定、工程变更或由于设计深度不够所造成的误差等。

固定总价合同适用于以下情况：工程量小，工期短，估计在施工过程中环境因素变化小，工程条件稳定并合理；工程设计详细、图纸完整、清楚，工程任务和范围明确；工程结构和技术简单，风险小；投标期相对宽裕，承包商可以有充足的时间详细考察现场、复核工程量，分析招标文件，拟订施工计划。

2）可调总价合同。报价及签订合同时，以招标文件的要求及当时的物价计算总价合同。但在执行合同过程中由于通货膨胀引起工料成本增加达到合同约定的幅度时，合同总价应相应调整。发包人承担了通货膨胀这一不可预见的费用因素的主要风险，承包人承担通货膨胀因素的次要风险以及通货膨胀因素外的其他风险。工期较长的工程，可以采用这种合同形式。

（2）单价合同

单价合同是最常见的一种合同类型，适用范围广，如 FIDIC 土木工程施工合同。我国的建设工程施工合同也主要是这一类合同。在这种合同中，承包商仅按照合同规定承担报价的风险，而工程量的风险由业主承担。由于风险分配比较合理，能够适应大多数工程，能调动承包商和业主双方管理的积极性。

单价合同允许随工程量变化而调整工程总价，业主和承包商都不存在工程量方面的风险，因此对合同双方都比较公平。另外，在招标前，发包单位无需对工程范围做出完整的、详尽的规定，从而可以缩短招标准备时间，投标人也只需对所列工程内容报出自己的单价，从而缩短投标时间。

单价合同又可分为固定单价和可调单价等合同形式。

1) 固定单价合同。无论发生哪些影响价格的因素都不对单价进行调整，因而对承包商而言就存在一定的价格变动风险。固定单价合同适用于工期较短、工程量变化幅度不太大的项目。

2) 可调单价合同。合同双方可以约定一个估计的工程量和允许工程量变动范围的幅度，同时还应该约定如何对单价进行调整。当实际工程量在约定变动幅度内，单价不调整，当实际工程量发生较大变化时可以对单价进行调整。当然也可以约定，当通货膨胀达到一定水平或国家政策发生变化时，可以对哪些工程内容的单价进行调整以及如何调整等。因此，承包商的风险相对较小。

(3) 成本加酬金合同

成本加酬金合同是与固定总价合同相反的合同类型。工程最终合同价格按承包商的实际成本加一定比例的酬金计算。在合同签订时不能确定一个具体的合同价格，只能确定酬金的比例。由于合同价格按承包商的实际成本结算，所以在这类合同中，承包商不承担任何风险，而业主承担了全部的工程量和价格风险，所以承包商在工程中没有成本控制的积极性，常常不仅不愿意压缩成本，相反期望提高成本以提高自己的经济效益。这样会损害工程的整体效益，所以这类合同的使用应受到限制。通常这类合同应用于如下情况：投标阶段依据不准，工程的范围无法界定，无法准确估价，缺少工程的详细说明；工程特别复杂，工程技术、结构方案不能预先确定；时间特别紧急，要求尽快开工。

对承包商来说，这种合同比固定总价的风险低，利润比较有保证，因而承包商比较有积极性。其缺点是合同的不确定性，由于设计未完成，无法准确确定合同的工程内容、工程量以及合同的终止时间，有时难以对工程计划进行合理安排。

成本加酬金合同的形式主要有以下几种：

1) 成本加固定费用合同，根据双方讨论同意的工程规模、估计工期、技术要求、工作性质及复杂性、涉及的风险等来考虑确定一笔固定数目的报酬金额作为管理费及利润，对人工、材料、机械等直接成本则实报实销。如果设计变更或增加新项目，当直接费用超过原估算成本的一定比例（如10%）时，固定的报酬也要增加。在工程总成本开始估价不准，可能变化不大的情况下，可采用此合同形式，有时可分几个阶段谈判付给固定报酬。这种方式虽然不能鼓励承包商降低成本，但为了尽快得到酬金，承包商会想方设法缩短工期。有时也可在固定费用之外根据工程质量、工期和节约成本等因素，给承包商另加奖金，以鼓励承包商积极工作。

2) 成本加固定比例费用合同，工程成本中直接费用加一定比例的报酬费用，报酬费用部分的比例在签订合同时由双方确定。这种方式的报酬费用总额随成本加大而增加，不利于缩短工期和降低成本。一般在工程初期很难描述工作范围和性质，或工期紧迫，无法按常规编制招标文件招标时采用。

3) 成本加奖金合同，奖金是根据报价书中的成本估算指标制定的，在合同中对这个估算指标规定一个底点和顶点，分别为估算成本的60%~75%和110%~135%。承包商在估算指标的顶点以下完成工程则可得到奖金，超过顶点则要对超出部分支付罚款。如果成本在底点之下，则可加大酬金值或酬金比例。采用这种方式通常规定，当实际成本超过顶点对承包商罚款时，最大罚款限额不超过原先商定的最高酬金额。在招标时，当图纸、规范等准备不充分，不能据以确定合同价格，而仅能制定一个估算指标时可采用这种方式。

4）最大成本加费用合同，在工程成本总价合同基础上加固定酬金费用的方式，即当设计深度达到可以报总价的深度，投标人报一个工程成本总价和固定的酬金（包括各项管理费、风险费和利润）。如果实际成本超过合同中规定的工程成本总价，由承包商承担所有的额外费用，若实施过程中节约成本，节约的部分归业主，或者由业主与承包商分享，在合同中要确定节约分成比例。

7.4.3 建设工程合同的特征

建设工程合同具有承揽合同的一般特征，如诺成合同、双务合同、有偿合同等；但是，又具有其特殊性。

1. 建设工程合同的主体只能是法人

建设工程合同的标的是建设工程，作为公民个人是不能独立完成的。同时，作为法人，也不是每个法人都可以成为建设工程合同的主体。合同中的发包人只能是经过批准的建设工程法人，承包人也只能是具有相应勘察、设计、施工资质的法人。因此，建设工程合同的当事人必须是法人，而且应该是具有相应资格的法人。

2. 建设工程合同的标的仅限于建设工程

这里所说的建设工程是指比较复杂的土木建筑工程，其工作要求比较高，价值较大。一些小型的、结构简单、价值较小的工程并不作为建设工程，不适用建设工程合同的有关规定。建设工程合同的这一特征正是基于其标的的特殊性，即投资大、周期长、固定性、不可逆性等形成的。

3. 国家管理的特殊性

由于建设工程的标的为建筑物等不动产，与土地密不可分，承包人所完成的最终工作成果不仅具有不可移动性，而且需要长期存在和发挥效益，所以国家对建设工程不仅进行建设规划，而且实行严格的管理和监督。从建设工程合同的订立到合同的履行都要受到国家机关严格的管理和监督。

4. 建设工程合同具有次序性

由于建设项目生命周期涉及多个阶段，而且各阶段之间的工作具有一定的连续性，这就要求建设工程的建设必须符合建设程序的要求，因此建设工程合同也就具有次序性的特点。

5. 建设工程合同为要式合同

建设工程合同应当采用书面形式，这是国家对建设工程进行监督和管理的需要。不采用书面形式的建设工程合同不能有效成立，当事人无义务履行。现实中，也有一些合同虽未采用书面形式订立，但是当事人已经开始履行的情况。根据《中华人民共和国民法典》（以下简称《民法典》）中的合同编的有关规定，在一方已经履行主要义务，对方也已接受的情况下，合同仍然成立。

7.4.4 《建设工程施工合同（示范文本）》简介

《建设工程施工合同（示范文本）》（GF-2017-0201）适用于房屋建筑工程、土木工程、线路管道和设备安装工程、装修工程等建设工程的施工承发包活动。合同当事人可结合建设工程具体情况，根据示范文本订立合同，并按照法律法规规定和合同约定承担相应的法律责任及合同权利义务。

《建设工程施工合同（示范文本）》（GF-2017-0201）可以规范和指导合同当事人的行为，完善合同管理制度，解决施工合同中存在的合同文本不规范、条款不完备、合同纠纷多等问题，示范文本从法律性质上并不具备强制性，但由于其通用条款较为公平合理地设定了合同双方的权利义务，因此得到了较广泛的应用。

《建设工程施工合同（示范文本）》（GF-2017-0201）由"合同协议书""通用合同条款""专用合同条款"三部分组成，并附有 11 个附件。

第一部分是合同协议书，包括 13 部分内容：工程概况、合同工期、质量标准、签约合同价与合同价格形式、项目经理、合同文件构成、承诺、词语含义、签订时间、签订地点、补充协议、合同生效、合同份数。

第二部分是通用合同条款，共由 20 部分内容组成：一般约定、发包人、承包人、监理人、工程质量、安全文明施工与环境保护、工期和进度、材料与设备、试验与检验、变更、价格调整、合同价格、计量与支付、验收和工程试车、竣工结算、缺陷责任与保修、违约、不可抗力、保险、索赔、争议解决。

第三部分是专用合同条款，它对通用合同条款进行了必要的修改和补充，使两者成为合同当事人统一意愿的体现。它有 20 条，与"通用合同条款"条款一致，为承发包双方补充协议提供了一个可供参考的提纲或格式。合同当事人可以根据不同建设工程的特点及具体情况，通过双方的谈判、协商对相应的专用合同条款进行修改补充。

7.4.5　施工合同双方的主要义务

1. 发包人的主要义务

（1）许可或批准

发包人应遵守法律，并办理法律规定由其办理的许可，批准或备案，包括但不限于建设用地规划许可证、建设工程规划许可证、建设工程施工许可证、施工所需临时用水、临时用电、中断道路交通、临时占用土地等许可和批准。发包人应协助承包人办理法律规定的有关施工证件和批件。因发包人原因未能及时办理完毕前述许可、批准或备案，由发包人承担由此增加的费用和（或）延误的工期，并支付承包人合理的利润。

（2）提供施工现场

除"专用合同条款"另有约定外，发包人应最迟于开工日期 7 天前向承包人移交施工现场。

（3）提供施工条件

除"专用合同条款"另有约定外，发包人应负责提供施工所需要的条件，包括：

1）将施工用水、电力、通信线路等施工所必需的条件接至施工现场内。

2）保证向承包人提供正常施工所需要的进入施工现场的交通条件。

3）协调处理施工现场周围地下管线和邻近建筑物、构筑物、古树名木的保护工作，并承担相关费用。

4）按照"专用合同条款"约定，提供其他设施和条件。

(4) 提供基础资料

发包人应当在移交施工现场前向承包人提供施工现场及工程施工所必需的毗邻区域内供水、排水、供电、供气、供热、通信、广播电视等地下管线资料，气象和水文观测资料，地质勘察资料，相邻建筑物、构筑物和地下工程等有关基础资料，并对所提供资料的真实性、准确性和完整性负责。

按照法律规定确需在开工后方能提供的基础资料，发包人应尽其努力及时地在相应工程施工前的合理期限内提供，合理期限应以不影响承包人的正常施工为限。

(5) 逾期提供的责任

因发包人原因未能按合同约定及时向承包人提供施工现场、施工条件、基础资料的，由发包人承担由此增加的费用和（或）延误的工期。

(6) 资金来源证明及支付担保

除"专用合同条款"另有约定外，发包人应在收到承包人要求提供资金来源证明的书面通知后28天内，向承包人提供能够按照合同约定支付合同价款的相应资金来源证明。

除"专用合同条款"另有约定外，发包人要求承包人提供履约担保的，发包人应当向承包人提供支付担保。支付担保可以采用银行保函或担保公司担保等形式，具体由合同当事人在专用合同条款中约定。

(7) 支付合同价款

发包人应按合同约定向承包人及时支付合同价款。

(8) 组织竣工验收

发包人应按合同约定及时组织竣工验收。

(9) 现场统一管理协议

发包人应与承包人、由发包人直接发包的专业工程的承包人签订施工现场统一管理协议，明确各方的权利义务。施工现场统一管理协议作为专用合同条款的附件。

2. 承包人的主要义务

(1) 承包人的一般义务

承包人在履行合同过程中应遵守法律和工程建设标准规范，并履行以下义务：

1) 办理法律规定应由承包人办理的许可和批准，并将办理结果书面报送发包人留存。

2) 按法律规定和合同约定完成工程，并在保修期内承担保修义务。

3) 按法律规定和合同约定采取施工安全和环境保护措施，办理工伤保险，确保工程及人员、材料、设备和设施的安全。

4) 按合同约定的工作内容和施工进度要求，编制施工组织设计和施工措施计划，并对所有施工作业和施工方法的完备性和安全可靠性负责。

5) 在进行合同约定的各项工作时，不得侵害发包人与他人使用公用道路、水源、市政管网等公共设施的权利，避免对邻近的公共设施产生干扰。承包人占用或使用他人的施工场地，影响他人作业或生活的，应承担相应责任。

6) 按照环境保护约定负责施工场地及其周边环境与生态的保护工作。

7) 按安全文明施工约定采取施工安全措施，确保工程及其人员、材料、设备和设施的安全，防止因工程施工造成的人身伤害和财产损失。

8) 将发包人按合同约定支付的各项价款专用于合同工程，且应及时支付雇用人员工资，并及时向分包人支付合同价款。

9）按照法律规定和合同约定编制竣工资料，完成竣工资料立卷及归档，并按专用合同条款约定的竣工资料的套数、内容、时间等要求移交发包人。

10）应履行的其他义务。

（2）承包人现场查勘

承包人应对发包人提交的基础资料所做出的解释和推断负责，但因基础资料存在错误、遗漏导致承包人解释或推断失实的，由发包人承担责任。承包人应对施工现场和施工条件进行查勘，并充分了解工程所在地的气象条件、交通条件、风俗习惯以及与完成合同工作有关的其他资料。因承包人未能充分查勘、了解前述情况或未能充分估计前述情况所产生后果的，承包人承担由此增加的费用和（或）延误的工期。

（3）工程照管与成品、半成品保护

1）除"专用合同条款"另有约定外，自发包人向承包人移交施工现场之日起，承包人应负责照管工程及工程相关的材料、工程设备，直到颁发工程接收证书之日止。

2）在承包人负责照管期间，因承包人原因造成工程、材料、工程设备损坏的，由承包人负责修复或更换，并承担由此增加的费用和（或）延误的工期。

3）对合同内分期完成的成品和半成品，在工程接收证书颁发前，由承包人承担保护责任。因承包人原因造成成品或半成品损坏的，由承包人负责修复或更换，并承担由此增加的费用和（或）延误的工期。

（4）履约担保

发包人需要承包人提供履约担保的，由合同当事人在"专用合同条款"中约定履约担保的方式、金额及期限等。履约担保可以采用银行保函或担保公司担保等形式，具体由合同当事人在"专用合同条款"中约定。因承包人原因导致工期延长的，继续提供履约担保所增加的费用由承包人承担；非因承包人原因导致工期延长的，继续提供履约担保所增加的费用由发包人承担。

7.4.6　建设工程合同订立管理

建设工程合同的订立，是指建设工程发包方与承包方为达成一致意见依据法定程序而协商谈判、签订合同的过程。

1. 投标前准备阶段的管理

（1）建设主体的合法性，即权利能力和行为能力的调查

投标前应调查建设单位是否是依法登记注册的正规单位，是否具备法人资格；如果是法人下属单位，应会清其授权委托书，必要时可保留其复印件或向被代理单位查询。

（2）建设单位的资信调查

为避免建设单位在合同履行过程中出现资金困难的情况，在签约时，应尽量选择资金有保障的单位。如果建设单位提供担保的，还必须对担保方进行担保主体合法性和资信调查。《民法典》中的合同编明确规定了不安抗辩权，即施工方在施工过程中，如果发现建设单位经营状况严重恶化，或转移财产、抽逃资金，丧失商业信誉，以及其他可能丧失履行债务能力的情形，并有确切证据的，可以中止履行，并要求建设单位履行债务或提供担保，否则有权解除合同，追究赔偿责任。

（3）建设工程合法性调查

按照《中华人民共和国城乡规划法》等法律的规定，在城市规划区域内进行工程建设，招标人应当取得"建设用地规划许可证"和"建设工程规划许可证"。根据《中华人民共和国建筑法》的规定，建筑工程开工前，建设单位必须申领"施工许可证"。无证施工的视为非法，会受到相关行政主管部门的处罚。建筑工程依国务院规定不必领取"施工许可证"的、法定不必申领"施工许可证"的小型工程，以及个人依法建筑并可以不必办理施工许可的，施工方仍需对此情况进行核实，分析其是否符合规定。

（4）工程相关条件调查

施工场地的环境条件（包括气候、地形、地貌、地质等）、人文条件（包括民族、风俗、文教、经济等）、施工条件（包括交通、原材料供应、设备供应、生活供给等），对了解施工的难易程度、确定某些特定条款有很大的作用，必须严格调查。

2. 投标阶段的管理

根据《民法典》中的合同编和《招标投标法》的规定，投标人在投标过程中要注意以下问题：

（1）发布招标文件的行为是要约邀请

投标人要注意分析招标文件中给定的项目性质、技术要求、工程相关条件以及给定的主要合同条款，对其中超出自身条件和可能导致违法违规的条款要特别注意，并在标书中对其进行适当处理。

（2）投标的行为属于签约过程的要约

投标文件的措辞既应避免与招标公告中的意思表示冲突，又应尽量把自己的意思表达出来，而且要为自己留有余地。《招标投标法》一改我国过去以标价为唯一标准的传统模式，转变为按合理最低标价确定中标单位，或者选择尽管不是最低标价，但是综合条件却最能满足项目各项要求的投标单位作为中标单位。因而投标文件的制作应从单纯重标价转移到科学评估项目和充分分析自身优势上来。

（3）投标文件的补充、修改、撤回和撤销

根据《民法典》中的合同编规定，要约在到达受要约人之前可以撤回，在受要约人发出承诺通知前可以撤销；《招标投标法》规定，投标文件在要求提交的截止时间前可以补充修改和撤回。所以，投标文件发出以后，如果对方或自己或市场条件发生了变化，可以依法补充修改或撤回撤销投标文件，从而维护自己的利益。

（4）合同关系的成立

经开标、评标过程，招标人一旦发出中标通知书，意味着承诺的产生，要约一经承诺，合同关系即告成立。《招标投标法》规定，中标通知书对招标人和中标人具有法律效力，中标通知书发出后，招标人改变中标结果的或中标人放弃中标的，要承担法律责任。

3. 签订合同阶段的管理

《民法典》第二百七十条规定，建设工程合同应当采用书面形式。签订书面建设工程合同阶段的风险控制主要是指正确对待格式合同及其格式条款。现实中采用发包方或主管部门印制的合同文本，往往不能注意到具体工程事项的特点，约定死板，过于原则化。一般情况下可根据工程具体情况增加如下条款：合同履行过程中各方约定代表外的其他人的行为效力；窝工时工效下降的计算方式及损失赔偿范围；工程停建、缓建和中间停工时的退场、现场保护、工程移交、结算方法及损失赔偿；工程进度款拖欠情况下的工期处理；工程中间交验或建设单位提前使用的保修问题；工程尾款的支付办法和保证措施等。

以下特别说明建设工程施工合同中几种条款的管理：

(1) 担保条款

在垫资合同或非预付工程款的合同中，应要求发包方提供付款担保。依《中华人民共和国担保法》规定，担保有定金、保证、抵押、质押、留置五种形式。设定担保应注意：必须采用书面形式；担保人有担保资格；抵押应办理登记；明确担保期限、主债务、担保的性质和范围等。

(2) 原材料供应条款

原材料供应有发包方自行采购和承包方采购两种方式。在实践中，还有一种方式，即发包方指定材料供应商，要求承包方必须从该处购买，这种做法是违反《中华人民共和国建筑法》相关规定的。在这种情况下，指定材料供应商提供材料的价格往往高出市场价格，其质量也往往达不到标准，且会导致工程质量责任难以界定的问题。在指定采购的情况下，应该在合同中约定当指定材料供应商供货价格高于市场价格时，承包方有权拒绝指定采购，并有权另行采购；当因供应材料质量不合格导致工程质量存在缺陷时，应合理界定承包方、供应商和发包方的责任。

(3) 合同索赔条款

承、发包双方应做好合同订立的规范工作，明确约定双方的具体权利义务、责任，明确约定索赔的原因、索赔方式、索赔量等。在一方当事人不履行约定义务或履行义务有瑕疵，或不配合不协作时，守约方可以依据索赔条款进行索赔。

4. 工程项目实施阶段的合同管理

工程项目实施阶段的合同管理十分重要，承包商通过前两个阶段的合同管理，能否盈利完全体现在工程项目实施阶段。承包商以合同为最高准则进行一系列的工作，履行自己的义务，达到对工程项目质量、进度、造价三个方面控制的目的。合同签订以后，合同管理人员必须对各级项目管理人员和各工作小组负责人进行合同交底，组织大家学习合同，对合同的主要内容做出解释和说明，使大家熟悉合同中的主要内容、各种规定和管理程序，了解承包人的合同责任和工程范围。同时建立合同的保证体系，以保证合同在实施过程中的一切日常工作有秩序地进行，使工程项目的全部合同事件处于控制之中，保证合同目标的实现。施工合同控制管理工作是实现施工合同目标的有效手段，主要包括以下六个方面：

(1) 制定合同实施目标

施工合同的总目标是满足业主对工程的使用功能等要求。对工程项目来讲，具体分为质量目标、成本目标、工期目标和安全目标。施工合同具体描述了一定范围工程或工作的目标，但合同目标必须通过具体的工程活动才能实现。

(2) 确定施工合同控制的主要内容

成本控制、质量控制、进度控制和安全控制是合同控制的四个大的方面的内容。成本控制的目的是保证按合同计划成本完成工程，防止成本超支和费用增加。质量控制的目的是保证按合同规定的质量完成工程，使工程顺利通过验收，交付使用，达到规定的功能要求。进度控制的目的是按预定进度计划进行施工，按期交付工程，防止承担工期拖延责任。安全控制的目的是按预定的合同安全要求，避免出现人员伤亡和财产损失事故。

（3）选用合同控制方法

合同控制方法分为主动控制和被动控制，应以主动控制为主，同时强化合同被动控制。合同主动控制是预先分析合同目标偏离的可能性，并拟定和采取各项预防性措施，以保证合同计划目标得以实现。例如，进行深入调查，科学进行风险分析，强化协调，制订必备的应急方案等。被动控制是控制者从计划的实际输出中发现偏差，对偏差采取措施及时纠正的控制方法。例如，进行合同实施跟踪，收集信息，找出偏差，分析、纠正偏差等。

（4）合同实施监督

合同实施监督是施工合同管理的日常事务性工作。对合同实施进行监督可以保证施工按合同和合同分析的结果进行。施工合同监督规范管理的工作主要有协调业主、工程师、项目管理各职能人员、所属的各工程小组和分包商之间的工作关系，解决相互之间出现的问题；对各工程小组和分包商进行工作指导或做经常性的合同解释，使工程小组都有全局观念；会同项目管理的有关人员每天检查、监督各工程小组和分包商的合同实施情况；合同管理工作以及进入施工现场后对工程变更进行有效管理。

（5）合同实施跟踪

在工程实施过程中，由于实际情况的复杂性，可能导致合同实施与预定目标偏离。这就需要对合同实施情况跟踪，以便尽早发现并纠正偏离。对合同实施跟踪是判断实际情况与计划情况是否存在差异的主要手段。施工合同实施跟踪的对象主要有具体的施工合同事件、工程小组或分包商的工程和工作、业主和工程师的工作、工程总的实施状况。

（6）合同诊断

在合同跟踪的基础上可进行合同诊断。合同诊断是对合同执行情况的评价、判断和趋向分析、预测。其具体内容主要包括合同执行差异的原因分析、合同差异的责任分析以及合同实施趋向的预测。

工程施工过程中合同管理的重点是抓好合同变更的管理、书函的管理、签证的管理等工作。在履约过程中合同变更是正常的事情，负责履约的管理人员应对这种变更及时进行管理。项目的管理要以工程项目合同条款规定的工期、质量为目标，科学有效地组织施工，在施工过程中完全响应合同，如有与合同条件不符的事项，应及时与业主、监理及设计单位联系，进行商洽并做好记录及办好相应的签证，为工程索赔提供必需的证据。没有足够的文字证据和合同条款依据，施工单位是无法进行索赔的。施工过程的合同管理实际上是对工程成本及费用的管理。对于施工企业来讲，在质量、工期、安全等方面满足合同的条件下，利润的最大化才是企业的最终目标。只有加强施工过程的合同管理，提供合理的增加工程价款的索赔依据，才能达到提高利润的目的。

7.4.7 工程项目施工合同的索赔管理

1. 索赔的概念

索赔是指当事人在合同实施过程中，根据法律、合同规定及惯例，对并非由于自己的过错，而是属于应由对方承担责任的情况造成的，且实际发生了的损失，向对方提出给予补偿或赔偿的权利要求。

索赔有较广泛的含义，可以概括为以下三个方面：

1）一方违约使另一方蒙受损失，受损方向对方提出赔偿损失的要求。

2）发生应由业主承担责任的特殊风险或遇到不利自然条件等情况，使承包人蒙受较大损失而向业主提出补偿损失的要求。

3）承包人本人应当获得的正当利益，由于没能及时得到监理工程师的确认和业主应给予的支付，而以正式函件向业主索赔。

索赔的性质属于经济补偿行为，而不是惩罚。索赔方所受到的损害，与被索赔方的行为并不一定存在法律上的因果关系。索赔是一种正当的权利要求，它是业主、监理工程师和承包人之间一项正常的、大量发生而且普遍存在的合同管理业务，是一种以法律和合同为依据的、合情合理的行为。

2. 工程索赔的分类

工程索赔从不同的角度可以进行不同的分类，但最常见的是按当事人的不同、索赔目的的不同以及索赔事件性质的不同进行分类。

（1）按索赔有关当事人的不同分类

1）承包人同业主之间的索赔。这是承包施工中最普遍的索赔形式，最常见的是承包人向业主提出的工期索赔和费用索赔。有时，业主也向承包人提出经济赔偿的要求，即"反索赔"。

2）总承包人和分包人之间的索赔。总承包人和分包人，按照他们之间所签订的分包合同，都有向对方提出索赔的权利，以维护自己的利益，获得额外开支的经济补偿。分包人向总承包人提出的索赔要求，经过总承包人审核后，凡是属于业主方面责任范围内的事项，均由总承包人汇总后向业主提出；凡是属于总承包人责任范围内的事项，则由总承包人同分包人协商解决。

（2）按索赔目的的不同分类

1）工期索赔。承包人向发包人要求延长工期，合理顺延合同工期。由于合理的工期延长，可以使承包人免于承担误期罚款（或误期损害赔偿金）。

2）费用索赔。承包人要求取得合理的经济补偿，即要求发包人补偿不应该由承包人自己承担的经济损失或额外费用，或者发包人向承包人要求因为承包人违约导致业主的经济损失补偿。

（3）按索赔事件性质的不同分类

根据索赔事件性质的不同，可以将工程索赔分为以下几类：

1）工程延误索赔。因发包人未按合同要求提供施工条件，或因发包人指令工程暂停或不可抗力事件等原因造成工期拖延的，承包人可以向发包人提出索赔；如果由于承包人原因导致工期拖延，发包人可以向承包人提出索赔。

2）加速施工索赔。由于发包人指令承包人加快施工速度、缩短工期，引起承包人的人力、物力、财力的额外开支，承包人提出的索赔。

3）工程变更索赔。由于发包人指令增加或减少工程量或增加附加工程、修改设计、变更工程顺序等，造成工期延长或费用增加，承包人就此提出的索赔。

4）合同终止的索赔。由于发包人违约或发生不可抗力事件等原因造成合同非正常终止，承包人因此遭受经济损失而提出索赔。如果由于承包人的原因导致合同非正常终止，或者合同无法继续履行，发包人可以就此提出索赔。

5）不可预见的不利条件索赔。承包人在工程施工期间，施工现场遇到一个有经验的承包人通常不能合理预见的不利施工条件或外界障碍，如地质条件与发包人提供的资料不符，出现不可预见的地下水、地质断层、溶洞、地下障碍物等，承包人可以就因此遭受的损失提出索赔。

6）不可抗力事件的索赔。工程施工期间，因不可抗力事件的发生而遭受损失的一方，可以根据合同中对不可抗力风险分担的约定，向双方当事人提出索赔。

7）其他索赔。如因货币贬值、汇率变化、物价上涨、政策法令变化等原因引起的索赔。

3. 工程索赔的原因

在建设工程合同实施过程中，可以引起索赔的原因有以下几种：

（1）合同风险分担不均

建设工程合同的风险，理应由双方共同承担，但受"买方市场"规律的制约，合同的风险主要落在承包人一方。作为补偿，法律允许其通过索赔来减少风险，有经验的承包人在签订建设工程合同中事先就会设定自己索赔的权利，一旦条件成熟，就可依据合同约定提起索赔。

（2）施工条件变化

建设工程施工是现场露天作业，现场条件的变化对工程施工影响很大。对于工程地质条件，如地下水、地质断层、熔岩孔洞、地下文物遗址等，发包人提供的勘察资料往往是不完全准确的，预料之外的情况经常发生。不利的自然条件及一些人为的障碍导致设计变更、工期延长和工程成本大幅度增加时，可提起索赔。

（3）监理人指令错误

监理人指令通常表现为监理人指令承包人加速施工、进行某项工作、更换某些材料、采取某种措施或停工等。监理人是受发包人委托进行工程建设监理的，其作用是监督所有工作按合同规定进行，督促承包人和发包人完全合理地履行合同，保证合同顺利实施。为了保证合同工程达到既定目标，监理人可以发布各种必要的现场指令。相应地，因这种指令（包括错误指令）而造成的成本增加和（或）工期延误，承包人有权进行索赔。

（4）工程变更

在建设工程施工过程中，发包人或监理人为确保工程质量及进度，或由于其他原因，往往会发出更换建筑材料、增加新的工作、加快施工进度或暂停施工等相关指令，造成工程不能按原定设计及计划进行，并使工期延长、费用增加，此时，承包人可提出索赔要求。

（5）工期拖延

在工程施工中，由于天气、水文或地质等原因的影响，使施工无法正常进行，从而导致工期延误、费用增加时，可提起索赔。

（6）发包人违约

当发包人未按合同约定提供施工条件及未按时支付工程款，监理人未按规定时间提交施工图、指令及批复意见等违约行为发生时，承包人可提起索赔。

（7）合同缺陷

由于合同约定不清，或合同文件中出现错误、矛盾、遗漏的情况时，承包人应按发包人或监理人的解释执行，但可对因此而增加的费用及工期提出索赔。

（8）其他承包人干扰

其他承包人干扰通常是指其他承包人未能按时、有序进行并完成某项工作，各承包人之间配合协调不好等而给本承包人的工作带来的干扰。大中型土木工程，往往会有若干承包人在现场施工。由于各承包人之间没有合同关系，监理人作为发包人的委托人，有责任组织协调好各个承包人之间的工作。否则，将会给整个工程和各承包人的工作带来严重的影响，引起承包人索赔。例如，某承包人不能按期完成其工作，其他承包人的相应工作也会因此延误。在这种情况下，被迫延迟的承包人就有权向发包人提出索赔。在其他方面，如场地使用、现场交通等，各承包人之间也都有可能发生相互干扰的问题。

（9）国家法令的变更

国家有关法律、政策的变更是当事人无法预见和左右但又必须执行的。当有关法律和政策的变更造成承包人损失时，如法定休息日增加、进口限制、税率提高等，承包人都可以提出索赔并理应得到赔偿。

（10）其他第三方的原因

其他第三方的原因通常表现为因与工程有关的其他第三方的问题而引起的对本工程的不利影响。例如，发包人在规定时间内按规定方式向银行寄出了要求向承包人支付款项的付款申请，但由于邮递延误，银行迟迟没有收到该付款申请，因而导致承包人没有在合同规定的期限内收到工程款。在这种情况下，承包人往往会向发包人索赔；对于第三方原因造成的索赔，发包人给予补偿之后，应根据其与第三方签订的合同或有关法律规定再向第三方追偿。

（11）其他情况

其他情况，如不可抗力的发生、因发包人原因造成的暂停施工或终止合同等，都可成为索赔的起因。

4. 施工索赔的依据

1）招标文件、合同文件及附件等资料。例如，招标文件、中标人的投标文件、工程施工合同及附件、中标通知书、发包方认可的施工组织设计、工程图、技术规范，以及发包人提供的水文地质资料、地下管网资料、红线图、坐标控制点资料等。

2）往来的书面文件。例如，发包方的变更指令、各种认可信、通知、对承包方问题的答复信等。这些文件内容常常包括某一时期工程进展情况的总结，以及与工程有关的当事人及具体事项。这些文件的签发日期对计算工程延误时间具有参考价值。

3）施工合同协议书及附属文件。

4）业主或监理签认的认证。例如，承包人要求预付通知、工程量确认单。

5）施工现场记录。例如，施工日志、施工检查记录、工时记录、质量检查记录、设备或材料使用记录、施工进度记录或者工程照片、录像等。对于重要记录，如质量检查、验收记录，还应有现场监理或现场监理员的签名。

6）工程会议记录。建设单位（发包方）与承包方、总承包方与分包方之间召开现场会议，讨论工程情况的记录。

7）气象资料、工程检查验收报告和各种技术鉴定报告，工程中送停电、送停水、道路开通和封闭的记录和证明。

8）工程财务资料。一般包括施工进度款支付申请单，工人工资单，工人分布记录，材料、设备、配件等的采购单，付款收据、收款单据，工地开支报告，会计报表，会计总账，批准的财务报告，会计往来信函及文件，通用货币汇率变化表等。

9）工程检查和验收报告。由监理工程师签字的工程检查和验收报告反映某一单项工程在某一特定阶段竣工的进度,并汇录了该单项工程竣工和验收的时间。

10) 国家法律、法令、政策文件。

5. 常见的承包人提出的索赔事件

在施工合同履行过程中,承包人的索赔内容主要包括以下几个方面:

1) 发包人没有按合同规定交付设计文件,致使工程延期。在施工合同履行过程中由于上述原因引起索赔的情况经常发生,如发包人延迟交付设计资料、设计图,提供的资料有误或合同规定应一次性交付时,发包人分批交付等。

2) 发包人没按合同规定的日期交付施工场地、行驶的道路,接通水电等,使承包人的施工人员和设备不能进场,工程不能按期开工而延误工期。

3) 不利的自然条件与客观障碍。不利的自然条件和客观障碍是指一般有经验的承包人无法合理预料到的不利的自然条件和客观障碍。不利的自然条件中不包括气候条件,而是指投标时经过现场调查及根据发包人所提供的资料都无法预料到的其他不利自然条件,如地下水、地质断层、溶洞、沉陷等。客观障碍是指经现场调查无法发现、发包人提供的资料中也未提到的地下人工建筑物及其他客观存在的障碍物,如下水道、公共设施、坑、井、隧道、废弃的旧建筑物、其他水泥砖砌物以及埋在地下的树木等。由于不利的自然条件及客观障碍,常常导致设计变更、工期延长或成本大幅度增加。

4) 发包人或监理人发布指令改变原合同规定的施工顺序,打乱施工部署。

5) 工程变更。在合同履行过程中,发包人或监理人指令增加、减少或删除部分工程,或指令提高工程质量标准、变更施工顺序等,造成工期延长和费用增加。注意,由于工程变更减少了工作量,也要进行索赔。

6) 附加工程。在施工合同履行过程中,发包人指令增加附加工程项目,要求承包人提供合同规定以外的服务项目。

7) 由于设计变更或设计错误,发包人或监理人错误的指令造成工程修改、报废及返工、窝工等。由于发包人和监理人原因造成的临时停工或施工中断,特别是根据发包人和监理人不合理指令造成了工效的大幅度降低,从而导致费用支出增加,承包人可提出索赔。

8) 由于非承包人的原因,发包人或监理人指令终止合同施工。由于发包人不正当地终止工程,承包人有权要求赔偿损失,其数额是承包人在被终止工程上的人工、材料、机械设备的全部支出,以及各项管理费用、保险费、贷款利息、保函费用的支出(减去已结算的工程款),并有权要求赔偿承包人的盈利损失。

9) 由于发包人或监理人的特殊要求,如指令承包人进行合同规定以外的检查、试验,造成工程损坏或费用增加,而最终承包人的工程质量符合合同要求的。

10) 发包人拖延合同责任范围内的工作,造成工程停工。例如,发包人拖延施工图的批准,拖延隐蔽工程验收,拖延对承包人所提问题的答复,造成工程停工。

11) 发包人未按合同规定的时间和数量支付工程款。一般合同中都有支付预付款和工程款的时间限制及延期付款计息的利率要求。如果发包人不按时支付,承包人可据此规定向发包人索要拖欠的款项并索赔利息,督促发包人迅速偿付。对于严重拖欠工程款,导致承包人资金周转困难,影响工程进度,甚至引起终止合同的严重后果,承包人则必须严肃地提出索赔。

12) 合同缺陷。合同缺陷常常表现为合同文件规定不严谨甚至前后矛盾、合同规定过于笼统、合同中的遗漏或错误。这不仅包括商务条款中的缺陷，也包括技术规范和施工图中的缺陷。在这种情况下，一般监理人有权做出解释，但如果承包人执行监理人的解释后引起成本增加或工期延长，则承包人可以索赔，监理人应给予证明，发包人应给予补偿。一般情况下，发包人作为合同起草人，要对合同中的缺陷负责，除非其中有非常明显的含糊或其他缺陷，根据法律可以推定承包人有义务在投标前发现并及时向发包人指出的。

13）物价大幅度上涨。由于物价的上涨，引起人工费、材料费、施工机械费的不断增加，导致工程成本大幅度上升，承包人的利润受到严重影响，承包人可以提出索赔要求。

14）国家法令和计划修改，如提高工资税、海关税等。国家政策及法律法规变更，通常是指直接影响工程造价的某些政策及法律法规的变更，如税收及其他收费标准的提高。因国务院各有关部门、各级建设行政主管部门或其授权的工程造价管理部门公布的价格调整，如定额、取费标准、税收率等，可以调整合同价款；如未予调整，承包人可以要求索赔。

15）在保修期间，由于发包人使用不当或其他非承包人施工质量原因造成损坏，发包人要求承包人予以修理。

16）发包人在验收前或交付使用前，使用已完或未完工程，造成工程损坏。

17）不可抗力的发生，对承包人的工期和成本造成了影响。

18）发包人应该承担的风险发生。由于发包人承担的风险发生而导致承包人的费用损失时，承包人可据此提出索赔。许多合同规定，承包人不仅对由此而造成工程、发包人或第三人的财产的破坏和损失及人身伤亡不承担责任，而且发包人应保护和保障承包人不受上述特殊风险后果的损害，并免于承担由此而引起的与之有关的一切索赔、诉讼及其费用，而且承包人还可以得到由此损害引起的任何永久性工程及其材料的付款与合理的利润，以及一切修复费用、重建费用及上述特殊风险而导致的费用增加。如果由于特殊风险而导致合同终止，承包人除可以获得应付的一切工程款和损失费用外，还可以获得施工机械设备的撤离费用和人员遣返费用等。

6. 索赔程序

从总体上看，索赔一般分为承包人处理阶段和监理工程师处理阶段。一般索赔流程如图 7-5 所示。

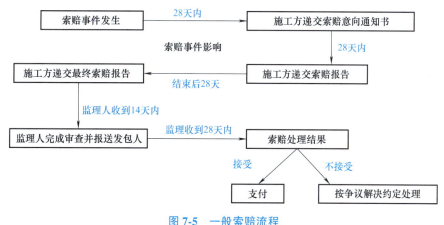

图 7-5　一般索赔流程

（1）承包人处理阶段

1）承包人应在知道或应当知道索赔事件发生后 28 天内向监理人递交索赔意向通知书，并说明发生索赔事件的事由；承包人未在前述 28 天内发出索赔意向通知书的，丧失要求追加付款和（或）延长工期的权利。

2）承包人应在发出索赔意向通知书后 28 天内向监理人正式递交索赔报告，索赔报告应详细说明索赔理由，以及要求追加的付款金额和（或）延长的工期，并附必要的记录和证明材料。

3）索赔事件具有持续影响的，承包人应按合理时间间隔继续递交延续索赔通知，说明持续影响的实际情况和记录，列出累计的追加付款金额和（或）工期延长天数。

4）承包人应在索赔事件影响结束后 28 天内向监理人递交最终索赔报告，说明最终要求索赔的追加付款金额和（或）延长的工期，并附必要的记录和证明材料。

（2）监理工程师处理阶段

1）监理人应在收到索赔报告后 14 天内完成审查并报送发包人。监理人对索赔报告存在异议的，有权要求承包人提交全部原始记录副本。

2）发包人应在监理人收到索赔报告或有关索赔的进一步证明材料后的 28 天内，由监理人向承包人出具经发包人签认的索赔处理结果。发包人逾期答复的，则视为认可承包人的索赔要求。

3）承包人接受索赔处理结果的，索赔款项在当期进度款中进行支付；承包人不接受索赔处理结果的，按照"争议解决"约定处理。以上为索赔的内部处理阶段，递交最终索赔报告后，即进入索赔解决阶段。

（3）发包人的索赔

根据合同约定，发包人认为有权得到赔付金额和（或）延长缺陷责任期的，监理人应向承包人发出通知并附详细的证明。发包人应在知道或应当知道索赔事件发生后 28 天内，通过监理人向承包人提出索赔意向通知书；发包人未在前述 28 天内发出索赔意向通知书的，丧失要求赔付金额和（或）延长缺陷责任期的权利。发包人应在发出索赔意向通知书后 28 天内，通过监理人向承包人正式递交索赔报告。

（4）对发包人索赔的处理

1）承包人收到发包人提交的索赔报告后，应及时审查索赔报告的内容，查验发包人的证明材料。

2）承包人应在收到索赔报告或有关索赔的进一步证明材料后 28 天内，将索赔处理结果答复发包人。如果承包人未在上述期限内做出答复的，则视为对发包人索赔要求的认可。

3）承包人接受索赔处理结果的，发包人可从应支付给承包人的合同价款中扣除赔付的金额或延长缺陷责任期；发包人不接受索赔处理结果的，按"争议解决"的约定处理。

（5）提出索赔的期限

1）承包人按"竣工结算审核"的约定接收竣工付款证书后，应被视为已无权再提出在工程接收证书颁发前所发生的任何索赔。

2）承包人按"最终结清"约定提交的最终结清申请单中，只限于提出工程接收证书颁发后发生的索赔。提出索赔的期限自接受最终结清证书时终止。

7.5 案例分析

案例一　某事业单位建设工程项目的招标投标

背景：某事业单位（以下称招标单位）建设某工程项目，该项目受自然地域环境限制，拟采用公开招标的方式进行招标。该项目初步设计及概算应当履行的审批手续，已经批准；资金来源尚未落实；有招标所需的设计图及技术资料。考虑到参加投标的施工企业来自各地，招标单位委托咨询单位编制了两个标底，分别用于对本市和外省市施工企业的评标。招标公告发布后，有10家施工企业做出响应。在资格预审阶段，招标单位对投标单位的企业概况、近3年完成工程情况、目前正在履行的合同情况、资源方面的情况等进行了审查。其中一家本地公司提交的资质等材料齐全，有项目负责人签字、单位盖章。招标单位认定其具备投标资格。某投标单位收到招标文件后，分别于第5天和第10天对招标文件中的几处疑问，以书面形式向招标单位提出。招标单位以提出疑问不及时为由拒绝做出说明。在投标过程中，因了解到招标单位对本市和外省市的投标单位区别对待，8家投标单位退出了投标。招标单位经研究决定，招标继续进行。剩余的投标单位在招标文件要求提交投标文件的截止日前，对投标文件进行了补充、修改。招标单位拒绝接受补充、修改的部分。

问题：该工程项目施工招标投标程序在哪些方面存在不妥之处？应如何处理（请逐一说明）？

分析：该工程项目施工招标投标程序存在诸多不妥之处。

1）招标单位采用的招标方式不妥。受自然地域环境限制的工程项目，宜采用邀请招标的方式进行招标。

2）该工程项目尚不具备招标条件。依法必须招标的工程建设项目，应当具备下列条件才能进行施工招标：

① 招标人已经依法成立。

② 初步设计及概算应当履行审批手续的，已经批准。

③ 招标范围、招标方式和招标组织形式等应当履行核准手续的，已经核准。

④ 有相应资金或资金来源已经落实。

⑤ 有招标所需的设计图及技术资料。

3）招标单位编制两个标底不妥。标底由招标单位自行编制或委托中介机构编制。一个工程只能编制一个标底。

4）资格预审的内容存在不妥。招标单位应对投标单位近3年完成工程情况进行审查。

5）招标单位对上述提及的本地公司具备投标资格的认定不妥。投标单位提交的资质等资料应由法人代表签字盖章。

6）招标单位以提出疑问不及时为由拒绝做出说明不妥。投标单位对招标文件中的疑问，应在收到招标文件后的7日内以书面形式向招标单位提出。对于投标单位第10天提出的书面疑问，招标单位有权拒绝说明。

7）招标单位决定招标继续进行不妥。提交投标文件的投标单位少于3个的，招标人应当依法重新招标。重新招标后投标人仍少于3个的，属于必须审批的工程建设项目，报经原审批部门批准后可以不再进行招标；其他工程建设项目，招标人可自行决定不再进行招标。

8）招标单位对投标单位补充、修改投标文件拒绝接受不妥。投标单位在招标文件要求提交投标文件的截止日前，可以对投标文件进行补充、修改。该补充、修改的内容，为投标文件的组成部分。

案例二　某国有资金参股的办公楼建设工程项目招标投标过程分析

背景： 某国有资金参股的办公楼建设工程项目，经过相关部门批准拟采用邀请招标方式进行施工招标。招标人于2016年10月8日向具备承担该项目能力的A、B、C、D、E五家投标人发出投标邀请书，其中说明，10月12—18日9至16时在该招标人办公室领取招标文件，11月8日14时为投标截止时间。该五家投标人均接受邀请，并按规定时间提交了投标文件。但投标人A在送出投标文件后发现报价估算有较严重的失误，遂赶在投标截止时间前10分钟递交了一份书面声明，撤回已提交的投标文件。

开标时，由招标人委托的市公证处人员检查投标文件的密封情况，确认无误后，由工作人员当众拆封。由于投标人A已撤回投标文件，故招标人宣布有B、C、D、E四家投标人投标，并宣读该四家投标人的投标价格、工期和其他主要内容。

评标委员会委员全部由招标人直接确定，共由7人组成，其中招标人代表2人，本系统技术专家2人、经济专家1人，外系统技术专家1人、经济专家1人。在评标过程中，评标委员会要求B、D两个投标人分别对其施工方案做详细说明，并对若干技术要点和难点提出问题，要求其提出具体、可靠的实施措施。作为评标委员的招标人代表希望投标人B再适当考虑一下降低报价的可能性。按照招标文件中确定的综合评标标准，4个投标人综合得分从高到低的顺序依次为B、D、C、E，故评标委员会确定投标人B为中标人。投标人B为外地企业，招标人于11月20日将中标通知书以挂号方式寄出，投标人B于11月24日收到中标通知书。由于从报价情况来看，4个投标人的报价从低到高的顺序依次为D、C、B、E。因此，从11月26日至12月21日招标人又与投标人B就合同价格进行了多次谈判，结果投标人B将价格降到略低于投标人C的报价水平，最终双方于12月22日签订了书面合同。

问题：

1. 从招标投标的性质来看，本案例中的要约邀请、要约和承诺的具体表现是什么？

2. 从所介绍的背景资料来看，在该项目的招标投标程序中有哪些不妥之处？请逐一列出。

分析：

1. 在本案例中，要约邀请是招标人的投标邀请书，要约是投标人的投标文件，承诺是招标人发出的中标通知书。

2. 在该项目招标投标程序中有以下不妥之处：

1）"招标人宣布B、C、D、E四家投标人参加投标"不妥，因为投标人A虽然已撤回投标文件，但仍应作为投标人加以宣布。

2）"评标委员会委员全部由招标人直接确定"不妥，因为在7名评标委员中招标人只可选派 2 名相当专家资质人员参加评标委员会；对于智能化办公楼项目，除了有特殊要求的专家可由招标人直接确定之外，其他专家均应采取（从专家库中）随机抽取方式确定评标委员会委员。

3）"评标委员会要求投标人提出具体、可靠的实施措施"不妥，因为按规定，评标委员会可以要求投标人对投标文件中含义不明确的内容做必要的澄清或者说明，但是澄清或者说明不得超出投标文件的范围或者改变投标文件的实质性内容，因此不能要求投标人就实质性内容进行补充。

4）"作为评标委员的招标人代表希望投标人 B 再适当考虑一下降低报价的可能性"不妥，因为在确定中标人前，招标人不得与投标人就投标价格、投标方案的实质性内容进行谈判。

5）对"评标委员会确定投标人 B 为中标人"要进行分析。如果招标人授权评标委员会直接确定中标人，由评标委员会定标是对的；否则，就是错误的。

6）"中标通知书发出后招标人与中标人就合同价格进行谈判"不妥，因为招标人和中标人应按照招标文件和投标文件订立书面合同，不得再行订立背离合同实质性内容的其他协议。

7）订立书面合同的时间不妥，因为招标人和中标人应当自中标通知书发出之日（不是中标人收到中标通知书之日）起 30 日内订立书面合同，而本案例为 32 日。

案例三　某项工业建筑的地基强夯处理与基础工程施工合同

背景：某项工业建筑的地基强夯处理与基础工程施工合同，在开挖土方过程中，有两项重大事件使工期发生较大的拖延：

一是土方开挖时遇到了一些工程地质勘探没有探明的孤石，排除孤石拖延了一定的时间。

二是施工过程中遇到数天季节性大雨后又转为特大暴雨引起山洪暴发，造成现场临时道路、管网和施工用房等设施以及已施工的部分基础被冲坏，施工设备损坏，运进现场的部分材料被冲走，乙方数名施工人员受伤，雨后乙方用了很多工时清理现场和恢复施工条件。为此，乙方按照索赔程序提出了延长工期和费用补偿要求。

问题：造价工程师应如何审理？

分析：

对处理孤石引起的索赔，这是预先无法估计的地质条件变化，属于甲方应承担的风险，应给予乙方工期顺延和费用补偿。

对于天气条件变化引起的索赔应分两种情况处理：

1）对于前期的季节性大雨，这是一个有经验的承包商预先能够合理估计的因素，应在合同工期内考虑，由此造成的时间和费用损失不能给予补偿。

2）对于后期特大暴雨引起的山洪暴发，不能视为一个有经验的承包商预先能够合理估计的因素，应按不可抗力处理由此引起的索赔问题。

被冲坏的现场临时道路、管网和施工用房等设施以及已施工的部分基础，被冲走的部分材料，清理现场和恢复施工条件等经济损失应由甲方承担；损坏的施工设备，受伤的施工人员以及由此造成的人员窝工和设备闲置等经济损失应由乙方承担；工期顺延。

案例四　成本加酬金合同

背景：某市因传染疫情严重，为了使传染病人得到及时隔离治疗，临时将郊区的一座疗养院改为传染病医院，投资概算为2500万元。因情况危急，建设单位决定邀请三家有医院施工经验的一级施工总承包企业进行竞标，设计和施工同时进行，采用了成本加酬金的合同形式。通过谈判，建设单位选定一家施工企业，按实际成本加15%的酬金比例进行工程价款的结算，工期为40天。合同签订后，因时间紧迫，施工单位加班加点赶工期，工程实际支出为2800万元，建设单位不愿承担多出概算的300万元。

问题：
1. 该工程采用成本加酬金的合同形式是否合适？为什么？
2. 成本增加的风险应由谁来承担？
3. 采用成本加酬金合同的不足之处是什么？

分析：
1. 本工程采用成本加酬金的合同形式是合适的。因工程紧迫，设计图尚未出来，工程造价无法准确计算。
2. 该项目的风险应由建设单位来承担。在成本加酬金合同中，建设单位需承担项目发生的实际费用，也就承担了项目的全部风险，施工单位只是按15%提取酬金，无须承担责任。
3. 工程总价不容易控制，建设单位承担了全部风险；施工单位往往不注意降低成本；施工单位的酬金一般较低。

案例五　报价技巧的应用分析

背景：某投标人通过资格预审后，对招标文件进行了仔细分析，发现招标人所提出的工期要求过于苛刻，且合同条款中规定每拖延1天逾期违约金为合同价的1‰。若要保证实现该工期要求，必须采取特殊措施，从而大大增加成本；还发现原设计结构方案采用框架剪力墙体系过于保守。因此，该投标人在投标文件中说明招标人的工期要求难以实现，因而按自己认为的合理工期（比招标人要求的工期增加6个月）编制施工进度计划并据此报价；还建议将框架剪力墙体系改为框架体系，并对这两种结构体系进行了技术经济分析和比较，证明框架体系不仅能保证工程结构的可靠性和安全性、增加使用面积、提高空间利用的灵活性，而且可降低造价约3%，并按照框架剪力墙体系和框架体系分别报价。该投标人将技术标和商务标分别封装，在封口处加盖本单位公章和项目经理签字后，在投标截止日期前1天上午将投标文件报送招标人。次日（即投标截止日当天）下午，在规定的开标时间前1小时，该投标人又递交了一份补充材料，其中声明将原报价降低4%。但是，招标人的有关工作人员认为，根据国际上"一标一投"的惯例，一个投标人不得递交两份投标文件，因而拒收该投标人的补充材料。

问题：

1. 该投标人运用了哪几种报价技巧？其运用是否得当？请逐一加以说明。

2. 从所介绍的背景资料来看，在该项目招标程序中存在哪些不妥之处？请分别做简单说明。

分析：

1. 该投标人运用了三种报价技巧，即多方案报价法、增加建议方案法和突然降价法。其中，多方案报价法运用不当，因为运用该报价技巧时，必须对原方案（本案例指招标人的工期要求）报价，而该投标人在投标时仅说明了该工期要求难以实现，却并未报出相应的投标价。增加建议方案法运用得当，通过对两个结构体系方案的技术经济分析和比较，论证了建议方案（框架体系）的技术可行性和经济合理性，对招标人有很强的说服力，并按照框架剪力墙和框架体系分别报价。突然降价法也运用得当，原投标文件的递交时间比规定的投标截止时间仅提前1天多，这既是符合常理的，又为竞争对手调整、确定最终报价留有一定的时间，起到了迷惑竞争对手的作用。若提前时间太多，会引起竞争对手的怀疑，而在开标前1小时突然交一份补充文件，这时竞争对手已不可能再调整报价了。

2. 该项目招标程序中存在以下不妥之处："招标单位的有关工作人员拒收投标人的补充材料"不妥，因为投标人在投标截止时间之前所递交的任何正式书面文件都是有效文件，都是投标文件的有效组成部分，也就是说，补充文件与原投标文件共同构成一份投标文件，而不是两份相互独立的投标文件。

案例六　不平衡报价法的应用

背景： 某承包商参与某高层商用办公楼土建工程的投标。为了既不影响中标，又能在中标后取得较好的收益，决定采用不平衡报价法对原估计做适当调整，具体数字见表7-5与表7-6。现假设桩基围护工程、主体结构工程、装饰工程的工期分别为4个月、12个月、8个月，贷款月利率为1%，现值系数见表7-6，并假设各分部工程每月完成的工程量相同且能按月度及时收到工程款（不考虑工程款结算所需要的时间）。

表7-5　报价调整前后对比　　　　　　　　　　　　　　　　（单位：万元）

	桩基围护工程	主体结构工程	装饰工程	总　价
调整前（投标估价）	1 480	6 600	7 200	15 280
调整后（正式报价）	1 600	7 200	6 480	15 280

表7-6　现值系数

n	4	8	12	16
$(P/A, 1\%, n)$	3.902 0	7.651 7	11.255 1	14.717 9
$(P/F, 1\%, n)$	0.961 0	0.923 5	0.887 4	0.852 8

问题：

1. 该承包商所运用的不平衡报价法是否恰当？为什么？

2. 采用不平衡报价法后，该承包商所得工程款的现值比原估价增加多少？（以开工日期为折现点）？

分析：

1. 恰当。因为不平衡报价法的基本原理是在总价不变的前提下，调整分项工程的单价。通常对前期完成的工程、工程量可能增加的工程、计日工等项目，原估单价调高，反之则调低。该工程承包商是将属于前期工程的桩基围护工程和主体结构工程的单价调高，而将属于后期工程的装饰工程的单价调低，可以在施工的早期阶段收到较多的工程款，从而可以提高承包商所得工程款的现值；而且，这三类工程单价的调整幅度均在±10%以内，属于合理范围。

2. 计算单价调整前后的工程款现值。

1) 单价调整前的工程款现值：桩基围护工程每月工程款 $A_1 = 1\,480 \div 4$ 万元 $= 370$ 万元；主体结构工程每月工程款 $A_2 = 6\,600 \div 12$ 万元 $= 550$ 万元；装饰工程每月工程款 $A_3 = 7\,200 \div 8$ 万元 $= 900$ 万元，则单价调整前的工程款现值：

$PV_0 = A_1(P/A, 1\%, 4) + A_2(P/A, 1\%, 12)(P/F, 1\%, 4) + A_3(P/A, 1\%, 8)(P/F, 1\%, 16)$

$= (370 \times 3.902\,0 + 550 \times 11.255\,1 \times 0.961\,0 + 900 \times 7.651\,7 \times 0.852\,8)$ 万元

$= (1\,443.74 + 5\,948.88 + 5\,872.83)$ 万元

$= 13\,265.45$ 万元

2) 单价调整后的工程款现值。桩基围护工程每月工程款 $A_1' = 1\,600 \div 4$ 万元 $= 400$ 万元；主体结构工程每月工程款 $A_2' = 7\,200 \div 4$ 万元 $= 600$ 万元；装饰工程每月工程款 $A_3' = 6\,480 \div 8$ 万元 $= 810$ 万元，则单价调整后的工程款现值为

$PV' = A_1'(P/A, 1\%, 4) + A_2'(P/A, 1\%, 12)(P/F, 1\%, 4) + A_3'(P/A, 1\%, 8)(P/F, 1\%, 16)$

$= (400 \times 3.902\,0 + 600 \times 11.255\,1 \times 0.961\,0 + 810 \times 7.651\,7 \times 0.852\,8)$ 万元

$= (1\,560.80 + 6\,489.69 + 5\,285.55)$ 万元

$= 13\,336.04$ 万元

3) 两者的差额。$PV' - PV_0 = (13\,336.04 - 13\,265.45)$ 万元 $= 70.59$ 万元，因此，采用不平衡报价法后，该承包商所得工程款的现值比原估价增加 70.59 万元。

复习思考题

1. 简述工程招标投标的强制招标的范围。
2. 工程施工公开招标的程序是什么？
3. 我国建设工程招标投标活动应遵循哪些基本原则？
4. 简述建设工程投标程序。
5. 什么是不平衡报价法？如何应用不平衡报价法？

6. 论述常用的投标报价技巧。
7. 简述工程项目施工合同的分类。
8. 工程项目合同的特点是什么？
9. 工程项目施工索赔的原因有哪些？
10. 工程项目施工索赔的程序是什么？

第 8 章

工程项目质量管理

本章知识要点与学习要求

序　号	知 识 要 点	学 习 要 求
1	质量管理概述及发展阶段	熟悉
2	质量管理的相关理论	掌握
3	质量管理方法和工具	掌握
4	质量管理体系和质量认证方法	掌握
5	项目质量管理理论及方法	掌握

8.1　质量管理概述

国际标准 ISO 9000 体系中对质量的定义：一组固有特性满足要求的程度。美国质量管理专家朱兰认为质量就是适用性。

关于质量管理，约瑟夫·M. 朱兰（Joseph M. Juran）指出：任何组织的基本任务就是提供满足顾客要求的产品，包括服务。在 ISO 9000 体系文件中，将质量管理定义为：在质量方面指挥和控制组织的协调活动。

8.1.1　质量管理发展历程

随着近现代工业革命的发展，手工业者和小作坊解体，工厂体制形成，在工厂进行批量生产时，如何标准化，如何提高制造和测量精度等问题逐步被提出，质量管理作为一门科学随之诞生。

在 20 世纪，质量管理的发展与生产力水平、科学技术、管理科学化和现代化的发展密不可分，质量管理的发展大致经历了以下三个阶段：

1. 检验质量阶段

20 世纪初，人们对质量管理的理解还只限于质量的检验。质量检验所使用的手段是各种检测设备和仪表，方式是严格把关，进行百分之百的检验。20 世纪 40 年代初期，国外绝大多数企业仍处于"检验质量管理"阶段。1977 年以前，我国绝大多数企业也处于这个发展阶段。

1911年，美国出现了以弗雷德里克·温斯洛·泰勒（Frederick Winslow Taylor）为代表的"科学管理运动"。"科学管理"提出了在人员中进行科学分工的要求，并将计划职能与执行职能分开，中间再加一个检验环节，以便监督、检查对计划、设计、产品标准等项目的贯彻执行。这就是说，计划设计、生产操作、检查监督各有专人负责，从而产生了一支专职检查队伍，构成了一个专职的检查部门，这样质量检验机构就被独立出来了。起初，人们非常强调工长在保证质量方面的作用，故这个质量管理阶段被称为"工长的质量管理"。后来，这一职能又由工长转移到专职检验人员实施质量检验，又被称为"检验员的质量管理"。

该阶段代表性人物：弗雷德里克·温斯洛·泰勒（Frederick Winslow Taylor，1856年3月20日—1915年3月21日），美国著名管理学家，经济学家，被后世称为"科学管理之父"。

该阶段的特点是：只注重对产品质量特征的检验；属于"事后检验"的工作方式，无法提前预防，发生质量问题甚至很难补救；采用百分百全检的方式，在经济上不合理，尤其是当产品批量较大时；在技术上也不完全可行。这些问题推动了统计学原理和技术在质量管理中的应用。

2. 统计质量控制阶段

统计质量控制阶段是从20世纪20年代开始的。随着社会产品批量增加、生产规模扩大，采用早先的事后检验方法进行质量管理的弊端越来越突出。为此，一些著名的质量管理学家和统计专家开始进行新的探索。著名的事件就是，在第一次世界大战后期，为了在短时期内解决如何制造美国300万参战士兵的军装问题，沃特·阿曼德·休哈特（Walter A. Shewhart）根据正态分布原理，建议将军装按十种规格、不同尺寸加工不同的数量。美国国防部采纳了他的建议，结果制成的军装基本符合士兵体形的要求，统计方法在质量控制中的应用取得了巨大的成功。

该阶段代表性人物：沃特·阿曼德·休哈特（Walter A. Shewhart）（1891年3月18日—1967年3月11日）是现代质量管理的奠基者，美国工程师、统计学家、管理咨询顾问，被人们尊称为"统计质量控制（SQC）之父"。

1924年，休哈特提出了控制和预防缺陷的概念，并成功地创造了"控制图"这种质量控制手段，把数理统计方法引入质量管理中，他认为质量管理不仅要搞"事后检验"，而且要搞"事先预防"——在发现有不合格产品的先兆时就进行分析改进，从而预防不合格产品的产生。控制图就是运用数理统计原理进行这种预防的工具。因此，控制图的出现，是质量管理从单纯事后检验转入检验加预防的标志，也是形成一门独立学科的开始。第一本正式出版的质量管理科学专著就是1931年休哈特出版的《工业产品质量的经济控制》。

1929年，贝尔研究所的道奇（H. F. Dodge）和罗米格（H. G. Romig）提出了统计抽样方法，设计并使用"抽样检验表"，解决了破坏性抽样检验如何保证产品质量的问题，节约了检验费用。这是数理统计方法开始在质量管理领域的应用。

第二次世界大战开始以后，统计质量管理才得到了广泛应用。由于战争的需要，美国军工生产急剧发展，为了提高武器弹药的质量，美国军政部门组织一批专家和工程技术人员，于1941年—1942年先后制定并公布了Z1.1《质量管理指南》、Z1.2《数据分析用控制图》、Z1.3《生产过程中质量管理控制图法》，强制生产武器弹药的厂商推行，并收到了显著效果。第二次世界大战以后，从军工到民用，从美国到世界各国，统计质量管理的方法得到广泛应用，统计质量管理的效果也得到了普遍的承认。

这一阶段的特征是数理统计方法与质量管理的结合，该阶段质量管理工作属于"事前预防"。统计质量控制方法的推行，使质量管理的职能由专职检验人员转移给专业的质量控制工程师承担，这标志着将事后检验的观念改变为预测质量事故的发生并加以预防的观念。

统计质量管理也存在着缺陷，它过分强调质量控制的统计方法，使人们误认为"质量管理就是统计方法""质量管理是统计专家的事""数理统计方法过于深奥"，使大多数人都产生畏惧心理。同时，它对质量的控制和管理只局限于制造和检验部门，忽视了其他部门的工作对质量的影响。这样就不能充分发挥各个部门和广大员工的积极性，制约了它的推广和运用。这些问题的解决，又把质量管理的工作推进到一个新的阶段。

3. 全面质量管理阶段

这一阶段是从20世纪60年代开始的，可以说一直延续至今。从统计质量控制阶段发展到全面质量管理阶段，这是质量管理的又一重大进步。全面质量管理从系统和全局出发，不仅从生产过程入手，而且还全面考虑其他一些过程、环节和因素，更能适应现代市场竞争和现代化大生产对质量管理多方位、整体性、综合性的客观要求。

20世纪50年代以来，随着社会生产力的迅速发展、科学技术的日新月异、产品更新换代的加速、市场竞争的加剧，以及社会经济、文化等方面的发展变化，人们对产品质量和质量管理方面的要求与期望也出现了许多新的情况。

1）人们对产品质量的要求更高、更广泛了，除了注重产品的一般性能外，又增加了对可靠性、安全性、经济性的要求。

2）在企业管理中广泛地应用了系统分析的概念。它要求用系统的观点来分析研究产品质量和质量管理。

3）在管理理论方面更加"重视人的因素"，强调"参与管理"。

4）"保护消费者利益"运动的兴起。1960年，美国、英国、奥地利、比利时等国的消费者组织在荷兰海牙正式成立了国际消费者组织联盟。1983年，国际消费者组织联盟确定每年的3月15日为"国际消费者权益日"。我国于1984年12月26日经国务院批准正式成立了中国消费者协会,从此保护消费者权益的活动在我国得到了迅速发展。

5)随着国际市场竞争的加剧,各国企业为了参与竞争都纷纷提出"产品责任"和"质量保证"等许诺。

正是基于这样的历史背景和经济发展的客观要求,美国通用电器公司质量总经理阿曼德·费根堡姆和质量管理专家约瑟夫·M.朱兰等人先后提出了新的质量管理观点,即全面质量管理的观点。

该阶段代表性人物之一:约瑟夫·M. 朱兰(Joseph M. Juran)(1904年12月24日—2008年2月28日),被称为质量管理大师。因"朱兰三部曲"而闻名。

1951年,朱兰编著和出版了《朱兰质量控制手册》第1版(Juran Quality Control Handbook),为他赢得了国际威望,该书也被誉为"质量管理领域的圣经"。1979年,朱兰建立了朱兰学院,更利于广泛传播他的观点。朱兰学院如今已成为世界上领先的质量管理咨询公司。在质量管理领域,朱兰提出了一些著名的观点:最高管理层的参与、质量知识的普及培训、质量实用性的定义、质量改进逐个项目的运作方法、"重要的少数"与"有用的多数"、"三部曲"(质量策划、质量控制、质量改进)。

该阶段代表性人物之一:爱德华兹·戴明(W. Edwards. Deming)博士(1900年10月14日—1993年12月20日),1928年取得耶鲁大学的物理博士学位,世界著名的质量管理专家,他因对世界质量管理发展做出的卓越贡献而享誉全球。

戴明博士最早提出了 PDCA 循环的概念,所以又称其为戴明环。戴明十四要点(Deming's 14 Points)成为20世纪全面质量管理(TQM)的重要理论基础。1950年,戴明对日本工业振兴提出了以较低的价格和较好的质量占领市场的战略思想,促使日本质量管理发生了革命性的进步,使日本从一个衰退的工业国转变成了世界经济强国。戴明博士从1950年到日本指导质量管理后就一直持续,长达近四十年,且前二三十年里几乎每年都去指导,可以说日本的质量管理是由戴明博士带动起来的。以戴明命名的《戴明品质奖》,至今仍是日本品质管理的最高荣誉。重要观点:"质量是一种以最经济的手段,制造出市场上最有用的产品。一旦改进了产品质量,生产率就会自动提高。"戴明的工作为后来杰克·韦尔奇等人的六西格玛管理法奠定了基础。

该阶段代表性人物：阿曼德·费根堡姆（Armand Vallin Feigenbaum）（1922年6月6日—2014年11月13日），1951年毕业于麻省理工学院，获工程博士学位，全面质量控制之父、质量大师、《全面质量控制》的作者，全面质量控制的创始人。

1961年，费根堡姆在积累了质量管理的丰富知识和经验后，出版了《全面质量管理》一书，该书强调解决质量问题不能仅限于产品的制造过程，应当在整个产品质量产生、形成、实现的全过程中都需要质量管理。费根堡姆指出："全面质量管理是为了能够在最经济的水平上，并考虑充分满足用户要求的条件下，进行市场研究、设计、生产和服务，把企业各部门的研制质量、维持质量和提高质量的活动构成一体的有效体系。"

20世纪60年代以来，费根堡姆的全面质量管理观念逐步被世界各国所接受，在实践中得到了丰富和发展，形成了一整套的理论、技术和方法。在日本被称为"全公司的质量控制"（CWQC）或"一贯质量管理"，在加拿大被总结制定为"四级质量大纲标准"（即CSAZ299），在英国被总结制定为"三级质量保证体系标准"（即BS5750），等等。

该阶段全面质量管理的核心特征如下：

（1）全员参加

质量管理的活动应是全体员工参与，应明确包括管理者、工人等全部岗位的质量职责，全体员工都参与质量改进活动。

（2）全过程

质量管理应覆盖市场、研发、试验、原材料采购、制造、检验、储运、包装、使用和售后等各个环节。市场是输入，设计是起点，原材料采购、生产、检验过程是重要过程，最终体现在市场中。

（3）全面的质量管理

用全面的方法，如科学的管理方法、数理统计的方法，管理全面的质量，包括产品的质量、工作的质量、工程质量和服务质量。

4. 质量管理的发展和新观点

朱兰提出"21世纪是质量的世纪"，质量管理科学将有更蓬勃的发展。回顾质量管理发展的三大阶段，还可以看出：质量管理的发展过程又是同社会生产力水平的不断提高、科学技术的不断进步、市场需求的发展和市场竞争的加剧等密切相关的。随着这些方面的提高、进步、发展和加剧，将会促使人们的解决质量问题的观念、方法和手段上产生新的突破。

（1）质量管理及标准的国际化

随着国际贸易的迅速扩大，产品和资本的流动日趋国际化。1973年在海牙国际司法会议上通过了《关于产品责任适用法律的公约》，之后，欧洲理事会在丹麦斯特拉斯堡缔结了《〔欧洲经济共同体〕关于造成人身伤害与死亡的产品责任的欧洲公约》，同时，旨在消除非关税壁垒，经缔约国谈判通过的《技术标准守则》对商品质量检测合格评定、技术法规等方面做出了详尽的规定。由于许多国家和地方性组织相继发布了一系列质量管理和质量保证标准，制定质量管理国际标准已成为一项迫切的需要。为此，经理事会成员国多年酝酿，国际标准化组织（ISO）于1979年单独建立质量管理和质量保证技术委员会（TC176），负责制定质量管理的国际标准。1987年3月正式发布ISO 9000～9004质量管理和质量保证系列标准。该标准总结了各先进国家的管理经验，将之归纳、规范。发布后引起世界各国的关注，并予以贯彻，适应了国际贸易发展需要，满足了质量方面对国际标准化的需求。1987年，国际标准化组织（ISO）又在总结各国全面质量管理经验的基础上，制定了ISO 9000《质量管理和质量保证》系列标准。

（2）新质量管理方法不断涌现

20世纪60年代后期，日本质量管理学家对质量管理的理论和方法的发展做出了巨大贡献。产生了石川馨、田口玄一等世界著名质量管理专家。这一时期产生的新管理方法和技术包括：准时化生产（JIT）；看板（Kanban）生产；质量改进（Kaizen）；质量功能展开（QFD）；田口方法；新七种工具。

石川馨（Ishikawa Kaoru）是日本著名的质量管理专家。他是因果图的发明者，日本质量管理小组（QC小组）的奠基人之一，是20世纪60年代初期日本"质量圈"运动的最著名的倡导者。

田口玄一（Taguchi Gen'ichi）在提炼质量管理和发展质量工具方面都做出了重要的贡献。田口玄一用工程学的方法来设计质量，致力于用实验设计来提高产品的产量和性能。他强调使波动降低到最低程度，这也是他理论体系的基石。朱兰强调的是企业的质量成本，而田口玄一则关注整个社会的质量成本。由于田口博士的努力和贡献，质量工程学作为一门学科开始形成并得到巨大发展。

赤尾洋二（Yoji Akao）教授是日本著名质量管理专家，质量机能展开（Quality Function Deployment，QFD）的创始人。QFD是用多层次演绎分析方式，将顾客需求转化为产品开发设计过程的一系列技术特性，以市场为导向，以顾客需求为依据，在开发设计初期就对产品的适用性实施全方位保证的系统技术方法。QFD代表了从被动的、反应式的质量管理模式到一种主动的、预防式的现代质量管理模式的转变，将质量管理由解析型方法演变成设计型方法。为了纪念赤尾洋二教授对质量界的杰出贡献，国际QFD组织以他的名字命名了QFD最高国际奖——Akao Prize（赤尾奖），以表彰在全世界范围内对QFD做出贡献的质量学人士。

1980年，菲利浦B. 克劳士比（Philip B. Crosby）提出"零缺陷"的概念。他指出：质量是免费的。突破了传统上认为高质量是以高成本为代价的观念。作为当代"伟大的管理思想家""零缺陷之父""世界质量先生"，致力于"质量管理"哲学的发展和应用，引发了全球源于生产制造业、继而扩大到工商业所有领域的质量运动，创造了其独有的词汇，其中"零缺陷""符合要求""预防"及"不符合要求的代价""可靠的组织"等均源自克劳士比。

（3）质量管理的发展趋势

21世纪，质量管理已进入全社会质量管理（SQM），并进一步向全球质量管理（GQM）发展。随着社会经济和技术的发展，形成了许多新观点和表现出以下几种重要的发展趋势：

1)"零缺陷"的观点。
2)强化产品设计阶段的质量控制,采用可信性设计、稳健性设计和质量机能展开(QFD)等新技术。
3)重视现场管理3N、4M、5S等方法。
4)6σ管理法的推进将成为质量管理新的潮流。
5)计算机辅助质量管理得到了快速发展。
6)多品种、小批量生产环境下质量管理的研究将成为重点。

5. 质量管理在我国的发展与现状

(1) 引进学习西方质量管理经验阶段

1978至1985年,我国企业的质量管理得到了较快的发展。1978年,以北京内燃机总厂(简称北内)为试点,开始试点从日本引进的全面质量管理(TQM),并在机械工业系统开始推行全面质量管理。1979年,在北内建立我国第一个质量管理小组。1985年,原国家经委颁布了《工业企业全面质量管理方法》。在此后10年间,全国有8200多个大、中型企业推行了全面质量管理,在提高产品质量方面取得了明显的成效。

(2) 注重经济效益忽视质量管理阶段

1980年以后,我国逐步推行了承包制,有些企业偏重追求数量和盈利,造成产品质量滑坡,开始出现了一些假冒伪劣产品。1987年12月,原国家经委发出了《关于在工业企业中推行"质量否决权"的通知》,在提高质量,降低消耗,增加效益等方面取得了一定的效果。但是,产品质量问题并未因实行"质量否决权"而得到根本解决。国家监督抽查的产品合格率,一直在75%左右徘徊。

(3) 质量管理国际化建设阶段

1988年8月,开始等效采用国际标准ISO 9000系列,后来鉴于申请加入WTO和大力发展外向型经济的需要,1992年5月决定于1993年1月,开始由等效采用改为等同采用这个标准(即GB/T 19000—ISO 9000),并推行质量认证制度;与此同时,相继建立了一系列质量相关的法律和法规,其中最主要的有:《中华人民共和国产品质量法》《中华人民共和国消费者权益保护法》《中华人民共和国反不正当竞争法》等,使我国产品质量走上了法制的轨道,加强了产品质量的监督管理,加强了宏观调控,加大了"打假"的力度,所有这些工作,都是加强我国质量管理工作的重要措施。

(4) 质量管理全面振兴阶段

改革开放后,质量管理工作在中国得到了全面的重视。1979年8月31日,在国务院国资委和国家质检总局指导下成立了中国质量管理协会,开始了引领质量事业,建设品质世界的使命,并于1992年开展了"全国质量万里行";1996年,国务院颁布实施《质量振兴纲要》;1999年召开了全国质量工作会议;2000年新修订的《产品质量法》颁布实施。

20世纪末至21世纪初,我国通过不断的努力,无论是产品实物质量水平,还是质量管理水平都有了很大的提高。例如,家用电器、机电设备、航天技术等不少产品的质量,都达到了国际先进水平。但是就整体而言,企业质量管理松弛,假冒伪劣产品时有发生,有效手段不足,同国外先进质量管理水平仍有较大差距,要确实保证产品质量还是一个长期而艰巨的任务。2001年中国质量管理协会设立了"全国质量奖",每年一次。2013年,由国家质检总局设立"中国质量奖",每两年评选一次,将质量管理工作上升到了国家层面。2014

年,在北京成功举办"首届中国质量大会",2019年在苏州举办"全球质量大会",提出了"质量第一,永远第一"的战略口号。

21世纪,质量管理工作成了中国国家发展战略中重要的内容,推动着中国从制造大国向制造强国的转变。"质量"是我国经济建设中的永恒主题。

8.1.2 质量管理的基本理论

1. 质量管理的概念

(1)质量管理的定义

ISO 9000质量管理和质量保证系列标准规定:质量管理是指全部管理职能的一个方面。该管理职能负责质量方针的制订与实施。ISO 8402质量管理和质量保证术语标准中,将质量管理的含义进行了扩展,规定:质量管理是指确定质量方针、目标和职责,并通过质量体系中的质量策划、质量控制、质量保证和质量改进来使其实现的所有管理职能的全部活动。归结起来,质量管理的一般定义为:在质量方面指挥和控制组织的协调的活动。质量方面的指挥和控制活动,通常包括制定质量方针和质量目标以及质量策划、质量控制、质量保证和质量改进,质量管理的范畴及内在关系如图8-1所示。

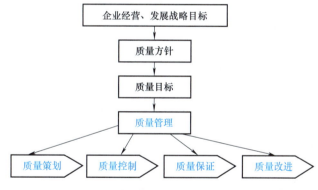

图8-1 质量管理的范畴及内在关系

产品质量就是产品满足明确和隐含需要的能力的特性之总和。其中产品的范畴可包括服务、硬件、软件、流程性材料或是它们的组合;产品既可以是有形的,也可以是无形的,也可是非预期的;其中硬件的特性包括:性能、可靠性、安全性、适应性、经济性、时间性。

综合质量是产品质量、服务质量、过程质量和工作质量组合成的质量总称。

服务质量是指服务要求得到满足的程度。

过程质量是指过程要求得到满足的程度。

工作质量是指企业生产经营中各项工作对产品和服务质量的保证程度。

(2)质量的职能

所谓质量的职能,是指在质量形成全过程中,为实现质量目标所必须发挥的质量管理功能及其相应的质量活动。质量职能所包括的各项活动,既有在企业内各部门所进行的,也有在企业外部的供应商、顾客中所进行的。所有这些活动,都对产品质量有贡献或影响作用。

1) 质量职能的主要内容。

① 为保证产品质量，企业业务部门、各级各类人员所应承担的质量任务、职务和权限。

② 为保证产品质量而制定的各种标准、工作程序、规定使用的质量管理手段和方法。

③ 对质量工作的考核奖惩办法。

2) 质量职能的重要环节。

① 市场调查研究质量职能。进行市场调查，掌握用户需求；分析市场动态，掌握竞争形势；研究市场环境，进行市场预测。

② 产品设计质量职能。把顾客的需要转化为材料、产品和过程的技术规范。

③ 采购质量职能。为产品质量提供一种"早期报警"的保证。

④ 生产制造质量职能。通过对生产过程中的操作者、机器设备、材料、方法、测量手段和环境等过程变量的控制，稳定而经济地生产出符合设计规定质量标准的产品。检验的质量职能是对产品质量的保证、报告、监督和预防。

⑤ 使用过程的质量职能。在包装、运输、库存、销售、安装、使用以及售后服务等一系列活动中，积极开展售前和售后服务，搜集使用现场的质量信息等。

3) 质量职能和质量职责的区别与联系。质量职能和质量职责既有区别又有联系，质量职能是针对过程控制需要而提出来的质量活动属性与功能，是质量形成客观规律的反应，具有科学性和相对稳定性；而质量职责是为了实现质量职能，对部门、岗位与个人提出的具体质量工作分工，其任务通过责、权、利予以落实，因而具有人为的规定性。我们可以认为，质量职能是制定质量职责的依据，质量职责是落实质量职能的方式或手段。

根据质量职能的概念，在产品质量产生、形成和实现过程中的各个环节，均涉及企业的各个主要职能部门。质量管理所要解决的基本问题，就是要对分散在企业各部门的质量职能活动进行有效的计划、组织、协调、检查和监督，从而保证和提高产品质量。

（3）朱兰质量螺旋

著名质量专家朱兰提出了质量螺旋模型，揭示了产品质量形成的客观规律，将产品质量产生、形成、发展的客观规律描绘成一条螺旋上升的曲线，如图 8-2 所示，对质量管理有着重要的指导作用。朱兰质量螺旋图的内在含义包括以下几个方面：

1) 产品的质量形成过程包括市场研究，产品开发、设计，制定产品规格、工艺，采购，仪器仪表及设备装置，生产，工序控制，产品检验、测试，销售及服务等环节。各个环节之间相互依存，相互联系，相互促进。

2) 产品质量形成的过程是一个不断上升，不断提高的过程。为了满足人们不断发展的需要，产品质量要不断改进，不断提高。

3) 要完成产品质量形成的全过程，就必须将上述各个环节的品质管理活动落实到各个部门以及有关的人员，要对产品质量进行全过程的管理。

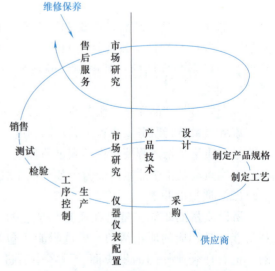

图 8-2 质量螺旋模型（朱兰质量螺旋）

4) 质量管理是一个社会系统工程，不仅涉及企业内各部门及员工，还涉及企业外的供应商、零售商、批发商以及用户等单位和个人。

5) 质量管理是以人为主体的管理。朱兰螺旋曲线所揭示的各个环节的品质活动，都要依靠人去完成。人的因素在产品质量形成过程中起着十分重要的作用，品质管理应该提倡以人为主体的管理。此外，要使"循环"顺着螺旋曲线上升，必须依靠人力的推动，其中领导是关键，要依靠企业领导者做好计划、组织、控制、协调等工作，形成强大的合力去推动质量循环不断前进，不断上升，不断提高。

(4) 戴明循环（PDCA 环）

PDCA 循环也称戴明（Deming）循环，它是全面质量管理的科学工作程序。在 PDCA 循环中，"计划（Plan）—执行（Do）—检查（Check）—处理（Act）"的管理循环，如图 8-3 所示。PDCA 循环是现场质量保证体系运行的基本方式，它反映了不断提高质量应遵循的科学程序。

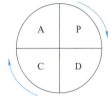

图 8-3　PDCA 循环

1) 计划（P）阶段。根据用户的要求来确定企业质量管理的目标、方针、计划和管理项目，并制定相应的措施和方法。由于管理对象的复杂性和难易程度不同，有的项目在 P 阶段就是一个庞大的系统工程，必须通过 PDCA 循环来逐步完善。计划阶段包括以下四项工作内容：

① 分析现状。通过现状的分析，找出存在的主要质量问题，尽可能以数字形式表示。

② 寻找原因。在搜集到的资料基础上，分析产生质量问题的各种原因或影响因素。

③ 提炼主因。从各种原因中找出影响质量的主要原因。

④ 制订计划。针对影响质量的主要原因，制定技术组织措施，并落实到具体执行者。

2) 执行（D）阶段。实施 P 阶段的要求和标准。对于一个新项目来说，在实施前应从思想上和方法上充分做好准备工作，要让各类人员明确有关的标准、要求。对关键的零部件和工序，要专门培训有关人员。

3) 检查（C）阶段。检查实施过程中是否按照标准进行，其结果是否达到 P 阶段的目标。检查中也可能发现原先制订的计划中的缺陷，如目标不适合，措施不配套等。

4) 处理（A）阶段。对于上一阶段查出来的问题，经过全面、深入的分析，找到原因，采取措施。经过一段时间的运作，如果不发生异常情况，就可以把标准稳定下来，作为后面的实际执行用。

至此，一个 PDCA 循环算是结束。在实施 PDCA 循环的过程中，根据不同的管理项目，可以灵活应用质量管理的各种方法，这也是项目成功的关键。

PDCA 循环具有以下特点：

1) 大环套小环、小环保大环、推动大循环。PDCA 循环作为质量管理的基本方法，不仅适用于整个工程项目，也适应于整个企业和企业内的部门以及个人。各级部门根据企业的方针目标，都有自己的 PDCA 循环，层层循环，形成大环套小环，小环里面又套更小的环。

2) 不断前进、不断提高。PDCA 循环就像爬楼梯一样，一个循环运转结束，生产的质量就会提高一步，然后再制定下一个循环，再运转、再提高，不断前进，不断提高。

全面质量管理在 PDCA 循环的规范下，"计划—执行—检查—处理"四个过程不是运行一次就结束的,而是周而复始的进行的(见图8-4),一个循环完了,解决一些问题,未解决的问题进入下一个循环,这样阶梯式上升的(见图8-4b),动态工作过程。全面质量管理要求对产品(服务)质量持续不断地改进,因此 PDCA 循环会被不断地应用,每一次应用都是对前一次的超越,产品(服务)的质量跃上一个新的水平。

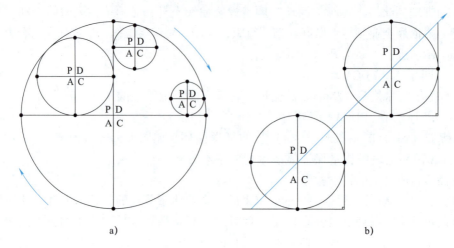

图 8-4　PDCA 循环的动态工作过程

（5）质量管理小组（QC 小组）

QC（Quality Control）小组，即质量管理小组，是指将生产或工作岗位上从事各种劳动的员工组织起来围绕企业的质量方针、目标和企业现场存在的问题，以改进质量、降低消耗、提高经济效益和人的素质为目的，运用质量管理的理论和方法开展活动的小组。

1）QC 小组的分类。QC 小组组建工作做得如何，将直接影响 QC 小组的活动效果。因此，对小组的分类、程序、人员等问题必须有明确的概念。按照我国《质量管理小组活动管理办法》中的要求，可以把 QC 小组分为管理型、现场型、攻关型、服务型和创新型五个类型。

① 管理型 QC 小组：它是以提高管理水平和工作质量为目的而组建的质量管理小组。它的成员以管理人员为主，通常以提高工作质量、管理效率等为课题开展活动。

② 现场型 QC 小组：它是以稳定工序质量，提高产品质量，降低物资消耗和改善生产环境为目的而组成的小组。其主要成员以现场员工为主，这类小组的课题比较小，问题集中，活动周期短。

③ 攻关型 QC 小组：大多由领导干部、工程技术员工和普通工人组成。这类 QC 小组的课题难度一般比较大，活动周期比较长，可以跨越单位组合。

④ 服务型 QC 小组：它是以提高服务质量，推动服务工作标准化、程序化、科学化，提高经济效益和社会效益为目的，以从事服务性工作的员工为主而组成的小组。这类小组多以如何提供优质服务，加快资金周转和开展多功能服务等内容为课题，活动周期有长有短。

⑤ 创新型 QC 小组：运用全新的思维和创新的方法研制、开发新的产品、工具或服务，以提高企业产品的市场竞争力，并不断满足顾客日益增长的新需求，提高企业经营绩效。

2）QC 小组的特征。

① 广泛的群众性。QC 小组成员不仅包括管理人员、技术人员，而且更注重吸收生产、

服务一线人员。

②高度的民主性。自愿参加，自主管理，成员平等，充分民主，互相启发，集思广益。

③严密的科学性。QC小组活动遵循的工作程序，坚持用数据说明事实，利用统计工具，用科学方法分析与解决问题。

3）QC小组活动成果的评审。对QC小组活动成果的评审，就是按照评审标准，衡量小组活动达到标准的程度，审查小组活动成果是否完整、正确、真实和有效。评审的目的是肯定取得的成绩，指出不足，同时也为了表彰先进和落实奖励，使QC小组活动能够扎扎实实地开展下去。

①评审的原则。对QC小组活动成果的评审包含两部分内容：一是肯定成绩，二是指出不足。具体如下：

一是从大处着眼，找主要问题。每个QC小组的活动成果都不可能十全十美，它总是存在某些缺陷和不足。在评审活动成果时，除了帮助其总结成功经验外，还要与评审标准对照，找出其中的主要问题。如果没有找出主要问题，只是找出很多小问题，就会把评审工作引向错误的方向，甚至会挫伤QC小组成员的积极性。

二是要客观并有依据。提出评审意见，一定要站在客观的立场上。所谓客观，就是要依照事物的本来面目去考查，不带个人偏见。

三是避免在专业技术上钻牛角尖。QC小组的活动成果一般包含两个方面的内容：专业技术方面和管理技术方面。每一个QC小组的活动成果，其专业技术是各不相同的。同一个专业，各企业之间由于设备条件、工艺、环境等的不同，也会有很大的差异，有的甚至关系到专业技术的秘密。因此，应该主要针对其管理技术进行评审，避免在专业技术上钻牛角尖。

四是不单纯以经济效益为评选依据。QC小组活动的成果分为有形成果和无形成果两个方面。在评审QC小组成果时，如果仅以经济效益为评选依据，会挫伤QC小组成员在无形成果方面的工作积极性，最终把QC小组今后的工作引向错误的方向。

②评审标准。1997年，中国质量管理协会制定并颁布了QC小组活动成果的评审标准，供各级质量管理协会使用。经过三年的运行，于2000年对评审标准重新进行了修订。

评审标准分为现场评审和发表评审两种方式。

第一种，QC小组活动成果的现场评审。QC小组活动开展得如何，最真实的体现在活动现场。因此，对现场评审是评审QC小组活动成果的重要方面。现场评审的各个项目分别是：小组的组成、活动情况与活动记录、小组成员的积极性、搜集并运用资料和数据的情况、实施改进对策的努力程度及有效性、效果能否维持和巩固、本组的经历及活动的持续性、小组活动的环境、小组活动成果对本部门的影响及贡献等。

第二种，QC小组活动成果的发表评审。为了相互启发、学习交流、评定成绩、指出不足，以及评选优秀QC小组，还需要对成果发表进行评审。发表评审的内容主要有选题、原因分析、对策的制定与实施、活动效果和整个小组活动的特点等。

③评审方法。企业基层对QC小组活动成果的评审。企业基层对QC小组活动成果的评审要进行现场评审和发表评审两个方面的工作。

现场评审的时间一般安排在小组取得成果后两个月左右为宜，如果相隔时间太短，难以很好地看出效果的维持和巩固情况。现场评审时，企业主管部门要组织熟悉QC小组活动的有关人员组成评审组，评审组的成员最好不少于 5 个人。

发表评审可在企业举办的 QC 小组成果发表会上进行，也可由企业主管部门聘请专家组成评审组，人员不少于 5 个人。

把现场评审和发表评审两项综合起来，就是评审总成绩。企业评审的重点应放在审核成果的真实性和有效性上，因此现场评审的成绩应占总成绩的 60%。

各级质量管理协会对 QC 小组活动成果的评审。各级质量管理协会对 QC 小组活动成果的评审一般都和评选各级优秀 QC 小组结合在一起进行。为减轻企业的负担，各级质量管理协会对 QC 小组活动成果的评审，一般只进行发表评审。

评审时由主办质量协会聘请懂管理理论、能指导小组活动、能评价小组成果的人员担任评委，组成评审组，评委一般不少于 7 个人。评审一般按以下程序进行：首先由发表会的主办单位把参加发表的小组的成果材料收齐，提前交给每一位评委审阅。评委审阅后，按照评审原则和评审标准提出评审意见。

2. 全面质量管理

全面质量管理工作是企业管理的中心环节，与企业的经营目标是一致的。这就要求将企业的生产经营管理与质量管理有机地结合起来。全面质量管理自 20 世纪 60 年代诞生以来，就在世界各国得到了广泛的应用，成为提高产品质量，预防不合格产品，实施持续的质量改进，转变人们的质量意识，增强企业竞争能力的一种有效方法。

（1）全面质量管理的定义

TQM 是英文（Total Quality Management）的缩写，即全面质量管理。ISO 体系中全面质量管理的术语解释为：一个组织以质量为中心，以全员参与为基础，目的是通过顾客满意和本组织所有成员及社会受益而达到长期成功的管理途径。具体地讲，全面质量管理就是企业的全体职工同心协力，把专业技术、经营管理、数理统计和思想教育结合起来，使产品质量产生、形成和实现全过程的所有保证和提高产品质量的活动构成一个有效的体系，从而经济地开发、研制、生产和销售用户满意的产品。

（2）全面质量管理的特点

1）全员参加的质量管理。产品质量是企业各个生产环节，各个部门工作的综合反映。企业中的每一个人的工作质量都会以各种方式不同程度地影响产品的质量。因此，必须把企业所有人员的积极性和创造性充分调动起来，上至最高管理者，下至操作工人，人人做好本职工作，关心产品质量，才能生产出高质量的产品。

要实现全员质量管理，首先必须抓好质量管理教育，提高职工的质量意识，牢固树立"质量第一"的思想，同时还要不断提高职工的技术素养、管理素质，适应不断深入开展的全面质量管理的需要。

要实现全员的质量管理，还要制定各个部门、各级人员的质量责任制，明确规定他们在质量管理中的任务和职责，各司其职，共同配合，才能达到稳定地提高产品质量的目的。

2）全过程的质量管理。产品质量的形成有一个过程，它包括设计、生产、包装、运输和销售等环节。因此，要保证产品的质量，不仅要管好生产制造过程，还要管好其他每一个环节，要形成一个高效的质量管理工作体系。

3）全面质量的管理。全面质量的管理（对象与方法的全面性），不仅要着眼于产品的质量，而且要注重形成产品的工作质量。注重采用多种方法和技术，包括科学的组织管理工作、各种专业技术、数理统计方法、成本分析、售后服务等。

(3) 全面质量管理的工作原则

1) 预防原则。在企业质量管理工作中，要坚持和贯彻以预防为主的原则，必须对质量实行预先控制，防患于未然。特别是科技发达、产品复杂、大量自动化生产的今天，一旦发生质量问题，企业就会蒙受重大损失。预防为先，一是要"防止再发生"，基本流程是问题—分析—寻因—对策—规范；二是"从开始就不允许失败""第一次就将工作做好"，其基本流程是实控—预测—对策—规范。后者是根本意义上的预防。

2) 经济原则。全面质量管理强调用经济的手段来保证和提高产品质量，在质量保证和预防废品发生时要讲究经济性这个条件。因为质量保证的水平和预防的深度是无止境的，其中应有一个合理的经济界限。所以无论在质量设计或质量标准的制定时，还是在生产过程的质量控制中以及在质量检验方式的选择上，都必须考虑到经济效益的问题。

3) 协作原则。全面质量管理的一个重要特点就是各级领导带头，发动全体职工参与质量管理工作，在设计、生产、销售、服务的全过程中进行质量管理。在这样复杂的管理工作中，如果没有各阶层、各部门之间相互良好的协作，企业的质量问题就无法解决。所以强调协作，是推行全面质量管理的一条重要原则。

4) 按照PDCA循环组织活动。PDCA循环是质量体系活动所应遵循的科学工作程序，周而复始，循环不已。

(4) 全面质量管理的基础工作

1) 标准化工作。标准化工作是企业中的一项综合性基础工作，它为企业的生产经营活动建立一定的秩序，使企业各部门互相提供的条件符合各自的要求，使各个生产环节协调一致，使企业的各种经济技术活动遵循共同的准则，使复杂的哲理系统化、规范化、简单化，保证企业的生产经营系统能够高效、准确、连续不断地运行。

标准化工作的范围十分广泛，一般可分为两大类：技术标准和管理标准。前者包括产品系列化、零部件标准化、通用化、材料的规格化，以及质量等级、抽样检验、包装、储存、运输等内容；后者包括工作程序、工作要求等方面的内容。

2) 计量工作。计量工作是质量管理的一项必不可少的基础工作，是企业生产和经营管理活动的重要环节。在质量管理中，从设计质量的验证到使用质量的考核，每一个环节都离不开计量工作，产品的每一个质量特性值都存在着量值统一和测试方法的问题。没有计量这个技术基础，定量分析就无法可依，质量优劣便无法判断，也就更谈不上质量管理了。概括而言，企业计量工作的基本任务就是要理解并贯彻国家计量法令和有关制度，监督检查各部门、各车间的执行情况，为企业提高产品质量，降低消耗，促进技术进步和改善经营管理提供计量保证。

计量工作是一项技术性很强的工作，包括：计量器具的选择、使用、修理、检定；测量方法、测量程序的确定与使用；测量值的获得、计算、传递与储存等。依靠计量检测技术获得准确、一致的数据信息，是工农业生产、国防建设、科学研究、国际贸易和人们生活的必要基础条件。计量工作一般具有一致性、准确性、可追溯性、法制性等特点。

3) 质量信息工作。质量信息是质量活动中的各数据、报表、资料和文件。它是进行质量决策、质量监督与控制、制订质量计划和措施的重要依据。影响产品质量的因素是多方面、错综复杂的，搞好质量管理，关键要对来自各方面的因素有个清楚的认识，从而做到心中有数。质量信息工作在质量管理活动中可以起到以下几个方面的作用：

① 为质量管理决策提供依据。各种决策必须建立在掌握实际情况的基础上。决策过程实际上是搜集信息、判断、权衡的过程。只有做好质量信息工作，充分了解企业内、外部的情况，管理者才可能做出正确有效的决策。

② 为质量管理过程控制提供依据。各部门在执行质量方针、目标、计划过程中，由于一些内外干扰因素的影响，总会出现种种偏差。因此，必须通过一定的途径来搜集反映各部门活动状态的质量信息，掌握当前状态与计划要求之间的偏差，然后通过质量信息反馈，调节和控制各部门的活动，使各项工作按照预定的要求进行。

③ 为监督和考核各项质量活动提供依据。企业的质量主管领导通过对质量信息的把握来监督质量管理过程中的各项活动；要落实质量责任制，考核各部门、各环节和企业每一个员工的绩效，也必须参考和依靠质量信息工作所提供的各种数据、报表、原始记录等。

4）质量教育工作。人是生产力诸要素中最重要的要素，任何工作都要靠人来做，产品要靠人来制造。一个企业产品质量的好坏，归根结底取决于企业职工队伍的技术水平，取决于各方面的管理工作水平。因此一个企业要开展全面质量管理，必须从提高职工的素质抓起，要把质量教育作为"第一道工序"，为提高产品质量，提高企业的质量管理水平提供合格的人力资源保证。质量教育工作大致包括两个方面的内容：一方面，是质量意识的教育和质量管理基本知识的教育；另一方面，是专业技术教育与培训。这两个方面都是保证和提高产品质量必不可少的基础。

5）QC 小组活动。QC 小组是指在生产或工作岗位上从事各种劳动的职工，围绕企业的方针目标和现场存在的问题，以改进质量、降低消耗、提高经济效益和人的意志为目的，运用质量管理的理论和方法组织起来开展活动的小组。通过 QC 小组活动，把个人的智慧、技术和经验变成集体的智慧、技术和经验。它是提高经济效益、增强企业员工素质，把任务落实到基层的一个重要措施。

8.2　质量管理方法和工具

8.2.1　质量管理新、老七种工具

20 世纪 50 年代，美国的质量管理理论和技术传到了日本，在戴明为首的美国质量专家的帮助下，日本产品质量得到了质的飞跃，同时日本质量管理专家在推行全面质量管理的工作过程中，引进并学习美国质量管理理论，开发和应用了新、老七种工具，为开展质量改进、推进统计技术应用提供了有效的途径。

1. 老七种工具

质量管理老七种工具，源于 1962 年日本科学技术联盟，20 世纪 70 年代备受日本工业界推崇，并很快在日本的工厂企业现场质量管理中发挥了巨大作用。老七种工具有检查表、排列图、散布图、因果图、分层法、直方图、控制图，适用于生产现场、施工现场、服务现场，解决质量问题和改进质量，见表 8-1。

（1）检查表（Checksheet）

检查表又称数据采集表、调查表、统计分析表或核对表，它是一种为了便于搜集数据而

使用简单记号并予统计整理,并做进一步分析或作为核对、检查之用而事先设计的表格或图。检查表的运用是当不合格产品出现时,员工就在相应的格内画上一个统计符号。检查表用于对现状的调查,以备今后做分析。检查表的制作需要注意的是:对需要调查的事件或情况,明确项目名称;确定资料搜集人、时间、场所、范围;对资料汇总统计。

表 8-1 质量管理老七种工具

工具名称	用途
检查表	搜集、整理资料
排列图	确定主导因素
散布图	展示变量之间的线性关系
因果图	寻找引发结果的原因
分层法	从不同角度层面发现问题
直方图	展示过程的分布情况
控制图	识别过程的稳定和波动的来源

【例 8-1】 某汽车零件制造厂,质量管理人员在近期一批连杆零件的检验中发现铸造质量出现问题。质量管理人员对连杆出现的质量问题进行统计,见表 8-2。

表 8-2 某企业连杆铸造质量不良原因统计表

项目	铸造质量不良	搜集人	×××	日期	2020 年
地点	质检科	记录人	×××	班次	全部
不良分类	日期					
	1月	2月	3月	4月	5月	6月	合计
	废品数					
欠铸	224	258	356	353	332	223	1 746
冷隔	240	256	283	272	245	241	1 537
小砂眼	151	165	178	168	144	107	913
黏砂	75	80	90	94	82	72	493
其他	14	18	27	23	16	32	130
合计	704	777	934	910	819	675	4 819

(2) 排列图

排列图也称帕累托图 (Pareto Analysis)、主次图、ABC 分类法、巴雷托图、柏拉图,是意大利学者帕累托 (Pareto) 最先用于分析社会财富分布状况,发现大约 20% 的人占有 80% 的财富。根据累积经验,发现多数的问题个案往往由少数问题或原因引起。如果能集中资源去解决关键的少数问题或原因,将会得到较显著的效益。排列图以图表形式,把多个问题或构成问题的因素,按照各自所占的频率,用相应高低的长方形依次排列出来。同时,还用联机显示各项的累积百分比,以指示解决问题的主攻目标。

排列图的绘制步骤:

1）确定评价问题的尺度（纵坐标），如不合格率、损失金额等。

2）确定分类项目（横坐标）。

3）按分类项目搜集数据。

4）设计一张数据记录表，将数据填入表中，并计算合计栏。

5）累计某个项目在该期间的数据和百分比，如累计不合格的数量，以及各项不合格的百分比的累计值。

6）按数量从大到小进行排序，若有"其他"项，则将其列在最后，不必考虑数值的大小。

7）画两根纵轴和一根横轴。左边纵轴上标上件数（频数）的刻度，最大刻度为总件数（总频数），右边纵轴为比率（频率），最大刻度为100%。

8）在横轴上按频数大小画出直方柱。

9）在每个直方柱的右侧上方，标上累计值，描点并用直线连接起来，画累计频数折线（帕累托图）。

【例8-2】 连杆质量问题同例8-1。质量管理人员对连杆出现的质量问题统计情况见表8-3，质量人员绘制排列图，如图8-5所示，找出了影响连杆质量的主要因素，针对欠铸、冷隔和小砂眼的问题，质量人员和制造工艺人员联合查找原因，并提出了预防方案，最终避免了后续批次连杆的铸造质量问题。

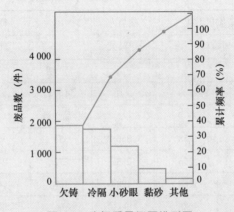

图 8-5 连杆质量问题排列图

表 8-3 连杆质量问题频数统计

项 目	废品数（件）	频率（%）	累计频率（%）
欠铸	1 746	36.23	36.23
冷隔	1 537	31.89	68.12
小砂眼	913	18.95	87.07
黏砂	493	10.23	97.3
其他	130	2.7	100
合计	4 819	100	

(3) 散布图（Scattered Diagram）

散布图也称为散点图，是研究成对出现的不同变数之间相关关系的坐标图，是一种用非数学的方式来分析两组不同生产过程变量的有效图表工具。它通过将测量获得的数据点描在散布图上，直观显示数据的分布情况，分析两组不同过程变量的相关性，计算相关系数，如图 8-6 所示。这种图示方式具有快捷、易于交流和易于理解的特点，但是搜集现象测量值时要排除其他可能影响该现象的因素。例如，测量机器制产品的表面品质时，也要考虑其他可能影响表面品质的因素，如进给速度、刀具状态等。

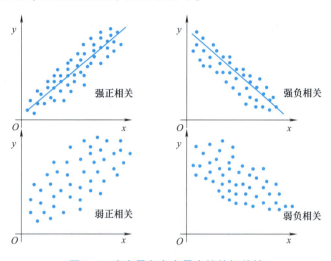

图 8-6　应变量和自变量直接的相关性

绘制散布图时需要注意以下几点：
1）搜集足够的资料，至少 30 对。
2）横坐标表示数据（原因），纵坐标表示因变量（结果）。
3）正确判断变量之间的关系模式。
4）为因果图的后续工作，提供直观的相关性验证。

(4) 因果图（Cause-and-Effect Diagram）

因果图也称为鱼骨图、石川图，用于寻找造成问题的原因，即分析原因与结果之间关系的一种方法。它通过带箭头的指示线，按照大、中、小三种影响因素进行有序排布，将问题与原因之间的关系表示出来。它的优点是集思广益，条理分明。

绘制因果图时需注意以下几点：
1）充分组织人员全面观察，从人、机、料、法、环、测六个方面寻找原因。
2）针对初步原因，展开深层的挖掘，一直分析到小因素。
3）记下制图部门和人员、制图日期、参加人员。

【例 8-3】　某机械零件产品加工过程中发现产品存在某重要的质量问题，通过召开质量管理小组后，大家对该产品出现质量问题的原因进行分析，小组成员通过绘制的因果图，如图 8-7 所示，从人、机、料、法、环五个方面逐一对影响因素进行改进，最终找出了该产品的质量问题。

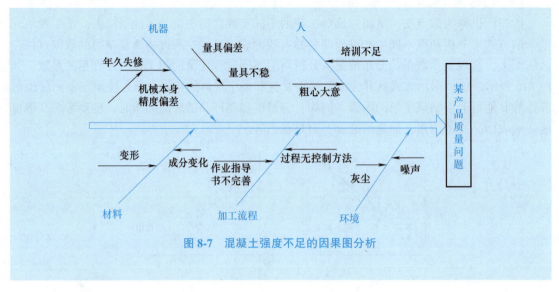

图 8-7 混凝土强度不足的因果图分析

（5）分层法

分层法就是把所搜集的数据进行合理的分类，把性质相同、在同一生产条件下搜集的数据归在一起，把划分的组叫作"层"，通过数据分层把错综复杂的影响质量因素分析清楚。分层的目的是把杂乱无章和错综复杂的数据，按照不同的目的、性质、来源等加以分类整理，使之系统化、条理化，能更确切地反映数据所代表的客观事实，便于查明产品质量波动的实质性原因和变化规律，以便抓住主要矛盾，找到主要影响因素，从而"对症下药"，采取相应的措施。分层的原则是使同一层内的数据波动尽可能小，而层与层之间的差别尽可能大。分层法的一般过程是搜集数据，根据不同的目的选择分层的标准，根据不同的分层标准对数据进行分层，按层归纳统计，画分层统计图表或分层进行统计分析。分层法往往通过4M1E：MAN、MACHINE、MATERAIL、METHOD、ENVIRONMENT（人、机、料、法、环）的方法来进行分层。

分层法在使用时需注意以下几点：

1）确定分层的类别和调查的物件。
2）设计搜集数据的表格。
3）搜集和记录数据。
4）整理数据并绘制相应图表。
5）比较分析和最终的推论。

【例 8-4】 某空调维修部，帮助客户安装空调后经常发生制冷液泄漏的事情。通过现场调查，得知制冷液泄漏的原因有两个：一是管子装接时，操作人员不同（甲、乙、丙三个维修人员按各自不同技术水平操作）；二是管子和接头的生产厂家不同（A、B两家工厂提供配件）。于是搜集资料做分层法分析，见表8-4、表8-5，说明两个表的分层类别，并分析应如何防止制冷液渗漏。

表 8-4　制冷液泄漏调查表（人员分类）

操作人员	泄漏（次）	不泄漏（次）	发 生 率
甲	6	13	0.32
乙	3	16	0.25
丙	10	9	0.53
合计	19	31	0.38

表 8-5　制冷液泄漏调查表（配件厂商分类）

配件厂家	泄漏（次）	不泄漏（次）	发 生 率
A	9	14	0.39
B	10	17	0.37
合计	19	31	0.38

（6）直方图（Histogram）

直方图是用于对大量计量值数据进行整理加工，找出其统计规律，即分析数据的分布形态，以便对其总体的分布特征进行统计推断的方法。直方图以长方形的高度代表计量值组别的频率。不同组别的长方形连接起来，显示质量数据的集中位置，离散程度及分布图形。质量人员通常使用直方图对工序或批量产品的质量水平及其均匀程度进行分析，通过直方图的形态不同对过程的稳定程度进行判断分析，如图 8-8 所示。

绘制直方图的步骤如下：

1）搜集数据。

2）确定极差 R。

3）确定分组的组数和组距。

4）确定各组上、下限。

5）作频数分布表。

6）求组中值 x_i 和变换组中值 u_i。

7）求平均值和标准差。

8）画直方图。

9）在直方图的空白区域，标明有关数据资料，如数据个数，平均值等。

通过直方图来分析质量状况的方法：一方面可观察直方图的形状判断总体（生产过程）的正常或异常，进而寻找异常的原因；另一方面可与质量标准（公差）比较，判定生产过程中的质量情况。当出现异常情况时，应立即采取措施，预防不合格品的产生。

常见的直方图形态分布情况，见表 8-6，通过对比就可判断过程的异常。

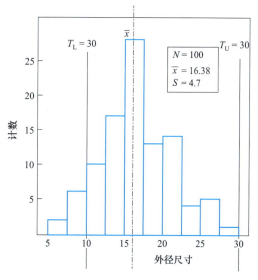

图 8-8　某产品关键质量特性直方图

表 8-6　直方图的形态分布

直方图类型	分析和判断
标准型	标准型的形状是中间高，两边低，左右基本对称。数据大体上呈正态分布，这时可判定工序处于稳定状态
左偏向型　右偏向型	一边的频数递减较快，形成左偏或右偏。一些有形位公差等要求的特性值是偏向型分布。也有的是由于加工习惯而造成的。例如，由于加工者担心产生不合格品，加工孔时常偏小呈左偏向型，加工轴时常偏大呈右偏向型。如果剔除了不合格品的数据所作的直方图也呈偏向型，则可判断测量工作有假
双峰型	直方图出现两个顶峰，往往是把不同的材料、不同加工者、不同操作方法、不同设备生产的两批产品混在一起而造成的。这时若分层作直方图就能发现其差异
锯齿型	直方图像锯齿一样凹凸不平，大多是由于分组不当或检测数据不准而造成的，应查明原因，采取措施，重新作图分析。此时需要研讨组距是否取数据测定单位的整数倍，或者观测测定者读计测器刻度有无坏习惯
平顶型	直方图没有突出的顶峰，这主要是再生产过程中有缓慢变化的因素影响而造成的，如刀具的磨损、操作者的疲劳等
孤岛型	在直方图的左边或右边出现孤立的长方形。这是测量有误，或生产过程中出现异常因素而造成的，如原材料一时的变化，刀具严重磨损，或混入了少量不同规格的产品或短时间由不熟练工替班等

在直方图上用两条线表示公差（质量特性值的上下限），以观察产品是否符合公差规定（标准），表8-7是五种典型情况。

表8-7　直方图和公差比较分析表

类　　型	判　　断
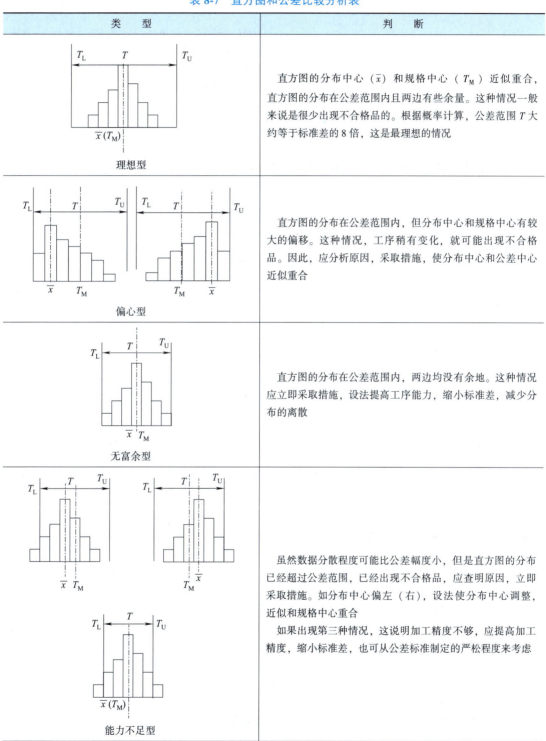 理想型	直方图的分布中心（$\bar{x}$）和规格中心（T_M）近似重合，直方图的分布在公差范围内且两边有些余量。这种情况一般来说是很少出现不合格品的。根据概率计算，公差范围 T 大约等于标准差的 8 倍，这是最理想的情况
偏心型	直方图的分布在公差范围内，但分布中心和规格中心有较大的偏移。这种情况，工序稍有变化，就可能出现不合格品。因此，应分析原因，采取措施，使分布中心和公差中心近似重合
无富余型	直方图的分布在公差范围内，两边均没有余地。这种情况应立即采取措施，设法提高工序能力，缩小标准差，减少分布的离散
能力不足型	虽然数据分散程度可能比公差幅度小，但是直方图的分布已经超过公差范围，已经出现不合格品，应查明原因，立即采取措施。如分布中心偏左（右），设法使分布中心调整，近似和规格中心重合；如果出现第三种情况，这说明加工精度不够，应提高加工精度，缩小标准差，也可从公差标准制定的严松程度来考虑

(续)

类 型	判 断
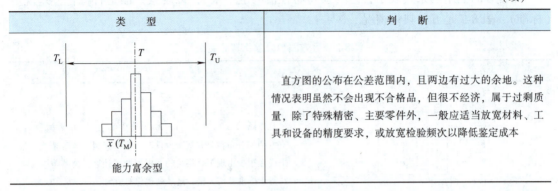 能力富余型	直方图的公布在公差范围内，且两边有过大的余地。这种情况表明虽然不会出现不合格品，但很不经济，属于过剩质量，除了特殊精密、主要零件外，一般应适当放宽材料、工具和设备的精度要求，或放宽检验频次以降低鉴定成本

【例8-5】 已知某零件的外径尺寸的标准为 $\phi 30^{+0.3}_{+0.1}$ mm 在加工过程中抽取 100 个零件，测得外径尺寸数据，见表 8-8。

表 8-8 100个零件的外径偏差原始数据表　　（单位：0.01mm）

16	20	16	17	22	19	24	20	14	16
22	17	17	19	13	17	15	14	11	9
17	13	17	18	27	21	24	22	16	15
11	20	26	14	13	22	14	16	16	20
25	19	16	15	21	18	10	19	15	12
13	19	17	15	8	20	14	6	11	12
16	18	9	13	20	10	16	10	19	13
21	15	25	12	9	15	20	16	7	13
9	8	13	12	16	19	14	29	18	14
13	18	10	26	17	23	16	24	18	15

1) 搜集数据。一般取数据 $N \approx 100$ 个，如表 8-8 所示，表中的数据表示某零件标准为 $\phi 30^{+0.3}_{+0.1}$ mm 的外径尺寸。

2) 确定极差 R。根据表中所有数据，找出最大值 X_{max} 和最小值 X_{min}，计算两者的差值，即极差 $R = X_{max} - X_{min}$，本例的极差 $R = 29$mm $- 6$mm $= 23$mm。

3) 确定分组的组数和组距。k 取 10，所以 $h = \dfrac{R}{k} = \dfrac{23}{10} = 2.3$（四舍五入，$h = 2$），则 $k = \dfrac{R}{h} = \dfrac{23}{2}$ 组 ≈ 12 组

4) 确定各组上、下限。最小值是 6，所以第一组的下限值 $= 6 - \dfrac{1}{2} = 5.5$，上限值 $= 5.5 + 2 = 7.5$。第二组的下限值为第一组的上限值 7.5，第二组的上限值就等于第二组的下限值加上组距，结果为 9.5，依次类推。最后一组的上限值为 29.5。

5) 作频数分布表。统计各组的数据个数，即频数 f_i，见表 8-9。

表 8-9 频数分布表

组　序	分组界限	频　数	累计频数	累计频率
1	5.5~7.5	2	2	2%
2	7.5~9.5	6	8	8%
3	9.5~11.5	7	15	15%
4	11.5~13.5	12	27	27%
5	13.5~15.5	16	43	43%
6	15.5~17.5	20	63	63%
7	17.5~19.5	13	76	76%
8	19.5~21.5	10	86	86%
9	21.5~23.5	5	91	91%
10	23.5~25.5	5	96	96%
11	25.5~27.5	3	99	99%
12	27.5~29.5	1	100	1%
合计		100		100%

6）求组中值 x_i 和变换组中值 u_i 其中 $x_i = \dfrac{\text{某组上限值}+\text{下限值}}{2}$，设最大频数栏的组中值为 x_0，则 $u_i = \dfrac{x_i - x_0}{h}$。

7）求平均值和标准差。

$$\bar{x} = x_0 + h\dfrac{\sum f_i u_i}{\sum f_i} = 16.5 + 2 \times \dfrac{-6}{100} = 16.38$$

$$s = h\sqrt{\dfrac{\sum_{i=1}^{k} f_i u_i^2}{\sum_{i=1}^{k} f_i} - \left(\dfrac{\sum_{i=1}^{k} f_i u_i}{\sum_{i=1}^{k} f_i}\right)^2} = 2 \times \sqrt{\dfrac{562}{100} - \left(\dfrac{-6}{100}\right)^2} = 4.74$$

8）画直方图。直方图的横坐标表示质量特性，纵坐标表示频数，在横坐标上以各组组界为底边，以各组的频数为高，画出一系列的直方柱，就得到直方图，如图 8-9 所示。

9）在直方图的空白区域，标明有关数据资料，如数据个数、平均值 $\bar{x}$ 等。

从图 8-9 中可以看出，该直方图近似于正态分布，均值为 16.38mm，外径尺寸在 30.19mm 以下的有 76%。

（7）控制图

控制图又称管理图，是对生产过程的关键质量特性值进行测定、记录、评估，以判断和监测过程是否处于受控制状态的一种图形方法。

在生产过程中，产品质量由于受随机因素和系统因素的影响而产生变差；前者由大量微小的偶然因素叠加而成，后者则是由可辨识的、作用明显的原因引起，经采取适当措施可以发现和排除。当一生产过程仅受随机因素的影响，从而产品的质量特征的平均值和变差都基本保持稳定时，称之为处于控制状态。此时，产品的质量特征是服从确定概率分布的随机变量，它的分布（或其中的未知参数）可依据较长时期在稳定状态下取得的观测数据用统计方法进行估计。分布确定以后，质量特征的数学模型随之确定。为检验其后的生产过程是否也处于控制状态，就需要检验上述质量特征是否符合这种数学模型。为此，每隔一定时间，在生产线上抽取一个大小固定的样本，计算其质量特征，若其数值符合这种数学模型，就认为生产过程正常，否则就认为生产中出现某种系统性变化，或者说过程失去控制。这时就需要考虑采取包括停产检查在内的各种措施，以期查明原因并将其排除，以恢

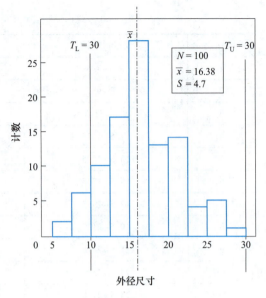

图 8-9 零件外径频数直方图

复正常生产，不使失控状态延续而发展下去。通常应用最广的控制图是沃特·阿曼德·休哈特在 1925 年提出的，一般称为休哈特控制图，如图 8-10 所示。

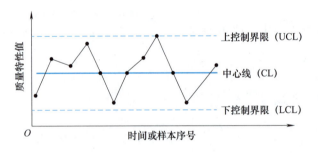

图 8-10 休哈特控制图

控制图的类型分为计量型、计件型、计点型三大类，根据使用统计量的不同，又有不同的类型，见表 8-10。

表 8-10 控制图的类型

数　据	分布类型	控　制　图
计量值	正态分布	均值-极差控制图
		均值标准差控制图
		中位数极差控制图
		单值-移动极差控制图
计件值	二项分布	不合格品率控制图
		不合格品数控制图
计点值	泊松分布	单位不合格品数控制图
		不合格品数控制图

本书只以常见的控制图均值-极差控制图为例，介绍控制图的一般绘制方法。均值-极差控制图的绘制步骤如下：

1）搜集数据归纳列表。
2）计算样本的平均值。
3）计算样本极差值。
4）计算样本总平均值。
5）计算极差平均值。
6）计算控制界限。
7）描点，绘制均值-极差控制图。

控制图以质量特性值的平均值 μ（或 $\bar{x}$）作为中线，取质量特性值的平均值加减 3σ 作为上下控制限，这样绘制的控制图称为 μ 控制图，也就是休哈特博士最早提出来的控制图形式。在传统的工业企业中，人们一般按照 $\pm 3\sigma$ 原理控制质量，可以保证不合格品率在 3‰ 以下，这时采用的控制图又称为 3σ 控制图。在 3σ 质量管理中，控制图的上下控制界限根据 $\pm 3\sigma$ 法来计算，计算公式如下：

$$中心线\ CL = \mu$$
$$上控制界限\ UCL = \mu + 3\sigma$$
$$下控制界限\ LCL = \mu - 3\sigma$$

式中 μ——质量特性值的平均值。

控制界限更一般的表达式为

$$上控制界限\ UCL = E(X) + 3\sqrt{D(X)}$$
$$下控制界限\ LCL = E(X) - 3\sqrt{D(X)}$$
$$中心线\ CL = E(X)$$

式中 X——样本统计量；
$E(X)$——X 的平均值；
$D(X)$——X 的方差。

控制图绘制完成后，可以根据判稳和判异准则，运用控制图判定生产过程是否稳定，规则如下：

判稳准则：当符合下列条件时，则可以判稳：
1）连续 25 个点，界外的点数 $d = 0$。
2）连续 35 个点，界外的点数 $d \leq 1$。
3）连续 100 个点，界外的点数 $d \leq 2$。

判异准则：点出界以及在界内不是随机排列的，都可以判定为过程不稳定。常规控制图的国标 GB/T 4091—2001 引用其中八种，作为判异准则，见表 8-11。

1）连续 7 个点在中心线的同侧。
2）有连续 7 个点上升或下降。
3）在连续 11 个点中，有 10 个点在中心线的同一侧；在连续 14 个点中，有 12 个点在中心线的同一侧；在连续 17 个点中，有 14 个点在中心线的同一侧；在连续 20 个点中，有 16 个点在中心点周围绕某一中心线做周期波动。

表 8-11 常规控制图判异准则

序 号	判 异 准 则	显著性水平 α
1	点出界	0.002 7
2	连续 9 个点在中心线同一侧	0.003 8
3	连续 6 个点递增或递减	0.002 73
4	连续 14 个点中相邻两点上下交替	接近 0.002 7
5	连续 3 个点中有 2 个点位于中心线同一侧的 B 区以外	接近 0.002 7
6	连续 5 个点中有 4 个点位于中心线同一侧的 C 区以外	接近 0.002 7
7	连续 15 个点位于中心线上下	0.003 26
8	连续 8 个点中有 4 个点位于中心线两侧，但无一在 C 区中	0.000 2

【例 8-6】 绘制均值-极差控制图分析电机定子制造质量。

某电机厂的定子加工车间为了控制定子加工质量，随机抽取近期生产的 25 组定子铁芯重量，每个样本包含 5 个定子铁芯重量观察值 $x_1 \sim x_5$，见表 8-12。

表 8-12 抽检铁芯重量的统计表

组 号	x_1	x_2	x_3	x_4	x_5	平 均 值	极 差
1	2.925	3	3.1	3	2.9	2.985	0.2
2	3	2.8	3.2	3	2.925	2.985	0.4
3	2.925	3	3.002	3.004	3.006	2.987	0.081
4	3.4	3.6	3.4	2.9	3.4	3.34	0.7
5	3.2	3	3.4	3.6	3.5	3.34	0.6
6	3	3.1	3.3	3.5	3.7	3.32	0.7
7	2.9	3	2.8	3	3.1	2.96	0.3
8	3	3.6	2.8	3.4	3.2	3.4	0.8
9	3.5	3.4	3.3	3.2	3.1	3.3	0.4
10	2.9	2.8	2.7	3	3.1	2.9	0.4
11	3.12	3.14	3.16	3.18	3.08	3.136	0.1
12	3.1	3.11	3.13	3.15	3.16	3.13	0.06
13	3.4	3.5	2.9	3.3	3.4	3.3	0.6
14	3.5	3.4	3.3	3.2	3.1	3.3	0.4
15	2.95	2.97	2.99	3.1	3.2	3.042	0.25
16	3.2	3.4	3.3	3.5	3.6	3.4	0.4
17	3	3.2	3	3.3	2.9	3.08	0.4
18	2.9	2.92	2.94	3	3.2	2.992	0.3
19	3.2	3.3	3.4	3.1	3	3.2	0.4
20	3	3.1	2.9	2.95	3	2.99	0.2
21	3	2.98	3.02	3.04	3.06	3.02	0.08

(续)

组号	x_1	x_2	x_3	x_4	x_5	平均值	极差
22	2.98	2.96	3	3.04	3.06	3.008	0.1
23	3.5	3.2	3.4	3	3.3	3.28	0.5
24	3.6	3.3	3	3.2	3.4	3.3	0.6
25	3.2	3.04	2.96	2.98	3	3.036	0.24

(1) 计算个体样本组的均值 $\overline{X_i}$ 与极差 R_i：计算个体样本组的均值 $\overline{X_i}$ 与极差 R_i，结果如上表后两列所示。

由所得的均值 $\overline{X_i}$ 与极差 R_i 得

$$\overline{\overline{X}} = \sum \overline{X_i}/n = 3.1413$$

$$\overline{R} = \sum R_i/n = 0.3872$$

(2) 根据公式计算上下控制线

$$\text{UCL}_R = D_4\overline{R} = 2.114 \times 0.3872 = 0.8187$$

$$\text{CL}_R = \overline{R} = 0.3872$$

$$\text{LCL}_R = D_3\overline{R} = 0 \times 0.3872 = 0$$

$$\text{UCL}_X = \overline{\overline{X}} + A_2\overline{R} = 3.1413 + 0.577 \times 0.3872 = 3.3646$$

$$\text{CL}_X = \overline{\overline{X}} = 3.1413$$

$$\text{LCL}_X = \overline{\overline{X}} - A_2\overline{R} = 3.1413 - 0.577 \times 0.3872 = 2.9179$$

注：式中 D_3、D_4、A_2 均为修正参数，可以由相关资料查得。

(3) 绘制均值-极差图

电机定子铁芯重量均值-极差控制图，如图8-11所示。

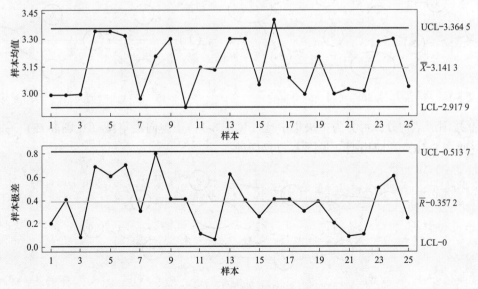

图8-11 电机定子铁芯重量均值-极差控制图

(4) 根据图形分析

从图 8-11 中可以看出,只有第 10 组和第 16 组数据对应的 $\bar{X}$ 那点落在控制线外,其余各点均在界限内,而且排列无缺陷。于是,对这两组数据样本前后的整个过程进行了调查,调查结果表明,正当加工第 10 组数据对应的那 5 个零件时,上道工序出了故障,使这 5 个零件的尺寸明显偏小,而正当加工第 16 组数据对应的那 5 个零件时,上道工序也出现了故障,使这 5 个零件的尺寸明显变大,当排除上道工序的故障时,加工过程又处于稳定状态。

2. 新七种工具

日本质量管理专家从 1972 年 4 月,日本科学技术联盟的"QC 手法开发部会"开始探索、研究和实践,连续坚持了数年,不断地从运筹学、系统工程、价值工程等管理科学中吸取有益的方法,终于在 1977 年提出了质量管理新七种工具。新七种工具包括关联图、矩阵图、亲和图、PDPC 法、优先级矩阵图、树图和网络图,适用于管理人员做决策,如怎样搜集数据、明确问题、抓住关键、确定目标和手段、评价方案、制订切实可行的对策计划等。

(1) 关联图

关联图又称为相互关系图,是将质量问题及其主要影响因素的因果关系用箭头连接起来,从而揭示问题的本质,找出主要因素的一种方法。通过连图可以找出与此问题有关系的一切要素,从而进一步抓住重点问题并寻求解决对策。在 20 世纪 60 年代,日本学者提出将几个问题与其主要因素之间的因果关系用图加以表示,以找出关键问题与因素。这样更有利于分析整理各种复杂因素交杂在一起的问题。

1) 关联图的分类。

① 按其应用方式,关联图可分为多目的型(见图 8-12)和单一目的型(见图 8-13)两种。

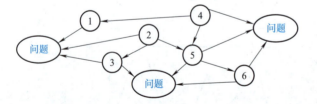

图 8-12 多目的型关联图(两个以上目的)

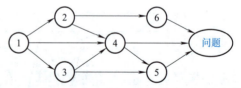

图 8-13 单一目的型关联图(单一目的)

② 按图形结构分,可分为中央集中型(见图 8-14)、单向汇集型(见图 8-15)、关系表示型(见图 8-16)和应用型(见图 8-17)四种。

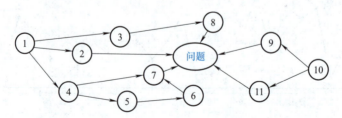

图 8-14 中央集中型(向外扩散)

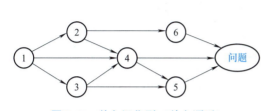

图 8-15 单向汇集型（单向顺延）

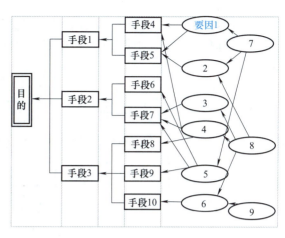

图 8-16 关系表示型

2）绘制关联图的步骤。

① 组织质量改进小组，参加人员应包括所有与达到目标相关的人员。

② 以所要解决的质量问题为中心展开讨论，通过头脑风暴法列出所有因素。

③ 使用生动贴切的语言，简明扼要地表达存在的问题。

④ 把因果关系用箭头连接起来。箭头的指向原则是原因-结果型，从原因指向结果；目的-手段型，从手段指向目的。

⑤ 统观全局，确认这些因果关系，如果有遗漏，还可以进行补充修改。

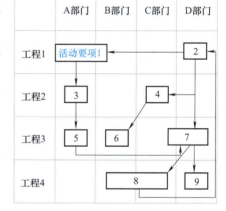

图 8-17 应用型（与系统图、矩阵图等联用）

⑥ 进一步归纳出重点问题或因素。

⑦ 针对重要问题或因素制定相应的措施。

3）作图应注意的事项。

① 应该尽可能地广泛听取多方意见，集思广益，抓住问题的核心。尤其是需要听取现场人员的意见。

② 尽可能用准确的语言表达各问题和因素的名称，最好用短语、短句来表达。

③ 为了找出重点项目，要反复修改图形，这项工作最好由质量管理人员来承担。

④ 重点因素要用特殊标记来表示。

⑤ 要全面彻底地分析原因，找出最基本的因素。

4）主因和问题的判别。

① 在图中只进不出的是问题。

② 在图中，箭头只出不进的是主因，也叫末端因素，是解决问题的关键。

③ 在图中，箭头有进有出的是中间因素；出多于进的中间因素叫关键中间因素，一般也可作为主因对待。

【**例 8-7**】 某工厂员工在产品组装环节经常发现产品的零部件丢失,影响了产品组装的质量和工作效率,为此质量人员用关联图分析了零件易丢损的原因,如图 8-18 所示。

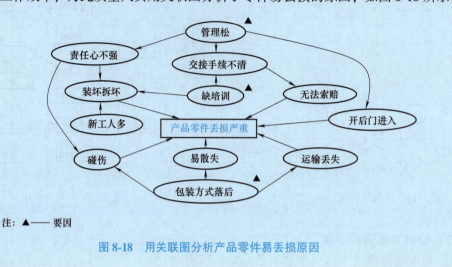

图 8-18 用关联图分析产品零件易丢损原因

(2) 矩阵图

矩阵图法是利用多维思考逐步明确问题的方法。矩阵就是矩形排列,即从问题的各种关系中找出成对的质量因素,排成行和列,在其交点处表示其相互之间的关系,用○、△或◎不同的符号表示它们之间关系的强弱,从中确定关键点的方法。

1) 矩阵图的种类。在矩阵图法中,按矩阵图的形式可将矩阵图分为四种:L 形(见图 8-19)、T 形(见图 8-20)、x 形(见图 8-21)、y 形(见图 8-22)。

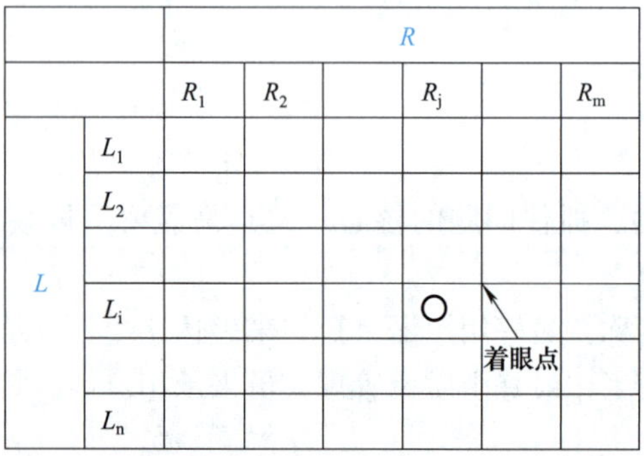

图 8-19 L 形矩阵图

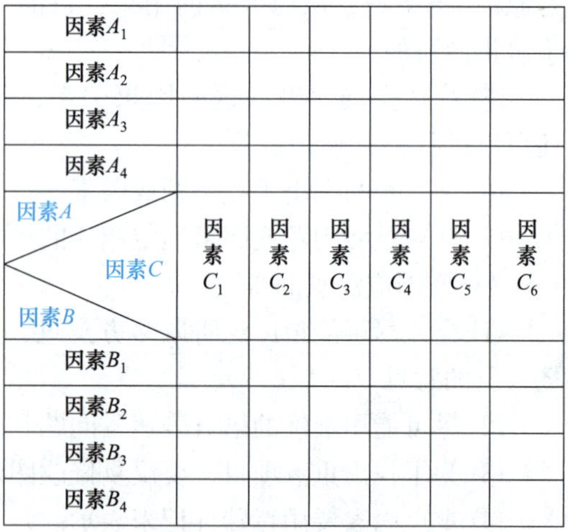

图 8-20 T 形矩阵图

2) 矩阵图绘制方法。
① 确定事项。
② 选择因素群。
③ 选择矩阵图类型。

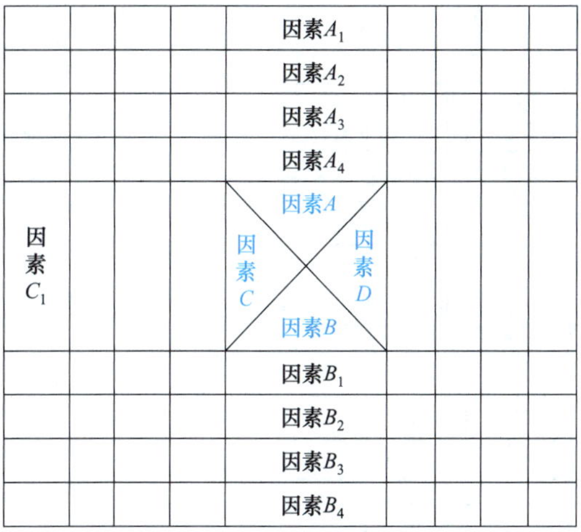

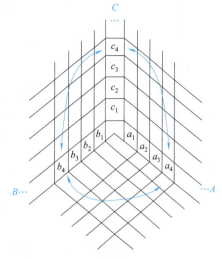

图 8-21　x 形矩阵图

图 8-22　y 形矩阵图

④ 根据事实或经验评价和标记。

⑤ 资料统计寻找着眼点。

【例 8-8】　某纺布工厂布匹出现质量问题，绘制过程因素–专案–抱怨现象的 T 形矩阵图，如图 8-23 所示，分析引起布匹质量问题的关键因素。

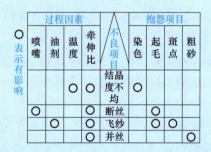

图 8-23　某纺布工厂过程因素–专案–抱怨现象矩阵图

（3）亲和图

亲和图法是针对某一问题，充分搜集各种经验知识、想法和意见等方面的语言及文字资料，通过 A 型图解进行汇总，并按其相互亲和性归纳整理这些资料，使问题明确起来，求得统一认识和协调工作，以利于问题解决的一种方法。亲和图是日本川喜田二郎（Kawakita Jiro）发明的，其主要方法是 A 型图解。A 型图解的绘制步骤如下：

① 确定课题。

② 按照客观事实，找出原始资料，搜集语言文字资料。

③ 将语言资料制成卡片。

④ 整理综合卡片。

⑤ 制图。

⑥ 使用。

【例 8-9】 用亲和图分析如何提高摩托车质量，如图 8-24 所示。

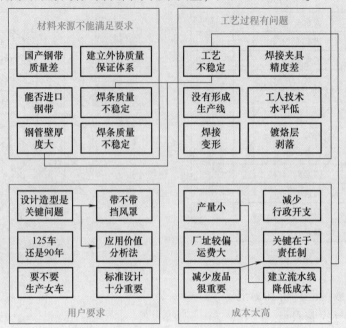

图 8-24　提高摩托车质量的亲和图

(4) PDPC 法

PDPC (Process Decision Program Chart) 法也称过程决策程序图法，是运筹学在质量管理中的具体应用。所谓 PDPC 法，是指在制订行动计划或进行方案设计时，对事先可能出现的各种障碍和结果进行预测，并相应地提出多种应变计划，以完成某个任务或达到某个目标，如图 8-25 所示。

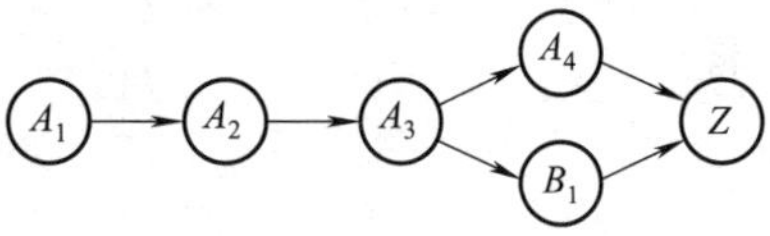

图 8-25　PDPC 法

【例 8-10】 某公司为提高 MT-60 机种产品质量，使用 PDPC 法。

某 MT-60 机的成品合格率为 60%，QC 小组组织工程技术、质量等相关人员进行改善，以达到合格率为 70% 的目标，现有三条途径，如图 8-26 所示。

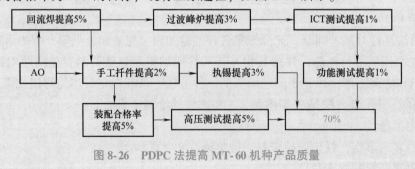

图 8-26　PDPC 法提高 MT-60 机种产品质量

(5) 优先级矩阵图

优先级矩阵图是树图和矩阵图的结合，它可以帮助决策者确定所考虑的活动或者目标的重要程度。

设计优先级矩阵图的目的是促使小组重点关注对组织最重要的那些质量因素或问题。

建立优先级矩阵的方法有：完全分析准则法、相互关系图（ID）/矩阵混合法和一致标准法。

(6) 树图

树图是把要实现的目的与需要采取的手段或问题，系统地展开，并绘制成图，以明确问题的重点，寻找最佳手段或措施。其目的就是把问题逐步分解细化，使之变得更易于理解，问题更容易解决。图 8-27 是使用树图分析产品零件不合格的原因的一个实例。

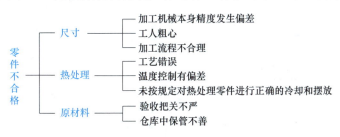

图 8-27　产品零件不合格的原因

(7) 网络图

网络图也称作箭头图或网络计划技术，源于运筹学中的方法，在我国称为统筹法。网络图是通过网络图的形式，反映和表达计划的安排，从而选择最优方案，组织、协调和控制生产的进度和费用，使其达到预定目标的一种科学管理方法。

网络图是一张有向无环图，由节点、作业活动组成，如图 8-28 所示。

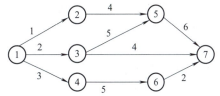

图 8-28　网络图

8.2.2　5S 现场管理

1. 5S 现场管理的理念

(1) 5S 的发展历程

5S 管理活动起源于日本，它因以"S"开头的日文罗马拼音的 5 个单词构成，（整理 Seiri+整顿 Seiton+清扫 Seisou+清洁 Seiketsu+素养 Sitsuke）故简称"5S"，它是现场管理最重要的"法宝"之一，被美国人认为是"管家概念"，旨在改进工作条件和促进过程的有效工具。随着 5S 现场管理在质量管理工作中深入人心，人们不断给它扩充更多新的含义，例如 6S——5S+安全（safety）；7S——6S+节约（Save）。7S 推进层次图如图 8-29 所示。

(2) 5S 与 PQCDSM 的关联

生产管理六大产出 PQCDSM：P（Productive，生产效率），Q（Quality，质量和品质），C（Cost，成本），D（Delivery，交期）也就是生产管理中的时间管理与控制，S（Safety，安全生产管理），M（Morale，员工士气）实际上就是人的管理。生产管理不论如何进行，目的都在于能够让 PQCDSM 发挥作用，企业也得到了发展。

1) 生产性与 5S。生产性是指相对于投入的产出，表现为相对于产出的效率。

5S 可以缩短"寻找"时间，可以产生缩短生产准备时间，从而达成劳动时间的短缩；可以增加客户的信赖度，提高产品的附加价值；可以减少材料浪费，材料费用的降低相当于单位产品成本的降低。

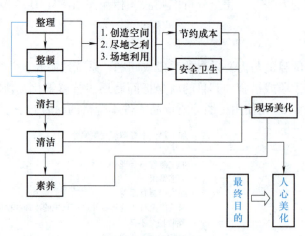

图 8-29　7S 推进层次图

2）品质与 5S。品质与 5S 有着最密切的关系，5S 的水平反映了现场作业管理水平和工作质量水平。正确遵守作业标准就是使用规定的材料、工具、计量仪器等。

灰尘、杂物多，影响产品质量。机器、模具未维护保养、彻底清除杂物，精度无法保证，直接影响产品质量。未进行彻底地整理、整顿，合格品、不合格品易混，引起误送。

3）降低成本与 5S。仓库的 5S 水准低下时，保管项目（在哪里、什么东西、保管多少）不明确，出现该保管的没有保管，明明有存货而说成没有，这样的话会带来无用的材料、产品的购买。生产工序提高其材料利用率。对机器、模具的维检做到预防为主，提高其运转率，降低其维修率。降低因"寻找"而浪费的工时，提高工作效率。

4）交货期与 5S。如果 5S 未彻底实施，材料、零部件会缺少，采购计划的安排会延迟，从而导致交货期的推迟，如因材料规格更改应该作废的文件未收回，导致采购错误；工艺流程、作业指导书更改，新的文件未即时发放，导致优先次序被打乱；应先加工而进行了后加工，显然会导致交货期的延迟或增加无谓的加工工数。

5）安全与 5S。在工厂内用画线的方法规范通路，不得放置半成品、推车等。制成品和在制品的放置要稳定。在需要的地方力行使用防护设施（安全帽、安全鞋等）。在灭火器放置场、消防栓、出入口、非常通道口、配电柜等附近不得放置物品。安全对企业来说是一种财富，如同人的健康是一项资本。

6）士气与 5S。士气也称为劳动积极性，企业持续追求为客户提供更便宜的价格，提供更好的产品和快速的服务，为此需要员工有高昂的士气。5S 水准高的工厂，士气也高；反之则士气不足。

士气低下不仅在品质、成本、交货期上发生问题，也会在环境安全方面出问题。

2. 推行 5S 的方法

在推行 5S 活动前，第一件事情就是先到工厂周围拍照存证；活动开展后，再拍照比较，可以立即看出推行的成效。图 8-30 是 5S 推行的关联图。5S 管理是从 5 个方面对生产现场中的人员、机器、材料、方法等生产要素进行有效的管理。

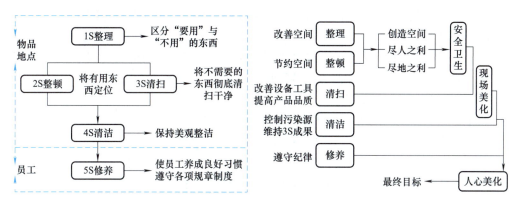

图 8-30　5S 推行关联图

（1）整理环境（Clear up thearea）

在任何工厂里都有废弃或不需要的物品，这些物品目前生产用不着，应以红色标签区别，任何人见到都知道应予搬移或抛弃，不过，厂区应先确定不需要的标准以避免争端，然后指派第三者（通常为管理部门）着手上标签。

（2）整理储藏所（Organize storage places）

环境清洁后，应再整理储藏所，并以文字或数字、颜色等明显标识各项物品存放位置，整理储藏所时，应牢记三个关键因素：何地（where）、何物（what），以及多少数量（How Many），标识应清楚明白并易于识别，应采开放式储藏系统，否则各项工具不易保持整齐。

（3）全面清扫（Consolidate clearing procedure）

现场清扫涵盖三大范围：仓储区、设备与环境。应先划分责任区域，并将清扫的责任分派给现场工作人员。在共同责任区内，可以采用轮班制度。最好将个人责任归属与清扫项目制表公布于现场每一个人都看得见的地方，让每一位员工都养成每天清扫五分钟的习惯。五分钟听起来很短，但如果持之以恒，效果是十分惊人的。

（4）把整洁的工作现场当作标准来追求（Standardize a spotless workplace）

只要每人付出一点小小的努力，现场就永远保持整洁，秘诀在于牢记三个没有（NO）原则：没有不需要的物品，没有杂乱，没有肮脏。在达成这一标准前，应派人定期检查评分。

（5）执行视觉管理（Implement visual control）

有批评才有进步，5S 运动也是一样，理想的工作现场应该是一望即知问题所在，解决问题也就容易得多，经过一段时间后，现场的外貌就会有很大的改变，请你再照一些照片跟 5S 运动实施前的照片比较。最好办一次照片展览，这是对现场员工最好的教育。此外，也不要忘记对执行 5S 具有成效的现场单位或员工给予适当的奖励。

3. 5S 管理的作用

5S 管理对企业里的各种不良状况的"疾病"十分有效。推行 5S 有八个作用：亏损、不合格、浪费、故障、切换产品时间、事故、投诉、缺陷各方面都为零，有人称之为"八零工厂"。

（1）亏损为零——5S 是最佳的推销员

在日本有这么一句话，5S 是最佳的推销员。这个企业至少在行业内，被称为干净和整洁的代表。没有缺陷，没有所谓的不合格，非常好的声誉，口碑在客户之间相传，忠实的客户就会越来越多。

知名度也会提高，很多人都会慕名来参观企业。人们都会抢着购买这家工厂所生产的产品。整理、整顿、清扫、清洁和修养维持得很好，相应地就会形成一种习惯。以整洁为追求目标之一的工厂具有更大的发展空间。

（2）不合格为零——5S 是质量零缺陷的护航者

产品严格地按标准要求进行生产。干净整洁的生产场所可以有效地提高员工的质量意识。机械设备的正常使用和保养，可以大大减少次品的产生。员工明了并做到事先就预防发生问题，而不是仅盯在出现问题后的处理上。环境整洁有序，异常现象一眼就可以发现。

（3）浪费为零——5S 是节约能手

5S 的执行能减少库存量，排除过剩的生产，避免零件及半成品、成品和库存过多。若工厂内没有 5S，则势必因零件及半成品、成品的库存过多而造成积压；甚而致使销售和生产的循环过程流通不畅，最终企业的销售利润和经济效益的预期目标将难以实现。

（4）故障为零——5S 是交货期的保证

工厂无尘化。现场无碎屑、屑块、油漆；机器经常擦拭和进行维护保养；模具、工装夹具管理良好，调试寻找故障的时间能就可以大幅度地减少。每日的检查可以防患于未然。

（5）切换产品时间为零——5S 是高效率的前提

模具、夹具、工具经过整顿随时都可以拿到，不需费时寻找，它可以节省时间。在当前这个时代，时间就是金钱和高效率。整洁规范的工厂机器正常运作，作业效率可以大幅度地提升。彻底贯彻 5S 让初学者和新人一看就懂，一学就会。

（6）事故为零——5S 是安全的重要保障

整理、整顿后，通道和休息场所都不会被占用。工作场所的宽敞明亮使物流一目了然，人车分配，道路通畅，有利于减少事故。危险操作警示明确，员工能正确地使用防护器具，不会违规作业。所有的设备都进行清洁、检修、预防、及时发现存在的问题，能消除安全隐患。消防设施的齐备，灭火器放置定位，逃生路线明确，万一发生火灾或者地震，员工的生命安全必然会有所保障。

（7）投诉为零——5S 是标准化的推动者

海尔集团有这么一句话：日事日毕、日清日高。

人们能正确地执行各种规章制度，在任何岗位都能规范地作业，明白工作该怎么做，工作既方便又舒适，而且每天都有所改善，并有所进步。

（8）缺勤为零——5S 可以创造出快乐的工作岗位

一目了然的工作场所，没有浪费，无勉强而不拘束，岗位明确、干净，没有灰尘垃圾，工作已成为一种乐趣，员工不会无缘无故地旷工。

4. 推行 5S 的意义

通过推行 5S 管理，能达到四个相关方面的满意，企业能健康而稳定地发展，逐渐发展成为对地区对国家有贡献的企业，甚至成为世界级的企业。

投资者满意（IS——InvestorSatisfaction）。

通过 5S 管理，使企业达到更高的生产及管理境界，投资者可以获得更大的利润和回报。

客户满意（CS——CustomerSatisfaction）。

严格贯彻执行5S后，企业会表现为高质量、低成本、交期准、技术水平高、生产柔性大等特点。

雇员满意（ES——EmploySatisfaction）。

推行5S后，就会出现企业效益好，员工生活富裕，人性化管理使每一个员工都可获得安全、尊重和成就感。

社会满意（SS——SocietySatisfaction）。

通过推行5S，使企业能快速健康地发展，这样的企业会对区域有杰出的贡献，热心于公益事业，支持环境保护，这样的企业也会有良好的社会形象。

8.2.3 6σ（六西格玛）管理

1. 六西格玛的统计意义

σ是一个希腊字母，在数学统计中是一个用来表示"标准差"指标的符号，在实际当中可用来表示一组过程数据的分布和离散程度，也可以用来衡量生产过程的稳定性。σ可用下面的统计公式计算：

$$\sigma = s = \sqrt{\frac{\sum_{i=1}^{n}(X_i - \overline{X})^2}{n-1}}$$

式中　X_i——样本中不同的数据；

$\overline{X}$——样本数据平均值；

n——样本容量。

σ值越小，反映样本数据的离散程度越小，说明样本的过程越稳定，如图8-31所示。

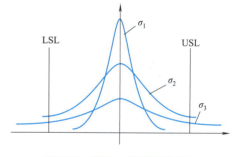

图8-31　不同σ值的统计意义

因为"σ"的大小可以反映过程的质量水平，所以6σ管理是用"σ水平"来衡量某一过程的质量。"nσ"是一种表示质量水平的统计单位（n为1~6的整数），如"6σ"可解释为生产100万个产品中仅存在3.4个不合格品或者这100万产品的合格率为99.999 66%。"σ水平"所对应的缺陷数的值见表8-13。

表8-13　不同σ水平下的缺陷数

Sigma 等级	不合格品率（百万分之）
σ	697 700
2σ	308 700
3σ	66 810
4σ	6 210
5σ	233
6σ	3.4

2. 六西格玛的起源与发展

20世纪70年代，日本的企业迅速崛起，使西方企业开始面临着来自日本企业的挑战，这一格局立即引起了美国企业的重视。经调查发现，日本企业迅速成长的关键在于其对产品质量的重视，它们致力于推行戴明的全面质量管理方法和质量管理大师克劳斯比所提出的"零缺陷管理"，注重"第一次就把工作做正确"，因此它们在提高质量的同时也降低了成本。随后西方企业开始逐步加强对质量管理的重视，全面质量管理、"零缺陷理论"等科学质量管理理论越来越多地被运用在企业的实际生产中。美国无数企业都开始了对质量管理的追逐，而在这过程中，一种全新的质量管理理论被提出——六西格玛（6σ）管理。

摩托罗拉公司最早提出了 6σ 管理的理念。20 世纪 80 年代初，摩托罗拉公司最先开始实践 6σ 管理法。之后其他公司开始采用这种方法，首先是德仪公司和联信公司，在公司生产流程中全面推广 6σ 质量管理，然后通用电气公司全面实施 6σ 取得了空前的成功，真正把 6σ 质量管理这一质量管理战略从理论转变成管理实践哲学，并形成一种企业文化。在 21 世纪，6σ 质量管理被广泛应用到几乎所有的行业中；21 世纪，美国企业的平均 σ 水平已从十年前的 3σ 提高到了接近 5σ 的程度，而日本则已超过了 5.5σ 的水平。可以说，"σ 水平"已经成为一个评价企业综合实力的度量单位。

3. 六西格玛水平的计算

西格玛水平是累计缺陷数量与机会缺陷数的比值，如果一百万个机会缺陷数（DPMO）中只有 3.4 个累计缺陷数量，那么可以认为这个过程就达到了六西格玛水平。具体的西格玛水平计算程序如图 8-32 所示。

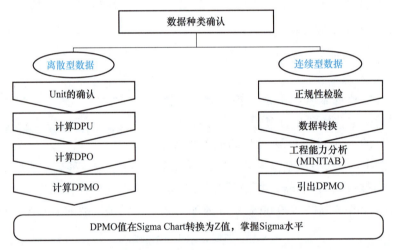

图 8-32　西格玛水平计算程序

4. 六西格玛的特点

6σ 风靡全球被广大企业追捧，无数实践证明 6σ 是一种卓越的行之有效的质量管理方法。6σ 的主要特点有以下几个方面：

1）以顾客为中心，充分关注顾客。6σ 认为"顾客第一"，获得更高的顾客满意度是 6σ 组织不断追求的目标。所以 6σ 从客户需求出发，不断提高质量来增加客户满意度。

2）以工序为核心，强调持续改进。6σ 以流程为关注对象，分析各个工序流程中影响质量的因素，寻找其中的关键因素，然后设计更合理的流程，来持续改善产品或服务的质量水平。

3）以数据为基础，定量分析改善。以 6σ 采集生产中的各种数据为基础，借助数学统计的方法，通过数据分析揭示管理中存在的问题，并制定相应的改进方案和措施。

4）以科学为依据，部署合理路径。6σ 具有一套科学成熟且行之有效的研究方法——DMAIC 流程。DMAIC 模式通过定义、测量、分析、改善和控制五个阶段来分析解决问题。

5）以完美为目标，鼓励不断提高。6σ 质量水平是理论上的完美、无缺陷的质量目标，但在实际生产中没有企业能真正达到 6σ 水平。所以 6σ 管理组织致力于不断的质量改进，追求完美目标，鼓励企业不断提升。

6）以专家为领袖，发挥团队作用。6σ 项目是一个自上而下的庞大工程，需要各部门团队组织协调运作，因此需要一个具备一定专业知识和统计管理能力的领导者作为龙头。

5. 六西格玛的组织结构

为成功实施 6σ 管理，需要组建一个团队，每个团队成员有着不同的背景，根据自身经验担任不同的角色，也承担相应的责任。6σ 人员组织结构包括：管理委员会、执行负责人、黑带大师、黑带、绿带，如图 8-33 所示。

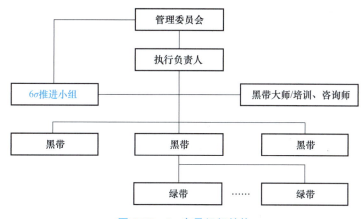

图 8-33　6σ 人员组织结构

1）管理委员会：由公司高层管理成员担任，作为 6σ 管理层次的最高领导机构，进行详细的专业指导，并且解决项目小组遇到的困难与阻力。

2）执行负责人：一般由副总裁以上职位的高层领导担任，是 6σ 施行过程中，能够协调各方面问题并综合分析寻求最合理解决办法的人。

3）黑带大师：一般由第三方机构的咨询顾问担任，黑带大师必须在统计方面有所建树，这样才能给整个组织做指导。

4）黑带：需要在管理培训中获得资格认证。黑带成员需要具备高等数学以及定量分析的知识基础，以维持其在数据搜集与分析中的客观性和优越性。

5）绿带：绿带成员的工作性质多为兼职，在获取绿带资质之后，去负责难度较小的项目小组或者成为其他小组的成员，从而参与 6σ 流程。

6. 六西格玛的实施方法

在 6σ 管理中，通过定义（Define）、测量（Measure）、分析（Analyze）、改善（Improve）和控制（Control）五个阶段解决问题的方法，被称为 DMAIC 过程。DMAIC 过程活动要点及其工具见表 8-14。

1）定义（Define）阶段。定义阶段是 6σ 项目实施的首要阶段，许多方面都需要进行分析，主要是明确客户要求，即明确 $y=f(x)$，明确项目的具体目标。

2）测量（Measure）阶段。测量阶段所要做的是在定义阶段的基础上，进一步明确 $y=f(x)$ 的工作，并通过搜集各种数据来定量描述 y，从而显现出过程可以改进的部分，明确实现项目目标的方法和路径。

3）分析（Analyze）阶段。分析阶段的工作是寻找影响 $y=f(x)$ 的因素，然后在诸多影响因素中确定关键影响因素，即在 x 中确定一个或几个 x_c。过程分析工具有因果分析图、统计分析（均值、方差、相关和回归分析等）。

4）改善（Improve）阶段。改善阶段要做的是对分析阶段所确定的关键因素 x_c 采取措施，主要工作是围绕如何消除要因 x_c 展开的，即制订合适的改进计划并实施、改进 y 的输出形式、消除关键影响因素 x_c、消除异常变化等。

5）控制（Control）阶段。在 DMAIC 的最后阶段，控制阶段的任务非常明确，那就是在改善结果完成后，对改善后的 $y=t(x)$ 继续进行数据搜集，以确保新流程的稳定运行并寻求进一步的提高。所以，项目完成改进目标后，控制阶段在维护改进成果中发挥了重要的作用。

表 8-14　DMAIC 过程活动要点及其工具

阶　　段	活 动 要 点	常用工具和技术	
定义阶段 （Define）	项目启动 寻找 $y=f(x)$	◇ 平衡记分卡 ◇ SIPOC 图 ◇ 因果图 ◇ 排列图	◇ 质量功能展开 ◇ 立场图 ◇ 流程图 ◇ PDCA 分析
测量阶段 （Measure）	确定基准 测量 y	◇ 排列图 ◇ 测量系统分析 ◇ PDCA 分析 ◇ 因果图	◇ 水平对比法 ◇ 过程能力指数 ◇ 直方图过程流程图 ◇ 趋势图
分析阶段 （Analyze）	确定要因 确定 x_c	◇ 假设检验 ◇ 水平对比法 ◇ 方差分析 ◇ 因果图	◇ 直方图 ◇ 多变量图 ◇ 排列图 ◇ 试验设计
改善阶段 （Improve）	消除要因 优化 x_c	◇ 试验设计 ◇ 展开操作（EVOP） ◇ 质量功能展开 ◇ 测量系统分析	◇ 正交试验 ◇ 过程改进 ◇ 响应曲面法
控制阶段 （Control）	维持成果 更新 $y=t(x)$	◇ 控制图 ◇ 标准操作程序（SOPS） ◇ 统计过程控制	◇ 过程能力指数 ◇ 防差错措施 ◇ 过程文件控制

图 8-34 所示的工作流程是 6σ 系统框架的核心，这五个步骤我们简称为：DMAIC，是英文 Define—Measure—Analyze—Improve—Control 的缩写。

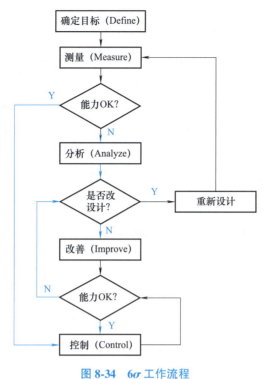

图 8-34 6σ 工作流程

8.2.4 QFD（质量机能展开）

1. 质量机能展开的起源与发展

质量机能展开（QFD）技术源于日本，目的是设计、生产充分满足顾客需求的产品和服务。1972 年，日本三菱公司的神户造船厂首次使用了"质量表"。1978 年 6 月，水野滋、赤尾洋二教授编写出版了《质量机能展开》，从全公司质量管理的角度出发介绍了该方法的主要内容。QFD 从此进入发展时期，20 世纪 80 年代，日本科技联组织了研究会，交流和推广 QFD 的应用。

在产品或服务的开发过程中，公司要聆听"顾客的声音"。赤尾洋二、水野滋以及其他一些日本质量管理专家已经开发了一系列 QFD 配套管理工具，使之成为质量管理和保证顾客满意度的综合系统。

20 世纪 90 年代，质量机能展开技术风靡全球，获得越来越广泛的应用。20 世纪 80 年代中期，我国航空工业界引进了 QFD，之后在汽车、电子、机械等工业部门推广应用。

2. 质量机能展开理论

（1）质量机能展开的含义

质量机能展开就是将顾客的要求转换成质量特性，保证顾客的关键需求以及企业的核心技术系统地展开到产品的各功能部件、过程变量等质量特性，从而形成满足顾客要求的产品质量。

质量机能展开通过定义"做什么"（即顾客要求）和"如何做"（即质量特性），识别关键的质量特性，将顾客定义的质量要素注入产品或服务。

(2) 质量机能展开的内容

质量机能展开包括综合的质量展开和狭义质量机能展开，如图 8-35 所示。

图 8-35　质量机能展开

1) 狭义质量机能展开。狭义质量机能展开（职能展开），由水野滋博士定义为："将形成质量保证的职能或业务，按照目的、手段系统地进行详细展开。"它是一种系统化的质量管理方法，如图 8-36 所示。

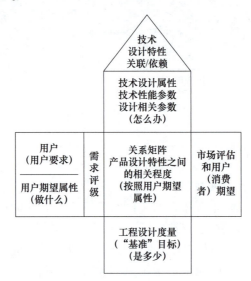

图 8-36　狭义质量机能展开（QFD）

2) 综合质量机能展开。综合质量机能展开模式是 1983 年由日本学者赤尾洋二教授提出的，因此也被称为赤尾模式，它共有 64 个工作步骤。该模式以设计阶段为中心，包括质量展开、技术展开、成本展开和可靠性展开。赤尾模式是质量机能展开发展史上的里程碑，如图 8-37 所示。

(3) 质量屋的原理及构成

质量屋也称质量表（Quality Chart 或 Quality Table），是美国学者 J. R. Hauser 和 Don Clausing 在 1988 年提出的概念。它以矩阵为工具，将顾客需求如下逐层展开：①产品设计要求（涉及规格或规范）；②分系统、零部件的设计要求；③生产要求等。

采用加权评分的方法，对设计、工艺要求的重要性做出评定，通过量化计算，找出产品的关键单元、关键部件、关键工艺，为优化设计这些"关键"提供方向，采取有力的措施。

中国化的质量屋方案如图 8-38 所示，其基本结构要素如下：

第8章 工程项目质量管理

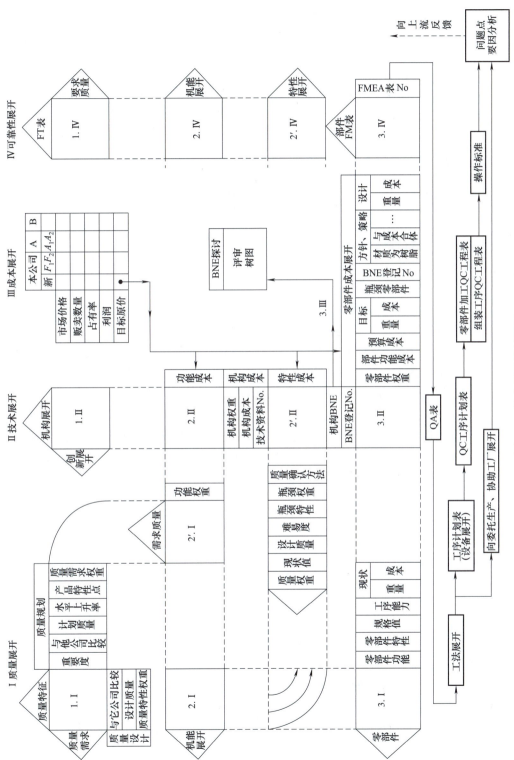

图8-37 综合质量机能展开（QFD）

1）左墙——顾客需求及其重要度。

2）天花板——工程质量（设计要求或质量特性）。

3）房间——关系矩阵。

4）地板——工程措施的指标极其重要度。

5）屋顶——相关矩阵。

6）右墙——市场竞争能力评估矩阵。

7）地下室——技术竞争能力评估矩阵。

QFD既积极寻求顾客明确告知的需求，又努力发掘没有言传的顾客需求，并尽可能最大化地为顾客带来"积极的"质量，如简便易用、制造快乐，产生豪华感等。传统质量系统的目标是最小化"消极的"质量，如产品缺陷、服务不佳等。

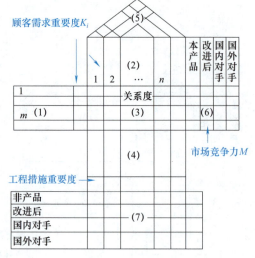

图 8-38 质量屋方案

（4）QFD 的特点

QFD 是一种系统性的决策技术。在设计阶段，它可保证将顾客的要求准确无误地转换成产品定义（具有的功能、实现功能的机构和零件的形状、尺寸、公差等）；在生产准备阶段，它可以保证将反映顾客要求的产品定义准确无误地转换为产品制造工艺过程；在生产加工阶段，它可以保证制造出的产品完全满足顾客的需求。

QFD 真正可以使制造者以最短的时间、最低的成本生产出功能上满足顾客要求的高质量产品。QFD 法和其他质量管理方法一样，在使用过程中都有自身的优缺点。

1）QFD 法的优势。不同于传统的设计流程集中于工程技术性能而较少关注顾客需求，QFD 以满足顾客需求为基础，关注产品发展的各个环节。QFD 使那些无形需求和公司的战略优势清晰可见，进而使公司能够对它们进行优先考量。QFD 优势主要体现在以下几点：

① 减少设计时间。

② 减少设计变动。

③ 减少设计和制造成本。

④ 提高产品质量。

⑤ 提高顾客满意度。

有资料显示，通过采用 QFD 方法，丰田公司减少了 61% 的启动成本损失，马自达公司减少了半数的最后设计变更等。

2）QFD 法的局限。

① 作为一项由日本人开发的管理技术，QFD 在西方企业环境和文化下的应用，可能会出现水土不服的问题。

② 顾客感知是通过市场调研获得的，一旦市场调研不准，其后的所有分析结果只会给企业带来灾难。

③ 顾客的想法和需求瞬息万变。作为一项综合管理系统和结构化的质量控制方法，要顺应如此快速的市场变化比较困难。

3. 质量机能展开的程序

（1）顾客需求的展开

1）顾客与顾客需求。"顾客"是一个广义的概念，是接受产品的组织或个人。顾客的需求是变化的，企业不仅应考虑顾客当前的需求，还应考虑顾客未来的需求，以适应顾客不断变化的需求。顾客的需求包括明示的、隐含的和法律法规规定的三个方面。

2）Kano 模型。Kano 模型是东京理工大学教授狩野纪昭（Noriaki Kano）发明的对用户需求分类和优先排序的有用工具，以分析用户需求对用户满意的影响为基础，体现了产品性能和用户满意之间的非线性关系。

根据不同类型的质量特性与顾客满意度之间的关系，狩野教授将产品服务的质量特性分为以下五类：

① 基本（必备）型质量——Must-beQuality/Basic Quality。

② 期望（意愿）型质量——One-dimensional Quality/Performance Quality。

③ 兴奋（魅力）型质量——Attractive Quality/Excitement Quality。

④ 无差异型质量——Indifferent Quality/Neutral Quality。

⑤ 反向（逆向）型质量——Reverse Quality，也可以将 Quality 翻译成"质量"或"品质"。

前三种需求根据绩效指标分类就是基本因素、绩效因素和激励因素。Kano 模型五种质量的划分，为六西格玛的改进提供了方向。为了更明显地表述这五种需求，将其放在一张坐标图中，该图体现了每一种需求的特性，横坐标为提供程度，纵坐标为满意程度，如图 8-39 所示。

3）顾客需求分析

① 确定研究和分析的对象。

② 顾客需求搜集、整理。

③ 顾客需求陈述。

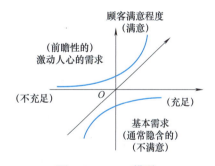

图 8-39 Kano 模型

（2）确定关键质量需求

1）计算重要度。

2）对质量需求进行比较分析。

3）提出改进目标。

4）分析关键顾客需求。

5）市场竞争能力分析。

（3）技术要求展开

1）由顾客需求的各项目中，抽出技术（质量）要素。

2）用 KJ 法聚类，将抽出的类似的技术指标放在一起，然后求出高一级科目，并确定其名称。

3）根据聚类编制展开表，汇总整理，将各指标的质量特性明确化（一般展开到三级水平，根据技术的复杂程度，也可分二级或直接列出）。

（4）编制质量表

质量表是质量屋的本体部分，用于描述技术需求（产品特性）对各个顾客需求的贡献和影响程度的关系矩阵。

质量屋的关系矩阵可用 $R = [r_{ij}]_{nc \times np}$ 表示。

r_{ij} 是指第 j 个技术需求（产品特性）对第 i 个顾客需求的贡献和影响程度，即两者的相关程度,建议采用1、3、5、7、9等关系度等级。

(5) 关键质量特性确定

1) 特性重要度评价。

2) 比较分析。

3) 设计输出特性目标。

(6) 绘制质量屋

【例8-11】 某跨国旅店运用QFD提高服务质量。

跨国旅店公司雷兹—卡尔通（Ritz Carlton），为了向顾客提供更优质的服务，其在密歇根州的下属公司运用QFD研究"房间整理"，优化服务程序，最大限度地满足房客的要求，取得经验后再加以标准化，向全公司推广。图8-40是它们所做的质量屋。据此明确了努力的目标，安排好服务的流程，降低了失误率，减少了对客房的打扰时间和次数等，获得了成功。服务业与制造业中有所不同，但运用QFD的步骤与方法基本相同。

雷兹的措施		重要度	失误率（随机抽样）	房间整理时间	可能打扰次数	固定的打扰次数	优惠事项与打折扣率处理	房客不在时依次打开房门数	房间整理效率
顾客的要求	房间供应充足	4	◎				○		
	及时服务	5	◎		○	○	◎		
	打扰尽可能少	3			◎	◎			
	打扰时间尽可能短	4		◎					△
	服务质量始终如一	5	◎				○		
	房客到达时房间已经准备好	5							
	在房客方便时清扫房间	4					◎		◎
	优惠事项准确及时兑现	5	△				◎		
	随身物品安全保险	5		△				◎	
雷兹的要求		5	◎						◎
目标			#次失误	#分钟	每日#次	每日#次	每千房客比率	开#扇门	每人#房间

注：期中质量机能展开
符号 △：1　○：2　◎：9

图8-40 雷兹—卡尔通旅店质量屋

操作时，以服务的要素（可称为质量要素）为质量屋的左墙，以服务功能为天花板。明确为达到顾客的要求而应开展的业务及其所提供的服务的具体内容，确定重要业务，为服务的改进和提高指明方向。

8.3 质量管理体系及质量认证

8.3.1 质量管理体系

1. 质量管理体系的概念

（1）质量管理体系的定义

任何组织均需要管理，没有管理，一个组织就不可能运行。管理与质量有关时，称为质量管理。质量管理是在质量方面指挥和控制组织的协调活动。为实现质量管理的方针目标，有效地开展各项质量管理活动，必须建立相应的管理体系，这一管理体系称为质量管理体系。简单地说，质量管理体系是在质量方面指挥和控制组织的管理体系。

（2）质量管理体系的含义

体系、管理体系和质量管理体系处在三个不同的层次上，它们之间互有联系。

1）体系指的是"相互关联或相互作用的一组要素"。其中的要素是指构成体系或系统的基本单元（或过程）。

2）管理体系指的是"建立方针和目标并实现这些目标的体系"。如果将"体系"的定义代入，管理体系的定义就成为："建立方针和目标并实现这些目标的相互关联或相互作用的一组要素"。管理体系的建立首先应针对管理体系的内容建立相应的方针和目标，然后为实现该方针和目标设计一组相互关联或相互作用的要素（基本单元）。一个组织的管理体系可包括若干个不同的管理体系，如质量管理体系、财务管理体系或环境管理体系。

3）质量管理体系是组织若干管理体系中的一个。对质量管理体系而言，首先要建立质量方针和质量目标，然后为实现这些质量目标确定相关的过程、活动和资源，建立一个管理体系，并对该管理体系实行管理。质量管理体系主要在质量方面能帮助组织提供持续满足要求的产品，增进顾客满意和相关方的满意。

4）质量管理体系的建立要注意与其他管理体系的整合性，以方便组织的整体管理。

（3）建立质量管理体系的意义

1）质量管理体系能提供持续改进的框架，因而可增加顾客和其他相关方对组织及其所提供产品的满意程度，同时也使组织提高竞争能力。

2）质量管理体系还就组织能够提供持续满足要求的产品，向组织及其顾客提供信任。

3）质量管理体系方法是质量管理原则——"管理的系统方法"在质量管理体系基础上应用的结果，是建立质量管理体系的系统方法。它包括了建立质量管理体系的逻辑步骤和方法。

4）质量管理体系有利于鼓励组织分析顾客要求，规定满足顾客要求的实现过程及相关的支持过程，并使其受控，以实现并提供顾客能接受的产品。

（4）质量管理体系要求与产品要求

GB/T 19000 族标准非常明确地区分开了质量管理体系要求和产品要求。任何一个组织在使用质量管理体系标准时对产品要求也应一并考虑，不可偏废哪一项要求。标准也明确了两者各自的目的及相互关系。表 8-15 清楚地表述了质量管理体系要求和产品要求的区别。

表 8-15　质量管理体系要求和产品要求的区别

	质量管理体系要求	产品要求
含义	是建立质量方针和质量目标并实现这些目标的一组相互关联的或相互作用的要素，是对质量管理体系固有特性提出的要求。 质量管理体系的固有特性是体系满足方针和目标的能力，体系的协调性、自我完善能力、有效性的效果等	对产品的固有特性所提出的要求，有时也包括与产品有关过程的要求。 产品的固有特性主要是指产品物理的、感观的、行为的、时间的、功能的和人体功效方面的有关要求
目的	证实组织有能力稳定地提供满足顾客和法律法规要求的产品的能力。 体系有效应用，包括持续改进和预防不合格而增强顾客满意	验收产品并满足顾客
适用范围	通用的要求，适用于各种类型，不同规模和提供不同产品的组织	特定要求，适用于特定产品
表达形式	GB/T 19001 质量管理体系要求标准或其他质量管理体系要求或法律法规要求	技术规范、产品标准、合同、协议、法律法规，有时反映在过程标准中
要求的提出	GB/T 19001 标准	可由顾客规定；可由组织通过预测顾客要求来规定；可由法规规定
相互关系		质量管理体系要求本身不规定产品要求，但它是对产品要求的补充

2. 质量管理体系方法

质量管理体系方法是为帮助组织致力于质量管理，建立一个直接的、有效运行的质量管理体系，从而实现组织的质量方针和目标而提出的一套系统而严谨的逻辑步骤和运作程序。它是将质量管理原则——"管理的系统方法"应用于质量管理体系研究的结果。

（1）质量管理体系方法的作用

质量管理体系方法可帮助组织建立一个适合组织并能有效运行的质量管理体系，从而可使组织对组织的产品实现过程能力和产品质量树立信心，为持续改进提供基础；最终增进顾客和其他相关方满意并使组织成功，也可帮助组织保持和改进现有的质量管理体系。

（2）质量管理体系方法的逻辑步骤

1）确定顾客和其他相关方的需求和期望。
2）建立组织的质量方针和质量目标。
3）确定实现质量目标必需的过程和职责。
4）确定和提供实现质量目标必需的资源。
5）规定测量每个过程的有效性和效率的方法。
6）应用这些测量方法确定每个过程的有效性和效率。
7）确定为预防不合格并消除其产生原因而采取的措施。
8）建立和应用持续改进质量管理体系的过程。

质量管理体系方法是"管理的系统方法"原则，在质量管理体系中的具体应用，为质量管理体系标准的制定提供了总体框架,该方法也体现了 PDCA 循环。

3. 质量管理体系的建立

建立质量管理体系是一项复杂的工作,特别是按照 ISO 9000 族标准建立一种以过程为基础的质量管理体系,要涉及许多工作,既要考虑标准的要求,又要考虑组织自身的情况。建立质量管理体系可以由以下一些环节组成:

(1) 组织准备

组织准备首先包括:宣传动员,统一思想。按照 ISO 9000 族标准建立质量管理体系,是对传统的质量管理方式进行的改革,将涉及组织内的每一名员工,所以必须在整个组织内加大宣传力度,使组织内全体员工都能统一思想,贯彻 ISO 9000 族标准,建立质量管理体系。组织准备还包括培训队伍,成立贯彻小组,ISO 9000 族标准知识的培训,内审员的培训,编制质量管理体系文件的培训等。

(2) 质量管理体系总体规划

质量管理体系的总体规划是根据 ISO 9000 族标准的要求,结合本单位的具体情况,对质量管理体系建立过程进行通盘考虑的一个过程。

1) 现状调查,分析组织的质量管理体系环境。一个组织的质量管理体系,既要适应组织内部管理的需要,又要符合外部质量管理体系证实的要求。所以,在建立质量管理体系之前首先要调查组织的现状,既要对组织内部的环境进行分析,又要对外部环境(顾客以及其他相关方和法律法规)进行详细的分析。

2) 确定组织的质量方针、质量目标和质量计划。质量计划是落实质量目标的具体部署和行动安排,其中包括企业各部门在实现质量目标时应承担的工作任务、责任以及实现的时间进度。在企业中,质量目标和计划的层层落实,就是我们通常所说的"目标展开"或"指标分解"。我国企业的质量计划通常指的是质量指标计划、质量攻关计划、质量改进措施计划、产品升级换代计划、产品质量赶超计划等。

3) 完善组织机构,合理配备资源。组织机构是指对一个组织的人员的职责、权限和相互关系进行有序安排。在分析了组织的现状,并且识别了建立质量管理体系所必须开展的活动以后,就要将所需要开展的活动,分解到各个层次的管理和职能部门的人员中,必要时还要进行合理的配置资源,以确保所有员工都被赋予相应的职责和权限,每一个员工都有能力完成自己的任务。在对组织内外部环境分析的基础上,还要对资源进行合理的配置,具体包括人力资源、基础设施、工作环境等。

4. 文件编写

尽管建立质量管理体系主要工作不仅是编写文件,但不等于说是建立质量管理体系可以不编制文件,编制文件仍然是建立质量管理体系最重要的一项工作。处于第一、第二层次,也是最主要的文件是程序文件和质量手册。对于程序文件和质量手册一定要经过编制、修改、再修改、审定等几个连续循环的环节。同时对于第三层次以及质量记录也要进行整理,一方面要统一文件的格式,另一方面要确保文件之间没有互相矛盾,文件符合标准要求和相应的法律法规要求。

5. 质量管理体系运行

质量管理体系建立以后就要运行,在开始运行前,要在组织内再进行一次大范围的宣传动员,以便全体员工树立按文件规定执行的观念。必要时,可以采取一种行政措施以保证按文件规定运行,对于在实际运行中发现的不符合文件的方面可以按规定进行更改。对质量管理体系运行的结果要保存好记录。

6. 质量管理体系的评价

质量管理体系的评价包括内部审核、管理评审、自我评价。

1)内部审核是指以组织自己的名义所进行的自我审核,又称第一审核。ISO 9000 标准要求定期对组织的质量管理体系进行内部审核,以确定组织的质量管理体系活动及其结果是否符合计划的安排,以及确定质量管理体系的符合性和有效性。

2)管理评审是"为了确保质量管理体系的适宜性、充分性、有效性和效率性,以达到规定的目标所进行的活动"。管理评审是最高管理者的职责。最高管理者应按计划的时间范围评审质量管理体系,以确保质量管理体系持续的适宜性、充分性和有效性。管理评审应包括对质量方针和质量目标的评审,以及评价质量管理体系改进的机会和变更的需要。

3)自我评价是一种仔细认真的评价。评价的目的是确定组织改进的资金投向;测量组织实现目标的进展;评价的实施者是组织的最高管理者;评价的结论是组织的有效性和效率性,以及质量管理体系成熟水平方面的意见或判断。

8.3.2　ISO 9000 质量管理体系

1. ISO 质量管理标准

ISO 是世界上最大的国际标准化组织,成立于 1947 年 2 月 23 日,它的前身是 1928 年成立的"国际标准化协会国际联合会"(简称 ISA)。ISO 通过它的 2 856 个技术机构开展技术活动。其中技术委员会(简称 TC)共 185 个,分技术委员会(简称 SC)共 611 个,工作组(WG)2022 个,特别工作组 38 个。

ISO 的 2 856 个技术机构技术活动的成果(产品)是"国际标准"。ISO 现已制定出国际标准共 10 300 多个,主要涉及各行各业各种产品(包括服务产品、知识产品等)的技术规范。

ISO 制定出来的国际标准除了有规范的名称之外,还有编号。编号的格式是:ISO+标准号+[杠+分标准号]+冒号+发布年号(方括号中的内容可有可无)。例如,ISO 8402:1987、ISO 9000-1:1994 等,分别是某一个标准的编号。但是,ISO 9000 不是指一个标准,而是一族标准的统称。根据 ISO 9000-1:1994 的定义:ISO 9000 族是由 ISO/TC176 制定的所有国际标准。

TC176 即 ISO 中第 176 个技术委员会,它成立于 1980 年,全称是"品质保证技术委员会",1987 年又更名为"品质管理和品质保证技术委员会"。TC 176 专门负责制定品质管理和品质保证技术的标准。

TC176 最早制定的一个标准是 ISO 8402:1986,名为《品质—术语》,于 1986 年 6 月 15 日正式发布。1987 年 3 月,ISO 又正式发布了 ISO 9000:1987、ISO 9001:1987、ISO 9002:1987、ISO 9003:1987、ISO 9004:1987 共 5 个国际标准,与 ISO 8402:1986 一起统称为"ISO 9000 系列标准"。

此后,TC176 又于 1990 年发布了一个标准,1991 年发布了三个标准,1992 年发布了一个标准,1993 年发布了五个标准;1994 年没有另外发布标准,但是对前述"ISO 9000 系列标准"统一做了修改,分别改为 ISO 8402:1994、ISO 9000-1:1994、ISO 9001:1994、ISO

9002：1994、ISO 9003：1994、ISO 9004-1：1994，并把 TC176 制定的标准定义为"ISO 9000 族"。1995 年，TC176 又发布了一个标准，编号是 ISO 10013：1995。至此，ISO 9000 族一共有 17 个标准，但质量管理工作通常只需选用以下三个标准之一：

1）ISO 9001：1994《品质体系——设计、开发、生产、安装和服务的品质保证模式》。
2）ISO 9002：1994《品质体系——生产、安装和服务的品质保证模式》。
3）ISO 9003：1994《品质体系——最终检验和试验的品质保证模式》。

2. 实施 ISO 9000 族标准的意义

ISO 9000 族标准是世界上许多经济发达国家质量管理实践经验的科学总结，具有通用性和指导性。实施 ISO 9000 族标准，可以促进组织质量管理体系的改进和完善，对促进国际经济贸易活动、消除贸易技术壁垒、提高组织的管理水平都能起到良好的作用。概括起来，主要有以下几方面的作用和意义：

（1）有利于提高产品质量，保护消费者利益

现代科学技术的飞速发展，使产品向高科技、多功能、精细化和复杂化、品种多样化发展，为此消费者在采购或使用这些产品时，一般都很难在技术上对产品加以鉴别。如果生产企业按 ISO 9000 族标准建立质量管理体系，通过体系的有效应用，促进组织持续地改进产品和过程，实现产品质量的稳定和提高，无疑是对消费者利益的一种最有效的保护，也增加了消费者（或采购商）选购合格供应商的产品的可信程度。

（2）有利于提高组织运作能力和市场竞争力

ISO 9000 族标准鼓励组织在制定、实施质量管理体系时采用过程方法，通过识别和管理众多相互关联的活动，以及对这些活动进行系统的管理和连续的监控，以实现顾客能接受的产品。因此，ISO 9000 族标准为有效提高组织的运作能力和增强市场竞争能力提供了有效方法。

（3）有利于增进国际贸易，消除技术壁垒

在国际经济技术合作中，ISO 9000 族标准被作为相互认可的技术基础。ISO 9000 的质量管理体系认证制度也在国际范围中得到互认，并纳入合格评定的程序之中。世界贸易组织/技术壁垒协定（WTO/TBT）是 WTO 达成的一系列协定之一，它涉及技术法规、标准和合格评定程序。贯彻 ISO 9000 族标准为国际经济技术合作提供了国际通用的共同语言和准则，取得质量管理体系认证，已成为参与国内和国际贸易，增强竞争能力的有力武器。因此，贯彻 ISO 9000 族标准对消除技术壁垒，排除贸易障碍起到了十分积极的作用。

（4）有利于组织的持续改进和满足顾客的要求

顾客要求产品具有满足其需求和期望的特性，这些需求和期望在产品的技术要求或规范中被表述。因为顾客的需求和期望是不断变化的，这就促使组织持续地改进产品和过程。而质量管理体系要求恰恰为组织改进其产品和过程提供了一条有效途径。因而，ISO 9000 族标准将质量管理体系要求和产品要求区分开来，它不是取代产品要求而是把质量管理体系要求作为对产品要求的补充。这样有利于组织的持续改进和持续满足顾客的需求和期望。

8.3.3 质量认证

1. 质量认证的概念

认证一词的英文原意是一种出具证明文件的行动。ISO/IEC 指南 2：1986 中对认证的定

义是：由可以充分信任的第三方证实某一经鉴定的产品或服务符合特定标准或规范性文件的活动。

举例来说，对第一方（供方或卖方）生产的产品甲，第二方（需方或买方）无法判定其品质是否合格，而由第三方来判定。第三方既要对第一方负责，又要对第二方负责，出具的证明要能获得双方的信任，这样的活动就叫作"认证"。

这就是说，第三方的认证活动必须公开、公正、公平，才能有效。这就要求第三方必须有绝对的权力和威信，必须独立于第一方和第二方之外，必须与第一方和第二方没有经济上的利害关系，或者有同等的利害关系，或者有维护双方权益的义务和责任，才能获得双方的充分信任。

那么，这个第三方的角色应该由谁来担当呢？显然，非国家或政府莫属。由国家或政府的机关直接担任这个角色，或者由国家或政府认可的组织担任这个角色，这样的机关或组织就叫作认证机构。现在，各国的认证机构主要开展如下两个方面的认证业务。

（1）产品质量认证

现代的第三方产品质量认证制度在1903年源于英国，是由英国工程标准委员会（BSI的前身）首创的。在认证制度产生之前，供方（第一方）为了推销其产品，通常采用"产品合格声明"的方式，来博取顾客（第二方）的信任。这种方式，在当时产品简单，不需要专门的检测手段就可以直观判别优劣的情况下是可行的。但是，随着科学技术的发展，产品品种日益增多，产品的结构和性能日趋复杂，仅凭买方的知识和经验很难判断产品是否符合要求；加之供方的"产品合格声明"属于"王婆卖瓜，自卖自夸"的一套，真真假假，鱼龙混杂，并不总是可信的，这种方式的信誉和作用就逐渐下降。在这种情况下，产品质量认证制度也就应运而生。

1971年，ISO成立了"认证委员会"（CERTICO），1985年，易名为"合格评定委员会"（CASCO），促进了各国产品品质认证制度的发展。现在，全世界各国的产品品质认证一般都依据国际标准进行认证。国际标准中的60%的标准是由ISO制定的，20%的标准是由IEC制定的，20%的标准是由其他国际标准化组织制定的。也有很多是依据各国自己的国家标准和国外先进标准进行认证的。

产品品质认证包括合格认证和安全认证两种。依据标准中的性能要求进行认证叫作合格认证；依据标准中的安全要求进行认证叫作安全认证。前者是自愿的，后者是强制性的。

产品品质认证工作，从20世纪30年代后发展很快，到了20世纪50年代，所有工业发达国家基本得到普及。第三世界的国家多数在20世纪70年代逐步推行。我国是从1981年4月才成立了第一个认证机构"中国电子器件质量认证委员会"，虽然起步晚，但起点高，发展快。

（2）质量管理体系认证

这种认证是由西方的质量保证活动发展起来的。1959年，美国国防部向国防部供应局下属的军工企业提出了品质保证要求，要求承包商"应制定和保持与其经营管理、规程相一致的有效的和经济的品质保证体系""应在实现合同要求的所有领域和过程（例如，设计、研制、制造、加工、装配、检验、试验、维护、装箱、储存和安装）中充分保证品质"，并对品质保证体系规定了两种统一的模式：军标 MIL-Q-9858A《品质大纲要求》和军标 MIL-I-45208《检验系统要求》。承包商要根据这两种模式编制"品质保证手册"，并有效实施。政府要对照文件逐步检查、评定实施情况。这实际上就是现代的第二方品质体系审核的雏形。这种办法促使承包商进行全面的品质管理，取得了极大的成功。后来，美国军工企业的这个经验很快被其他工业发达国家军工部门所采用，并逐步推广到民用工业中，在西方各国蓬勃发展起来。

随着上述质量保证活动的迅速发展，各国的认证机构在进行产品品质认证的时候，逐渐增加了对企业的质量保证体系进行审核的内容，进一步推动了品质保证活动的发展。到了20世纪70年代后期，英国一家认证机构BSI（英国标准协会）首先开展了单独的质量保证体系的认证业务，使品质保证活动由第二方审核发展到第三方认证，受到了各方面的欢迎，更加推动了品质保证活动的迅速发展。

通过三年的实践，BSI认为，这种品质保证体系的认证适应面广，灵活性大，有向国际社会推广的价值。于是，在1979年向ISO提交了一项建议。ISO根据BSI的建议，当年即决定在ISO的认证委员会的"品质保证工作组"的基础上成立"品质保证委员会"。1980年，ISO正式批准成立了"品质保证技术委员会"（即TC176）着手这一工作，从而导致了前述"ISO 9000族"标准的诞生，健全了单独的品质体系认证的制度，一方面扩大了原有品质认证机构的业务范围，另一方面又导致了一大批新的专门的品质体系认证机构的诞生。

自从1987年ISO 9000系列标准问世以来，为了加强品质管理，适应品质竞争的需要，企业家纷纷采用ISO 9000系列标准在企业内部建立品质管理体系，申请品质体系认证，很快形成了一个世界性的潮流。目前，全世界已有近100个国家和地区正在积极推行ISO 9000国际标准，约有40个品质体系认可机构，认可了约300家品质体系认证机构，20多万家企业拿到了ISO 9000品质体系认证证书，第一个国际多边承认协议和区域多边承认协议也于1998年1月22日和1998年1月24日先后在中国广州诞生。

一套国际标准，在这短短的时间内被这么多国家采用，影响如此广泛，这是在国际标准化史上从未有过的现象，已经被公认为"ISO 9000现象"。

2. 推行ISO 9000体系认证的作用

（1）强化品质管理，提高企业效益

负责ISO 9000品质体系认证的认证机构都是经过国家认可机构认可的权威机构，对企业的品质体系的审核是非常严格的。对于企业内部来说，可按照经过严格审核的国际标准化的品质体系进行品质管理，真正达到法治化、科学化的要求，极大地提高工作效率和产品合格率，迅速提高企业的经济效益和社会效益。

（2）增强客户信心，扩大市场份额

对于企业外部来说，当顾客得知供方按照国际标准实行管理，拿到了ISO 9000品质体系认证证书，并且有认证机构的严格审核和定期监督，就可以确信该企业是能够稳定地生产合格产品乃至优秀产品的信得过的企业，从而放心地与企业订立供销合同，扩大了企业的市场占有率。可以说，在这两个方面都达到了立竿见影的效果。

（3）获得了国际贸易"通行证"，消除了国际贸易壁垒

许多国家为了保护自身的利益，设置了种种贸易壁垒，包括关税壁垒和非关税壁垒，其中非关税壁垒主要是技术壁垒。技术壁垒中，又主要是产品品质认证和ISO 9000品质体系认证的壁垒。特别是在"世界贸易组织"内，各成员国之间相互排除了关税壁垒，只能设置技术壁垒，所以获得认证是消除贸易壁垒的主要途径。

(4) 节省了第二方审核的精力和费用

在现代贸易实践中，第二方审核早就成为惯例，又逐渐发现其存在很大的弊端：一方面，一个供方通常要为许多需方供货，第二方审核无疑会给供方带来沉重的负担；另一方面，需方也需支付相当的费用，同时还要考虑派出或雇用人员的经验和水平问题，否则，花了费用也达不到预期的目的。唯有 ISO 9000 认证可以排除这些弊端。因为作为第一方的生产企业申请了第三方的 ISO 9000 认证并获得了认证证书以后，众多第二方就不必要再对第一方进行审核，这样不管是对第一方还是对第二方都可以节省很多精力或费用。企业在获得了 ISO 9000 认证之后，再申请 UL、CE 等产品品质认证，还可以免除认证机构对企业的品质保证体系进行重复认证的开支。

(5) 在产品质量竞争中永远立于不败之地

国际贸易竞争的手段主要是价格竞争和品质竞争。由于低价销售的方法不仅使利润锐减，如果构成倾销，还会受到贸易制裁，所以价格竞争的手段越来越不可取。20 世纪 70 年代以来，品质竞争已成为国际贸易竞争的主要手段，不少国家把提高进口商品的品质要求作为限入奖出的贸易保护主义的重要措施。实行 ISO 9000 国际标准化的品质管理，可以稳定地提高产品品质，使企业在产品品质竞争中永远立于不败之地。

(6) 有效地避免产品责任

各国在执行产品品质法的实践中，由于对产品品质的投诉越来越频繁，事故原因越来越复杂，追究责任也就越来越严格。尤其是近几年，发达国家都在把原有的"过失责任"转变为"严格责任"法理，对制造商的安全要求提高很多。例如，工人在操作一台机床时受到伤害，按"严格责任"法理，法院不仅要看该机床机件故障之类的品质问题，还要看其有没有安全装置，有没有向操作者发出警告的装置等。法院可以根据上述问题判定该机床存在缺陷，厂方便要对其后果负责赔偿。但是，按照各国产品责任法，如果厂方能够提供 ISO 9000 品质体系认证证书，便可免赔，否则就要败诉且要受到重罚。

(7) 有利于国际经济合作和技术交流

按照国际经济合作和技术交流的惯例，合作双方必须在产品（包括服务）品质方面有共同的语言、统一的认识和共守的规范，方能进行合作与交流。ISO 9000 品质体系认证正好提供了这样的信任，有利于双方迅速达成协议。

3. 质量管理体系认证的实施程序

(1) 质量管理体系认证的两个阶段

质量管理体系认证的过程总体上分为两个阶段：一是认证的申请和评定阶段，完成的主要工作包括受理申请、进行审核、决定是否批准认证给予注册并颁发认证证书；二是对获准认证的组织的质量管理体系进行监督审核和管理，确保已获准认证组织的质量管理体系在认证有效期内符合相应的质量管理体系标准的要求，具体程序如图 8-41 所示。

图 8-41　质量管理体系认证的实施程序

（2）ISO 9000 体系认证的流程

ISO 9000 体系认证工作的流程，由培训、咨询和认证三部分组成。

培训流程：内审员培训---->基本培训。

咨询流程：初访---->签约---->咨询师进驻---->制定计划---->体系建设（质量手册编定、程序文件编定）---->文件审定---->运行辅导---->自查及纠正---->评审辅导---->咨询总结。

认证流程：提交申请---->签订合同---->审核文件---->现场审核---->纠正措施---->批准---->注册颁证。

4. ISO 质量认证体系文件

（1）ISO 9000 族质量管理体系常用的文件

1）质量手册。质量手册是规定组织质量管理体系的文件。它向组织内部和外部提供关于质量管理体系的一致信息。

2）质量计划。质量计划是对特定的项目、产品、过程或合同，规定由谁及何时应使用哪些程序和相关资源的文件。质量计划表述了质量管理体系如何应用于特定产品、项目或合同。这里的程序通常包括所涉及的那些质量管理过程和产品实现过程。质量计划通常引用质量手册的部分内容或程序文件。质量计划通常是质量策划的结果之一。

3）规范。规范是阐明要求的文件。规范可能与活动有关，这种情况下的规范可能是程序文件、过程规范和试验规范等；规范也可能与产品有关，这种情况下的规范可能是产品规范、性能规范和图样等。

4）指南。指南是阐明推荐的方法或建议的文件。例如，GB/T 19004—2000《质量管理体系——业绩改进指南》。

5）形成文件的程序。形成文件的程序是提供如何一致地完成活动和过程的信息的文件。例如，文件控制程序。

6）作业指导书。作业指导书是为某项活动的具体操作帮助指导信息的文件。例如，设备操作说明。

7）表格。表格是规定搜集成报告必要信息的要求的文件。

8）记录。记录是阐明所取得的结果或提供所完成活动的证据的文件。例如，管理评审记录。记录可以为可追溯性提供文件，也可为验证、预防措施、纠正措施提供证据。记录通常不需要采用控制版本的活动。

除此之外，文件还可能有描述质量方针与质量目标的文件等。

（2）质量认证对文件的基本要求

1）应当建立一个形成文件的质量管理体系，而不是一个文件系统。

2）文件的详略程度是与组织的各项条件、运行情况密切相关的，文件的详略程度取决于以下各种因素：组织的类型和规模；过程的复杂性和相互作用；产品的复杂性；顾客要求的不同；适用的法规要求；经证实的人员能力的不同；需要证实满足质量管理体系要求的程度。

3）文件使用的媒体。这取决于组织管理方式的现代化程度，既可以使用纸张，又可以使用光盘、磁盘等。

4）对文件的要求不是形式上的，而是真正能使质量管理体系的有效运行。基于这一概念，GB/T 19001—2000 对记录的要求增加了很多，而对强制性的程序文件大大减少。例如，标准仅强制性要求制定 6 项活动的形成文件的程序，而对记录的要求却有 21 处。

8.4 项目质量管理

8.4.1 项目质量管理概述

项目质量管理是项目管理的三大支柱（质量、成本、工期）之一，是项目取得成功的关键因素之一。项目质量是由项目可交付物的质量和项目工作分解结构反映的项目工作范围内所有各阶段、子项目、项目工作单元的质量所构成的。项目质量具有一般产品所共有的质量特性，同样可以用功能性指标、可靠性指标、安全性指标、适应性指标、经济性指标、时间性指标来衡量项目质量的好坏。当然，项目质量和产品质量相比，有其特定的内涵。

1. 项目质量管理

（1）项目的定义

《中国工程项目质量规范文件和国家标准——住建部》的要求，在 20 世纪 80 年代至 90 年代有过多次修改，目前有 1996 年和 2000 年两个版本，国际标准化组织以 1996 年版的 PMBOK 为框架，制定了 ISO 10006 关于项目管理的标准。国际项目管理协会（PMI）在项目管理指导书 PMBOK Guide 中对"项目"的定义为：为创造独特的产品或服务而开展的一次性工作。国内外有关学者从各种不同角度对项目的表述见表 8-16。

表 8-16 基于不同角度的项目表述

投资角度	联合国工发组织《工业项目评估手册》	一个项目是对一项投资的一个提案，用来创建、扩建或发展某些工厂企业，以便在一定周期时间内增加货物的生产或社会的服务
	世界银行	所谓项目，一般是指同一性质的投资，或同一部门内一系列有关或相同的投资，或不同部门内的一系列投资
建设角度	我国建筑业	"建设项目"：在批准的总体设计范围内进行施工，经济上实行统一核算，行政上有独立组织形式，实行统一管理的建设工程
综合角度	《现代项目管理学》	项目是在一定时间内为了达到特定目标而调集到一起的资源组合，是为了取得特定的成果开展的一系列相关活动。即项目是特定目标下的一组任务或活动
	美国《项目管理概览》	项目是为创立一种专门性的产品或服务而做出的一种短期努力。要在一定时间里，在预算范围内，需达到预定质量水平的一项一次性任务

综合上述各种定义，将项目定义如下：项目是完成某些特定要求的一次性任务，是在一定的组织机构内，在限定的资源条件下，在计划的时间里，按满足一定性的、质量与数量的要求去完成的一次性任务。

（2）项目质量的定义

由于项目活动的开展是应业主的要求进行的，项目质量除必须符合有关标准和法规外，还必须满足项目合同条款的要求，因此项目合同是进行项目质量管理的主要依据之一。类似于质量的定义，可以给出"项目质量"的定义：项目质量是项目的固有特性满足项目相关利益主体（各相关方）要求的程度。

2. 项目质量管理的特性

（1）项目质量管理满足各方要求

项目质量管理的水平高低主要反映在项目各阶段的工作质量的好坏和项目可交付物满足客户要求的程度。项目管理包括项目各方面的计划、组织、监测和控制，以便实现过程的内部和外部各方的要求。

（2）项目质量管理的目的性

进行项目质量管理的目的，是确保项目所有的功能活动能够按照原有的质量及目标要求得以实现。项目各阶段的工作质量和项目管理过程的质量对项目的成功和项目的质量有重大的影响。

（3）项目质量管理的复杂性

项目质量管理是一个系统过程，在实施过程中，应配置必要的资源条件，使之与项目质量要求相适应。项目质量管理复杂性还在于项目各阶段涉及不同的项目干系人，不同的干系人拥有不同的期望和要求。项目干系人通常包括项目业主或用户、项目承包商或实施者、项目供应商、项目设计或研制者、项目的政府管辖部门。不同的干系人对待项目的不同的要求与期望主要表现在：业主希望以最小的投入获得最大的收益，承包商或实施者期望以最小的成本获得最大的利润，供应商关心的是销售收入，设计或研制者注重设计效果，政府则更加关注环境污染、提高就业率与提高社会福利。

在项目生命周期各个阶段，项目各参与方都必须保证其工作质量，做到工作流程程序化、标准化和规范化，围绕一个共同的目标——实现项目质量的最佳化，开展质量管理工作。

（4）项目质量管理内容丰富

项目质量管理内容通常包括制定项目质量方针和质量目标以及项目质量策划、项目质量控制、项目质量保证和项目质量改进。

项目质量方针是由组织的最高管理者正式发布的，是该组织总的质量宗旨和方向。

质量目标是组织在质量方面所追求的目的，质量目标通常是依据组织的项目质量方针制定，并根据组织的层次和相关职能进行细化、分解。

在项目生命周期内，需要持续使用质量计划、质量控制、质量保证和改进措施，最大限度地满足顾客的需求和期望，并争取最高的顾客满意度。

3. 项目质量形成过程

项目的建设过程，就是质量的形成过程。项目具有一定的生命周期，一般要经历可行性研究阶段、决策阶段、规划设计阶段、实施阶段、竣工验收等各个不同的阶段，把好各阶段的质量关，是保证项目质量的关键。项目各阶段对质量形成的影响分述如下：

（1）项目可行性研究阶段对质量的影响

可行性研究是指对一个项目在技术上、经济上和生产布局方面的可行性进行论证，并做多方案比较，从而推荐最佳方案作为决策和设计的依据。一个好的可行性研究，能使项目的质量要求和标准符合业主的意图，并与投资目标相协调。由此可见，这一阶段的工作将直接影响项目的决策质量和设计质量。

（2）项目决策阶段对质量的影响

项目决策阶段主要是确定项目应达到的质量目标及水平。做到投资、质量、进度三者的对立统一以达到业主最为满意的质量水平,要实现这一点,只有通过可行性研究和多方案的论证。决策正确与否,将直接影响所确定的质量水平能否充分反映业主对质量的要求和意愿。为此,在进行项目决策时,应综合考虑项目规模、发展速度、投资方向、投资结构、效益等,进行技术经济分析、比较和论证,以求得项目的最优方案、最佳的质量目标、最短的建设周期、确保项目预定质量目标的顺利实现。

(3) 项目设计阶段对质量的影响

项目设计是根据项目决策阶段已确定的质量目标和水平,使其具体化的过程。设计在技术上是否可行、工艺是否先进、经济是否合理、设备是否配套、结构是否安全可靠等,这些都将决定着项目建成后的使用价值和功能。没有高质量的设计,就不可能有高质量的项目。

(4) 项目实施阶段对质量的影响

项目实施是根据项目规划设计方案及其有关文件要求,形成项目实体的过程,又是将设计意图、质量目标和质量计划付诸实施的过程,是项目质量形成的重点阶段,需要做好诸如技术、物质、组织、现场等各方面的准备工作和各个环节、各个工序、各种影响因素的监控把关工作,确保项目产品符合合同规定的质量要求。

(5) 项目竣工验收阶段对质量的影响

项目竣工验收阶段就是对项目实施阶段的质量进行试运转、检验评定考核是否达到项目的质量目标,是否符合设计要求和合同规定的质量标准,不经过竣工验收,就无法保证项目质量和整个项目的投产运行。

综上所述,项目质量的形成包括一系列阶段,它是由项目的决策质量、设计质量、施工质量、竣工验收质量等综合而成的。只有有效地控制各阶段的质量,才能确保项目质量目标的最终实现。项目质量形成过程如图 8-42 所示。

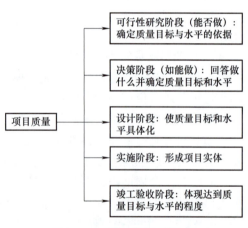

图 8-42 项目质量形成过程

4. ISO 10006——项目管理中的质量指南介绍

国际标准 ISO 10006 是由 ISO/TC176/SC2 国际标准化组织质量管理和质量保证技术委员会质量体系分委员会制定的。本国际标准在项目管理中对项目的执行起着重要作用,并提供了与项目质量相关的质量体系要素、概念和惯例的指南。本标准是 ISO 9004-1 的补充。本指南力图具有广泛的通用性,适用于各种规模(从小到很大、从简单到复杂)的多种类型的项目。本指南力图适用于在项目管理中具有实践经验,并且他们的组织正在应用包含在 ISO 9000 族标准中的惯例确有需要的人们;也适用于在质量管理方面具有经验,并且在把他们的知识和经验应用到项目中,要求与项目组织进行沟通的人们。本标准的适用范围及相关定义如下:

(1) 适用范围

本指南以项目管理过程为构架讨论其应用,适用于各种复杂程度的项目,规模小的或大的、工期短的或长的、在各种不同环境下进行的和各种类型的项目产品(包括硬件、软件、加工材料、服务或其组合)。

(2) 引用标准

下列标准所包含的条文,通过在本标准中引用而构成本标准的条文。本标准发布时所颁布的版本均为有效版本。所有标准都会被修订,因此,鼓励依据本标准达成协议的各方尽可能使用下列标准的最新版本。IEC 和 ISO 成员均应保存现行有效的国际标准。

ISO 8402:1994 质量管理和质量保证——术语。

ISO 9004-1:1994 质量管理和质量体系要素——第一部分:指南。

注:标准附录 A、B、C 包括了更详细的信息及在项目管理中达到质量标准的补充参考材料。

(3) 相关定义

本标准采用 ISO 8402 中的定义及下列定义:

1) 项目。项目是由一系列具有开始和结束日期、相互协调和控制的活动组成的,通过实施而达到满足时间、费用和资源等约束条件目标的独特过程。

注1:一个单个项目可以是一个大项目结构的组成部分。

注2:对某些类型的项目,项目的目标和产品特性要随项目的进展逐步精确和确定。

注3:一个项目的结果可以是一个或几个项目产品。

注4:组织是临时的,并且只存在于项目寿命期内。

注5:项目活动之间的相互关系可能是复杂的。

2) 项目产品。项目产品是指由项目参与人在项目实施范围中定义,并要提交给顾客的产品。

注1:产品可包括服务、硬件、流程性材料、软件或它们的组合。

注2:产品可以是有形的(如组件或流程性材料),也可以是无形的(如知识或概念)或是它们的组合。

注3:产品可以预期的(如提供给顾客)或非预期的(如污染或不愿有的结果)。

注4:随项目的进展,项目范围可能要修改。

3) 项目计划。项目计划是为达到项目目标而对其所需工作进行总体安排的文件。

注1:项目计划通常应包括或引用项目的质量计划。

注2:项目计划也包括其他计划,如组织结构、资源、进度和预算。

4) 利益相关者。利益相关者是指在供方组织及其运作环境中工作的具有共同利益的个人或群体。ISO 9000-1:1994,第 3.5 条。

注1:在这个定义中,供方组织是指该项目组织。

注2:利益相关者可包括:

——顾客,项目产品的接受者。

——消费者,项目产品的使用者。

——业主,如发起该项目的组织。

——合伙人,如合资企业的项目合作者。

——提供资金考,如金融机构。

——承包商,为项目组织提供产品的组织。

——社会,如司法或执法机构和广大公众。

——内部人员,如项目组织的成员。

注3：利益相关者间的利益可能会有冲突。

5) 过程。过程是指将输入转化为输出的一组内部相关的资源和活动。ISO 8402：1994，第1.2条。

注1：资源可以包括：管理、服务、人员、资金、设施、设备、技术和方法。

注2：项目过程包括项目管理过程。

6) 进展评价。进展评价是指依据对项目过程和项目产品规定的准则，在项目寿命周期内适当的时间对完成的项目活动的输出所进行的评定。

注：依据评价的结果，可能需要修订项目计划。

8.4.2 项目质量控制

1. 质量控制与项目质量控制

（1）质量控制的概念

ISO 9000：2008 和 GB/T 19000—2016《质量管理体系——基础和术语》中对质量控制的定义是：质量控制是质量管理的一部分，是指为达到质量要求所采取的作业技术和活动。上述定义可以从几个方面理解：

1) 质量要求是指对产品、过程或体系的固有特性要求。固有特性是产品、过程或体系的一部分，赋予的特性不是固有特性。质量要求包括对产品、过程或体系所提出的明确和隐含的要求。

2) 质量控制应贯穿于产品形成和体系运行的全过程。只有如此才能使对产品质量有影响的各个过程处于受控状态，持续提供符合规定要求的产品才能得到保障。

3) 质量控制是通过采取一系列作业技术和活动对产品形成的各个过程实施控制的。其目的在于监控产品形成的所有环节，及时发现并排除这些环节中有关技术活动偏离规定要求的现象，使其恢复正常，从而达到控制的目的，使影响产品质量的技术、管理及人的因素始终处于受控的状态下。

（2）项目质量控制的概念

PMBOK 指南将项目质量控制定义为：监控特定的项目成果，以判定它们是否符合有关的质量标准，并识别消除引起不满意绩效的原因的方法。对项目质量控制的定义解释如下：

1) 项目成果是指为了完成项目或其中的一部分，而必须完成的可度量的、有形的及可以核实的任何工作或事项。既包括项目的最终产品（可交付成果等）或服务，也包括项目过程的结果。如项目启动阶段结束时，其成果就是可行性研究报告；收尾阶段结束，其成果就是完工产品和项目文件。项目执行过程中的成果，如成本执行结果、进度执行结果等。

2) 项目质量控制的目的是采取一定的措施消除那些偏离质量要求的偏差，确保项目结果符合质量标准的活动，追求的是质量零缺陷。

3) 在项目进展的不同时期、不同阶段，质量控制的对象和重点也不相同，这需要在项目实施过程中加以识别和选择。质量控制的对象可以是项目所需要的生产要素、工序、计划、验收、决策等一切与项目质量有关的要素。

4) 项目质量控制应贯穿于项目质量管理的全过程，由于项目的进行是一个动态过程，围绕项目的质量控制也应具有动态性。

5) 项目质量标准是根据项目质量目标和计划给出的、按照项目质量最终要求制定的控制依据和参数，是项目质量计划和项目质量工作说明的具体体现。通常这种参数要比项目国标和依据更严格和更有操作性。因为，如果不严格，就会经常出现项目质量失控的现象，就会经常需要采用项目质量纠偏措施，就会产生较高的质量成本。

综合以上分析，可以得出结论：

项目质量控制是在项目的实施过程中，对项目质量的实际情况进行监督，判断其是否符合相关的质量标准，并分析产生质量问题的原因，制订相应的措施来消除导致不合格质量标准的因素，确保项目质量得以持续不断的改进。

2. 项目质量控制的工作内容

根据项目质量形成过程的阶段划分，可以看出项目的不同阶段对质量起着不同的作用，有着不同的影响，所以其质量控制的内容和重点也不相同。

（1）项目启动阶段的质量控制

项目启动阶段是项目整个生命周期的起始阶段，需要从总体上明确项目的质量方向。这一阶段工作质量的好坏关系到项目全局。该阶段围绕项目质量控制的主要工作就是项目总体方案的策划及项目总体质量水平的确定。

项目启动阶段的工作主要包括项目的可行性研究和项目决策。项目的可行性研究直接影响项目的决策质量和设计质量。所以，在项目的可行性研究中，应进行方案比较，提出对项目质量的总体要求，使项目的质量要求和标准符合项目所有者（或投资人）的意图，并与项目的其他目标相协调。该阶段需要论证项目在技术、经济上的可行性与合理性，决策是否立项和确定项目质量目标与水平，具体内容如下：

1）审核可行性研究报告是否符合国民经济发展的长远规划以及国家经济建设的方针政策。

2）审核可行性研究报告是否符合项目建议书或业主的要求。

3）审核可行性研究报告是否具有可靠的基础资料和数据。

4）审核可行性研究报告是否符合技术经济方面的规范标准和定额等指标。

5）审核可行性研究报告的内容、深度和计算指标是否达到标准要求。

项目启动阶段是影响项目质量的关键阶段，在项目决策过程中，应充分考虑项目费用、时间、质量等目标之间的对立统一关系，确定项目应达到的质量目标和水平。启动阶段的主要工作是确定项目的可行性、对项目所涉及的领域、投资、技术可行性、环境情况、融资等进行全方位的评估。

（2）项目规划设计阶段的质量控制

项目质量的好坏取决于规划设计的质量，项目实施过程质量控制得再好，也只能使项目质量接近或达到设计时所确定的质量水平，一般是不可能超过的。项目规划设计的先天不足，必然导致开发及使用中的无穷后患。项目规划设计是质量目标的具体化，描述了达到规定的质量目标的途径和具体方法，是项目实施的主要依据，是影响项目质量的决定性环节。设计质量是一种适合性质量，即通过质量设计，应使项目质量适应项目使用的要求，以实现项目的使用价值和功能；应使项目质量适应项目环境的要求，使项目在其生命周期内安全、可靠；应使项目质量适应用户的要求，使用户满意。

项目规划设计阶段的质量控制，主要包括三个方面的内容：一是做好质量设计；二是控制设计质量；三是进行质量预控。

1）质量设计。项目开发人员应根据项目的使用要求，制订能够满足用户要求的质量设计方案，其中包括：项目质量的可信性、安全性、适应性、经济性、时间性等指标的方案设计。

可信性是指项目产品的可用性及其影响因素，如可靠性、维修性和维修保障等性能，在规定条件下及规定时间内完成规定功能的能力；安全性是指项目产品在制造、使用过程中，对伤害或损坏的风险能够按可接受的水平加以限制的能力；适应性是指项目产品适应外界环境（自然环境、社会环境）变化的能力；经济性是指合理的项目寿命期费用，包括项目的开发、使用及用后处置等全生命周期的费用总和；合理的项目生命周期费用是项目产品满足顾客和社会要求的主要质量特性之一，也是市场竞争力的关键因素之一。时间性是指在规定时间内满足顾客对项目产品开发速度和数量要求的能力，以及满足随时间变化而顾客需求变化的能力；随着科技的进步和国际贸易的发展，项目的生命周期越来越短，时间性往往决定了项目的竞争能力。总之，项目规划设计时，项目团队必须进行综合平衡，以确定最佳的项目质量方案。

2）控制项目设计质量。GB/T 19000—ISO 9000 族标准所说的设计开发控制，不是相对规划设计开发的对象的控制，而是指项目已经确定后，对规划设计过程本身的控制。设计质量的优劣关系到设计工作对项目质量的保证程度。只有一开始就采用一系列行之有效的现代化设计方法和质量控制方法进行设计开发，才能确保开发出来的项目产品技术水平高、成本低、工艺性能好、满足顾客的需求。当然，开发设计的项目不同组织规模和文化背景不同，规划设计的质量控制要求也会不同。对项目设计质量的控制应从以下几个方面展开：

① 合理确定项目设计开发的阶段。不同项目的设计开发有不同的阶段。大型复杂项目与小型简单项目在设计开发阶段的划分上是不同的。设计开发不同于加工制造，它是一种创新活动，难免犯错误和出现失误。建筑工程设计一般可以分为三个阶段：方案设计阶段、初步设计阶段和施工图设计阶段。对有些小型和技术简单的工程项目，可以用方案阶段代替初步设计阶段；而有些复杂的工程项目，还需要在初步设计阶段和施工图设计阶段之间插入技术设计阶段。把设计开发分为若干个阶段，让"错误"或"失误"尽量提前显现出来，才能确保设计开发质量，否则万一有质量缺陷，造成的损失将是灾难性的。

② 适时开展适合每个设计开发阶段的评审、验证和确认活动。不管规划设计分为几个阶段，每一个阶段都必须有适合的质量控制活动，包括评审、验证和确认等。这些活动在什么时候进行、怎样进行、由谁进行等，都要加以确定。

③ 明确设计开发活动的职责和权限。设计开发阶段的质量控制活动确定之后，还应确定由谁来承担相应的职责，并赋予相应的权限。项目产品往往不是一个人或一组人设计开发出来的。可能由不同的设计工作组负责不同的部件（组件）的设计开发。因此，还应注意对各组之间的接口进行管理，确保其有效沟通，并明确各自的职责。

设计开发所确定的阶段以及各阶段的质量，一般情况下是不允许超越的，也就是说，必须按规定的阶段严格实施。如果因特殊情况要超越，就必须采取相应的质量控制措施，经批准后才能交叉进行或超阶段进行。

3）质量预控。项目质量预控，就是针对控制对象预测造成质量问题的因素，拟订质量控制计划、设计控制程序、制定检验评定标准、提出解决有关问题的对策、编制质量控制手册等。

质量预控一般包括以下几个方面的工作：

① 影响因素预测。在项目实施前，针对项目的特点和拟采用的工艺、方法、设备等，通过因素分析并参照以往的经验等选择，对在项目实施中可能出现的影响质量的因素加以分析、整理，并绘制成因果分析图。

② 拟订质量控制计划。一个可行的质量控制计划必须有效而经济，为此在制订计划时必须考虑项目质量目标、实施条件、工艺方法和设备、操作者的技术水平、项目投资等因素，并争取在这些因素之间达到最佳平衡。

③ 设计控制程序。控制程序规定了在项目实施过程中，不同的阶段所需进行的质量控制内容和方法。

④ 制定检验评定标准。检验评定标准是判断项目质量状况的依据，应根据有关规范、标准，结合具体情况制定。检验评定标准的内容主要包括检验项目、检验方法、评定标准等。

⑤ 确定对策，根据所预测的影响项目质量的因素，提出对策，并归纳为对策表。

⑥ 编制质量控制手册。质量控制手册是项目质量控制的指导性文件，它涉及质量控制方针、依据、组织、方法、程序等多方面的内容。在项目质量控制手册中，应根据目的类型和具体情况编制相应的质量控制手册，其内容包括以下几点：

第一，质量控制的依据，包括所采用的规范、标准、手册等。

第二，管理、组织及人员。应明确质量控制组织机构，质量保证组织机构，分管人员及各种组织、管理制度。

第三，质量控制规程，包括质量控制方针、质量控制规程的拟订和发布质量检查制度、抽样检验方案、质量控制图等。质量控制规程是质量控制的指南，是一项不同于作业规程的重要技术文件，要本着既具体又简明扼要的原则进行编写，以便于执行。

第四，质量控制文件，包括试验程序、检验规程、作业指导书、各项质量保证程序、补救措施的申请等文件。

第五，质量控制记录及保存。明确记录的内容及记录的保存等有关问题。

第六，培训大纲，包括采用的培训教材、培训方法，明确参加培训的人员。

第七，原材料控制，包括原材料的采购程序、货源的选择、采购订货的审查与批准、进料检查、原材料的保管及质量控制等内容。

第八，项目实施过程控制与工序控制，包括控制要点、控制方法、控制效果与评价方法等。

第九，合格控制，包括合格质量标准、合格控制方法等。

第十，故障分析与补救措施，包括故障分析、故障排除方法和技术等。

（3）项目实施阶段的质量控制

项目实施是形成项目实体的重要阶段，也是形成最终项目产品质量的重要阶段。所以，加强项目实施阶段各环节的质量控制，是保证和提高项目质量的关键，是项目质量控制的中心环节。项目能否保证达到所要求的质量标准，在很大程度上取决于项目参与者的技术能力及实施过程的质量控制模式和工作水平。项目实施阶段的质量控制模式如图 8-43 所示。

1）项目实施阶段的要素质量控制。根据这一模式可以得出，项目实施阶段的质量控制是一个由对投入资源（如材料）的质量控制开始，直到项目完成质量检验为止的全过程的要素质量控制。

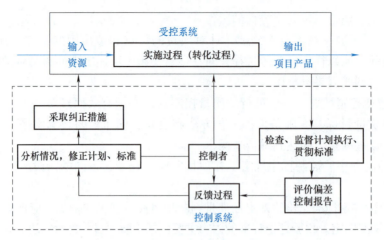

图 8-43　项目实施阶段的质量控制模式

影响项目质量的因素主要有五大方面，它们分别是人（Man）、材料（Material）、机械设备（Machine）、方法（Method）和环境（Environment）。简记为 4M1E 质量因素。实施阶段质量控制就是要对 4M1E 五个质量因素进行全面的控制。

2）项目实施阶段的质量控制内容。由项目实施阶段质量控制模式可知，项目实施全过程可分为：事前质量控制、事中质量控制和事后质量控制三个阶段，如图 8-44 所示。

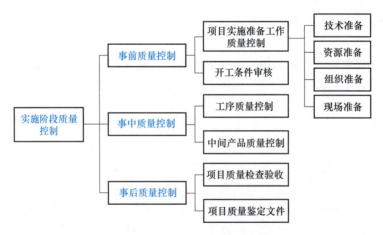

图 8-44　项目实施阶段的质量控制阶段

① 事前质量控制。在项目实施前所进行的质量控制就称为事前质量控制，其控制的重点是做好项目实施的准备工作，且该项工作应贯穿于项目实施全过程。

技术准备。熟悉和审查项目的有关资料、图样，调查分析项目的自然条件、技术经济条件，以确定项目实施方案及质量保证措施，确定计量方法和质量检测技术等。

资源准备。对项目材料、构配件的质量进行检查与控制，对永久性生产设备或装置进行检查与验收，对项目实施中所使用的设备或装置应检查其技术性能，不符合质量要求的不能使用；准备必需的质量检测设备、机具及质量控制所需的其他物质。

组织准备。建立项目组织机构及质量保证体系；对项目参加人员分层次进行培训教育，提高其质量意识和素质，建立与保证质量有关的岗位责任制等。

现场准备。不同的项目、现场准备的内容也不相同。例如，建筑施工项目的现场准备包括控制网、水准点标桩的测量；"五通一平"，生产、生活临时设施等的准备；组织机具、材料进场；拟定有关试验、试制和技术进步项目计划等。

② 事中质量控制。在项目实施过程中所进行的质量控制就是事中质量控制。事中质量控制的策略是全面控制实施过程，重点控制工序或工作质量。其具体措施是工序交接有检查，质量预控有对策，项目实施有方案，质量保证措施有交底，动态控制有方法，配制材料有实验，隐蔽工程有验收，项目变更有手续，质量处理有复查，行使质控有否决，质量文件有档案。

第一，工序质量控制的概念。项目实施阶段存在这样一种关系：过程质量和工序质量取决于工作质量。每一工作过程是由一系列相互关联、相互制约的工序构成的。尽管不同工种的作业程序有所区别，但它们都有一个共同特点，就是经过一道一道工序加工生产出来的。每道工序质量的好坏，将直接或间接地影响实施阶段的总体质量，从而影响项目整体质量。由此可见，工序质量是形成项目质量的基本环节，是现场质量控制的关键。

工序质量控制是指为达到工序质量要求所采取的作业技术和活动，它是按照事先拟订的工序质量标准，根据工序质量检验及对反馈回来的产品性能、特征各方面的质量数据的分析，针对存在的差异问题，运用质量控制的各种方法、采取措施，消除这些差异，使质量达到要求，并保持稳定的调节、管理过程。

第二，工序质量的分析和控制。工序质量的分析和工序质量的控制是相辅相成的。工序质量的分析就是通过观察工序质量特征值的波动情况，分析影响质量的各类因素，找出主导性（支配性）因素，调查这些因素与工序结果（质虽特征值）之间的关系，然后在工序分析的基础上建立工序的因素管理标准，其内容包括因素或条件所应达到的目标值，以及达到和实现目标值的措施和手段。

工序分析的第一步是采用因果分析图法找出支配性要素。第二步是进行实验核实，可根据不同的工序选用不同的方法，如优选法等。第三步是制定标准进行管理控制，主要应用系统图法和矩阵图法。

在关键工序活动中，要求操作者记录工序质量的原始数据，随时掌握和分析质量的变化趋势，并进行工序能力指数的计算和评价，确保工序始终处于良好的受控状态。

第三，工序质量控制的内容。

a. 控制工序活动条件的质量。工序活动条件包括的内容较多，主要是指影响项目质量的五大因素，即人、材料、方法、设备和环境。对具体项目产品的工序质量，并不一定是这五大因素同时起作用，而且这些因素也并不是同等地起作用。所以，应该通过工序分析，找出在工序中起主要作用的因素作为质量控制的重点，使其处于被控制状态，确保工序投入要素的质量，避免系统因素发生变异，就能保证每道工序质量正常、稳定。

b. 控制工序活动效果的质量。工序活动效果是评价工序质量是否符合标准的尺度。因此，在进行工序质量控制时，应及时检验工序活动效果的质量，掌握质量动态，对质量状况进行综合统计与分析，并针对所出现的质量问题及时采取对策，自始至终使工序活动效果的质量满足相关要求。

第四，控制变量的确定。项目实施中各环节、各工序有着各种质量指标，可以用来表示其作业效果，但是各种质量指标对作业效果的影响程度各不相同，有的敏感，有的则不敏感。工序质量控制，主要就是对影响作业效果的某些指标加以控制，这些用来控制的质量指标称之为控制变量。控制变量的选取将直接影响控制效果，因此合理选择控制变量同样是至关重要的。控制变量的选取应考虑下述原则：

a. 控制变量应限于本工序范围内的某些质量指标，而不是本工序以外的指标。

b. 应以影响本工序质量的关键指标或当前存在严重问题的质量指标作为控制变量。

c. 所选择的控制变量应便于量化，能用数据表示。

d. 所选择的控制变量应易于测定。

第五，控制程序。工序质量控制的基本原理是采用数理统计方法，通过对工序一部分（子样本）检验的数据，进行统计、分析，以判断工序的质量是否稳定、正常，若不稳定，产生异常情况，就必须采取对策和措施予以改进，从而实现对工序质量的控制。工序质量控制的基本原理决定了工序质量控制的程序。

工序质量控制，可以简单归纳为计划—执行—检查—处理的管理控制循环系统。具体程序如下：

a. 确定各控制点的质量目标。根据质量方针（总的质量宗旨和质量方向）确定控制点应达到的质量水平。

b. 制定标准、规程。对所需控制的工序，应制定切实可行的质量标准、技术标准、作业规程等技术文件以指导作业。质量标准是指在充分考虑项目质量要求、质量目标和技术水平等基础上，对相应工序的质量提出的定量和定性要求；技术标准主要规定了为使工序质量达到质量目标应采取的技术途径和方法；作业规程则应明确具体的操作程序和要求。这些标准和规程的制定，主要依据工序特点、工序所具备的条件、工序所要达到的目标及质量控制手册等有关技术文件。工序的有关标准和规程既是项目实施的指南，也是进行工序质量控制的依据。

c. 培训。为使工序能够按规程进行，并满足相应的标准，操作者必须预先了解并理解有关标准和规程，并贯彻到实际操作过程中。为此，必须根据各有关标准及规程，对所有操作者进行专门培训。

d. 作业。作业应在制定标准、规程并进行培训的基础上进行。实际操作应严格执行标准及规程，尽量避免异常因素的影响，保持工序质量处于正常稳定状态。

e. 工序质量检查及判断。随着工序的进行，应认真采集反映工序质量的数据（控制变量），并采用相应的手段（主要是控制图法）加以处理，进而判断工序质量状态。

f. 寻找原因制定对策。根据工序质量状态判断结果制定对策。若工序质量稳定，就可继续作业；如果工序质量失控，就应采用因果分析图、排列图等方法寻找失控原因，在此基础上制定对策，改善工序质量，工序质量控制的实际意义就在于此。

g. 标准、规程的修订。根据所出现的问题和采取的对策，对有关标准和规程进行必要的修订。

③事后质量控制。一个项目、工序或工作完成形成成品或半成品的质量控制称为事后质量控制。事后质量控制的重点是进行质量检查、验收及评定，整理有关项目质量的技术文件并编目、建档。

（4）项目收尾阶段的质量控制

项目收尾阶段是项目生命周期的后期阶段，其目的是确认项目实施的结果是否达到了预期的要求，实现项目的移交与清算。项目收尾阶段的质量控制要点是合格控制，即对项目进行全面的质量检查评定，判断项目是否达到预期的质量目标，对不合格项目提出处理办法，以保证项目产品符合质量要求。

收尾阶段项目质量控制的重要手段是质量验收。项目质量验收是依据质量计划中的范围划分指标要求和采购合同中的质量条款，遵循相关的质量检验评定标准，对项目的质量进行质量认可评定和办理验收手续的过程。项目质量验收的结果是产生质量验收评定报告和项目技术资料。

8.5 案例分析

案例一 用新老七种质量工具解决质量问题

1. 前言

某企业使用质量管理工具，解决产品包装作业工序不合格率过高的质量问题。

2. 选定主题

问题点评价矩阵图如图 8-45 所示。

问题点	评价项目				
	分析能力	改善对策	数据搜集	主管方针	与产品结合性
1. 生产力低	1	1	1	2	0
2. 库存量高	1	0	2	1	0
3. 包装作业不规范	2	2	1	2	1
4. 缺乏品管圈的认识	2	2	1	1	0

图 8-45　问题点评价矩阵图

3. 活动计划

绘制计划网络图，如图 8-46 所示。

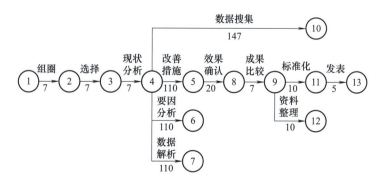

图 8-46　质量改进项目计划网络图

4. 现状分析

(1) 不合格现象分析

使用关联图，如图8-47所示，查找关键问题（CTQ）与相关因素。

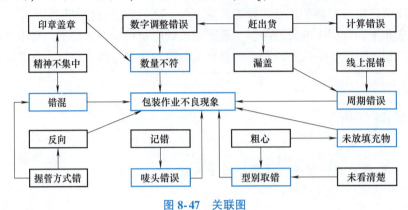

图 8-47 关联图

(2) 数据分析

根据现场查找的缺陷因素数据统计表（见表8-17）绘制帕累托图，如图8-48所示，分析关键因素。

表 8-17 包装作业缺陷因素统计表

代码	项目	月份			合计	占比（%）	PPm
		4	5	6			
A	数量不足	2 / 7 893	13 / 9 151	4 / 8 698	19 / 25 742	29.7	738
B	型别错误	3 / 7 893	4 / 9 151	7 / 8 698	14 / 25 742	21.9	544
C	周期错误	3 / 7 893	3 / 9 151	3 / 8 698	9 / 25 742	14.1	350
D	唛头错误	2 / 7 893	3 / 9 151	3 / 8 698	8 / 25 742	12.5	311
E	混错	2 / 7 893	2 / 9 151	1 / 8 698	5 / 25 742	7.8	194
F	未放填充物	3 / 7 893	1 / 9 151	0 / 8 698	4 / 25 742	6.3	155
G	反向	0 / 7 893	2 / 9 151	0 / 8 698	2 / 25 742	3.1	77
H	其他	1 / 7 893	0 / 9 151	2 / 8 698	3 / 25 742	4.7	117
	合计	16 / 7 893	28 / 9 151	20 / 8 698	64 / 25 742	100%	2 486

5. 改善目标

将包装作业不合格率由2486PPM降至820PPM。

6. 要因再分析

利用关系图（见图8-49）展开包装作业不合格的原因，并探讨不合格现象之间的关系。

7. 对策改善

利用系统图（见图8-50）展开改善包装作业不合格率对应的改善措施。

第8章 工程项目质量管理

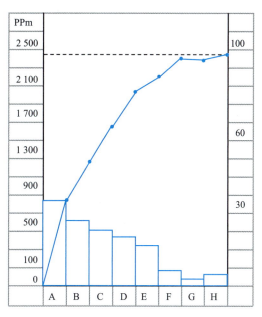

图 8-48 帕累托图

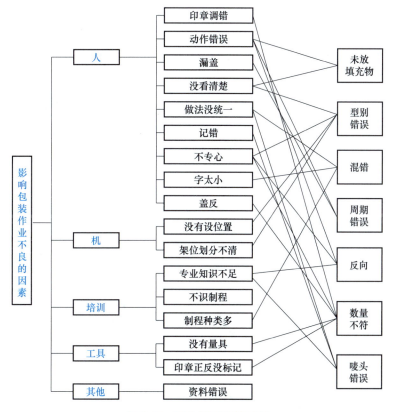

图 8-49 不合格现象关系图

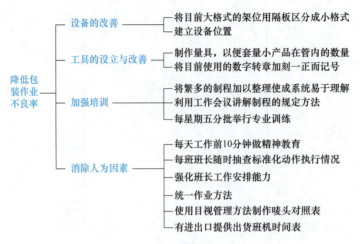

图 8-50　改善措施系统图

8. 效果确认

利用控制图（见图 8-51）确认改善的效果。

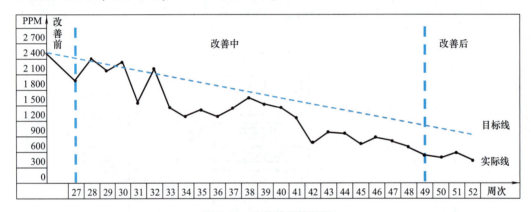

图 8-51　改善效果控制图

9. 成果比较

以帕累托图来分析改善后主要因素的影响程度，如图 8-52 所示。

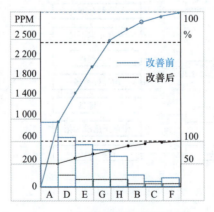

图 8-52　改善前后对比帕累托图

通过分析可以看出，改善后表达不合格品率的 A、D、E 三个主要因素的 PPM 值比改善前大幅度下降，因此可以判断质量改善工作取得了较好的效果。

案例二 基于 PDCA 的某工程项目全过程质量改善

1. 项目背景

本项目要力争全面提升某港口的设备整体先进水平，严格控制某港口三期项目的质量水平，保证项目建成投产后能长期稳定地运行，设备煤炭装船效率全面提升，结合业主打造"放心工程、品质工程"的质量要求，将某港口三期项目建成国内第一，世界领先的高品质工程。

在项目准备、施工、收尾的全过程质量管理中，某港口三期项目主要运用 TQM 中的"PDCA 循环分析法"来制订质量管理改进方案，见表 8-18。现以某港口三期项目中筒仓混凝土浇筑为例，阐述 PDCA 循环方法的具体应用。

表 8-18 质量管理改进方案 PDCA 方法表

阶　　段	方　　法
P	（1）发现问题。在筒仓主体进行混凝土浇筑时，现场检查墙体表面是否有不平整甚至裂缝的问题 （2）分析问题产生的原因。产生这些问题的原因主要是混凝土搅拌不均匀、养护工作不足，施工人员技能不足及质量意识差 （3）确定问题产生的主要因素。通过检查发现混凝土搅拌不均匀是主要影响因素 （4）制订控制措施和改进计划。混凝土搅拌不均匀的主要原因是搅拌时间不足、配比不当、振捣不实。改进措施就是适当增加搅拌的时间；科学设计、精确测量，严格控制配比；搅拌时分层下料，分层振捣
D	（5）计划中措施的落实。计划中制定的措施要严格落实，不得打折扣
C	（6）检查措施执行的效果。检查计划中措施的执行效果，如果混凝土表面不再出现裂纹、麻面等情况，就说明已经达到了预期的效果，如果问题没有彻底解决，就分析原因并重复上述步骤
A	（7）编入准则。对改进的混凝土搅拌方法的执行效果进行总结，有效的措施编入准则 （8）处理遗留问题。在此过程中如果有遗留问题和新问题没有处理，就代入下个 PDCA 循环继续处理

2. 项目准备阶段的 PDCA 循环

准备阶段的质量管理是某港口三期项目质量管理的基础。只有将施工前的物资准备、技术交底、岗前培训等工作做好，才能保证后续的施工工作顺利开展。另外，将准备阶段中所有可能发生的问题进行整理分析并制定好管控措施，可以让施工人员在施工时更能从容应付，遇到突发情况能迅速反映并处理，减少了施工时的质量问题及工期的延误。项目准备阶段的具体流程如图 8-53 所示。

（1）P 阶段

本阶段主要分析项目在质量管理中存在问题的原因；找出项目的主要影响因素；针对主要原因，制定目标管理措施。

1）图纸审核及技术交底的质量管理。施工期的图纸审核主要包括以下内容：图纸的设计是否满足行业标准，是否满足业主的质量要求；图纸的相关说明是否详细，是否与现场实情一一对应；各项关于施工标准、技术要求、质量要求、安全要求等文件是否齐全。审核完成后根据问题统计以及业主的要求，由设计方对图纸进行修改完善。

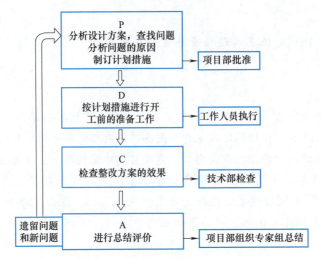

图 8-53　项目准备阶段的 PDCA 流程

技术交底工作可以让所有参与人员除了明白自己本岗位的工作之外，还可以对整个项目的情况有个大致的了解，对属于本岗位的技术规范与要求能够熟练掌握，保证项目施工过程中各级人员做好自己的本职工作，并能做到对其他岗位人员的互保联保。

2）对物资材料的质量管理。某港口三期项目的安装需要用到大量的物资材料。项目部需要根据设计要求核对所需要采购物资材料的型号及参数，然后通过招标选择优质供货商进行供货，并对所采购的每批物资进行抽样检查，从源头上保证物资材料的质量要求。物资材料的进场检验流程如图 8-54 所示。

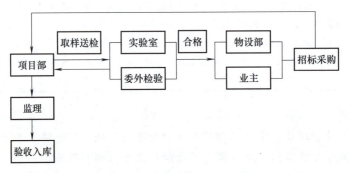

图 8-54　物资材料进场检验流程

3）对机械设备的质量管理。项目施工前要根据某港口三期项目施工的技术要求，对进场的机械设备进行检查验收，确保机械设备性能优良。对操作人员进行岗前的技能培训，确保操作人员能正确熟练操作设备并经考试合格取得操作证后方可上岗作业；对技术人员进行设备工艺、维修、保养方面的技术培训，确保技术人员能熟练对设备进行维护，并要求技术人员制订完整的设备保养计划方案，保证设备以最优性能长期稳定运行。

4）对人员的管理。对人员的管理，首先就要通过公开选拔与推荐的方式选择有丰富科学管理经验的管理人员，技术能力优秀的技术人员，以及现场经验丰富、责任心及执行能力强的操作人员，并对各级人员做好岗前的技能与思想培训工作，保证各级人员能胜任各自的岗位，并有较高的质量意识及责任心。培训工作要做到有目的、有计划、有组织地进行开展，并定期根据培训人员的培训效果及意见、建议进行调整，保证培训效果的有效性。项目领导要以身作则，制定合理的绩效分配制度与奖惩制度，保证员工在一个相对公平公正的工作环境下工作，并与员工定期进行日常的谈心谈话等交流工作，保证各级人员能以昂扬的斗志，在良好的工作氛围中进行团结合作。各班组值班长要坚持每天召开班前、班后会，对工作任务及安全注意事项进行详细的讲解，特别是一些重要事项要反复强调，让每个人都能熟记各项工作要点，最终引导员工有正确的质量控制意识。

(2) D 阶段

此阶段的主要目的就是保证相关措施的有效落实，因此制定以下措施来保证其顺利实施：

1) 图纸文件的审核。在项目开工之前，工程部相关人员要充分熟悉设计方案、施工图等文件，定期对施工方的文件进行审核，发现问题及时与相关人员进行分析探讨，争取以最快最优的方式解决问题，并将这些问题形成会议纪要，以便在以后的工作中有所参考。

2) 施工设计方案的审核。施工设计方案是对某港口三期整个项目在施工过程中所做出的一份具体、详尽的安排部署，在整个项目的实施中发挥着举足轻重的作用，各级人员要引起高度重视，并组织相关人员进行反复探讨与修改，直到各级人员特别是业主方满意为止。该方案通过审核之后，项目负责人及技术人员要组织培训交流，向项目的所有人员进行讲解，让与会人员都能充分了解整个工程，包括质量要求、安全要求、施工流程、施工方法等在内的实际情况，并对一些关键项目的操作规程、施工方法、注意事项进行详细的讲解与说明，以便于所有人员都能掌握关键项目的技能，保证施工质量。

3) 物资材料与设备的事前检查与控制。对物资材料进行不定期的抽样检查，并对所需要的机械与电气设备进行重点检查，对于不符合技术性能和质量要求的材料和设备及时更换。对施工现场的用电安全、对讲机等通信设备进行反复试验，发现问题及时整改，以保证现场施工时井然有序。

(3) C 阶段

本阶段主要是检查施工前质量管理措施落实的效果。对图纸文件、施工方案的落实效果进行审核与检查是对项目质量进行检查的手段之一。我们要审核施工图、施工程序、组织管理和技术保障等相关文件和制度；对施工材料以及工程半成品进行抽样检查并出具检测报告；出具工艺流程的技术鉴定书；对设计方案和施工图修改及变更的部分进行核定等。

(4) A 阶段

本阶段主要是对施工前质量管理措施落实效果进行总结，对于有效的管控措施将其纳入准则；对于遗留没有处理的问题，以及新出现的问题分析无法落实的原因，并将其代入下个 PDCA 循环中进行继续处理。本阶段的预期效果是在公司领导的大力支持下，创造一个良性循环的环境，通过各种形式的技术交流与沟通，面对面的谈心谈话，增加整个团队的技能水平、凝聚力以及工作的热情。

3. 项目实施阶段的 PDCA 循环

项目实施阶段是整个项目运行的关键阶段，所有与质量有关的施工过程都应按照质量计划的要求，根据相关程序进行，确保整个施工过程处于受控状态。项目实施阶段的 PDCA 流程如图 8-55 所示。

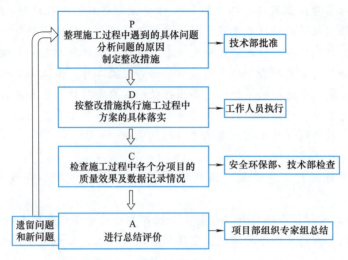

图 8-55　项目实施阶段的 PDCA 流程

（1）P 阶段

1）质量管理措施。此阶段可以从"人、机、料、法、环"五个方面进行管理。

对于"人"的管理，我们要建立健全各岗位的责任制；通过培训交流以及有效的奖惩制度提高各级人员的素质，激发劳动热情；通过改善劳动条件、进行合理的绩效分配来增加人员的稳定性；为确保项目质量，管理人员要对不同人员的技能水平、情绪起伏、工作状态、错误行为等进行不同的管控与疏导。最终，我们的目的就是保证人人都有高技能水平、高质量意识、高效工作环境。

对于"机"的管理，我们要根据项目的不同特点合理地选择并正确地操作各种机械设备，并根据设备的机械与电气特性，某港口天气与地理环境的特点，对设备进行定期的保养维护。

对于"料"的管理，我们要严格检查验收材料，不定期地进行抽样检查，保证施工人员正确并合理地使用各种材料，坚决避免使用不合格材料进行施工，保证材料的收发、储存、运输以及合成半成品的加工过程等环节没有闪失。

对于"法"的管理，我们要根据某港口三期翻车机、筒仓、装船机、沿线皮带等各个分项目的特点分别选择合理的技术方案与管理方案，这样有利于各个项目合理的安排适合自己实情的管控措施，保证整体项目的质量有效可控。

对于"环"的管理，我们要对某港口沿海的地理环境、天气特点、外部政策影响等环境因素制定合理的预防措施，保证项目在任何环境的影响下都能有序运行，不影响项目的质量。

2）进度管理措施。对于进度管理我们主要是加强工序管理。与本项目相关的施工过程都要按照既定的施工方案、质量要求等规定进行，以保证整个过程全程受控。

某港口三期项目许多设备设施都是按照一定的工序完成的，每一道工序的质量以及施工进度的快慢都会影响后面工序的进度。为确保整个项目的进度受控，特制定以下措施：

首先，各个项目的开展要严格按照施工方案及工艺要求进行，杜绝任何违反规定的行为发生，这些文件是由专业的人员经过科学的设计、反复的研讨制定的，只有按照这些章程来施工，才能保证施工的质量不受影响，进度也就得以保障。

其次，在前一道工序未完成之前，要对下一道工序进行准备。将下一道工序所需的机械设备提前检查并且试运行，保障设备无任何故障，以最佳性能准备运行；将下一道工序所需的物资材料提前进行清点检查，保障物资有序存放，没有缺漏；技术与管理人员提前对下一道工序的施工方案进行再次宣讲传授，使每个施工人员牢记在心。

最后，在下一道工序准备开展时，要及时检查上一道工序的完成质量，发现问题及时整改，确保无误后再开展下一道工序，这样每道工序就会完全处于受控状态。

3) 安全管理措施。由于本项目施工工期比较长，施工项目比较繁杂，许多分项目都存在比较大的风险，除了制定技术与管理措施、制订应急预案、消防及安全演练外，安全部门最重要的是要对项目存在的风险进行辨识。这些风险主要是物的不安全状态，包括机械设备的运转部位，爬梯、廊道等容易跌伤的地方，相邻机械间的安全距离，物资储存的环境等；人的不安全行为，包括施工人员的劳保穿戴，施工时的思想状态，有无严格按照操作规程进行操作，有无消极怠工行为等。

在风险辨识之后，安全部门再将这些风险按照风险的种类及风险的等级进行分类，并制定有效的预防措施，如设备在运转时禁止任何人员触摸运转部位或在运转部位处翻越，上下爬梯时抓紧扶牢，在相邻设备同时作业时有专人进行监护，物资存储环境定期进行检查，施工人员上岗时劳保穿戴齐全，严格按照操作规程进行操作，发现人员思想懈怠时及时进行提醒并纠正。最后，将这些风险及预防措施编入手册，并要求每名员工都要牢记并严格遵守。

(2) D阶段

为保证计划阶段的方案有效落实，此阶段从以下几个方面进行管控：

1) 对现场的工程材料严格把关，确保各类材料分类有序存放，并有专门的人员进行保管。

2) 对施工设备提前进行检查试机，发现问题及时联系技术人员进行检修，严格遵守"设备维护保养规定"及"设备安全技术操作规程"。

3) 对施工过程中的设备设施各项参数按照标准进行对照与监控，保证各个工序的质量受控。

4) 加强对施工现场的巡查，确保现场人员施工标准化、程序化，对发现的问题限期进行整改，并避免以后类似问题的发生。

(3) C阶段

此阶段的管理主要是对施工现场进行检查。包括开工之前的检查，交接班质量检查，隐蔽工程的检查，现场保护装置的检查，单项工序的质量检查，施工人员劳保穿戴的检查，现场人员"安全操作规程""岗位高风险"等制度的掌握程度及执行效果的检查。检查的方式主要分为观察法、测量法和实验法三种。观察法主要是通过查看触摸等手段进行直观的检查；测量法主要是运用测量工具对现场的施工质量与参照标准进行对比，保证其在允许的误差范围以内；实验法就是运用科学的实验方法对施工质量进行分析判断。例如，我们可以运用随机抽样检查的方式对施工现场的物资材料进行检查，见表8-19。

表 8-19　施工材料取样表

材　料	数　量	取　样　方　法
钢丝	2 根	任意选取同盘的两端进行截取，分别做拉伸和弯曲试验
砂料	大于 200 方	从料堆的不同部位任意选取大致相等的 10 份组成一组样品进行检测

为了确保某港口三期项目的工程质量，并根据项目实际的需要，本阶段设置了四级检查制度对项目进行全方位的检查与把关。

1) 自检互检。各级施工人员在施工过程中要严格按照各项规定进行操作，为确保现场人员的执行力，要求各级人员对自己的工作任务按照规定进行自我检查，岗位内部及岗位之间的人员进行相互检查。自检互检方式是发现问题最快速的手段，通过自检互检能迅速发现问题并进行整改，消除大面积返工的问题，有效避免了问题的扩大化甚至发生不可挽回的后果。

2) 运行班组自检。在某个单项工程施工完毕后，由运行班组的值班长、安全员等人员成立临时检查小组，对班组的施工质量进行自检，发现问题立即进行调查，查明原因并制定整改措施进行改正，以及做好此次检查的记录，以便公司检查时有据可依。

3) 公司级质量检查。公司级质量检查是由公司牵头组织的每月一次的综合性质量检查。检查内容比较全面，主要包括施工质量、工期进度、物资进出记录、设备及人员的安全措施、班组检查记录、培训档案等。

4) 联合大检查。根据某港口三期工程项目的进度，在公司级月度质量检查的基础之上，由业主方某港口港务公司派出的代表牵头，联合施工方、监理代表组成联合检查组，对本工程的质量进行一次全面性的联合大检查。检查组对于现场施工的检查采用找人座谈、不记名打分等形式，对于发现的问题要分析原因并要求施工方立即采取措施，组织施工人员进行整改。另外，业主方将检查中发现的问题，根据性质的严重程度列入考核档案，作为考核施工方施工质量的一项指标。施工方则将检查结果作为施工人员及相应管理人员绩效考评的一项重要指标。对于有问题的人员扣除相应的绩效工资，对于表现突出的人员进行绩效奖励，并在大会上进行表彰。

(4) A 阶段

2017 年 3 月，某港口三期工程项目组织了一次联合大检查，工程总体质量情况良好，但在施工人员管理、物资材料管理、质量管理方案中存在一定的问题，并且在检测筒仓墙体的混凝土强度时发现部分强度不合格，具体问题见表 8-20。

表 8-20　联合大检查中存在的问题

序　号	问　题
1	对施工人员素质的审查方法不合理，制度执行力审查不足
2	物资材料质量的检验不规范
3	工程项目的质量评价体系过于笼统
4	技术交底工作过于形式化
5	质量管理工作不够全面，部分工作存在管控不足
6	施工技术方案及安全措施过于书面化，联系实际不足

第8章 工程项目质量管理

对于筒仓墙体中发现的部分混凝土强度不合格的问题，某港口务公司工程部与施工项目部对施工人员、机械设备、物资供应商、混凝土搅拌方法、当地环境等影响因素进行了详细地调研，并利用因果分析法，进行了筒仓墙体部分混凝土强度不合格的因果分析，如图8-56所示。

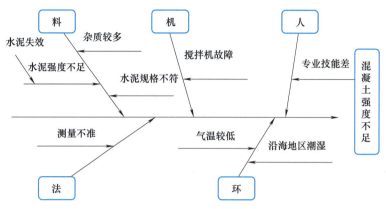

图 8-56 筒仓墙体混凝土强度不合格的因果分析

对于此次联合大检查中混凝土的质量问题，主要对人员及制度等管理方面容易产生问题；筒仓等采用新工艺、没有技术借鉴的环节；施工难度较大的工序等方面进行详细分析并制定了相应的整改措施见表8-21。

表 8-21 筒仓墙体混凝土问题整改措施

问　　题	防 治 措 施
施工人员能力不足	加强技术培训，考试合格后方可上岗
现场人员散漫，执行力不足	加强现场的监督检查，并与绩效考核挂钩
施工材料存在部分不合格	严控材料源，并对材料进行抽样检查
材料没有严格按标准配比	加强计量工作的检查
搅拌不均匀	加强混凝土搅拌工作的检查
温度不稳定	根据实际情况，制定改善温度变化的措施

某港口三期工程部为保证整改措施的有效落实制定了以下检查方法，见表8-22。

表 8-22 混凝土强度的质量检查方法

序　　号	检 查 项 目	检 查 方 法
1	混凝土抽取样品检测强度	与混凝土强度检测报告进行对比
2	混凝土抗渗性能的检测	与抗渗检测报告进行对比
3	每份材料称重的误差	复称
4	缝隙的处理	现场检查
5	后浇带的位置	现场检查
6	混凝土养护工作	现场检查

为了保证墙体混凝土的强度，在筒仓项目工期不变的基础上，减少模板等施工环节的时间，增加混凝土养护时间、现场质量巡查及抽查的时间，这样虽然增加了部分人力成本，但

对整个项目成本的影响可以忽略不计。

4. 项目收尾阶段的 PDCA 循环

某港口三期项目在设备安装完成之后就进入了收尾阶段。收尾阶段的主要工作就是进行质量验收和评价，验收合格后交付使用。本阶段的质量管理重点就是质量的检查、验收和评价，如图 8-57 所示。

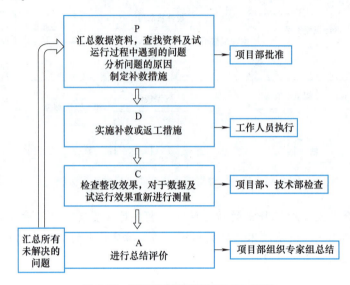

图 8-57　项目收尾阶段的 PDCA 流程

(1) P 阶段

某港口三期项目收尾阶段最重要的工作就是对所安装的设备包括翻车机、皮带机、筒仓、装船机等进行空载试车以及试运行的重载联动试车，在试车时发现各类问题及时修正，保证设备的性能达到预期的效果并能适应实际的运行情况。为保证试车工作的验收合格特制定以下计划措施：

1）试车前制定试车标准及应急方案，操作人员要严格按照规定操作，并且旁边有专人监护，发现问题立即采取应急措施。

2）对于进行试车工作的操作人员、监护人员及管理人员都要进行提前培训，考试合格后才能上岗。

3）空载试车时，对设备运行时的各项参数及问题都要一一详细记录，并派专人进行调试整改，如皮带的张紧力不足要及时根据标准加大张紧力。

4）重载试车时，对试车时的实际情况进行详细记录并与空载运行时的参数进行对比，对于发现的问题根据实际情况做出技术调整。

5）对空载和重载试车时的问题做好记录，并组织技术研讨会制定更为详细的管控措施。试车工作验收合格之后，施工方就要对某港口港务公司进行项目交付工作，项目交付后整个工程项目就基本结束。交付工作主要包括现场设备的交付和相关资料的交付。设备交付时要保证所有设备质量和试运行验收合格，并提交验收合格报告。相关资料主要包括开工、竣工验收报告，施工图及变更记录单，设备技术图纸及 PLC 控制程序，技术变更说明，质检报告等。由于这些资料对于以后某港口三期设备的运行维护、故障排查、技术更新等工作有着非常重要的指导作用，因此我们要保证这些资料的完整性和准确性。为保证交付工作的顺利进行，制定以下措施：

① 与某港口三期项目相关的所有设备都要与设计图纸一致，施工现场的人员、设备已经撤出，垃圾清理干净。

② 所有资料进行交接时，施工方负责人必须签字盖章，资料要与所列清单一致。

③ 在某港口三期设备的质保期内，有任何问题都要无条件提供指导与帮助。

（2）D 阶段

为保证试车工作和设备、资料交付工作的顺利进行，某港口港务公司要派监督人员和技术人员全程进行跟踪，一方面是监督施工方收尾工作的质量，另一方面是学习设备在使用和维护方面的技术要点，并与以往设备进行比较，根据以往设备的运行经验善于发现问题、提出疑问、对于需要整改的部分及时对施工方提出要求进行整改，保证设备除了符合设计要求外还要符合实际情况。

（3）C 阶段

此阶段的主要工作是对收尾阶段制定的计划措施的执行效果进行检查，包括质量检查、验收和评定。质量检查主要包括初检和复检，初检由施工方组织技术人员按照施工要求对所有设备进行逐项排查；复检主要是业主方某港口港务公司的技术人员按照施工方排查清单进行复检。对于复检查出来的问题业主方要提出整改意见，要求施工方要限期进行整改，直到达到质量要求。在设备交付完成后，施工方还要提供项目的相关资料，由某港口港务公司进行验收和评定，资料要齐全，对于检查出来的问题，施工方要及时进行汇总整改，并提交整改措施文件。最后，某港口港务公司对三期工程进行质量等级评定，评定结果要客观、全面。

（4）A 阶段

本阶段主要是对项目收尾时设备试车后的效果以及项目验收交付的效果进行总结，并努力优化各项方案，并进行汇总编入准则。对于仍然存在的问题和新发现的问题进行持续改进，代入下个 PDCA 循环中继续处理。

复习思考题

一、简答题

1. 简述质量管理发展的三个主要阶段及其特点。
2. 简述质量机能展开的程序。
3. 简述质量管理新、老七种工具及其主要用途。
4. 简述质量管理体系建立的工作内容。
5. 论述推行 ISO 质量管理体系认证的作用。
6. 简述 ISO 质量管理体系认证的工作流程。
7. 简述项目质量的形成过程。
8. 简述项目控制工作内容。

二、计算分析题

1. 下列的数据是利用游标卡尺所量度的某枪械撞针的直径尺寸，直径的规格是 0.250±0.008in（1in≈0.025m）。每 15min 抽取五件样本，样本的数据见表 8-23。

表 8-23 样本数据

时间	x_1	x_2	x_3	x_4	x_5
7:15	0.249	0251	0.251	0.248	0.25
7:30	0.251	0.246	0.252	0.248	0.25
7:45	0.25	0.25	0.246	0.25	0.251
8:00	0.249	0.253	0.245	0.254	0.249
8:15	0.25	0.246	0.251	0.249	0.25
8:30	0.25	0.25	0.251	0.251	0.251
8:45	0.247	0.251	0.253	0.25	0.249
9:00	0.25	0.251	0.253	0.249	0.248
9:15	0.246	0.25	0.248	0.25	0.251
9:30	0.251	0.248	0.249	0.249	0.25
9:45	0.251	0.249	0.249	0.251	0.252
10:00	0.251	0.255	0.248	0.247	0.249
10:15	0.25	0.252	0.252	0.249	0.251
10:30	0.25	0.251	0.254	0.251	0.251
10:45	0.252	0.251	0.248	0.252	0.251
11:00	0.249	0.25	0.249	0.251	0.252
11:15	0.25	0.249	0.25	0.25	0.25
11:30	0.248	0.25	0.249	0.251	0.251
11:45	0.251	0.248	0.25	0.25	0.252
12:00	0.254	0.251	0.254	0.247	0.251

请使用均值-极差控制图来判定过程的稳定程度和过程能力。

2. 某车间零件加工小组分析本组加工报废的原因，并绘出如下的因果分析图，如图 8-58 所示。图中错误较多，请按图中所分析的原因，重新绘制一张正确的因果图（原因不必再往下细分）。

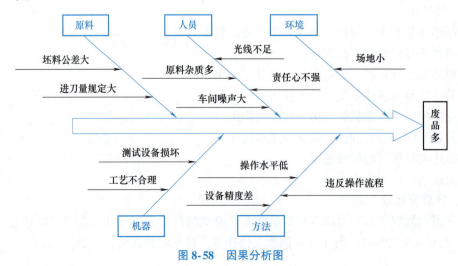

图 8-58　因果分析图

3. 某产品的规格为 100~150mm，随机抽取 100 个样品，测定数据见表 8-24。

表 8-24 检查结果记录 （单位：mm）

105	110	105	125	110	120	120	105	120	145
105	120	110	135	120	130	110	110	105	100
110	130	120	145	130	145	120	120	110	105
120	125	130	150	145	130	130	130	120	120
130	135	105	150	150	110	125	125	130	130
125	145	135	120	125	105	105	105	125	145
135	150	120	130	135	110	110	110	120	130
145	105	130	145	145	120	120	120	130	110
100	110	135	130	150	130	130	130	140	125
105	120	145	110	105	125	125	125	150	135

请利用上表检查数据绘制直方图（组数用经验公式 $k = 1 + 3.32 \lg n$ 确定）。

4. 某摩托车配件厂某月份链条检查记录见表 8-25，请用帕累托图分析原因。

表 8-25 链条检查记录

序 号	类 别	不 合 格 数	不 合 格 率	累 计 数	累积百分比
1	极限拉伸载荷	20	39.2%	20	39.2%
2	链长精度	12	23.5%	32	62.7%
3	链条联结牢度	8	15.7%	40	78.4%
4	疲劳性能	5	9.8%	45	88.2%
5	耐磨性能	3	5.9%	48	94.4%
6	链节松动	2	3.9%	50	98.0%
7	不良外观	1	2.0%	51	100.0%
	Σ	51	100.0%		

5. 某电子器件厂 A 产品与 B 产品制程不合格层别统计见表 8-26 和表 8-27。

表 8-26 A 产品制程不合格层别统计

班别：甲班产品类型：A					总产量：2 万			时间：			
项 目	日 期										小计
	1	2	3	4	5	6	7	8	9	10	11	
耐压	5	22	1	4	3	9	10	1	0	5	2	42
功率	11	22	30	12	5	8	5	5	48	20	15	181
温度	1	2	4	5	2	3	1	0	5	8	2	33
灯	4	5	2	3	1	4	0	2	1	5	3	30
漆	1	0	2	3	1	2	0	0	1	5	2	17
划伤	1	2	1	0	0	0	1	2	1	1	1	10
小计	23	33	40	27	12	26	17	10	56	44	25	313

表 8-27 B 产品制程不合格层别统计

项目	日期											小计
	12	13	14	15	16	17	18	19	20	21	22	
耐压	3	4	3	2	8	1	4	5	2	1	3	36
功率	2	1	1	4	1	1	1	6	1	2	2	22
温度	12	18	20	21	25	18	30	31	19	11	18	223
灯	2	3	4	5	2	1	2	3	6	1	2	31
漆	0	1	1	0	1	1	0	1	2	1	1	9
划伤	0	1	2	2	1	1	2	1	1	1	2	14
小计	19	28	31	34	38	23	39	47	31	17	28	335

班别：甲班产品类型：B　　　总产量：2 万　　　时间：

由此可获得哪些有用的信息？

第 9 章

工程项目成本管理

本章知识要点与学习要求

序　号	知识要点	学习要求
1	工程项目成本管理概念	熟悉
2	工程项目成本计划及编制	掌握
3	工程项目成本控制的实施	掌握
4	工程项目成本分析的方法	掌握

9.1　工程项目成本管理概述

现代建设工程市场的竞争激烈，从表面上看是产品质量和价格的竞争；从内涵上看是工程实力、人才及服务质量的竞争；从企业经济的角度看是产品在同等质量下的成本竞争。现今的市场更多的是买方市场，每一个细分市场都有众多企业在竞争，而生产的往往是同质产品，差异不大，这就要看谁更具有成本领先优势，可以运用低价竞争手段占有更多市场并获利。因此，产品成本决定了一个企业的竞争力。成本管理是企业管理活动中永恒的主题，成本管理的直接结果是降低成本，增加利润，以经济实力提升企业创新研发能力和管理水平，增强企业的核心竞争力。

9.1.1　工程项目成本管理的概念

工程项目成本是指从决策到完成交付使用期间所需全部费用的总和，包括建筑安装工程费、设备及工器具购置费、工程建设其他费、预备费、建设期贷款利息等。

工程项目成本管理就是要在保证工期和满足质量要求的条件下，利用组织措施、经济措施、技术措施和合同措施，保证在批准的预算范围内完成工程项目的建设内容，即将工程成本支出限制在预先确立的标准和计划之内的一种管理方法。

9.1.2　工程项目成本管理的原理、思路

1. 成本管理工作的原理，包含以下四个步骤：

1) P——计划，在前期投资决策及设计阶段，确定成本管理目标。

2) D——实施，指项目具体实施过程，即目标分解、责任成本、招标采购、施工及

（跟踪）结算审核。

3）C——检查，指在项目实施过程中，通过成本月报，定期检查成本是否控制在批准的目标限额内。

4）A——纠偏，若发现实际值与目标值有偏差，即刻采取纠偏措施，以保证造价管理目标的实现。

2. 成本管理的总体思路

1）建立合理的目标成本。

2）把目标成本分解成责任成本，将成本控制的责任落实到房产开发、建设项目各业务、专业的具体操作环节中。

3）推行全面、全员的成本管理。

4）建立有效的成本管理动态监控系统。

3. 成本管理原理

成本管理原理如图 9-1 所示。

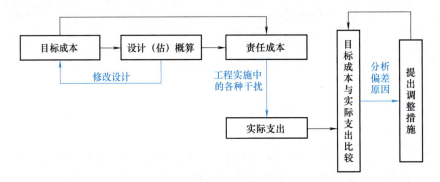

图 9-1 成本管理原理

9.1.3 工程项目成本管理的任务

1. 工程项目成本预测

工程项目成本预测是通过成本信息和施工的具体情况，并运用一定的专门方法，对未来的成本水平及其可能发展趋势做出科学的估计，其实质就是项目实施前对成本进行核算。它是企业运用成本变化规律，对未来的成本水平及其发展趋势做出科学的估计。工程项目成本预测是工程项目成本决策与计划的依据。

2. 工程项目成本计划

工程项目成本计划是根据确定的成本目标值编制的实施计划，是项目经理部对项目施工成本进行计划管理的工具。一般来说，一个工程项目成本计划应包括从开工到竣工所必需的施工成本，它是该工程项目降低成本的指导文件，是设立目标成本的依据。成本计划是目标成本的一种形式。

3. 工程项目成本控制

工程项目成本控制是指项目在施工过程中，对影响工程项目成本的各种因素加强管理，并采取各种有效措施，将施工中实际发生的各种消耗和支出严格控制在成本计划范围内，随时揭示并及时反馈，严格审查各项费用是否符合标准，计算实际成本和计划成本之间的差异并进行分析，采取措施纠正偏差，从而实现成本目标。项目成本控制应贯穿项目从招标投标阶段开始直到项目竣工验收的全过程，它是企业全面成本管理的重要环节。因此，必须明确各级管理组织和各级人员的责任和权限，这是成本控制的基础之一，必须给予足够的重视。

4. 工程项目成本核算

工程项目成本核算是指项目施工过程中所发生的各种费用和形成施工项目成本的核算。它包括两个基本环节：一是按照规定的成本开支范围对施工费用进行归类，计算出施工费用的实际发生额；二是根据成本核算对象，采用适当的方法，计算出该施工项目的总成本和单位成本。项目经理部应作为企业的成本中心，大力加强施工项目成本核算，为成本控制各环节提供必要的资料。成本核算应贯穿于成本管理的各个环节。

5. 工程项目成本分析

工程项目成本分析是在成本形成过程中，对工程项目成本进行的对比评价和剖析总结的工作，它贯穿于工程项目成本管理的全过程。也就是根据统计核算、业务核算和会计核算提供的资料，对项目成本的形成过程和影响成本升降的因素进行分析，以寻求进一步降低成本的途径；通过成本分析，可从账簿、报表反映的成本现象看清成本的实质，从而增强了项目成本的透明度和可控性，为加强成本控制，实现项目成本目标创造条件。由此可见，工程项目成本分析，也是降低成本、提高项目经济效益的重要手段之一。

6. 工程项目成本考核

工程项目成本考核是指项目完成后，对工程项目成本形成中的各责任者，按项目成本目标责任制的有关规定将成本的实际指标与计划、定额、预算进行对比和考核，评定工程项目成本计划的完成情况和各责任者的业绩，并以此给以相应的奖励和处罚。其目的是调动责任者成本管理的积极性。

9.1.4 工程项目成本管理的措施

为了取得成本管理的理想成效，应当从多方面采取措施实施管理，通常可以将这些措施归纳为组织措施、技术措施、经济措施和合同措施。

1. 组织措施

组织措施是从成本管理的组织方面采取的措施。成本控制是全员的活动，如实行项目经理责任制，落实成本管理的组织机构和人员，明确各级成本管理人员的任务、职能分工、权力和责任。成本管理不仅是专业成本管理人员的工作，各级项目管理人员都有成本控制责任。

组织措施的另一方面是编制成本控制工作计划、确定合理详细的工作流程。要做好施工采购计划，通过生产要素的优化配置、合理使用、动态管理，有效控制实际成本；加强施工定额管理和施工任务单管理，控制活劳动和物化劳动的消耗；加强施工调度，避免因施工计划不周和盲目调度造成窝工损失、机械利用率降低、物料积压等问题。成本控制工作只有建立在科学管理的基础之上，具备合理的管理体制、完善的规章制度，稳定的作业秩序，完整准确的信息传递，才能取得成效。组织措施是其他各类措施的前提和保障，而且一般不需要增加额外的费用，运用得当可以取得良好的效果。

2. 技术措施

施工过程中降低成本的技术措施包括：进行技术经济分析，确定最佳的施工方案；结合施工方法，进行材料使用的比选，在满足功能要求的前提下，通过代用、改变配合比、使用外加剂等方法降低材料消耗的费用；确定最合适的施工机械、设备使用方案；结合项目的施工组织设计及自然地理条件，降低材料的库存成本和运输成本；应用先进的施工技术，运用新材料，使用先进的机械设备等。在实践中，也要避免仅从技术角度选定方案而忽视对其经济效果的分析论证。

技术措施不仅对解决成本管理过程中的技术问题是不可缺少的，而且对纠正成本管理目标偏差也有相当重要的作用。因此，运用技术纠偏措施的关键，一是要能提出多个不同的技术方案；二是要对不同的技术方案进行技术经济分析比较，选择最佳方案。

3. 经济措施

经济措施是最易被人们接受和采用的措施。管理人员应编制资金使用计划，确定分解成本管理目标。对成本管理目标进行风险分析，并制定防范性对策。在施工中严格控制各项开支，及时准确地记录、搜集、整理、核算实际支出的费用。对各种变更，应及时做好增减账，落实业主签证并结算工程款。通过偏差分析和未完工程预测，发现一些潜在的可能引起未完工程成本增加的问题，及时采取预防措施。因此，经济措施的运用绝不仅仅是财务人员的事情。

4. 合同措施

采用合同措施控制成本，应贯穿整个合同周期，包括从合同谈判开始到合同终结的全过程。对于分包项目，首先是选用合适的合同结构，对各种合同结构模式进行分析、比较，在合同谈判时，要争取选用与工程规模、性质和特点相适合的合同结构模式。其次，在合同的条款中应仔细考虑一切影响成本和效益的因素，特别是潜在的风险因素。通过对引起成本变动的风险因素的识别和分析，采取必要的风险对策，如通过合理的方式增加承担风险的个体数量以降低损失发生的比例，并最终将这些策略体现在合同的具体条款中。在合同执行期间，合同管理的措施既要密切注视对方合同执行的情况，以寻求合同索赔的机会，同时也要密切关注自己履行合同的情况，以防被对方索赔。

9.1.5 现代工程成本管理观念

1. 效益成本观念

在市场经济环境中，经济效益始终是企业管理追求的首要目标，企业成本管理工作中也应该树立效益成本观念，实现由传统的"节约成本"观念向现代"效益成本"观念转变。

企业管理应以市场需求为导向，通过向市场提供质量尽可能高、功能尽可能完善的产品和服务，力求使企业获取尽可能多的利润。企业的一切成本管理活动应以"效益成本"观念作为支配思想，从"投入"与"产出"的对比分析来看待"投入"的必要性、合理性，即努力以尽可能少的成本付出，创造尽可能多的使用价值，为企业获取更多的经济效益。这里值得注意的是，"尽可能少的成本付出"不仅仅是节省或减少成本支出，它还在于运用效益成本、效益观念来指导新产品的设计及老产品的改进工作。如在对市场需求进行调查分析的基础上，认识到如果在产品的原有功能基础上新增某一功能，可能使产品的市场占有率大幅提高，也许这样会相应地增加一部分成本，但只要能提高企业产品在市场中的竞争力，企业由此而获取的效益，超出了所付出的成本，就是可取的。"效益成本"观念注重的是效益与成本之比大于1；传统成本观念注重的是计划成本与实际成本之比大于1。可见"效益成本"观念是以"创效"为主导思想的。

2. 技术创新型成本管理观念

从目前建筑市场来说，市场已处于"微利"时期，企业几乎不可能依靠高价格获取利润，更多的是靠技术创新降低成本谋利。传统成本管理模式已无法适应市场经济的发展需要。因此，应树立技术创新驱动型成本管理观念。

传统工程成本管理注重生产的材料节省及提高劳动效率，成本下降空间极为有限。技术创新驱动型成本管理重点是通过新技术、新工艺开发、新材料的运用、设备技术的改进、施工组织的优化设计、员工素质的提高和采用计算机管理等措施，实现管理手段、方法的科学化，进而将降低成本与技术创新和管理进步有机结合起来，形成了一个比较完整系统的工程成本管理体系。

技术创新型成本管理注重科技在扩大利润空间方面的作用。科技创新增强了企业的综合竞争力，提升了企业的技术水平，也必然提高企业的市场占有率，扩大企业的利润空间。但创新所带来的产出必须大于对创新活动的投入。为此，在技术创新过程中，必须以市场为导向，实行科学的开发规划和预算制度，加强技术创新活动本身的成本管理。

3. 精益建造成本管理观念

精益生产方式是通过系统结构、人员组织、运行方式和市场供求等方面的变革，使生产系统能很快适应用户不断变化的需求，并在生产过程中追求精益求精和不断改善，消除一切浪费，不断地降低成本，进而增强企业的核心竞争能力、提高企业的效益。

精益建造成本管理的实质是以追求管理过程的严格与完善来降低成本和提高经济效益，包括执行"在需要的时间、按需要的数量生产需要的产品"的准时生产经营理念；控制建造过程的非增值作业活动以降低成本；加强生产全过程供应链管理，降低物流成本等管理理念。

4. 施工成本系统管理观念

在市场经济环境中，施工企业应树立成本的系统管理观念，将企业的成本管理视为一项系统工程，强调整体与全局，对企业成本管理的对象、内容、方法进行全方位的分析研究。

施工成本的系统管理涉及工程成本构成的各个方面，成本形成的全过程，以及成本管理的各专项措施共同构成的动态系统。施工成本的系统管理涉及的因素如下：

1）施工成本的构成因素：人工费、材料费、机械费、工程措施费、规费、企业管理费。

2）成本管理的各专项措施因素：质量成本、进度成本、物流成本、人力资源成本、工程变更引起的追加成本、新技术工艺研发成本、工程措施及管理费用分摊成本、服务成本、环境保护成本等。

按照系统因素间的成本动因、成本价值流、成本信息流等内在逻辑关系将成本系统因素归集，形成施工成本管理系统。

5. 成本管理信息化观念

建设施工企业是项目导向型企业，突出表现为以项目管理为载体，以成本管理为核心。工程项目是建设企业信息基本管理单元，工程项目成本集中地反映了企业施工活动的经济效果。

工程项目成本管理通过成本预测、计划、控制、核算、分析和考核等一系列管理工作，找出成本管理中存在的问题，为施工生产经营决策提供成本信息，以不断降低工程成本，提高企业的市场竞争能力。

在工程项目实施过程中，预想不到的工程变更等情况使成本的控制变得非常困难，必须在施工过程中对成本进行动态控制。实施动态控制的关键就在于工程信息的畅通，成本差异如不能及时反馈回监控主体，成本控制就无从谈起。但如果仅靠人工去完成所要求的大量数据的计算、搜集并整理，效率势必非常低，几乎不大可能进行有效的控制，所以必须使用计算机辅助信息管理，使各个职能部门之间信息流得以相互连接，及时沟通，实现网络资源高度共享和及时处理，从根本上改变业务运作时间差产生的信息滞后状况，才能实现项目成本控制动态化管理。

成本管理信息化技术是 21 世纪企业成本竞争的一个重要领域，谁在成本管理信息化方面应用领先，谁就可能在成本竞争中胜出一筹。

6. 战略成本管理观念

所谓战略成本管理，就是指运用成本数据和信息来分析及确认能促进企业竞争优势的最优效益成本战略定位。战略成本管理应重视以下理念：

1）战略成本管理应加强知识资本管理。知识资本是知识经济时代最基本的资本形态，企业在进行成本管理活动时，必须用战略的眼光去开发、运营和管理知识资本，使战略成本管理与知识资本管理密切结合，从而以较低成本的知识资本来获得企业的最优经济效益，以提高企业的核心竞争能力。

2）战略成本管理应突出人力资本管理。人力资本指的是内含于人自身的科学知识、生产技能、文化素养等，在一定的条件下可以外化为生产力，并创造价值。因此，从某种意义上说，人力资本就是第一生产力。人力资本作用的发挥是以人本身为载体的，它不能脱离劳动者而独立发挥作用。

突出人力资本管理，就是要抛弃过去一味强调重金融资本而轻人力资本的观念。人力资本管理的思想应该深化到战略成本管理的各个环节，将成本管理的思想从事中事后管理向事前管理转移，由下游管理向上游管理转移；将人力资本成本控制的空间延伸到产品生命周期的每个阶段，充分调动员工的工作积极性和个性发展，为员工的发展提供良好的外部环境，使战略成本管理的思想体现于每个员工的实际行动中，做到全员全过程成本管理。

3）战略成本管理应强化企业文化管理。"经济的一半是文化"，成功的企业文化是企业的发展之源。企业文化是企业内部人员在较长时间内形成的共享价值观、信念、态度和行为准则，它是一个组织特有的传统和风尚，全面地影响着各项管理职能的实现和组织效力的发挥。企业的成本管理也离不开企业文化的内在影响。企业文化是在工作中员工自觉行动的表现，而不是强加在他们身上的各种严厉的规章制度。战略成本管理强调企业文化建设的目的就是要增强员工在降低成本、增加效益上的责任感、自觉性和凝聚力，使战略成本管理的思想体现于所有员工的工作中，让员工感觉是在做自己喜欢的工作而不是单纯靠规章制度来约束员工行为。

7. 人文特色的成本管理观念

传统的成本管理方法往往是以"重奖重罚"为手段，它强调成本管理的目标，而不注重达到目标的过程，忽视了人的主动性、创造性及人的精神文化方面的需求。因此，树立人文特色的成本管理观念有重要意义，其内容包括，关怀职工的成长，以脱产培训、专题进修和在岗锻炼相结合的方式，提高职工成本管理的理论知识和实际技能，树立全员成本意识，变少数人的成本管理为全员的参与管理。对成本管理中的优秀职工适时给予精神奖励和物质鼓励，使不同层次的员工得到不同层次需求的鼓励，形成和谐、自律、求实、奋进的企业文化，以充分发挥员工成本管理的主观能动性。

9.2 工程项目施工成本计划

9.2.1 工程项目成本计划概述

1. 成本计划的概念

成本计划是以货币形式编制工程项目在计划施工期内的生产费用、成本水平、成本降低率以及为降低成本所采取的主要措施和规划的书面方案。成本计划是建立工程项目成本管理责任制、开展成本控制和成本核算的基础，是工程项目降低成本的指导文件，是设立目标成本的依据，即成本计划是目标成本的一种形式。

一般而言，目标成本的计算公式如下：

$$项目目标成本 = 预计结算收入 - 税金 - 项目目标利润 \tag{9-1}$$

$$目标成本降低额 = 项目的预算成本 - 项目的目标成本 \tag{9-2}$$

$$目标成本降低率 = \frac{目标成本降低额}{项目的预算成本} \tag{9-3}$$

2. 成本计划的类型

（1）竞争性成本计划

竞争性成本计划是施工项目投标及签订合同阶段的估算成本计划。这类成本计划以招标文件中的合同条件、投标者须知、技术规范、设计图和工程量清单为依据，以有关价格条件说明为基础，结合调研、现场踏勘、答疑等情况，根据施工企业自身的工料消耗标准、水平、价格资料和费用指标等，对本企业完成投标工作所需要支出的全部费用进行估算。在投标报价过程中，虽也着重考虑降低成本的途径和措施，但总体上比较粗略。

（2）指导性成本计划

指导性成本计划是选派项目经理阶段的预算成本计划，是项目经理的责任成本目标。它是以合同价为依据，按照企业的预算定额标准制订的设计预算成本计划，且一般情况下以此确定责任总成本目标。

（3）实施性成本计划

实施性成本计划是项目施工准备阶段的施工预算成本计划，它是以项目实施方案为依据，以落实项目经理责任目标为出发点，采用企业的施工定额，通过施工预算的编制而形成的实施性成本计划。

以上三类成本计划相互衔接、不断深化，构成了整个工程项目成本的计划过程。其中，竞争性成本计划带有成本战略的性质，是施工项目投标阶段商务标书的基础，而有竞争力的商务标书又是以其先进合理的技术标书为支撑的。因此，它奠定了成本的基本框架和水平。指导性成本计划和实施性成本计划，都是战略性成本计划的进一步开展和深化，是对战略性成本计划的战术安排。

9.2.2 工程项目成本计划的内容

成本计划编制的具体内容如下：

1. 编制说明

编制说明是指对工程的范围、投标竞争过程及合同条件、承包人对工程项目经理提出的责任成本目标、工程项目成本计划编制的指导思想和依据等的具体说明。

2. 工程项目成本计划的指标

工程项目成本计划的指标应经过科学的分析预测确定，可以采用对比法、因素分析法等进行测定。可以通过成本计划任务表、技术组织措施表、降低成本计划表以及施工现场管理费计划表等表格来反映工程项目成本计划的指标。

（1）工程成本计划任务表

工程成本计划任务表中主要是反映工程项目预算成本、计划成本、成本降低额、成本降低率等成本计划指标，其格式见表9-1。成本降低额能否实现主要取决于企业采取的技术组织措施。因此，计划成本降低额这一栏要根据技术组织措施表和降低成本计划表来填写。

表9-1 工程成本计划任务表

工程名称：　　　　　项目经理：　　　　　编制日期：　　　　　单位：

项　　目	预算成本	计划成本	计划成本降低额	计划成本降低率
1. 直接成本				
人工费				
材料费				
机械使用费				
其他直接费				
2. 间接成本				
现场管理费				
税金				
合计				

（2）技术组织措施表

技术组织措施表是预测项目计划期内施工工程成本中各项直接成本计划降低额的依据，是提出各项节约措施并确定各项措施经济效益的文件。由项目经理部有关人员分别就应采取的技术组织措施预测其经济效益，最后汇总编制而成。编制此表的目的是在不断采用新工艺、新技术的基础上提高施工技术水平，改善施工工艺过程，推广工业化和机械化施工方法，以及通过采纳合理化建议降低成本，其格式见表9-2。

表9-2 技术组织措施表

工程名称：　　　　　项目经理：　　　　　编制日期：　　　　　单位：

措施项目	措施内容	涉及对象			降低成本来源		成本降低额				
		实物名称	单价	数量	预算收入	计划开支	人工费	材料费	机械使用费	其他直接费	合计

（3）降低成本计划表

降低成本计划表是根据企业下达给该施工项目的降低成本任务和项目经理部自己确定的降低成本指标而制订的项目成本降低计划，是编制成本计划任务的重要依据，其格式见表 9-3。

表 9-3　降低成本计划表

工程名称：　　　　　　项目经理：　　　　　　编制日期：　　　　　　单位：

分项工程名称	成本降低额					
	总　计	直　接　成　本				间接成本
		人　工　费	材　料　费	机　械　费	其他直接费	

（4）施工现场管理费计划表

施工现场管理费计划表主要是反映施工项目间接成本中有关施工现场管理费用的计划数及降低额，其格式见表 9-4。

表 9-4　施工现场管理费计划表

工程名称：　　　　　　项目经理：　　　　　　编制日期：　　　　　　单位：

项　　目	预　算　数	计　划　数	计划降低额	计划降低率
1. 管理人员工资				
2. 管理人员福利费				
3. 劳动保护费				
4. 固定资产使用费				
5. 物料消耗费				
6. 办公费				
7. 差旅交通费				
8. 保险费				
9. 工程排污费				
10. 工程保修费				
11. 其他费用				
合　　计				

3. 单位工程计划成本汇总表

单位工程计划成本汇总表是按工程量清单列出的单位工程计划成本汇总表，其格式见表 9-5。

表 9-5　单位工程计划成本汇总表

序　号	清单工程项目编码	清单工程项目名称	综合单价	计划成本
1				
2				
3				
...				

4. 单位工程成本计划表

这是按成本性质划分的单位工程成本汇总表。根据清单工程项目的造价分析，分别对人工费、材料费、机械费、措施费、企业管理费和税费进行汇总，形成单位工程成本计划表。

5. 分部工程成本计划表

按照分部工程所包含的主部分项工程的成本进行分类、汇总，形成分部工程成本计划表。

6. 重要分项工程成本计划表

分项工程成本计划表，见表9-6所示。

表9-6 分项工程成本计划表

分项工程编码	工程内容	计量单位	工程数量	计划综合单价	本分项总计

9.2.3 工程项目成本计划的编制

1. 成本计划的编制依据

编制成本计划，需要广泛搜集相关资料并进行整理，作为成本计划编制的依据。在此基础上，根据有关设计文件、工程承包合同、施工组织设计、成本预测资料等，按照项目应投入的生产要素，结合各种因素变化的预测和拟采取的各种措施，估算项目生产费用支出的总水平，进而提出项目的成本计划控制指标，确定目标总成本。目标总成本确定后，应将总目标分解落实到各级部门，以便有效地进行控制。最后，通过综合平衡，编制完成成本计划。

成本计划编制依据应包括下列内容：

1）合同文件。
2）工程项目实施计划。
3）工程项目设计文件。
4）工程市场价格信息。
5）相关定额。
6）类似工程项目的成本资料。

2. 成本计划的编制原则

工程成本计划的编制是工程项目成本预控的重要手段。因此，应在工程开工前编制完成，以便将计划成本目标分解落实，为各项成本的执行提供明确的目标、控制手段和管理措施。成本计划的编制是一项涉及面较广、技术性较强的管理工作，为了充分发挥成本计划的作用，在编制成本计划时，必须遵循以下原则：

（1）合法性原则

编制工程成本计划时，必须严格遵守国家的有关法令、政策及财务制度的规定，严格遵守成本开支范围和各项费用开支标准，任何违反财务制度的规定，随意扩大或缩小成本开支范围的行为，必然使计划失去考核实际成本的作用。

(2) 可比性原则

成本计划应与实际成本、前期成本保持可比性。为了保证成本计划的可比性，在编制计划时应注意所采用的计算方法，应与成本核算方法保持一致（包括成本核算对象、成本费用的汇集、结转、分配方法等），只有保证成本计划的可比性，才能有效地进行成本分析，才能更好地发挥成本计划的作用。

(3) 从实际情况出发的原则

编制成本计划必须从企业的实际情况出发，充分挖掘企业的内部潜力，使降低成本指标既积极可靠，又切实可行。工程管理部门降低成本的潜力在于正确选择施工方案，合理组织施工，提高劳动生产率，改善材料供应，降低材料消耗，提高机械设备利用率，节约施工管理费用等。但要注意，不能为了降低成本而偷工减料，忽视质量，不对机械设备进行必要的维护修理，片面增加劳动强度，加班加点或减掉合理的劳保费用，忽视安全工作。

(4) 与其他计划结合的原则

编制成本计划，必须与工程的其他各项计划，如施工方案、生产进度、财务计划、资料供应及耗费计划等密切结合，保持平衡，即成本计划一方面要根据工程的生产、技术组织措施、劳动工资、材料供应等计划来编制；另一方面又影响着其他各种计划指标。在制订其他计划时，应考虑适应降低成本的要求，与成本计划密切配合，而不能单纯考虑每一种计划本身的需要。

(5) 先进可行性原则

成本计划既要保持先进性，又必须现实可行。否则，就会因计划指标过高或过低而使之失去应有的作用。这就要求编制成本计划必须以各种先进的技术经济定额为依据，并针对工程的具体特点，采取切实可行的技术组织措施。只有这样，才能使制订的成本计划既有科学根据，又有实现的可能，也只有这样，成本计划才能起到促进和激励的作用。

(6) 统一领导、分级管理原则

编制成本计划，应实行统一领导、分级管理的原则，采取走群众路线的工作方法，应在工程项目经理的领导下，以财物和计划部门为中心，发动全体职工总结降低成本的经验，找出降低成本的正确途径，使成本计划的制订和执行具有广泛的群众基础。

(7) 弹性原则

编制成本计划应留有充分余地，保持计划具有一定的弹性。在计划期内，工程项目经理部的内部或外部的技术经济状况和供产销条件，很可能发生一些在编制计划时所未预料的变化，尤其是材料的市场价格千变万化，给计划拟定带来很大的困难，因而在编制计划时应充分考虑这些情况，使计划保持一定的应变适应能力。

此外，工程计划成本应在工程项目实施方案确定和不断优化的前提下进行编制，因为不同的实施方案将导致直接工程费、措施费和企业管理费的差异。

3. 成本计划的编制程序

(1) 搜集和整理资料

广泛搜集资料并进行归纳整理是编制成本计划的必要步骤。所需搜集的资料主要包括以下几类：

1) 国家和上级部门有关编制成本计划的规定。

2) 项目经理部与企业签订的承包合同及企业下达的成本降低额、降低率和其他有关技术经济指标。

3）有关成本预测、决策的资料。

4）施工项目的施工图预算、施工预算。

5）施工组织设计。

6）施工项目使用的机械设备生产能力及其利用情况。

7）施工项目的材料消耗、物资供应、劳动工资及劳动效率等计划资料。

8）计划期内的物资消耗定额、劳动工时定额、费用定额等资料。

9）以往同类项目的成本计划的实际执行情况及有关技术经济指标完成情况的分析资料。

10）同行业同类项目的成本、定额、技术经济指标资料及增产节约的经验和有效措施。

11）本企业的历史先进水平和当时的先进经验及采取的措施。

12）国外同类项目的先进成本水平情况等资料。

此外，还应深入分析当前情况和未来的发展趋势，了解影响成本升降的各种有利和不利因素，研究如何克服不利因素和降低成本的具体措施，为编制工程成本计划提供丰富、具体、可靠的成本资料。

（2）确定工程项目目标成本

财务部门在掌握了丰富的资料，并加以整理分析，特别是在对前期成本计划完成情况进行分析的基础上，根据有关的设计、施工等计划，按照工程项目应投入的物资、材料、劳动力、机械、能源及各种设施等，结合计划期内各种因素的变化和准备采取的各种增产节约措施，进行反复测算、修订、平衡后，估算生产费用支出的总水平，进而提出全项目的成本计划控制指标，最终确定目标成本。

目标成本是项目经理部或企业对未来时期产品成本所规定的奋斗目标，它比已经达到的实际成本要低，但又是经过努力可以达到的成本目标。目标成本管理是现代化企业经营管理的重要组成部分，是市场竞争的需要，是企业挖掘内部潜力，不断降低产品成本，提高企业整体工作质量的需要，是衡量企业实际成本节约或超支，考核企业在一定时期内成本管理水平高低的依据。

工程目标成本有很多形式，可能以工程项目的计划成本、定额成本或标准成本作为目标成本，它随成本计划编制方法的不同而表现为不同的形式。工程目标成本的计算公式为

$$工程目标成本 = 预计工程结算收入 - 税金 - 工程目标利润 \quad (9-4)$$

$$目标成本降低率 = \frac{目标成本降低额}{项目预算成本} \times 100\% \quad (9-5)$$

$$目标成本降低额 = 工程预算成本 - 工程目标成本 \quad (9-6)$$

确定目标成本以及把总的目标分解落实到各相关部门、班组大多采用工作分解法。工作分解法又称工程分解结构，在国外被简称为 WBS（Work Breakdown Structure），它的特点是以施工图设计为基础，以本企业做出的项目施工组织设计及技术方案为依据，以实际价格和计划的物资、材料、人工、机械等消耗量为基准，估算工程项目的实际成本费用，据以确定成本目标。其具体步骤是首先把整个工程项目逐级分解为内容单一、便于进行单位工料成本估算的小项或工序，然后按小项自下而上估算、汇总，从而得到整个工程项目的估算。估算汇总后还要考虑风险系数与物价指数，对估算结果加以修正。

根据工程分解法对目标成本进行分解，如图9-2所示。

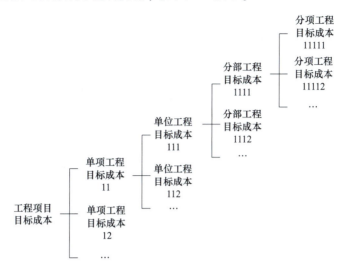

图 9-2　工程项目目标成本分解示意图

利用上述 WBS 系统在进行成本估算时，工作划分得越细、越具体，价格的确定和工程估计越容易，工作分解自上而下逐级展开，成本估算自下而上，将各级成本估算逐级累加，便得到整个工程项目的成本估算。在此基础上分级分类计算的工程成本，既是投标报价的基础，又是成本控制的依据，也是和建设单位工程项目预算做比较和进行盈利水平估计的基础。成本估算的公式如下：

$$估算成本 = 可确定单位的数量 \times 历史基础成本 \times 现在市场因素系数 \times 将来物价上涨系数 \quad (9\text{-}7)$$

式中　可确定单位的数量——钢材吨数、木材的立方米数、人工的工时数等；

历史基础成本——基准年的单位成本；

现在市场因素系数——从基准年到现在的物价上涨指数。

（3）编制工程成本计划草案

对大、中型项目，经项目经理部批准下达成本计划指标后，各职能部门应充分发动员工进行认真的讨论，在总结上期成本计划完成情况的基础上，结合本期计划指标，找出完成本期成本计划的有利和不利因素，提出挖掘潜力、克服不利因素的具体措施，以保证成本计划任务的完成。为了使指标真正落实，各部门应尽可能将指标分解落实下达到各班组及个人，使目标成本的降低额和降低率得到充分讨论、反馈、再修订，使成本计划既能够切合实际，又成为员工共同奋斗的目标。各职能部门也应认真讨论项目经理部下达的费用控制指标，拟订具体实施的技术经济措施方案，编制各部门的费用预算。

（4）综合平衡，编制工程成本计划

在各职能部门上报了部门成本计划和费用预算后，项目经理部首先应结合各项技术经济措施，检查各计划和费用预算是否合理可行，并进行综合平衡，使各部门计划和费用预算之间相互协调、衔接；其次要从全局出发，在保证企业下达的成本降低任务或本项目目标成本实现的情况下，以生产计划为中心，分析研究工程成本计划与生产计划、劳动工时计划、材料成本与物资供应计划、工资成本与工资基金计划、资金计划等的相互协调平衡。经反复讨论、多次综合平衡，最后确定的工程成本计划指标，即可作为编制工程成本计划的依据，项目经理部正式编制完成的工程成本计划，上报企业有关部门后即可正式下达至各职能部门执行。

上述工程成本计划的编制程序如图 9-3 所示。

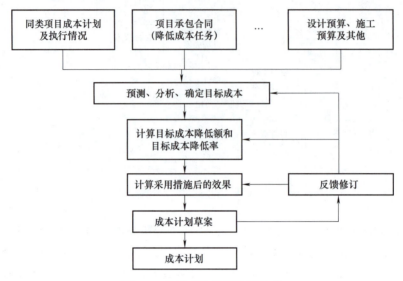

图 9-3　工程成本计划编制程序

4. 成本计划的编制方法

（1）按成本组成编制成本计划

按照成本构成要素划分，建筑安装工程费由人工费、材料（包含工程设备）费、施工机具使用费、企业管理费、利润、规费和增值税组成。其中人工费、材料费、施工机具使用费、企业管理费和利润包含在分部分项工程费、措施项目费、其他项目费中，如图 9-4 所示。

施工成本可以按成本构成分解为人工费、材料费、施工机具使用费和企业管理费等，如图 9-5 所示。在此基础上，编制按成本构成分解的成本计划。

（2）按项目结构编制成本计划

大中型工程项目通常是由若干单项工程构成的，而每个单项工程包括了多个单位工程，每个单位工程又是由若干个分部分项工程所构成的。因此，首先要把项目总成本分解到单项工程和单位工程中，再进一步分解到分部工程和分项工程中，如图 9-6 所示。

在完成工程项目成本目标分解之后，接下来就要具体地分配成本，编制分项工程的成本支出计划，从而得到详细的成本计划表，见表 9-7。

在编制成本计划时，要就整个工程项目考虑预备费，也要在主要的分项工程中安排适当的不可预见费，避免在具体编制成本计划时，可能发现个别单位工程或工程量表中某项内容的工程量计算有较大出入，使原来的成本预算失实，并在项目实施过程中对其尽可能地采取一些措施。

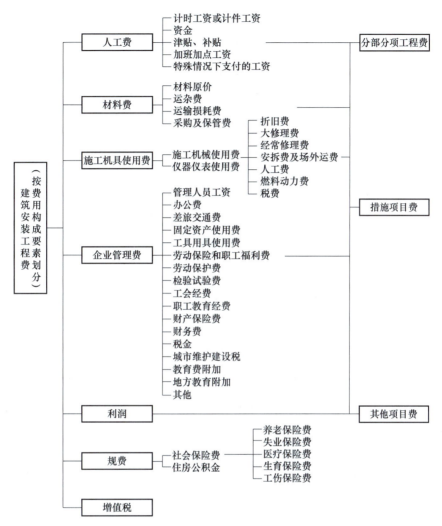

图 9-4 按成本构成要素划分的建筑安装工程费用项目组成

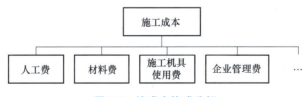

图 9-5 按成本构成分解

(3) 按施工进度编制工程成本计划

按施工进度编制工程成本计划,通常可利用工程项目进度计划进一步扩充而得,即在建立工程项目的横道图或时标网络图时,一方面确定完成各项工作所需花费的时间;另一方面同时确定完成这一工作的成本计划。其表示方式有两种:一种是依据进度计划横道图(见图 9-7)或时标网络图,借助直方图表示的成本计划(见图 9-8)。另一种是利用"S"形曲线(又称成长曲线、时间–成本累积曲线)表示(见图 9-9)。

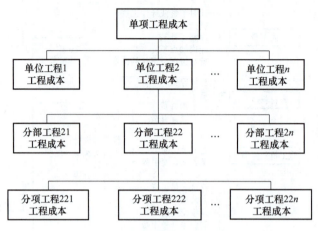

图 9-6 按项目组成分解工程成本

表 9-7 分项工程成本计划表

分项工程编码	工程内容	计量单位	工程数量	计划成本	本分项总计
(1)	(2)	(3)	(4)	(5)	(6)

【例 9-1】 已知某工程项目的基础数据资料见表 9-8,分别用直方图和"S"形曲线表示该项目的成本计划。

表 9-8 工程项目基础数据资料

编 码	项目名称	最早开始时间	工期/月	成本强度(万元/月)
11	场地平整	1	1	20
12	基础施工	2	3	15
13	主体工程施工	4	5	30
14	砌筑工程施工	8	3	20
15	屋面工程施工	10	2	30
16	楼地面施工	11	2	20
17	室内设施施工	11	1	30
18	室内装饰	12	1	20
19	室外装饰	12	1	10
20	其他工程	1	1	10

【解】第一步,确定施工项目进度计划,编制进度计划的横道图,如图 9-7 所示。

第二步,在横道图上用直方图按时间编制成本计划,如图 9-8 所示。

第三步,计算规定时间 t 计划累计支出的成本额。其计算方法为各单位时间计划完成的成本额累加求和,可按下式计算:

$$Q_t = \sum_{n=1}^{t} q_n$$

式中　Q_t——某时间 t 计划累计成本额；
　　　q_n——单位时间 n 的计划成本额；
　　　t——某规定计划时刻。

根据以上公式，可得如下结果：

$Q_1=20$，$Q_2=35$，$Q_3=50$，$\cdots$，$Q_{10}=305$，$Q_{11}=385$，$Q_{12}=435$

第四步，绘制"S"形曲线，如图9-9所示。

编码	项目名称	时间/月	成本强度（万元/月)	工程进度/月											
				01	02	03	04	05	06	07	08	09	10	11	12
1	场地平整	1	20	━											
2	基础施工	3	15		━━━										
3	主体工程施工	5	30				━━━━━								
4	砌筑工程施工	3	20								━━━				
5	屋面工程施工	2	30										━━		
6	楼地面施工	2	20											━━	
7	室内设施安装	1	30											━	
8	室内装饰	1	20												━
9	室外装饰	1	10												━
10	其他工程	1	10												⋯

图9-7　进度计划横道图

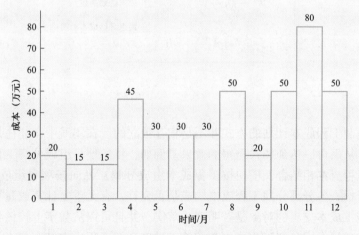

图9-8　直方图表示的成本计划

293

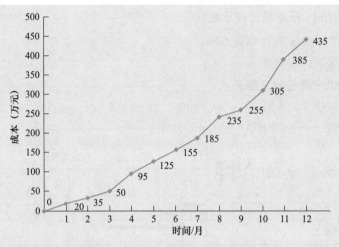

图 9-9 "S"形曲线表示的成本计划

若根据时标网络图绘制的"S"形曲线则有首尾相交的两条：一条是全部工作都按最早开始时间进行的时间-成本累计曲线；另一条是全部工作都按最迟开始时间进行的时间-成本累计曲线，俗称"香蕉图"。此时，成本计划曲线必然包络在此"香蕉图"内（见图 9-10）。项目经理可根据编制的成本计划来合理安排资金，同时项目经理也可以根据筹措的资金来调整"S"形曲线。一般而言，所有工作都按最迟开始时间开始，对节约贷款利息是有利的，但同时也降低了项目按期竣工的保证率，因此项目经理必须合理地确定成本计划，达到既节约成本支出，又能控制项目工期的目的。

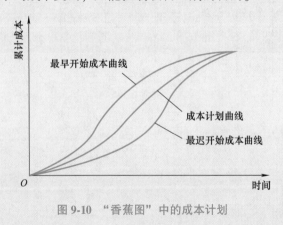

图 9-10 "香蕉图"中的成本计划

以上三种编制工程成本计划的方式并不是相互独立的。在实践中，往往是将这几种方式结合起来使用，从而可以达到扬长避短的效果。例如，将按项目组成分解工程成本与按工程成本组成分解工程成本相结合，横向按工程成本组成分解，纵向按项目组成分解，或相反。这样做既有助于检查各分部分项工程成本构成是否完整，有无重复计算或漏算，还有助于检查各项具体的施工成本支出的对象是否明确或落实，并且可以从数字上校核分解的结果有无错误。或者将按项目组成分解工程成本与按施工进度分解工程成本结合起来，一般纵向按项目组成分解，横向按时间分解。

9.2.4 工程项目成本计划中降低成本的途径及其计算

施工项目是在事先设计的标准要求和规定，以及质量和工期的要求下，以确定的价格来组织施工生产的。这样完成项目所获得的利润是较低的，在组织和管理项目施工过程中稍有失误就会造成亏损。因此，必须从降低成本的角度出发考虑项目施工各个方面、各种问题的决策和计划，才能保证项目的盈利。只有项目有了盈利，企业才能有积累，才能在市场经济激烈的竞争中生存和发展下去。

1. 降低工程成本的途径

成本计划中降低施工项目成本的可能途径可以从以下方面考虑：

（1）确定先进、经济合理的施工方案

施工方案主要包括四项内容：施工方法的确定；施工机具的选择；施工顺序的安排；施工的组织。施工方案不同，工期就会不同，所需的施工机械也不同，导致发生的成本不同。应根据项目的规模、性质、复杂程度、工艺条件和现场条件、装备情况、人员素质等具体情况，选择先进、经济合理，而又能保证工程质量和合同工期要求的施工方案，做到采用先进施工方法，合理安排工艺流程和布置施工现场，保持施工的均衡性、连续性。这是降低工程成本、实现成本管理目标的基础。

（2）加强技术管理，提高工程质量

这方面主要是研究推广新产品、新技术、新结构、新材料、新机器及其他技术革新措施，制定并贯彻降低成本的技术组织措施，提高经济效果，加强施工过程的技术质量检验制度，提高工程质量，避免返工损失。

（3）加强劳动工资管理，提高劳动生产率

在项目施工中，成本的高低在很大程度上取决于劳动生产率的高低，而劳动生产率的高低又取决于劳动组织、技术装备和劳动者的素质。因此，一方面应该学习国内外先进的项目管理理论和方法，提高技术装备、劳动者的操作熟练程度和科学文化水平；另一方面应该改善劳动组织，加强劳动工资管理，严格执行劳动定额，加强落实经济责任制，把员工的劳动成果与其收入紧密联系起来，以充分调动劳动积极性，挖掘潜力，达到降低成本的目的。

（4）加强材料管理，降低材料费支出

材料费在工程成本中占据较大的比重，历来受到项目管理人员的重视。降低材料费，不仅从节约材料使用出发，还应该在材料的采购、运输、收发、保管及回收等各个环节，综合考虑降低成本费支出的措施。在保证施工需要的前提下，合理组织采购，力求不形成积压；合理堆置现场材料，组织分批进场，减少二次搬运；严格材料进场验收和限额领料制度；制定并贯彻节约材料的技术措施，开展材料的代用、修旧利废和废料回收，综合利用一切资源。还可将材料消耗的定额指标，进行层层落实，直至施工工序，并制定相应的材料消耗节超奖惩制度。

（5）提高机械设备的使用率

提高机械设备的使用率，合理进行机械施工的组织，提高施工生产效率，对降低工程成本有直接影响。为提高使用率，首先应结合施工方案的制订，选择最适合施工特点的机械设备，包括性能、数量、台班成本等；其次做好配合机械施工的组织工作，同时提高机械操作人员的技术水平，保证机械设备发挥最大效能；最后应统筹考虑机械使用费，不可片面强调节约成本，而忽视维修管理工作，应提高机械设备的完好率，使之始终处于最佳工作状态。

(6) 节约间接成本

间接成本的降低主要从现场管理费用的节约入手。现场管理费无定额可循，一般是根据不同工程类别按一定费率匡算。在施工过程中应严格控制，不得超过计划数。特别是现场管理人员的数量配备，按照"精简、高效率"的原则组建项目管理班子，减少管理层次。提高工作质量和效率。做好办公费、差旅交通费、工具用具使用费计划，并按计划执行。还应实行责任制，实行奖惩。

(7) 正确划分成本中心，使用先进的成本管理方法和手段

要有效地控制成本，就必须正确划分成本中心，落实各成本中心的成本责任，合理确定其核算和考核方法。如果成本中心划分不合理，成本责任的确定也就不合理，成本中心履行成本责任变得困难，成本核算和考核也易流于形式。在实际工作中，不少人将成本管理简单地理解为财务问题，限制了降低成本的思路和范围。事实上成本管理是项目管理的一项综合指标，一切有利于成本降低的技术、组织和经济方法都应采用。此外，为了有效地做好成本管理工作，应尽可能采用先进的成本信息搜集、整理手段，如电子计算机的使用，建立和使用成本数据库等。

2. 降低成本措施效果的计算

降低成本的技术组织措施项目确定后，要计算其采用后预期的经济效果。以下举例说明各种技术措施降低成本的效果计算：

1) 由于劳动生产率提高超过平均工资增长而使成本降低，其效果的计算公式为

$$成本降低率 = \left(1 - \frac{1 + 平均工资计划增长率}{1 + 劳动生产力计划提高率}\right) \times 施工工人工资占工程成本的比重 \tag{9-8}$$

2) 由于材料、燃料消耗降低而使成本降低，其效果的计算公式为

$$成本降低率 = 材料、燃料等消耗降低率 \times 材料成本占工程成本的比重 \tag{9-9}$$

3) 由于多完成工程任务，使固定成本相对节约而使成本降低。其效果的计算公式为

$$成本降低率 = \left(1 - \frac{1}{生产增长率}\right) \times 固定成本占工程成本的比重 \tag{9-10}$$

4) 由于节约的间接成本而使成本降低，其效果的计算公式为

$$成本降低率 = 间接成本节约率 \times 间接成本占工程成本的比重 \tag{9-11}$$

5) 由于减少废品、返工损失而使成本降低，其效果的计算公式为

$$成本降低率 = 废品返工损失降低率 \times 废品返工损失占工程成本的比重 \tag{9-12}$$

机械使用费和其他直接的节约额，也可以根据要采用的技术措施计算出来。将以上各项成本降低率相加，就可以计算出总的成本降低率。

9.3 工程项目施工成本控制

9.3.1 工程项目成本控制概述

1. 成本控制的概念

工程施工成本控制是指在满足合同规定的条件下，依据施工项目的成本计划，对施工过

程中所发生的人、机、材消耗和费用支出，进行指导、监督、调节，及时控制和纠正即将发生和已经发生的偏差，保证项目成本目标实现。

2. 成本控制的原则

1）全面控制的原则，主要包括以下两个方面：

① 全员控制。项目部应建立全员参加的责、权、利相结合的项目成本控制责任体系；项目经理、各部门、施工队、班组人员都负有成本控制的责任，在一定的范围内享有成本控制的权利，在成本控制方面的业绩与工资奖金挂钩，从而形成一个有效的成本控制责任网络。

② 全过程控制。成本控制贯穿项目施工过程的每一个阶段，每一项经济业务都要纳入成本控制的轨道，经常性成本控制通过制度保证，不常发生的"例外问题"也要有相应措施控制，不能疏漏。

2）动态控制的原则。项目施工是一次性行为，其成本控制应更重视事前、事中控制。在施工开始之前进行成本预测，确定目标成本，编制成本计划，制订或修订各种消耗定额和费用开支标准。成本控制随施工过程连续进行，与施工进度同步，不能时紧时松，不能拖延；要及时制止不合理开支，把可能导致损失和浪费的苗头消灭在萌芽状态。

3）创收与节约相结合的原则。工程项目施工既是消耗资财人力的过程，也是创造财富增加收入的过程，其成本控制也应坚持增收与节约相结合的原则。

在编制工程项目预算时，应"以支定收"，保证预算收入；在施工过程中，要"以收定支"，控制资源消耗和费用支出。严格控制成本开支范围，费用开支标准和有关财务制度，对各项成本费用的支出进行限制和监督；对于发生的每一笔成本费用，都要核查是否合理。应及时进行成本核算，对比分析实际成本与预算收入的差异。

项目部应提高施工项目的科学管理水平、优化施工方案，提高生产效率，节约人、财、物的消耗；采取预防成本失控的技术组织措施，制止可能发生的浪费。

施工的质量、进度、安全都对工程成本有很大的影响，因而成本控制必须与质量控制、进度控制、安全控制等工作相结合、相协调，避免返工（修）损失、降低质量成本，减少并杜绝工程延期违约罚款、安全事故损失等费用支出的发生。

9.3.2 工程项目成本控制的对象和内容

1. 以施工项目成本形成的过程作为控制对象

1）工程投标阶段。投标的报价，确定承包合同的合同价，由此确定工程项目的收入额。

2）施工准备阶段。应结合设计图纸的自审、会审和其他资料，编制实施性施工组织设计，通过多方案的技术经济比较，从中选择经济合理、先进可行的施工方案，编制明确而具体的成本计划，对项目成本进行事前控制。

3）施工阶段。施工阶段要完成工程实体的建造，是各项成本实际支出的关键环节，也是控制成本支出的关键。

4）竣工阶段。对竣工验收过程发生的费用和保修费用进行控制。

2. 以施工项目的职能部门施工队和生产班组作为成本控制对象

控制成本的支出，必须从形成各项费用支出的主体入手进行有效控制，因此各职能部门、施工队和生产班组作为成本控制对象,接受项目经理部主管部门的指导、监督、检查和考评。

与此同时,项目的职能部门、施工队和班组还应对自己承担的责任成本进行自我控制。应该说,这是最直接、最有效的项目成本控制。

3. 以分部分项工程作为项目成本的控制对象

这是最直接、最具体的控制对象。施工项目的最终完成,必须依靠分项工程、分部工程的逐渐完成而实现。因此,对分部分项工程进行控制,实际是对直接成本的控制。可通过编制施工预算提出控制措施和控制目标,然后实施。

4. 以对外经济合同作为成本控制对象

施工项目的对外经济业务,都要以经济合同为纽带建立制约关系,以明确双方的权利和义务。在签订经济合同时,必须强调要将合同的数量、单价、金额控制在预算收入以内。因为,合同金额超过预算收入,就意味着成本亏损;反之,就能降低成本。

9.3.3 工程项目成本控制的实施

1. 成本控制依据

1) 合同文件。合同文件中工程合同价是成本控制的外部目标,超出即意味着亏损。施工成本控制要以工程承包合同为依据,根据合同承包价,划出属于成本部分的费用,即合同承包成本。围绕降低合同承包成本这个目标,从合同承包成本和实际成本两个方面,努力挖掘增收节支潜力,以求获得最大的经济效益。

2) 成本计划。成本计划是成本控制的内部目标,是在工程合同价基础上扣除项目计划利润之外的成本控制目标。成本计划既包括预定的具体成本控制目标,又包括实现目标的措施和规划,是施工成本控制的指导文件。

3) 进度报告。进度报告是成本控制过程中工程形象的动态资料,反映了工程成本支出状态。进度报告提供了每一时刻工程实际完成量、工程施工成本和实际支付情况等重要信息。施工成本控制工作正是通过实际情况与施工成本计划相比较,找出两者之间的差别,分析偏差产生的原因,从而采取措施改进以后的工作。此外,进度报告还有助于管理者及时发现施工中存在的隐患,并在事态还未造成重大损失之前采取有效措施,尽量避免损失。

4) 工程变更与索赔资料。工程变更与索赔资料是成本控制过程中与原成本计划费用支出发生变化的动态资料。在项目的实施过程中,由于各方面的原因,工程变更是很难避免的。工程变更一般包括设计变更、进度计划变更、施工条件变更、技术规范与标准变更、施工次序变更、工程数量变更等。一旦出现变更,工程量、工期、成本都必将发生变化,从而使施工成本控制工作变得更加复杂和困难。因此,施工成本管理人员就应当通过对变更要求当中各类数据的计算、分析,随时掌握变更情况,包括已发生的工程量、将要发生的工程量、工期是否拖延、支付情况等重要信息,判断变更以及变更可能带来的索赔额度等。

2. 成本控制的程序

要做好成本的过程控制,必须制定规范化的过程控制程序。在成本的过程控制中,有两类控制程序,一是管理行为控制程序,二是指标控制程序。管理行为控制程序是对成本全过程控制的基础,指标控制程序则是成本进行过程控制的重点。两个程序既相对独立又相互联系,既相互补充,又相互制约。

（1）管理行为控制程序

管理行为控制的目的是确保每个岗位人员在成本管理过程中的管理行为符合事先确定的程序和方法的要求。从这个意义上讲，首先要清楚企业建立的成本管理体系是否能对成本形成的过程进行有效的控制，其次要考查体系是否处在有效的运行状态。管理行为控制程序就是为规范项目成本的管理行为而制定的约束和激励体系，具体内容如下：

1）建立项目成本管理体系的评审组织和评审程序。成本管理体系的建立不同于质量管理体系。质量管理体系反映的是企业的质量保证能力，由社会有关组织进行评审和认证；成本管理体系的建立是企业自身生存发展的需要，没有社会组织来评审和认证。因此，企业必须建立项目成本管理体系的评审组织和评审程序，定期进行评审和总结，持续改进。

2）建立项目成本管理体系运行的评审组织和评审程序。项目成本管理体系的运行有一个逐步推行的渐进过程。一个企业的各分公司、项目管理机构的运行质量往往是不平衡的。因此，必须建立专门的常设组织，依照程序定期地进行检查和评审。发现问题，总结经验，以保证成本管理体系的保持和持续改进。

3）目标考核，定期检查。管理程序文件应明确每个岗位人员在成本管理中的职责，确定每个岗位人员的管理行为，如应提供的报表、提供的时间和原始数据的质量要求等。要把每个岗位人员是否按要求去履行职责作为一个目标来考核。为了方便检查，应将考核指标具体化，并设专人定期或者不定期的检查。

应根据检查的内容编制相应的检查表，由项目经理或其委托人检查后填写检查表。检查表要由专人负责整理归档。

4）制定对策，纠正偏差。对管理工作进行检查的目的是保证管理工作按预定的程序和标准进行，从而保证项目成本管理能够达到预期的目的。因此，对检查中发现的问题，要及时进行分析，然后根据不同的情况，及时采取对策。

（2）指标控制程序

能否达到成本目标，是成本控制成功的关键。对各岗位人员的成本管理行为进行控制，就是为了保证成本目标的实现。项目成本指标控制程序如下：

1）确定成本管理分层次目标。在工程开工之初，项目管理机构应根据公司与项目签订的《项目承包合同》确定项目的成本管理目标，并根据工程进度计划确定月度成本计划目标。

2）采集成本数据，监测成本形成过程。在施工过程中要定期搜集反映成本支出情况的数据，并将实际发生情况与目标计划进行对比，从而保证有效控制成本的整个形成过程。

3）找出偏差，分析原因。施工过程是一个多工种、多方位立体交叉作业的复杂活动，成本的发生和形成是很难按预定的目标进行的，因此需要及时分析偏差产生的原因，分清是客观因素（如市场调价）还是人为因素（如管理行为失控）。

4）制定对策，纠正偏差。过程控制的目的就在于不断纠正成本形成过程中的偏差，保证成本项目的发生是在预定范围之内。针对产生偏差的原因及时制定对策并予以纠正。

5）调整改进成本的管理方法。用成本指标考核管理行为，用管理行为来保证成本指标。管理行为的控制程序和成本指标的控制程序是对项目成本进行过程控制的主要内容，这两个程序在实施过程中，是相互交叉、相互制约又相互联系的。只有把成本指标的控制程序和管理行为的控制程序相结合，才能保证成本管理工作有序地、富有成效地进行。成本指标控制程序如图 9-11 所示。

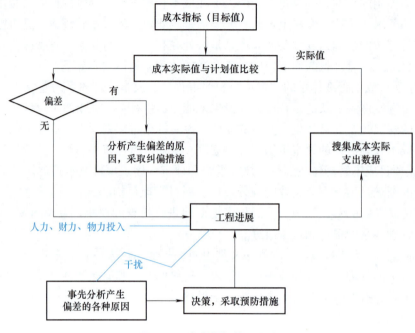

图 9-11　成本指标控制程序

3. 成本控制的方法

工程成本控制基本方法很多，如企业定额控制法、企业成本指标控制法、类似工程对比分析法、价值工程和挣值法等。其中价值工程和挣值法是较为有效的方法。用价值工程控制成本的核心目的是合理处理成本与功能的关系，应保证在确保功能的前提下的成本降低。

成本控制的方法，是企业或项目进行成本控制的手段，是能否顺利进行成本控制的关键。随着市场经济的发展和科学技术的进步，成本控制的方法也在不断改进和发展，逐步完善和提高，形成了一个比较完善的科学方法体系。

在施工经营活动中，对成本的控制一般可采用以下几种方法：

（1）制度控制

在施工经营活动中，为了有效地控制施工费用的支出，防止损失和浪费，应建立和健全对施工费用进行控制的制度。按照施工费用类别的不同，总结目前企业成本控制制度中的措施有以下几类：

1）在人工费方面，引进市场竞争机制，在选择劳务队伍时，宜实行内部招标投标制度，从质量、安全、资金实力、取费标准等方面进行优选；以合同的形式明确责权利，将劳务队伍与企业结成利益共享、风险共担的共同体，建立严格的合同管理制度，即根据定额准确估工，建立严格的计时工或计件工监控制度，认真推行全额成本制，对各子项采取"一项包死"的原则，防止重复计工、多计或冒计。

2）在材料费方面，引进材料采购指标制度；在实际施工中，建立严格的材料采购、验收把关制度，应保证执行严格的限额领料制度，依据准确的工程量和正确的材料耗用定额对日常材料的领用进行控制，并建立定额耗用量与实际耗用量的对比，总结材料节超原因，提高材料管理水平；对余料、边角料等也应建立合理的回收利用制度；对于损耗快、用量大的劳保用品、工具、器具，应建立一定的维护赔偿制度。

3）在机械费方面，应建立机械器具的维护保养制度以及科学的机械调动制度。

4）在施工管理费方面，财务部门要控制好期间费用；项目班子应做好管理班子建设，提高施工管理业务水平，以优化的技术组织措施为实现成本目标奠定基础。

5）财务管理是整个企业管理的核心之一，也是项目成本控制的核心。建立健全财务管理制度，提高财务人员业务素质和职业道德水平，是提高项目成本控制水平的重要环节之一。

（2）定额控制

为了控制施工费用的支出，企业主管部门应根据国家颁发的《建筑安装工程统一劳动定额》等规定，结合现行质量标准，安全操作规程，施工条件及历史资料，制定符合企业情况的《建筑安装工程施工定额》、劳动定额、材料消耗定额、机械台班定额和施工管理费定额，作为编制施工预算和施工组织设计，签发施工任务书，控制和考核工效及材料消耗，实现实际施工费用控制的依据。施工定额应制定得合理，能反映平均先进水平，既要看到目前水平，又要充分估计广大职工的积极性。如果定额定得偏低，成本控制就会失去意义；反之，脱离实际，要求过高，就会使职工丧失信心。并且，随着科学技术的进步和施工组织管理水平及其他条件的变化，定额也应进行及时的修订。

（3）指标控制

建筑企业为了促使不断改善经营管理，降低工程成本，提高经济效益，都要下达工程成本降低指标。降低成本的指标一般包括两个：降低率和降低额。其具体计算公式如下：

$$成本降低额 = 预算成本 - 实际成本 \tag{9-13}$$

$$成本降低率(\%) = \frac{成本降低额}{预算成本} \times 100\% \tag{9-14}$$

建筑企业或项目部应根据上级下达的降低成本额，结合自身的具体条件，挖掘潜力，制订自己的成本计划，确保完成或超额完成成本任务。成本降低率是一个综合反映实际成本比预算成本降低程度的指标，它可以一目了然地看出成本水平和成本降低任务的大小。因此，在制订成本计划和进行日常成本分析时，应考虑这两个指标的效果。

（4）价值工程

价值工程是把技术和经济结合起来的管理技术，其运用需要多方面的业务知识和实际数据，涉及经济和技术部门，所以必须按系统工程的要求，有组织地集合各部门的智慧，才能取得较理想的效果。

用价值工程控制成本的核心目的是合理处理成本与功能的关系（性价比），保证在确保功能的前提下降低成本。价值工程的公式为

$$V = \frac{F}{C} \tag{9-15}$$

式中　V——项目的生产要素和实施方案的价值；

　　　F——项目的生产要素和实施方案的功能；

　　　C——项目的生产要素和实施方案的全寿命成本。

提高价值的基本途径有以下五种：

1）提高功能，降低成本，大幅度提高价值。
2）功能不变，降低成本，提高价值。
3）功能有所提高，成本不变，提高价值。
4）功能略有下降，成本大幅度降低，提高价值。
5）提高功能，适当提高成本，大幅度提高功能，从而提高价值。

价值工程原理不仅在施工期间被承包人广泛使用，而且在设计阶段也能对设计方案进行选择和优化。

（5）挣值法

挣值法（赢得值法、偏差分析法）是对成本和进度综合控制的方法，始于20世纪70年代美国的国防工程，现在国际工程承包的业主出于自身考虑，在选择工程公司时，把能否运用挣值法进行项目管理和控制，作为审查和能否中标的先决条件之一。此法的原理与投资偏差分析一致，不过计算的指标有所出入。

挣值法需要使用实际项目中的三项成本数据。

1）BCWS（budgeted cost of the work scheduled，计划完成工作预算成本）。
2）BCWP（budgeted cost of the work performed，实际完成工作预算成本），即挣值。
3）ACWP（actual cost of the work performed，实际完成工作实际成本）。

常见的计算评价指标有以下几种：

1）成本偏差（Cost Variance，CV），计算公式为

$$CV = BCWP - ACWP \qquad (9\text{-}16)$$

结果为"-"表示预算超支；反之，说明预算节约。

2）进度偏差（Schedule Variance，SV）计算公式为

$$SV = BCWP - BCWS \qquad (9\text{-}17)$$

结果为"-"表示进度拖后；反之，说明进度提前。

3）成本效果执行指数（Cost Performed Index. CPI）计算公式为

$$CPI = \frac{BCWP}{ACWP} \qquad (9\text{-}18)$$

结果小于1表示预算超支，工作效果差；反之，说明工作效果好。

4）进度效果执行指数（Schedule Performed Index. SPI），计算公式为

$$SPI = \frac{BCWP}{BCWS} \qquad (9\text{-}19)$$

结果小于1表示进度落后，工作效果差；反之，说明工作效果好。

5）项目完成时成本差异（VAC），计算公式为

$$VAC = BAC - EAC \qquad (9\text{-}20)$$

式中　BAC——项目完成预算成本；

EAC——项目完成预测成本。

结果为"-"表示项目任务执行效果不佳，预算超支；反之，说明预算节约。

如图9-12所示，横轴为月份，纵轴为成本。BCWS线根据施工组织设计的进度计划。按（进度计划工程量×目标预算成本/工程中标造价）绘制；BCWP线根据施工过程逐月完成的工作量，按（逐月完成工程量×目标预算成本/工程中标造价）绘制；ACWP线根据施

工过程逐月成本支出绘制。

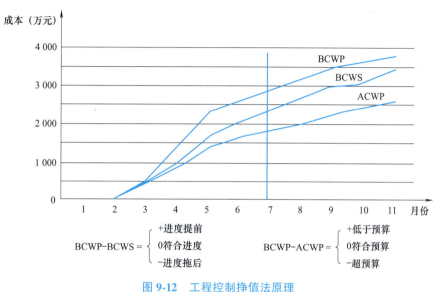

图 9-12　工程控制挣值法原理

9.4　工程项目施工成本分析

9.4.1　工程项目成本分析概述

1. 成本分析的概念

工程项目的成本分析，就是以会计核算提供的成本信息为依据，按照一定程序，运用科学的方法，对成本计划（预算）的执行过程、结果和原因进行研究，据以评价企业成本管理工作，并寻求进一步降低成本的途径（包括项目成本中的有利偏差的挖潜和不利偏差的纠正）。通过工程项目成本分析，可从会计账簿、会计报表反映的成本现象看清成本的实质，从而增强项目成本的透明度和可控性。为加强成本控制，实现项目成本创造条件。由此可见，工程项目成本分析是工程项目成本管理的重要组成内容。

工程项目成本分析，应该随着项目施工的进展，动态地、多形式地开展，而且要与生产诸要素的经营管理相结合。这是因为成本分析必须为生产经营服务，即通过成本分析，及时发现矛盾，从而改善生产经营，同时又可降低成本。

2. 成本分析的作用

工程项目施工过程中开展工程项目成本分析，其主要作用有以下几个方面：

（1）有助于恰当评价成本计划的执行结果

工程项目的经济活动错综复杂，在实施成本管理时制订的成本计划，其执行结果往往存在一定的偏差，如果简单地根据成本核算资料直接做出结论，就势必影响结论的正确性；反之，若在核算资料的基础上，通过深入的分析，就可能做出比较正确的评价。

（2）揭示成本节约和超支的原因，进一步提高企业管理水平

如前所述，成本是反映工程项目经济活动的综合性指标，它直接影响着项目经理部和施

工企业生产经营活动的成果。如果工程项目降低了原材料的消耗，减少了其他费用的支出，提高了劳动生产率和设备利用率，必定会在成本上综合反映出来。借助成本分析，用科学方法，从指标、数字着手，在各项经济指标相互联系中系统地对比分析，揭示矛盾，找出差距，就能正确地查明影响成本高低的各种因素及原因，了解生产经营活动中哪一部门、哪一环节工作做出了成绩或产生了问题，从而可以采取措施，不断提高项目经理部和施工企业经营管理的水平。

（3）寻求进一步降低成本的途径和方法，不断提高企业的经济效益

对工程项目成本执行情况进行评价，找出成本升降的原因，归根结底，是为了挖掘潜力，寻求进一步降低成本的途径和方法。只有把企业的潜力充分挖掘出来，才会使企业的经济效益越来越好。

3. 成本分析的原则

为了做好工程项目成本分析工作，应遵循以下原则：

（1）实事求是

在成本分析当中，必然会涉及一些人和事，也会有表扬和批评。受表扬的人当然高兴，受批评的人未必都能做到"闻过则喜"，因而常常会有一些不愉快的场面出现，乃至影响成本分析的效果。因此，成本分析一定要有充分的事实依据，应用"一分为二"的辩证方法，对事物进行实事求是的评价，并要尽可能做到措辞恰当，能为绝大多数人所接受。

（2）定量分析与定性分析相结合

工程项目成本状况及其变动，即有质的特征，又有量的界限，因此工程项目成本分析包括定性和定量两个方面。定性分析的目的在于揭示影响工程成本各因素的性质、内在联系及其变动趋势；定量分析的目的在于确定成本指标变动幅度及其各因素的影响程度。定性分析是定量分析的基础，定量分析是定性分析的深化，两者相辅相成，互为补充，缺一都不能发挥成本分析应起的作用。

（3）成本分析与技术经济指标相结合

技术经济指标是反映工程项目技术经济情况，是与施工方案、技术、工艺等密切相关的一系列指标。工程项目各项技术经济指标的完成情况，都直接或间接地影响工程成本的高低。因而，只有结合技术经济指标的变动对工程成本进行分析，才能深入成本分析，从根本上查明影响成本波动的具体原因，寻求降低成本的方法。通过成本分析，也可以从资金耗费效果上促进项目各部门更好地完成各项技术经济指标，有利于从经济的角度，改善项目的施工状况。

（4）成本分析与成本责任制相结合

在工程项目内部，建立健全完善的成本责任制，把成本分析工作与各部门经济效果和工作质量的考核、评比和奖惩结合起来，是成本分析工作深入持久的必要保证。

在完善的成本责任制下，企业应根据各部门的特点和责任范围，开展班组成本分析、施工队成本分析和工程项目成本分析，把成本分析植根于广泛深入的调查研究之中。尤其是班组、施工队一级的成本分析，应根据项目施工生产情况，适当选择一定专题作为分析的主要内容，并逐渐缩短分析的时间（如运用计算机），这样才能为成本分析的有效控制提供有价值的成本信息。

9.4.2　工程项目成本分析的实施

1. 项目成本分析的依据

项目成本分析的依据包括：项目成本计划；项目成本核算资料；项目的会计核算、统计核算和业务核算的资料。成本分析的主要依据是会计核算、业务核算和统计核算所提供的资料。

（1）会计核算

会计核算主要是价值核算。会计是对一定单位的经济业务进行计量、记录、分析和检查，做出预测、参与决策、实行监督，旨在实现最优经济效益的一种管理活动。它通过设置账户、复式记账、填制和审核凭证、登记账簿、成本计算、财产清查和编制会计报表等一系列有组织有系统的方法，来记录企业的一切生产经营活动，然后据此提出一些用货币来反映的有关各种综合性经济指标的数据，如资产、负债、所有者权益、收入、费用和利润等。由于会计记录具有连续性、系统性、综合性等特点，所以它是成本分析的重要依据。

（2）业务核算

业务核算是各业务部门根据业务工作的需要建立的核算制度，它包括原始记录和计算登记表，如单位工程及分部分项工程进度登记，质量登记，工效、定额计算登记，物资消耗定额记录，测试记录等。业务核算的范围比会计、统计核算要广。会计和统计核算一般是对已经发生的经济活动进行核算，而业务核算不但可以核算已经完成的项目是否达到预定的目的、取得预期的效果，而且可以对尚未发生或正在发生的经济活动进行核算，以确定该项经济活动是否有经济效果，是否有执行的必要。它的特点是对个别的经济业务进行单项核算，如各种技术措施、新工艺等项目。业务核算的目的在于迅速取得资料，以便在经济活动中及时采取措施进行调整。

（3）统计核算

统计核算是利用会计核算资料和业务核算资料，把企业生产经营活动客观现状的大量数据，按统计方法加以系统整理，以发现其规律。它的计量尺度比会计计量尺度宽，可以用货币计算，也可以用实物或劳动量计量。它通过全面调查和抽样调查等特有的方法，不仅能提供绝对数指标，还能提供相对数和平均数指标；既可以计算当前的实际水平，也可以确定变动速度以预测发展的趋势。

2. 成本分析的内容

从成本分析应为生产经营服务的角度出发，工程项目成本分析的内容应与成本核算对象的划分同步。如果一个工程项目包括若干个单位工程，并以单位工程为成本核算对象，就应对单位工程进行成本分析。与此同时，还要在单位工程成本分析的基础上，进行工程项目的成本分析。

工程项目成本分析与单位工程成本分析尽管在内容上有很多相同的地方，但各有不同的侧重点。总体上说，工程项目成本分析的内容应该包括以下三个方面：

（1）按项目施工的进展进行的成本分析

1）分部分项工程成本分析。

2）月（季）度成本分析。

3）年度成本分析。

4）竣工成本分析。

（2）按成本项目进行的成本分析

1）人工费分析。

2）材料费分析。

3）机械使用费分析。

4）其他直接费分析。

5）间接成本分析。

（3）针对特定问题和与成本有关事项的分析

1）施工索赔分析。

2）成本盈亏异常分析。

3）工期成本分析。

4）资金成本分析。

5）技术组织措施节约效果分析。

6）其他有利因素和不利因素对成本影响的分析。

另外，工程项目成本分析还可以分为单位成本分析和总成本分析两大内容。单位成本分析是针对单位工程的单位成本（如单位建筑面积的成本）进行的成本分析；总成本分析是针对一定时期内项目经理部或企业完成的全部工程项目的总成本进行的成本分析。

3. 成本分析的步骤

成本分析方法应遵循下列步骤：

1）选择成本分析方法。

2）搜集成本信息。

3）进行成本数据处理。

4）分析成本形成原因。

5）确定成本结果。

9.4.3　工程项目成本分析的方法

1. 成本分析的基本方法

（1）综合指标法

综合指标法就是通过技术经济指标的对比，检查计划的完成情况，分析产生差异的原因，进而挖掘内部潜力的方法。这种方法，具有通俗易懂、简单易行、便于掌握的特点，因而得到了广泛的应用，但在应用时必须注意各技术经济指标的可比性。

成本分析的综合指标常用比较法和比率法来获得。

1）比较法。比较法又称"指标对比分析法"，就是通过技术经济指标的对比（差额），检查目标的完成情况，分析产生差异的原因，进而挖掘内部潜力的方法，具体有以下几类：

① 将实际完成指标与计划指标对比，即下文介绍的计划完成差额指标，以便分析影响目标完成的积极因素和消极因素，及时采取措施。

② 将本期实际完成指标与上期实际完成的指标对比，以便关注各项技术经济指标的变动情况，反映施工管理水平的提高程度。

③ 将本项目的实际完成指标与本行业平均水平、先进水平对比，找出差距，进而设法

赶超先进水平。

2）比率法。比率法是指用两个指标的比值进行分析的方法，具体有以下几类：

① 相关比率法，即对两个性质不同而又相关的指标求比值，反映两个指标的对比程度。

② 动态比率法，即对同类指标不同时期的数值求比值，反映该指标的发展方向和发展速度。

③ 构成比率法，即求构成指标的部分数值占该指标总值的比重，反映指标总体的内部构成。

用比率法获得的有下文介绍的计划完成相对指标、比较相对指标、强度相对指标、动态相对指标、结构相对指标等。

成本分析的综合指标主要有以下几类：

1）计划完成差额指标。计划完成差额指标是以实际完成数与计划任务数的差值来表示计划执行的绝对效果。其计算公式为

$$计划完成差额指标 = 完成指标 - 计划指标 \tag{9-21}$$

2）计划完成相对指标。计划完成相对指标也称计划完成百分数。它是把实际完成数与相应的计划任务数对比，借以反映计划完成程度的相对指标，一般用百分数表示。其计算公式为

$$计划完成相对指标 = \frac{完成指标}{计划指标} \times 100\% \tag{9-22}$$

对计划完成程度的评价，无论是实际完成数超过计划任务，还是低于计划任务数，都是以计划指标性质和要求作为评价的标准。凡是计划任务用最低限量规定的，计划完成相对指标以达到或超过100%为好，如工程结算收入；凡是计划任务用最高限量规定的，计划完成相对指标以低于100%为好，如工程成本。

【例 9-2】 第一建筑工程公司下属第一项目部完成生产车间单位工程的施工，将该工程的单位成本用计划完成差额指标和计划完成相对指标进行分析，见表9-9。

表 9-9 生产车间单位成本分析

工程名称： 生产车间： （单位：万元）

成本项目	单位成本		计划完成差额指标	计划完成相对指标
	实 际	计 划		
人工费	209.16	211.76	-2.60	98.77%
材料费	223.37	225.59	-2.22	99.02%
机械使用费	116.68	119.12	-2.44	97.95%
其他直接费	15.85	16.18	-0.33	97.96%
间接成本	14.72	14.85	-0.13	99.12%
合计	579.78	587.50	-7.72	98.69%

注：表中"-"表示降低。

通过以上计划完成差额指标和计划完成相对指标，将实际指标与计划指标对比，以检查计划的完成情况，分析完成计划的积极因素和影响计划完成的原因，以便及时采取措施，

保证成本目标的实现。在进行实际指标与计划指标对比时，还应注意计划本身的质量。如果计划本身出现质量问题，就应调整计划，重新正确评价实际工作的成绩，以免挫伤人的积极性。

3）比较相对指标。比较相对指标是指同一时间同类现象在不同地区、企业之间的指标对比，借以反映不同地区、企业同类现象发展的差异。一般用百分比或倍数表示。其计算公式为

$$比较相对指标 = \frac{甲地区（企业）的某种指标}{乙地区（企业）的同类指标} \tag{9-23}$$

通过比较相对指标，工程项目可以把自己的实际水平与同类项目的平均水平或先进水平相比较，通过这种对比，可以反映本项目的技术管理和经营管理与其他项目的平均水平和先进水平的差距，进而采取措施赶超先进水平。比较时采用哪个指标作为比较基础，主要根据研究目的而定。一般情况下，比较相对指标的分子、分母可以相互对换，以便从不同的角度来说明问题。

【例 9-3】 第一建筑工程公司下属第一项目部完成生产车间单位工程的施工，将该工程的单位成本与同类工程项目先进水平进行比较见表 9-10。

表 9-10 生产车间单位成本与同类工程项目先进水平的比较分析

工程名称：　　　　　生产车间：　　　　　　　　　　　　　　　　　（单位：万元）

成本项目	单位成本		比较相对指标
	实　际	先进水平	
人工费	209.16	204.55	102.25
材料费	223.37	221.84	100.69
机械使用费	116.68	115.62	100.92
其他直接费	15.85	16.28	97.36
间接成本	14.72	14.08	104.55
合计	579.78	572.37	101.29

4）动态相对指标。动态相对指标是同一研究对象在不同时间上的同类指标对比而得到的相对指标，用来表示某一技术经济指标在不同时间上的发展方向和变化的程度。在分析中，通常将作为比较标准的时期称为基期，把同基期对比的时期称为报告期。动态相对指标一般用百分比或倍数表示。其计算公式如下：

$$动态相对指标 = \frac{报告期技术经济指标}{基期同类技术经济指标} \times 100\% \tag{9-24}$$

根据基期选择的不同，动态相对指标分为以下两类：

① 定基动态相对指标是报告期实际水平与固定期实际水平之比，表明现象在较长时期内总的发展程度，故又称为定基发展速度。

② 环比动态相对指标是报告期实际水平与前期实际水平之比，表明现象逐期发展的速度，故又称为环比发展速度。

【例9-4】 某工程项目采用动态比率法对2008年全年的成本降低额进行成本分析,见表9-11。

表9-11 成本降低额动态比较

项 目	第一季度	第二季度	第三季度	第四季度
成本降低额（千元）	45.60	47.80	52.50	64.30
定基动态相对指标（%）		104.82	115.13	141.01
环比动态相对指标（%）		104.82	109.83	122.48

通过这种对比,可以看出各项技术经济指标的动态情况,反映施工项目管理水平的提高程度。在一般情况下,一个技术经济指标只能代表工程项目管理的一个侧面,只有成本指标才是工程项目管理水平的综合反映。因此,成本指标的对比分析尤为重要,一定要真实可靠,而且要有深度。

5) 结构相对指标。将某一技术经济指标中各组成部分的数值与该指标的数值对比求得的比值,称为结构相对指标。它主要用来反映现象总体的内部构成状况,揭露现象的特点、性质和发展规律。一般用百分比表示。其计算公式为

$$\text{结构相对指标} = \frac{\text{某指标各构成部分的数值}}{\text{指标的总数值}} \times 100\% \qquad (9-25)$$

通过结构相对指标,可以考查成本总量的构成情况以及各成本项目占成本总量的比重,同时也可看出量、本、利的比例关系（预算成本、实际成本和降低成本的比例关系）,从而为寻求降低成本的途径指明方向。

【例9-5】 某工程公司第一项目部采用结构相对指标对生产车间工程的单位成本进行成本分析,见表9-12。

表9-12 单位成本构成比例分析

单位工程名称： 生产车间 （单位：万元）

成本项目	预算成本		实际成本		降低成本		
	金额	结构相对指标（%）	金额	结构相对指标（%）	金额	占本项（%）	占总量（%）
一、直接成本	572.65	97.47	565.06	97.46	7.59	1.33	1.29
1. 人工费	211.76	36.04	209.16	36.08	2.60	1.23	0.44
2. 材料费	225.59	38.04	223.37	38.53	2.22	0.98	0.38
3. 机械使用费	119.12	20.28	116.68	20.12	2.44	2.05	0.42
4. 其他直接费	16.18	2.75	15.85	2.73	0.33	2.04	0.06
二、间接成本	14.85	2.53	14.72	2.54	0.13	0.88	0.02
单位成本	587.50	100.00	579.78	100.00	7.72	1.31	1.31

6) 强度相对指标。强度相对指标是指两个有联系,但性质不同的技术经济指标相互对比的比值。由于项目经济活动的各个方面是互相联系,互相依存,又互相影响的,因而将两

个性质不同而又相关的指标加以对比，求出比率，能以此来考查经营成果的好坏。如产值和工资是两个不同的概念，但它们的关系又是投入与产出的关系。在一般情况下，都希望以最少的人工费支出完成最大的产值。因此，用产值工资率指标来考核人工费的支出水平，就很能说明问题。

（2）因素分析法

因素分析法是利用指数分析法，通过指数体系，分析各种因素的变动对工程项目、工程成本的影响程度，从数量上说明成本变动的具体原因。因素分析法按照所分析变动因素的多少，分为两因素分析法和多因素分析法。在进行分析时，首先要假定众多因素中的一个因素发生了变化，而其他因素不变，然后逐个替换，并分别比较计算结果，以确定各个因素的变化对成本的影响程度。

因素分析法的计算步骤如下：

1）确定分析对象（所分析的技术经济指标），并计算出实际与计划（预算）数的差异。

2）确定该指标是由哪几个因素组成的，并按其相互关系进行排序。

3）以计划（预算）数为基础，将各因素的计划（预算）数相乘，作为分析替代的基数。

4）将各因素的实际数按照上面的顺序进行替换计算，并将替换后的实际数保留下来。

5）将每次替换计算所得的结果，与前一次的计算结果相比较，两者的差异即为该因素对成本的影响程度。

6）各个因素的影响程度之和，应与分析对象的总差异相等。

【例9-6】 某工程浇注一层结构商品混凝土，实际成本比计划成本超支19 760元。用因素分析法分析产量、单价、损耗率等因素的变动对实际成本的影响程度，见表9-13。

表9-13　商品混凝土计划成本与实际成本对比

项　　目	单　　位	计　　划	实　　际	差　　额
产量	m³	400	450	+50
单价	元	760	765	+5
损耗率	%	3	2.5	-0.5
成本	元	313 120	352 856.25	+39 736.25

【解】 根据表9-13所列资料，进行多因素分析，求出产量、单价、损耗率等因素的变动对工程实际成本的影响程度，见表9-14。

表9-14　商品混凝土成本变工因素分析

项　　目	连环替代计划	差　异	因素分析
计划数	400×760×（1+3%）= 313 120		
第一次替代	450×760×（1+3%）= 352 260	39 140	由于产量增加50m³，成本增加39 140元
第二次替代	450×765×（1+3%）= 354 577.5	2 317.5	由于单价提高5元，成本增加2 317.5元
第三次替代	450×765×（1+2.5%）= 352 865.25	-1 721.25	由于损耗率降低0.5%，成本下降1 721.25
合计		39 140+2 317.5-1 721.25 = 39 736.25	

必须说明,在应用因素分析法进行成本分析时,各个因素的替换顺序一旦改变,就会得出不同的计算结果。一般按"先实物量,后价值量;先绝对数,后相对数"的规则确定各个成本影响因素的替换顺序。

(3) 差额计算法

差额计算法是因素分析法的一种简化形式,它利用各因素的计划与实际的差额来计算其对成本的影响程度。

【例9-7】 某工程项目某月采用差额计算法分析实际成本的降低额,有关资料见表9-15。

表9-15 成本降低计划与实际对比

项 目	单 位	计 划	实 际	差 异
预算成本	万元	1 000	1 080	+80
成本降低率	%	1.5%	1.8%	+0.3%
成本降低额	万元	15	19.44	+4.44

【解】 根据表9-15的资料,应用差额计算法分析预算成本和成本降低率对成本降低额的影响程度如下:

1) 预算成本增加对成本降低额的影响程度为

$$(1\ 080 - 1\ 000)\ 万元 \times 1.5\% = 1.2\ 万元$$

2) 成本降低率提高对成本降低额的影响程度为

$$(1.8\% - 1.5\%) \times 1\ 080\ 万元 = 3.24\ 万元$$

以上两项合计即为

$$1.2\ 万元 + 3.24\ 万元 = 4.44\ 万元$$

2. 综合成本分析法

所谓综合成本是指涉及多种生产要素,并受多种因素影响的成本费用,如分部分项工程成本,月(季)度成本,年度成本等。由于这些成本都是随着项目施工的进展而逐步形成的,与生产经营有着密切的关系。因此,做好上述成本的分析工作,无疑将促进项目的生产经营管理,提高项目的经济效益。

(1) 分部分项工程成本分析

分部分项工程成本分析是针对工程项目主要的、已完的分部分项工程进行的成本分析,是工程项目成本分析的基础。通过分部分项工程成本分析,可以基本上了解项目成本形成全过程,为竣工成本分析和今后的项目成本管理提供一份宝贵的参考资料。

分部分项工程成本分析的资料来源是预算成本来自施工图预算,计划成本来自施工预算,实际成本来自施工任务单的实际工程量、实耗人工和限额领料单的实耗材料。

分部分项工程成本分析的方法是进行预算成本、计划成本和实际成本的对比,分别计算实际偏差和目标偏差,分析偏差产生的原因,为今后的分部分项工程成本寻求节约途径。

分部分项工程成本分析表的格式,见表9-16。

表 9-16　分部分项工程成本分析表

单位工程：　　　　　　　工程量：
分部分项工程名称：　　　施工班组：　　　　　　　施工日期：　　年　月　日—　　年　月　日

工料名称	规格	单位	单价	预算成本		计划成本		实际成本		实际与预算比较		实际与计划比较	
				数量	金额	数量	金额	数量	金额	数量	金额	数量	金额
合计													
实际与预算比较（预算成本=100%）													
实际与计划比较（计划成本=100%）													
节超原因说明													

编制单位：　　　　　　　成本工程师：　　　　　　　　　　　填表日期：

(2) 月（季）度成本分析

月（季）度的成本分析是工程项目定期的、经常性的中间成本分析。对于有一次性特点的工程项目来说，有着特别重要的意义。因为，通过月（季）度成本分析，可以及时发现问题，以便按照成本目标指示的方向进行监督和控制，保证项目成本目标的实现。

月（季）度的成本分析的依据是当月（季）的成本报表。分析的方法，通常有以下几种：

1) 通过实际成本与预算成本的对比，分析当月（季）的成本降低水平；通过累计实际成本与累计预算成本的对比，分析累计的成本降低水平，预测实现项目成本目标的前景。

2) 通过实际成本与计划成本的对比，分析计划成本的落实情况以及目标管理中的问题和不足，进而采取措施，加强成本管理，保证成本计划的落实。

3) 通过对各成本项目的成本分析，可以了解成本总量的构成比例和成本管理的薄弱环节。对超支幅度大的成本项目，应深入分析超支原因，并采取相应的增收节支措施，防止今后再超支；对预算定额规定的"政策性"亏损成本项目，则应从控制支出着手，把超支额压缩到最低限度。

4) 通过主要技术经济指标的实际与计划的对比，分析产量、工期、质量、"三材"节约率，机械利用率等对成本的影响。

5) 通过对技术组织措施执行效果的分析，寻求更加有效的节约途径。

6) 分析其他有利条件和不利条件对成本的影响。

(3) 年度成本分析

企业成本要求一年结算一次，不得将本年成本转入下一年度。而项目成本则以项目的生命周期为结算期，要求从开工到竣工到保修期结束连续计算，最后结算出成本总量及其盈亏。由于项目的施工周期一般比较长，除了要进行月（季）度成本的核算和分析外，还要进行年度成本的核算和分析。这不仅是为了满足企业汇编年度成本报表的需要，同时也是项目管理的需要。因为通过年度成本的综合分析，可以总结一年来成本管理的成绩和不足，为今后的成本管理提供经验和教训，从而可对项目成本进行更有效的管理。

年度成本分析的依据是年度成本报表。年度成本分析的内容，除了月（季）度成本分析的六个方面以外，重点是针对下一年度的施工进展情况，规划切实可行的成本管理措施，以保证项目成本目标的实现。

（4）竣工成本的综合分析

凡是有几个单位工程而且是单独进行成本核算（成本核算对象）的工程项目，其竣工成本分析应以各单位工程竣工成本分析资料为基础，再加上项目经理部的经营效益（如资金调度，对外分包等所产生的效益）进行综合分析。如果工程项目只有一个成本核算对象（单位工程），就以该成本核算对象的竣工成本资料作为成本分析的依据。

单位工程竣工成本分析，应包括以下三个方面的内容：

1）竣工成本分析。

2）主要资源节超对比分析。

3）主要技术节约措施及经济效果分析。

通过以上分析，可以全面了解单位工程的成本构成和降低成本的来源，对今后同类工程的成本管理很有参考价值。

3. 成本项目分析法

成本项目分析法是按工程项目成本的构成项目逐项分别进行成本分析的方法。

（1）人工费分析

在实行管理层和作业层两层分离的情况下，项目施工需要的人工和人工费，由项目经理部与施工队签订劳务承包合同，明确承包范围、承包金额和双方的权利、义务。对项目经理部来说，除了按合同规定支付劳务费以外，还可能发生一些其他人工费支出，主要有以下几类：

1）因实物工程量增减而调整的人工和人工费。

2）定额人工以外的钟点工工资（如果已按定额人工的一定比例由施工队包干，并已列入承包合同的，不再另行支付）。

3）对在进度、质量、节约、文明施工等方面做出贡献的班组和个人进行奖励的费用。

项目经理部应根据上述人工费的增减，结合劳务合同的管理进行分析。

（2）材料费分析

材料费分析包括：主要材料和结构件费用分析；周转材料使用费分析；采购保管费分析；材料储备资金分析。

1）主要材料和结构件费用分析

主要材料和结构件费用的高低，主要受价格和消耗量的影响。材料价格的变动，要受采购价格、运输费用、途中损耗、来料不足等因素的影响；材料消耗量的变动，也要受操作损耗、管理损耗和返工损失等因素的影响，可在价格变动较大和数量超用异常的时候再做深入分析。

一般而言，影响材料费的因素有量差和价差。量差是指实际消耗量与定额消耗量之间的差异，它与材料消耗定额的执行情况密切相关，集中反映了施工生产工作质量对材料费的影响价差，是指材料实际价格与计划价格之间的差异，它与材料物资的采购供应计划的执行情况密切相关，集中反映了施工企业材料物资采购供应工作对材料费所产生的影响。由此可见，材料费成本项目分析就是从施工生产和物资供应上寻求降低材料费的途径，挖掘降低成本的潜力。以上两个因素之间的关系可以用公式表示为

$$材料费 = 单位成本中材料耗用量 \times 材料单价 \tag{9-26}$$

单位成本材料费分析还应从形成量差和价差的各个原因做进一步深入分析，只有这样，才能揭示材料费超支或节约的深层次原因，并针对问题提出改进措施。

2）周转材料使用费分析

在实行周转材料内部租赁制的情况下，工程项目周转材料费的节约或超支，决定于周转材料的周转利用率和损耗率。因为周转慢，周转材料的使用时间就长，同时也会增加租赁费支出。而超过规定的损耗，更要照原价赔偿。周转利用率和损耗率的计算公式为

$$周转利用率 = \frac{实际使用数 \times 租用期内的周转次数}{进场数 \times 租用期} \times 100\% \tag{9-27}$$

$$损耗率 = \frac{退场数}{进场数} \times 100\% \tag{9-28}$$

3）采购保管费分析

材料采购保管费属于材料的采购成本，包括材料采购保管人员的工资、工资附加费、劳动保护费、办公费、差旅费，以及材料采购保管过程中发生的固定资产使用费、工具用具使用费、检验试验费、材料整理及零星运费和材料物资的盘亏及毁损等。

材料采购保管费一般与材料采购量同方向变化，即材料采购多，采购保管费也会相应增加。因此，应该根据每月实际采购的材料数量（金额）和实际发生的材料采购保管费，计算材料采购保管费费率，为前后期材料采购保管费的对比分析之用。

材料采购保管费费率的计算公式如下：

$$材料采购保管费费率 = \frac{计算期实际发生的采购保管费}{计算期实际采购的材料总价} \times 100\% \tag{9-29}$$

4）材料储备资金分析

材料的储备资金，是根据日平均用量、材料单价和储备天数（从采购到进场所需要的时间）计算的。上述任何一个因素的变动，都会影响储备资金的占用量。材料储备资金的分析，可以应用因素分析法。

（3）机械使用费分析

由于项目施工具有的一次性特征，项目经理部不可能拥有自己的机械设备，而是根据施工的需要，向企业动力部门或外单位租用。在机械设备的租用过程中，存在着两种情况：一种是按产量进行承包，并按完成产量结算费用，如土方工程，项目经理部只要按实际挖掘的土方工程量结算挖土费用，而不必过问挖土机械的完好程度和利用程度；另一种是按使用时间（台班）结算机械费用，如塔吊、搅拌机等。如果机械完好率差或在使用中调度不当，必然会影响机械的利用率，从而延长使用时间，增加使用费用。因此，项目经理部应予以重视。

由于建筑施工的特点,在流水作业和工序搭接上,往往会出现某些必然或偶然的施工间隙,影响机械的连续作业;有时,又因为加快施工进度和工种配合,需要机械日夜不停地运转。这样难免会有一些机械利用率很高,也会有一些机械利用不足,甚至租而不用。利用不足,台班费需要照付;租而不用,则要支付停班费。总之,都将增加机械使用费。因此,在机械设备的使用过程中,必须以满足施工需要为前提,加强机械设备的合理调度,充分发挥机械的效用。同时,平时还要加强机械设备的维修保养工作,提高机械的完好率,保证机械的正常运转。

$$机械完好率 = \frac{报告期机械完好台班数 + 加班台班}{报告期制度台班数 + 加班台班} \times 100\% \quad (9\text{-}30)$$

$$机械利用率 = \frac{报告期机械实际工作台班数 + 加班台班}{报告期制度台班数 + 加班台班} \times 100\% \quad (9\text{-}31)$$

式中　报告期机械完好台班数——机械处于完好状态下的台班数,它包括修理不满1天的机械,但不包括待修、在修、送修在途的机械。在计算完好台班数时,只考虑是否完好,不考虑是否在工作。

　　　报告期制度台班数——本期内全部机械台班数与制度工作天数的乘积,不考虑机械的技术状态和是否工作。

(4) 其他直接费分析

其他直接费的分析,主要通过计划(预算)与实际的比较来进行,见表 9-17。

表 9-17　其他直接费计划(预算)与实际比较　　　　　　　(单位:元)

序号	项目	计划(预算)	实际	差异额	差异率(%)
1	材料二次搬运费				
2	工程用水电费				
3	临时设施摊销费				
4	生产工具用具使用费				
5	检验试验费				
6	工程定位复测费				
7	工程点交费				
8	场地清理费				
	合计				

(5) 间接成本分析

间接成本的分析,也主要通过计划(预算)与实际的比较来进行,见表 9-18。

表 9-18　间接成本计划(预算)与实际比较　　　　　　　(单位:元)

序号	项目	计划(预算)	实际	差异额	差异率(%)
1	现场管理人员工资				
2	现场管理人员福利费				
3	劳动保护费				
4	固定资产使用费				

(续)

序　号	项　　目	计划（预算）	实　际	差异额	差异率（%）
5	物料消耗费				
6	办公费				
7	差旅交通费				
8	保险费				
9	工程保修费				
10	排污费				
11	工会经费				
12	职工教育经费				
13	业务招待费				
14	税金				
15	财务费用				
16	劳保统筹费				
17	其他费用				
	合计				

4. 特定问题及与成本有关事项的分析

针对特定问题和与成本有关事项的分析，包括施工索赔分析、成本盈亏异常分析、工期成本分析、质量成本分析、资金成本分析等内容。

（1）施工索赔分析

施工索赔是指由于业主或不可抗力等承包方以外的原因，致使项目在施工过程中付出了额外的费用或造成损失时，承包方通过合法途径和程序，从业主方获得费用与损失补偿。在工程施工过程中应随时捕捉时机进行施工索赔，同时尽量避免业主索赔。

施工索赔主要有以下几种情况：

1）因工程延期提出的施工索赔。工程项目可提出的与工程延期相关的施工索赔费用包括：未被摊销的公司管理费；工作现场管理费；由于工资上涨而造成人工费的增加和工人不能辞退情况下的窝工费等；设备在工地上发生的维护费用或设备闲置费；材料价格上涨引起的材料费的增加；材料超期储存费用等。

2）因施工中断和工效降低提出的施工索赔。由于业主和设计单位等原因引起施工中断和供销降低，特别是业主不合理指令压缩合同规定的工作进度使工程比合同日期提前竣工，从而导致工程费用增加，施工企业可以提出如下索赔：人工费用的增加、设备费用的增加、材料费用的增加。

3）因工程终止或放弃提出的索赔。由于业主不正当地终止或非承包方原因而使工程终止，施工企业作为承包方有权就其盈利或费用损失向业主提出索赔。其中，补偿损失的数额，应为企业在被终止工程上人工、材料机械设备的全部支出，以及各项管理费、保险费、贷款利息支出，但还应减去已结算的工程款。

工程施工索赔，可以减少建筑施工企业生产经营过程中的成本费用和损失，因此建筑企业应当适时捕捉索赔机会。施工索赔分析，在于分析施工索赔在工程成本总额中所占比重的大小，以及对工程成本总额及其升降的影响程度。

（2）成本盈亏异常分析

成本出现盈亏异常情况，对工程项目来说，必须引起高度重视，必须彻底查明原因，必须立即加以纠正。

检查成本盈亏异常的原因，应从经济核算的"三同步"入手。因为，项目经济核算的基本规律是在完成多少产值，消耗多少资源，发生多少成本之间，有着必然的同步关系。如果违背这个规律，就会发生成本的盈亏异常。

"三同步"检查是提高项目经济核算水平的有效手段，不仅适用于成本盈亏异常的检查，也可用于月度成本的检查。月度成本盈亏异常情况分析表的格式见表9-19。

表 9-19　月度成本盈亏异常情况分析表

项目名称：　　　　　　　　　　　　　　　　　　　　　　　预算造价：

到本月末的形象进度															
累计完成产值	万元		累计点交预算成本				万元								
累计发生实际成本	万元		累计降低或亏损			金额			率			%			
本月完成产值	万元		本月点交预算成本				万元								
本月发生实际成本	万元		本月降低或亏损			金额			率			%			

已完工程及费用名称	单位	数量	产值	实耗人工		实耗材料									机械租费	工料机金额合计
				工日	金额	金额小计	其中									
							水泥		钢材		木材		结构件		设备	
							数量	金额	数量	金额	数量	金额	数量	金额	数量 金额	

（3）工期成本分析

工程项目工期的长短与工程成本的高低有着密切的关系。工期成本分析，就是计划工期成本与实际工期成本的比较分析。所谓计划工期成本，是指在假定完成预期利润的前提下计划工期内所能自用的计划成本；实际成本则是指在实际工期中耗用的实际成本。工期成本分析一般采用比较法，即将计划工期成本与实际工期成本进行比较，然后应用因素分析法分析各种因素的变动对工期成本差异的影响程度。

（4）资金成本分析

资金与成本的关系，就是工程收入与成本支出的关系。根据工程成本核算的特点，工程收入与成本支出有很强的配比性。在一般情况下，都希望工程收入越多越好，成本支出越少越好。

工程项目的资金来源，主要是工程款收入；施工耗用的人、财、物的货币表现，则是工程成本支出。因此，减少人、财、物的消耗，既能降低成本，又能节约资金。

进行资金成本分析，通常应用成本支出率指标，即成本支出占工程款收入的比例，即

$$成本支出率 = \frac{计算期实际工程成本}{计算期实际过程款收入} \times 100\% \tag{9-32}$$

通过对成本支出率的分析，可以看出资金收入中用于成本支出的比重有多大，也可通过加强资金管理来控制成本支出，还可以联系储备金和结存资金的比重，分析资金使用的合理性。

（5）技术组织措施执行效果分析

技术组织措施是工程项目降低工程成本，提高经济效益的有效途径。因此，在开工以前都要根据工程特点编制技术组织措施计划，列入施工组织设计。在施工过程中，为了落实施工组织设计所列的技术组织措施计划，可以结合月度施工作业计划的内容编制月度技术组织措施计划，同时还要对月度技术组织措施计划的执行情况进行检查和考核。

对技术组织措施执行效果的分析要实事求是，既要按理论计算，又要联系实际，对节约的实物进行验收，然后根据实际节约效果论功行赏，以激励有关人员执行技术组织措施的积极性。

虽然不同特点的工程项目，采取的技术组织措施各不相同，分析其执行效果的具体方法也不相同，但是都可用下式反映技术组织措施执行后取得的经济效果。

$$措施节约效果 = 措施前的成本 - 措施后的成本 \tag{9-33}$$

对节约效果的分析，需要联系措施的内容和措施的执行经过来进行。有些措施难度比较大，但节约效果并不高；而有些措施难度并不大，但节约效果很高。因此，在对技术组织措施执行效果进行考核的时候，也要根据不同情况区别对待。对于在项目施工管理中影响比较大、节约效果比较好的技术组织措施，应该以专题分析的形式进行深入详细的分析，以便推广应用。

（6）其他有利因素和不利因素对成本影响的分析

在项目施工过程中，必然会有很多有利因素，同时也会碰到不少不利因素，它们都将对项目成本产生影响，其影响程度需要具体问题具体分析。对待这些有利因素和不利因素，项目经理首先要有预见，有抵御风险的能力；同时还要把握机遇充分利用有利因素，积极争取把不利因素转换为有利因素。这样就会更有利于项目施工，也更有利于项目成本的降低。

9.5 案例分析

案例 某公司的项目成本控制实证分析

1. 项目成本控制的基本思想

某公司进行项目成本控制的基本思想是始终围绕发包方的合同价款数额将组成产品成本的各要素（如人工费、材料费、机械费、包装运输费、样品费、措施费、工程保险费等）分别控制在相应的计划下，从而将产品的最终成本控制在报价之下。当某一要素超出或即将超出计划值时，立即采取措施，将其拉回到控制限额内或进行适当调整。

某公司首先接受委托公司的报价，根据工程的特点、施工条件等因素编制项目预算书，

再将工程进行分解，具体到每一项工作都编制成本计划，然后根据项目预算书和成本控制计划实施，在项目实施过程中，定期对项目实际成本进行核算，如果实际消耗成本与计划成本出现了偏差，就会认真查找出现偏差的原因，及时采取解决措施，使实际消耗成本在可控范围之内。不断实施上述过程，直到项目完成为止。该公司进行项目成本控制的流程如图9-13所示。

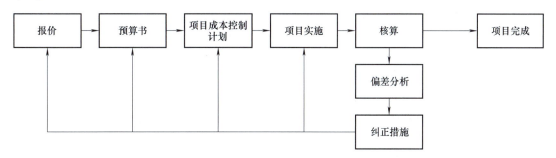

图 9-13　某公司项目成本控制流程

2. 项目成本控制方法和实践

企业管理是一个企业运作的核心，企业管理包括人力资源管理、项目管理、生产管理、销售管理、财务管理等。对于一般企业而言，这些部门管理的作用大致一样。但是，对于建筑企业来说，项目管理是企业管理的核心内容，而成本控制与管理又是项目管理的核心内容与关键内容，企业管理的其他管理工作和业务都是以项目为核心的，为项目的正常执行提供良好的服务条件，但项目管理必须服从与企业管理的总体目标、综合协调和监督控制。因此，项目管理的好坏，直接关系到建筑企业管理水平的高低。该公司在进行企业管理的时候，不是同时关注企业管理的其他内容，但也不是只注重项目管理，而是将企业管理与项目管理结合起来，在企业和项目两个层面上对项目进行成本控制。公司机关职能部门是企业层面的主体，其工作的重点内容对项目的全局（包括工程特点、施工条件、技术难易程度等）进行指导；而项目层面的主体是项目部（项目部又根据项目数进行划分项目组），其负责的重点就是根据公司机关职能部门的意见，对项目进行组织实施，实现项目控制目标。该公司项目成本控制的实施如图9-14所示。

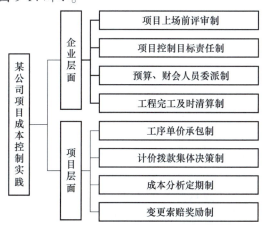

图 9-14　某公司项目成本控制方法和实践

（1）企业层面成本控制的具体内容

1）项目上场前评审制。项目上场前评审是指在项目正式实施前，项目经理等需要对项目的总体情况做个简单评价，包括管理评审和效益评审两个方面。管理评审是指为了满足项目建设的需要，公司经理根据签订的项目合同、工程特点、技术上的难易程度和施工环境等，召集项目组成员和其他部门的相关人员，对要上场项目的各要素（技术人员、施工人员、设备、资金到位情况等）进行审查。效益评审则是公司管理部门和项目组的人员，分析和比较要上场的项目的成本与可能带来的效益，对项目的经济性优劣进行评审。

2）项目控制目标责任制。根据项目上场前估算的计划成本，对项目承建单位进行成本分摊，确定项目部的经济责任、经济权利和经济利益。然后再以合同的形式，由项目经理在项目上场前向公司签订合同或责任书，责任书的内容应该包括项目部应承担的责任、对上场项目所享有的权利、项目的工期、项目应达到的质量标准等。如果出现了不可控因素或不可预料情况导致原计划出现变化，责任书可以适当进行申请调整，但应写明原因。

3）预算、财会人员委派制。某些项目在施工过程中，由于成本控制工作做得不当，快到项目收尾阶段给定的成本费用还有大量没有花费出去，此时，项目部可能会出现在项目后期花钱大手大脚，甚至公款吃喝的现象。针对这种情况，公司采取项目估算的预算、财会人员实行委派的方式，让他们仅仅且直接对公司负责，与项目组成员进行相互制衡，避免出现上述情况，从而损害公司的效益或者名誉等。这些被委派的人员，应该是与项目组没有直接关系，且公认的政治思想觉悟高、业务本领强、组织纪律严格的骨干人员。

4）工程完工及时清算制。针对在工程竣工阶段花钱盲目、大手大脚、公款吃喝的现象，公司在项目快完工时，应该采取如下做法：一是及时组织公司的管理人员或专业人员对项目的成本进行核算，核实项目花费的实际支出，分析责任书的完成情况；二是及时撤销为了项目的顺利完成而另开的银行户头，堵死成本流失的漏洞，减少资源的不必要浪费。如果项目还有剩余的零星工作没做完，此时可派部分人员收尾，所需开支直接由公司财会部门负责，直到项目真正完成再将这些支出计入项目成本，避免出现成本不实的现象。

（2）项目层面成本控制的具体内容

1）工序单价承包制。工班、班组作为施工生产的基本单元，是项目成本控制的直接执行者，也是成本的源头。为了从源头上降低工程成本，针对过去有的施工队在对工班、班组承包中暴露出来的凭经验、凭感情搞论堆包的弊病，为加强管理，有效控制这些不良情况，在施工队伍中积极推行工序单价承包。依据目标责任成本和细化的施工组织设计，按照成本最小、生产要素最优组合的理论，科学合理地测算每道工序、每个单项工程应消耗的人工费、材料费、设备使用费定额，确定每道工序的承包单价，据此对工班、班组实行工序单价承包，把项目的成本控制落实到作业层。每个职工、每个工班、班组干什么活、拿多少钱职工心中都有数，也便于施工队对工班、班组的控制，减少了内部承包不公、扯皮不断的现象。

2）计价拨款集体决策制。为保证项目成本控制处于良好运行状态，项目部每周对施工项目分步工程进行验工计价时，由项目部主管牵头，组织施技、质检、计财、物资等部门的人员，进行明确分工，认真核实现场实物工作量，检查实物工程质量。对列入验工计价的工程必须有工程检查证和成品、半成品、设备及原材料出厂合格证、检验试验报告单等。验工计价人员核实现场数据后，详细计算本次验工计价的工程数量，依据确定的目标责任成本计算工程价款。拨付工程款时，针对施工单位的不同情况，按比例扣除预付款、材料款、其他借款、质量保证金等，由项目经理组织计划、财务、技术、质检等有关人员集体研究决定，并各自对自己负责的项目签字负责。坚持做到验工看现场，计价看验工，留足质保金，多方共签认，拨款集体定，出事追责任。

3）成本分析定期制。为随时掌握项目成本费用情况，项目部把成本监督与分析作为一项制度，坚持每月底进行一次。比照目标责任成本，重点对人工费、材料费、机械使用费等单项成本费用的超支或节约情况和项目实际消耗的成本进行认真分析，找出存在问题和成本节超的原因，及时制定并采取切实可行的改进措施，以便有效降低工程成本。同时，积极运用项目计算机管理辅助系统，搞好成本控制分析。以项目计算机管理辅助软件为载体，通过加载量化的工程信息（时间、进度、质量、资源与费用）、制订控制目标计划、过程跟踪与控制手段，使项目成本始终处于可控状态。根据细化的施工组织设计，利用现有或过去同类工程的施工经验，综合制定项目资源消耗指标（劳力、机械设备、材料消耗指标），应用项目计算机管理辅助软件的资源驱控、资源与费用的平衡功能，编制满足合同工期要求的具有实施性的进度网络计划。将上述指标按工序深度分解，依据该计划安排的作业量，确定每个循环中各工序的资源及费用需求量，据此测算项目成本费用，连同各工序的直接费成本，从而确定项目控制的责任成本。在每月的成本分析中，依据项目计算机管理辅助软件资源与费用的平衡情况，考核劳力、设备、材料配置情况，劳力不足的增加劳力，设备不足的增加设备。通过成本控制分析，把成本控制延伸到项目的各个阶段、各个环节，达到在过程中有效控制和降低成本的目的。

4）变更索赔奖励制。由于建筑项目规模大、工期长，技术性强，并且工程施工过程中有许多不确定性因素，如材料价格上涨、地质条件变化、征地拆迁等，在项目设计阶段，可能没有考虑得很全面，施工中往往会出现工期滞后、设计图与现场实际情况不符等现象，如不进行变更，可能造成投资缺口或增加，投资缺口的结果可能会严重影响工程施工进度和工程质量。这就需要及时请建设、设计和监理部门查看现场，核实情况，对原来的施工工期、施工图纸、施工方案进行变更，核实增加或减少的工程量。

3. 实施项目成本控制取得的成效

该公司的工程项目凭借"低报价、高质量和按期交付"在所在地区获得了良好的口碑。该公司通过挣得值分析法进行项目成本控制，取得了非常好的成效，主要体现在以下两个方面：

（1）提高了企业的经济效益

该公司自成立以来，短短几年间就承担了十几项项目的建设，项目的合同价格总共达到数亿元。项目的盈利比例基本上达到了，也就是说，只要有项目，就会有盈利。从该公司的报表中也可以发现，该公司的营业利润随着营业收入的增加而增加，这跟该公司一直采用挣得值分析法进行成本控制有直接的关系。有效地成本控制，减少了不必要的开支，进而减少企业的整体成本，从而提高企业的整体效益和增加企业的资本积累。

（2）树立了良好的社会形象

通过对工程项目实施成本规范控制与管理，较好地避免了一般施工项目中会出现的工期告急、事故频发、成本增加、利润低甚至亏损等被动局面，大大提高了业主、监理和政府主管部门对该公司的看法，树立了良好的社会形象，使公司在承揽任务、参与市场竞争中具有较好的社会信誉，使公司经营领域不断扩大，市场份额不断提高。

复习思考题

1. 简述工程项目成本计划的编制程序和内容。
2. 工程项目成本降低的途径有哪些？
3. 什么是挣值法？它有哪些指标？
4. 简述成本控制的依据和程序。
5. 工程项目成本分析的主要内容有哪些？
6. 简述因素分析法的计算步骤及成本影响因素的替换原则。
7. 工程成本分析的综合指标法具体有哪些指标？

第 10 章

工程项目进度管理

本章知识要点与学习要求

序　号	知识要点	学习要求
1	工程项目进度管理的概念	熟悉
2	工程进度计划的编制	掌握
3	工程进度计划的优化	掌握
4	工程进度计划的检查与调整	掌握

■ 10.1　工程项目进度管理概述

10.1.1　工程项目进度管理的概念

工程项目进度管理是指在工程项目建设过程中，为了在合同约定工期内完成工程项目建设任务而开展全部管理活动的总称，包括进度计划的编制、跟踪与检查，控制措施的制定、调整等一系列工作。

工程项目的进度涉及工程建设的各个方面。因此，进度管理工作应该贯穿整个项目的全部实施阶段，是对工程项目建设全过程、全方位的管理，具体包括以下几个方面的含义：

1）工程项目进度管理是对工程项目建设全过程的管理。工程项目建设任务由各个阶段的建设任务组成，建设进度总目标的实现需要各个阶段进度目标的实现来保证。因此，工程项目进度管理不仅包括施工阶段，还包括设计准备阶段、设计阶段以及工程招标和动用前准备等阶段，时间范围涵盖了工程项目建设的全过程。

2）工程项目进度管理是对所有工程内容的管理。由于项目进度总目标是计划动用时间，所以进行进度管理工作必须对组成项目的所有构成部分的进度实现全方位管理。

3）工程项目进度管理是对工程项目建设所有工作的管理。工程项目建设任务的完成，需要全体人员共同努力。在建设过程中，任何一项工作不能按计划完成，都可能会影响整个工程项目的进度。为了确保工程建设进度总目标的实现，需要把与工程建设有关的所有工作都列入进度管理工作范围，作为进度控制的对象。在进行工程项目进度管理时，要分清主次工作，也要对各方面的工作进行详细的规划和周密的安排，保证工作能够有条不紊地完成。

4）工程项目进度管理是对影响进度因素的管理。影响项目进度的因素较多，包括人员素质、施工工艺、材料和构配件供应状况、设备运行状况、施工现场的地质条件、自然环境因素、社会因素、相关单位之间的配合状况以及其他难以预料的因素等。要实现对工程进度的有效控制，必须对上述各种影响进度的因素进行充分考虑，并采取措施减少或避免这些因素对工程进度的影响。

5）工程项目进度管理是一个动态的管理过程。由于影响项目进度的因素多，而且具有很大的不确定性，因此在工程项目的建设过程中，实际进度和计划进度产生偏差非常普遍。工程项目进度管理人员应该根据工程建设的实际进度与计划进度的符合情况，及时对工程实施进度计划进行相应的调整，对工程实施进度进行动态管理。

6）工程项目进度管理应该与其他管理工作相协调。在建设工程项目的过程中，进度、质量和费用三个目标之间有着相互依赖和相互制约的关系。例如，发生工期延误时，通过增加施工机械和人力的投入追赶进度会增加施工成本，对费用目标产生不利影响。因此，当采取进度控制措施时，要对三个目标进行全面考虑，正确处理好三者之间的关系。工程项目进度管理工作应该与其他管理工作相协调，以便提高工程项目建设的综合效益。

10.1.2　工程项目进度管理的主要任务

1）建立工程项目进度管理组织。工程项目进度管理是工程项目管理的主要工作之一，在工程项目管理组织中必须建立专门的工程项目进度管理组织负责工程项目进度管理工作。

2）制定工程项目进度管理制度。进行工程项目进度管理工作的前提是建立、健全工程项目进度管理制度。所以，在工程项目管理体系中，应该有专门的工程项目进度管理制度。

10.2　工程项目进度计划编制

10.2.1　工程项目进度计划的表示方法

1. 工作活动的逻辑关系

在工程项目结构分解后，要确定各项工作活动之间的逻辑关系，这是编制工程项目进度计划的基础。逻辑关系分为工艺逻辑关系（工艺关系）和组织逻辑关系（组织关系）。

1）工艺关系。工艺关系是由生产工艺客观上决定的各项工作之间的先后顺序关系，不能随意改变。例如，建设住宅，按照通常施工工艺，做完基础才能砌墙，砌完墙才能铺楼板，盖完一层才能盖二层……只要生产工艺不变，工艺顺序就不会改变。

2）组织关系。组织关系是在生产组织安排中，考虑劳动力、机具、材料或工期的影响，在各项工作间主观上安排的先后顺序关系，常常可以随着生产条件和组织方法的改变而改变。例如，组织两栋住宅楼的施工，先挖甲栋的地槽再挖乙栋地槽，做完甲栋基础再做乙栋基础，先甲后乙的顺序关系，就是由采用流水施工的组织方法而决定的，也很可能是因为施工力量有限，不能同时进行两栋住宅楼的施工。如果有足够的施工力量，在条件许可的情况下，为了缩短总工期，两栋住宅楼也可同时进行施工。

明确逻辑关系，就是要明确项目必须遵循不能随意改变的顺序。以工艺关系为基础，考虑项目的实际情况和条件，包括实际投入的资源量和具体采取的组织方法，再加上相应的组织关系，画出可供实施的网络计划。在项目施工准备阶段，进行施工组织设计时，只能根据既定的施工部署和施工方案，确定各施工工序之间的工艺逻辑关系，画出工艺网络。由于工艺网络一般只考虑工艺要求，是在假定资源无限的条件下，凡是工艺上允许同时施工的工作，都按平等作业安排，因而工期一般都较短。但是，实际上资源有限时如何提高资源的效率，降低施工成本，则是编制计划时必须重点考虑的实际问题。

2. 工程项目进度计划的表示方法——横道图和网络图

工程项目进度计划的表示方法有多种，常用的有横道图和网络图两种。

（1）横道图

横道图也称甘特图，是美国在20世纪20年代提出的。这是最早对进度计划安排的科学表达方式，由于它形象、直观，且易于编制和理解，因而长期被广泛应用于工程项目进度管理中。

用横道图表示的工程项目进度计划，一般包括两个基本部分，即左侧的工作名称和工作持续时间等基本数据部分和右侧的横线部分。用横道图表示的某桥梁工程施工进度计划见表10-1。该计划明确地表示出各项工作的划分、工作的开始时间和完成时间、工作的持续时间、工作之间的相互搭接关系，以及整个工程项目的开工时间、完工时间和总工期。

表 10-1　某桥梁工程施工进度计划

序号	工作名称	持续时间/天	进度/天										
			5	10	15	20	25	30	35	40	45	50	55
1	施工准备	5											
2	预制梁	20											
3	运输梁	2											
4	东侧桥台基础	10											
5	东侧桥台	8											
6	东侧桥台后填土	5											
7	西侧桥台基础	25											
8	西侧桥台	8											
9	西侧桥台后填土	5											
10	架梁	7											
11	与路基连接	5											

横道图计划表中的进度线（横道）与时间坐标相对应，这种表达方式较直观，易看懂计划编制的意图。但是，横道图进度计划法也存在以下一些问题：

1）不能明确地反映各项工作之间错综复杂的相互关系，因而在计划执行过程中工程进度由于某种原因提前或拖延时，不便于分析对其他工作及总工期的影响程度，不便于工程项目进度的动态控制。

2）不能明确地反映出影响工期的关键工作和关键线路，也就无法反映整个工程项目的关键所在，因而不便于进度控制人员抓住主要矛盾。

3）不能反映工作所具有的机动时间，无法进行最合理的组织和指挥。

4）不能反映工程费用与工期之间的关系，不便于缩短工期和降低工程成本。

(2) 网络图

网络图是由箭线和节点（圆圈）组成的，用来表示工作流程的有向、有序网状图形。用网络图形式编制的进度计划称为网络计划，一个网络图表示一项计划任务。以网络计划为基础，对工程项目进度进行的系统化管理过程称为网络计划技术。

1) 网络计划技术的产生和发展。网络计划技术最初是由美国杜邦公司提出的，网络计划技术一经产生，就以其极为显著的应用效果在各国得到了迅速、广泛的应用。20世纪60年代初，首先由华罗庚教授将网络计划技术引入我国。由于网络计划方法具有统筹兼顾、合理安排的思想，华罗庚教授概括地称其为统筹法，该法在各个行业尤其是建筑业中得到了广泛推广和应用，一些大工程应用该技术取得了良好的效果。20世纪80年代初，国家及全国各地的建筑行业相继成立了研究和推广工程网络计划技术的组织机构。我国现行的《工程网络计划技术规程》（JGJ/T121—2015），为网络计划技术在计划的编制与控制管理中提供了一个可以遵循的、统一的技术标准。

2) 网络计划的特点。利用网络计划控制工程项目进度，可以弥补横道图的许多不足。与横道图相比，网络计划具有以下主要特点：

① 网络计划能够明确表达各项工作之间的逻辑关系。工作之间的逻辑关系是编制进度计划的基础，明确表达各项工作之间的逻辑关系，对于分析各项工作之间的相互影响及处理它们之间的协作关系具有非常重要的意义，这是网络计划先进性的主要特征。

② 通过网络计划时间参数的计算，可以找出关键线路和关键工作。关键线路上各项工作持续时间总和即为网络计划的工期，关键线路上的工作就是关键工作，关键工作的进度将直接影响网络计划的工期。通过时间参数的计算，能够明确网络计划中的关键线路和关键工作。

③ 通过网络计划时间参数的计算，可以明确各项工作的机动时间。在一般情况下，除关键工作外，其他各项工作（非关键工作）均有富余时间。这种富余时间可视为一种"潜力"，既可用来支援关键工作，也可用来优化网络计划，降低单位时间资源需求量。

④ 网络计划可以利用电子计算机进行计算、优化和调整。由于影响工程项目进度的因素很多，只有利用电子计算机进行进度计划的优化和调整，才能适应实际变化的要求。网络计划能使进度控制人员利用电子计算机对工程进度计划进行计算、优化和调整。正是由于网络计划的这一特点，使其成为有效的进度控制方法，从而受到普遍重视。

网络计划也有其不足之处，如不像横道计划那么直观明了等，但这可以通过绘制时标网络计划得到弥补。

10.2.2 工程项目进度计划的编制程序

应用网络计划技术编制工程项目进度计划时，其编制程序一般包括四个阶段十个步骤，见表10-2。

1. 计划准备阶段

1) 调查研究的主要目的是掌握足够充分、准确的资料，从而为确定合理的进度目标、编制科学的进度计划提供可靠的依据。

调查研究的内容包括：工程任务情况、实施条件、设计资料；有关标准、定额、规程、制度；资源需求与供应情况；资金需求与供应情况；有关统计资料、经验总结及历史资料等。

表 10-2　工程项目进度计划编制程序

编制阶段	编制步骤	编制阶段	编制步骤
Ⅰ．计划准备阶段	1. 调查研究	Ⅲ．计算时间参数及确定关键线路阶段	6. 计算工作延续时间
	2. 确定网络计划目标		7. 计算网络计划时间参数
Ⅱ．编制网络图阶段	3. 进行项目分解		8. 确定关键线路
	4. 分析逻辑关系	Ⅳ．编制正式网络计划阶段	9. 优化网络计划
	5. 绘制网络图		10. 编制正式网络计划

调查研究的方法有实际观察、测算、询问；会议调查；资料检索；分析预测等。

2）确定网络计划目标。网络计划目标由工程项目目标决定，一般可分为以下三类：

① 时间目标，即工期目标，是工程项目合同中规定的工期或有关主管部门要求的工期。工期目标的确定应以建筑设计周期定额和建筑安装工程工期定额为依据，同时充分考虑类似工程实际进展情况、气候条件以及工程难易程度和建设条件的落实情况的因素。工程项目建设和施工进度安排必须以建筑设计周期定额和建筑安装工程工期定额为最高时限。

② 时间—资源目标。所谓资源，是指在工程建设过程中所需要投入的劳动力、原材料及施工机具等。在一般情况下，时间—资源目标分为两类：资源有限，工期最短；工期固定，资源均衡。

③ 时间—成本目标。这是以固定的工期寻求最低成本或最低成本时的工期安排。

2. 绘制网络图阶段

1）进行项目分解。将工程项目由粗到细进行分解，是编制网络计划的前提。如何进行工程项目的分解，工作划分的粗细程度如何，将直接影响网络图的结构。对于控制性网络计划，其工作应划分得粗略，而对于实施性网络计划，工作应划分得详细。工作划分的粗细程度，应根据实际需要来确定。

2）分析逻辑关系。分析各项工作之间的逻辑关系时既要考虑施工程序或工艺技术工程，又要考虑组织安排或资源调配需要。对施工进度计划而言，分析其工作之间的逻辑关系时，应考虑：施工工艺的要求；施工方法和施工机械的要求；施工组织的要求；施工质量的要求；当地的气候条件；安全技术的要求。分析逻辑关系的主要依据是施工方案、有关资源供应情况和施工经验等。

3）绘制网络图。根据已确定的逻辑关系，即可按绘图规则绘制单代号网络图、双代号网络图、双代号时标网络计划或单代号搭接网络计划等。

3. 计算时间参数及确定关键线路阶段

1）计算工作持续时间是指完成该工作所花费的时间。计算花费时间的方法有多种，既可以凭以往的经验进行估算，也可以通过试验推算。当有定额可用时，还可以利用时间定额或产量定额进行计算。对于搭接网络计划，还需要按最优施工顺序及施工需要，确定各项工作之间的搭接时间。如果有些工作有时限要求，就应确定其时限。

2）计算网络计划时间参数。网络计划时间参数一般包括工作最早开始时间、工作最早完成时间、工作最迟开始时间、工作最迟完成时间、工作总时差、工作自由时差、节点最早时间、节点最迟时间、相邻两项工作之间的时间间隔、计算工期等。应根据网络计划的类型及其使用要求选择上述时间参数。网络计划时间参数的计算方法有图上计算法、表上计算法、公式法等。

3）确定关键线路和关键工作。在计算网络计划时间参数的基础上，便可根据有关时间参数确定网络计划中的关键线路和关键工作。

4. 编制正式网络计划阶段

1）优化网络计划。当初始网络计划的工期满足所要求的工期及资源需求而无须进行网络优化时，初始网络计划即可作为正式的网络计划。否则，需要对初始网络计划进行优化。根据所追求的目标不同，网络计划的优化包括工期优化、费用优化和资源优化三种。应根据工程的实际需要选择不同的优化方法。

2）编制正式网络计划。根据网络计划的优化结果，便可绘制正式的网络计划，同时编制网络计划说明书。网络计划说明书的内容应包括编制原则和依据，主要计划指标一览表，执行计划的关键问题，需要解决的重要问题及其主要措施，其他需要解决的问题。

5. 工程项目进度控制的措施

进度控制所采取的措施包括组织措施、技术措施、经济措施和管理措施，其中最重要的措施是组织措施，最有效的措施是经济措施。

（1）组织措施

工程项目进度纠偏工作应当重视组织措施。组织措施包括以下内容：

1）系统的目标决定了系统的组织，组织是目标能否实现的决定性因素，因此首先要建立项目的进度控制目标体系。

2）充分重视健全项目管理的组织体系，在项目组织结构中应有专门的工作部门和符合进度控制岗位资格的专人负责进度控制工作。进度控制的主要工作环节包括进度目标的分析和论证、编制进度计划、定期跟踪进度计划的执行情况、采取纠偏措施，以及调整进度计划，这些工作任务和相应的管理职能应在项目管理组织设计的任务分工表和管理职能分工表中标示并落实。

3）建立进度报告、进度信息沟通网络、进度计划审核、进度计划实施中的检查分析、图纸审查、工程变更和设计变更管理等制度。

4）应编制项目进度控制的工作流程，如确定项目进度计划系统的组成，确定各类进度计划的编制程序、审批程序和计划调整程序等。

5）进度控制工作包含了大量的组织和协调工作，而会议是组织和协调的重要手段。建立进度协调会议制度，应进行有关进度控制会议的组织设计，以明确会议的类型，各类会议的主持人及参加单位和人员，各类会议的召开时间、地点，各类会议文件的整理、分发和确认等。

（2）技术措施

技术措施包括以下内容：

1）不同的设计理念、设计技术路线、设计方案会对工程进度产生不同的影响。在设计工作的前期，特别是在设计方案评审和选用时，应对设计技术与工程进度的关系做分析比较。

2）采用技术先进和经济合理的施工方案，改进施工工艺和施工技术、施工方法，选用更先进的施工机械。

(3) 经济措施

工程项目进度控制的经济措施涉及资金需求计划、资金供应的条件和经济激励措施等。经济措施主要包括以下几项内容：

1) 为确保进度目标的实现，应编制与进度计划相适应的资源需求计划（资源进度计划），包括资金需求计划和其他资源（人力和物力资源）需求计划，以反映工程实施的各时段所需要的资源。

2) 及时办理工程预付款及工程进度款支付手续，对工程延误收取误期损失赔偿金。

3) 在工程预算中应考虑加快工程进度所需要的资金，其中包括为实现进度目标将要采取的经济激励措施所需要的费用。

(4) 管理措施

工程项目进度控制的管理措施涉及管理的思想、管理的方法、管理的手段、承发包模式、合同管理和风险管理等。在理顺组织的前提下，科学和严谨的管理就显得十分重要。

采取相应的管理措施必须注意以下问题：

工程项目进度控制在管理观念方面存在的主要问题包括以下几点：缺乏进度计划系统的观念，分别制订各种独立而互不联系的计划，无法形成整个建设工程项目的进度计划系统；缺乏动态控制的理念，只重视计划的编制而忽略计划的动态跟踪和调整；缺乏进度计划多方案比较和选优的观念，在制订进度计划时，没有进行多个方案间的比选；等等。

合理的进度计划应体现资源的合理使用、工作面的合理安排，有利于提高建设质量，有利于文明施工和有利于合理地缩短建设周期。

■ 10.3 工程项目进度实施计划中的检测与调整

确定建设工程进度目标，编制一个科学、合理的进度计划是工程师实现进度控制的首要前提。但在工程项目实施过程中，由于外部环境和条件的变化，进度计划的编制者很难事先对项目在实施过程中可能出现的问题进行全面的估计。例如，气候的变化、不可预见事件的发生，以及其他条件的变化均会对工程进度计划的实施产生影响，从而造成实际进度偏离计划进度。如果实际进度与计划进度的偏差得不到及时纠正，必然影响进度总目标的实现。为此，在进度计划的执行过程中，必须采取有效的监测手段对进度计划的实施过程进行监控，以便及时发现问题，并运用行之有效的进度调整方法来解决问题。

10.3.1 实际进度监测与调整的系统过程

1. 进度监测的系统过程

在建设工程实施过程中，工程师应经常地、定期地对进度计划的执行情况进行跟踪检查，发现问题后及时采取措施加以解决。进度监测的系统过程如图 10-1 所示。

(1) 进度计划执行中的跟踪检查

对进度计划的执行情况进行跟踪检查是计划执行信息的主要来源，是进度分析和调整的依据，也是进度控制的关键步骤。跟踪检查的主要工作是定期搜集反映工程实际进度的有关数据，搜集的数据应当全面、真实、搜靠，不完整或不正确的进度数据将导致判断不准确或决策失误。为了全面、准确地掌握进度计划的执行情况，工程师应认真做好以下三个方面的工作：

1）定期搜集进度报表资料。进度报表是反映工程实际进度的主要形式之一。进度计划执行单位应按照进度规定的时间和报表内容，进行实际进度与计划进度的比较，工程师通过搜集进度报表资料掌握工程实际进展情况。

2）现场实地检查工程进展情况。派工作人员常驻现场，随时检查进度计划的实际执行情况，这样可以加强进度监测工作，掌握工程实际进度的第一手资料，使获取的数据更加及时、准确。

3）定期召开现场会议。定期召开现场会议，工程师通过与进度计划执行单位的有关人员面对面的交谈，既可以了解工程实际进度状况，同时也可以协调有关方面的进度关系。

一般来说，进度控制的效果与搜集数据资料的时间间隔有关。多长时间进行一次进度检查，是工程师应当确定的问题。如果不经常地、定期地搜集实际进度数据，就难以有效地控制实际进度。进度检查的时间间隔与工程项目的类型、规模、对象及有关条件等多方面的因素相关，可视工程的具体情况，每月、每半月或每周进行一次检查。特殊情况下，甚至需要每日进行一次进度检查。

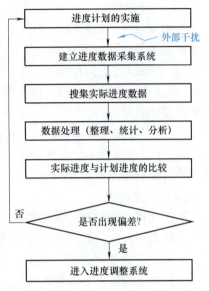

图 10-1　进度检测的系统过程

（2）实际进度数据的加工处理

为了进行实际进度与计划进度的比较，必须对搜集到的实际进度数据进行加工处理，形成与计划进度具有可比性的数据。例如，对检查时段实际完成工作量的进度数据进行整理、统计和分析，确定本期累计完成的工作量、本期已完成的工作量占计划总工作量的百分比等。

（3）实际进度与计划进度的对比分析

将实际进度数据与计划进度数据进行比较，可以确定建设工程实际执行状况与计划目标之间的差距。为了直观反映实际进度偏差，通常采用表格或图形进行实际进度与计划进度的对比分析，得出实际进度比计划进度超前、滞后还是一致的结论。

2. 进度调整的系统过程

在建设工程实施进度监测过程中，发现实际进度偏离计划进度，即出现进度偏差时，必须认真分析产生偏差的原因及其对后续工作和总工期的影响，必要时采取合理、有效的进度计划调整措施，确保进度总目标的实现。进度调整的系统过程如图10-2所示。

1）分析产生偏差的原因。通过实际进度与计划进度的比较，发现进度偏差时，为了采取有效措施调整进度计划，必须深入现场进行调查，分析产生进度偏差的

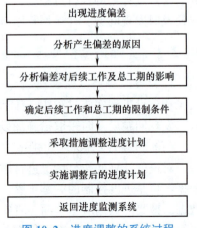

图 10-2　进度调整的系统过程

第10章 工程项目进度管理

原因。

2）分析偏差对后续工作及总工期的影响。当查明进度偏差产生的原因之后，要分析进度偏差对后续工作和总工期的影响程度，以确定是否应采取措施调整进度计划。

3）确定后续工作和总工期的限制条件。当出现的进度偏差影响后续工作或总工期而需要采取进度调整措施时，应当首先确定可调整进度的范围，主要包括关键节点、后续工作的限制条件，以及总工期允许变化的范围。这些限制条件往往与合同条件有关，需要认真分析后确定。

4）采取措施调整进度计划。采取进度调整措施，应以后续工作和总工期的限制条件为依据，确保要求的进度目标得到实现。

5）实施调整后的进度计划。调整之后，应采取相应的组织、经济、技术措施执行它，并继续监测其执行情况。

10.3.2 实际进度与计划进度的比较方法

实际进度与计划进度的比较是建设工程进度监测的主要环节。常用的进度比较方法有横道图比较法、S曲线比较法、香蕉曲线比较法、前锋线比较法和列表比较法。

1. 横道图比较法

横道图比较法是指将项目实施过程中检查实际进度搜集的数据，经加工整理后直接用横道线平行绘于原计划的横道线处，进行实际进度与计划进度的比较方法。采用横道图比较法，可以形象、直观地反映实际进度与计划进度的比较情况。

例如，某项目基础工程的计划进度和到第9天的实际进度，见表10-3，其中双线条表示该工程计划进度，粗实线表示实际进度。从表中实际进度与计划进度的比较可以看出，到第9天进行实际进度检查时，挖土方和做垫层两项工作已经完成；支模板按计划应该完成，但实际只完成了75%，任务量拖欠25%；绑钢筋按计划应该完成60%，而实际只完成20%，任务量拖欠40%。

表 10-3 某基础工程实际进度与计划进度比较

工作名称	持续时间/天	进度/天															
		1	2	3	4	5	6	7	8	9	10	11	12	13	14	15	16
挖土方	6																
做垫层	3																
支模板	4																
绑钢筋	5																
混凝土	4																
回填土	5																

注：══ 为计划进度，── 为实际进度。

根据各项工作的进度偏差，进度控制者可以采取相应的纠偏措施对进度计划进行调整，以确保该工程按期完成。

表 10-3 所表达的比较方法仅适用于工程项目中各项工作都是均匀进展的情况，即每项工作在单位时间内完成的任务量都相等的情况。事实上，工程项目中各项工作的进展不一定匀速。根据工程项目中各项工作的进展是否匀速，可分别采用以下两种方法进行实际进度与计划进度的比较：

（1）匀速进展横道图比较法

匀速进展是指在工程项目中，每项工作在单位时间内完成的任务量都相等，即工作的进展速度是均匀的。此时，每项工作累计完成的任务量与时间呈线性关系，如图 10-3 所示。完成的任务量可以用实物工程量、劳动消耗量或费用支出表示。为了便于比较，通常用上述物理量的百分比表示。

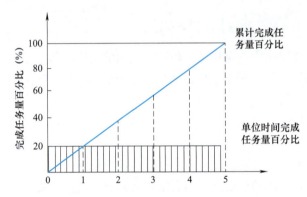

图 10-3　每项工作累计完成任务量与时间关系

采用匀速进展横道图比较法时，其步骤如下：

1）编制横道图进度计划。

2）在进度计划上标出检查日期。

3）将检查搜集到的实际进度数据经加工整理后按比例用涂黑的粗线标于计划进度线上，如图 10-4 所示。

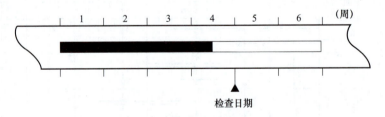

图 10-4　匀速进展横道图比较

4）对比分析实际进度与计划进度。

① 如果涂黑的粗线右端落在检查日期左侧，表明实际进度拖后。

② 如果涂黑的粗线右端落在检查日期右侧，表明实际进度超前。

③ 如果涂黑的粗线右端与检查日期重合，表明实际进度与计划进度一致。

该方法仅适用于工作从开始到结束的整个过程中，其进展速度均为固定不变的情况。如果工作进展速度是变化的，就不能采用此方法进行实际进度与计划进度的比较；否则，会得出错误的结论。

（2）非匀速进展横道图比较法

当工作在不同单位时间里进展速度不相等时，累计完成的任务量与时间的关系就不可能是线性关系。此时，应采用非匀速进展横道图比较法进行工作实际进度与计划进度的比较。非匀速进展横道图比较法在用涂黑粗线表示工作实际进度的同时，还要标出其对应时刻完成任务量累计百分比，并将该百分比与其同时刻计划完成任务量累计百分比相比较，判断工作实际进度与计划进度之间的关系。

采用非匀速进展横道图比较法时，其步骤如下：

1）编制横道图进度计划。

2）在横道线上方标出各主要时间工作的计划完成任务量累计百分比。

3）在横道线下方标出相应时间工作的实际完成任务量累计百分比。

4）用涂黑粗线标出工作的实际进度，从开始之日标起，同时反映该工作在实施过程中的连续与间断情况。

5）通过比较同一时刻实际完成任务量累计百分比和计划完成任务量累计百分比，判断工作实际进度与计划进度之间的关系。

① 如果同一时刻横道线上方累计百分比大于横道线下方累计百分比，就表明实际进度拖后，拖欠的任务量为二者之差。

② 如果同一时刻横道线上方累计百分比小于横道线下方累计百分比，就表明实际进度超前，超前的任务量为二者之差。

③ 如果同一时刻横道线上下方两个累计百分比相等，就表明实际进度与计划进度一致。

可以看出，由于工作进展速度是变化的，因此在图中的横道线，无论是计划还是实际，只能表示工作的开始时间、完成时间和持续时间，并不表示计划完成的任务量和实际完成的任务量。此外，采用非匀速进展横道图比较法，不仅可以进行某一时刻（如检查日期）实际进度与计划进度的比较，而且还能进行某一时间段实际进度与计划进度的比较。当然，这需要实施部门按规定的时间记录当时的任务完成情况。

【例 10-1】 某项目的基槽开挖工作按施工进度计划安排需要 7 周完成，每周计划完成的任务量百分比如图 10-5 所示。请编制横道图进度计划，比较实际进度与计划进度。

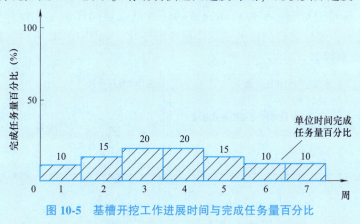

图 10-5 基槽开挖工作进展时间与完成任务量百分比

【解】1）编制横道图进度计划，如图10-6所示。

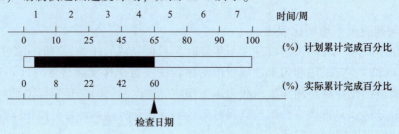

图10-6 非匀速进展横道图比较

2）在横道线上方标出基槽开挖工作每周计划累计完成任务量的百分比，分别为10%、25%、45%、65%、80%、90%和100%。

3）在横道线下方标出第1周至检查日期（第4周）每周实际累计完成任务量的百分比，分别为8%、22%、42%、60%。

4）用涂黑粗线标出实际投入的时间。图10-6表明，该工作实际开始时间晚于计划开始时间，在开始后连续工作，没有中断。

5）比较实际进度与计划进度。从图10-6中可以看出，该工作在第一周实际进度比计划进度拖后2%，以后各周周末累计拖后分别为3%、3%和5%。

横道图比较法虽有记录和比较简单、形象直观、易于掌握、使用方便等优点，但由于它以横道计划为基础，因而带有不可克服的局限性。在横道计划中，各项工作之间的逻辑关系表达不明确，关键工作和关键线路无法确定。一旦某些工作实际进度出现偏差，难以预测其对后续工作和工程总工期的影响，也就难以确定相应的进度计划调整方法。因此，横道图比较法主要用于工程项目中某些工作实际进度与计划进度的局部比较。

2. S 曲线比较法

S曲线比较法是以横坐标表示时间，纵坐标表示累计完成任务量，绘制一条按计划时间累计完成任务量的S曲线。然后将工程项目实施过程中各检查时间实际累计完成任务量的S曲线也绘制在同一坐标系中，进行实际进度与计划进度比较的一种方法。

从整个工程项目实际进展全过程看，单位时间投入的资源量一般是开始和结束时较少，中间阶段较多。与其相对应，单位时间完成的任务量也呈同样的变化规律，如图10-7a所示。而随工程进展，累计完成的任务量则应呈S形变化，如图10-7b所示。其形似英文字母"S"，S曲线由此而得名。

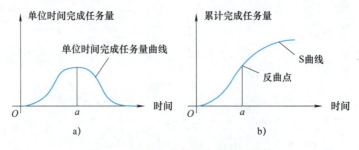

图10-7 时间与完成任务量关系曲线

(1) S 曲线的绘制方法

【例 10-2】 某混凝土工程的浇筑总量为 2 000m³，按照施工方案，计划 9 个月完成，每月计划完成混凝土浇筑量如图 10-8 所示，试绘制该混凝土工程的计划 S 曲线。

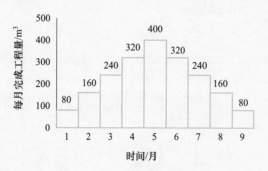

图 10-8 每月计划完成工程量

【解】1) 确定单位时间计划完成任务量。在本例中，将每月计划完成混凝土浇筑量列于表 10-4 中。

表 10-4 完成工程量汇总

时间/月	1	2	3	4	5	6	7	8	9
每月完成量/m³	80	160	240	320	400	320	240	160	80
累计完成量/m³	80	240	480	800	1 200	1 520	1 760	1 920	2 000

2) 计算不同时间累计完成任务量。在本例中，依次计算每月计划累计完成的混凝土浇筑量，结果列于表 10-4 中。

3) 根据累计完成任务量绘制 S 曲线。在本例中，根据每月计划累计完成混凝土浇筑量而绘制的 S 曲线，如图 10-9 所示。

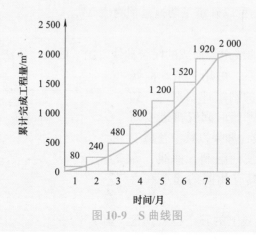

图 10-9 S 曲线图

(2) S 曲线的比较分析

S 曲线比较法也是在图上进行工程项目实际进度与计划进度的直观比较。在工程项目实施过程中，按照规定时间将检查搜集到的实际累计完成任务量绘制在原计划 S 曲线上，即可得到实际进度 S 曲线，如图 10-10 所示。通过比较实际进度 S 曲线和计划进度 S 曲线，可以获得如下信息：

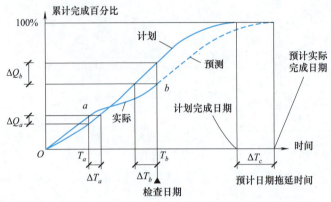

图 10-10　S 曲线的比较分析

1) 工程项目实际进展状况：如果工程实际进展点落在计划 S 曲线左侧，表明此时实际进度比计划进度超前，如图 10-10 中的 a 点；如果工程实际进展点落在 S 计划曲线右侧，表明此时实际进度拖后，如图 10-10 中的 b 点；如果工程实际进展点正好落在 S 曲线上，表示此时实际进度与计划进度一致。

2) 工程项目实际进度超前或拖后的时间：在 S 曲线比较图中可以直接读出实际进度比计划进度超前或拖后的时间。图 10-10 中，ΔT_a 表示 T_a 时刻实际进度超前的时间，ΔT_b 表示 T_b 时刻实际进度拖后的时间。

3) 工程项目实际超额或拖欠的任务量：在曲线比较图中也可以直接读出实际进度比计划进度超额或拖欠的任务量。图 10-10 中，ΔQ_a 表示 T_a 时刻超额完成的任务量。ΔQ_b 表示 T_b 时刻拖欠的任务量。

4) 后期工程进度预测。如果后期工程按原计划速度进行，则后期工程计划 S 曲线，如图 10-10 中虚线所示，从而可以确定工期拖延预测值 ΔT。

3. 香蕉曲线比较法

香蕉曲线是由两条 S 曲线组合而成的闭合曲线。由 S 曲线比较法可知，工程项目累计完成任务量与计划时间的关系，可用一条 S 曲线表示。对于一个工程项目的网络计划来说，如果以其中各项工作的最早开始时间安排进度而绘制 S 曲线，称为 ES 曲线；如果以其中各项工作的最迟开始时间安排进度而绘制 S 曲线，称为 LS 曲线。两条 S 曲线具有相同的起点和终点，因此两条曲线是闭合的。

在一般情况下，ES 曲线上的其余各点均落在 LS 曲线的相应点的左侧。由于该闭合曲线形似"香蕉"，故称为香蕉曲线，如图 10-11 所示。

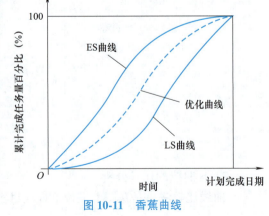

图 10-11　香蕉曲线

(1) 香蕉曲线比较法的作用

香蕉曲线比较法能直观地反映工程项目的实际进展情况，并可以获得比 S 曲线更多的信息，其主要作用如下：

1) 合理安排工程项目进度计划。如果工程项目中的各项工作均按其最早开始时间安排进度，将导致项目的投资加大；而如果各项工作都按其最迟开始时间安排进度，则一旦受到进度影响因素的干扰，又将导致工期拖延，使工程进度风险加大。因此，一个科学合理的进度计划优化曲线应处于香蕉曲线所包括的区域之内，如图 10-11 中的虚线所示。

2) 定期比较工程项目的实际进度与计划进度。在工程项目的实施过程中，根据每次检查搜集到的实际完成任务量，绘制出实际进度 S 曲线，便可以与计划进度进行比较。工程项目实施进度的理想状态是任一时刻工程实际进展点应落在香蕉曲线图的范围之内。如果工程实际进展点落在 ES 曲线的左侧，表明此刻实际进度比各项工作按其最早开始时间安排的计划进度超前；如果工程实际进展点落在 LS 曲线的右侧，则表明此刻实际进度比各项工作按其最迟开始时间安排的计划进度拖后。

3) 预测后期工程进展趋势。利用香蕉曲线可以对后期工程的进展情况进行预测。例如，在图 10-12 中，该工程项目在检查日实际进度超前。检查日期之后的后期工程进度安排如图中虚线所示，预计该工程项目将提前完成。

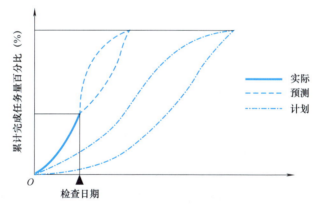

图 10-12　香蕉曲线的进度预测

(2) 香蕉曲线的绘制方法

香蕉曲线的绘制方法与 S 曲线的绘制方法基本相同，不同之处在于香蕉曲线由工作按最早开始时间安排进度和按最迟开始时间安排进度分别绘制的两条 S 曲线组合而成，其绘制步骤如下：

1) 以工程项目网络计划为基础，计算各项工作最早开始时间和最迟开始时间。

2) 确定各项工作在各单位时间的计划完成任务量，分别按以下两种情况考虑：

① 根据各项工作按最早开始时间安排的进度计划，确定各项工作在各单位时间的计划完成任务量。

② 根据各项工作按最迟开始时间安排的进度计划，确定各项工作在各单位时间的计划完成任务量。

3) 计算工程项目总任务量，即对所有工作在各单位时间计划完成的任务量累加求和。

4) 分别根据各项工作按最早开始时间、最迟开始时间安排的进度计划，确定工程项目在各单位时间计划完成的任务量，即将各项工作在某一单位时间内计划完成的任务量求和。

5) 分别根据各项工作按最早开始时间、最迟开始时间安排的进度计划，确定不同时间累计完成的任务量或任务量的百分比。

6) 绘制香蕉曲线。分别根据各项工作按最早开始时间、最迟开始时间安排的进度计划而确定的累计完成任务量或任务量的百分比描绘各点，并连接各点得到 ES 曲线和 LS 曲线，由 ES 曲线和 LS 曲线组成香蕉曲线。

在工程项目实施过程中，根据检查得到的实际累计完成任务量，按同样的方法在原计划香蕉曲线图上绘出实际进度曲线，便可以进行实际进度与计划进度的比较。

【例 10-3】 某工程项目网络计划如图 10-13 所示，图中箭线上方括号内数字表示各项工作计划完成的任务量，以劳动消耗量表示；箭线下方数字表示各项工作的持续时间（单位：周）。试绘制香蕉曲线。

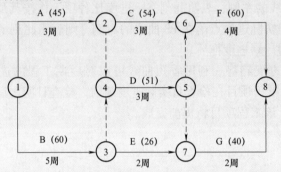

图 10-13　某工程项目网络计划

【解】 假设各项工作均为匀速进展，即各项工作每周的劳动消耗量相等。

1) 确定各项工作每周的劳动消耗量：

工作 A：45÷3＝15　　工作 B：60÷5＝12　　工作 C：54÷3＝18　　工作 D：51÷3＝17
工作 E：26÷2＝13　　工作 F：60÷4＝15　　工作 G：40÷2＝20

2) 计算工程项目劳动消耗总量 Q：Q＝45+60+54+51+26+60+40＝336。

3) 根据各项工作按最早开始时间安排的进度计划，确定工程项目每周计划劳动消耗量及各周累计劳动消耗量，如图 10-14 所示。

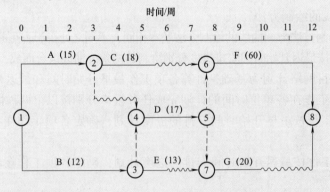

图 10-14　按工作最早开始时间安排的进度计划及劳动消耗量

4）根据各项工作按最迟开始时间安排的进度计划，确定工程项目每周计划劳动消耗量及各周累计劳动消耗量，如图10-15所示。

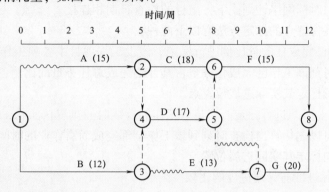

图 10-15　按工作最迟时间安排的进度计划及劳动消耗量

5）根据不同的累计劳动消耗量分别绘制 ES 曲线和 LS 曲线，便得到香蕉曲线，如图 10-16 所示。

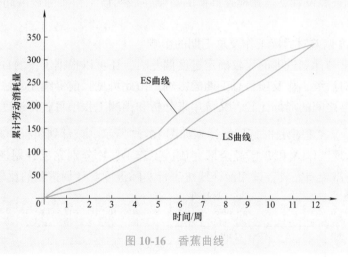

图 10-16　香蕉曲线

4. 前锋线比较法

前锋线是指在原时标网络计划上，从检查时刻的时标点出发，用点画线依次将各项工作实际进展位置点连接而成的折线。前锋线比较法是通过绘制某检查时刻工程实际进度前锋线，进行工程实际进度与计划进度比较的方法，它主要适用于时标网络计划。前锋线比较法就是通过实际进度前锋线与原进度计划中各工作箭线交点的位置来判断工作实际进度与计划进度的偏差，进而判定该偏差对后续工作及总工期影响程度的一种方法。

采用前锋线比较法进行实际进度与计划进度的比较，其步骤如下：

（1）绘制时标网络计划图

工程项目实际进度前锋线是在时标网络计划图上标示，为清楚起见，可在时标网络计划图的上方和下方各设一时间坐标。

（2）绘制实际进度前锋线

一般从时标网络计划图上方时间坐标的检查日期开始绘制，依次连接相邻工作的实际进展位置点，最后与时标网络计划图下方坐标的检查日期相连接。

工作实际进展位置点的标定方法有以下两种：

1）按该工作已完成任务量比例进行标定。假设工程项目中各项工作均为匀速进展，根据实际进度检查时刻该工作已完成任务量占其计划完成总任务量的比例，在工作箭线上从左至右按相同的比例标定其实际进展位置点。

2）按尚需作业时间进行标定。当某些工作的持续时间难以按实物工程量来计算而只能凭经验估算时，可以先估算出检查时刻到该工作全部完成尚需作业的时间，然后在该工作箭线上从右向左逆向标定其实际进展位置点。

（3）进行实际进度与计划进度的比较

针对匀速进展的工作，前锋线可以直观地反映检查日期有关工作实际进度与计划进度之间的关系。对某项工作来说，其实际进度与计划进度之间的关系可能存在以下三种情况：

1）工作实际进展位置点落在检查日期的左侧，表明该工作实际进度拖后，拖后的时间为二者之差。

2）工作实际进展位置点与检查日期重合，表明该工作实际进度与计划进度一致。

3）工作实际进展位置点落在检查日期的右侧，表明该工作实际进度超前，超前的时间为二者之差。

（4）预测进度偏差对后续工作及总工期的影响

通过实际进度与计划进度的比较确定进度偏差后，还可以根据工作的自由时差和总时差预测该进度偏差对后续工作及项目总工期的影响。由此可见，前锋线比较法既适用于工作实际进度与计划进度之间的局部比较，又可用来分析和预测工程项目整体进度状况。

【例10-4】 某工程项目时标网络计划如图10-17所示。该计划执行到第6周周末检查实际进度时，发现工作A和B已经全部完成，工作D、E分别完成计划任务量的20%和50%，工作C尚需4周完成，试用前锋线法进行实际进度与计划进度的比较。

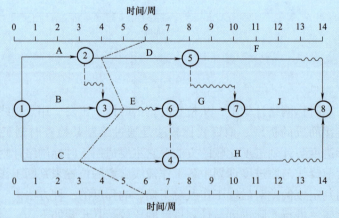

图10-17 某工程前锋线比较图

【解】 根据第6周周末实际进度的检查结果绘制前锋线，如图10-17中的点画线所示。通过比较可以看出：

1) 工作 D 实际进度拖后 2 周，将使其后续工作 F 的最早开始时间推迟 2 周，并使总工期延长 1 周。

2) 工作 E 实际进度拖后 1 周，既不影响总工期，也不影响其后续工作的正常进行。

3) 工作 C 实际进度拖后 3 周，将使其后续工作 J、H、G 的最早开始时间推迟 3 周。由于工作 J、G 开始时间的推迟，从而使总工期延长 3 周。

综上所述，如果不采取措施加快进度，该工程项目的总工期将延长 3 周。

5. 列表比较法

当工程进度计划用非时标网络图表示时，可以采用列表比较法进行实际进度与计划进度的比较。这种方法是记录检查日期应该进行的工作名称及其已经作业的时间，然后列表计算有关时间参数，并根据工作总时差进行实际进度与计划进度比较的方法。采用列表比较法进行实际进度与计划进度的比较，其步骤如下：

1) 对于实际进度检查日期应该进行的工作，根据已经作业的时间，确定其尚需作业时间。

2) 根据原进度计划计算检查日期应该进行的工作，从检查日期到原计划最迟完成时间尚余时间。

3) 计算工作尚有总时差，其值等于工作从检查日期到原计划最迟完成时间尚余时间与该工作尚需作业时间之差。

4) 比较实际进度与计划进度，可能有以下几种情况：

① 如果工作尚有总时差与原有总时差相等，说明该工作实际进度与计划进度一致。

② 如果工作尚有总时差大于原有总时差，说明该工作实际进度超前，超前的时间为二者之差。

③ 如果工作尚有总时差小于原有总时差，且仍为非负值，说明该工作实际进度拖后，拖后的时间为二者之差，但不影响总工期。

④ 如果工作尚有总时差小于原有总时差，且为负值，说明该工作实际进度拖后，拖后的时间为二者之差，此时工作实际进度偏差将影响总工期。

【例 10-5】 某工程项目进度计划如图 10-17 所示。该计划执行到第 10 周周末检查实际进度时，发现工作 A、B、C、D、E 已经全部完成，工作 F 已进行 1 周，工作 G 和工作 H 均已进行 2 周，试用列表比较法进行实际进度与计划进度的比较。

【解】 根据工程项目进度计划及实际进度检查结果，可以计算出检查日期应进行工作的尚需作业时间、原有总时差及尚有总时差等，计算结果见表 10-5。通过比较尚有总时差和原有总时差，即可判断目前工程实际进展状况。

表 10-5　工作进度检查比较表

工作代号	工作名称	检查计划时尚余周数/周	原有总时差/周	尚有总时差/周	情况判断
5-8	F	4	1	0	拖后 1 周，但不影响工期
6-7	G	1	0	-1	拖后 1 周，影响总工期 1 周
4-8	H	3	2	1	拖后 1 周，但不影响工期

10.3.3 工程项目进度优化

网络计划的优化是指在一定约束条件下，按既定的目标对网络计划不断进行修改，以寻求最满意的方案，包括工期目标、费用目标和资源目标。根据优化目标不同，网络计划的优化可以分为工期优化、工期—费用优化、资源均衡—工期最短优化。

1. 工期优化

（1）工期优化的定义

所谓工期优化，是指网络计划的计算工期不满足要求工期时，通过压缩关键工作的持续时间以满足要求工期目标的过程。

（2）工期优化的基本方法

在不改变网络计划中各项工作之间逻辑关系的前提下，通过压缩关键工作的持续时间达到优化目的。在优化过程中，按照经济合理的原则，不能将关键工作主动压缩成非关键工作。此外，当工期优化过程中出现多条关键线路时，必须将各条关键线路的总持续时间压缩相同数值。

（3）工期优化的基本步骤

1）确定初始网络计划的计算工期和关键线路（通常采用标号法）。

2）计算要求工期应该压缩的时间。

3）选择应压缩持续时间的关键工作。压缩对象时对关键工作应考虑的因素如下：

① 缩短持续时间对质量和安全影响不大的工作。

② 有充足的资源准备。

③ 缩短持续时间所增加的费用最少的工作。

需要注意的是压缩选定的关键工作的持续时间，其缩短值的确定必须符合下列原则：缩短后工作的持续时间不能小于其最短持续时间；不能将原关键工作的持续时间压缩变成非关键工作。

综合考虑以上因素，并以优选系数形式体现，优选系数越小越好。

4）优选系数确定关键工作及压缩时间。

① 当只有一条关键线路时，选择优选系数最小的工作进行压缩。在压缩过程中不能将关键工作主动压缩为非关键工作。若压缩工作变成了非关键工作，那么缩短压缩的时间。

② 当出现多条关键线路时，应考虑组合方案，选择组合方案中组合优选系数最小的组合工作进行时间压缩。方案组合必须涉及每一条关键线路，同时各组合方案涉及的关键工作压缩时间必须相等。

5）重复以上工作，直至网络计划的计算工期满足要求的工期。

6）当所有工作的持续时间达到最短极限仍然不能满足要求工期时，那么应对网络计划的原技术方案、组织方案进行调整，或重新审定工期。

（4）工期优化示例

【例10-6】 已知某工程双代号网络，如图10-18所示，图中箭线下方括号外数字为工作的正常持续时间，括号内数字为工作的最短持续时间；图中箭线上方括号内数字为工作的优选系数，合同要求工期为15周，那么确定初始网络图是否要进行工期优化？写出过程。

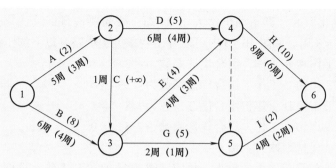

图 10-18 初始网络图

【解】1) 根据各项工作的正常持续时间,用标号法确定网络计划的关键线路和计算工期,得到关键线路为:①—②—④—⑥,计算工期 $TC=19$ 周,如图 10-19 所示。

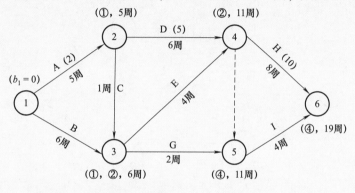

图 10-19 关键线路及计算工期

2) 计算应压缩的时间:19 周 -15 周 $=4$ 周。

3) 由于只有一条关键线路,选择优选系数最小的作为压缩工作,即 A 工作为优先压缩的对象。

4) 将 A 工作的时间压缩 2 周,使持续时间为 3 周,这时 A 工作被压缩成了非关键工作,因此 A 工作的时间不能压缩 2 周,将 A 工作的时间只压缩 1 周,让 A 工作恢复为关键工作,此时网络如图 10-20 所示。

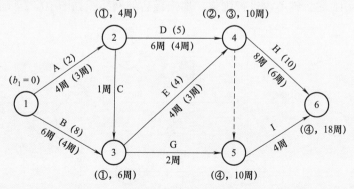

图 10-20 第一次优化后的网络图

第一次优化后计算工期 18 周,关键线路为①—②—④—⑥和①—③—④—⑥。

5）第一次优化后的计算工期仍然大于 15 周，故需要进行继续优化，需要压缩的时间为 18 周-15 周=3 周。从图 10-20 中可以看出两条关键线路有以下的压缩组合方案：

同时压缩 A 工作和 B 工作，组合优选系数为：2+8=10。
同时压缩 A 工作和 E 工作，组合优选系数为：2+4=6。
同时压缩 B 工作和 D 工作，组合优选系数为：8+5=13。
同时压缩 D 工作和 E 工作，组合优选系数为：5+4=9。
压缩 H 工作，优选系数为：10。

由于 A 和 E 的组合优选系数最小，故应同时压缩 A 和 E 工作，这两项工作各同时压缩 1 周（因为 A 工作只能压缩 1 周），之后的关键线路没有发生变化，计算工期为 17 周，见图 10-21。

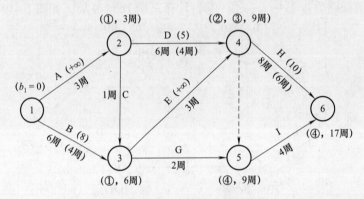

图 10-21　第二次优化后的网络图

6）因第二次优化后的计算工期仍然大于 15 周，故需要继续压缩，压缩时间为 2 周。由于关键线路没有发生变化，所以组合方案没有发生变化，但由于 A 和 E 工作已经达到最短极限，不能再压缩，故其优化系数设为+∞，因此方案组合结果如下：

同时压缩 B 和 D 工作，优选系数为：8+5=13。
压缩 H 工作，优选系数为：10。

压缩 H 工作，将其持续时间缩短 2 周，用标号法确定关键线路没有发生变化，工期等于要求工期为 15 周，则不再进行优化，那么最后的网络图如图 10-22 所示。

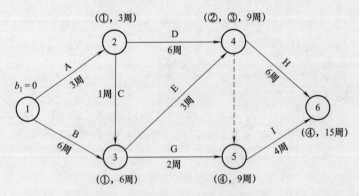

图 10-22　最终优化后的网络图

2. 费用优化

（1）项目实施费用与工期的关系

网络图的费用优化是指以最低的成本提前或按期完成任务。一项工程的总成本可分为直接费用与间接费用两大类。直接费用是指能够直接计入成本的费用，包括材料费、人工费、设备购置与使用费等。间接费用是指与维持项目正常进行有关的费用，包括日常管理费用、资源的机会成本，以及在有合同约束下的罚款和奖励支出。

一般情况下，项目费用与工期的关系如图10-23所示，其间接费用与项目工期大致成正比关系，它将随工期的延长而递增。其直接费用与工期呈曲线关系，通常情况下，它会随工期的缩短而增加，当工期过度延长时，其费用也会增加。因此，对于一项工程来说，不能一概认为缩短工期必然增加成本，或延长工期必然降低成本。实际上它们之间存在一个总费用最少的最优工期（最优进度），即最佳工期–费用组合。从图10-23所示的费用曲线就可以看到这个最优工期。对应于图10-23中的 P 点，工期为 TP，费用为 CP。网络计划的费用优化就是根据这种工程的工期与费用的关系，寻求以最少的直接费用缩短工期，或求出总费用最少的最优工期的方法。

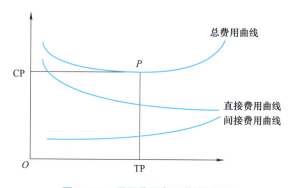

图 10-23　项目费用与工期的关系

（2）费用优化的步骤

费用优化又称时间成本优化，就是通过进度计划的调整，使其工期接近最优工期，以实现项目实施总费用最少的目的，费用优化的步骤如下：

1）确定关键路径并计算总工期。

2）求出正常工作时间条件下的总费用，并计算各项工作的费用率。总费用包括项目直接费用和间接费用。费用率是直接费用率的简称，它是指一项工作每缩短一个单位时间所增加的直接费用，计算公式为

$$费用率 = \frac{赶工费用 - 正常费用}{正常时间 - 赶工时间}$$

3）确定缩短持续时间的关键工作：取费用率（或组合费用率）最低的一项关键工作（或一组关键工作）作为缩短持续时间的对象。

4）确定持续时间的缩短值：在缩短时间后该工作不得变为非关键工作，其持续时间也不得小于最短持续时间（赶工时间）。

5）计算缩短持续时间的费用增加值。

6）计算总费用。

7）缩短新的关键工作并计算其费用。确定新的应缩短持续时间的关键工作（或一组关键工作），并按上述4）、5）、6）的步骤计算新的总费用。如此重复，直至总费用可再降低为止。

【例10-7】 某产品各工序的时间及成本资料见表10-6，间接费用为每天1 000元，求工程总费用最小的工程总工期。

表10-6 某产品各工序时间及成本

活动代号	紧前活动	工时/天		活动费用（元）		赶工成本（元）	可能缩短工期/天	费用率（元/天）
		正常	赶工	正常	赶工			
A	—	8	6	4 000	5 000	1 000	2	500
B	A	4	3	2 000	2 800	800	1	800
C	A	10	6	6 000	6 600	600	4	150
D	C	2	2	500	500	0	0	0
E	B	6	5	5 000	5 200	200	1	200
F	C	4	2	3 000	3 200	200	2	100
G	D	4	3	1 000	1 700	700	1	700
H	E、F	7	4	8 000	11 600	3 600	3	1 200
I	G、H	5	4	5 000	5 800	800	1	800

【解】 第一步：绘出网络图，见图10-24，按正常工作时间计算网络时间，确定关键路径和总工期。

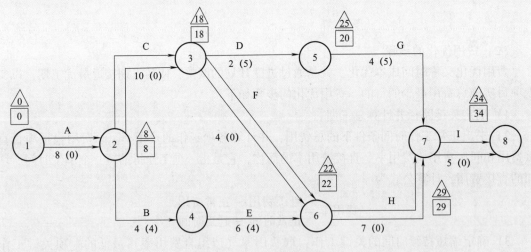

图10-24 网络图

第二步：求出正常工作时间条件下的总费用，并计算各项工作的费用率。

总费用=∑各项工作直接费用+间接费用

总成本=3.45元+34元×0.1=6.85元

第三步：选择被压缩的工作（作业、工序），计算压缩后的工期及工程、成本节约额。要注意以下事项：压缩工期的工作必须是关键工作；被压缩对象的顺序是从费用率最低的工作开始；当有多条关键路径时，应优先考虑缩短它们共同作业的作业时间。

1) 先压缩费用率最低的 F 活动 2 天，依费用率高低再压缩 C 活动 2 天、A 活动 2 天、I 活动 1 天。此时，总工期缩短 7 天（2 天+2 天+2 天+1 天），引起费用的节约额为 1 000 元×7-（100×2+150×2+500×2+800×1）元=4 700 元。

2) A、I 活动已不能压缩，考虑成对关键路径②③⑥和②④⑥。②③⑥线路图中，F 活动费用最低，不能再压缩，只能压缩 C 活动。C 活动的费用率为 150 元/天。②④⑥线路中，E 活动的费用率比 B 活动费用率低，C 和 E 两活动费用率之和为 350 元，比工程每天的间接费用 1 000 元低。因此，成对地压缩 C 和 E 活动各 1 天，此时工程总工期缩短 1 天，工程费用节约额为 1×1 000 元-（150+200）元×1=650 元。

3) C 活动还有 1 天可以压缩，B 活动也可压缩 1 天，其费用率为 800 元，成对压缩 C 和 B 活动的费用率之和为 950 元，低于工程的间接费用，因此成对压缩 C 和 B 活动各 1 天，工程总工期又缩短 1 天，工程费用又可节约，节约额为 1 000 元×1-（150+800）元×1=50 元。

由于工程项目中，进一步成对压缩关键活动的费用率均大于 1 000 元，即总工程压缩 1 天，直接费用的增加额将大于工程提前 1 天完工间接费用的节约额，因此优化过程到此结束。

所以最佳工期为 34 天-（7+1+1）天=25 天，总工期压缩后的工程总费用为

工程总费用=赶工前的工程总费用-工程费用节约额
=68 500 元-（4 700+650+50）元=63 100 元

3. 资源均衡——工期最短优化

（1）工期最短优化的含义

工期最短优化是指通过调整计划安排，在满足资源限制的条件下，使工期延长最少。

（2）资源优化的前提条件

1) 不改变网络计划中各项工作之间的逻辑关系。

2) 不改变网络计划中各项工作的持续时间。

3) 网络计划中各项工作的资源强度为常数，而且是合理的。

4) 除规定可以中断工作外，不允许中断工作，应保持其连续性。

（3）资源供给的优先顺序（如果资源需求量大于供给量）

1) 在没有平行工作的情况下，首先保证关键工作的资源供给。

2) 在有平行工作的情况下，资源供给的优先顺序为：

① 如果有已经开始的工作，就首先保证已经开始工作的资源供给。

② 在资源需求量大于资源供给量的时间段内，如果没有已经开始的工作，就首先保证关键工作的资源供给，其次按照工作的 TF 由小到大排列，优先供给 TF 最小的工作。

（4）优化过程

1) 绘制出早时标网络图，计算每个单位时间的资源需用量。

2) 从开始日期起，逐个检查每个时间段（资源需求量相同的持续时间称为一个时间段）的资源量是否超过供给量。若每个时间段资源需求量均小于等于供给量，就已达到优化目的。

3) 如果有的时间段资源需求量大于或等于供给量，就要进行优化。假设时间段（n，m）的资源需求量大于资源供给量，则根据资源供给的有限顺序原则，将不需要优先供给资源的工作向后推迟到 m 时点开始。

4) 重复以上工作，使整个网络计划单位时间的资源需求量均小于或等于供给量为止。

（5）资源均衡——工期最短优化例题

【例 10-8】 已知某工程的最早时标网络，如图 10-25 所示，图中箭线上方数字为工作的资源强度，下方数字为工作的持续时间（单位：周），若资源供给的最大量为 12 个单位，能否对其进行"资源均衡——工期最短"的优化工作。

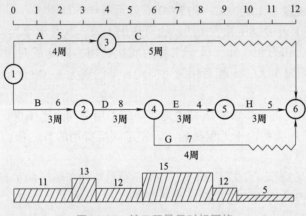

图 10-25 某工程最早时标网络

【解】1) 从计划开始日起，检查资源实际用量与供给量的比较，发现（3，4）时间段资源需求量大于资源供给量。该时段涉及的工作有①—③和②—④两项。

由于①—③工作已经开始，不能中断，因此资源首先保证该工作的供给，将②—④工作推迟到第 4 周周末开始，第一次调整后的时标网络如图 10-26 所示。

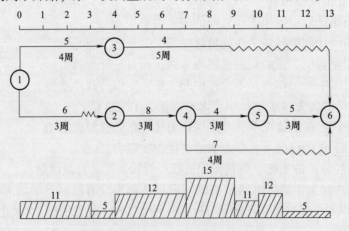

图 10-26 第一次调整后的时标网络

2）比较以后各时段资源需求量和供给量，在（7，9）时间段资源需求量大于供给量，涉及三项工作：③—⑥、④—⑤和④—⑥。

工作中③—⑥工作已经开始，首先供给；④—⑤和④—⑥同时开始，④—⑤的总时差（TF）=0，小于④—⑥的 TF=2，资源首先供给④—⑤，则将④—⑥推迟到第9周周末开始。第二次调整后的时标网络如图10-27所示。

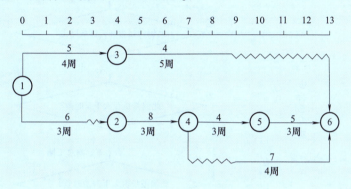

图10-27　第二次调整后的时标网络

3）继续比较以后各时段的资源需求量和供给量，发现所有时间段的资源需求量小于或等于供给量，则不再进行优化。

10.3.4　进度计划实施中的调整方法

1. 分析进度偏差对后续工作及总工期的影响

在工程项目实施过程中，当通过实际进度与计划进度的比较，发现有进度偏差时，需要分析该偏差对后续工作及总工期的影响，从而采取相应的调整措施对原进度计划进行调整，以确保工期目标的顺利实现。进度偏差的大小及其所处的位置不同，对后续工作和总工期的影响程度不同，分析时需要利用网络计划中工作总时差和自由时差的概念进行判断。分析步骤如下：

1）分析出现进度偏差的工作是否为关键工作。如果出现进度偏差的工作位于关键线路上，即该工作为关键工作，那么无论其偏差有多大，都将对后续工作和总工期产生影响，必须采取相应的调整措施；如果出现偏差的工作是非关键工作，那么需要根据进度偏差值与总时差和自由时差的关系做进一步分析。

2）分析进度偏差是否超过总时差。如果工作的进度偏差大于该工作的总时差，那么此进度偏差必将影响其后续工作和总工期，必须采取相应的调整措施；如果工作的进度偏差未超过该工作的总时差，那么此进度偏差不影响总工期。至于对后续工作的影响程度，还需要根据偏差值与其自由时差的关系做进一步分析。

3）分析进度偏差是否超过自由时差。如果工作的进度偏差大于该工作的自由时差，那么此进度偏差将对其后续工作产生影响，此时应根据后续工作的限制条件确定调整方法；如果工作的进度偏差未超过该工作的自由时差，则此进度偏差不影响后续工作，因此，原进度计划可以不做调整。

进度偏差的分析判断过程如图 10-28 所示。通过分析，进度控制人员可以根据进度偏差的影响程度，制定相应的纠偏措施进行调整，以获得符合实际进度情况和计划目标的新进度计划。

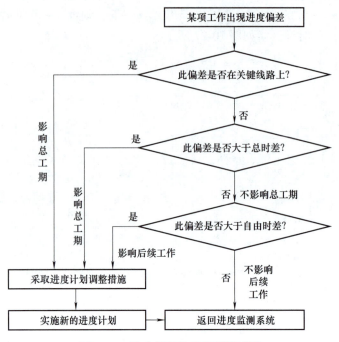

图 10-28　进度偏差的分析判断过程

2. 进度计划的调整方法

当实际进度偏差影响后续工作、总工期而需要调整进度计划时，其调整方法主要有以下两种：

（1）改变某些工作间的逻辑关系

当工程项目实施中产生的进度偏差影响总工期，且有关工作的逻辑关系允许改变时，可以改变关键线路和超过计划工期的非关键线路上的有关工作之间的逻辑关系，以便达到缩短工期的目的。例如，将顺序进行的工作改为平行作业、搭接作业以及分段组织流水作业等，都可以有效地缩短工期。

【例 10-9】　某工程项目基础工程包括挖基槽、做垫层、砌基础、回填土四个施工过程，各施工过程的持续时间分别为 21 天、15 天、18 天和 9 天，如果采取顺序作业方式进行施工，那么其总工期为 63 天。为缩短该基础工程总工期，在工作面及资源供应允许的条件下，将基础工程划分为工程量大致相等的三个施工段组织流水作业，试绘制该基础工程流水作业网络计划，并确定其计算工期。

【解】　该基础工程流水作业网络计划如图 10-29 所示。通过组织流水作业，使该基础工程的计算工期由 63 天缩短为 35 天。

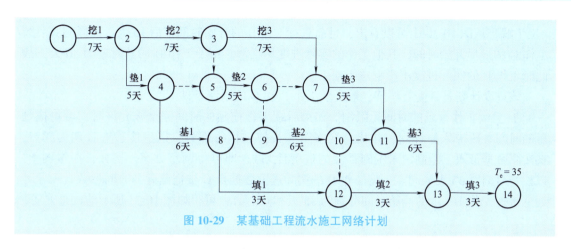

图 10-29　某基础工程流水施工网络计划

（2）缩短某些工作的持续时间

这种方法是不改变工程项目中各项工作之间的逻辑关系，而通过采取增加资源投入、提高劳动效率等措施来缩短某些工作的持续时间，使工程进度加快，以保证按计划工期完成该工程项目。被压缩持续时间的工作是位于关键线路或超过计划工期的非关键线路上的工作。同时，这些工作又是其持续时间可被压缩的工作。这种调整方法通常可以在网络图上直接进行。其调整方法视限制条件及对其后续工作影响程度的不同而有所区别，一般可分为以下两种情况：

1）网络计划中某项工作进度拖延时间超过其自由时差但未超过其总时差。此时该工作的实际进度不会影响总工期，而只对其后续工作产生影响。因此，在进行调整前，需要确定其后续工作允许拖延的时间限制，并以此作为进度调整的限制条件。该限制条件的确定常常较复杂，尤其是当后续工作由多个平行的承包单位负责实施时更是如此。后续工作如不能按原计划进行，在时间上产生的任何变化都可能使合同不能正常履行，将导致蒙受损失的一方提出索赔，从而增加工程成本。因此，寻求合理的调整方案，把进度拖延对后续工作的影响尽量减少，是工程师的一项重要工作。

【例 10-10】　某工程项目双代号时标网络计划如图 10-30 所示，该计划在执行到第 35 天检查时，其实际进度如图中前锋线所示。试分析目前实际进度对后续工作和总工期的影响，并提出相应的进度调整措施。

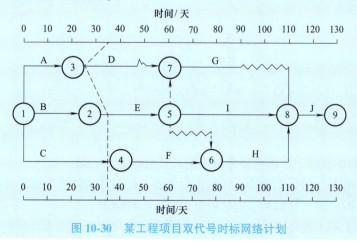

图 10-30　某工程项目双代号时标网络计划

【解】从图 10-30 中可以看出，目前只有工作 D 的开始时间拖后 15 天，而影响其后续工作 G 的最早开始时间，其他工作的实际进度均正常。由于工作 D 的总时差为 30 天，故此时工作 D 的实际进度不影响总工期。

该进度计划是否需要调整，取决于工作 D 和 G 的限制条件。

① 后续工作拖延的时间无限制。如果后续工作拖延的时间完全被允许时，可将拖延后的时间参数带入原计划，并化简网络图（去掉已执行部分，以进度检查日期为起点，将实际数据带入，绘制出未实施部分的进度计划），即可得调整方案。例如，在本例中，以检查时刻第 35 天为起点，将工作 D 的实际进度数据及 G 被拖延后的时间参数带入原计划（此时工作 D、G 的开始时间分别为 35 天和 65 天），可得如图 10-31 所示的调整方案。

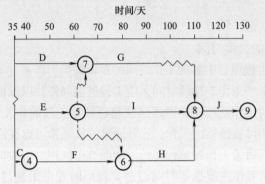

图 10-31　后续工作拖延时间无限制时的调整方案

② 后续工作拖延的时间有限制。如果后续工作不允许拖延或拖延的时间有限制时，需要根据限制条件对网络计划进行调整，寻求最优方案。如果工作 G 的开始时间不允许超过第 60 天，那么只能将其紧前工作 D 的持续时间压缩为 25 天，调整后的网络计划如图 10-32 所示。如果在工作 D、G 之间还有多项工作，那么可以利用工期优化的原理确定应压缩的工作，得到满足 G 工作限制条件的最优调整方案。

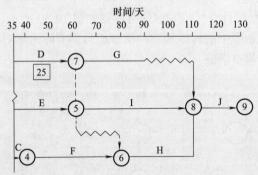

图 10-32　后续工作拖延时间有限制时的网络计划

2）网络计划中某项工作进度拖延时间超过其总时差。如果网络计划中某项工作进度拖延时间超过其总时差，那么无论该工作是否为关键工作，其实际进度都将对后续工作和总工期产生影响。此时，进度计划调整方法可分为以下三种情况：

如果项目总工期不允许拖延，工程项目必须按照原计划工期完成，只能采取缩短关键线路上后续工作持续时间的方法来达到调整计划的目的,实质上就是工期优化。

【**例 10-11**】 如果在计划执行到第 40 天下班时检查,其实际进度前锋线如图 10-33 中前锋线所示,试分析目前实际进度对后续工作和总工期的影响,并提出相应的进度调整。

【**解**】 从图 10-33 中可看出:

工作 D 实际进度拖后 10 天,但不影响其后续工作,也不影响总工期。

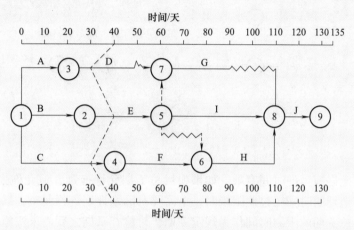

图 10-33 实际进度前锋线

工作 E 实际进度正常,不影响紧后工作,也不影响总工期。

工作 C 实际进度拖后 10 天,由于它为关键工作,故其实际进度将使总工期延长 10 天,并使其后续工作 F、H 和 J 的最早开始时间推迟 10 天。

该工程项目总工期不允许拖延,为了保证其按原计划工期 130 天完成,必须采用工期优化的方法,缩短关键线路上后续工作的持续时间。现假设工作 C 的后续工作 F、H 和 J 均可以压缩 10 天。现假设通过比较,压缩工作 H 的持续时间所需付出的代价最小,故将工作 H 的持续时间由 30 天缩短为 20 天。调整后工期不拖延的网络计划如图 10-34 所示。

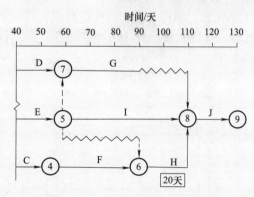

图 10-34 调整后工期不拖延的网络计划

项目总工期允许拖延。如果项目总工期允许拖延,那么此时只需以实际数据取代原计划数据,并重新绘制实际进度检查日期之后的简化网络计划即可。

【例 10-12】 以图 10-30 所示的前锋线为例，如果项目总工期允许拖延，此时只需以检查日期第 40 天为起点，用其后各项工作尚需作业时间取代相应的原计划数据，绘制出网络计划如图 10-35 所示。方案调整后，项目总工期为 140 天。

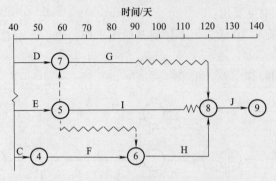

图 10-35　调整后拖延工期的网络计划

项目总工期允许拖延的时间有限。如果项目总工期允许拖延，但允许拖延的时间有限，那么当实际进度拖延的时间超过此限制时，也需要对网络计划进行调整，以便满足要求。具体调整方法是以总工期的限制时间作为规定工期，对检查日期之后尚未实施的网络计划进行工期优化，即通过缩短关键线路上后续工作持续时间的方法来使总工期满足规定工期的要求。

【例 10-13】 以图 10-33 所示前锋线为例，如果项目总工期只允许拖延至 135 天，那么可按以下步骤进行调整：

① 绘制简化的网络计划，如图 10-33 所示。

② 确定需要压缩的时间。从图 10-33 中可以看出，在第 40 天检查实际进度时发现总工期将延长 10 天，该项目至少需要 140 天才能完成。而总工期只允许延长至 135 天，故需将总工期压缩 5 天。

③ 对网络计划进行工期优化。从图 10-33 中可以看出，此时关键线路上的工作为 C、F、H 和 J。现假设通过比较，压缩关键工作 H 的持续时间所需付出的代价最小，调整后的网络计划如图 10-36 所示。

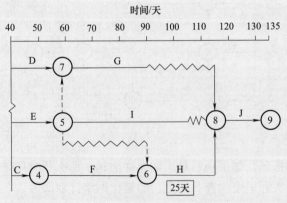

图 10-36　总工期拖延时间有限时的网络计划

以上三种情况均是以总工期为限制条件调整进度计划的。应注意的是，当某项工作实际进度拖延时间超过其总时差而需要对进度计划进行调整时，除需考虑总工期的限制条件外，还应考虑网络计划中后续工作的限制条件，特别是对总进度计划的控制更应注意这一点。因为在这类网络计划中，后续工作也许就是一些独立的合同段。时间上的任何变化，都会带来协调上的麻烦或者引起索赔。因此，当网络计划中某些后续工作对时间的拖延有限制时，同样需要以此为条件，按前述方法进行调整。

3）网络计划中某项工作进度超前。工程师对建设工程实施进度控制的任务就是在工程进度计划的执行过程中，采取必要的组织协调和控制措施，以保证建设工程按期完成。在建设工程计划阶段所确定的工期目标，往往是综合考虑了各方面因素而确定的合理工期。因此，时间上的任何变化，无论是进度拖延还是超前，都可能造成其他目标的失控。例如，在一个建设工程施工总进度计划中，由于某项工作的进度超前，致使资源需求发生变化，而打乱了原计划对人、材、物等资源的合理安排，也将影响资金计划的使用和安排，特别是当多个平行的承包单位进行施工时，由此引起后续工作时间安排的变化，势必给工程师的协调工作带来许多麻烦。因此，如果建设工程实施过程中出现进度超前的情况，进度控制人员必须综合分析进度超前对后续工作产生的影响，并同承包单位协商，提出合理的进度调整方案，以确保工期总目标的顺利实现。

10.4 案例分析

案例 三峡工程进度管理

1. 项目工程介绍

三峡工程是我国建设史上一项伟大的跨世纪工程，是一个具有防洪、发电、航运等综合效益的巨型水利枢纽工程。枢纽主要由大坝、水电站厂房、通航建筑物三部分组成。其中最大坝高185m，电站厂房共装机32台，总装机容量2 240万kW。工程规模宏伟，工程量巨大。其主体工程土石方开挖约1亿m^3，土石方填筑4 000多万m^3，混凝土浇筑800多万m^3，钢筋46万t，金属结构安装约26万t。

根据审定的三峡工程初步设计报告，三峡工程建设总工期定为17年，工程分三阶段实施。

第一阶段工程工期5年（1993年—1997年）。规划如下：1997年5月导流明渠进水；1997年10月导流明渠通航；1997年11月实现大江截流；1997年年底基本建成临时船闸。

第二阶段工程工期6年（1998年—2003年）。规划如下：1998年5月临时船闸通航；1998年6月二期工程围堰闭气开始抽水；1998年9月开始形成二期基坑；1999年2月左岸电站厂房及大坝基础开挖结束，并全面开始混凝土浇筑；1999年9月永久船闸完成闸室段开挖，并全面进入混凝土浇筑阶段；2002年5月二期上游基坑进水；2002年6月永久船闸建完开始调试；2002年9月二期下游基坑进水；2002年11—12月三期截流；2003年6月大坝下闸水库开始蓄水，永久船闸通航；2003年第四季度第一批机组发电。

第三阶段工程工期6年（2004年—2009年）。规划目标：2009年年底全部机组发电和三峡枢纽工程完工。

2. 进度计划及管理措施

（1）进度计划

针对三峡工程的特点、进度计划编制主体及计划涉及内容的范围和时段等具体情况，可以将工程进度分为三大层次进行管理，即业主层、监理层和施工承包商层。业主在工程进度控制上要比监理更宏观一些，需要相对深入和细致的研判。参与三峡工程建设的任何一家监理和施工承包商所监理的工程项目和施工内容都仅仅是三峡工程一个阶段中的一个方面或一个部分，而且业主在设备、物资供应及标段交接和协调上的介入，形成了进度计划管理的复杂关系。这里面施工承包商在编制分标段进度计划时，受其自身利益及职责范围的限制，除原则上按合同规定实施并保证实现合同确定的阶段目标和工程项目完工时间外，在具体作业安排上、公共资源使用上是不会考虑对其他承包商的影响的。也就是说，各施工承包商的工程进度计划在监理协调之后，尚不能完全彻底地解决工程进度计划在空间上、时间上和资源使用上的交叉和冲突矛盾。为满足三峡工程总体进度计划要求，各监理单位控制的工程进度计划还需要协调，这个工作自然要由业主来完成，这也就是三峡工程进度计划为什么分三大层次进行管理的客观原因和进度计划管理的特点。

（2）管理措施

针对三峡工程的特点，可以采取以下管理措施：

1）统一进度计划编制办法。业主根据合同要求制订统一的工程进度计划编制办法，在办法里对工程进度计划编制的原则、内容、编写格式、表达方式、进度计划提交、更新的时间及工程进度计划编制使用的软件等做出统一规定，通过监理转发给各施工承包商，照此执行。

2）确定工程进度计划编制原则。工程进度计划编制必须遵循以下原则：

① 分标段工程进度计划编制必须以工程承包合同、监理发布的有关工程进度计划指令以及国家有关政策、法令和规程规范为依据。

② 分标段工程进度计划编制必须建立在合理的施工组织计划的基础上，并做到组织、措施及资源落实。

③ 分标段工程进度计划应在确保工程施工质量，合理使用资源的前提下，保证工程项目在合同规定工期内完成。

④ 工程各项目施工程序要统筹兼顾、衔接合理和干扰少。

⑤ 施工要保持连续、均衡。

⑥ 采用的有关指标既要先进，又要留有余地。

⑦ 分项工程进度计划和分标段进度计划的编制必须服从工程实施阶段的总进度计划要求。

3）统一进度计划内容要求。工程进度计划内容主要包括两部分，即上一步工程进度计划完成情况报告和下一步工程进度计划说明。

（3）进度控制

1）贯彻、执行总进度计划。建设者对工程进度的控制先是通过招标文件中的开工、完工时间及阶段目标来实现的；监理则是在上述基础上对工期、阶段目标进一步分解和细化后，编制出工程分标段和分项工程进度计划，以此作为对施工承包商上报的工程分标段工进度计划的审批依据。确保工程施工按进度计划执行；施工承包商三峡工程分标段总进度计划，是在确定了施工方案和施工组织设计后，通过招标文件要求的工期、阶段目标分解和细化编制而成。它提交给监理用来响应和保证业主的进度要求。施工承包商的三峡工程分标段工程年度、季度、月度和周进度计划则是告诉监理和业主，如何具体组织安排生产，并实现进度计划目标。这样一个程序可以保证工程总进度计划从开始就可以得到贯彻落实。

这仅是进度控制的开始，作为完整的进度控制还需要反馈进度实际执行情况，然后对原有进度计划进行调整，制订出下一步计划，这样周而复始，才可能对进度起到及时、有效的控制作用。

2) 控制手段用于工程进度控制的具体手段。控制手段包括建立严格的进度计划和审批制度；对进度计划执行进行考核，并实行惩罚；定期更新进度计划；及时调整偏差；通过进度计划滚动（工程分标段，工程年度、季度、月度及周的进度计划编制）编制过程的远粗、近细。实现对工程进度计划的动态控制；对工程总进度计划中的关键项目进行重点跟踪控制，达到确保工程建设按期完工的目的；业主根据整个工程的实际进度，统一安排并提出指导性或目标性的年度、季度总进度计划，用于协调整个工程进度。

3. 进度计划编制支持系统

(1) 计算机网络建设

为提高工作效率，加强联系并及时互通信息，由业主出资在坝区设计、监理、施工承包商和业主之间建立了计算机局域网，选择 Lotus Notes 作为信息交换和应用平台，这些基础设施为进度计划编制和传递提供了强有力的支持。

(2) 混凝土施工仿真系统

三峡工程水利枢纽主要由混凝土建筑物组成，其混凝土工程量巨大，尤其第二阶段工程中的混凝土施工工程规模巨大。在进度计划编制和安排混凝土施工作业程序时，靠过去的手工排块方法很难在短时间内设计出一个较优的混凝土施工程序。业主与某勘测设计研究院共同研制了第二阶段工程厂坝混凝土施工仿真系统和永久船闸混凝土仿真系统，用于解决上述问题。目前，第二阶段工程厂坝混凝土施工仿真系统在进度计划编制过程中已初见成效。

(3) 工程进度日报系统

只有建立传递现场施工信息的快速通道，才能做好施工进度动态控制并及时调整计划部署，针对这一问题，业主组织人力利用 Notes 开发了工程日报系统。该系统主要包括实物工程量日完成情况、大型施工设备工作状况、工程施工质量及安全统计结果和物资（主要是水泥和粉煤灰）仓储情况等。利用该系统，业主和监理等有关单位就可及时掌握和了解工程进展状况。如果再经过分析和加工处理，就可以为以后的工作提供参考和决策依据。

复习思考题

1. 简述工程项目进度计划系统的构成。
2. 网络计划技术的基本原理是什么？
3. 简述双代号网络计划图时间参数计算方法。
4. 简述工程项目实际进度与计划进度的比较方法。
5. 施工进度计划通常可用横道图和网络计划表示，二者各自的优缺点是什么？

第 11 章

工程项目风险管理

本章知识要点与学习要求

序　号	知识要点	学习要求
1	工程项目风险的概念	熟悉
2	工程项目风险管理工作流程	掌握
3	工程项目风险分析与评价	掌握
4	工程项目风险应对	掌握
5	工程项目风险监控	掌握
6	工程保险与担保	熟悉

11.1 概述

工程项目的实现是一个具有一次性、创新性、复杂性的建设过程，在这个过程中，涉及多方关系以及可能的变数，使建设过程产生不确定性。工程项目的这些特性造成了在项目的实现过程中存在着各种各样的风险，如果不能很好地管理这些风险将会造成项目的损失，甚至导致项目目标不能实现，所以开展项目风险管理十分必要。

11.1.1 工程项目风险

1. 工程项目风险的概念

工程风险管理专家对工程项目风险的定义为：工程项目风险是所有影响工程项目目标实现的不确定因素的集合。在给定时间和特定情况下，那些可能发生的结果之间的差异越大则风险越大。一般来说，风险具备下列要素：①事件（不希望发生的变化）；②事件发生的概率（事件发生具有不确定性）；③事件的影响（后果）；④风险的原因。

以上我们可以得出工程项目风险是指由于项目受所处环境条件的不确定性，以及项目业主、项目组织或项目的某个当事者主观上不能准确预见或控制的因素影响，使项目的最终结果与当事者的期望产生背离，并存在给当事者带来损失的可能性。用数学公式可以表示为 $R=f(P,C)$，其中，R 表示风险，P 表示不利事件发生的概率，C 表示该事件发生的后果。

2. 工程项目风险的特征

（1）工程项目风险的客观性与必然性

风险是不以人的意志为转移并超越人们主观意识的客观存在，人们只能发现、认识和利用这种规律，而不能改变它。在项目的全生命周期内，风险是无处不在、无时不有的，人们只能在有限的时间和空间内改变风险存在和发生的条件，尽可能降低风险发生的概率，减少损失，却不能完全清除风险。

（2）工程项目风险的不确定性

风险活动或事件的发生及其后果都具有不确定性，这体现在风险事件是否发生、何时发生、发生的后果怎样，这都是不确定的。人们只能根据有关的记录和经验，对其发生的可能性和后果进行分析预测，但不能确定它一定会发生或保证它不会发生。

（3）工程项目风险具有一定的规律性和可预测性

风险的不确定性并不是指风险因素完全无规则的变化。同类项目的实施、环境变化等因素，会体现出一定的规律性和可预测性。我们可以根据以往的经验资料和统计分析，对某个风险可能发生的概率及造成的损失进行主观判断，并据此采取合适的风险应对方案。

（4）工程项目风险的可变性

工程项目风险具有可变性，体现在当影响风险的因素发生变化时，风险活动与事件也会发生改变。在项目实现中，风险因素的主次关系与影响程度会发生不同程度的改变，有些风险因素得到控制，有些风险因素可能并未得到处理，并由此产生新的一系列其他风险因素。风险性质的可变性集中体现在风险性质的变化、风险后果的变化、新风险的产生和风险因素的消除。

（5）工程项目风险的相对性

工程项目风险的相对性主要表现在以下两个方面：

1）风险主体是相对的。相同的风险对不同的主体产生的后果是不同的，对一方来说是风险，对另一方来说也可能是机会。

2）风险大小是相对的。同样大小的风险对不同的主体风险是不同的。如同样是通货膨胀风险事件，在可调价格合同下，对业主来说是相当大的风险，而对承包商来说则风险很小，但是在固定总价合同下，对业主来说就不是风险，而对承包商来说就是相当大的风险。

（6）工程项目风险的阶段性

工程项目风险在整个项目周期中都存在，如设计阶段可能存在的构思错误；可行性研究中的市场调查不充分，数据分析错误；技术设计中的专业之间不协调，规范应用错误；方案实施中的市场环境发生变化等，以上各种阶段性风险因素都会对工程实现的效果产生影响。

（7）工程项目风险的全面性

风险的全面性体现在：①工程中存在的风险多种多样。例如，政治风险、经济风险、法律风险、自然风险、合同风险等。②工程风险在全局上的影响力。例如，不利的自然条件造成工程停工，影响整个项目的进行，造成项目整体费用的增加与工期的延长。另外，局部风险可能会随着项目的进行逐渐发展扩大，影响全局。

此外，工程项目风险还具有行为相关性和结果的双重性等。

3. 工程项目风险的分类

工程项目风险具体分类如图11-1所示。

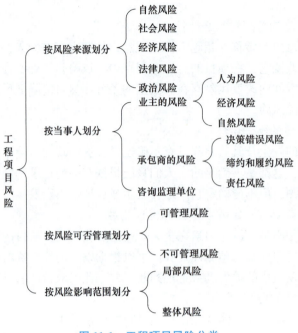

图 11-1　工程项目风险分类

11.1.2　工程项目风险管理

1. 工程项目风险管理的概念

工程项目风险管理是指在对风险的不确定性及可能性等因素进行考察、预测、搜集、分析的基础上，制定出包括风险识别、风险评估、积极管理风险、有效处置风险及妥善处理风险所致的损失等一整套系统而科学的管理方法。

2. 工程项目风险管理的特点

1）工程项目风险管理要与项目的特点相联系。

① 项目的复杂性、系统性、规模、新颖性、工艺的成熟程度。

② 项目的类型和所在的领域。不同领域的项目具有不同的风险，有不同风险的规律性和行业性特点。例如，航空航天开发项目与建筑工程项目就有截然不同的风险。

③ 项目所处的地域，如国度、环境条件等。

2）风险管理需要大量地占有信息，了解情况，要对项目系统以及系统的环境有十分深入的了解，并要进行预测，所以不熟悉情况是不可能进行有效的风险管理的。

3）风险管理仍在很大程度上依赖于管理者的经验以及管理者过往工程的经历、对环境的了解程度和对项目本身的熟悉程度。

4）风险管理在项目管理中属于一种高层次的综合性管理工作。它涉及企业管理和项目管理的各个阶段的各个方面，涉及项目管理的各个子系统。所以，它必须与合同管理、成本管理、工期管理、质量管理综合考虑。

5）风险管理的目的并不是消灭风险。在工程项目中，大多数风险是不可能由项目管理者消灭或排除的，风险管理的目的在于有准备地、理性地实施项目，减少风险带来的损失。

3. 工程项目风险管理的角色

工程项目风险管理贯穿于工程项目实现的全过程，对于工程项目的承包方来说，从准备投标开始直到保修期结束都要进行风险管理。在整个过程中，因各阶段存在的风险因素不同，风险产生的原因不同，管理的主要责任者、管理方法手段也会有所区别。在项目经理承接该项目之前，风险管理的责任主要集中于企业管理层，并主要是从项目宏观上进行风险管理的，而工程项目一旦交由项目经理负责后，项目风险管理的主要责任就落到项目经理以及项目经理所组建的项目团队。但无论谁是项目风险管理的主要责任人，对于项目整体，都要贯彻全员风险管理意识。

11.1.3 工程项目全面风险管理

1. 工程全过程的风险管理

1）在项目目标设计阶段，就应对影响项目目标的重大风险进行预测，寻找目标实现的风险和可能遇到的困难。

2）在可行性研究中，对项目风险的分析必须细化，进一步预测风险发生的可能性和规律性，同时必须研究各种风险状况对项目目标的影响程度。

3）随着技术设计的深入，实施方案逐步细化，项目的结构分析也逐渐清晰。

4）在工程实施中加强风险的控制：①建立风险监控系统；②及早采取预定的措施；③在风险状态下，采取有效措施保证工程正常实施，保证施工秩序，及时修改方案、调整计划；④在阶段性计划调整过程中，需加强对近期风险的预测，并纳入近期计划中，同时要考虑计划的调整和修改会带来的新问题和风险；⑤项目结束，应对整个项目的风险及其管理进行评价。

2. 全部风险的管理

在每一阶段进行风险管理，都要罗列各种可能的风险，并将它们作为管理对象，不能有遗漏和疏忽。

3. 风险的全方位管理

风险的全方位管理主要有三点：一是要分析风险对各方面的影响；二是采用的对策措施也必须综合考虑，从合同、经济、组织、技术、管理等各个方面确定解决方案；三是风险管理包括风险分析、风险辨识、风险文档管理、风险评价、风险控制等全过程。

4. 全面的组织措施

在组织上全面落实风险控制责任，建立风险控制体系，将风险管理作为项目各层次管理人员的任务之一。

11.1.4 工程项目风险管理的主要工作

1. 风险识别

项目风险识别是风险管理的基础。项目风险识别是指项目承担单位在搜集资料和调查研究的基础上，运用各种方法对尚未发生的潜在风险以及客观存在的各种风险进行系统归类和全面识别。项目风险识别不是一次能够完成的，它应该在整个项目运作过程中定期而有计划地进行。

2. 风险分析

风险分析是指在对不利事件所导致损失的历史资料分析的基础上，运用概率统计等方法，对特定不利事件发生的概率以及风险事件发生所造成的损失做出定量估计的过程。

3. 风险评估

项目风险评估是在风险估计之后，通过对项目所有不确定性和风险要素的充分、系统而又有条理的考虑，确定项目的单个风险。然后，对项目风险进行综合评价。它是在对项目风险进行规划、识别和估计的基础上，通过建立风险的系统模型，从而找到该项目的关键风险，确定项目的整体风险水平，为如何处置这些风险提供科学依据，以保障项目的顺利进行。

4. 风险应对

顾名思义，风险应对是针对项目中已发现的风险或风险因素，采取合适的、可行的应对策略来降低风险事件发生的过程。风险应对过程中可将各风险分配，采用多种针对性策略逐步降低风险。

5. 风险监控

项目风险监控是指在整个项目过程中，根据项目风险管理计划和项目实际发生的风险与项目发展变化所开展的各种监督和控制活动。这是建立在项目风险的阶段性、渐进性和可控性基础之上的一种项目风险管理工作。因为只有当人们认识了项目风险发展的进程和可能性以后，项目风险才是可控的；当人们对项目风险一无所知时，它是不可控的。当人们认识了项目风险的原因及其后果等主要特性以后，就可以对项目风险开展监控了。

风险管理主要工作及流程如图 11-2 所示。

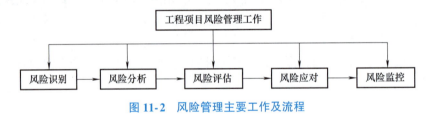

图 11-2　风险管理主要工作及流程

11.2　工程项目风险管理流程及技术

我们已经了解到工程项目风险管理是指通过风险识别、风险分析和风险评估去认识工程项目的风险，并以此为基础合理地使用各种风险应对措施、管理方法、技术和手段对项目的风险实行有效控制，妥善处理风险事件造成的后果，以最低的成本保证项目总体目标实现的管理工作。因此，工程项目风险管理流程也将围绕风险识别、风险分析与评估、风险应对、风险监控等具体展开。

11.2.1　风险识别

1. 风险识别的依据

1）项目范围说明书。

2）项目产出物的描述（包括数量、质量、时间和技术特征等方面的描述）。

3）项目计划信息（支持信息、对象方面的信息）。
4）历史资料（历史项目的原始记录、商业性历史项目的信息资料、历史项目团队成员的经验）。

2. 风险识别的方法

（1）头脑风暴法

头脑风暴法借助于专家的经验，从而获得一份该项目的风险清单，以备在将来的风险评估中进一步分析。头脑风暴法的优点是能发挥相关专家和分析人员的创造性思维，从而对风险源进行全面的识别，并根据一定的标准对风险进行分类。

（2）德尔菲法

德尔菲法是以匿名的方式邀请相关专家就项目风险这一主题，达成一致的意见。该方法的特点是将专家最初达成的意见再反馈给专家，以便进行进一步的讨论，从而在主要风险上达成一致的意见。该方法的优点是有助于减少数据方面的偏见，并避免由于个人因素对项目风险识别的结果产生不良的影响。

另外，还有因果分析法、情景分析法、访谈法、SWOT法等。

3. 风险识别的步骤

①建立风险管理系统；②搜集风险信息；③风险分类分析与判断；④风险后果分析；⑤风险发展进程预测；⑥得出风险识别报告。识别过程中使用文件审查、信息搜集技术、核对表分析、假设分析、图解技术等。

风险识别的具体步骤如图11-3所示。

4. 风险识别的结果

（1）项目风险表

1）已识别项目风险发生概率大小的估计。
2）项目风险发生的可能时间、范围。
3）项目风险事件带来的损失。
4）项目风险可能影响的范围。

（2）划分风险等级

风险等级是由风险发生的概率和损失程度来决定的，工程建设风险事件按照不同风险程度分为以下四个等级：

1）四级风险。风险等级较低，风险后果在一定条件下可以忽略，对工程本身以及人员等不会造成较大损失。

2）三级风险。风险等级一般，风险后果一般，对工程建设可能造成破坏的范围较小。

3）二级风险。风险等级较高，风险后果严重，可能在较大范围内造成破坏或人员伤亡。

4）一级风险。风险等级最高，风险后果是灾难性的，并造成恶劣的影响。

风险等级是通过风险概念等级和风险损失等级间的关系矩阵确定的，见表11-1。

$$风险等级 = \frac{概率等级 + 损失等级}{2}，再取整。$$

例如：某事件发生风险的概率等级是2级，损失等级是3级，那么该事件的风险等级为 $\frac{2+3}{2} = 2.5$。再取整数，所以属于二级风险。

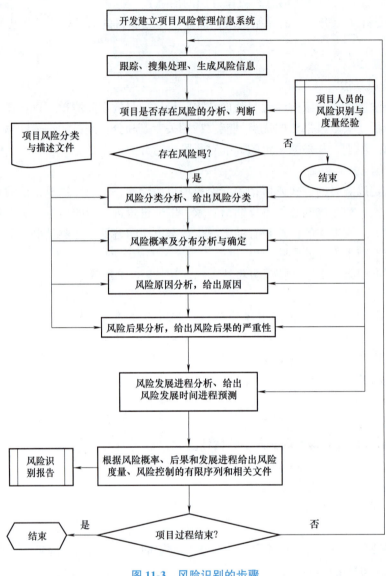

图 11-3　风险识别的步骤

表 11-1　风险等级划分表

概率等级	损失等级			
	1	2	3	4
1	一级	一级	二级	二级
2	一级	二级	二级	三级
3	二级	二级	三级	三级
4	二级	三级	三级	四级

11.2.2 风险分析与评估

1. 风险分析过程

1）采集数据。
2）完成不确定性模型。
3）对风险影响进行评价。

2. 风险分析的内容

1）风险存在和发生的时间分析。
2）风险的影响和损失分析。
3）风险发生的可能性分析。
4）风险级别确定。
5）风险的起因和可控性分析。

3. 风险分析的方法

①列举法；②专家经验法；③其他分析方法：对历史资料进行统计分析的方法，模拟方法即蒙特卡罗法，决策树分析法，敏感性分析法，因果关系分析法，头脑风暴法，价值分析法，变量分析法等。

4. 项目风险的度量

项目风险度量是指对项目风险的影响和后果进行评价和估量，旨在调查项目风险对项目目标（如费用、工期、质量等）的潜在影响。

项目风险度量的依据主要有风险登记册、风险管理计划、项目费用管理计划、历史资料等。

项目风险度量的方法如下：

（1）发生概率和影响程度的评估

选择对项目风险类别比较熟悉的人员（可以是项目团队成员、组织内的其他人员或组织外部的专业人员），采用召开会议或进行访谈的方式对风险进行评估，最终要确定每种项目风险的发生概率和影响等级。

（2）项目风险进行优先排序

可采用概率和影响矩阵进行排序。

（3）风险数据质量评估

风险数据质量评估包括检查人对风险的理解程度，风险数据的精确性、可靠性和完整性。

（4）风险紧迫性评估

风险紧迫性评估可选择实施风险应对措施所需时间、风险征兆、警告和风险登记等作为确定风险评估的指标。

11.2.3 工程项目风险应对

1. 工程项目风险应对策略

（1）减轻策略

目标：降低工程项目风险事件发生的可能性或减少后果的不利影响。

方法：①降低风险发生的可能性。在建筑工程项目中常用的措施包括工程法、程序法和教育法。②减少或控制风险损失。在风险损失已发生的情况下，采取各种可能的措施以遏制损失继续扩大或限制其扩展的范围，尽量使损失降低。例如，业主在确信承包商无力继续实施其委托的工程项目时，决定立即撤换该承包商；承包商在业主付款日期已超过合同规定期限的情况下，采取的停工并提出索赔的措施；施工安全事故发生后对受伤人员立即采取紧急救护措施，同时加强作业环境的安全防护；当雨天无法进行室外施工时尽量安排有关人员从事室内作业；投资商严格控制内部核算；制定各种资金运作方案等，都是为了达到减少风险损失的目的。

风险减轻措施的具体实施很大程度上要看风险是已知的、可预测的，还是不可预测的。对已知的风险，项目管理者可在很大程度上加以控制。例如，若已发现工程进度出现了滞后的风险，那么可以通过压缩关键线路上的活动时间，改变活动的逻辑关系等措施来减轻工程项目的风险。可预测或不可预测的风险是项目管理人员难以控制的风险，直接动用项目资源一般难以收到好的效果，必须进行深入细致的调查研究，减少其不确定性和潜在损失。

（2）预防策略

1）有形手段：①防止风险因素出现。②减少已存在的风险因素。③将风险因素同人、财、物在时间和空间上隔离。

2）无形手段：①教育法。教育内容应该包含安全、投资、城市规划、土地管理及其他方面的法律法规、规章、规范、标准和操作规程、风险知识、安全技能及安全态度等。②程序法。程序法是以制度化的方式从事项目活动，减少不必要的损失。

（3）风险回避

风险回避就是在预计某项目的风险及其所致损失都很大时，主动放弃或终止该项目以避免与该项目相联系的风险及其所致损失的一种处置风险的方式。

这种方法一般只在有以下情况之一时才会采用：

1）某个风险所致的损失频率和损失幅度都相当高。

2）应用其他风险管理方法的成本超过了其产生的效益。

（4）风险转移

风险转移是指借用合同或协议，在风险事件发生时将损失的一部分或全部转移到有相互经济利益关系的另一方。

1）保险风险转移。保险是最重要的风险转移方式之一，是指通过购买保险的办法将风险转移给保险公司或保险机构。

2）非保险风险转移。非保险风险转移是指通过保险以外的其他手段将风险转移出去。非保险风险主要有担保合同、租赁合同、委托合同、分包合同、责任约定、合资经营、实行股份制等。

（5）风险自留

1）处理风险的成本大于承担风险所付出的代价。

2）预计某一风险造成的最大损失可以安全承担。

3）当风险降低、风险控制、风险转移等风险控制方法均不可行时。

4）没有识别出风险，错过了采取积极措施处置的时机。

2. 工程项目风险分配

一个工程项目总的风险有一定的范围和规律性，这些风险必须在项目参加者（如投资者、业主、项目经理、各承包商、供应商等）之间进行分配。

（1）风险分配的意义

1）可以最大限度地发挥各方风险控制的积极性。任何一方如果不承担风险，他就没有管理的积极性和创造性，项目就不可能被优化。

2）减少工程中的不确定性，风险分配合理就可以比较准确地计划和安排工作。

3）业主可以得到一个合理的报价，承包商报价中的不可预见风险费较少。

（2）风险分配的基本原则

1）从工程整体效益的角度出发，最大限度地发挥各方的积极性。

① 谁能有效地防止和控制风险或将风险转移给其他方面，则应由他承担相应的风险责任。

② 风险承担者控制相关风险是经济的、有效的、方便的、可行的，只有通过他的努力才能减少风险的影响。

③ 通过风险分配，加强责任，能更好地进行计划，发挥双方管理和技术革新的积极性等。

2）体现公平合理，责、权、利平衡。

① 风险责任和权力应是平衡的。风险的承担是一项责任，即承担风险控制和风险产生的损失责任。但风险承担者应有控制和处理风险的权力。

② 风险与机会对等。风险承担者同时应享受风险控制获得的收益和机会收益。

③ 承担的可能性和合理性。给承担者以预测、计划、控制的条件和可能性，给他以迅速采取控制风险措施的时间和信息等条件，否则对他来说风险管理成了投机。

（3）符合工程项目的惯例，符合通常的处理方法。

11.2.4 工程项目风险监控

1. 风险监控的含义

风险监控就是通过对风险规划、识别、估计、评价、应对全过程的监视和控制，从而保证风险管理能达到预期的目标，它是项目实施过程中的一项重要工作。风险监控包括风险监视和风险控制。

1）风险监视。风险监视之所以非常必要，是因为将要面临的风险是很难预计的。

2）风险控制。风险控制是为了最大限度地降低风险事故发生的概率和损失幅度而采取的风险处置技术，以改变项目管理组织所承受的风险程度。

2. 风险监视

（1）风险监视的内容

1）风险应对措施是否按计划正在实施。

2）风险应对措施是否如预期的那样有效，收到显著的效果，或者是否需要制订新的应对方案。

3）对工程项目建设环境的预期分析，以及对项目整体目标实现可能性的预期分析是否仍然成立。

4) 风险的发生情况与预期的状态相比是否发生了变化,并对风险的发展变化做出分析判断。

5) 识别到的风险哪些已发生,哪些正在发生,哪些有可能在后面发生。

6) 是否出现了新的风险因素和新的风险事件,它们的发展变化趋势如何等。

(2) 风险监视的方法

1) 工程项目进度风险监视方法。可以用横道图法和前锋线法监视局部工程进度情况,用 S 曲线法监视整体工程进度实施情况。

2) 工程项目技术性能或质量风险监视方法。对工程项目技术性能或质量风险的监视主要在项目施工阶段进行,其监视应分施工过程和工程产品两个层面。对这两个层面的风险监视,均可采用控制图。控制图也称管理图,它既可用来分析施工工序是否正常、工序质量是否存在风险,也可用来分析工程产品是否存在质量风险。

3) 工程项目费用风险监视方法。费用风险监视可采用横道图法和挣值分析法,前者可用于局部费用风险分析,后者则用于对工程项目的整体风险分析。

3. 风险控制

(1) 风险控制的依据与方法

1) 风险控制的依据。风险控制的依据是风险管理计划书、风险登记册、批准的变更请求、工作绩效信息、绩效报告。

2) 风险控制方法。

① 权变措施。权变措施是未经计划的应对措施,不利的风险发生时来不及进行计划分析工作,只能根据当时的情况马上采取措施。用于应对先前未识别出的新风险,或者被动接受的风险,在风险发生之前不采取任何措施。

② 纠正措施。纠正措施是为了防止项目中已出现的不合格、缺陷或其他不希望的情况再次发生,旨在消除其产生原因而采取的根本性措施。因此纠正措施是在风险问题发生后,为防止其再次发生而采取的行动。

③ 项目变更申请。项目变更要符合:工程变更的必要性与合理性;变更后不降低工程的质量标准,不影响工程完工后的运行与管理;工程变更在技术上必须可行、可靠;工程变更的费用及工期是经济合理的;工程变更尽可能不对后续施工在工期和施工条件上产生不良影响。

④ 风险应对计划更新。风险清单最初在风险识别过程中形成,在风险定性和定量分析中得到更新。风险应对计划在制定风险应对策略时,可能要重新参考已识别的风险、风险的根本原因、可能的应对措施清单、风险所有人、征兆和预警信号。

(2) 风险控制的步骤与成果

1) 风险控制的步骤。

① 建立风险控制体系。在项目开始之前,根据项目识别和度量报告,制定出项目风险控制的方针、风险控制程序、风险控制的管理制度(风险控制管理制度应包括项目风险责任制度、项目风险信息报告制度、项目风险控制决策制度、项目风险控制的沟通程序等)。

② 确定要控制的具体项目风险。根据项目风险识别和度量报告中所认定的项目具体风险的后果严重程度和发生概率的大小,以及项目组织的风险控制资源情况,确定哪些项目风

险要进行控制,哪些项目风险可以容忍并放弃对它们的控制。

③ 确定项目风险控制责任。所有需要控制的风险都必须落实负责控制的具体人员,同时规定他们所负的具体责任,原则上项目风险的控制应由专人负责。

④ 确定项目风险控制的具体时间。根据工程项目的进度计划和管理计划,确定项目风险控制的时间安排和规定解决项目风险问题的时间表及时间限制。

⑤ 制订各具体项目风险的控制方案。由负责项目风险控制的人员,根据项目不同阶段的风险事件的特性、制订相应的控制方案,要进行控制方案可行性研究,最终确定的方案要切实可行。

⑥ 实施项目风险控制方案。按照项目风险控制方案,实施项目风险控制活动,应注意对预先制订的项目风险控制方案进行适时修订。

⑦ 跟踪项目风险的控制结果。这一步贯穿于项目风险管理的全过程,目的是搜集项目风险控制的有用信息。

⑧ 判定项目风险是否已经解除。如果判定项目某项风险已经解除,那么该控制结束;如果判定项目某项风险仍未解除,那么应对该风险进行重新识别和制订新的控制方案。

2)风险控制成果

风险控制过程中产生的一系列文件、控制措施、管控方案等均为风险控制的成果,具体有风险登记册、推荐的纠正措施、推荐的预防措施、组织的过程资产、项目管理计划等,这些成果最终为实现降低项目风险、减少风险损失服务。

4. 项目风险应急计划

1)项目风险应急计划是针对项目分析确定的风险因素制订一个风险应对方案,目的是提升实现项目目标的概率。风险应急计划包括项目主要风险、针对该风险的主要应对措施、每个措施的负责人员、要求完成的时间以及进行的状态等。

2)制订风险应急计划的依据:①风险管理制度;②风险分析后更新的风险清单;③风险定量分析结果(风险级别);④目前工程所处状态及可利用的资源。

3)风险应急计划的主要内容。

① 应对的风险清单。风险清单最初在风险识别、评估过程中形成,在风险定性和定量分析中得到更新。应对计划的风险清单包括已识别的风险、风险的描述以及它们可能怎样影响项目目标。风险清单要符合优先权排序并与所计划的应对策略的详细程度一致。高、中级风险通常会被更仔细地处理。判断为低优先权的风险被列入观察清单,以便进行定期监测。

② 形成一致意见的应对措施。在风险应急计划过程中,要选好应对策略,就策略形成一致意见,同时还要预计在已经采取计划对策之后仍将残留的风险,以及那些主动接受的风险;预计实施一项风险应对措施后可能产生的继发风险。

③ 实施所选应对策略采取的具体行动。

④ 明确风险管理人和分配给他们的责任。

⑤ 风险发生的征兆和预警信号。

⑥ 要使用的退出计划,它作为对某个已经发生,并且已证明原来的应对策略无法应对该风险的一种反应。

11.3 工程项目保险与担保

11.3.1 工程项目保险

1. 工程项目保险的保障范围

工程项目保险承保的保障范围包括因保险责任范围内的自然灾害和意外事故及工人、技术人员的疏忽、过失等造成的保险工程项目物质财产损失,在工地施工期间对第三者造成的财产损失或人身伤害而依法应由被保险人承担的经济赔偿责任。

2. 工程保险的分类

(1) 按保险标的分类

工程保险按保险标的可以分为建筑工程一切险、安装工程一切险、机器损失保险等。

建筑工程一切险:承保工程项目在建设过程中因自然灾害和意外事故造成的物质损失、费用支出和依法应对第三者的人身伤亡或财产损失承担的经济赔偿责任。建筑工程一切险是适用于各类民用、工业和公用事业建筑工程项目,包括建筑、道路、水坝、桥梁等,在建筑过程中,由自然灾害和意外事故引起的一切损失的险种,该险种的投保人一般是承包商。

安装工程一切险:指针对各种设备、装置的安装工程(电气、通风、给水排水以及设备安装等工作内容,工业设备及管道等往往也在安装工程的范围内)的保险,主要保险责任为自然灾害及意外事故。也就是说,安装工程一切险可以保障机器设备在安装、调试过程中,被保险人可能遭受的损失能够得到经济补偿。同时安装工程一切险往往还加保第三者责任险,负责被保险人在保险期限内,因发生意外事故,造成在工地及邻近地区的第三者人身伤亡、疾病或财产损失,依法应由被保险人赔偿的经济损失,以及因此而支付的诉讼费用和经保险人书面同意支付的其他费用。

机器损失保险:承保各种工厂、企业、矿山等安装完毕并已转入运行的机器设备,在运行过程中因与其特性相关的人为的、意外的或物理原因造成突然发生的、不可预见的机器设备损失。

(2) 按工程建设所涉及的险种分类

工程保险按工程建设所涉及的险种分为:①建筑工程一切险;②安装工程一切险;③第三方责任险;④雇主责任险;⑤承包商设备险;⑥意外伤害险;⑦执业责任险。

(3) 按主动性、被动性分类

工程保险按主动性、被动性分为:①强制性保险;②自愿保险。

(4) 按单项、综合投保分类

工程保险按单项、综合投保分为:①单项保险;②CIP 保险。

3. 建筑工程上各方主要保险配置情况

一般建筑工程上各单位购买的工程保险种类如下:

1) 勘察单位:勘察设计责任险。
2) 设计单位:设计责任险。
3) 建设单位:业主支付保证保险、工程质量潜在缺陷保险、建筑工程一切险、安装工程一切险等。

4）施工单位：建筑工程一切险、安装工程一切险、投标保证保险、差额保证保险、履约保证保险、预付款保证保险、付款/支付保证金保险、施工责任保险、意外伤害保险、雇主责任保险、安全生产责任保险、保修保证保险等。

5）材料设备供应商：设备材料保证保险。

6）政府：重大灾害保险。

4. 工程保险的投保

1）选择保险顾问或保险经纪人。

2）确定投保方式和投保发包方式。

3）准备有关承保资料，提出保险要求。如果采取保险招标，就应准备招标文件，主要包括承保资料、保险要求、保险招标文件。

4）将有关资料发给国内保险公司并要求报价，如采取招标方式，发售招标文件。

5）谈判或经过开标、评标选定保险人。

6）填写投保申请表或投保单。

7）就保单的一些细节进行最后商定。

8）双方签署保险单。

5. 选择保险人应考虑的因素

选择保险人应考虑：①保险人的资信、实力；②风险管理水平；③同类工程项目的管理经验；④保险服务；⑤技术水平；⑥费率水平及分保条件。

6. 保险合同的构成

保险合同由以下几部分构成：①投保申请书或投保单；②保险单；③保险条款。

7. 保险合同的内容

保险合同的内容包括：①投保人名称和住所；②投保人、被保险人名称和住所，以及人身保险的受益人的名称和住所；③保险标的；④保险责任和责任免除；⑤保险期间和保险责任开始时间；⑥保险价值；⑦保险金额；⑧保险费以及支付办法；⑨保险金赔偿或者给付办法；⑩违约责任和争议处理。

8. 工程保险的索赔管理

工程保险的索赔管理包括：①及时报损；②保护现场；③填报出险通知书；④提供理算依据；⑤协助搜集理算依据；⑥达成受损财物处置意见；⑦修理费用；⑧填制损失清单；⑨第三方追赔；⑩争取预付赔款；⑪签订赔偿协议。

11.3.2 工程项目担保

1. 工程担保的基本概念

担保是指承担保证义务的一方，即保证人（担保人），应债务人（被担保人）的要求，对债权人（权利人）的某种义务向债权人做出的书面承诺，保证债务人按照合同规定条款履行义务和责任，或及时支付有关款项，是保障债权人实现债权的信用工具。

2. 担保的方式

担保的方式包括：①保证；②抵押；③质押；④留置；⑤定金；⑥反担保。

3. 工程担保的内容

工程担保的内容包括：①投标担保；②承包商履约担保；③承包商付款担保；④预付款

担保；⑤维修担保；⑥业主付款担保；⑦业主责任履行担保；⑧完工担保。

4. 投标担保

（1）担保方式

投标担保可以采用银行保函、担保公司担保书、同业担保书和投标定金担保方式，但一般都采用银行保函或定金担保的方式。

（2）投标担保的额度

投标担保额度为投标总价的0.5%~5%，视工程大小及工程所在地区的经济状况，并参照当地的惯例，由招标文件规定。

（3）担保的有效期

投标担保的有效期应超出投标有效期的10~28天，但应在确定中标人后3~10天以内返还未中标人保函、担保书或定金。

（4）投标担保的解除

1）招标文件应明确规定在确定中标人后多少天以内返还未中标人保函、担保书或定金。

2）中标人的投标担保可以直接转为履约担保的一部分，或在其提交了履约担保并签订了承包合同之后退还。

（5）违约责任

1）采用银行保函或者担保公司保证书的，除不可抗力外，投标人在开标后和投标有效期内撤回投标文件，或者中标后在规定时间内不与招标人签订工程合同的，由提供担保的银行或者担保公司按照担保合同承担赔偿责任。如果是收取投标定金的，除不可抗力外，投标人在开标后的有效期内撤回投标文件，或者中标后在规定时间内不与招标人签订工程合同的，招标人可以没收其投标定金；实行合理低价中标的，还可以要求按照与第二标投标报价的差额进行赔偿。

2）除不可抗力因素外，招标人不与中标人签订工程合同的，招标人应当按照投标保证金的2倍退还中标人。给对方造成损失的，依法承担赔偿责任。

5. 承包商履约担保

（1）担保方式

承包商履约担保可以采用银行保函、担保公司担保书和履约保证书的方式，也可以采用同业担保方式，由实力强、信誉好的承包商为其提供履约担保。

（2）担保额度

采用履约担保金方式（包括银行保函）的履约担保额度为合同价的5%~10%；采用担保书和同业担保方式的一般为合同价的10%~15%。

（3）履约担保的有效期

承包商履约担保的有效期应当截止到承包商根据合同完成了工程施工并经竣工验收合格之日。业主应当按承包合同约定在承包商履约担保有效期截止日后若干天之内退还承包商的履约担保。

（4）履约担保的索赔

当发包人在履行合同过程中发生违约或违背合同约定时，由担保银行在担保金额内向承包人偿还或偿清由此引起的经济损失。也就是说，具体金额取决于造成承包人损失的大小，索赔的最大金额只能等于全部担保金额。

（5）履约担保的递补

承包商在业主就其支付担保索赔了全部担保金额之后，应当及时向业主重新提交同等担保金额的支付担保，否则业主有权解除承包合同，由承包商承担违约责任。总剩余合同价值已不足原担保金额，则承包商重新提交的支付担保的担保金额以不低于剩余合同价值为限。

6. 业主支付担保

（1）担保方式与额度

业主应当在签订工程承包合同时，向承包商提交支付担保，担保金额应当与承包商履约担保的金额相等。业主可以采用银行保函或者担保公司担保书的方式。小型工程项目也可以由业主依法实行抵押或者质押担保。

（2）担保有效期

业主支付担保的有效期应当截止到业主根据合同约定完成了除工程质量保修金以外的全部工程结算款项支付之日，承包商应当按合同约定在业主支付担保有效期截止日后若干天内退还业主的支付担保。

（3）担保的索赔

在任何情况下，承包商就业主支付担保向保证人提出索赔之前，应当书面通知业主，说明导致索赔的原因。

（4）业主支付担保的递补

业主在承包商就其支付担保索赔了全部担保金额之后，应当及时向承包商重新提交同等担保金额的支付担保，否则承包商有权解除承包合同，由业主承担违约责任。总剩余合同价值已不足原担保金额，则业主重新提交的支付担保的担保金额以不低于剩余合同价值为限。

11.4 案例分析

案例一 某联合体承建非洲公路项目案例

我国某工程联合体（某央企+某省公司）在承建非洲某公路项目时，由于风险管理不当，造成工程严重拖期，亏损严重，同时也影响了我国承包商的声誉。该项目业主是该非洲国政府工程和能源部，出资方为非洲开发银行和该国政府，项目监理是英国监理公司。在项目实施的四年多时间里，中方遇到了极大的困难，尽管投入了大量的人力、物力，但由于种种原因，合同于2005年7月到期后，实物工程量只完成了35%。2005年8月，业主和监理工程师不顾中方的反对，单方面启动了延期罚款，金额每天高达5 000美元。为了防止国有资产的进一步流失，维护国家和企业的利益，中方承包商在我国驻该国大使馆和经商处的指导和支持下，积极开展外交活动。2006年2月，业主致函我方承包商同意延长3年工期，不再进行工期罚款，条件是中方必须出具由当地银行开具的约1 145万美元的无条件履约保函。由于保函金额过大，又无任何合同依据，且业主未对涉及工程实施的重大问题做出回复，为了保证公司资金安全，维护我方利益，中方不同意出具该保函，而用中国银行出具的400万美元的保函来代替。但是，业主方政府对该项目的干预未得到项目业主的认可。

2006年3月，业主在监理工程师和律师的怂恿下，不顾政府高层的调解，无视中方对继续实施本合同所做出的种种努力，以中方不能提供所要求的1 145万美元履约保函的名义，致函终止与中方公司的合同。

该项目的风险主要有以下两个方面：

1）外部风险。项目所在地土地全部为私有，土地征用程序及纠纷问题极其复杂，地主阻工的事件经常发生，当地工会组织活跃；当地天气条件恶劣，可施工日很少，一年只有1/3的可施工日；该国政府对环保有特殊规定，任何取土采沙场和采石场的使用都必须事先进行相关环保评估并最终获得批准方可使用，而政府机构办事效率极低，这些都给项目的实施带来了不小的困难。

2）承包商自身风险。在陌生的环境特别是当地恶劣的天气条件下，中方的施工、管理、人员和工程技术等不能适应该项目的实施。

在项目实施之前，尽管中方公司从投标到中标的过程还算顺利，但是其间蕴藏了很大的风险。业主委托一家对当地情况十分熟悉的英国监理公司起草项目合同。该监理公司由于非常熟悉当地情况，将合同中几乎所有可能存在的对业主的风险全部转嫁给了承包商，包括雨季计算公式、料场情况、征地情况。中方公司在招标投标前期做的工作不够充分，对招标文件的熟悉和研究不够深入，现场考察也未能做好，对项目风险的认识不足，低估了项目的难度和复杂性，对可能造成工期严重延误的风险并未做出有效的预测和预防，造成了投标失误，给项目的最终失败埋下了隐患。

随着项目的实施，该承包商也采取了一系列的措施，在一定程度上推动了项目的进展，但由于前期的风险识别和分析不足以及一些客观原因，这一系列措施并没有收到预期的效果。特别是由于合同条款先天就对中方承包商极其不利，造成了中方索赔工作成效甚微。

另外，在项目执行过程中，由于中方内部管理不善，野蛮使用设备，没有建立质量管理保证体系，现场人员素质不能满足项目的需要，现场的组织管理沿用国内模式，不适应该国的实际情况，对项目质量也产生了一定的影响。这一切都造成项目进度严重滞后，成本大大超支，工程质量也不如意的后果。

该项目由某央企工程公司和省工程公司双方各出资50%参与合作，项目组主要由省公司人员组成。项目初期，设备、人员配置不到位，部分设备选型错误，中方人员低估了项目的复杂性和难度，当项目出现问题时又过于强调客观理由。现场人员素质不能满足项目的需要，现场的组织管理沿用国内模式，在一个以道路施工为主的工程项目中，道路工程师却严重不足甚至缺位，所造成的影响是可想而知的。

在项目实施的四年间，中方竟三次调换办事处总经理和现场项目经理。在项目的后期，由于项目举步维艰，加上业主启动了惩罚程序，这对原本亏损巨大的该项目来说无疑是雪上加霜，项目组织也未采取积极措施稳定军心。由于看不到希望，现场中外职工情绪不稳，人心涣散，许多职工纷纷要求回国，当地劳工纷纷辞职，这对项目也产生了不小的负面影响。

由上可见，尽管该项目有许多不利的客观因素，但是项目失败的主要原因还是在于承包商的失误，而这些失误主要源于前期工作不够充分，特别是风险识别、分析管理过程不够科学。尽管在国际工程承包中价格因素极为重要而且由市场决定，但可以说，承包商风险管理及随之的合同管理的好坏直接关系到企业的盈亏。

案例二　三峡水利工程融资风险分析

三峡工程全称为长江三峡水利枢纽工程。整个工程包括一座混凝土重力式大坝、泄水闸、一座堤后式水电站、一座永久性通航船闸和一架升船机。三峡工程是中国跨世纪的一项巨大工程，到2009年三峡工程全部建成时，所需的动态资金共计2 039亿元。由于三峡工程耗资巨大，我国政府采取对未来资金流动进行预测的方法，对资金需求实行动态管理。三峡工程静态投资按1993年5月国内价格水平总额为900亿元。考虑到物价上涨、贷款利息等因素，到2005年工程的动态投资为1 468亿元。资金来源主要有三项：一是三峡工程资金；二是葛洲坝电厂利润；三是三峡电厂从2003年开始发电的利润。这三项是国家对三峡工程的动态投入，可解决工程的大部分资金。到2005年年底，三峡电站装机10台，当年发电收入加上三峡资金和葛洲坝电厂利润，可满足工程移民资金需要并出现盈余。从2006年开始，三峡工程有能力逐步偿还银行贷款。到2009年三峡工程全部建成，共需要动态投资2 039亿元。

三峡工程融资风险分析与应对措施：

1. 项目的融资风险分析

1）国家风险：即便在没有外资的情况下，我国仍然有能力独立建设，政治风险可以不考虑。

2）国家政治经济稳定性风险：我国政局稳定，法律也比较完善，社会稳定。

3）环境保护风险：鉴于在该项目融资中，投资者对项目的技术条件和生产条件比贷款银行更了解，所以一般环境保护风险由投资者承担，包括对所造成的环境污染的罚款、改正错误所需的资本投入、环境评价费用、保护费用以及其他的一些成本。由于三峡工程对环境影响很大，故该风险应当重点考虑。

4）资源风险：三峡具有丰富的水能资源，从重庆到宜昌的600多km的河段中，集中了140多m的落差，水量大而稳定，资源风险小。

5）完工风险：这是该项目融资的主要核心风险之一，具体包括项目建设延期、项目建设成本超支、项目迟迟达不到"设计"规定的技术经济指标，极端情况下，项目被迫停工、放弃。

6）信用风险：虽然存在有限追索，但是因为是国家建设工程，还贷信用度高，该风险并不是主要风险。

7）经营管理风险：审计署发布三峡水利枢纽工程审计结果，因管理不严增加建设成本4.88亿元；306亩（204 000m^2）土地未批先用，1 650亩（1 100 005m^2）土地长期闲置。

8）技术风险：目前的水利和建筑技术已经比较成熟，但由于工程项目巨大，技术风险仍然存在。

2. 预防和降低项目风险的措施

三峡工程从工程论证、初步设计到组织建设，面临的风险是多方面的，并采取各种方案、措施，加强风险管理。初步建立了一套风险管理模式，这套模式包括风险因素识别、风险评价、风险控制、风险转移，把认识和解决工程风险问题作为三峡工程造价管理的主要环节。

(1) 风险对策

1) 风险分析：三峡工程风险因素繁多，对来自各方面的风险程度进行分析、归类。

2) 防范准备：①资金准备，在三峡工程初步设计概算上列入了专项资金；②招标投标书上，应列入承担风险的条款。

3) 风险对策：①风险回避，发现重大风险时，为减少损失，可停工、可中止合同，待处理方案确定后再行施工；②风险转移，三峡工程采取工程保险和雇主责任险的方式，风险转移给保险公司；③风险准备金，业主以"不可预备费"形式列入，承包商将风险费计入投标报价中；④自留风险，为稳定三峡建筑市场，控制造价，业主将钢材、木材、水泥、油料的价格列入标书，合同实施中的价差风险由业主自留；⑤采取技术措施、组织措施落实风险责任，进行目标跟踪，及时处理、化解风险。

(2) 工程保险

当前，国际工程承包中常见的保险有工程一切险、承包商设备险、人身事故险、第三责任险、货物运输险、机动车辆险等。在国际FIDIC（国际工程师协会）合同条件中将前四种列为强制性保险。我国《水利水电工程施工合同条件》也规定了前四种为必须投保险种。

三峡工程根据其建设特点，结合国际、国内规定，分以下几种险种进行投保：

1) 建筑、安装工程一切险。三峡主体工程及主要辅助工程均投了此险种，包括电站机组与高压电器设备（GIS）在内。

2) 业主大型施工机械、物资设备险。业主大型施工机械均由业主购置，投资达十几亿元，租赁给承包商使用，租赁费进行报价，设备原值进行保险，承包商的自带设备自己投保，保费计入投标单价。

3) 雇主责任险。业主对全体三峡建设者，包括工人、技术人员、聘用专家、设计人员、监理人员、在工地服务的制造商、生产商等，进行了现场（三峡工地）作业人身保险。

4) 其他保险。如车辆保险、行政设备保险。

前三种险被列为三峡工程强制性保险，保期均到三峡工程竣工验收为止。三峡工程保险执行情况良好，为工程起到了保驾护航的作用。

3. 对本项目融资的思考

本项目工程采取以国家投资为主，银行贷款与企业债券并行的融资方式，既保证了三峡工程的资金来源，又减少了国家财政负担，还可以有效地规避金融风险。从措施实施结果来看，这一举动无疑是明智的，值得其他大型工程借鉴。

复习思考题

1. 风险的主要分类有哪些？建设项目的风险因素主要有哪些？
2. 简述风险管理的基本概念，风险管理的基本原理。
3. 风险评估应用方法主要有哪几种？其主要的特点是什么？
4. 简述建筑工程保险的概念与使用范围。
5. 建筑工程保险投保时应提供哪些文件？
6. 某公司以融资租赁方式向客户提供重型卡车30台，用于大型水电站施工。车辆总价值 820 万元，融资租赁期限为 12 个月，客户每月应向公司缴纳 75 万元，为保证资产安全，客户提供了价值额度的抵押物。合同执行到第 6 个月时，客户出现支付困难，抵押物的变现需时太长，不能及时收回资金。公司及时启动了预先部署的风险防范措施，与一家信托公司合作，由信托公司全款买断 30 台车，客户与公司终止合同，与信托公司重新签订 24 个月的融资租赁合同。此措施缓解了客户每月的付款压力，有能力继续经营；而信托公司向客户收取了一定比例的资金回报；公司及时地收回了全部资金，及时解除了风险。

（1）项目中导致客户不能按时支付租金的主要风险有哪些？

（2）针对可能面临的风险，我们能采取怎样的风险监控措施？

第 12 章

工程项目职业健康安全与环境管理

本章知识要点与学习要求

序　号	知识要点	学习要求
1	工程项目安全管理的主要内容	掌握
2	工程项目安全管理的工作程序与实施方法	掌握
3	职业伤亡事故的分类	熟悉
4	安全事故的处理	掌握
5	施工单位的环境保护措施	掌握
6	建设单位的环境保护措施	掌握

■ 12.1 职业健康安全管理体系

12.1.1 概述

1. 安全及安全生产的概念

安全是指没有危险、不出事故的状态。安全包括人身安全、设备与财产安全、环境安全等。

安全生产是指在劳动生产过程中，通过努力改善劳动条件，克服不安全因素，防止伤亡事故发生，使劳动生产在保障劳动者安全健康和国家财产不受损失的前提下顺利进行。

2. 工程项目安全管理的含义

工程项目安全管理是指在施工过程中组织安全生产的全部管理活动。安全管理以国家法律、法规和技术标准等为依据，采取各种手段，通过对生产要素进行过程控制，使生产要素的不安全行为和不安全状态得以减少或消除，达到减少一般事故、杜绝伤亡事故的目的，从而保证安全管理目标的实现。

3. 工程项目安全管理的手段

安全法规、安全技术、经济手段、安全检查与安全评价、安全教育文化手段是安全管理的五大主要手段。

1) 安全法规，也称劳动保护法规，是保护职业安全生产的政策、规程、条例、规范和制度，其对改善劳动条件、确保职工身体健康和生命安全，维护财产安全，起着法律保护的作用。

2) 安全技术，是指在施工过程中为防止和消除伤亡事故或减轻繁重劳动所采取的措施，基本内容包括预防伤亡事故的工程技术措施，作用是使安全生产从技术上得到落实。

3) 经济手段，是指各类责任主体通过各类保险为自己编织一个安全网，维护自身利益；同时，运用经济杠杆使信誉好、建筑产品质量高的企业获得较高的经济效益，对违章行为进行惩罚。经济手段有工伤保险、建筑意外伤害险、经济惩罚制度、提取安全费用制度等。

4) 安全检查，是指在施工生产过程中，为了及时发现事故隐患，排除施工中的不安全因素，纠正违章作业，监督安全技术措施的执行，堵塞漏洞，防患于未然，而对安全生产中容易发生事故的主要环节、部位、工艺完成情况，由专门的安全生产管理机构进行全过程的动态检查，以改善劳动条件，防止工伤事故、设备事故的发生。安全评价是指采用系统科学方法，辨别和分析系统存在的危险，并根据其形成事故的风险，采取相应的安全措施。安全评价的基本内容和一般过程是辨别危险性、评价风险、采取措施、达到安全指标。安全评价的形式有定性和定量两种。

5) 安全教育文化手段，是指通过行业与企业文化，以宣传教育的方式提高行业人员、企业人员对安全的认识，增强其安全意识。

12.1.2 工程项目安全管理的主要内容

1. 落实安全生产管理制度

现阶段正在执行的主要安全生产管理制度包括：安全生产责任制度；安全生产许可证制度；政府安全生产监督检查制度；安全生产教育培训制度；安全措施计划制度；特种作业人员持证上岗制度；专项施工方案专家论证制度；危及施工安全工艺、设备、材料淘汰制度；施工起重机械使用登记制度；安全检查制度；生产安全事故报告和调查处理制度；"三同时"制度；安全预评价制度；意外伤害保险制度。

2. 贯彻安全技术管理

编制施工组织设计时，必须结合工程实际，编制切实可行的安全技术措施，要求全体人员必须认真贯彻执行。执行过程中发现问题，应及时采取妥善的安全防护措施。要不断积累安全技术措施在执行过程中的技术资料，进行研究分析，总结提高，以利于以后工程的借鉴。

3. 坚持安全教育和安全技术培训

组织全体人员认真学习国家、地方和本企业安全生产责任制度、安全技术规程、安全操作规程和劳动保护条例等。新工人进入岗位之前要进行安全纪律教育，特种专业作业人员要进行专业安全技术培训，考核合格后方能上岗。要使全体职工经常保持高度的安全生产意识，牢固树立"安全第一"的思想。

4. 组织安全检查

为了确保安全生产，必须严格进行安全检查。安全检查员要经常查看现场，及时排除施工中的不安全因素，纠正违章作业，监督安全技术措施的执行，不断改善劳动条件，防止工伤事故的发生。

5. 进行事故处理

在人身伤亡或各种安全事故发生后，应立即进行调查，了解事故产生的原因、过程和后果，提出鉴定意见。在总结经验教训的基础上，有针对性地制定防止事故再次发生的可靠措施。

12.1.3 工程项目安全管理的工作程序

1. 确定项目的安全目标

按照"目标管理"的方法在以项目经理为首的项目管理系统内进行分解,从而确定每个岗位的安全目标,实现全员安全管理。

2. 编制项目安全技术措施计划

对生产过程中的不安全因素,用技术手段加以消除和控制,并用文件化的方式表示,这是落实"预防为主"方针的具体体现,是进行工程项目安全管理的指导性文件。

3. 安全技术措施计划的落实和实施

安全技术措施计划的落实和实施包括建立健全安全生产责任制、设置安全生产设施、进行安全教育和培训、沟通和交流信息,通过安全管理使生产作业的安全状态处于受控状态。

4. 安全技术措施计划的验证

安全技术措施计划的验证包括安全检查、纠正不合格情况,并做好检查记录工作,根据实际情况补充和修改安全技术措施。

5. 持续改进

持续改进,直至完成建设工程项目的所有工作。

12.1.4 工程项目安全管理的实施方法

1) 建立健全工程项目的安全管理网络,确保网络体系的正常运行。

2) 做好对施工项目的风险评估,制订风险消减计划和应急措施,实现对工程项目重要环境因素(事故危险源)的实时监控。

3) 编制施工组织设计。采用先进工艺技术,科学布置,利用人、物和环境,实行文明施工,以形成良好的劳动条件。

4) 制定切实可行的安全目标、指标,并分解到各部门、单位、班组,做到千斤重担众人挑,人人肩上有指标。

5) 制定项目安全生产和文明施工管理制度,并采取有效措施加以落实,用制度管人、管事。

6) 做好对员工的安全知识培训和安全意识教育,努力提高全员的安全生产技能及自我保护意识,力求在工程项目上营造良好的安全生产氛围。

7) 做好火灾、爆炸、高处坠落、坍塌、触电、机械伤害、中暑、中毒、物体打击、冻伤、车辆伤害和环境污染等事故预防工作,认真制定各种预防措施并加以落实。"安全生产,预防为主",是安全管理工作的原则,根据工程项目的施工环境,要认真编制各种预防措施,并在施工过程中予以落实。保证做到无人员伤亡、无财产损失、无环境污染事故发生。

8) 实行生产安全"五同时",做到管生产必须管安全。

9) 组织做好定期和不定期的安全检查工作。

10) 对事故实行"四不放过"原则,杜绝同类事故发生。

实践证明,只有依靠科学技术,规范项目管理,严格落实以上 10 个方面的管理工作,才能保证工程项目的安全施工。

12.2 职业健康安全事故的分类及处理

12.2.1 职业伤亡事故的分类

职业健康安全事故分为两大类型：职业伤亡事故与职业病。职业伤亡事故是指因生产过程及工作原因或者与其相关的其他原因造成的伤亡事故。职业病是指劳动者在职业活动中，因接触粉尘、放射性物质和其他有毒、有害物质等因素引起的疾病。这里主要介绍职业伤亡事故。

1. 按人员伤亡或直接经济损失划分

根据中华人民共和国国务院令第 493 号《生产安全事故报告和调查处理条例》的规定，按生产安全事故造成的人员伤亡或者直接经济损失，事故一般分为以下等级：

1）特别重大事故，是指造成 30 人以上死亡，或者 100 人以上重伤（包括急性工业中毒，下同），或者 1 亿元以上直接经济损失的事故。

2）重大事故，是指造成 10 人以上 30 人以下死亡，或者 50 人以上 100 人以下重伤，或者 5 000 万元以上 1 亿元以下直接经济损失的事故。

3）较大事故，是指造成 3 人以上 10 人以下死亡，或者 10 人以上 50 人以下重伤，或者 1 000 万元以上 5 000 万元以下直接经济损失的事故。

4）一般事故，是指造成 3 人以下死亡，或者 10 人以下重伤，或者 1 000 万元以下直接经济损失的事故。

2. 按照事故发生的原因划分

国家标准 GB 6441—1986《企业职工伤亡事故分类》把事故分为 20 类，与建筑业有关的有以下 12 类：

1）物体打击，指落物、滚石、锤击、碎裂、崩块、碰伤等伤害，包括因爆炸而引起的物体打击。

2）车辆伤害，包括挤、压、撞、倾覆等。

3）机械伤害，包括绞、碾、碰、割、戳等。

4）起重伤害，指起重设备或操作过程中所引起的伤害。

5）触电，包括雷击伤害。

6）灼烫，指火焰引起的烧伤、高温物体引起的烫伤、强酸碱引起的灼伤、放射线引起的皮肤损伤。

7）火灾，指在火灾时造成的人体烧伤、窒息、中毒等。

8）高处坠落，包括从架子、屋架上坠落以及从平地坠入地坑等。

9）坍塌，包括建筑物、堆置物、土石方倒塌等。

10）火药爆炸，指火药的生产、运输、储藏过程中发生的爆炸事故。

11）中毒和窒息，指煤气、油气、沥青、化学、一氧化碳中毒等。

12）其他伤害，指扭伤、跌伤、野兽咬伤等。

其中高处坠落、触电、物体打击、机械伤害、坍塌、中毒和火灾是最常发生的事故类型，分析其原因往往是由于脚手架搭设不规范、施工临时用电不规范、高空作业防护不严、机械设备使用不当、基坑及模板工程支护不牢、食品卫生和安全防火意识不够等造成的。

3. 按事故的原因及性质划分

1）生产事故。生产事故是指在建筑产品的生产、维修、拆除过程中，操作人员违反操作规程而直接导致的安全事故。

2）质量事故。质量事故是指由于不符合规范标准或施工达不到设计要求导致建筑实体存在瑕疵所引起的安全事故。

3）技术事故。技术事故是指由于工程技术原因所导致的安全事故。

4）环境事故。环境事故是指建筑实体在施工过程或使用过程中，由使用环境或周围环境原因所导致的安全事故。

12.2.2 安全事故的处理

1. 安全事故的预防

在建筑施工中，常见的安全事故主要有高空坠落、机械伤害、突然崩塌、触电、烧伤、倾倒等。安全管理应将防止这些常见的事故发生作为工作的重点，采取相应的技术管理措施，防患于未然，具体内容如表12-1所示。

表12-1 常见的安全事故种类及其预防内容

安全事故种类	重点预防项目	需要落实的内容
坠落	脚手架	作业平台的结构
		调班安全网的使用
		吊脚手的作业平台
	孔口部分	围栅、扶手、盖板、监护人
	架设通道	扶手、隧道栈桥
	安全网及其他措施	
机械伤害	挖土机等	禁止入内的措施
		机械设备的通行
		指挥人员的配备
		机动车的信号装置、照明设备
		防滑动装置
	打桩、拔桩机	卷扬机的齿轮刹车
		车有荷载时的止车装置
		破损时的措施
		作业方法、顺序
突然崩塌	防止土石崩塌掉落	开挖地点的调查
		防塌方的支撑、防护网
		防塌方支撑杆件的安装
		挖补、横撑措施

(续)

安全事故种类	重点预防项目	需要落实的内容
电气事故	电器设备装置	带电部分的包扎、绝缘套
	电动机械器具	接地后使用
	移动电线	防止绝缘管被损伤及老化
	带电作业	穿着绝缘保护用具和防护用具
		绝缘管、罩等装置，危险标识
倾倒	防止脚手架的倾倒	按脚手架结构规定最大荷载
		吊脚手的构造
	防止砖墙倾倒	靠近砖墙挖掘时的补强、搬迁等
	防止吊车倾倒	工作限制
		负荷限制
		倾斜角限制
	防止模板支撑倾倒	模板的构造、组装
		分段组装场合的垫板、垫脚
		混凝土浇制时的检查
	防止栈桥倾倒	根据构造和材料规定最大负荷

2. 安全事故的处理原则（"四不放过"原则）

安全事故处理必须坚持"事故原因没有查清楚不放过，责任人员没有受到处理不放过，有关人员没有受到教育不放过，整改措施没有落实不放过"的"四不放过"原则。

3. 安全事故处理的程序和措施

（1）按规定向有关部门报告事故情况

事故发生后，事故现场有关人员应立即向本单位负责人报告；单位负责人接到报告后，应于一个小时内向事故发生地县级以上人民政府安全生产监督管理部门和负有安全生产监督管理责任的有关部门报告，并有组织、有指挥地抢救伤员、排除险情；应当阻止人为或自然因素的破坏，便于事故原因的调查。

各个行业的建设施工中出现了安全事故，都应向建设行政主管部门报告。对于专业工程的施工中出现生产安全事故时，还需要向有关行业主管部门报告。

在发生紧急情况时，事故现场有关人员可以直接向事故发生地县级以上人民政府安全生产监督管理部门和负有安全生产监督管理职能的有关部门报告。

安全生产管理部门接到事故报告后，应按照下列规定上报事故情况：

1）特别重大事故、重大事故逐级上报至国务院安全生产监督管理部门和负有安全生产监督管理职能的有关部门。

2）较大事故逐级上报至省、自治区、直辖市人民政府安全生产监督管理部门和负有安全生产监督管理职能的有关部门。

3）一般事故上报至设区的市级人民政府安全生产监督管理部门和负有安全生产监督管理职能的有关部门。

必要时，安全生产监督管理部门和负有安全生产监督管理职能的有关部门可以越级上报事故情况。

安全生产监督管理部门和负有安全生产监督管理职能的有关部门依照前款规定上报事故情况，应同时报告本级人民政府。安全生产监督管理部门和负有安全生产监督管理职能的有关部门逐级上报事故情况，每级上报的时间不得超过 2 小时。

（2）组织调查组，开展事故调查

特别重大事故由国务院或者国务院授权有关部门组织事故调查组进行调查。重大事故、较大事故、一般事故分别由事故发生地省级人民政府、县级人民政府负责调查。未造成人员伤亡的一般事故，县级人民政府也可以委托事故发生单位组织事故调查组进行调查。

（3）现场勘查

事故发生后，调查组要迅速到达现场并及时、全面、准确、客观地勘察。

（4）分析事故原因

通过调查分析，查明事故经过，事故原因，确定事故的直接责任者、间接责任者和主要责任者。

（5）制定预防措施

根据事故原因分析，制定防止类似事故再次发生的预防措施。

（6）提交事故调查报告

事故调查组自事故发生之日起 60 日内提交事故调查报告，特殊情况下可适当延长，但延长的期限最长不得超过 60 天。事故调查报告应包括以下内容：

1）事故发生单位概况。

2）事故发生经过和事故救援情况。

3）事故造成的人员伤亡和直接经济损失。

4）事故发生的原因和事故的性质。

5）事故责任认定以及事故责任者的处理建议（不是处罚措施）。

6）事故防范和整改措施。

（7）事故的审理和结案

重大事故、较大事故、一般事故，负责事故调查的部门自收到事故调查报告之日起 15 日内做出批复；特别重大事故，30 日内做出批复。特殊情况可延长，但最多不超过 30 日。

有关机关应该按照人民政府的批复，依照法律、行政法规规定的权限和程序，对事故发生单位和有关人员进行行政处罚，对负有事故责任的国家工作人员进行处分。事故发生单位应当按照负责事故调查的人民政府的批复，对本单位负有事故责任的人员进行处理。事故调查处理的文件记录应长期完整地保存。

12.3 工程项目环境管理

12.3.1 工程项目环境保护的相关法规

1. 《建筑法》的规定

《建筑法》对项目施工中的环境保护做了明确规定：建筑施工企业应当遵守有关环境保

护和安全生产的法律、法规的规定，采取控制和处理施工现场的各种粉尘、废气、废水、固体废物以及噪声、振动对环境的污染和危害的措施。

2. 《中华人民共和国环境保护法》的有关规定

1）积极试验和采用无污染或少污染环境的新工艺、新技术、新产品。

2）加强企业管理，实行文明生产，对于污染环境的废气、废水、废渣要实行综合利用，化害为利；需要排放的，必须遵守国家规定的标准；一时达不到国家标准的要限期治理；逾期达不到国家标准的，要限制企业的生产规模。

3）一切排烟装置、工业窑炉、机动车辆、船舶等，都要采取有效的消烟除尘措施。有害气体的排放，必须符合国家规定的标准。

4）加强对城市和工业噪声、振动的管理。各种噪声大、振动大的机械设备、机动车辆、航空器等，都应装置消声、防震设施。

5）散发有害气体、粉尘的单位，要积极采用密闭的生产设备和生产工艺，并安装通风、吸尘和净化、回收设施。劳动环境的有害气体和粉尘含量，必须符合国家工业卫生标准的规定。

3. 《建设项目环境保护管理条例》的有关规定

《建设项目环境保护管理条例》规定：建设项目需要配套建设的环境保护设施，必须与主体工程同时设计、同时施工、同时投产使用。这就是我们通常所称的建设项目"三同时"制度。其中对同时施工的基本要求是：

1）建设单位委托建设项目施工时，必须将环境保护设施与主体工程同时委托施工。

2）施工单位承担建设项目施工时，必须将环境保护设施与主体工程同时进行施工。

3）在施工过程中，施工单位必须采取有效措施，防止或者减轻施工所造成的污染危害，并及时处理废弃物，修复受到破坏的环境。

12.3.2 施工单位的环境保护措施

1. 组织措施

（1）实行环保目标责任制

把环保指标以责任书的形式层层分解到有关单位和个人，列入承包合同和岗位责任制，建立一支懂行善管的环保自我监控体系。项目经理是环保工作的第一责任人，是施工现场环境保护自我监控体系的领导者和责任者。建筑企业要把环保政绩作为考核项目经理的一项重要内容。

（2）加强检查和监控工作

要加强检查，加强对施工现场粉尘、废气的监测、监控工作，要与文明施工现场管理一起检查、考核、奖罚，及时采取措施清除粉尘、废气和污水的污染。

（3）保护和改善施工场地的环境，要进行综合治理

一方面施工单位要采取有效措施控制人为噪声、粉尘的污染，以及采取技术措施控制烟尘、污水、噪声污染；另一方面建设单位应该负责协调外部关系，同当地居委会、村委会、办事处、派出所、居民、施工单位、环保部门加强联系，要做好宣传教育工作；认真对待来信来访，凡能解决的问题，立即解决，一时不能解决的扰民问题，也要说明情况，取得谅解并限期解决。

2. 技术措施

在编制施工组织设计时，必须有环境保护的技术措施。在施工现场平面布置和组织施工过程中都要执行国家、地区、行业和企业有关防治空气污染、水源污染、噪声污染等环境保护的法律、法规和规章制度。

（1）防施工噪声

防施工噪声主要是科学安排施工，合理选择和调整施工时间和机械配置。

在建筑施工过程中，应对施工进行科学安排，尽可能将施工作业时间安排在白天。在居民区附近路段，严禁晚上进行大规模施工活动，以减少对居民的干扰。

从施工机械方面进行合理选择，在一些环境敏感区附近施工时，要及时调整施工设备，增加轻型振动设备，减少施工设备振动和噪声对周围居民产生的影响。

（2）防大气污染

材料堆放应采取必要的挡风措施，减少扬尘。

防止扬尘和材料散落造成环境污染。

组织好材料和土方运输，防止扬尘和材料散落造成环境污染。

材料运输宜采用封闭性较好的自卸车运输或采取覆盖措施。

对施工场地、材料运输及进出料场的道路应经常洒水防尘。

除设有符合规定的装置外，禁止在施工现场焚烧油毡、橡胶、塑料、皮革、树叶、枯草、各种包装皮等以及其他会产生有毒、有害烟尘和恶臭气体的物质。

机动车都要安装 PVC 阀，对那些尾气排放超标的车辆要安装净化消声器，确保不冒黑烟。

工地茶炉、大灶、锅炉，尽量采用消烟除尘和消烟节能回风灶，烟尘降至允许排放量为止。

工地搅拌站除尘是治理的重点，有条件的应采用现代化先进设备降低粉尘污染，或者使用商品混凝土。

（3）防止水源污染

禁止将有毒有害废弃物作为土方回填。

施工现场搅拌站废水、现制水磨石的污水、电石（碳化钙）的污水须经沉淀池沉淀后再排入城市污水管道或河流。最好将沉淀水用于工地洒水降尘或采取措施回收利用。上述污水未经处理不得直接排入城市污水管道或河流中去。

现场存放油料必须对库房地面进行防渗处理，如采用防渗混凝土地面、铺油毡等。使用时，要采取措施，防止油料跑、冒、滴、漏，污染水体。

施工现场 100 人以上的临时食堂，污水排放时可设置简易有效的隔油池，定期掏油和杂物，防止被污染。

工地临时厕所、化粪池应采取防渗漏措施。中心城市施工现场的临时厕所，可采取水冲式厕所，蹲坑上加盖，并有防蝇、灭蝇措施，防止污染水体和环境。

化学药品、外加剂等要妥善保管，库内存放，防止污染环境。

（4）加强回收处置与重复利用

在杜绝污染源减少污染物的同时，对已造成的污染物及时进行回收处理，通过技术手段重复再利用也是至关重要的技术措施。

对建筑垃圾进行分类处理。砂、石类可作为混凝土的骨料；碎砖头可作为三合土或回填料；落地灰、碎屑等经粉碎后作为砂浆骨料；塑料桶、箱、盒、编织袋等可处理给废品收购站。在混凝土搅拌机及冲刷集中的地方建贮水池、集水井及时回收废弃水，经沉淀处理后再用于工程施工或冲刷。

人员较多的大型施工场地，可在厕所附近建沼气池，处理垃圾、粪便，用产生的沼气烧水、做饭、照明，不仅消除了生活污染、废气污染，而且还可节省施工费用。

将废机油回收用于模板工程作为隔离剂或作防腐处理。

金属类、木材类、纤维类等废弃物除部分重复利用外，可处理给废品收购站当作再生资源。

12.3.3 建设单位的环境保护管理措施

1. 施工招标时对施工单位的环保措施进行审查

施工招标时应将施工单位的环境保护素质作为评标定标的条件之一，要求施工单位设立专兼职环保管理人员，拟订详细而切实可行的环保方案。

2. 加强合同管理，提高环保意识

为了保证建筑施工过程中施工单位对环境保护的重视，应在施工承包合同中，增加有关环境保护方面的条款。例如，临时用地、清场、道路使用、文物保护、环境保护等，明确承包人对保护环境的责任和义务，从而促使施工单位提高环境保护意识，加强环保治理。

3. 建立环保监督机构

建设单位应主动与环保行政职能部门配合，成立环境保护管理办公室，负责对施工单位的环境保护措施及其实施情况进行检查监督，对不利于环保的措施和操作程序提出意见。

4. 进行施工阶段的环保监测

施工期间，由环保行政职能部门对施工过程中的噪声污染、大气污染、水质污染、景观破坏等情况进行实时监测，对于出现超标或不利于环保的行为及时通知施工单位整改，采取补救措施，严重者应追究其法律责任。

5. 发挥监理工程师的监督作用

监理工程师在环保管理中的作用很重要，不仅要抓好合同、进度、质量和建设资金使用的管理，还要负责对施工单位的环保工作的实施情况进行监督：检查工程设计中不利于环保的各种工程隐患；检查环保工程设计是否得以实施、质量是否达到要求；检查环保工程资金的使用是否落到实处；配合环保职能部门做好施工期间的环保检测和监督工作。此外，对于施工单位存在的造成环境严重破坏和污染的施工活动，监理工程师必须依据相关环保法规、政策规定加以严格控制，并责成施工单位采取有效措施进行整改。

6. 充分利用工程支付的调节手段，将环境保护工作落到实处

在施工承包合同中应订立专门条款，加强工程支付管理，充分利用工程支付的调节作用，强化施工期间的环保工作。

7. 妥善进行环境补偿

在施工期间，建设单位要严格遵守有关法律，对各种环境问题进行补偿。例如，使用地方道路及污染的补偿，施工噪声及振动补偿、临时用地超期补偿、林地补偿，以便及时对损坏的道路进行修复，对损坏的建筑物进行加固，对占用的林地补偿同等数量的林地，等等，

从而减少对环境的进一步影响。

12.3.4 环境管理体系简介

1. 环境管理体系的作用和意义

国际标准化组织（ISO）从 1993 年 6 月正式成立环境管理技术委员会（ISO/TC 207）开始，就遵照其宗旨：通过制定和实施一套环境管理的国际标准，规范企业和社会团体等所有组织的环境表现，使之与社会经济发展相适应，改善生态环境质量，减少人类各项活动所造成的环境污染，节约能源，促进经济的可持续发展。经过三年的努力，1996 年推出了 ISO 14000 系列标准，2004 年 11 月 15 日颁布了标准 ISO 14001：2004 环境管理体系，2004 年，我国将其等同转换为国家标准 GB/T 24000 系列标准。

其作用和意义为：保护人类生存和发展的需要；国民经济可持续发展的需要；建立市场经济体制的需要；国内外贸易发展的需要；环境管理现代化的需要；协调各国管理性"指令"和控制文件的需要。

2. 环境管理体系的运行模式

环境管理体系的运行模式为：环境方针→规划（策划）→实施与运行→检查与纠正措施→管理评审→持续改进，该模式的规定为环境管理体系提供了一套系统化的方法，指导其组织合理有效地推行其环境管理工作。该模式环境管理体系建立在一个由"策划、实施、检查、评审和改进"诸环节构成的动态循环过程的基础上。职业健康安全管理体系也按此模式运行。

3. 建立环境管理与职业健康安全管理体系的步骤

这两个体系的建立步骤一致，本书一起介绍，后文不再赘述。

（1）领导决策

建立职业健康安全与环境管理体系需要最高管理者决策，以便获得各方面的支持和保证建立体系所需资源。

（2）成立工作组

最高管理者或授权管理者代表成立工作小组负责建立职业健康安全与环境管理体系。工作小组的成员要覆盖组织的主要职能部门，组长最好由管理者代表担任，以保证小组对人力、资金、信息的获取。

（3）人员培训

人员培训的目的是使组织内的有关人员了解建立职业健康与环境体系的重要性，了解标准的主要思想和内容。根据对不同人员的培训要求，可将参加培训的人员分为四个层次，即最高管理层、中层领导及技术负责人、具体负责建立体系的主要骨干人员和普通员工。在开展工作之前，参与建立和实施管理体系的有关人员及内审员应接受职业健康安全与环境管理体系标准及相关知识的培训。

（4）初始状态评审

初始状态评审是对组织过去和现在的职业健康安全与环境的信息、状态进行搜集、调查分析、识别和获取现有的适用于组织的健康安全与环境的法律法规和其他要求，进行危险源辨识和风险评价、环境因素识别和重要环境因素评价。评审的结果将作为确定职业健康安全与环境方针、制订管理方案、编制体系文件和建立职业健康安全与环境管理体系的基础。

(5) 制定方针、目标、指标和管理方案

方针是组织对其健康安全与环境行为的原则和意图的声明，也是组织自觉承担其责任和义务的承诺。方针不仅为组织确定了总的指导方向和行动准则，而且是评价一切后续活动的依据，并为更加具体的目标和指标提供框架。目标和指标制定的依据和准则要符合方针：考虑法律、法规和其他要求；考虑自身潜在的危险和重要环境因素；考虑商业机会和竞争机遇；考虑可实施性；考虑监测考评的现实性；考虑相关方的观点。管理方案是实现目标、指标的行动方案。

(6) 管理体系策划与设计

体系策划与设计是依据制定的方针、目标和指标、管理方案，确定组织机构职责和筹划各种运行程序。建立组织机构应考虑的主要因素有合理分工，加强协作，明确定位、落实岗位责任，赋予权限。

文件策划的主要工作有确定文件结构；确定文件编写格式；确定各层文件名称及编号；制订文件编写计划；安排文件的审查、审批和发布工作等。

(7) 体系文件的编写

体系文件包括管理手册、程序文件和作业文件，在编写中要根据文件的特点考虑编写上的原则和方法。

(8) 文件的审查审批和发布

文件编写完成后应进行审查，经审查、修改和汇总后进行审批，然后发布。

12.4 案例分析

案例一

某商务中心高层建筑，总建筑面积约15万 m^2，地下2层，地上22层。业主与施工单位签订了施工总承包合同，并委托监理单位进行工程监理。开工前，施工单位进行了三级安全教育。在地下桩基施工中，由于是深基坑工程，项目经理部按照设计文件和施工技术标准编制了基坑支护及降水过程专项施工组织方案，经项目经理签字后组织施工。同时，项目经理安排负责质量检查的人员兼管安全工作。当土方开挖至坑底设计标高时，监理工程师发现基坑四周地表出现大量裂纹，坑边部分土石有滑落现象，即向现场作业人员发出口头通知，要求停止施工。随后，基坑发生大面积坍塌，基坑下6名作业人员被埋，造成3人死亡、2人重伤、1人轻伤。事故发生后，经查施工单位未办理意外伤害保险。

问题：本案中，施工单位有哪些违法行为？

解析：

1) 专项施工方案审批程序错误。《建设工程安全生产管理条例》规定，施工单位对达到一定规模的危险性较大的分部分项工程编制专项施工方案后，需经施工单位技术负责人、总监理工程师签字后实施。而本案的基坑支护和降水工程专项施工方案仅有项目经理签字后即组织施工是违法的。

2) 安全生产管理环节严重缺失。《建设工程安全生产管理条例》规定，施工单位应当

工程经济与项目管理

设立安全生产管理机构，配备专职安全生产管理人员。对分部分项工程专项施工方案的实施，应当由专职安全生产管理人员进行现场监督。本案中，项目经理部安排质量检查人员兼任安全管理人员，明显违反了上述规定。

3）施工作业人员安全生产自我保护意识不强。《建设工程安全生产管理条例》规定，作业人员有权对施工现场的作业条件、作业程序和作业方式中存在的安全问题提出批评、检举和控告，有权拒绝违章指挥和强令冒险作业。在施工中发生危及人身安全的紧急情况时，作业人员有权立即停止作业或采取必要的应急措施后撤离危险区域。本案中，施工作业人员迫于施工进度压力冒险作业，也是造成安全事故的重要原因。

4）施工单位未办理意外伤害保险。《建设工程安全生产管理条例》规定，施工单位应当为施工现场从事危险作业的人员办理意外伤害保险。意外伤害保险费用由施工单位支付。意外伤害保险属于强制性保险，必须依法办理。

案例二

2009年8月，某建筑公司按合同约定对其施工并已完工的路面进行维修，路面经铲挖后形成凹凸和小沟，路边堆有砂石料，但在施工路面与路两头均未设置任何过往行人及车辆注意安全的警示标志。2009年8月16日，张某骑摩托车经过此路段时，因不明路况，摩托车碰到路面上的施工材料而翻倒，造成10级伤残。

问题： 本案中的建筑公司是否存在违法施工行为？

解析：

《建设工程安全生产管理条例》规定：施工单位应当在施工现场入口处、施工起重机械、临时用电设施、脚手架、出入通道口、楼梯口、电梯井口、孔洞口、桥梁口、隧道口、基坑边沿、爆破物及有害气体和液体存放处等危险部位，设置明显的安全警告标志。安全警告标志必须符合国家标准。本案中的某建筑公司在施工时未设置任何的警示标志，明显违反了上述规定。

复习思考题

1. 何谓工程项目安全管理？它的主要手段是什么？
2. 简述工程项目安全管理的主要内容。
3. 简述目前最常用安全事故等级划分方式及标准。
4. 简述安全事故处理的原则和程序。
5. 简述建立环境管理与职业健康安全管理体系的步骤。
6. 施工职业健康安全管理与环境管理的基本要求有哪些？
7. 施工单位与建设单位需要进行的环境保护措施有什么区别？

附　录

■ 附录 A　复利因子系数表

N	一次支付		等额多次支付			
	F/P	P/F	F/A	A/F	P/A	A/P
复利因子 3%						
1	1.030 0	0.970 9	1.000 0	1.000 0	0.970 9	1.030 0
2	1.060 9	0.942 6	2.030 0	0.492 6	1.913 5	0.522 6
3	1.092 7	0.915 1	3.090 9	0.323 5	2.828 6	0.353 5
4	1.125 5	0.888 5	4.183 6	0.239 0	3.717 1	0.269 0
5	1.159 3	0.862 6	5.309 1	0.188 4	4.579 7	0.218 4
6	1.194 1	0.837 5	6.468 4	0.154 6	5.417 2	0.184 6
7	1.229 9	0.813 1	7.662 5	0.130 5	6.230 3	0.160 5
8	1.266 8	0.789 4	8.892 3	0.112 5	7.019 7	0.142 5
9	1.304 8	0.766 4	10.159 1	0.098 4	7.786 1	0.128 4
10	1.343 9	0.744 1	11.463 9	0.087 2	8.530 2	0.117 2
11	1.384 2	0.722 4	12.807 8	0.078 1	9.252 6	0.108 1
12	1.425 8	0.701 4	14.192 0	0.070 5	9.954 0	0.100 5
13	1.468 5	0.681 0	15.617 8	0.064 0	10.635 0	0.094 0
14	1.512 6	0.661 1	17.086 3	0.058 5	11.296 1	0.088 5
15	1.558 0	0.641 9	18.598 9	0.053 8	11.937 9	0.083 8
16	1.604 7	0.623 2	20.156 9	0.049 6	12.561 1	0.079 6
17	1.652 8	0.605 0	21.761 6	0.046 0	13.166 1	0.076 0
18	1.702 4	0.587 4	23.414 4	0.042 7	13.753 5	0.072 7
19	1.753 5	0.570 3	25.116 9	0.039 8	14.323 8	0.069 8
20	1.806 1	0.553 7	26.870 4	0.037 2	14.877 5	0.067 2
21	1.860 3	0.537 5	28.676 5	0.034 9	15.415 0	0.064 9

(续)

	一次支付		等额多次支付			
N	F/P	P/F	F/A	A/F	P/A	A/P
复利因子3%						
22	1.916 1	0.521 9	30.536 8	0.032 7	15.936 9	0.062 7
23	1.973 6	0.506 7	32.452 9	0.030 8	16.443 6	0.060 8
24	2.032 8	0.491 9	34.426 5	0.029 0	16.935 5	0.059 0
25	2.093 8	0.477 6	36.459 3	0.027 4	17.413 1	0.057 4
26	2.156 6	0.463 7	38.553 0	0.025 9	17.876 8	0.055 9
27	2.221 3	0.450 2	40.709 6	0.024 6	18.327 0	0.054 6
28	2.287 9	0.437 1	42.930 9	0.023 3	18.764 1	0.053 3
29	2.356 6	0.424 3	45.218 9	0.022 1	19.188 5	0.052 1
30	2.427 3	0.412 0	47.575 4	0.021 0	19.600 4	0.051 0
35	2.813 9	0.355 4	60.462 1	0.016 5	21.487 2	0.046 5
40	3.262 0	0.306 6	75.401 3	0.013 3	23.114 8	0.043 3
45	3.781 6	0.264 4	92.720	0.010 8	24.518 7	0.040 8
50	4.383 9	0.228 1	112.797	0.008 9	25.729 8	0.038 9
55	5.082 1	0.196 8	136.072	0.007 3	26.774 4	0.037 3
60	5.891 6	0.169 7	163.053	0.006 1	27.675 6	0.036 1
65	6.830 0	0.146 4	194.333	0.005 1	28.452 9	0.035 1
70	7.917 8	0.126 3	230.594	0.004 3	29.123 4	0.034 3
75	9.178 9	0.108 9	272.631	0.003 7	29.701 8	0.033 7
80	10.640 9	0.094 0	321.363	0.003 1	30.200 8	0.033 1
85	12.335 7	0.081 1	377.857	0.002 6	30.631 2	0.032 6
90	14.300 5	0.069 9	443.349	0.002 3	31.002 4	0.032 3
95	16.578 2	0.060 3	519.27	0.001 9	31.322 7	0.031 9
100	19.218 6	0.052 0	607.29	0.001 6	31.598 9	0.031 6
∞					33.333 3	0.030 0
复利因子4%						
1	1.040 0	0.961 5	1.000 0	1.000 0	0.961 5	1.040 0
2	1.081 6	0.924 6	2.040 0	0.490 2	1.886 1	0.530 2
3	1.124 9	0.889 0	3.121 6	0.320 3	2.775 1	0.360 3
4	1.169 9	0.854 8	4.246 5	0.235 5	3.629 9	0.275 5
5	1.216 7	0.821 9	5.416 3	0.184 6	4.451 8	0.224 6
6	1.265 3	0.790 3	6.633 0	0.150 8	5.242 1	0.190 8
7	1.315 9	0.759 9	7.898 3	0.126 6	6.002 1	0.166 6

(续)

	一次支付		等额多次支付			
N	F/P	P/F	F/A	A/F	P/A	A/P
			复利因子4%			
8	1.368 6	0.730 7	9.214 2	0.108 5	6.732 7	0.148 5
9	1.423 3	0.702 6	10.582 8	0.094 5	7.435 3	0.134 5
10	1.480 2	0.675 6	12.006 1	0.083 3	8.110 9	0.123 3
11	1.539 5	0.649 6	13.486 4	0.074 1	8.760 5	0.114 1
12	1.601 0	0.624 6	15.025 8	0.066 6	9.385 1	0.106 6
13	1.665 1	0.600 6	16.626 8	0.060 1	9.985 6	0.100 1
14	1.731 7	0.577 5	18.291 9	0.054 7	10.563 1	0.094 7
15	1.800 9	0.555 3	20.023 6	0.049 9	11.118 4	0.089 9
16	1.873 0	0.533 9	21.824 5	0.045 8	11.652 3	0.085 8
17	1.947 9	0.513 4	23.697 5	0.042 2	12.165 7	0.082 2
18	2.025 8	0.493 6	25.645 4	0.039 0	12.659 3	0.079 0
19	2.106 8	0.474 6	27.671 2	0.036 1	13.133 9	0.076 1
20	2.191 1	0.456 4	29.778 1	0.033 6	13.590 3	0.073 6
21	2.278 8	0.438 8	31.969 2	0.031 3	14.029 2	0.071 3
22	2.369 9	0.422 0	34.248 0	0.029 2	14.451 1	0.069 2
23	2.464 7	0.405 7	36.617 9	0.027 3	14.856 8	0.067 3
24	2.563 3	0.390 1	39.082 6	0.025 6	15.247 0	0.065 6
25	2.665 8	0.375 1	41.645 9	0.024 0	15.622 1	0.064 0
26	2.772 5	0.360 7	44.311 7	0.022 6	15.982 8	0.062 6
27	2.883 4	0.346 8	47.084 2	0.021 2	16.329 6	0.061 2
28	2.998 7	0.333 5	49.967 6	0.020 0	16.663 1	0.060 0
29	3.118 7	0.320 7	52.966 3	0.018 9	16.983 7	0.058 9
30	3.243 4	0.308 3	56.084 9	0.017 8	17.292 0	0.057 8
35	3.946 1	0.253 4	73.652 2	0.013 6	18.664 6	0.053 6
40	4.801 0	0.208 3	95.025 5	0.010 5	19.792 8	0.050 5
45	5.841 2	0.171 2	121.029	0.008 3	20.720 0	0.048 3
50	7.106 7	0.140 7	152.667	0.006 6	21.482 2	0.046 6
55	8.646 4	0.115 7	191.159	0.005 2	22.108 6	0.045 2
60	10.519 6	0.095 1	237.991	0.004 2	22.623 5	0.044 2
65	12.798 7	0.078 1	294.968	0.003 4	23.046 7	0.043 4
70	15.571 6	0.064 2	364.290	0.002 7	23.394 5	0.042 7
75	18.945 3	0.052 8	448.631	0.002 2	23.680 4	0.042 2

（续）

N	一次支付		等额多次支付			
	F/P	P/F	F/A	A/F	P/A	A/P
复利因子4%						
80	23.049 8	0.043 4	551.245	0.001 8	23.915 4	0.041 8
85	28.043 6	0.035 7	676.090	0.001 5	24.108 5	0.041 5
90	34.119 3	0.029 3	827.983	0.001 2	24.267 3	0.041 2
95	41.511 4	0.024 1	1 012.78	0.001 0	24.397 8	0.041 0
100	50.504 9	0.019 8	1 237.62	0.000 8	24.505 0	0.040 8
∞					25.000 0	0.040 0
复利因子5%						
1	1.050 0	0.952 4	1.000 0	1.000 0	0.952 4	1.050 0
2	1.102 5	0.907 0	2.050 0	0.487 8	1.859 4	0.537 8
3	1.157 6	0.863 8	3.152 5	0.317 2	2.723 2	0.367 2
4	1.215 5	0.822 7	4.310 1	0.232 0	3.546 0	0.282 0
5	1.276 3	0.783 5	5.525 6	0.181 0	4.329 5	0.231 0
6	1.340 1	0.746 2	6.801 9	0.147 0	5.075 7	0.197 0
7	1.407 1	0.710 7	8.142 0	0.122 8	5.786 4	0.172 8
8	1.477 5	0.676 8	9.549 1	0.104 7	6.463 2	0.154 7
9	1.551 3	0.644 6	11.026 6	0.090 7	7.107 8	0.140 7
10	1.628 9	0.613 9	12.577 9	0.079 5	7.721 7	0.129 5
11	1.710 3	0.584 7	14.206 8	0.070 4	8.306 4	0.120 4
12	1.795 9	0.556 8	15.917 1	0.062 8	8.863 3	0.112 8
13	1.885 6	0.530 3	17.713 0	0.056 5	9.393 6	0.106 5
14	1.979 9	0.505 1	19.598 6	0.051 0	9.898 6	0.101 0
15	2.078 9	0.481 0	21.578 6	0.046 3	10.379 7	0.096 3
16	2.182 9	0.458 1	23.657 5	0.042 3	10.837 8	0.092 3
17	2.292 0	0.436 3	25.840 4	0.038 7	11.274 1	0.088 7
18	2.406 6	0.415 5	28.132 4	0.035 5	11.689 6	0.085 5
19	2.527 0	0.395 7	30.539 0	0.032 7	12.085 3	0.082 7
20	2.653 3	0.376 9	33.066 0	0.030 2	12.462 2	0.080 2
21	2.786 0	0.358 9	35.719 3	0.028 0	12.821 2	0.078 0
22	2.925 3	0.341 8	38.505 2	0.026 0	13.163 0	0.076 0
23	3.071 5	0.325 6	41.430 5	0.024 1	13.488 6	0.074 1
24	3.225 1	0.310 1	44.502 0	0.022 5	13.798 6	0.072 5
25	3.386 4	0.295 3	47.727 1	0.021 0	14.093 9	0.071 0

（续）

N	一次支付		等额多次支付			
	F/P	P/F	F/A	A/F	P/A	A/P
复利因子5%						
26	3.555 7	0.281 2	51.113 5	0.019 6	14.375 2	0.069 6
27	3.733 5	0.267 8	54.669 1	0.018 3	14.643 0	0.068 3
28	3.920 1	0.255 1	58.402 6	0.017 1	14.898 1	0.067 1
29	4.116 1	0.242 9	62.322 7	0.016 0	15.141 1	0.066 0
30	4.321 9	0.231 4	66.438 8	0.015 1	15.372 5	0.065 1
35	5.516 0	0.181 3	90.320 3	0.011 1	16.374 2	0.061 1
40	7.040 0	0.142 0	120.799 8	0.008 3	17.159 1	0.058 3
45	8.985 0	0.111 3	159.700	0.006 3	17.774 1	0.056 3
50	11.467 4	0.087 2	209.348	0.004 8	18.255 9	0.054 8
55	14.635 6	0.068 3	272.713	0.003 7	18.633 5	0.053 7
60	18.679 2	0.053 5	353.584	0.002 8	18.929 3	0.052 8
65	23.839 9	0.041 9	456.798	0.002 2	19.161 1	0.052 2
70	30.426 4	0.032 9	588.529	0.001 7	19.342 7	0.051 7
75	38.832 7	0.025 8	756.654	0.001 3	19.485 0	0.051 3
80	49.561 4	0.020 2	971.229	0.001 0	19.596 5	0.051 0
85	63.254 4	0.015 8	1 245.087	0.000 8	19.683 8	0.050 8
90	80.730 4	0.012 4	1 594.607	0.000 6	19.752 3	0.050 6
95	103.034 7	0.009 7	2 040.69	0.000 5	19.805 9	0.050 5
100	131.501 3	0.007 6	2 610.03	0.000 4	19.847 9	0.050 4
∞					20.000 0	0.050 0
复利因子6%						
1	1.060 0	0.943 4	1.000 0	1.000 0	0.943 4	1.060 0
2	1.123 6	0.890 0	2.060 0	0.485 4	1.833 4	0.545 4
3	1.191 0	0.839 6	3.183 6	0.314 1	2.673 0	0.374 1
4	1.262 5	0.792 1	4.374 6	0.228 6	3.465 1	0.288 6
5	1.338 2	0.747 3	5.637 1	0.177 4	4.212 4	0.237 4
6	1.418 5	0.705 0	6.975 3	0.143 4	4.917 3	0.203 4
7	1.503 6	0.665 1	8.393 8	0.119 1	5.582 4	0.179 1
8	1.593 8	0.627 4	9.897 5	0.101 0	6.209 8	0.161 0
9	1.689 5	0.591 9	11.491 6	0.087 0	6.801 7	0.147 0
10	1.790 8	0.558 4	13.180 8	0.075 9	7.360 1	0.135 9
11	1.898 3	0.526 8	14.971 6	0.066 8	7.886 9	0.126 8

（续）

N	一次支付		等额多次支付			
	F/P	P/F	F/A	A/F	P/A	A/P
复利因子6%						
12	2.012 2	0.497 0	16.869 9	0.059 3	8.383 8	0.119 3
13	2.132 9	0.468 8	18.882 1	0.053 0	8.852 7	0.113 0
14	2.260 9	0.442 3	21.015 1	0.047 6	9.295 0	0.107 6
15	2.396 6	0.417 3	23.276 0	0.043 0	9.712 2	0.103 0
16	2.540 4	0.393 6	25.672 5	0.039 0	10.105 9	0.099 0
17	2.692 8	0.371 4	28.212 9	0.035 4	10.477 3	0.095 4
18	2.854 3	0.350 3	30.905 7	0.032 4	10.827 6	0.092 4
19	3.025 6	0.330 5	33.760 0	0.029 6	11.158 1	0.089 6
20	3.207 1	0.311 8	36.785 6	0.027 2	11.469 9	0.087 2
21	3.399 6	0.294 2	39.992 7	0.025 0	11.764 1	0.085 0
22	3.603 5	0.277 5	43.392 3	0.023 0	12.041 6	0.083 0
23	3.819 7	0.261 8	46.995 8	0.021 3	12.303 4	0.081 3
24	4.048 9	0.247 0	50.815 6	0.019 7	12.550 4	0.079 7
25	4.291 9	0.233 0	54.864 5	0.018 2	12.783 4	0.078 2
26	4.549 4	0.219 8	59.156 4	0.016 9	13.003 2	0.076 9
27	4.822 3	0.207 4	63.705 8	0.015 7	13.210 5	0.075 7
28	5.111 7	0.195 6	68.528 1	0.014 6	13.406 2	0.074 6
29	5.418 4	0.184 6	73.639 8	0.013 6	13.590 7	0.073 6
30	5.743 5	0.174 1	79.058 2	0.012 6	13.764 8	0.072 6
35	7.686 1	0.130 1	111.434 8	0.009 0	14.498 2	0.069 0
40	10.285 7	0.097 2	154.762 0	0.006 5	15.046 3	0.066 5
45	13.764 6	0.072 7	212.744	0.004 7	15.455 8	0.064 7
50	18.420 2	0.054 3	290.336	0.003 4	15.761 9	0.063 4
55	24.650 3	0.040 6	394.172	0.002 5	15.990 5	0.062 5
60	32.987 7	0.030 3	533.128	0.001 9	16.161 4	0.061 9
65	44.145 0	0.022 7	719.083	0.001 4	16.289 1	0.061 4
70	59.075 9	0.016 9	967.932	0.001 0	16.384 5	0.061 0
75	79.056 9	0.012 6	1 300.949	0.000 8	16.455 8	0.060 8
80	105.796 0	0.009 5	1 746.600	0.000 6	16.509 1	0.060 6
85	141.578 9	0.007 1	2 342.982	0.000 4	16.548 9	0.060 4
90	189.464 5	0.005 3	3 141.075	0.000 3	16.578 7	0.060 3
95	253.546 3	0.003 9	4 209.10	0.000 2	16.600 9	0.060 2

(续)

N	一次支付		等额多次支付			
	F/P	P/F	F/A	A/F	P/A	A/P
复利因子 6%						
100	339.302 1	0.002 9	5 638.37	0.000 2	16.617 5	0.060 2
∞					16.666 7	0.060 0
复利因子 7%						
1	1.070 0	0.934 6	1.000 0	1.000 0	0.934 6	1.070 0
2	1.144 9	0.873 4	2.070 0	0.483 1	1.808 0	0.553 1
3	1.225 0	0.816 3	3.214 9	0.311 1	2.624 3	0.381 1
4	1.310 8	0.762 9	4.439 9	0.225 2	3.387 2	0.295 2
5	1.402 6	0.713 0	5.750 7	0.173 9	4.100 2	0.243 9
6	1.500 7	0.666 3	7.153 3	0.139 8	4.766 5	0.209 8
7	1.605 8	0.622 7	8.654 0	0.115 6	5.389 3	0.185 6
8	1.718 2	0.582 0	10.259 8	0.097 5	5.971 3	0.167 5
9	1.838 5	0.543 9	11.978 0	0.083 5	6.515 2	0.153 5
10	1.967 2	0.508 3	13.816 4	0.072 4	7.023 6	0.142 4
11	2.104 9	0.475 1	15.783 6	0.063 4	7.498 7	0.133 4
12	2.252 2	0.444 0	17.888 5	0.055 9	7.942 7	0.125 9
13	2.409 8	0.415 0	20.140 6	0.049 7	8.357 7	0.119 7
14	2.578 5	0.387 8	22.550 5	0.044 3	8.745 5	0.114 3
15	2.759 0	0.362 4	25.129 0	0.039 8	9.107 9	0.109 8
16	2.952 2	0.338 7	27.888 1	0.035 9	9.446 6	0.105 9
17	3.158 8	0.316 6	30.840 2	0.032 4	9.763 2	0.102 4
18	3.379 9	0.295 9	33.999 0	0.029 4	10.059 1	0.099 4
19	3.616 5	0.276 5	37.379 0	0.026 8	10.335 6	0.096 8
20	3.869 7	0.258 4	40.995 5	0.024 4	10.594 0	0.094 4
21	4.140 6	0.241 5	44.865 2	0.022 3	10.835 5	0.092 3
22	4.430 4	0.225 7	49.005 7	0.020 4	11.061 2	0.090 4
23	4.740 5	0.210 9	53.436 1	0.018 7	11.272 2	0.088 7
24	5.072 4	0.197 1	58.176 7	0.017 2	11.469 3	0.087 2
25	5.427 4	0.184 2	63.249 0	0.015 8	11.653 6	0.085 8
26	5.807 4	0.172 2	68.676 5	0.014 6	11.825 8	0.084 6
27	6.213 9	0.160 9	74.483 8	0.013 4	11.986 7	0.083 4
28	6.648 8	0.150 4	80.697 7	0.012 4	12.137 1	0.082 4
29	7.114 3	0.140 6	87.346 5	0.011 4	12.277 7	0.081 4

(续)

N	一次支付		等额多次支付			
	F/P	P/F	F/A	A/F	P/A	A/P
	复利因子7%					
30	7.612 3	0.131 4	94.460 8	0.010 6	12.409 0	0.080 6
35	10.676 6	0.093 7	138.236 9	0.007 2	12.947 7	0.077 2
40	14.974 5	0.066 8	199.635 1	0.005 0	13.331 7	0.075 0
45	21.002 5	0.047 6	285.749	0.003 5	13.605 5	0.073 5
50	29.457 0	0.033 9	406.529	0.002 5	13.800 7	0.072 5
55	41.315 0	0.024 2	575.929	0.001 7	13.939 9	0.071 7
60	57.946 4	0.017 3	813.520	0.001 2	14.039 2	0.071 2
65	81.272 9	0.012 3	1 146.755	0.000 9	14.109 9	0.070 9
70	113.989 4	0.008 8	1 614.134	0.000 6	14.160 4	0.070 6
75	159.876 0	0.006 3	2 269.657	0.000 4	14.196 4	0.070 4
80	224.234 4	0.004 5	3 189.063	0.000 3	14.222 0	0.070 3
85	314.500 3	0.003 2	4 478.576	0.000 2	14.240 3	0.070 2
90	441.103 0	0.002 3	6 287.185	0.000 2	14.253 3	0.070 2
95	618.669 7	0.001 6	8 823.85	0.000 1	14.262 6	0.070 1
100	867.716 3	0.001 2	12 381.66	0.000 1	14.269 3	0.070 1
∞					14.285 7	0.070 0
	复利因子8%					
1	1.080 0	0.925 9	1.000 0	1.000 0	0.925 9	1.080 0
2	1.166 4	0.857 3	2.080 0	0.480 8	1.783 3	0.560 8
3	1.259 7	0.793 8	3.246 4	0.308 0	2.577 1	0.388 0
4	1.360 5	0.735 0	4.506 1	0.221 9	3.312 1	0.301 9
5	1.469 3	0.680 6	5.866 6	0.170 5	3.992 7	0.250 5
6	1.586 9	0.630 2	7.335 9	0.136 3	4.622 9	0.216 3
7	1.713 8	0.583 5	8.922 8	0.112 1	5.206 4	0.192 1
8	1.850 9	0.540 3	10.636 6	0.094 0	5.746 6	0.174 0
9	1.999 0	0.500 2	12.487 6	0.080 1	6.246 9	0.160 1
10	2.158 9	0.463 2	14.486 6	0.069 0	6.710 1	0.149 0
11	2.331 6	0.428 9	16.645 5	0.060 1	7.139 0	0.140 1
12	2.518 2	0.397 1	18.977 1	0.052 7	7.536 1	0.132 7
13	2.719 6	0.367 7	21.495 3	0.046 5	7.903 8	0.126 5
14	2.937 2	0.340 5	24.214 9	0.041 3	8.244 2	0.121 3

（续）

	一次支付		等额多次支付			
N	F/P	P/F	F/A	A/F	P/A	A/P
			复利因子8%			
15	3.172 2	0.315 2	27.152 1	0.036 8	8.559 5	0.116 8
16	3.425 9	0.291 9	30.324 3	0.033 0	8.851 4	0.113 0
17	3.700 0	0.270 3	33.750 2	0.029 6	9.121 6	0.109 6
18	3.996 0	0.250 2	37.450 2	0.026 7	9.371 9	0.106 7
19	4.315 7	0.231 7	41.446 3	0.024 1	9.603 6	0.104 1
20	4.661 0	0.214 5	45.762 0	0.021 9	9.818 1	0.101 9
21	5.033 8	0.198 7	50.422 9	0.019 8	10.016 8	0.099 8
22	5.436 5	0.183 9	55.456 8	0.018 0	10.200 7	0.098 0
23	5.871 5	0.170 3	60.893 3	0.016 4	10.371 1	0.096 4
24	6.341 2	0.157 7	66.764 8	0.015 0	10.528 8	0.095 0
25	6.848 5	0.146 0	73.105 9	0.013 7	10.674 8	0.093 7
26	7.396 4	0.135 2	79.954 4	0.012 5	10.810 0	0.092 5
27	7.988 1	0.125 2	87.350 8	0.011 4	10.935 2	0.091 4
28	8.627 1	0.115 9	95.338 8	0.010 5	11.051 1	0.090 5
29	9.317 3	0.107 3	103.965 9	0.009 6	11.158 4	0.089 6
30	10.062 7	0.099 4	113.283 2	0.008 8	11.257 8	0.088 8
35	14.785 3	0.067 6	172.316 8	0.005 8	11.654 6	0.085 8
40	21.724 5	0.046 0	259.056 5	0.003 9	11.924 6	0.083 9
45	31.920 4	0.031 3	386.506	0.002 6	12.108 4	0.082 6
50	46.901 6	0.021 3	573.770	0.001 7	12.233 5	0.081 7
55	68.913 9	0.014 5	848.923	0.001 2	12.318 6	0.081 2
60	101.257 1	0.009 9	1 253.213	0.000 8	12.376 6	0.080 8
65	148.779 8	0.006 7	1 847.248	0.000 5	12.416 0	0.080 5
70	218.606 4	0.004 6	2 720.080	0.000 4	12.442 8	0.080 4
75	321.204 5	0.003 1	4 002.557	0.000 2	12.461 1	0.080 2
80	471.954 8	0.002 1	5 886.935	0.000 2	12.473 5	0.080 2
85	693.456 5	0.001 4	8 655.706	0.000 1	12.482 0	0.080 1
90	1 018.915 1	0.001 0	12 723.939	0.000 1	12.487 7	0.080 1
95	1 497.120 5	0.000 7	18 701.51	0.000 1	12.491 5	0.080 1
100	2 199.761 3	0.000 5	27 484.52	0.000 0	12.494 3	0.080 0
∞					12.500 0	0.080 0

(续)

N	一次支付		等额多次支付			
	F/P	P/F	F/A	A/F	P/A	A/P
			复利因子9%			
1	1.090 0	0.917 4	1.000 0	1.000 0	0.917 4	1.090 0
2	1.188 1	0.841 7	2.090 0	0.478 5	1.759 1	0.568 5
3	1.295 0	0.772 2	3.278 1	0.305 1	2.531 3	0.395 1
4	1.411 6	0.708 4	4.573 1	0.218 7	3.239 7	0.308 7
5	1.538 6	0.649 9	5.984 7	0.167 1	3.889 7	0.257 1
6	1.677 1	0.596 3	7.523 3	0.132 9	4.485 9	0.222 9
7	1.828 0	0.547 0	9.200 4	0.108 7	5.033 0	0.198 7
8	1.992 6	0.501 9	11.028 5	0.090 7	5.534 8	0.180 7
9	2.171 9	0.460 4	13.021 0	0.076 8	5.995 2	0.166 8
10	2.367 4	0.422 4	15.192 9	0.065 8	6.417 7	0.155 8
11	2.580 4	0.387 5	17.560 3	0.056 9	6.805 2	0.146 9
12	2.812 7	0.355 5	20.140 7	0.049 7	7.160 7	0.139 7
13	3.065 8	0.326 2	22.953 4	0.043 6	7.486 9	0.133 6
14	3.341 7	0.299 2	26.019 2	0.038 4	7.786 2	0.128 4
15	3.642 5	0.274 5	29.360 9	0.034 1	8.060 7	0.124 1
16	3.970 3	0.251 9	33.003 4	0.030 3	8.312 6	0.120 3
17	4.327 6	0.231 1	36.973 7	0.027 0	8.543 6	0.117 0
18	4.717 1	0.212 0	41.301 3	0.024 2	8.755 6	0.114 2
19	5.141 7	0.194 5	46.018 5	0.021 7	8.950 1	0.111 7
20	5.604 4	0.178 4	51.160 1	0.019 5	9.128 5	0.109 5
21	6.108 8	0.163 7	56.764 5	0.017 6	9.292 2	0.107 6
22	6.658 6	0.150 2	62.873 3	0.015 9	9.442 4	0.105 9
23	7.257 9	0.137 8	69.531 9	0.014 4	9.580 2	0.104 4
24	7.911 1	0.126 4	76.789 8	0.013 0	9.706 6	0.103 0
25	8.623 1	0.116 0	84.700 9	0.011 8	9.822 6	0.101 8
26	9.399 2	0.106 4	93.324 0	0.010 7	9.929 0	0.100 7
27	10.245 1	0.097 6	102.723 1	0.009 7	10.026 6	0.099 7
28	11.167 1	0.089 5	112.968 2	0.008 9	10.116 1	0.098 9
29	12.172 2	0.082 2	124.135 4	0.008 1	10.198 3	0.098 1
30	13.267 7	0.075 4	136.307 5	0.007 3	10.273 7	0.097 3
35	20.414 0	0.049 0	215.710 8	0.004 6	10.566 8	0.094 6
40	31.409 4	0.031 8	337.882 4	0.003 0	10.757 4	0.093 0

(续)

N	一次支付		等额多次支付			
	F/P	P/F	F/A	A/F	P/A	A/P
复利因子 9%							
45	48.327 3	0.020 7	525.859	0.001 9	10.881 2	0.091 9
50	74.357 5	0.013 4	815.084	0.001 2	10.961 7	0.091 2
55	114.408 3	0.008 7	1 260.092	0.000 8	11.014 0	0.090 8
60	176.031 3	0.005 7	1 944.792	0.000 5	11.048 0	0.090 5
65	270.846 0	0.003 7	2 998.288	0.000 3	11.070 1	0.090 3
70	416.730 1	0.002 4	4 619.223	0.000 2	11.084 4	0.090 2
75	641.190 9	0.001 6	7 113.232	0.000 1	11.093 8	0.090 1
80	986.551 7	0.001 0	10 950.574	0.000 1	11.099 8	0.090 1
85	1 517.932 0	0.000 7	16 854.800	0.000 1	11.103 8	0.090 1
90	2 335.526 6	0.000 4	25 939.184	0.000 0	11.106 4	0.090 0
95	3 593.497 1	0.000 3	39 916.63	0.000 0	11.108 0	0.090 0
100	5 529.040 8	0.000 2	61 422.68	0.000 0	11.109 1	0.090 0
∞					11.111 1	0.090 0
复利因子 10%							
1	1.100 0	0.909 1	1.000 0	1.000 0	0.909 1	1.100 0
2	1.210 0	0.826 4	2.100 0	0.476 2	1.735 5	0.576 2
3	1.331 0	0.751 3	3.310 0	0.302 1	2.486 9	0.402 1
4	1.464 1	0.683 0	4.641 0	0.215 5	3.169 9	0.315 5
5	1.610 5	0.620 9	6.105 1	0.163 8	3.790 8	0.263 8
6	1.771 6	0.564 5	7.715 6	0.129 6	4.355 3	0.229 6
7	1.948 7	0.513 2	9.487 2	0.105 4	4.868 4	0.205 4
8	2.143 6	0.466 5	11.435 9	0.087 4	5.334 9	0.187 4
9	2.357 9	0.424 1	13.579 5	0.073 6	5.759 0	0.173 6
10	2.593 7	0.385 5	15.937 4	0.062 7	6.144 6	0.162 7
11	2.853 1	0.350 5	18.531 2	0.054 0	6.495 1	0.154 0
12	3.138 4	0.318 6	21.384 3	0.046 8	6.813 7	0.146 8
13	3.452 3	0.289 7	24.522 7	0.040 8	7.103 4	0.140 8
14	3.797 5	0.263 3	27.975 0	0.035 7	7.366 7	0.135 7
15	4.177 2	0.239 4	31.772 5	0.031 5	7.606 1	0.131 5
16	4.595 0	0.217 6	35.949 7	0.027 8	7.823 7	0.127 8
17	5.054 5	0.197 8	40.544 7	0.024 7	8.021 6	0.124 7
18	5.559 9	0.179 9	45.599 2	0.021 9	8.201 4	0.121 9

(续)

N	一次支付		等额多次支付			
	F/P	P/F	F/A	A/F	P/A	A/P
复利因子 10%						
19	6.115 9	0.163 5	51.159 1	0.019 5	8.364 9	0.119 5
20	6.727 5	0.148 6	57.275 0	0.017 5	8.513 6	0.117 5
21	7.400 2	0.135 1	64.002 5	0.015 6	8.648 7	0.115 6
22	8.140 3	0.122 8	71.402 7	0.014 0	8.771 5	0.114 0
23	8.954 3	0.111 7	79.543 0	0.012 6	8.883 2	0.112 6
24	9.849 7	0.101 5	88.497 3	0.011 3	8.984 7	0.111 3
25	10.834 7	0.092 3	98.347 1	0.010 2	9.077 0	0.110 2
26	11.918 2	0.083 9	109.182	0.009 2	9.160 9	0.109 2
27	13.110 0	0.076 3	121.100	0.008 3	9.237 2	0.108 3
28	14.421 0	0.069 3	134.210	0.007 5	9.306 6	0.107 5
29	15.863 1	0.063 0	148.631	0.006 7	9.369 6	0.106 7
30	17.449 4	0.057 3	164.494	0.006 1	9.426 9	0.106 1
35	28.102 4	0.035 6	271.024	0.003 7	9.644 2	0.103 7
40	45.259 3	0.022 1	442.593	0.002 3	9.779 1	0.102 3
45	72.890 5	0.013 7	718.905	0.001 4	9.862 8	0.101 4
50	117.390 9	0.008 5	1 163.91	0.000 9	9.914 8	0.100 9
55	189.059 1	0.005 3	1 880.59	0.000 5	9.947 1	0.100 5
60	304.481 6	0.003 3	3 034.82	0.000 3	9.967 2	0.100 3
65	490.370 7	0.002 0	4 893.71	0.000 2	9.979 6	0.100 2
70	789.747 0	0.001 3	7 887.47	0.000 1	9.987 3	0.100 1
75	1 271.895	0.000 8	12 708.95	0.000 1	9.992 1	0.100 1
80	2 048.400	0.000 5	20 474.00	0.000 0	9.995 1	0.100 0
85	3 298.969	0.000 3	32 979.69	0.000 0	9.997 0	0.100 0
90	5 313.023	0.000 2	53 120.23	0.000 0	9.998 1	0.100 0
95	8 556.676	0.000 1	85 556.76	0.000 0	9.998 8	0.100 0
100	13 780.61	0.000 1	137 796.12	0.000 0	9.999 3	0.100 0
∞					10.000 0	0.100 0
复利因子 11%						
1	1.110 0	0.900 9	1.000 0	1.000 0	0.900 9	1.110 0
2	1.232 1	0.811 6	2.110 0	0.473 9	1.712 5	0.583 9
3	1.367 6	0.731 2	3.342 1	0.299 2	2.443 7	0.409 2
4	1.518 1	0.658 7	4.709 7	0.212 3	3.102 4	0.322 3

(续)

	一次支付		等额多次支付			
N	F/P	P/F	F/A	A/F	P/A	A/P
			复利因子11%			
5	1.685 1	0.593 5	6.227 8	0.160 6	3.695 9	0.270 6
6	1.870 4	0.534 6	7.912 9	0.126 4	4.230 5	0.236 4
7	2.076 2	0.481 7	9.783 3	0.102 2	4.712 2	0.212 2
8	2.304 5	0.433 9	11.859 4	0.084 3	5.146 1	0.194 3
9	2.558 0	0.390 9	14.164 0	0.070 6	5.537 0	0.180 6
10	2.839 4	0.352 2	16.722 0	0.059 8	5.889 2	0.169 8
11	3.151 8	0.317 3	19.561 4	0.051 1	6.206 5	0.161 1
12	3.498 5	0.285 8	22.713 2	0.044 0	6.492 4	0.154 0
13	3.883 3	0.257 5	26.211 6	0.038 2	6.749 9	0.148 2
14	4.310 4	0.232 0	30.094 9	0.033 2	6.981 9	0.143 2
15	4.784 6	0.209 0	34.405 4	0.029 1	7.190 9	0.139 1
16	5.310 9	0.188 3	39.189 9	0.025 5	7.379 2	0.135 5
17	5.895 1	0.169 6	44.500 8	0.022 5	7.548 8	0.132 5
18	6.543 6	0.152 8	50.395 9	0.019 8	7.701 6	0.129 8
19	7.263 3	0.137 7	56.939 5	0.017 6	7.839 3	0.127 6
20	8.062 3	0.124 0	64.202 8	0.015 6	7.963 3	0.125 6
21	8.949 2	0.111 7	72.265 1	0.013 8	8.075 1	0.123 8
22	9.933 6	0.100 7	81.214 3	0.012 3	8.175 7	0.122 3
23	11.026 3	0.090 7	91.147 9	0.011 0	8.266 4	0.121 0
24	12.239 2	0.081 7	102.174	0.009 8	8.348 1	0.119 8
25	13.585 5	0.073 6	114.413	0.008 7	8.421 7	0.118 7
26	15.079 9	0.066 3	127.999	0.007 8	8.488 1	0.117 8
27	16.738 6	0.059 7	143.079	0.007 0	8.547 8	0.117 0
28	18.579 9	0.053 8	159.817	0.006 3	8.601 6	0.116 3
29	20.623 7	0.048 5	178.397	0.005 6	8.650 1	0.115 6
30	22.892 3	0.043 7	199.021	0.005 0	8.693 8	0.115 0
35	38.574 9	0.025 9	341.590	0.002 9	8.855 2	0.112 9
40	65.000 9	0.015 4	581.826	0.001 7	8.951 1	0.111 7
45	109.530 2	0.009 1	986.639	0.001 0	9.007 9	0.111 0
50	184.564 8	0.005 4	1 668.77	0.000 6	9.041 7	0.110 6
55	311.002 5	0.003 2	2 818.20	0.000 4	9.061 7	0.110 4
60	524.057 2	0.001 9	4 755.07	0.000 2	9.073 6	0.110 2

(续)

	一次支付		等额多次支付			
N	F/P	P/F	F/A	A/F	P/A	A/P
			复利因子 11%			
65	883.066 9	0.001 1	8 018.79	0.000 1	9.080 6	0.110 1
70	1 488.019	0.000 7	13 518.36	0.000 1	9.084 8	0.110 1
75	2 507.399	0.000 4	22 785.44	0.000 0	9.087 3	0.110 0
80	4 225.113	0.000 2	38 401.03	0.000 0	9.088 8	0.110 0
85	7 119.561	0.000 1	64 714.19	0.000 0	9.089 6	0.110 0
90	11 996.87	0.000 1	109 053.40	0.000 0	9.090 2	0.110 0
95	20 215.43	0.000 0	183 767.55	0.000 0	9.090 5	0.110 0
100	34 064.18	0.000 0	309 665.23	0.000 0	9.090 6	0.110 0
∞					9.090 9	0.110 0
			复利因子 12%			
1	1.120 0	0.892 9	1.000 0	1.000 0	0.892 9	1.120 0
2	1.254 4	0.797 2	2.120 0	0.471 7	1.690 1	0.591 7
3	1.404 9	0.711 8	3.374 4	0.296 3	2.401 8	0.416 3
4	1.573 5	0.635 5	4.779 3	0.209 2	3.037 3	0.329 2
5	1.762 3	0.567 4	6.352 8	0.157 4	3.604 8	0.277 4
6	1.973 8	0.506 6	8.115 2	0.123 2	4.111 4	0.243 2
7	2.210 7	0.452 3	10.089 0	0.099 1	4.563 8	0.219 1
8	2.476 0	0.403 9	12.299 7	0.081 3	4.967 6	0.201 3
9	2.773 1	0.360 6	14.775 7	0.067 7	5.328 2	0.187 7
10	3.105 8	0.322 0	17.548 7	0.057 0	5.650 2	0.177 0
11	3.478 5	0.287 5	20.654 6	0.048 4	5.937 7	0.168 4
12	3.896 0	0.256 7	24.133 1	0.041 4	6.194 4	0.161 4
13	4.363 5	0.229 2	28.029 1	0.035 7	6.423 5	0.155 7
14	4.887 1	0.204 6	32.392 6	0.030 9	6.628 2	0.150 9
15	5.473 6	0.182 7	37.279 7	0.026 8	6.810 9	0.146 8
16	6.130 4	0.163 1	42.753 3	0.023 4	6.974 0	0.143 4
17	6.866 0	0.145 6	48.883 7	0.020 5	7.119 6	0.140 5
18	7.690 0	0.130 0	55.749 7	0.017 9	7.249 7	0.137 9
19	8.612 8	0.116 1	63.439 7	0.015 8	7.365 8	0.135 8
20	9.646 3	0.103 7	72.052 4	0.013 9	7.469 4	0.133 9
21	10.803 8	0.092 6	81.698 7	0.012 2	7.562 0	0.132 2
22	12.100 3	0.082 6	92.502 6	0.010 8	7.644 6	0.130 8
23	13.552 3	0.073 8	104.602 9	0.009 6	7.718 4	0.129 6

（续）

N	一次支付		等额多次支付			
	F/P	P/F	F/A	A/F	P/A	A/P
复利因子 12%						
24	15.178 6	0.065 9	118.155 2	0.008 5	7.784 3	0.128 5
25	17.000 1	0.058 8	133.333 9	0.007 5	7.843 1	0.127 5
26	19.040 1	0.052 5	150.333 9	0.006 7	7.895 7	0.126 7
27	21.324 9	0.046 9	169.374 0	0.005 9	7.942 6	0.125 9
28	23.883 9	0.041 9	190.698 9	0.005 2	7.984 4	0.125 2
29	26.749 9	0.037 4	214.582 8	0.004 7	8.021 8	0.124 7
30	29.959 9	0.033 4	241.332 7	0.004 1	8.055 2	0.124 1
35	52.799 6	0.018 9	431.663 5	0.002 3	8.175 5	0.122 3
40	93.051 0	0.010 7	767.091 4	0.001 3	8.243 8	0.121 3
45	163.988	0.006 1	1 358.230	0.000 7	8.282 5	0.120 7
50	289.002	0.003 5	2 400.018	0.000 4	8.304 5	0.120 4
55	509.321	0.002 0	4 236.005	0.000 2	8.317 0	0.120 2
60	897.597	0.001 1	7 471.641	0.000 1	8.324 0	0.120 1
65	1 581.87	0.000 6	13 173.94	0.000 1	8.328 1	0.120 1
70	2 787.80	0.000 4	23 223.33	0.000 0	8.330 3	0.120 0
75	4 913.06	0.000 2	40 933.80	0.000 0	8.331 6	0.120 0
80	8 658.48	0.000 1	72 145.69	0.000 0	8.332 4	0.120 0
85	15 259.21	0.000 1	127 151.71	0.000 0	8.332 8	0.120 0
90	26 891.93	0.000 0	224 091.12	0.000 0	8.333 0	0.120 0
95	47 392.78	0.000 0	394 931.47	0.000 0	8.333 2	0.120 0
100	83 522.27	0.000 0	696 010.55	0.000 0	8.333 2	0.120 0
∞					8.333 3	0.120 0
复利因子 13%						
1	1.130 0	0.885 0	1.000 0	1.000 0	0.885 0	1.130 0
2	1.276 9	0.783 1	2.130 0	0.469 5	1.668 1	0.599 5
3	1.442 9	0.693 1	3.406 9	0.293 5	2.361 2	0.423 5
4	1.630 5	0.613 3	4.849 8	0.206 2	2.974 5	0.336 2
5	1.842 4	0.542 8	6.480 3	0.154 3	3.517 2	0.284 3
6	2.082 0	0.480 3	8.322 7	0.120 2	3.997 5	0.250 2
7	2.352 6	0.425 1	10.404 7	0.096 1	4.422 6	0.226 1
8	2.658 4	0.376 2	12.757 3	0.078 4	4.798 8	0.208 4
9	3.004 0	0.332 9	15.415 7	0.064 9	5.131 7	0.194 9

(续)

N	一次支付		等额多次支付			
	F/P	P/F	F/A	A/F	P/A	A/P
复利因子 13%						
10	3.394 6	0.294 6	18.419 7	0.054 3	5.426 2	0.184 3
11	3.835 9	0.260 7	21.814 3	0.045 8	5.686 9	0.175 8
12	4.334 5	0.230 7	25.650 2	0.039 0	5.917 6	0.169 0
13	4.898 0	0.204 2	29.984 7	0.033 4	6.121 8	0.163 4
14	5.534 8	0.180 7	34.882 7	0.028 7	6.302 5	0.158 7
15	6.254 3	0.159 9	40.417 5	0.024 7	6.462 4	0.154 7
16	7.067 3	0.141 5	46.671 7	0.021 4	6.603 9	0.151 4
17	7.986 1	0.125 2	53.739 1	0.018 6	6.729 1	0.148 6
18	9.024 3	0.110 8	61.725 1	0.016 2	6.839 9	0.146 2
19	10.197 4	0.098 1	70.749 4	0.014 1	6.938 0	0.144 1
20	11.523 1	0.086 8	80.946 8	0.012 4	7.024 8	0.142 4
21	13.021 1	0.076 8	92.469 9	0.010 8	7.101 6	0.140 8
22	14.713 8	0.068 0	105.491 0	0.009 5	7.169 5	0.139 5
23	16.626 6	0.060 1	120.204 8	0.008 3	7.229 7	0.138 3
24	18.788 1	0.053 2	136.831 5	0.007 3	7.282 9	0.137 3
25	21.230 5	0.047 1	155.619 6	0.006 4	7.330 0	0.136 4
26	23.990 5	0.041 7	176.850 1	0.005 7	7.371 7	0.135 7
27	27.109 3	0.036 9	200.840 6	0.005 0	7.408 6	0.135 0
28	30.633 5	0.032 6	227.949 9	0.004 4	7.441 2	0.134 4
29	34.615 8	0.028 9	258.583 4	0.003 9	7.470 1	0.133 9
30	39.115 9	0.025 6	293.199 2	0.003 4	7.495 7	0.133 4
35	72.068 5	0.013 9	546.680 8	0.001 8	7.585 6	0.131 8
40	132.781 6	0.007 5	1 013.704 2	0.001 0	7.634 4	0.131 0
45	244.641 4	0.004 1	1 874.165	0.000 5	7.660 9	0.130 5
50	450.735 9	0.002 2	3 459.507	0.000 3	7.675 2	0.130 3
55	830.451 7	0.001 2	6 380.398	0.000 2	7.683 0	0.130 2
60	1 530.053 5	0.000 7	11 761.950	0.000 1	7.687 3	0.130 1
65	2 819.024 3	0.000 4	21677.110	0.000 0	7.689 6	0.130 0
70	5 193.869 6	0.000 2	39 945.151	0.000 0	7.690 8	0.130 0
75	9 569.368 1	0.000 1	73 602.832	0.000 0	7.691 5	0.130 0
80	17 630.940 5	0.000 1	135 614.93	0.000 0	7.691 9	0.130 0
85	32 483.864 9	0.000 0	249 868.19	0.000 0	7.692 1	0.130 0

(续)

N	一次支付		等额多次支付			
	F/P	P/F	F/A	A/F	P/A	A/P
复利因子 13%						
90	59 849.415 5	0.000 0	460 372.43	0.000 0	7.692 2	0.130 0
95	110 268.668 6	0.000 0	848 212.84	0.000 0	7.692 2	0.130 0
100	203 162.874 2	0.000 0	1 562 783.65	0.000 0	7.692 3	0.130 0
∞					7.692 3	0.130 0
复利因子 14%						
1	1.140 0	0.877 2	1.000 0	1.000 0	0.877 2	1.140 0
2	1.299 6	0.769 5	2.140 0	0.467 3	1.646 7	0.607 3
3	1.481 5	0.675 0	3.439 6	0.290 7	2.321 6	0.430 7
4	1.689 0	0.592 1	4.921 1	0.203 2	2.913 7	0.343 2
5	1.925 4	0.519 4	6.610 1	0.151 3	3.433 1	0.291 3
6	2.195 0	0.455 6	8.535 5	0.117 2	3.888 7	0.257 2
7	2.502 3	0.399 6	10.730 5	0.093 2	4.288 3	0.233 2
8	2.852 6	0.350 6	13.232 8	0.075 6	4.638 9	0.215 6
9	3.251 9	0.307 5	16.085 3	0.062 2	4.946 4	0.202 2
10	3.707 2	0.269 7	19.337 3	0.051 7	5.216 1	0.191 7
11	4.226 2	0.236 6	23.044 5	0.043 4	5.452 7	0.183 4
12	4.817 9	0.207 6	27.270 7	0.036 7	5.660 3	0.176 7
13	5.492 4	0.182 1	32.088 7	0.031 2	5.842 4	0.171 2
14	6.261 3	0.159 7	37.581 1	0.026 6	6.002 1	0.166 6
15	7.137 9	0.140 1	43.842 4	0.022 8	6.142 2	0.162 8
16	8.137 2	0.122 9	50.980 4	0.019 6	6.265 1	0.159 6
17	9.276 5	0.107 8	59.117 6	0.016 9	6.372 9	0.156 9
18	10.575 2	0.094 6	68.394 1	0.014 6	6.467 4	0.154 6
19	12.055 7	0.082 9	78.969 2	0.012 7	6.550 4	0.152 7
20	13.743 5	0.072 8	91.024 9	0.011 0	6.623 1	0.151 0
21	15.667 6	0.063 8	104.768 4	0.009 5	6.687 0	0.149 5
22	17.861 0	0.056 0	120.436 0	0.008 3	6.742 9	0.148 3
23	20.361 6	0.049 1	138.297 0	0.007 2	6.792 1	0.147 2
24	23.212 2	0.043 1	158.658 6	0.006 3	6.835 1	0.146 3
25	26.461 9	0.037 8	181.870 8	0.005 5	6.872 9	0.145 5
26	30.166 6	0.033 1	208.332 7	0.004 8	6.906 1	0.144 8
27	34.389 9	0.029 1	238.499 3	0.004 2	6.935 2	0.144 2

(续)

N	一次支付		等额多次支付			
	F/P	P/F	F/A	A/F	P/A	A/P
复利因子 14%						
28	39.204 5	0.025 5	272.889 2	0.003 7	6.960 7	0.143 7
29	44.693 1	0.022 4	312.093 7	0.003 2	6.983 0	0.143 2
30	50.950 2	0.019 6	356.786 8	0.002 8	7.002 7	0.142 8
35	98.100 2	0.010 2	693.572 7	0.001 4	7.070 0	0.141 4
40	188.883 5	0.005 3	1 342.025 1	0.000 7	7.105 0	0.140 7
45	363.679 1	0.002 7	2 590.565	0.000 4	7.123 2	0.140 4
50	700.233 0	0.001 4	4 994.521	0.000 2	7.132 7	0.140 2
55	1 348.238 8	0.000 7	9 623.134	0.000 1	7.137 6	0.140 1
60	2 595.918 7	0.000 4	18 535.133	0.000 1	7.140 1	0.140 1
65	4 998.219 6	0.000 2	35 694.426	0.000 0	7.141 4	0.140 0
70	9 623.645 0	0.000 1	68 733.178	0.000 0	7.142 1	0.140 0
75	18 529.506 4	0.000 1	132 346.474	0.000 0	7.142 5	0.140 0
80	35 676.981 8	0.000 0	254 828.441	0.000 0	7.142 7	0.140 0
85	68 692.981 0	0.000 0	490 657.007	0.000 0	7.142 8	0.140 0
90	132 262.467 4	0.000 0	944 724.767	0.000 0	7.142 8	0.140 0
95	254 660.083 4	0.000 0	1 818 993.45	0.000 0	7.142 8	0.140 0
100	490 326.238 1	0.000 0	3 502 323.13	0.000 0	7.142 8	0.140 0
∞					7.142 9	0.140 0
复利因子 15%						
1	1.150 0	0.869 6	1.000 0	1.000 0	0.869 6	1.150 0
2	1.322 5	0.756 1	2.150 0	0.465 1	1.625 7	0.615 1
3	1.520 9	0.657 5	3.472 5	0.288 0	2.283 2	0.438 0
4	1.749 0	0.571 8	4.993 4	0.200 3	2.855 0	0.350 3
5	2.011 4	0.497 2	6.742 4	0.148 3	3.352 2	0.298 3
6	2.313 1	0.432 3	8.753 7	0.114 2	3.784 5	0.264 2
7	2.660 0	0.375 9	11.066 8	0.090 4	4.160 4	0.240 4
8	3.059 0	0.326 9	13.726 8	0.072 9	4.487 3	0.222 9
9	3.517 9	0.284 3	16.785 8	0.059 6	4.771 6	0.209 6
10	4.045 6	0.247 2	20.303 7	0.049 3	5.018 8	0.199 3
11	4.652 4	0.214 9	24.349 3	0.041 1	5.233 7	0.191 1
12	5.350 3	0.186 9	29.001 7	0.034 5	5.420 6	0.184 5
13	6.152 8	0.162 5	34.351 9	0.029 1	5.583 1	0.179 1

(续)

N	一次支付		等额多次支付			
	F/P	P/F	F/A	A/F	P/A	A/P
	复利因子15%					
14	7.075 7	0.141 3	40.504 7	0.024 7	5.724 5	0.174 7
15	8.137 1	0.122 9	47.580 4	0.021 0	5.847 4	0.171 0
16	9.357 6	0.106 9	55.717 5	0.017 9	5.954 2	0.167 9
17	10.761 3	0.092 9	65.075 1	0.015 4	6.047 2	0.165 4
18	12.375 5	0.080 8	75.836 4	0.013 2	6.128 0	0.163 2
19	14.231 8	0.070 3	88.211 8	0.011 3	6.198 2	0.161 3
20	16.366 5	0.061 1	102.443 6	0.009 8	6.259 3	0.159 8
21	18.821 5	0.053 1	118.810 1	0.008 4	6.312 5	0.158 4
22	21.644 7	0.046 2	137.631 6	0.007 3	6.358 7	0.157 3
23	24.891 5	0.040 2	159.276 4	0.006 3	6.398 8	0.156 3
24	28.625 2	0.034 9	184.167 8	0.005 4	6.433 8	0.155 4
25	32.919 0	0.030 4	212.793 0	0.004 7	6.464 1	0.154 7
26	37.856 8	0.026 4	245.712 0	0.004 1	6.490 6	0.154 1
27	43.535 3	0.023 0	283.568 8	0.003 5	6.513 5	0.153 5
28	50.065 6	0.020 0	327.104 1	0.003 1	6.533 5	0.153 1
29	57.575 5	0.017 4	377.169 7	0.002 7	6.550 9	0.152 7
30	66.211 8	0.015 1	434.745 1	0.002 3	6.566 0	0.152 3
35	133.175 5	0.007 5	881.170 2	0.001 1	6.616 6	0.151 1
40	267.863 5	0.003 7	1 779.090 3	0.000 6	6.641 8	0.150 6
45	538.769 3	0.001 9	3 585.128	0.000 3	6.654 3	0.150 3
50	1 083.657 4	0.000 9	7 217.716	0.000 1	6.660 5	0.150 1
55	2 179.622 2	0.000 5	14 524.148	0.000 1	6.663 6	0.150 1
60	4 383.998 7	0.000 2	29 219.992	0.000 0	6.665 1	0.150 0
65	8 817.787 4	0.000 1	58 778.583	0.000 0	6.665 9	0.150 0
70	17 735.720 0	0.000 1	118 231.467	0.000 0	6.666 3	0.150 0
75	35 672.868 0	0.000 0	237 812.453	0.000 0	6.666 5	0.150 0
80	71 750.879 4	0.000 0	478 332.529	0.000 0	6.666 6	0.150 0
85	144 316.647 0	0.000 0	962 104.313	0.000 0	6.666 6	0.150 0
90	290 272.325 2	0.000 0	1 935 142.168	0.000 0	6.666 6	0.150 0
95	583 841.327 6	0.000 0	3 892 268.85	0.000 0	6.666 7	0.150 0
100	1 174 313.450 7	0.000 0	7 828 749.67	0.000 0	6.666 7	0.150 0
∞					6.666 7	0.150 0

(续)

N	一次支付		等额多次支付			
	F/P	P/F	F/A	A/F	P/A	A/P
复利因子 16%						
1	1.160 0	0.862 1	1.000 0	1.000 0	0.862 1	1.160 0
2	1.345 6	0.743 2	2.160 0	0.463 0	1.605 2	0.623 0
3	1.560 9	0.640 7	3.505 6	0.285 3	2.245 9	0.445 3
4	1.810 6	0.552 3	5.066 5	0.197 4	2.798 2	0.357 4
5	2.100 3	0.476 1	6.877 1	0.145 4	3.274 3	0.305 4
6	2.436 4	0.410 4	8.977 5	0.111 4	3.684 7	0.271 4
7	2.826 2	0.353 8	11.413 9	0.087 6	4.038 6	0.247 6
8	3.278 4	0.305 0	14.240 1	0.070 2	4.343 6	0.230 2
9	3.803 0	0.263 0	17.518 5	0.057 1	4.606 5	0.217 1
10	4.411 4	0.226 7	21.321 5	0.046 9	4.833 2	0.206 9
11	5.117 3	0.195 4	25.732 9	0.038 9	5.028 6	0.198 9
12	5.936 0	0.168 5	30.850 2	0.032 4	5.197 1	0.192 4
13	6.885 8	0.145 2	36.786 2	0.027 2	5.342 3	0.187 2
14	7.987 5	0.125 2	43.672 0	0.022 9	5.467 5	0.182 9
15	9.265 5	0.107 9	51.659 5	0.019 4	5.575 5	0.179 4
16	10.748 0	0.093 0	60.925 0	0.016 4	5.668 5	0.176 4
17	12.467 7	0.080 2	71.673 0	0.014 0	5.748 7	0.174 0
18	14.462 5	0.069 1	84.140 7	0.011 9	5.817 8	0.171 9
19	16.776 5	0.059 6	98.603 2	0.010 1	5.877 5	0.170 1
20	19.460 8	0.051 4	115.379 7	0.008 7	5.928 8	0.168 7
21	22.574 5	0.044 3	134.840 5	0.007 4	5.973 1	0.167 4
22	26.186 4	0.038 2	157.415 0	0.006 4	6.011 3	0.166 4
23	30.376 2	0.032 9	183.601 4	0.005 4	6.044 2	0.165 4
24	35.236 4	0.028 4	213.977 6	0.004 7	6.072 6	0.164 7
25	40.874 2	0.024 5	249.214 0	0.004 0	6.097 1	0.164 0
26	47.414 1	0.021 1	290.088 3	0.003 4	6.118 2	0.163 4
27	55.000 4	0.018 2	337.502 4	0.003 0	6.136 4	0.163 0
28	63.800 4	0.015 7	392.502 8	0.002 5	6.152 0	0.162 5
29	74.008 5	0.013 5	456.303 2	0.002 2	6.165 6	0.162 2
30	85.849 9	0.011 6	530.311 7	0.001 9	6.177 2	0.161 9
35	180.314 1	0.005 5	1 120.713 0	0.000 9	6.215 3	0.160 9
40	378.721 2	0.002 6	2 360.757 2	0.000 4	6.233 5	0.160 4

(续)

	一次支付		等额多次支付			
N	F/P	P/F	F/A	A/F	P/A	A/P
复利因子 16%						
45	795.443 8	0.001 3	4 965.274	0.000 2	6.242 1	0.160 2
50	1 670.703 8	0.000 6	10 435.649	0.000 1	6.246 3	0.160 1
55	3 509.048 8	0.000 3	21 925.305	0.000 0	6.248 2	0.160 0
60	7 370.201 4	0.000 1	46 057.509	0.000 0	6.249 2	0.160 0
65	15 479.941	0.000 1	96 743.381	0.000 0	6.249 6	0.160 0
70	32 513.165	0.000 0	203 201.03	0.000 0	6.249 8	0.160 0
75	68 288.755	0.000 0	426 798.47	0.000 0	6.249 9	0.160 0
80	143 429.716	0.000 0	896 429.47	0.000 0	6.250 0	0.160 0
85	301 251.407	0.000 0	1 882 815.05	0.000 0	6.250 0	0.160 0
90	632 730.880	0.000 0	3 954 561.75	0.000 0	6.250 0	0.160 0
95	1 328 951.03	0.000 0	8 305 937.66	0.000 0	6.250 0	0.160 0
100	2 791 251.20	0.000 0	17 445 313.75	0.000 0	6.250 0	0.160 0
∞					6.250 0	0.160 0
复利因子 17%						
1	1.170 0	0.854 7	1.000 0	1.000 0	0.854 7	1.170 0
2	1.368 9	0.730 5	2.170 0	0.460 8	1.585 2	0.630 8
3	1.601 6	0.624 4	3.538 9	0.282 6	2.209 6	0.452 6
4	1.873 9	0.533 7	5.140 5	0.194 5	2.743 2	0.364 5
5	2.192 4	0.456 1	7.014 4	0.142 6	3.199 3	0.312 6
6	2.565 2	0.389 8	9.206 8	0.108 6	3.589 2	0.278 6
7	3.001 2	0.333 2	11.772 0	0.084 9	3.922 4	0.254 9
8	3.511 5	0.284 8	14.773 3	0.067 7	4.207 2	0.237 7
9	4.108 4	0.243 4	18.284 7	0.054 7	4.450 6	0.224 7
10	4.806 8	0.208 0	22.393 1	0.044 7	4.658 6	0.214 7
11	5.624 0	0.177 8	27.199 9	0.036 8	4.836 4	0.206 8
12	6.580 1	0.152 0	32.823 9	0.030 5	4.988 4	0.200 5
13	7.698 7	0.129 9	39.404 0	0.025 4	5.118 3	0.195 4
14	9.007 5	0.111 0	47.102 7	0.021 2	5.229 3	0.191 2
15	10.538 7	0.094 9	56.110 1	0.017 8	5.324 2	0.187 8
16	12.330 3	0.081 1	66.648 8	0.015 0	5.405 3	0.185 0
17	14.426 5	0.069 3	78.979 2	0.012 7	5.474 6	0.182 7
18	16.879 0	0.059 2	93.405 6	0.010 7	5.533 9	0.180 7

(续)

N	一次支付		等额多次支付			
	F/P	P/F	F/A	A/F	P/A	A/P
复利因子 17%						
19	19.748 4	0.050 6	110.284 6	0.009 1	5.584 5	0.179 1
20	23.105 6	0.043 3	130.032 9	0.007 7	5.627 8	0.177 7
21	27.033 6	0.037 0	153.138 5	0.006 5	5.664 8	0.176 5
22	31.629 3	0.031 6	180.172 1	0.005 6	5.696 4	0.175 6
23	37.006 2	0.027 0	211.801 3	0.004 7	5.723 4	0.174 7
24	43.297 3	0.023 1	248.807 6	0.004 0	5.746 5	0.174 0
25	50.657 8	0.019 7	292.104 9	0.003 4	5.766 2	0.173 4
26	59.269 7	0.016 9	342.762 7	0.002 9	5.783 1	0.172 9
27	69.345 5	0.014 4	402.032 3	0.002 5	5.797 5	0.172 5
28	81.134 2	0.012 3	471.377 8	0.002 1	5.809 9	0.172 1
29	94.927 1	0.010 5	552.512 1	0.001 8	5.820 4	0.171 8
30	111.064 7	0.009 0	647.439 1	0.001 5	5.829 4	0.171 5
35	243.503 5	0.004 1	1 426.491 0	0.000 7	5.858 2	0.170 7
40	533.868 7	0.001 9	3 134.521 8	0.000 3	5.871 3	0.170 3
45	1 170.479	0.000 9	6 879.291	0.000 1	5.877 3	0.170 1
50	2 566.215	0.000 4	15 089.502	0.000 1	5.880 1	0.170 1
55	5 626.294	0.000 2	33 089.963	0.000 0	5.881 3	0.170 0
60	12 335.356	0.000 1	72 555.038	0.000 0	5.881 9	0.170 0
65	27 044.628	0.000 0	159 080.17	0.000 0	5.882 1	0.170 0
70	59 293.942	0.000 0	348 782.01	0.000 0	5.882 3	0.170 0
75	129 998.89	0.000 0	764 693.45	0.000 0	5.882 3	0.170 0
80	285 015.80	0.000 0	1 676 557.66	0.000 0	5.882 3	0.170 0
85	624 882.34	0.000 0	3 675 772.57	0.000 0	5.882 3	0.170 0
90	1 370 022.05	0.000 0	8 058 947.36	0.000 0	5.882 3	0.170 0
95	3 003 702.15	0.000 0	17 668 830.31	0.000 0	5.882 4	0.170 0
100	6 585 460.89	0.0000	38 737 999.33	0.000 0	5.882 4	0.170 0
∞					5.882 4	0.170 0
复利因子 18%						
1	1.180 0	0.847 5	1.000 0	1.000 0	0.847 5	1.180 0
2	1.392 4	0.718 2	2.180 0	0.458 7	1.565 6	0.638 7
3	1.643 0	0.608 6	3.572 4	0.279 9	2.174 3	0.459 9
4	1.938 8	0.515 8	5.215 4	0.191 7	2.690 1	0.371 7

（续）

N	一次支付		等额多次支付			
	F/P	P/F	F/A	A/F	P/A	A/P
			复利因子18%			
5	2.287 8	0.437 1	7.154 2	0.139 8	3.127 2	0.319 8
6	2.699 6	0.370 4	9.442 0	0.105 9	3.497 6	0.285 9
7	3.185 5	0.313 9	12.141 5	0.082 4	3.811 5	0.262 4
8	3.758 9	0.266 0	15.327 0	0.065 2	4.077 6	0.245 2
9	4.435 5	0.225 5	19.085 9	0.052 4	4.303 0	0.232 4
10	5.233 8	0.191 1	23.521 3	0.042 5	4.494 1	0.222 5
11	6.175 9	0.161 9	28.755 1	0.034 8	4.656 0	0.214 8
12	7.287 6	0.137 2	34.931 1	0.028 6	4.793 2	0.208 6
13	8.599 4	0.116 3	42.218 7	0.023 7	4.909 5	0.203 7
14	10.147 2	0.098 5	50.818 0	0.019 7	5.008 1	0.199 7
15	11.973 7	0.083 5	60.965 3	0.016 4	5.091 6	0.196 4
16	14.129 0	0.070 8	72.939 0	0.013 7	5.162 4	0.193 7
17	16.672 2	0.060 0	87.068 0	0.011 5	5.222 3	0.191 5
18	19.673 3	0.050 8	103.740 3	0.009 6	5.273 2	0.189 6
19	23.214 4	0.043 1	123.413 5	0.008 1	5.316 2	0.188 1
20	27.393 0	0.036 5	146.628 0	0.006 8	5.352 7	0.186 8
21	32.323 8	0.030 9	174.021 0	0.005 7	5.383 7	0.185 7
22	38.142 1	0.026 2	206.344 8	0.004 8	5.409 9	0.184 8
23	45.007 6	0.022 2	244.486 8	0.004 1	5.432 1	0.184 1
24	53.109 0	0.018 8	289.494 5	0.003 5	5.450 9	0.183 5
25	62.668 6	0.016 0	342.603 5	0.002 9	5.466 9	0.182 9
26	73.949 0	0.013 5	405.272 1	0.002 5	5.480 4	0.182 5
27	87.259 8	0.011 5	479.221 1	0.002 1	5.491 9	0.182 1
28	102.966 6	0.009 7	566.480 9	0.001 8	5.501 6	0.181 8
29	121.500 5	0.008 2	669.447 5	0.001 5	5.509 8	0.181 5
30	143.370 6	0.007 0	790.948 0	0.001 3	5.516 8	0.181 3
35	327.997 3	0.003 0	1 816.651 6	0.000 6	5.538 6	0.180 6
40	750.378 3	0.001 3	4 163.213 0	0.000 2	5.548 2	0.180 2
45	1 716.683 9	0.000 6	9 531.577	0.000 1	5.552 3	0.180 1
50	3 927.356 9	0.000 3	21 813.094	0.000 0	5.554 1	0.180 0
55	8 984.841 1	0.000 1	49 910.228	0.000 0	5.554 9	0.180 0
60	20 555.140 0	0.000 0	114 189.666	0.000 0	5.555 3	0.180 0

（续）

	一次支付		等额多次支付			
N	F/P	P/F	F/A	A/F	P/A	A/P
复利因子 18%						
65	47 025.180 9	0.000 0	261 245.449	0.000 0	5.555 4	0.180 0
70	107 582.22	0.000 0	597 673.458	0.000 0	5.555 5	0.180 0
75	246 122.06	0.0000	1 367 339.243	0.000 0	5.555 5	0.180 0
80	563 067.66	0.000 0	3 128 148.113	0.000 0	5.555 5	0.180 0
85	1 288 162.41	0.000 0	7 156 452.265	0.000 0	5.555 6	0.180 0
90	2 947 003.54	0.000 0	16 372 236.334	0.000 0	5.555 6	0.180 0
95	6 742 030.21	0.000 0	37 455 717.82	0.000 0	5.555 6	0.180 0
100	15 424 131.91	0.000 0	85 689 616.14	0.000 0	5.555 6	0.180 0
∞					5.555 6	0.180 0
复利因子 19%						
1	1.190 0	0.840 3	1.000 0	1.000 0	0.840 3	1.190 0
2	1.416 1	0.706 2	2.190 0	0.456 6	1.546 5	0.646 6
3	1.685 2	0.593 4	3.606 1	0.277 3	2.139 9	0.467 3
4	2.005 3	0.498 7	5.291 3	0.189 0	2.638 6	0.379 0
5	2.386 4	0.419 0	7.296 6	0.137 1	3.057 6	0.327 1
6	2.839 8	0.352 1	9.683 0	0.103 3	3.409 8	0.293 3
7	3.379 3	0.295 9	12.522 7	0.079 9	3.705 7	0.269 9
8	4.021 4	0.248 7	15.902 0	0.062 9	3.954 4	0.252 9
9	4.785 4	0.209 0	19.923 4	0.050 2	4.163 3	0.240 2
10	5.694 7	0.175 6	24.708 9	0.040 5	4.338 9	0.230 5
11	6.776 7	0.147 6	30.403 5	0.032 9	4.486 5	0.222 9
12	8.064 2	0.124 0	37.180 2	0.026 9	4.610 5	0.216 9
13	9.596 4	0.104 2	45.244 5	0.022 1	4.714 7	0.212 1
14	11.419 8	0.087 6	54.840 9	0.018 2	4.802 3	0.208 2
15	13.589 5	0.073 6	66.260 7	0.015 1	4.875 9	0.205 1
16	16.171 5	0.061 8	79.850 2	0.012 5	4.937 7	0.202 5
17	19.244 1	0.052 0	96.021 8	0.010 4	4.989 7	0.200 4
18	22.900 5	0.043 7	115.265 9	0.008 7	5.033 3	0.198 7
19	27.251 6	0.036 7	138.166 4	0.007 2	5.070 0	0.197 2
20	32.429 4	0.030 8	165.418 0	0.006 0	5.100 9	0.196 0
21	38.591 0	0.025 9	197.847 4	0.005 1	5.126 8	0.195 1
22	45.923 3	0.021 8	236.438 5	0.004 2	5.148 6	0.194 2

(续)

	一次支付		等额多次支付			
N	F/P	P/F	F/A	A/F	P/A	A/P
复利因子19%						
23	54.648 7	0.018 3	282.361 8	0.003 5	5.166 8	0.193 5
24	65.032 0	0.015 4	337.010 5	0.003 0	5.182 2	0.193 0
25	77.388 1	0.012 9	402.042 5	0.002 5	5.195 1	0.192 5
26	92.091 8	0.010 9	479.430 6	0.002 1	5.206 0	0.192 1
27	109.589 3	0.009 1	571.522 4	0.001 7	5.215 1	0.191 7
28	130.411 2	0.007 7	681.111 6	0.001 5	5.222 8	0.191 5
29	155.189 3	0.006 4	811.522 8	0.001 2	5.229 2	0.191 2
30	184.675 3	0.005 4	966.712 2	0.001 0	5.234 7	0.191 0
35	440.700 6	0.002 3	2 314.213 7	0.000 4	5.251 2	0.190 4
40	1 051.667 5	0.001 0	5 529.829 0	0.000 2	5.258 2	0.190 2
45	2 509.650 6	0.000 4	13 203.424	0.000 1	5.261 1	0.190 1
50	5 988.913 9	0.000 2	31 515.336	0.000 0	5.262 3	0.190 0
55	14 291.666 6	0.000 1	75 214.035	0.000 0	5.262 8	0.190 0
60	34 104.970 9	0.000 0	179 494.58	0.000 0	5.263 0	0.190 0
65	81 386.522 2	0.000 0	428 344.85	0.000 0	5.263 1	0.1900
70	194 217.025	0.000 0	1 022 189.61	0.000 0	5.263 1	0.190 0
75	463 470.509	0.000 0	2 439 313.20	0.000 0	5.263 1	0.190 0
80	1 106 004.54	0.000 0	5 821 071.29	0.000 0	5.263 2	0.190 0
85	2 639 317.99	0.000 0	13 891 142.06	0.000 0	5.263 2	0.190 0
90	6 298 346.15	0.000 0	33 149 185.00	0.000 0	5.263 2	0.190 0
95	15 030 081.39	0.000 0	79 105 686.25	0.000 0	5.263 2	0.190 0
100	35 867 089.73	0.000 0	188 774 151.20	0.000 0	5.263 2	0.190 0
∞					5.263 2	0.190 0
复利因子20%						
1	1.200 0	0.833 3	1.000 0	1.000 0	0.833 3	1.200 0
2	1.440 0	0.694 4	2.200 0	0.454 5	1.527 8	0.654 5
3	1.728 0	0.578 7	3.640 0	0.274 7	2.106 5	0.474 7
4	2.073 6	0.482 3	5.368 0	0.186 3	2.588 7	0.386 3
5	2.488 3	0.401 9	7.441 6	0.134 4	2.990 6	0.334 4
6	2.986 0	0.334 9	9.929 9	0.100 7	3.325 5	0.300 7
7	3.583 2	0.279 1	12.915 9	0.077 4	3.604 6	0.277 4
8	4.299 8	0.232 6	16.499 1	0.060 6	3.837 2	0.260 6

（续）

N	一次支付		等额多次支付			
	F/P	P/F	F/A	A/F	P/A	A/P
			复利因子20%			
9	5.1598	0.1938	20.7989	0.0481	4.0310	0.2481
10	6.1917	0.1615	25.9587	0.0385	4.1925	0.2385
11	7.4301	0.1346	32.1504	0.0311	4.3271	0.2311
12	8.9161	0.1122	39.5805	0.0253	4.4392	0.2253
13	10.6993	0.0935	48.4966	0.0206	4.5327	0.2206
14	12.8392	0.0779	59.1959	0.0169	4.6106	0.2169
15	15.4070	0.0649	72.0351	0.0139	4.6755	0.2139
16	18.4884	0.0541	87.4421	0.0114	4.7296	0.2114
17	22.1861	0.0451	105.9306	0.0094	4.7746	0.2094
18	26.6233	0.0376	128.1167	0.0078	4.8122	0.2078
19	31.9480	0.0313	154.7400	0.0065	4.8435	0.2065
20	38.3376	0.0261	186.6880	0.0054	4.8696	0.2054
21	46.0051	0.0217	225.0256	0.0044	4.8913	0.2044
22	55.2061	0.0181	271.0307	0.0037	4.9094	0.2037
23	66.2474	0.0151	326.2369	0.0031	4.9245	0.2031
24	79.4968	0.0126	392.4842	0.0025	4.9371	0.2025
25	95.3962	0.0105	471.9811	0.0021	4.9476	0.2021
26	114.4755	0.0087	567.3773	0.0018	4.9563	0.2018
27	137.3706	0.0073	681.8528	0.0015	4.9636	0.2015
28	164.8447	0.0061	819.2233	0.0012	4.9697	0.2012
29	197.8136	0.0051	984.0680	0.0010	4.9747	0.2010
30	237.3763	0.0042	1 181.8816	0.0008	4.9789	0.2008
35	590.6682	0.0017	2 948.3411	0.0003	4.9915	0.2003
40	1 469.772	0.0007	7 343.8578	0.0001	4.9966	0.2001
45	3 657.262	0.0003	18 281.310	0.0001	4.9986	0.2001
50	9 100.438	0.0001	45 497.191	0.0000	4.9995	0.2000
55	22 644.802	0.0000	113 219.01	0.0000	4.9998	0.2000
60	56 347.514	0.0000	281 732.57	0.0000	4.9999	0.2000
65	140 210.65	0.0000	701 048.23	0.0000	5.0000	0.2000
70	348 888.96	0.0000	1 744 439.78	0.0000	5.0000	0.2000
75	868 147.37	0.0000	4 340 731.85	0.0000	5.0000	0.2000
80	2 160 228.46	0.0000	10 801 137.31	0.0000	5.0000	0.2000

(续)

	一次支付		等额多次支付			
N	F/P	P/F	F/A	A/F	P/A	A/P
			复利因子 20%			
85	5 375 339.69	0.000 0	26 876 693.43	0.000 0	5.000 0	0.200 0
90	13 375 565.25	0.000 0	66 877 821.24	0.000 0	5.000 0	0.200 0
95	33 282 686.52	0.000 0	166 413 427.60	0.000 0	5.000 0	0.200 0
100	82 817 974.52	0.000 0	414 089 867.61	0.000 0	5.000 0	0.200 0
∞					5.000 0	0.200 0
			复利因子 25%			
1	1.250 0	0.800 0	1.000 0	1.000 0	0.800 0	1.250 0
2	1.562 5	0.640 0	2.250 0	0.444 4	1.440 0	0.694 4
3	1.953 1	0.512 0	3.812 5	0.262 3	1.952 0	0.512 3
4	2.441 4	0.409 6	5.765 6	0.173 4	2.361 6	0.423 4
5	3.051 8	0.327 7	8.207 0	0.121 8	2.689 3	0.371 8
6	3.814 7	0.262 1	11.258 8	0.088 8	2.951 4	0.338 8
7	4.768 4	0.209 7	15.073 5	0.066 3	3.161 1	0.316 3
8	5.960 5	0.167 8	19.841 9	0.050 4	3.328 9	0.300 4
9	7.450 6	0.134 2	25.802 3	0.038 8	3.463 1	0.288 8
10	9.313 2	0.107 4	33.252 9	0.030 1	3.570 5	0.280 1
11	11.641 5	0.085 9	42.566 1	0.023 5	3.656 4	0.273 5
12	14.551 9	0.068 7	54.207 7	0.018 4	3.725 1	0.268 4
13	18.189 9	0.055 0	68.759 6	0.014 5	3.780 1	0.264 5
14	22.737 4	0.044 0	86.949 5	0.011 5	3.824 1	0.261 5
15	28.421 7	0.035 2	109.686 8	0.009 1	3.859 3	0.259 1
16	35.527 1	0.028 1	138.108 5	0.007 2	3.887 4	0.257 2
17	44.408 9	0.022 5	173.635 7	0.005 8	3.909 9	0.255 8
18	55.511 2	0.018 0	218.044 6	0.004 6	3.927 9	0.254 6
19	69.388 9	0.014 4	273.555 8	0.003 7	3.942 4	0.253 7
20	86.736 2	0.011 5	342.944 9	0.002 9	3.953 9	0.252 9
21	108.420 2	0.009 2	429.680 9	0.002 3	3.963 1	0.252 3
22	135.525 3	0.007 4	538.101 1	0.001 9	3.970 5	0.251 9
23	169.406 6	0.005 9	673.626 4	0.001 5	3.976 4	0.251 5
24	211.758 2	0.004 7	843.032 9	0.001 2	3.981 1	0.251 2
25	264.697 8	0.003 8	1 054.791 2	0.000 9	3.984 9	0.250 9
26	330.872 2	0.003 0	1 319.489 0	0.000 8	3.987 9	0.250 8
27	413.590 3	0.002 4	1 650.361 2	0.000 6	3.990 3	0.250 6

(续)

	一次支付		等额多次支付			
N	F/P	P/F	F/A	A/F	P/A	A/P
复利因子 25%						
28	516.987 9	0.001 9	2 063.951 5	0.000 5	3.992 3	0.250 5
29	646.234 9	0.001 5	2 580.939 4	0.000 4	3.993 8	0.250 4
30	807.793 6	0.001 2	3 227.174 3	0.000 3	3.995 0	0.250 3
35	2 465.190 3	0.000 4	9 856.761 3	0.000 1	3.998 4	0.250 1
40	7 523.163 8	0.000 1	30 088.655 4	0.000 0	3.999 5	0.250 0
45	22 958.874	0.000 0	91 831.496	0.000 0	3.999 8	0.250 0
50	70 064.923	0.000 0	280 255.693	0.000 0	3.999 9	0.250 0
55	213 821.18	0.000 0	855 280.707	0.000 0	4.000 0	0.250 0
60	652 530.45	0.000 0	2 610 117.79	0.000 0	4.000 0	0.250 0
65	1 991 364.89	0.000 0	7 965 455.56	0.000 0	4.000 0	0.250 0
70	6 077 163.36	0.000 0	24 308 649.43	0.000 0	4.000 0	0.250 0
75	18 546 030.75	0.000 0	74 184 119.01	0.000 0	4.000 0	0.250 0
80	56 597 994.24	0.000 0	226 391 972.97	0.000 0	4.000 0	0.250 0
85	172 723 371.10	0.000 0	690 893 480.41	0.000 0	4.000 0	0.250 0
90	527 109 897.16	0.000 0	2 108 439 584.6	0.000 0	4.000 0	0.250 0
95	1 608 611 746.71	0.000 0	6 434 446 982.8	0.000 0	4.000 0	0.250 0
100	4 909 093 465.30	0.000 0	19 636 373 857.2	0.000 0	4.000 0	0.250 0
∞					4.000 0	0.250 0
复利因子 30%						
1	1.300 0	0.769 2	1.000 0	1.000 0	0.769 2	1.300 0
2	1.690 0	0.591 7	2.300 0	0.434 8	1.360 9	0.734 8
3	2.197 0	0.455 2	3.990 0	0.250 6	1.816 1	0.550 6
4	2.856 1	0.350 1	6.187 0	0.161 6	2.166 2	0.461 6
5	3.712 9	0.269 3	9.043 1	0.110 6	2.435 6	0.410 6
6	4.826 8	0.207 2	12.756 0	0.078 4	2.642 7	0.378 4
7	6.274 9	0.159 4	17.582 8	0.056 9	2.802 1	0.356 9
8	8.157 3	0.122 6	23.857 7	0.041 9	2.924 7	0.341 9
9	10.604 5	0.094 3	32.015 0	0.031 2	3.019 0	0.331 2
10	13.785 8	0.072 5	42.619 5	0.023 5	3.091 5	0.323 5
11	17.921 6	0.055 8	56.405 3	0.017 7	3.147 3	0.317 7
12	23.298 1	0.042 9	74.327 0	0.013 5	3.190 3	0.313 5
13	30.287 5	0.033 0	97.625 0	0.010 2	3.223 3	0.310 2

（续）

	一次支付		等额多次支付			
N	F/P	P/F	F/A	A/F	P/A	A/P
			复利因子30%			
14	39.373 8	0.025 4	127.912 5	0.007 8	3.248 7	0.307 8
15	51.185 9	0.019 5	167.286 3	0.006 0	3.268 2	0.306 0
16	66.541 7	0.015 0	218.472 2	0.004 6	3.283 2	0.304 6
17	86.504 2	0.011 6	285.013 9	0.003 5	3.294 8	0.303 5
18	112.455 4	0.008 9	371.518 0	0.002 7	3.303 7	0.302 7
19	146.192 0	0.006 8	483.973 4	0.002 1	3.310 5	0.302 1
20	190.049 6	0.005 3	630.165 5	0.001 6	3.315 8	0.301 6
21	247.064 5	0.004 0	820.215 1	0.001 2	3.319 8	0.301 2
22	321.183 9	0.003 1	1 067.279 6	0.000 9	3.323 0	0.300 9
23	417.539 1	0.002 4	1 388.463 5	0.000 7	3.325 4	0.300 7
24	542.800 8	0.001 8	1 806.002 6	0.000 6	3.327 2	0.300 6
25	705.641 0	0.001 4	2 348.803 3	0.000 4	3.328 6	0.300 4
26	917.333 3	0.0011	3 054.444 3	0.000 3	3.329 7	0.300 3
27	1 192.533 3	0.000 8	3 971.777 6	0.000 3	3.330 5	0.300 3
28	1 550.293 3	0.000 6	5 164.310 9	0.000 2	3.331 2	0.300 2
29	2 015.381 3	0.000 5	6 714.604 2	0.000 1	3.331 7	0.300 1
30	2 619.995 6	0.000 4	8 729.985 5	0.000 1	3.332 1	0.300 1
35	9 727.860 4	0.000 1	32 422.868 1	0.000 0	3.333 0	0.300 0
40	36 118.864 8	0.000 0	120 392.883	0.000 0	3.333 2	0.300 0
45	134 106.817	0.000 0	447 019.389	0.000 0	3.333 3	0.300 0
50	497 929.223	0.000 0	1 659 760.74	0.000 0	3.333 3	0.300 0
55	1 848 776.35	0.000 0	6 162 584.50	0.000 0	3.333 3	0.300 0
60	6 864 377.17	0.000 0	22 881 253.91	0.000 0	3.333 3	0.300 0
65						
70						
75						
80						
85						
90						
95						
100						
∞					3.333 3	0.300 0

（续）

N	一次支付		等额多次支付			
	F/P	P/F	F/A	A/F	P/A	A/P
			复利因子 40%			
1	1.400 0	0.714 3	1.000 0	1.000 0	0.714 3	1.400 0
2	1.960 0	0.510 2	2.400 0	0.416 7	1.224 5	0.816 7
3	2.744 0	0.364 4	4.360 0	0.229 4	1.588 9	0.629 4
4	3.841 6	0.260 3	7.104 0	0.140 8	1.849 2	0.540 8
5	5.378 2	0.185 9	10.945 6	0.091 4	2.035 2	0.491 4
6	7.529 5	0.132 8	16.323 8	0.061 3	2.168 0	0.461 3
7	10.541 4	0.094 9	23.853 4	0.041 9	2.262 8	0.441 9
8	14.757 9	0.067 8	34.394 7	0.029 1	2.330 6	0.429 1
9	20.661 0	0.048 4	49.152 6	0.020 3	2.379 0	0.420 3
10	28.925 5	0.034 6	69.813 7	0.014 3	2.413 6	0.414 3
11	40.495 7	0.024 7	98.739 1	0.010 1	2.438 3	0.410 1
12	56.693 9	0.017 6	139.234 8	0.007 2	2.455 9	0.407 2
13	79.371 5	0.012 6	195.928 7	0.005 1	2.468 5	0.405 1
14	111.120 1	0.009 0	275.300 2	0.003 6	2.477 5	0.403 6
15	155.568 1	0.006 4	386.420 2	0.002 6	2.483 9	0.402 6
16	217.795 3	0.004 6	541.988 3	0.001 8	2.488 5	0.401 8
17	304.913 5	0.003 3	759.783 7	0.001 3	2.491 8	0.401 3
18	426.878 9	0.002 3	1 064.697 1	0.000 9	2.494 1	0.400 9
19	597.630 4	0.001 7	1 491.576 0	0.000 7	2.495 8	0.400 7
20	836.682 6	0.001 2	2 089.206 4	0.000 5	2.497 0	0.400 5
21	1 171.355 6	0.000 9	2 925.888 9	0.000 3	2.497 9	0.400 3
22	1 639.897 8	0.000 6	4 097.244 5	0.000 2	2.498 5	0.400 2
23	2 295.856 9	0.000 4	5 737.142 3	0.000 2	2.498 9	0.400 2
24	3 214.199 7	0.000 3	8 032.999 3	0.000 1	2.499 2	0.400 1
25	4 499.879 6	0.000 2	11 247.199 0	0.000 1	2.499 4	0.400 1
26	6 299.831 4	0.000 2	15 747.078 5	0.000 1	2.499 6	0.400 0
27	8 819.764 0	0.000 1	22 046.909 9	0.000 0	2.499 7	0.400 0
28	12 347.669 6	0.000 1	30 866.673 9	0.000 0	2.499 8	0.400 0
29	17 286.737 4	0.000 1	43 214.343 5	0.000 0	2.499 9	0.400 0
30	24 201.432 4	0.000 0	60 501.080 9	0.000 0	2.499 9	0.400 0
35	130 161.111 6	0.000 0	325 400.278 9	0.000 0	2.500 0	0.400 0
40	700 037.696 6	0.000 0	1 750 091.741	0.000 0	2.500 0	0.400 0

（续）

N	一次支付		等额多次支付			
	F/P	P/F	F/A	A/F	P/A	A/P
复利因子 40%						
45	3 764 970.741	0.000 0	9 412 424.353	0.000 0	2.500 0	0.400 0
50	20 248 916.240	0.000 0	50 622 288.10	0.000 0	2.500 0	0.400 0
55	108 903 531.28	0.000 0	272 258 825.69	0.000 0	2.500 0	0.400 0
60	585 709 328.06	0.000 0	1 464 273 317.64	0.000 0	2.500 0	0.400 0
65						
70						
75						
80						
85						
90						
95						
100						
∞					2.500 0	0.400 0
复利因子 50%						
1	1.500 0	0.666 7	1.000 0	1.000 0	0.666 7	1.500 0
2	2.250 0	0.444 4	2.500 0	0.400 0	1.111 1	0.900 0
3	3.375 0	0.296 3	4.750 0	0.210 5	1.407 4	0.710 5
4	5.062 5	0.197 5	8.125 0	0.123 1	1.604 9	0.623 1
5	7.593 8	0.131 7	13.187 5	0.075 8	1.736 6	0.575 8
6	11.390 6	0.087 8	20.781 3	0.048 1	1.824 4	0.548 1
7	17.085 9	0.058 5	32.171 9	0.031 1	1.882 9	0.531 1
8	25.628 9	0.039 0	49.257 8	0.020 3	1.922 0	0.520 3
9	38.443 4	0.026 0	74.886 7	0.013 4	1.948 0	0.513 4
10	57.665 0	0.017 3	113.330 1	0.008 8	1.965 3	0.508 8
11	86.497 6	0.011 6	170.995 1	0.005 8	1.976 9	0.505 8
12	129.746 3	0.007 7	257.492 7	0.003 9	1.984 6	0.503 9
13	194.619 5	0.005 1	387.239 0	0.002 6	1.989 7	0.502 6
14	291.929 3	0.003 4	581.858 5	0.001 7	1.993 1	0.501 7
15	437.893 9	0.002 3	873.787 8	0.001 1	1.995 4	0.501 1
16	656.840 8	0.001 5	1 311.681 7	0.000 8	1.997 0	0.500 8

(续)

	一次支付		等额多次支付			
N	F/P	P/F	F/A	A/F	P/A	A/P
			复利因子 50%			
17	985.261 3	0.001 0	1 968.522 5	0.000 5	1.998 0	0.500 5
18	1 477.891 9	0.000 7	2 953.783 8	0.000 3	1.998 6	0.500 3
19	2 216.837 8	0.000 5	4 431.675 6	0.000 2	1.999 1	0.500 2
20	3 325.256 7	0.000 3	6 648.513 5	0.000 2	1.999 4	0.500 2
21	4 987.885 1	0.000 2	9 973.770 2	0.000 1	1.999 6	0.500 1
22	7 481.827 6	0.000 1	14 961.655 3	0.000 1	1.999 7	0.500 1
23	11 222.741 5	0.000 1	22 443.482 9	0.000 0	1.999 8	0.500 0
24	16 834.112 2	0.000 1	33 666.224 4	0.000 0	1.999 9	0.500 0
25	25 251.168 3	0.000 0	50 500.336 6	0.000 0	1.999 9	0.500 0
26	37 876.752 4	0.000 0	75 751.504 9	0.000 0	1.999 9	0.500 0
27	56 815.128 7	0.000 0	113 628.257 3	0.000 0	2.000 0	0.500 0
28	85 222.693 0	0.000 0	170 443.386 0	0.000 0	2.000 0	0.500 0
29	127 834.039 5	0.000 0	255 666.079 0	0.000 0	2.000 0	0.500 0
30	191 751.059 2	0.000 0	383 500.118 5	0.000 0	2.000 0	0.500 0
35	1 456 109.606 0	0.000 0	2 912 217.212 1	0.000 0	2.000 0	0.500 0
40	11 057 332.320 9	0.000 0	22 114 662.642	0.000 0	2.000 0	0.500 0
45	83 966 617.312	0.000 0	167 933 232.62	0.000 0	2.000 0	0.500 0
50	637 621 500.214	0.000 0	1 275 242 998.4	0.000 0	2.000 0	0.500 0
55	4 841 938 267.25	0.000 0	9 683 876 532.5	0.000 0	2.000 0	0.500 0
60	36 768 468 716.93	0.000 0	73 536 937 431.9	0.000 0	2.000 0	0.500 0
65						
70						
75						
80						
85						
90						
95						
100						
∞					2.000 0	0.500 0

附录 B 定差因子系数表

N	1%	2%	3%	4%	5%	6%
现值定差因子（P/G）						
2	0.980 3	0.961 2	0.942 6	0.924 6	0.907 0	0.890 0
3	2.921 5	2.845 8	2.772 9	2.702 5	2.634 7	2.569 2
4	5.804 4	5.617 3	5.438 3	5.267 0	5.102 8	4.945 5
5	9.610 3	9.240 3	8.888 8	8.554 7	8.236 9	7.934 5
6	14.320 5	13.680 1	13.076 2	12.506 2	11.968 0	11.459 4
7	19.916 8	18.903 5	17.954 7	17.065 7	16.232 1	15.449 7
8	26.381 2	24.877 9	23.480 6	22.180 6	20.970 0	19.841 6
9	33.695 9	31.572 0	29.611 9	27.801 3	26.126 8	24.576 8
10	41.843 5	38.955 1	36.308 8	33.881 4	31.652 0	29.602 3
11	50.806 7	46.997 7	43.533 0	40.377 2	37.498 8	34.870 2
12	60.568 7	55.671 2	51.248 2	47.247 7	43.624 1	40.336 9
13	71.112 6	64.947 5	59.419 6	54.454 6	49.987 9	45.962 9
14	82.422 1	74.799 9	68.014 1	61.961 8	56.553 8	51.712 8
15	94.481 0	85.202 1	77.000 2	69.735 5	63.288 0	57.554 6
16	107.273 4	96.128 8	86.347 7	77.744 1	70.159 7	63.459 2
17	120.783 4	107.555 4	96.028 0	85.958 1	77.140 5	69.401 1
18	134.995 7	119.458 1	106.013 7	94.349 8	84.204 3	75.356 9
19	149.895 0	131.813 9	116.278 8	102.893 3	91.327 5	81.306 2
20	165.466 4	144.600 3	126.798 7	111.564 7	98.488 4	87.230 4
21	181.695 0	157.795 9	137.549 6	120.341 4	105.667 3	93.113 6
22	198.566 3	171.379 5	148.509 4	129.202 4	112.846 1	98.941 2
23	216.066 0	185.330 9	159.656 6	138.128 4	120.008 7	104.700 7
24	234.180 0	199.630 5	170.971 1	147.101 2	127.140 2	110.381 2
25	252.894 5	214.259 2	182.433 6	156.104 0	134.227 5	115.973 2
26	272.195 7	229.198 7	194.026 0	165.121 2	141.258 5	121.468 4
27	292.070 2	244.431 1	205.730 9	174.138 5	148.222 6	126.860 0
28	312.504 7	259.939 2	217.532 0	183.142 4	155.110 1	132.142 0
29	333.486 3	275.706 4	229.413 7	192.120 6	161.912 6	137.309 6
30	355.002 1	291.716 4	241.361 3	201.061 8	168.622 6	142.358 8
31	377.039 4	307.953 8	253.360 9	209.955 6	175.233 3	147.286 4
32	399.585 8	324.403 5	265.399 3	218.792 4	181.739 2	152.090 1

(续)

N	1%	2%	3%	4%	5%	6%
现值定差因子（P/G）						
33	422.629 1	341.050 8	277.464 2	227.563 4	188.135 1	156.768 1
34	446.157 2	357.881 7	289.543 7	236.260 7	194.416 8	161.319 2
35	470.158 3	374.882 6	301.626 7	244.876 8	200.580 7	165.742 7
36	494.620 7	392.040 5	313.702 8	253.405 2	206.623 7	170.038 7
37	519.532 9	409.3424	325.762 2	261.839 9	212.543 4	174.207 2
38	544.883 5	426.776 4	337.795 6	270.175 4	218.337 8	178.249 0
39	570.661 6	444.330 4	349.794 2	278.407 0	224.005 4	182.165 2
40	596.856 1	461.993 1	361.749 9	286.530 3	229.545 2	185.956 8
41	623.456 2	479.753 5	373.655 1	294.541 4	234.956 4	189.625 6
42	650.451 4	497.601 0	385.502 4	302.437 0	240.238 9	193.173 2
43	677.831 2	515.525 3	397.285 6	310.214 1	245.392 5	196.601 7
44	705.585 3	533.516 5	408.997 2	317.870 0	250.417 5	199.913 0
45	733.703 7	551.565 2	420.632 3	325.402 8	255.314 5	203.109 6
46	762.176 5	569.662 1	432.185 6	332.810 4	260.084 4	206.193 8
47	790.993 8	587.798 5	443.651 5	340.091 4	264.728 1	209.168 1
48	820.146 0	605.965 7	455.025 5	347.244 6	269.246 7	212.035 1
49	849.623 7	624.155 7	466.303 1	354.268 9	273.641 8	214.797 2
50	879.417 6	642.360 6	477.480 3	361.163 8	277.914 8	217.457 4
N	7%	8%	9%	10%	11%	12%
现值定差因子（P/G）						
2	0.873 4	0.857 3	0.841 7	0.826 4	0.811 6	0.797 2
3	2.506 0	2.445 0	2.386 0	2.329 1	2.274 0	2.220 8
4	4.794 7	4.650 1	4.511 3	4.378 1	4.250 2	4.127 3
5	7.646 7	7.372 4	7.111 0	6.861 8	6.624 0	6.397 0
6	10.978 4	10.523 3	10.092 4	9.684 2	9.297 5	8.930 2
7	14.714 9	14.024 1	13.374 6	12.763 1	12.187 2	11.644 3
8	18.788 9	17.806 1	16.887 7	16.028 7	15.224 6	14.471 4
9	23.140 4	21.808 1	20.571 1	19.421 5	18.352 0	17.356 3
10	27.715 6	25.976 8	24.372 8	22.891 3	21.521 7	20.254 1
11	32.466 5	30.265 7	28.248 1	26.396 3	24.694 5	23.128 8
12	37.350 6	34.633 9	32.159 0	29.901 2	27.838 8	25.952 3
13	42.330 2	39.046 3	36.073 1	33.377 2	30.929 0	28.702 4
14	47.371 8	43.472 3	39.963 3	36.800 5	33.944 9	31.362 4

（续）

N	7%	8%	9%	10%	11%	12%
			现值定差因子（P/G）			
15	52.446 1	47.885 7	43.806 9	40.152 0	36.870 9	33.920 2
16	57.527 1	52.264 0	47.584 9	43.416 4	39.695 3	36.367 0
17	62.592 3	56.588 3	51.282 1	46.581 9	42.409 5	38.697 3
18	67.621 9	60.842 6	54.886 0	49.639 5	45.007 4	40.908 0
19	72.599 1	65.013 4	58.386 8	52.582 7	47.485 6	42.997 9
20	77.509 1	69.089 8	61.777 0	55.406 9	49.842 3	44.967 6
21	82.339 3	73.062 9	65.050 9	58.109 5	52.077 1	46.818 8
22	87.079 3	76.925 7	68.204 8	60.689 3	54.191 2	48.554 3
23	91.720 1	80.672 6	71.235 9	63.146 2	56.186 4	50.177 6
24	96.254 5	84.299 7	74.143 3	65.481 3	58.065 6	51.692 9
25	100.676 5	87.804 1	76.926 5	67.696 4	59.832 2	53.104 6
26	104.981 4	91.184 2	79.586 3	69.794 0	61.490 0	54.417 7
27	109.165 6	94.439 0	82.124 1	71.777 3	63.043 3	55.636 9
28	113.226 4	97.568 7	84.541 9	73.649 5	64.496 5	56.767 4
29	117.162 2	100.573 8	86.842 2	75.414 6	65.854 2	57.814 1
30	120.971 8	103.455 8	89.028 0	77.076 6	67.121 0	58.782 1
31	124.655 0	106.216 3	91.102 4	78.639 5	68.301 6	59.676 1
32	128.212 0	108.857 5	93.069 0	80.107 8	69.400 7	60.501 0
33	131.643 5	111.381 9	94.931 4	81.485 6	70.422 8	61.261 2
34	134.950 7	113.792 4	96.693 5	82.777 3	71.372 4	61.961 2
35	138.135 3	116.092 0	98.359 0	83.987 2	72.253 8	62.605 2
36	141.199 0	118.283 9	99.931 9	85.119 4	73.071 2	63.197 0
37	144.144 1	120.371 3	101.416 2	86.178 1	73.828 6	63.740 6
38	146.973 0	122.357 9	102.815 8	87.167 3	74.530 0	64.239 4
39	149.688 3	124.247 0	104.134 5	88.090 8	75.178 9	64.696 7
40	152.292 8	126.042 2	105.376 2	88.952 5	75.778 9	65.115 9
41	154.789 2	127.747 0	106.544 5	89.756 0	76.333 3	65.499 7
42	157.180 7	129.365 1	107.643 2	90.504 7	76.845 2	65.850 9
43	159.470 2	130.899 8	108.675 8	91.201 9	77.317 6	66.172 2
44	161.660 9	132.354 7	109.645 6	91.850 8	77.753 4	66.465 9
45	163.755 9	133.733 1	110.556 1	92.454 4	78.155 1	66.734 2
46	165.758 4	135.038 4	111.410 3	93.015 7	78.525 3	66.979 2
47	167.671 4	136.273 9	112.211 5	93.537 2	78.866 1	67.202 8

(续)

N	7%	8%	9%	10%	11%	12%
现值定差因子（P/G）						
48	169.498 1	137.442 8	112.962 5	94.021 7	79.179 9	67.406 8
49	171.241 7	138.548 0	113.666 1	94.471 5	79.468 6	67.592 9
50	172.905 1	139.592 8	114.325 1	94.888 9	79.734 1	67.762 4
N	13%	14%	15%	16%	18%	20%
现值定差因子（P/G）						
2	0.783 1	0.769 5	0.756 1	0.743 2	0.718 2	0.694 4
3	2.169 2	2.119 4	2.071 2	2.024 5	1.935 4	1.851 9
4	4.009 2	3.895 7	3.786 4	3.681 4	3.482 8	3.298 6
5	6.180 2	5.973 1	5.775 1	5.585 8	5.231 9	4.906 1
6	8.581 8	8.251 1	7.936 8	7.638 0	7.083 4	6.580 6
7	11.132 2	10.648 9	10.192 4	9.761 0	8.967 0	8.255 1
8	13.765 3	13.102 8	12.480 7	11.896 2	10.829 2	9.883 1
9	16.428 4	15.562 9	14.754 8	13.999 8	12.632 9	11.433 5
10	19.079 7	17.990 6	16.979 5	16.039 9	14.352 5	12.887 1
11	21.686 7	20.356 7	19.128 9	17.994 1	15.971 6	14.233 0
12	24.224 4	22.639 9	21.184 9	19.847 2	17.481 1	15.466 7
13	26.674 4	24.824 7	23.135 2	21.589 9	18.876 5	16.588 3
14	29.023 2	26.900 9	24.972 5	23.217 5	20.157 6	17.600 8
15	31.261 7	28.862 3	26.693 0	24.728 4	21.326 9	18.509 5
16	33.384 1	30.705 7	28.296 0	26.124 1	22.388 5	19.320 8
17	35.387 6	32.430 5	29.782 8	27.407 4	23.348 2	20.041 9
18	37.271 4	34.038 0	31.156 5	28.582 8	24.212 3	20.680 5
19	39.036 6	35.531 1	32.421 3	29.655 7	24.987 7	21.243 9
20	40.685 4	36.913 5	33.582 2	30.632 5	25.681 3	21.739 5
21	42.221 4	38.190 1	34.644 8	31.518 0	26.300 0	22.174 2
22	43.648 6	39.365 8	35.615 0	32.320 0	26.850 6	22.554 6
23	44.971 8	40.446 3	36.498 8	33.044 2	27.339 4	22.886 7
24	46.196 0	41.437 1	37.302 3	33.697 0	27.772 5	23.176 0
25	47.326 4	42.344 1	38.031 4	34.284 1	28.155 5	23.427 6
26	48.368 5	43.172 8	38.691 8	34.811 4	28.493 5	23.646 0
27	49.327 6	43.928 9	39.289 0	35.284 1	28.791 5	23.835 3
28	50.209 0	44.617 6	39.828 3	35.707 3	29.053 7	23.999 1
29	51.017 9	45.244 1	40.314 6	36.085 6	29.284 2	24.140 6

（续）

N	13%	14%	15%	16%	18%	20%
现值定差因子（P/G）						
30	51.759 2	45.813 2	40.752 6	36.423 4	29.486 4	24.262 8
31	52.438 0	46.329 7	41.146 6	36.724 7	29.663 8	24.368 1
32	53.058 6	46.797 9	41.500 6	36.993 0	29.819 1	24.458 8
33	53.625 6	47.221 8	41.818 4	37.231 8	29.954 9	24.536 8
34	54.143 0	47.605 3	42.103 3	37.444 1	30.073 6	24.603 8
35	54.614 8	47.951 9	42.358 6	37.632 7	30.177 3	24.661 4
36	55.044 6	48.264 9	42.587 2	37.800 0	30.267 7	24.710 8
37	55.435 8	48.547 2	42.791 6	37.948 4	30.346 5	24.753 1
38	55.791 6	48.801 8	42.974 3	38.079 9	30.415 2	24.789 4
39	56.115 0	49.031 2	43.137 4	38.196 3	30.474 9	24.820 4
40	56.408 7	49.237 6	43.283 0	38.299 2	30.526 9	24.846 9
41	56.675 3	49.423 4	43.412 8	38.390 3	30.572 1	24.869 6
42	56.917 1	49.590 4	43.528 6	38.470 7	30.611 3	24.889 0
43	57.136 3	49.740 5	43.631 7	38.541 8	30.645 4	24.905 5
44	57.334 9	49.875 3	43.723 5	38.604 5	30.675 0	24.919 6
45	57.514 8	49.996 3	43.805 1	38.659 8	30.700 6	24.931 6
46	57.677 6	50.104 8	43.877 8	38.708 6	30.722 8	24.941 9
47	57.824 8	50.202 2	43.942 3	38.751 6	30.742 0	24.950 6
48	57.958 0	50.289 4	43.999 7	38.789 4	30.758 7	24.958 1
49	58.078 3	50.367 5	44.050 6	38.822 7	30.773 1	24.964 4
50	58.187 0	50.437 5	44.095 8	38.852 1	30.785 6	24.969 8

N	25%	30%	35%	40%	45%	50%
现值定差因子（P/G）						
2	0.640 0	0.591 7	0.548 7	0.510 2	0.475 6	0.444 4
3	1.664 0	1.502 0	1.361 6	1.239 1	1.131 7	1.037 0
4	2.892 8	2.552 4	2.264 8	2.020 0	1.810 3	1.629 6
5	4.203 5	3.629 7	3.156 8	2.763 7	2.434 4	2.156 4
6	5.514 2	4.665 6	3.982 8	3.427 8	2.972 3	2.595 3
7	6.772 5	5.621 8	4.717 0	3.997 0	3.417 6	2.946 5
8	7.946 9	6.480 0	5.351 5	4.471 3	3.775 8	3.219 6
9	9.020 7	7.234 3	5.888 6	4.858 5	4.058 1	3.427 7
10	9.987 0	7.887 2	6.336 3	5.169 6	4.277 2	3.583 8
11	10.846 0	8.445 2	6.704 7	5.416 6	4.445 0	3.699 4

（续）

N	25%	30%	35%	40%	45%	50%
			现值定差因子（P/G）			
12	11.602 0	8.917 3	7.004 9	5.610 6	4.572 4	3.784 2
13	12.261 7	9.313 5	7.247 4	5.761 8	4.668 2	3.845 9
14	12.833 4	9.643 7	7.442 1	5.878 8	4.739 8	3.890 4
15	13.326 0	9.917 2	7.597 4	5.968 8	4.792 9	3.922 4
16	13.748 2	10.142 6	7.720 6	6.037 6	4.832 2	3.945 2
17	14.108 5	10.327 6	7.818 0	6.090 1	4.861 1	3.961 4
18	14.414 7	10.478 8	7.894 6	6.129 9	4.882 3	3.972 9
19	14.674 1	10.601 9	7.954 7	6.160 1	4.897 8	3.981 1
20	14.893 2	10.701 9	8.001 7	6.182 8	4.909 0	3.986 8
21	15.077 7	10.782 8	8.038 4	6.199 8	4.917 2	3.990 8
22	15.232 6	10.848 2	8.066 9	6.212 7	4.923 1	3.993 6
23	15.362 5	10.900 9	8.089 0	6.222 2	4.927 4	3.995 5
24	15.471 1	10.943 3	8.106 1	6.229 4	4.930 5	3.996 9
25	15.561 8	10.977 3	8.119 4	6.234 7	4.932 7	3.997 9
26	15.637 3	11.004 5	8.129 6	6.238 7	4.934 3	3.998 5
27	15.700 2	11.026 3	8.137 4	6.241 6	4.935 4	3.999 0
28	15.752 4	11.043 7	8.143 5	6.243 8	4.936 2	3.999 3
29	15.795 7	11.057 6	8.148 1	6.245 4	4.936 8	3.999 5
30	15.831 6	11.068 7	8.151 7	6.246 6	4.937 2	3.999 7
31	15.861 4	11.077 5	8.154 5	6.247 5	4.937 5	3.999 8
32	15.885 9	11.084 5	8.156 5	6.248 2	4.937 8	3.999 8
33	15.906 2	11.090 1	8.158 1	6.248 7	4.937 9	3.999 9
34	15.922 9	11.094 5	8.159 4	6.249 0	4.938 0	3.999 9
35	15.936 7	11.098 0	8.160 3	6.249 3	4.938 1	3.999 9
36	15.948 1	11.100 7	8.161 0	6.249 5	4.938 1	4.000 0
37	15.957 4	11.102 9	8.161 6	6.249 6	4.938 2	4.000 0
38	15.965 1	11.104 7	8.162 0	6.249 7	4.938 2	4.000 0
39	15.971 4	11.106 0	8.162 3	6.249 8	4.938 2	4.000 0
40	15.976 6	11.107 1	8.162 5	6.249 8	4.938 2	4.000 0
41	15.980 9	11.108 0	8.162 7	6.249 9	4.938 2	4.000 0
42	15.984 3	11.108 6	8.162 8	6.249 9	4.938 3	4.000 0
43	15.987 2	11.109 2	8.162 9	6.249 9	4.938 3	4.000 0
44	15.989 5	11.109 6	8.163 0	6.250 0	4.938 3	4.000 0

（续）

N	25%	30%	35%	40%	45%	50%
现值定差因子（P/G）						
45	15.991 5	11.109 9	8.163 1	6.250 0	4.938 3	4.000 0
46	15.993 0	11.110 2	8.163 1	6.250 0	4.938 3	4.000 0
47	15.994 3	11.110 4	8.163 2	6.250 0	4.938 3	4.000 0
48	15.995 4	11.110 5	8.163 2	6.250 0	4.938 3	4.000 0
49	15.996 2	11.110 7	8.163 2	6.250 0	4.938 3	4.000 0
50	15.996 9	11.110 8	8.163 2	6.250 0	4.938 3	4.000 0
N	1%	2%	3%	4%	5%	6%
年金定差因子（A/G）						
2	0.497 5	0.495 0	0.492 6	0.490 2	0.487 8	0.485 4
3	0.993 4	0.986 8	0.980 3	0.973 9	0.967 5	0.961 2
4	1.487 6	1.475 2	1.463 1	1.451 0	1.439 1	1.427 2
5	1.980 1	1.960 4	1.940 9	1.921 6	1.902 5	1.883 6
6	2.471 0	2.442 3	2.413 8	2.385 7	2.357 9	2.330 4
7	2.960 2	2.920 8	2.881 9	2.843 3	2.805 2	2.767 6
8	3.447 8	3.396 1	3.345 0	3.294 4	3.244 5	3.195 2
9	3.933 7	3.868 1	3.803 2	3.739 1	3.675 8	3.613 3
10	4.417 9	4.336 7	4.256 5	4.177 3	4.099 1	4.022 0
11	4.900 5	4.802 1	4.704 9	4.609 0	4.514 4	4.421 3
12	5.381 5	5.264 2	5.148 5	5.034 3	4.921 9	4.811 3
13	5.860 7	5.723 1	5.587 2	5.453 3	5.321 5	5.192 0
14	6.338 4	6.178 6	6.021 0	5.865 9	5.713 3	5.563 5
15	6.814 3	6.630 9	6.450 0	6.272 1	6.097 3	5.926 0
16	7.288 6	7.079 9	6.874 2	6.672 0	6.473 6	6.279 4
17	7.761 3	7.525 6	7.293 6	7.065 6	6.842 3	6.624 0
18	8.232 3	7.968 1	7.708 1	7.453 0	7.203 4	6.959 7
19	8.701 7	8.407 3	8.117 9	7.834 2	7.556 9	7.286 7
20	9.169 4	8.843 3	8.522 9	8.209 1	7.903 0	7.605 1
21	9.635 4	9.276 0	8.923 1	8.577 9	8.241 6	7.915 1
22	10.099 8	9.705 5	9.318 6	8.940 7	8.573 0	8.216 6
23	10.562 6	10.131 7	9.709 3	9.297 3	8.897 1	8.509 9
24	11.023 7	10.554 7	10.095 4	9.647 9	9.214 0	8.795 1
25	11.483 1	10.974 5	10.476 8	9.992 5	9.523 8	9.072 2
26	11.940 9	11.391 0	10.853 5	10.331 2	9.826 6	9.341 4

（续）

N	1%	2%	3%	4%	5%	6%
年金定差因子（A/G）						
27	12.397 1	11.804 3	11.225 5	10.664 0	10.122 4	9.602 9
28	12.851 6	12.214 5	11.593 0	10.990 9	10.411 4	9.856 8
29	13.304 4	12.621 4	11.955 8	11.312 0	10.693 6	10.103 2
30	13.755 7	13.025 1	12.314 1	11.627 4	10.969 1	10.342 2
31	14.205 2	13.425 7	12.667 8	11.937 1	11.238 1	10.574 0
32	14.653 2	13.823 0	13.016 9	12.241 1	11.500 5	10.798 8
33	15.099 5	14.217 2	13.361 6	12.539 6	11.756 6	11.016 6
34	15.544 1	14.608 3	13.701 8	12.832 4	12.006 3	11.227 6
35	15.987 1	14.996 1	14.037 5	13.119 8	12.249 8	11.431 9
36	16.428 5	15.380 9	14.368 8	13.401 8	12.487 2	11.629 8
37	16.868 2	15.762 5	14.695 7	13.678 4	12.718 6	11.821 3
38	17.306 3	16.140 9	15.018 2	13.949 7	12.944 0	12.006 5
39	17.742 8	16.516 3	15.336 3	14.215 7	13.163 6	12.185 7
40	18.177 6	16.888 5	15.650 2	14.476 5	13.377 5	12.359 0
45	20.327 3	18.703 4	17.155 6	15.704 7	14.364 4	13.141 3
50	22.436 3	20.442 0	18.557 5	16.812 2	15.223 3	13.796 4
55	24.504 9	22.105 7	19.860 0	17.807 0	15.966 4	14.341 1
60	26.533 3	23.696 1	21.067 4	18.697 2	16.606 2	14.790 9
65	28.521 7	25.214 7	22.184 1	19.490 9	17.154 1	15.160 1
70	30.470 3	26.663 2	23.214 5	20.196 1	17.621 2	15.461 3
75	32.379 3	28.043 4	24.163 4	20.820 6	18.017 6	15.705 8
80	34.249 2	29.357 2	25.035 3	21.371 8	18.352 6	15.903 3
85	36.080 1	30.606 4	25.834 9	21.856 9	18.634 6	16.062 0
90	37.872 4	31.792 9	26.566 7	22.282 6	18.871 2	16.189 1
95	39.626 5	32.918 9	27.235 1	22.655 0	19.068 9	16.290 5
100	41.342 6	33.986 3	27.844 4	22.980 0	19.233 7	16.371 1
N	7%	8%	9%	10%	11%	12%
年金定差因子（A/G）						
2	0.483 1	0.480 8	0.478 5	0.476 2	0.473 9	0.471 7
3	0.954 9	0.948 7	0.942 6	0.936 6	0.930 6	0.924 6
4	1.415 5	1.404 0	1.392 5	1.381 2	1.370 0	1.358 9
5	1.865 0	1.846 5	1.828 2	1.810 1	1.792 3	1.774 6
6	2.303 2	2.276 3	2.249 8	2.223 6	2.197 6	2.172 0

（续）

N	7%	8%	9%	10%	11%	12%
年金定差因子（A/G）						
7	2.730 4	2.693 7	2.657 4	2.621 6	2.586 3	2.551 5
8	3.146 5	3.098 5	3.051 2	3.004 5	2.958 5	2.913 1
9	3.551 7	3.491 0	3.431 2	3.372 4	3.314 4	3.257 4
10	3.946 1	3.871 3	3.797 8	3.725 5	3.654 4	3.584 7
11	4.329 6	4.239 5	4.151 0	4.064 1	3.978 8	3.895 3
12	4.702 5	4.595 7	4.491 0	4.388 4	4.287 9	4.189 7
13	5.064 8	4.940 2	4.818 2	4.698 8	4.582 2	4.468 3
14	5.416 7	5.273 1	5.132 6	4.995 5	4.861 9	4.731 7
15	5.758 3	5.594 5	5.434 6	5.278 9	5.127 5	4.980 3
16	6.089 7	5.904 6	5.724 5	5.549 3	5.379 4	5.214 7
17	6.411 0	6.203 7	6.002 4	5.807 1	5.618 0	5.435 3
18	6.722 5	6.492 0	6.268 7	6.052 6	5.843 9	5.642 7
19	7.024 2	6.769 7	6.523 6	6.286 1	6.057 4	5.837 5
20	7.316 3	7.036 9	6.767 4	6.508 1	6.259 0	6.020 2
21	7.599 0	7.294 0	7.000 6	6.718 9	6.449 1	6.191 3
22	7.872 5	7.541 2	7.223 2	6.918 9	6.628 3	6.351 4
23	8.136 9	7.778 6	7.435 7	7.108 5	6.796 9	6.501 0
24	8.392 3	8.006 6	7.638 4	7.288 1	6.955 5	6.640 6
25	8.639 1	8.225 4	7.831 6	7.458 0	7.104 5	6.770 8
26	8.877 3	8.435 2	8.015 6	7.618 6	7.244 3	6.892 1
27	9.107 2	8.636 3	8.190 6	7.770 4	7.375 4	7.004 9
28	9.328 9	8.828 9	8.357 1	7.913 7	7.498 2	7.109 8
29	9.542 7	9.013 3	8.515 4	8.048 9	7.613 1	7.207 1
30	9.748 7	9.189 7	8.665 7	8.176 2	7.720 6	7.297 4
31	9.947 1	9.358 4	8.808 3	8.296 2	7.821 0	7.381 1
32	10.138 1	9.519 7	8.943 6	8.409 1	7.914 7	7.458 6
33	10.321 9	9.673 7	9.071 8	8.515 2	8.002 1	7.530 2
34	10.498 7	9.820 8	9.193 3	8.614 9	8.083 6	7.596 5
35	10.668 7	9.961 1	9.308 3	8.708 6	8.159 4	7.657 7
36	10.832 1	10.094 9	9.417 1	8.796 5	8.230 0	7.714 1
37	10.989 1	10.222 5	9.520 0	8.878 9	8.295 7	7.766 1
38	11.139 8	10.344 0	9.617 2	8.956 2	8.356 7	7.814 1
39	11.284 5	10.459 7	9.709 0	9.028 5	8.413 3	7.858 2

(续)

N	7%	8%	9%	10%	11%	12%
年金定差因子（A/G）						
40	11.423 3	10.569 9	9.795 7	9.096 2	8.465 9	7.898 8
45	12.036 0	11.044 7	10.160 3	9.374 0	8.676 3	8.057 2
50	12.528 7	11.410 7	10.429 5	9.570 4	8.818 5	8.159 7
55	12.921 5	11.690 2	10.626 1	9.707 5	8.913 5	8.225 1
60	13.232 1	11.901 5	10.768 3	9.802 3	8.976 2	8.266 4
65	13.476 0	12.060 2	10.870 2	9.867 2	9.017 2	8.292 2
70	13.666 2	12.178 3	10.942 7	9.911 3	9.043 8	8.308 2
75	13.813 6	12.265 8	10.994 0	9.941 0	9.061 0	8.318 1
80	13.927 3	12.330 1	11.029 9	9.960 9	9.072 0	8.324 1
85	14.014 6	12.377 2	11.055 1	9.974 2	9.079 0	8.327 8
90	14.081 2	12.411 6	11.072 6	9.983 1	9.083 4	8.330 0
95	14.131 9	12.436 5	11.084 7	9.988 9	9.086 2	8.331 3
100	14.170 3	12.454 5	11.093 0	9.992 7	9.088 0	8.332 1

N	13%	14%	15%	16%	18%	20%
年金定差因子（A/G）						
2	0.469 5	0.467 3	0.465 1	0.463 0	0.458 7	0.454 5
3	0.918 7	0.912 9	0.907 1	0.901 4	0.890 2	0.879 1
4	1.347 9	1.337 0	1.326 3	1.315 6	1.294 7	1.274 2
5	1.757 1	1.739 9	1.722 8	1.706 0	1.672 8	1.640 5
6	2.146 8	2.121 8	2.097 2	2.072 9	2.025 2	1.978 8
7	2.517 1	2.483 2	2.449 8	2.416 9	2.352 6	2.290 2
8	2.868 5	2.824 6	2.781 3	2.738 8	2.655 8	2.575 6
9	3.201 4	3.146 3	3.092 2	3.039 1	2.935 8	2.836 4
10	3.516 2	3.449 0	3.383 2	3.318 7	3.193 6	3.073 9
11	3.813 4	3.733 3	3.654 9	3.578 3	3.430 3	3.289 3
12	4.093 6	3.999 8	3.908 2	3.818 9	3.647 0	3.484 1
13	4.357 3	4.249 1	4.143 8	4.041 3	3.844 9	3.659 7
14	4.605 0	4.481 9	4.362 4	4.246 4	4.025 0	3.817 5
15	4.837 5	4.699 0	4.565 0	4.435 2	4.188 7	3.958 8
16	5.055 2	4.901 1	4.752 2	4.608 6	4.336 9	4.085 1
17	5.258 9	5.088 8	4.925 1	4.767 6	4.470 8	4.197 6
18	5.449 1	5.263 0	5.084 1	4.913 0	4.591 6	4.297 5
19	5.626 5	5.424 3	5.230 7	5.045 7	4.700 3	4.386 1

（续）

N	13%	14%	15%	16%	18%	20%
年金定差因子（A/G）						
20	5.791 7	5.573 4	5.365 1	5.166 6	4.797 8	4.464 3
21	5.945 4	5.711 1	5.488 3	5.276 6	4.885 1	4.533 4
22	6.088 1	5.838 1	5.601 0	5.376 5	4.963 2	4.594 1
23	6.220 5	5.954 9	5.704 0	5.467 1	5.032 9	4.647 5
24	6.343 1	6.062 4	5.797 9	5.549 0	5.095 0	4.694 3
25	6.456 6	6.161 0	5.883 4	5.623 0	5.150 2	4.735 2
26	6.561 4	6.251 4	5.961 2	5.689 8	5.199 1	4.770 9
27	6.658 2	6.334 2	6.031 9	5.750 0	5.242 5	4.802 0
28	6.747 4	6.410 0	6.096 0	5.804 1	5.281 0	4.829 1
29	6.829 6	6.479 1	6.154 1	5.852 8	5.314 9	4.852 7
30	6.905 2	6.542 3	6.206 6	5.896 4	5.344 8	4.873 1
31	6.974 7	6.599 8	6.254 1	5.935 6	5.371 2	4.890 8
32	7.038 5	6.652 2	6.297 0	5.970 6	5.394 5	4.906 1
33	7.097 1	6.699 8	6.335 7	6.001 9	5.414 9	4.919 4
34	7.150 7	6.743 1	6.370 5	6.029 9	5.432 8	4.930 8
35	7.199 8	6.782 4	6.401 9	6.054 8	5.448 5	4.940 6
36	7.244 8	6.818 0	6.430 1	6.077 1	5.462 3	4.949 1
37	7.285 8	6.850 3	6.455 4	6.096 9	5.474 4	4.956 4
38	7.323 3	6.879 6	6.478 1	6.114 5	5.484 9	4.962 7
39	7.357 6	6.906 0	6.498 5	6.130 2	5.494 1	4.968 1
40	7.388 8	6.930 0	6.516 8	6.144 1	5.502 2	4.972 8
45	7.507 6	7.018 8	6.583 0	6.193 4	5.529 3	4.987 7
50	7.581 1	7.071 4	6.620 5	6.220 1	5.542 8	4.994 5
55	7.626 0	7.102 0	6.641 4	6.234 3	5.549 4	4.997 6
60	7.653 1	7.119 7	6.653 0	6.241 9	5.552 6	4.998 9
65	7.669 2	7.129 8	6.659 3	6.245 8	5.554 2	4.999 5
70	7.678 8	7.135 6	6.662 7	6.247 8	5.554 9	4.999 8
75	7.684 5	7.138 8	6.664 6	6.248 9	5.555 3	4.999 9
80	7.687 8	7.140 6	6.665 6	6.249 4	5.555 4	5.000 0
85	7.689 7	7.141 6	6.666 1	6.249 7	5.555 5	5.000 0
90	7.690 8	7.142 2	6.666 4	6.249 9	5.555 5	5.000 0
95	7.691 4	7.142 5	6.666 5	6.249 9	5.555 5	5.000 0
100	7.691 8	7.142 7	6.666 6	6.250 0	5.555 5	5.000 0

（续）

N	25%	30%	35%	40%	45%	50%
年金定差因子（A/G）						
2	0.444 4	0.434 8	0.425 5	0.416 7	0.408 2	0.400 0
3	0.852 5	0.827 1	0.802 9	0.779 8	0.757 8	0.736 8
4	1.224 9	1.178 3	1.134 1	1.092 3	1.052 8	1.015 4
5	1.563 1	1.490 3	1.422 0	1.358 0	1.298 0	1.241 7
6	1.868 3	1.765 4	1.669 8	1.581 1	1.498 8	1.422 6
7	2.142 4	2.006 3	1.881 1	1.766 4	1.661 2	1.564 8
8	2.387 2	2.215 6	2.059 7	1.918 5	1.790 7	1.675 2
9	2.604 8	2.396 3	2.209 4	2.042 2	1.893 0	1.759 6
10	2.797 1	2.551 2	2.333 8	2.141 9	1.972 8	1.823 5
11	2.966 3	2.683 3	2.436 4	2.221 5	2.034 4	1.871 3
12	3.114 5	2.795 2	2.520 5	2.284 5	2.081 7	1.906 8
13	3.243 7	2.889 5	2.588 9	2.334 1	2.117 6	1.932 9
14	3.355 9	2.968 5	2.644 3	2.372 9	2.144 7	1.951 9
15	3.453 0	3.034 4	2.688 9	2.403 0	2.165 0	1.965 7
16	3.536 6	3.089 8	2.724 6	2.426 2	2.180 2	1.975 6
17	3.608 4	3.134 5	2.753 0	2.444 1	2.191 5	1.982 7
18	3.669 8	3.171 8	2.775 6	2.457 7	2.199 8	1.987 8
19	3.722 2	3.202 5	2.793 5	2.468 2	2.205 9	1.991 4
20	3.766 7	3.227 5	2.807 5	2.476 1	2.210 4	1.994 0
21	3.804 5	3.248 0	2.818 6	2.482 1	2.213 6	1.995 8
22	3.836 5	3.264 6	2.827 2	2.486 6	2.216 0	1.997 1
23	3.863 4	3.278 1	2.834 0	2.490 0	2.217 8	1.998 0
24	3.886 1	3.289 0	2.839 3	2.492 5	2.219 0	1.998 6
25	3.905 2	3.297 9	2.843 3	2.494 4	2.219 9	1.999 0
26	3.921 2	3.305 0	2.846 5	2.495 9	2.220 6	1.999 3
27	3.934 6	3.310 7	2.849 0	2.496 9	2.221 0	1.999 5
28	3.945 7	3.315 3	2.850 9	2.497 7	2.221 4	1.999 7
29	3.955 1	3.318 9	2.852 3	2.498 3	2.221 6	1.999 8
30	3.962 8	3.321 9	2.853 5	2.498 8	2.221 8	1.999 8
31	3.969 3	3.324 2	2.854 3	2.499 1	2.221 9	1.999 9
32	3.974 6	3.326 1	2.855 0	2.499 3	2.222 0	1.999 9
33	3.979 1	3.327 6	2.855 5	2.499 5	2.222 1	1.999 9
34	3.982 8	3.328 8	2.855 9	2.499 6	2.222 1	2.000 0
35	3.985 8	3.329 7	2.856 2	2.499 7	2.222 1	2.000 0
36	3.988 3	3.330 5	2.856 4	2.499 8	2.222 2	2.000 0

（续）

N	25%	30%	35%	40%	45%	50%
年金定差因子（A/G）						
37	3.990 4	3.331 1	2.856 6	2.499 9	2.222 2	2.000 0
38	3.992 1	3.331 6	2.856 7	2.499 9	2.222 2	2.000 0
39	3.993 5	3.331 9	2.856 8	2.499 9	2.222 2	2.000 0
40	3.994 7	3.332 2	2.856 9	2.499 9	2.222 2	2.000 0
45	3.998 0	3.333 0	2.857 1	2.500 0	2.222 2	2.000 0
50	3.999 3	3.333 2	2.857 1	2.500 0	2.222 2	2.000 0
55	3.999 7	3.333 3	2.857 1	2.500 0	2.222 2	2.000 0
60	3.999 9	3.333 3	2.857 1	2.500 0	2.222 2	2.000 0
65	4.000 0	3.333 3	2.857 1	2.500 0	2.222 2	2.000 0
70	4.000 0	3.333 3	2.857 1	2.500 0	2.222 2	2.000 0
75	4.000 0	3.333 3	2.857 1	2.500 0	2.222 2	2.000 0
80	4.000 0	3.333 3	2.857 1	2.500 0	2.222 2	2.000 0
85	4.000 0	3.333 3	2.857 1	2.500 0	2.222 2	2.000 0
90	4.000 0	3.333 3	2.857 1	2.500 0	2.222 2	2.000 0
95	4.000 0	3.333 3	2.857 1	2.500 0	2.222 2	2.000 0
100	4.000 0	3.333 3	2.857 1	2.500 0	2.222 2	2.000 0

参 考 文 献

[1] 蒋红妍，李慧民. 工程经济与项目管理［M］. 2版. 北京：中国建筑工业出版社，2018.
[2] 刘晓君. 工程经济学［M］. 3级. 北京：中国建筑工业出版社，2015.
[3] 鲁昱麟. 基于企业发展战略的财务报表分析框架构建研究［J］. 商场现代化，2016（15）：166-167.
[4] 左冠举. 浅谈财务报表分析方法的局限性及改进措施［J］. 创新论坛，2011（7）：17.
[5] 朱向萍. 上市公司财务报表分析：以安徽全柴动力股份公司为例［J］. 中国乡镇企业会计，2016（7）：110-111.
[6] 朴琼华. 财务报表分析的局限性及改进措施［J］. 中国卫生标准管理，2014（2）：93-94.
[7] 张志军. 财务报表分析的作用及局限性［J］. 时代金融，2016（27）：154-155.
[8] 徐慧琴. 建设工程计价［M］. 北京：中国计划出版社，2017.
[9] 刘伊生. 建设工程造价管理［M］. 北京：中国计划出版社，2017.
[10] 赵旭. 工程经济学［M］. 北京：中国电力出版社，2016.
[11] 黄有亮，徐向阳，等. 工程经济学［M］. 南京：东南大学出版社，2006.
[12] 宋伟，王恩茂. 工程经济学［M］. 北京：人民交通出版社，2006.
[13] 李慧民. 工程经济与项目管理［M］. 北京：科学出版社，2016.
[14] 王艳艳，黄伟典. 工程招投标与合同管理［M］. 2版. 北京：中国建筑工业出版社，2014.
[15] 王秀燕，李艳. 工程招投标与合同管理［M］. 2版. 北京：机械工业出版社，2014.
[16] 李海凌，王莉. 建设工程招投标与合同管理［M］. 北京：机械工业出版社，2017.
[17] 刘黎虹. 工程招投标与合同管理［M］. 北京：机械工业出版社，2014.
[18] 朱兰. 朱兰质量手册［M］. 焦叔斌，等译. 北京：中国人民大学出版社，2003.
[19] 菲根堡姆. 全面质量管理［M］. 杨文士，译. 北京：机械工业出版社，1991.
[20] 戴明. 戴明论质量管理［M］. 钟汉清，戴久永，译. 海口：海南出版社，2003.
[21] 张根保，何桢，刘英. 质量管理与可靠性［M］. 2版. 北京：中国科学技术出版社，2005.
[22] 罗国勋. 质量管理与可靠性［M］. 北京：高等教育出版社，2005.
[23] 远平. 六西格玛管理学［M］. 长沙：湖南人民出版社，2013.
[24] 李金海，戚安邦. 项目质量管理［M］. 天津：南开大学出版社，2014.
[25] 张公绪，孙静. 新编质量管理学［M］. 2版. 北京：高等教育出版社，2003.
[26] 熊伟. 现代质量管理［M］. 杭州：浙江大学出版社，2008.
[27] 王翔. 黄骅港三期工程项目质量管理研究［D］. 秦皇岛：燕山大学，2019.
[28] 全国质量管理和质量保证标准化技术委员会. 质量管理体系 基础和术语：GB/T 19000—2016［S］. 北京：中国标准出版社，2017.
[29] 全国质量管理和质量保证标准化技术委员会. 质量管理体系 要求：GB/T 19001—2016［S］. 北京：中国标准出版社，2017.
[30] 全国质量管理和质量保证标准化技术委员会. 质量和环境管理体系审核指南：GB/T 19011—2013［S］. 北京：中国标准出版社，2014.
[31] 李惠强. 建设工程成本计划与控制［M］. 上海：复旦大学出版社，2009.
[32] 赵丰. 成本决胜论：房产开发与政府项目成本管理作业指导书［M］. 南京：东南大学出版社，2010.
[33] 戚安邦. 项目成本管理［M］. 北京：中国电力出版社，2014.
[34] 全国一级建造师执业资格考试用书编写组. 建设工程项目管理：全国一级建造师执业资格考试用书［M］. 2版. 北京：中国建筑工业出版社，2019.
[35] 黄明. 建筑工程项目成本控制研究［D］. 荆州：长江大学，2013.

［36］袁俊杰．工程项目全面成本管理理论与实证研究［D］．长沙：中南大学，2007．
［37］尚梅，史玉芳．工程项目管理［M］．西安：西安电子科技大学出版社，2015．
［38］宋伟香，管友海．工程项目管理［M］．西安：西安交通大学出版社，2015．
［39］邱菀华．现代项目管理学［M］．4版．北京：科学出版社，2017．
［40］项勇，王辉．工程项目管理［M］．北京：机械工业出版社，2017．
［41］朱玄易．项目风险管理概述及案例分析［J］．企业改革与管理，2019（16）：9．
［42］刘韬．非洲市场工程承包项目风险管理案例分析［J］．铁道建筑技术，2014（增1）：423-425．
［43］黎协祐．高速公路工程建设项目风险管理研究和案例分析［D］．西安：长安大学，2014．
［44］崔阳，陈勇强，徐冰冰．工程项目风险管理研究现状与前景展望［J］．工程管理学报，2015，29（2）：76-80．
［45］陈勇强，顾伟．工程项目风险管理研究综述［J］．科技进步与对策，2012，29（18）：157-160．